《中华人民共和国个人信息保护法》
条文理解与适用

江必新 郭 锋 主编

人民法院出版社

图书在版编目(CIP)数据

《中华人民共和国个人信息保护法》条文理解与适用 / 江必新，郭锋主编． －－北京：人民法院出版社，2021.11

ISBN 978－7－5109－3338－7

Ⅰ．①中⋯ Ⅱ．①江⋯ ②郭⋯ Ⅲ．①个人信息保护法－法律解释－中国 Ⅳ．①D923.75

中国版本图书馆 CIP 数据核字(2021)第 226081 号

《中华人民共和国个人信息保护法》条文理解与适用

江必新 郭 锋 主编

策划编辑	李安尼
责任编辑	巩 雪
出版发行	人民法院出版社
地 址	北京市东城区东交民巷 27 号(100745)
电 话	(010)67550658(责任编辑) 67550558(发行部查询)
	65223677(读者服务部)
客 服 QQ	2092078039
网 址	http://www.courtbook.com.cn
E－mail	courtpress@sohu.com
印 刷	保定市中画美凯印刷有限公司
经 销	新华书店
开 本	787 毫米×1092 毫米 1/16
字 数	680 千字
印 张	47
版 次	2021 年 11 月第 1 版 2021 年 11 月第 1 次印刷
书 号	ISBN 978－7－5109－3338－7
定 价	158.00 元

版权所有 侵权必究

《中华人民共和国个人信息保护法》条文理解与适用编辑委员会

主　　编	江必新	郭　锋			
副 主 编	陈龙业	贾玉慧			
撰 稿 人	郭　锋	陈龙业	景光强	李予霞	蒋家棣
	贾玉慧	范怡倩	张　音	刘　婷	牛晓煜
	石佳友	程　啸	朱　虎	洪延青	邹　治
	丁宇翔	王　磊	袁　芳	杨　兵	程立武
	孙铭溪	颜　君	梁展欣	郭尔绚	蔡一博
	何　建	韩圣超	张晓光	张　玥	
执 行 编 辑	张　音	程立武	蔡一博	赵芳慧	

编辑委员会成员简介

江必新　全国人大宪法和法律委员会副主任委员，最高人民法院原党组副书记、副院长
郭　锋　最高人民法院研究室副主任、一级巡视员，最高人民法院民法典贯彻实施工作领导小组成员、办公室副主任
陈龙业　最高人民法院研究室民事处处长、最高人民法院民法典贯彻实施工作领导小组办公室成员
景光强　最高人民法院研究室综合处处长
李予霞　最高人民法院研究室司法解释与案例指导处副处长
蒋家棣　最高人民法院研究室民事处副处长
贾玉慧　最高人民法院研究室民事处副处长
范怡倩　最高人民法院审判监督庭法官助理
张　音　最高人民法院研究室民事处四级调研员
刘　婷　最高人民法院研究室民事处借调干部、江苏省南通市中级人民法院民一庭法官助理
牛晓煜　最高人民法院研究室民事处借调干部、北京市第二中级人民法院民三庭法官助理
石佳友　中国人民大学法学院教授、博士生导师，民商事法律科学研究中心执行主任
程　啸　清华大学法学院教授、博士生导师，副院长
朱　虎　中国人民大学法学院教授、博士生导师
洪延青　北京理工大学法学院教授
邹　治　北京市第二中级人民法院民二庭庭长
丁宇翔　北京金融法院审判一庭负责人
王　磊　北京市第二中级人民法院民二庭副庭长
袁　芳　北京市第二中级人民法院民二庭法官
杨　兵　北京市朝阳区人民法院民一庭庭长
程立武　北京市朝阳区人民法院民二庭副庭长
孙铭溪　北京互联网法院综合审判三庭庭长
颜　君　北京互联网法院综合审判一庭副庭长
梁展欣　广东省高级人民法院审管办主任
郭尔绚　广东省高级人民法院民一庭法官
蔡一博　上海市高级人民法院研究室干部
何　建　上海市第一中级人民法院民事审判庭审判长
韩圣超　浙江省杭州市中级人民法院民一庭法官
张晓光　江苏省南通市中级人民法院民一庭法官
张　玥　中央财经大学法律硕士

出版说明

随着我国信息化与经济社会深度融合，网络已成为生产生活的新空间、经济发展的新引擎、交流合作的新纽带。信息技术在促进经济发展、给人民提供更多物质文化生活方面发挥着举足轻重的作用。与此同时，个人信息安全问题逐渐凸显，部分信息处理者从商业利益等出发，随意收集、违法获取、过度使用、非法买卖个人信息，利用个人信息侵扰人民群众生活安宁、危害人民群众生命健康和财产安全等问题日益突出。在信息化时代，个人信息保护已成为广大人民群众最关心最直接最现实的利益问题之一，关乎人民群众安全感、获得感和幸福感，关乎数字经济健康持续发展。

习近平总书记多次强调，要坚持网络安全为人民、网络安全靠人民，保障个人信息安全，维护公民在网络空间的合法权益，对加强个人信息保护工作提出明确要求。党的十八大以来，立法机关在制定《网络安全法》《电子商务法》，修改《消费者权益保护法》《刑法》，编纂《民法典》中，都明确规定个人信息受法律保护。虽然我国个人信息保护法律制度逐步建立，但仍难以满足信息化快速发展的现实情况和人民日益增长的美好生活需要。制定一部专门的个人信息保护法是人民群众的期待和社会经济发展的必然。

经过立法机关、法学理论界、法律实务界等的共同努力，历经三次审议及两次公开征求意见，2021年8月20日，第十三届全国人大常委会第三十次会议审议通过《中华人民共和国个人信息保护法》（以下简称《个人信息保护法》）。这是我国第一部专门针对个人信息保护的系统性、综合性法律。这部法律坚持和贯彻了以人民为中心的理念，聚焦个人信息保护领域的突出问题和人民群众的重大关切，既立足我国国情又充分借鉴域外立法经验，从个人信息处理的基本原则、个人信息及敏感个人信息处理规则、个人信息跨境传输规则、个人信息保护领域各参与主体的职责以及法律责任等方面对个人信息保护进行了全面系统的规定，建立起权责明确、保护有效、利用规范的个人信息保护体系，极大加强了我国个人信息保护的法治保障。《个人信息保护法》所确立的理念和规则在世界范围都具有领先水平。

《个人信息保护法》的颁布，不仅标志着我国个人信息保护法治事业翻开了新的篇章，也为世界贡献了个人信息保护与利用的中国治理方案。《个人信息保护法》的施行，必将有力促进人民群众在数字经济发展中具有更多的获得感、幸福感、安全感；必将有力促进信息数据依法合理有效利用，推动数字经济持续健康发展；必将有利于我国参与国际交流合作、维护国家利益，推动建立公平合理的个人信息保护国际治理规则。

《个人信息保护法》已于2021年11月1日正式施行。为助力《个人信息保护法》的实施，帮助社会各界正确理解和适用《个人信息保护法》规定内容，妥善解决实践中遇到的新情况新问题，我们从全国范围内挑选个人信息保护领域素有研究，特别是参与《个人信息保护法》立法的理论和实务方面的专家作为骨干，编写了《〈中华人民共和国个人信息保护法〉条文理解与适用》一书。本书侧重对《个人信息保护法》进行司法实务和具体适用层面的解读。编写体例包括《个人信息保护法》理解与适用、典型案例、条文对照等三部分内容。从内容上看，本书突出以下特点：一是详细阐释《个人信息保护法》条文的立法沿革和起草过程，便于广大读者深入把握条文的具体精神内涵。二是结合《民法典》以及司法解释等相关规定对条文进行深度解读，便于广大读者更加系统掌握个人信息的处理规则，更加准确理解法律、法规、司法解释的衔接适用。三是结合典型案例和具体场景,重点阐述审判实践中应注意的相关问题,增强《个人信息保护法》的针对性、实用性、操作性;同时对一些尚存争议的重点难点问题予以列明,引导司法实践重点关注、积极探索、积累经验。四是注重比较法研究,结合个人信息保护具体规则,对欧盟、美国、日本等国家和地区的相关规定予以介绍,便于广大读者从更广阔的视角去理解我国个人信息保护所取得的重大成果和历史进步。

本书由全国人大宪法和法律委员会副主任委员江必新定稿,最高人民法院研究室副主任、一级巡视员郭锋核稿,研究室民事处处长陈龙业、副处长贾玉慧统稿。编写小组具体分工如下:

郭　锋:第1条、第2条;

陈龙业:第4条、第5条、第20条、第69条;

景光强:第60条、第61条、第62条;

李予霞:第63条、第64条、第65条;

蒋家棣:第44条、第46条、第70条、第74条;

贾玉慧:第13条、第14条、第16条、第24条;

范怡倩:第55条、第56条、第57条;

张　音:第23条、第25条;

石佳友:第15条、第26条、第27条;

程　啸:第21条、第22条、第45条;

朱　虎:第17条、第18条、第19条;

洪延青:第51条、第52条、第54条;

邹　治:第30条、第31条、第32条;

丁宇翔:第6条、第28条、第47条、第48条、第49条;

王　磊:第35条、第36条、第37条;

杨　兵:第11条、第12条、第56条;

程立武:第50条、第66条、第67条、第68条;

孙铭溪:第3条、第58条、第53条;

颜　君：第71条、第72条、第73条；
梁展欣：第33条、第34条；
蔡一博：第38条、第39条、第40条；
何　建：第41条、第42条、第43条；
韩圣超：第8条、第9条、第29条；
郭尔绚：第59条；
张晓光：第7条；
刘　婷：第46条；
张　玥：第10条。

此外，蔡一博、丁宇翔、邹治、孙铭溪、颜君、牛晓煜、袁芳等七位同志为本书文字校对、案例编选做了大量工作。人民法院出版社陈建德副总编辑、李安尼副主任、赵芳慧编辑、巩雪编辑加班加点、反复核校，为本书的出版倾注了大量心血。由于时间原因，本书疏漏之处在所难免，敬请各方批评指正。

编　者

2021年11月3日

凡 例

1. 本书中法律、行政法规名称中的"中华人民共和国"省略，其余一般不省略，例如《中华人民共和国民法典》简称为《民法典》。特别说明：《民法典》自2021年1月1日起施行，《婚姻法》《继承法》《民法通则》《收养法》《担保法》《合同法》《物权法》《侵权责任法》《民法总则》同时废止。

2. 《最高人民法院关于贯彻执行〈中华人民共和国民法通则〉若干问题的意见（试行）》，简称为《民法通则意见》，已于2021年1月1日起废止。

3. 《最高人民法院关于审理使用人脸识别技术处理个人信息相关民事案件适用法律若干问题的规定》，简称为《使用人脸识别技术处理个人信息民事案件规定》。

4. 《最高人民法院关于审理利用信息网络侵害人身权益民事纠纷案件适用法律若干问题的规定》，简称为《信息网络侵害人身权益规定》。

5. 《最高人民法院、最高人民检察院关于办理侵犯公民个人信息刑事案件适用法律若干问题的解释》，简称为《侵犯公民个人信息刑事案件解释》。

6. 《最高人民法院关于适用〈中华人民共和国民事诉讼法〉的解释》，简称为《民事诉讼法解释》。

目 录

第一部分 条文理解与适用

第一章 总 则

第一条

【条文主旨】 ………………………………………（ 3 ）

本条是关于立法目的和立法依据的规定。

第二条

【条文主旨】 ………………………………………（ 15 ）

本条是关于自然人的个人信息受法律保护的规定。

第三条

【条文主旨】 ………………………………………（ 26 ）

本条是关于本法空间适用范围的规定。

第四条

【条文主旨】 ………………………………………（ 36 ）

本条是关于个人信息的概念及处理个人信息行为类型的规定。

第五条

【条文主旨】 .... （ 47 ）

本条是关于处理个人信息基本要求的规定。

第六条

【条文主旨】 .... （ 58 ）

本条是关于个人信息处理的目的限制原则和最小化原则的规定。

第七条

【条文主旨】 .... （ 67 ）

本条是关于处理个人信息公开透明原则的规定。

第八条

【条文主旨】 .... （ 74 ）

本条是关于处理个人信息质量原则的规定。

第九条

【条文主旨】 .... （ 82 ）

本条是关于个人信息处理者主体责任原则及安全保障原则的规定。

第十条

【条文主旨】 .... （ 91 ）

本条是关于个人信息处理的禁止性规定。

第十一条

【条文主旨】 .... （ 98 ）

本条是关于个人信息保护国家义务的规定。

第十二条

【条文主旨】 .... （108）

本条是关于国家推动个人信息保护国际交流与合作的规定。

第二章 个人信息处理规则

第一节 一般规定

第十三条

【条文主旨】 ………………………………………………（120）

　　本条是关于个人信息处理的合法性基础的规定。

第十四条

【条文主旨】 ………………………………………………（134）

　　本条是关于个人信息处理活动中有效同意的规定。

第十五条

【条文主旨】 ………………………………………………（147）

　　本条是关于信息主体撤回其个人信息处理同意的规定。

第十六条

【条文主旨】 ………………………………………………（158）

　　本条是关于不得因不同意或者撤回同意而拒绝提供产品或服务的规定。

第十七条

【条文主旨】 ………………………………………………（167）

　　本条是关于个人信息处理者告知义务的规定。

第十八条

【条文主旨】 ………………………………………………（183）

　　本条是关于个人信息处理者不负有告知义务和紧急情况下的事后及时告知的规定。

第十九条

【条文主旨】 ………………………………………………（192）

　　本条是关于个人信息的保存期限的规定。

第二十条

【条文主旨】 ································· (198)

本条是关于多个信息处理者共同决定处理个人信息的义务和责任的规定。

第二十一条

【条文主旨】 ································· (204)

本条是关于委托处理个人信息的规定。

第二十二条

【条文主旨】 ································· (215)

本条是关于个人信息处理者因合并、分立等原因而转移个人信息时各方义务的规定。

第二十三条

【条文主旨】 ································· (221)

本条是关于个人信息处理者提供个人信息的规定。

第二十四条

【条文主旨】 ································· (228)

本条是关于个人信息处理者利用个人信息进行自动化决策的规定。

第二十五条

【条文主旨】 ································· (239)

本条是关于未经个人单独同意不得公开个人信息的规定。

第二十六条

【条文主旨】 ································· (244)

本条是关于利用图像采集、个人身份识别设备处理个人信息的规定。

第二十七条

【条文主旨】 ································· (256)

本条是关于信息处理者处理个人公开信息的规定。

第二节 敏感个人信息的处理规则

第二十八条

【条文主旨】 ………………………………………………………（264）

本条是关于敏感个人信息内涵、外延以及处理基本条件的规定。

第二十九条

【条文主旨】 ………………………………………………………（274）

本条是关于处理敏感个人信息时取得单独同意和书面同意的规定。

第三十条

【条文主旨】 ………………………………………………………（283）

本条是关于处理敏感个人信息的特别告知事项的规定。

第三十一条

【条文主旨】 ………………………………………………………（293）

本条是关于处理不满 14 周岁未成年人个人信息的规定。

第三十二条

【条文主旨】 ………………………………………………………（301）

本条是关于处理敏感个人信息的特殊许可规定。

第三节 国家机关处理个人信息的特别规定

第三十三条

【条文主旨】 ………………………………………………………（308）

本条是关于国家机关处理个人信息活动，在本节规定与本法其他规定之间发生竞合时，优先适用本节的规定。

第三十四条

【条文主旨】 ………………………………………………………（316）

本条是关于国家机关处理个人信息合法原则的规定。

第三十五条

【条文主旨】 .... (323)

本条是关于国家机关处理个人信息时的告知义务以及除外情形的规定。

第三十六条

【条文主旨】 .... (335)

本条是关于国家机关处理个人信息的存储以及向境外提供相关规则的规定。

第三十七条

【条文主旨】 .... (344)

本条是关于法律、法规授权的组织处理个人信息的规定。

第三章 个人信息跨境提供的规则

第三十八条

【条文主旨】 .... (350)

本条是关于向境外提供个人信息的条件的规定。

第三十九条

【条文主旨】 .... (362)

本条是关于向境外提供个人信息应告知的事项和取得个人单独同意的规定。

第四十条

【条文主旨】 .... (368)

本条是关于关键信息基础设施运营者、处理个人信息达到规定数量的处理者向境外提供个人信息需要进行安全评估的特别规定。

第四十一条

【条文主旨】 .... (376)

本条是关于外国司法或者执法机构请求提供个人信息的处理的规定。

第四十二条

【条文主旨】 .... (386)

本条是关于国家网信部门有权对侵害个人信息权益或危害公共利益的境外组织或个人采取措施的规定。

第四十三条

【条文主旨】 .... (392)

本条是关于采取对等反制措施的规定。

第四章　个人在个人信息处理活动中的权利

第四十四条

【条文主旨】 .... (398)

本条是关于个人对其个人信息处理的知情权、决定权的规定。

第四十五条

【条文主旨】 .... (406)

本条是关于个人在个人信息处理中享有的查阅、复制权与可携带权的规定。

第四十六条

【条文主旨】 .... (424)

本条是关于个人信息更正权、补充权的规定。

第四十七条

【条文主旨】 .... (432)

本条是关于删除个人信息规则的规定。

第四十八条

【条文主旨】 .... (447)

本条是关于个人信息处理规则解释说明义务的规定。

第四十九条

【条文主旨】 ·· (451)

本条是关于近亲属在自然人死亡后行使其基于个人信息的相关权利的规定。

第五十条

【条文主旨】 ·· (457)

本条是关于个人在个人信息处理活动中的权利救济方式的规定。

第五章 个人信息处理者的义务

第五十一条

【条文主旨】 ·· (466)

本条是关于个人信息处理者采取安全保障措施义务的规定。

第五十二条

【条文主旨】 ·· (476)

本条是关于个人信息处理活动中处理者设置个人信息保护负责人制度义务和履职信息公开要求的规定。

第五十三条

【条文主旨】 ·· (485)

本条是关于在中华人民共和国境外的个人信息处理者在我国境内设立专门机构或指定代表义务的规定。

第五十四条

【条文主旨】 ·· (490)

本条是关于个人信息处理活动中处理者合规审计义务的规定。

第五十五条

【条文主旨】 ·· (495)

本条是关于个人信息处理者的个人信息保护影响评估义务与记录义务的规定。

第五十六条

【条文主旨】 ………………………………………………………（504）

本条是关于个人信息保护影响评估内容以及保存期限的规定。

第五十七条

【条文主旨】 ………………………………………………………（509）

本条是关于发生或者可能发生个人信息泄露、篡改、丢失时个人信息处理者负有的采取补救措施并通知义务的规定。

第五十八条

【条文主旨】 ………………………………………………………（516）

本条是关于特殊个人信息处理者的相关个人信息保护义务的规定。

第五十九条

【条文主旨】 ………………………………………………………（526）

本条是关于个人信息处理受托人的法定义务的规定。

第六章　履行个人信息保护职责的部门

第六十条

【条文主旨】 ………………………………………………………（533）

本条是关于履行个人信息保护职责的部门的规定。

第六十一条

【条文主旨】 ………………………………………………………（546）

本条是关于履行个人信息保护职责的部门的个人信息保护职责的规定。

第六十二条

【条文主旨】 ………………………………………………………（555）

本条是关于国家网信部门统筹协调个人信息保护职责的规定。

第六十三条

【条文主旨】 .... (564)

本条是关于履行个人信息保护职责的部门在履行个人信息保护职责过程中可以采取的措施的规定。

第六十四条

【条文主旨】 .... (575)

本条是关于履行个人信息保护职责的部门发现信息处理活动存在较大风险或者发生个人信息安全事件时可依法履行行政约谈和要求个人信息处理者进行合规审计的职责的规定。

第六十五条

【条文主旨】 .... (581)

本条是关于任何组织和个人都可以对违反个人信息处理活动进行社会监督，履行个人信息保护职责的部门接到组织、个人对违法个人信息处理活动投诉、举报处理工作机制的规定。

第七章　法律责任

第六十六条

【条文主旨】 .... (585)

本条是关于违反本法的行政处罚的规定。

第六十七条

【条文主旨】 .... (593)

本条是关于违法行为记入信用档案并公示的规定。

第六十八条

【条文主旨】 .... (597)

本条是关于国家机关和公职人员不履行个人信息保护义务的处理规定。

第六十九条

【条文主旨】 .... （601）

本条是关于侵害个人信息权益归责原则和损害赔偿规则的规定。

第七十条

【条文主旨】 .... （616）

本条是关于个人信息保护民事公益诉讼的规定。

第七十一条

【条文主旨】 .... （625）

本条是关于个人信息保护的治安管理处罚责任和刑事责任的规定。

第八章 附 则

第七十二条

【条文主旨】 .... （633）

本条是关于适用主体范围的例外规定。

第七十三条

【条文主旨】 .... （640）

本条是关于相关名词定义的规定。

第七十四条

【条文主旨】 .... （647）

本条是关于本法施行时间的规定。

第二部分 典型案例 10 件

案例一：郭某诉杭州野生动物世界服务合同纠纷案 .... （657）
案例二：李某诉黄某某隐私权纠纷案 .... （662）
案例三：庞某某诉北京趣拿信息技术有限公司、中国东方航空
　　　　股份有限公司隐私权纠纷案 .... （664）

11

案例四：孙某某诉北京百度网讯科技有限公司、第三人北京
搜狐互联网信息服务有限公司人格权纠纷案 ………… （667）

案例五：黄某诉腾讯科技（深圳）有限公司、腾讯科技（北京）
有限公司等隐私权、个人信息保护纠纷案 ………… （671）

案例六：淘宝（中国）软件有限公司诉安徽美景信息科技有限
公司不正当竞争纠纷案 ………………………… （675）

案例七：四川省自贡市人民检察院与被告周某某人格权纠纷
民事公益诉讼案 ………………………………… （678）

案例八：昆明盛唐恒基科技有限公司诉云南沐荣欣成房地产
开发有限公司服务合同纠纷案 ……………………… （683）

案例九：李某某等人诉四川锦程消费金融有限责任公司一般人格权
纠纷案 …………………………………………… （687）

案例十：李某某与平安银行股份有限公司上海分行隐私权
纠纷案 …………………………………………… （692）

第三部分　条文对照表

《个人信息保护法（草案）》《个人信息保护法（草案二次审议稿）》及
《个人信息保护法》对照表 ……………………………………… （699）

第一部分　条文理解与适用

第一章 总 则

第一条 为了保护个人信息权益,规范个人信息处理活动,促进个人信息合理利用,根据宪法,制定本法。

【条文主旨】

本条是关于立法目的和立法依据的规定。

【条文理解】

一、立法背景

自本世纪以来,以数据为新生产要素的数字经济蓬勃发展,数据的竞争已成为国际竞争的重要领域,《中共中央、国务院关于构建更加完善的要素市场化配置体制机制的意见》将数据与土地、资本、劳动力、技术并列为五大生产要素。[①] 个人信息数据是大数据的核心和基础,截至2021年6月,我国互联网用户已达10.11亿,互联网网站超过400万个、应用程序数量超过300万个,个人信息等数据的收集、使用更为广泛。虽然近年来我国个人信息保护力度不断加大,但一些企业、机构甚至个人,从商业利益等出发,随意收集、违法获取、过度使用、非法买卖个人信息,利用个人信息侵扰人民群众生活安宁、危害人民群众生命健康和财产安全等问题仍然十分突出,个人信息保护已成为广大人民群众最关心的现实问题之一。这一问题也引起全国人大代表和政协委员的高度

[①] 高富平:《制定一部促进个人信息流通利用的〈个人信息保护法〉》,载《探索与争鸣》2020年第11期。

关注。根据统计，2018年3月至2020年10月，全国人大代表共有340人次提出39件相关议案、建议，全国政协委员共提出相关提案32件。①

我国对于《个人信息保护法》的关注始于2003年。2001年国家信息化领导小组成立，下设国务院信息化工作办公室，主要负责推动国家的信息化相关立法，并于2003年开始部署《个人信息保护法》立法研究工作，2005年相关学者完成了《个人信息保护法（专家建议稿）》②。党的十八大以来，以2012年《全国人民代表大会常务委员会关于加强网络信息保护的决定》为开端，我国个人信息以及网络数据立法工作加快推进。在法律层面，《网络安全法》（2016）、《电子商务法》（2017）、《密码法》（2020）、《数据安全法》（2021）陆续出台；在《刑法修正案（七）》（2009）、《消费者权益保护法》（2013年修订）、《刑法修正案（九）》（2015）、《民法总则》（2017）、《未成年人保护法》（2020年修订）、《民法典》（2021）等法律的制定、修订过程中，立法机关对于个人信息保护问题也予以高度关注，均纳入了个人信息保护相关条款。

在行政法规、部门规章和标准规范层面，《电信和互联网用户个人信息保护规定》（2013）、《儿童个人信息网络保护规定》（2019）、《App违法违规收集使用个人信息行为认定方法》（2019）、《关键信息基础设施安全保护条例》（2021）、《常见类型移动互联网应用程序必要个人信息范围规定》（2021）、《国务院反垄断委员会关于平台经济领域的反垄断指南》（2021）、《常见类型移动互联网应用程序必要个人信息范围规定》（2021）等规定相继出台。

在司法解释层面，最高人民法院、最高人民检察院先后出台了《最高人民法院关于审理政府信息公开行政案件若干问题的规定》（2011）、《信息网络侵害人身权益规定》（2014）、《侵犯公民个人信息刑事案件解释》（2017）、《最高人民法院、最高人民检察院关于办理非法利用信息网

---

① 参见2020年10月13日时任全国人大常委会法工委副主任刘俊臣在第十三届全国人民代表大会常务委员会第二十二次会议上所作的《关于〈中华人民共和国个人信息保护法（草案）〉的说明》。

② 参见周汉华：《个人信息保护法（专家建议稿）及立法研究报告》，法律出版社2006年版，第28~34页。

络、帮助信息网络犯罪活动等刑事案件适用法律若干问题的解释》（2019）等司法解释。尤其是2021年7月颁布的《使用人脸识别技术处理个人信息民事案件规定》，是我国首次对使用人脸识别技术处理个人信息相关民事案件审理作出专门司法解释，对于保护个人信息权益、规范个人信息处理活动具有重要意义。

总体而言，我国个人信息保护法律制度体系虽然逐步建立，但法律规范的系统性、针对性和可操作性仍需进一步加强，有必要在个人信息保护方面形成更加完备的制度、提供更加有力的法律保障。党的十九大报告提出了建设网络强国、数字中国、智慧社会的任务要求，习近平总书记强调："要坚持网络安全为人民、网络安全靠人民，保障个人信息安全，维护公民在网络空间的合法权益。"对加强个人信息保护工作提出明确要求。为及时回应广大人民群众的呼声和期待，落实党中央部署要求，《个人信息保护法》于2018年9月正式纳入立法规划，历经三次审议及两次公开征求意见，2021年8月20日由第十三届全国人民代表大会常务委员会第三十次会议通过，2021年11月1日起施行。作为我国首部个人信息保护方面的专门法律，《个人信息保护法》解决了个人信息层面法律法规散乱不成体系的问题，建立起个人信息保护领域的基本制度体系，有利于将广大人民群众网络空间合法权益维护好、保障好、发展好，使广大人民群众在数字经济发展中享受更多的获得感、幸福感、安全感，也有利于促进信息数据依法合理有效利用，推动数字经济持续健康发展。《个人信息保护法》的制定和实施，标志着我国个人信息保护法治事业翻开了新篇章，也是全球个人信息法治发展的重大里程碑。

二、立法目的

《个人信息保护法》的制定，需要平衡好个人信息保护与保障国家发展利益、促进数字经济发展、维护公共安全等方面的关系，其立法兼具多重目的。本法第1条开宗明义，明确了《个人信息保护法》的立法目的主要有三个方面的内容：一是保护个人信息权益；二是规范个人信息处理活动；三是促进个人信息合理利用。明确立法目的，有利于人民群众深入理解法律、司法机关准确适用法律。本法的立法目的在立法过程中根据各方面意见也有所调整，在草案一审稿中曾将"保障个人信息依法有序自由流动"作为立法目的，部分委员和社会公众建议删除"自由"二字，立法机关在二审稿中将该句整体删除，我们认为这一调整是合理的。第一，从立法本位看，个人信息自由流动与本法权益保护的立法定位存在一定程度的冲突，将信息自由流动作为立法目的，可能导致社会公众在法律实施过程中对立法目的的误解，不利于凸显权益保护的法律定位。第二，信息的自由流动问题，涉及个人与个人信息处理者以及个人信息处理者之间的利益平衡，也涉及信息监管、国家安全和信息主权等问题。本法中不乏对个人信息流动作出限制的条文，例如本法第三章专门就个人信息跨境流动进行规制，将信息自由流动作为立法目的与相关规范并不完全一致。第三，信息的流动属于信息利用的一部分，本法将对个人信息的合理利用作为立法目的，已足以涵盖保障信息有序自由流动的目的。总体而言，我们认为这一调整凸显了《个人信息保护法》权益保护的立法定位，也可以避免法律实施过程中的争议和误解，体现出立法机关审慎的立法态度和高超的立法技巧。

（一）保护个人信息权益

对人民群众个人信息权益的保护是《个人信息保护法》最重要的立法目的。所谓个人信息，根据本法第3条规定，是以电子或者其他方式记录的与已识别或者可识别的自然人有关的各种信息，不包括匿名化处理后的信息。个人信息包括但不限于自然人的姓名、出生日期、身份证件号码、生物识别信息、住址、电话号码、电子邮箱、健康信息、行踪信息等。个人信息保护制度起源于20世纪70年代的欧洲，提出这一概念的原因是对国家滥用和泄露个人信息的担忧，此后逐渐从公法领域向私法领域扩展，直到现在成为具有社会普遍适用性的制度。个人信息权益是在信息时代中涌现的新型人格权益，[1] 从时代需求来看，此种权益的产

---

[1] 高富平：《论个人信息处理中的个人权益保护——"个保法"立法定位》，载《学术月刊》2021年第2期。

生主要是法律为了应对互联网的发展以及电子信息技术、数据技术、计算机技术、人工智能技术等尖端科技发展所带来的负面影响，以及大数据的发展对个人信息的收集与分析处理引发的各种问题。因此，法律对个人信息权益的规范面临着更为多元化的利益冲突，相对于隐私而言，个人信息仍然属于一种崭新的权益类型。[1]

在信息社会，个人信息收集、存储、加工、使用、传输、提供、公开、删除等信息处理活动，对自然人的人格尊严、人身自由等基本权利以及人身权益、财产权益会产生较大的影响。例如，因个人信息非法收集、买卖或使用而使加害人有机会对自然人既有的生命权、健康权、名誉权、隐私权等人格权以及债权、物权等财产权利实施侵害；基于被合法收集的个人信息形成的大数据，通过算法等技术进行社会分选、歧视性对待，进而损害人格尊严；通过大数据和人工智能技术进行人格画像，将原本属于主体的自然人降格为客体并加以操控，损害人格自由等。[2] 本法第1条牢牢把握保护人民群众个人信息权益的立法定位，第2条进一步明确自然人的个人信息受法律保护，任何组织、个人不得侵害自然人的个人信息权益。在此基础上，《个人信息保护法》厘清了个人信息、敏感个人信息、个人信息处理者、自动化决策、去标识化、匿名化的基本概念，从适用范围、个人信息处理的基本原则、个人信息及敏感个人信息处理规则、个人信息跨境传输规则、个人信息保护领域各参与主体的职责与权力以及法律责任等方面对个人信息保护进行了全面规定，坚持和贯彻了以人民为中心的法治理念，聚焦个人信息保护领域的突出问题和人民群众的重大关切，是中国个人信息权益保护的里程碑。

（二）规范个人信息处理活动

《个人信息保护法》的制定也是规范个人信息处理活动、维护网络空间良好生态的现实需要。个人信息处理活动，根据本法第4条第2款的规定，主要包括个人信息的收集、存储、使用、加工、传输、提供、公

---

[1] 参见王利明：《和而不同：隐私权与个人信息的规则界分和适用》，载《法学评论》2021年第2期。
[2] 参见程啸：《个人信息保护法理解与适用》，中国法制出版社2021年版，第28页。

开、删除等。随着我国信息化与经济社会持续深度融合，网络已成为生产生活的新空间、经济发展的新引擎、交流合作的新纽带，信息技术在促进经济发展、给人民提供更多物质生活和文化生活方面发挥着举足轻重的作用。但是，在信息收集环节和后续的信息加工、管理、应用等环节出现的过度收集、不当收集、信息滥用等问题，不仅损害人民群众的切身利益，而且危害交易安全，扰乱市场竞争，破坏网络空间秩序。网络空间是亿万民众共同的家园，个人信息处理活动必须在法治轨道上运行。《个人信息保护法》针对信息收集、利用等方面存在的问题进行规范，建立了覆盖个人信息收集、存储、使用、加工、传输、提供、公开、删除等全过程的个人信息处理规制体系和监管体系，尤其是对企业、机构等个人信息处理者的法律义务作出了集中、详细的规定，构建了完整的义务体系。这些义务包括：个人信息处理者采取措施确保个人信息处理活动合法并保护个人信息安全的义务；按照规定指定个人信息保护负责人的义务；定期进行合规审计的义务；对于高风险个人信息处理活动进行个人信息保护影响评估并对处理情况进行记录的义务；在发生或可能发生个人信息泄露等安全事件时立即采取补救措施并通知监管机构和个人的义务；提供重要互联网平台服务、用户数量巨大、业务类型复杂的个人信息处理者负有的"守门人义务"。[①] 同时，也规定了违法处理个人信息或者没有履行法律规定的个人信息保护义务的法律责任。《个人信息保护法》的这些规定，有利于维护网络空间良好生态，让信息生态在法治框架内良性健康发展。

（三）促进个人信息合理利用

平衡好个人权益保护与促进数据利用的关系，始终是个人信息保护立法的核心命题。随着数字经济的蓬勃发展，在新技术性应用层出不穷的信息生态下，个人信息处理已经成为社会进步和产业升级的新的驱动力，而广大民众对个人信息保护力度也有空前的关切和期待。如果从制度安排上过度鼓励共享，可能对个人隐私、个人信息等人格权保护带来

[①] 程啸：《个人信息保护法理解与适用》，中国法制出版社2021年版，第11页。

冲击；而如果过度保护个人信息、数据权利，严格限制共享，也会对共享形成障碍，不利于发挥个人信息和数据的经济效用。如何妥当协调和处理二者之间的关系，是各国法律制度所面临的共同难题。① 几乎所有国家或地区在保护个人信息的法律规范中，都要关注民事权益保护与合理自由维护这一对价值的协调，既尊重和保护自然人的人格尊严等基本人权，也充分维护公共利益，保护言论与信息自由、商业活动的正常进行。②《民法典》和《个人信息保护法》等法律在保护个人信息权益的同时，也高度关注自然人个人信息权益与信息自由、商业活动之间关系的协调，"合理平衡保护个人信息与维护公共利益之间的关系"。③《个人信息保护法》从个人信息处理的一般规则到特殊规则，以及对个人信息跨境提供的单独规则的设定，都体现了立法机关对于多方利益诉求的平衡，以及对于促进个人信息合理利用规则的立法目的的贯彻。需要指出的是，在"保护个人信息权益"和"个人信息合理利用"之间，"保护个人信息权益"是首要的立法目的，本条将信息权益保护置于合理利用之先，也体现了立法者在多元立法目的之间的价值权衡。

三、立法依据

立法目的和立法依据，既相互区别又紧密相关，前者是立法追求的价值目标，后者是制定法律的直接依据。立法目的是一部法律的灵魂，为立法活动指明方向和提供理论依据，对于确定法律的原则、设计法律条文、处理解决不同意见等具有重要的指导意义；立法依据则是一部法律的正当性前提，为立法本身提供合法性依据，同时明确其在国家法律体系中的地位。本条规定"根据宪法"系草案三审稿中增加，在草案二审稿征求意见阶段，有意见认为"我国宪法规定，国家尊重和保障人权；公民的人格尊严不受侵犯；公民的通信自由和通信秘密受法律保护。制

---

① 王利明：《数据共享与个人信息保护》，载《现代法学》2019年第1期。
② 程啸：《论我国民法典中的个人信息合理使用制度》，载《中外法学》2020年第4期。
③ 王晨：《关于〈中华人民共和国民法典（草案）〉的说明——2020年5月22日在第十三届全国人民代表大会第三次会议上》，载中国人大网，http://www.npc.gov.cn/npc/c30834/202005/50c0b507ad32464aba87c2ea65bea00d.shtml，最后访问日期：2021年9月15日。

订实施本法对于保障公民的人格尊严和其他权益具有重要意义",建议增加规定"根据宪法",制订本法。全国人大宪法和法律委员会经研究采纳了这一意见。

我国宪法是国家的根本法,是中国特色社会主义法律体系的统帅、核心和基础,是一切立法活动的根据。一切法律、行政法规和地方性法规都不得同宪法相抵触。"根据宪法,制定本法",有两层含义:一是本法的制定根据来源于宪法;二是本法的规定不得同宪法相抵触。现行《宪法》第二章第33条第3款规定"国家尊重和保障人权",第38条规定"公民的人格尊严不受侵犯",第40条规定"公民的通信自由和通信秘密受法律的保护"。《个人信息保护法》是关于个人信息保护的兼具公法与私法属性的基本法律,起源于宪法,承接自民法。[①] 落实宪法对个人信息权益保护的要求是本法的立法依据和基础,其所保护的个人信息权益源于人格尊严、人格权利,与公民的宪法权利具有密切关系,在权利位阶上具有重要地位,它的制定和实施体现了国家对公民基本权利的尊重和保护。

四、历次草案调整

草案一审稿中本条规定的内容为:"为了保护个人信息权益,规范个人信息处理活动,保障个人信息依法有序自由流动,促进个人信息合理利用,制定本法。"二审稿接受有关建议,删除"保障个人信息依法有序自由流动",调整为"为了保护个人信息权益,规范个人信息处理活动,促进个人信息合理利用,制定本法"。三审稿中根据有关建议增加"根据宪法",调整为"为了保护个人信息权益,规范个人信息处理活动,促进个人信息合理利用,根据宪法,制定本法"。此后未作修改。

[①] 参见龙卫球:《中华人民共和国个人信息保护法释义》,中国法制出版社2021年版,第6页。

【条文适用】

本条规定《个人信息保护法》的立法目的,立法目的是法律所追求的价值目标的体现。从法律适用上讲,本条作为立法目的及依据条款,与原则条款等一样,本身并不具有直接适用性,不得单独援引为裁判依据,但可以与其他具体规范结合,构成系统解释、目的解释的规范基础。[①] 当对《个人信息保护法》规定的具体事项在适用上存在分歧,根据条文的字面含义无法确定有关内容的原意时,就可以将其置于《个人信息保护法》的整体框架之中,并以本条规定的立法目的及依据作为指导思想,从而进行更加综合全面地考量。

一、《个人信息保护法》与《民法典》的关系

关于《个人信息保护法》与《民法典》的关系及适用问题,我国《民法典》多处对个人信息保护作出了规定,例如《民法典》第111条、第1030条、第1034条至第1039条、第1226条等。有观点认为,《民法典》与《个人信息保护法》二者之间的关系类似于《民法典》与《消费者权益保护法》的关系。《民法典》作为基本法具有普通法的地位,其约束的义务主体"信息处理者"涵盖了所有的信息处理机构和个人,具有一般性。而《个人信息保护法》作为全面系统规定个人信息处理制度的单行法,可以对《民法典》的一般性规定进行变通和突破,尤其对行政监管、信息跨境流动等《民法典》没有规定或不适合规定的内容增设规定。[②] 有观点认为,《个人信息保护法》是旨在防范对人格和财产的抽象加害,构成人格利益和财产利益保护的前置规范,个人信息保护法与民法尤其是侵权法对人格权的保护不相排斥,而是互相结合。[③] 也有观点认

[①] 参见刘风景:《立法目的条款之法理基础及表达技术》,载《法商研究》2013年第3期。
[②] 石佳友:《个人信息保护法与民法典如何衔接协调》,载《人民论坛》2021年第2期。
[③] 杨芳:《个人信息保护客体之辩——兼论个人信息保护法和民法适用上的关系》,载《比较法研究》2017年第5期。

为，《民法典》所指的个人信息是单一自然人的信息，《个人信息保护法》保护的对象主要针对不特定多数人团组信息。把《个人信息保护法》理解为《民法典》的下位法或者细则立法偏离了立法宗旨。[①] 还有观点认为，《个人信息保护法》是一部综合性的法律，包含了公法调整和私法调整两个部分，其中的民事规范应当作为民法的特别法看待。[②]

总体而言，《民法典》与《个人信息保护法》保护个人信息权益的立法目的是一致的，二者相辅相成但各有侧重。在保护的范围上，《民法典》从民事权益保护的角度对个人信息保护问题作出规定；《个人信息保护法》则通过对个人信息处理的全面规范，实现对个人信息权益的全方位保护。在调整的对象上，《民法典》调整的是平等主体的自然人、法人、非法人组织的人身关系和财产关系；《个人信息保护法》调整对象不限于平等主体之间，还包括国家机关以及有关组织与个人信息处理者之间的关系。在法律责任上，《民法典》仅规定了侵害个人信息权益的民事责任，主要是侵权责任；《个人信息保护法》对于侵害个人信息权益的行为，也可能产生行政责任。当然，即便在侵权责任范围内，《个人信息保护法》作为特别法，如与《民法典》规定不一致的，也应当优先适用。[③]

二、个人信息处理适用的法律规则

个人信息处理过程中涉及多方主体，多个环节，主要包括三个层次的关系：一是个人与信息处理者之间；二是不同信息处理者之间；三是个人、信息处理者与公共部门之间。由于个人信息权益并不是排他性、绝对性的权利，与数据处理场景紧密联系，也难以界定绝对意义上的隐私信息或敏感信息。因此，判断信息或数据权益归属时应当结合信息处理者身份、处理目的、信息处理技术及其他具体事实情节进行判断。

第一，个人与个人信息处理者之间的关系适用个人信息保护相关规

[①] 参见孙宪忠：《关于〈个人信息保护法〉（草案）的修改建议》，载微信公众号"中国法学网"2021年4月8日，最后访问日期：2021年10月15日。
[②] 王苑：《个人信息保护在民法中的表述——兼论民法与个人信息保护法之关系》，载《华东政法大学学报》2021年第2期。
[③] 参见程啸：《个人信息保护法理解与适用》，中国法制出版社2021年版，第19~22页。

则。个人在享受数字服务便利的同时需要维护个人信息权益，而信息处理者希望以最小成本收集更多的信息以获取可能的经济利益，二者之间存在一定冲突，此时应适用个人信息保护规则平衡双方权益。一是除法定许可情形外，应遵循知情同意原则，在个人充分知情前提下，自愿、明确授权处理者获取和使用个人信息。二是遵循合法、正当、必要和诚信原则，信息收集应限于实现处理目的的最小范围，不得过度收集和使用。三是遵循公开、透明原则，信息处理者应当公开处理信息的规则，明示处理的目的、方式和范围，避免因授权场景不清晰导致误判。

第二，不同信息处理者之间适用不同的法律规则。在不同场景下适用不同的法律规则以确定权益归属，如果处理者对数据编排具有独创性，可能形成著作权；如果对数据的开发形成不为外界知悉且能带来特定商业价值的模式，则可能形成商业秘密，可以适用知识产权法律规则保护其权利；对于形成独特价值、带有明显的财产权益属性的数据，处理者可以通过与其他主体签订合同，对数据使用方式、范围、期限等内容进行约定，适用合同法相关规则。此外，不同处理者对数据的竞争可能适用竞争法规则维护正常市场秩序，涉及反不正当竞争法、反垄断法相关规定。

第三，国家机关处理个人信息的特别规定。国家机关处理个人信息的主要目的是提供公共服务或维护公共利益。尤其是在公共卫生事件等特定情形下要保障相关部门顺畅、快速地获取个人信息或数据，如适用平等民事主体之间的"告知并同意"原则可操作性不强，影响社会公共利益的实现。因此在国家机关处理个人信息过程中，应以保证公共部门正常履职为侧重点，并在此基础上明确合适的个人信息告知方式，对处理权限、信息存储等作出规定，在增加国家机关处理个人信息的透明度的同时，保障国家机关依法履职。

【相关规定】

1. 《中华人民共和国宪法》（2018年3月11日修正）

第三十三条　凡具有中华人民共和国国籍的人都是中华人民共和国公民。

中华人民共和国公民在法律面前一律平等。

国家尊重和保障人权。

任何公民享有宪法和法律规定的权利，同时必须履行宪法和法律规定的义务。

第三十八条　中华人民共和国公民的人格尊严不受侵犯。禁止用任何方法对公民进行侮辱、诽谤和诬告陷害。

第四十条　中华人民共和国公民的通信自由和通信秘密受法律的保护。除因国家安全或者追查刑事犯罪的需要，由公安机关或者检察机关依照法律规定的程序对通信进行检查外，任何组织或者个人不得以任何理由侵犯公民的通信自由和通信秘密。

2. 《中华人民共和国数据安全法》（2021年6月10日）

第一条　为了规范数据处理活动，保障数据安全，促进数据开发利用，保护个人、组织的合法权益，维护国家主权、安全和发展利益，制定本法。

3. 《中华人民共和国网络安全法》（2016年11月7日）

第一条　为了保障网络安全，维护网络空间主权和国家安全、社会公共利益，保护公民、法人和其他组织的合法权益，促进经济社会信息化健康发展，制定本法。

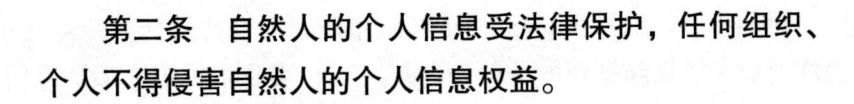

第二条　自然人的个人信息受法律保护，任何组织、个人不得侵害自然人的个人信息权益。

【条文主旨】

本条是关于自然人的个人信息受法律保护的规定。

【条文理解】

一、个人信息受法律保护

在传统意义上，个人信息主要是指姓名、出生日期、身份证件号码、住址、电话号码等能够识别特定自然人的信息。个人信息的类型相对固定，收集、存储、使用个人信息的方式也较为单一。此时，对于侵害个人信息的行为，通过行使姓名权、隐私权、名誉权等具体人格权的方式往往已足以保护。比如，未经他人同意擅自公开他人住址、电话号码等信息的，可以通过隐私权保护的方式加以规制。但是随着现代信息技术的不断发展，个人信息的种类不断丰富，记录的形式越来越多样。比如，人脸信息、电子通讯内容、网页浏览痕迹等都可以成为个人信息。个人信息被任意收集、处理的现象加剧，引发了大量有关信息自由、公共利益、社会安全等问题。

为保护个人信息，各国多以立法形式对个人信息处理活动予以规范，并形成了两种主要的立法模式。一种是统一立法模式。例如欧洲各国强调通过统一立法的形式明确个人信息受保护的权利。从20世纪70年代欧盟成员国国内立法，1995年欧盟《个人信息保护指令》协调各国保护标准，2009年欧盟将个人信息保护写入宪法，确立个人信息保护的基本人权地位，到2016年《欧盟通用数据保护条例》（General Data Protection

Regulation，以下简称GDPR）出台，欧盟有关个人信息的保护标准趋向统一化、标准化。另一种是分散立法模式。美国没有统一的个人信息保护法，而是将信息隐私保护规范分散在宪法、侵权法等法律中。比如，在宪法中规定信息隐私权的一般性保护，在特别法中规定敏感个人信息和隐私权保护，在《联邦贸易委员会法案》中规定对商业领域信息隐私保护和对其他数据密集型商业行为进行监管。

我国个人信息保护立法历经了从以公法保护为主到同时重视私法保护的发展历程。1997年《刑法》第253条规定"私自开拆、隐匿、毁弃邮件、电报罪"，打击邮政工作人员私自开拆或者隐匿、毁弃邮件、电报的犯罪行为。此后该条经2009年《刑法修正案（七）》、2015年《刑法修正案（九）》沿革，最终设立"侵犯公民个人信息罪"。为依法惩治侵犯公民个人信息犯罪活动，保护公民个人信息安全和合法权益，最高人民法院会同最高人民检察院于2017年5月发布《侵犯公民个人信息刑事案件解释》，全面、系统地对侵犯公民个人信息犯罪的定罪量刑标准和有关法律适用问题作出规定。

为加大个人信息的私法保护力度，2012年12月28日，第十一届全国人民代表大会常务委员会第三十次会议通过了《关于加强网络信息保护的决定》，对网络服务提供者和其他企业事业单位及其工作人员在收集、使用公民个人电子信息时应当遵循的原则及违反的法律责任作出了具体的规定。2013年《消费者权益保护法》修订中，针对消费者个人信息泄露、非法买卖等问题，该法第14条明确消费者享有个人信息依法得到保护的权利。2017年6月1日起施行的《网络安全法》在第四章"网络信息安全"中对个人在信息处理活动中的权利和他人利用网络侵害个人信息的行为类型进一步细化。2017年10月1日起施行的《民法总则》第111条[1]明确自然人的个人信息受法律保护。《民法典》不仅在总则编第五章"民事权利"中明确个人信息受法律保护（第111条），还在人格

---

[1] 该条规定："自然人的个人信息受法律保护。任何组织和个人需要获取他人个人信息的，应当依法取得并确保信息安全，不得非法收集、适用、加工、传输他人个人信息，不得非法买卖、提供或者公开他人个人信息。"

权编第一章"一般规定"（第999条）、第五章"名誉权和荣誉权"（第1029条、第1030条）以及第六章"隐私权和个人信息保护"（第1034条至第1039条）中对个人信息的收集、使用、删除、更正和保护等问题作出详细规定。侵权责任编第六章"医疗损害责任"（第1226条）更是针对患者隐私和个人信息保护作出特别规定。

在前述相关立法的基础上，《个人信息保护法》对个人信息保护问题作出专门规定，在本法第2条再次宣示"自然人的个人信息受法律保护"，这不仅意味着《个人信息保护法》对个人信息的保护，还包括前述《民法典》《数据安全法》《刑法》《消费者权益保护法》《未成年人保护法》等相关法律对个人信息的保护。我国立法对个人信息的保护，既明确信息处理者在信息处理活动中应当遵守的原则和义务，又规定自然人在个人信息处理活动中的权利，体现出个人信息公法保护与私法保护的平衡。

二、个人信息主体的范围

《个人信息保护法》明确保护自然人的个人信息，对于个人信息主体的范围，在各国立法实践和学理上主要存在以下几方面的分歧。

（一）法人主体

在立法上，大部分国家将个人信息的主体范围限定为自然人，对法人采取否定立场，少部分国家如挪威、卢森堡等对法人信息与自然人信息一并保护。从个人信息保护的法理渊源看，个人信息保护的权利基础为一般人格权理论，通常认为，法人并无一般人格权，仅有名称权、名誉权、荣誉权等具体人格权。在价值保护方面，自然人的个人信息受到侵害时往往会引发隐私权保护问题，法人的信息可以通过商业秘密等规定保护。如将法人信息纳入个人信息保护范围，势必要求法人将信息尤其是商业秘密向行政机关进行申报，反而增加信息侵害的风险，与信息保护的初衷相悖。基于上述原因，我国《个人信息保护法》未将法人信息纳入保护范围，而是将个人信息主体范围限定为自然人，对实践中规范自然人信息保护具有重要意义。

(二) 死者和胎儿主体

1984年《英国资料保护法》规定："个人资料是由有关一个活着的人的信息组成的资料，对于这个人，可以通过该信息（或通过资料用户拥有的该信息的其他信息）识别出来，该信息包括对有关个人的评价，但不包括对个人资料用户表示的意图。"[①] 1998年《英国资料保护条例》延续该规定，将个人信息主体限定为活着的自然人，其立法理由主要基于死者没有人格权，其信息不应得到保护。在《个人信息保护法》草案向社会公开征求意见阶段，有建议在草案第2条明确胎儿、死者及英雄烈士的个人信息受法律保护。《个人信息保护法》第49条最终明确："自然人死亡的，其近亲属为了自身的合法、正当利益，可以对死者的相关个人信息行使本章规定的查阅、复制、更正、删除等权利；死者生前另有安排的除外。"可见我国立法并未将死者排除在个人信息保护的主体之外，对死者信息同样采取尊重和保护的态度，这主要是基于公共利益的考量。但死者没有权利能力，原则上不宜作为个人信息保护的主体。个人信息保护也可以向胎儿延伸。例如，胎儿娩出前在医院建档，如果医院擅自出售或者公开胎儿信息，则可能侵害胎儿的个人信息权益。

(三) 家庭主体

2020年1月1日美国加利福尼亚州《消费者隐私保护法案》（CCPA）正式生效，根据该规定，个人信息不仅包括直接或者间接标识、涉及、描述、能够与特定消费者直接关联或合理连接的信息，还包括能够与家庭直接关联或合理连接的信息。该法将于家庭直接关联与合理连接的信息纳入保护，因此也有观点认为个人信息的主体既包括自然人，也应当包括由自然人组成的家庭。对于这一问题，一般认为"家庭"并非法律概念，与家庭直接关联或者合理连接的信息可通过作为家庭成员的个人信息加以保护，将家庭纳入个人信息主体范围缺乏必要性。

(四) 外国人主体

相较于公民概念，我国立法上的自然人既包括中国公民，还包括外

[①] 齐爱民：《论个人信息的法律保护》，载《苏州大学学报》2005年第2期。

国公民和无国籍人，外延更为宽泛。虽然有观点认为，对外国人的个人信息施行同等保护不能当然认为外国人是国内法主体，外国人的个人信息可通过涉外条款保护，但结合《个人信息保护法》第3条①规定，《个人信息保护法》不仅规范在中国境内处理自然人个人信息的活动，还将适用范围适度扩张到中国境外，对特定情形下境外处理境内自然人个人信息的活动加以规范。可见，立法注重保护境内自然人的个人信息，强调自然人个人信息的产生、处理发生在中国境内，并不刻意区分境内自然人是否为中国公民。因此，外国公民、无国籍人的个人信息在中国境内处理，或者其境内个人信息属于法律规定的在中国境外处理情形的，也应当适用《个人信息保护法》。

三、个人信息权益的性质

（一）利益说与权利说

在民法上，并非所有的利益都可以称为民事权利。民事权利本质上是指法律为了保障民事主体的特定利益而提供法律之力的保护，是法律之力和特定利益的结合，是类型化了的利益。② 在民事权利之外尚有一些合法的利益存在，它们还未被确认为民事权利。例如，占有的利益、死者的人格利益等。《个人信息保护法》明确保护的客体是自然人的个人信息，但并未直接表述为个人信息权利，而是采用"个人信息""个人信息权益""个人权益""个人在个人信息处理活动中的权利"等表达方式，对于个人信息权益是一种民事权利还是一种民事利益在学界存在一定的争议。

持民事利益说的学者认为，我国《民法总则》第111条未采用"个人信息权"的表述，意味着立法机关没有将个人信息作为一项具体的人

---

① 该条规定："在中华人民共和国境内处理自然人个人信息的活动，适用本法。在中华人民共和国境外处理中华人民共和国境内自然人个人信息的活动，有下列情形之一的，也适用本法：（一）以向境内自然人提供产品或者服务为目的；（二）分析、评估境内自然人的行为；（三）法律、行政法规规定的其他情形。"

② 王利明：《民法总则研究》（第三版），中国人民大学出版社2018年版，第398页。

格权益。① 考虑到个人信息的复杂性，《民法总则》第 111 条没有简单以单纯民事权利特别是一种人格权的形式加以规定，而是笼统规定个人信息受法律保护，为未来个人信息如何在利益上兼顾财产化，以及与数据经济的发展关系配合预留了一定的解释空间。②

持民事权利说的学者在承认自然人享有个人信息权的同时，对于权利的性质，也区分为近似人格权说和人格权说等不同观点。有观点认为，在隐私权之外，确立自然人对其个人信息享有的民事权利，在一定程度上明确了个人信息权。虽然没有直接规定自然人享有个人信息权，但对自然人而言，《民法总则》第 111 条既是对其民事权利的宣示性规定，也是确权性的规定。③ 也有观点认为，《民法总则》规定的个人信息是指个人身份信息，与隐私权保护的个人隐私信息能够进行明晰的界分，如实践中仅以隐私权的保护方法保护个人身份信息不够完善，且比较法上将个人信息权作为独立的权利的发展趋势越来越明显，因此，应当认定《民法总则》第 111 条规定的个人信息，就是规定的自然人享有的具体人格权之一，即个人信息权。④

《民法典》以及《个人信息保护法》沿用了《民法总则》的表述，均未明确个人信息是一项法定民事权利。虽然不断有专家学者呼吁应当明确规定个人信息权，⑤ 但也有观点认为，如将个人信息权益确定为具体人格权，可能导致自然人对个人信息享有绝对的控制权和支配权，影响信息自由流动，不利于数字经济发展。⑥ 考虑到相关争议，立法者对此采取了谨慎的态度，《民法典》人格权编在规定具体人格权各章均采用了权

---

① 参见王利明主编：《中华人民共和国民法总则详解（上）》，中国法制出版社 2017 年版，第 465 页。

② 参见龙卫球、刘保玉：《中华人民共和国民法总则释义与适用指南》，中国法制出版社 2017 年版，第 404 页。

③ 参见陈甦主编：《民法总则评注（下册）》，法律出版社 2017 年版，第 785 页。

④ 参见杨立新：《个人信息：法益抑或民事权利——对〈民法总则〉第 111 条规定的"个人信息"之解读》，载《法学论坛》2018 年第 1 期。

⑤ 参见王利明：《论个人信息权的法律保护——以个人信息权和隐私权的界分为中心》，载《现代法学》2013 年第 4 期。

⑥ 参见丁晓东：《个人信息私法保护的困境与出路》，载《法学研究》2018 年第 6 期。

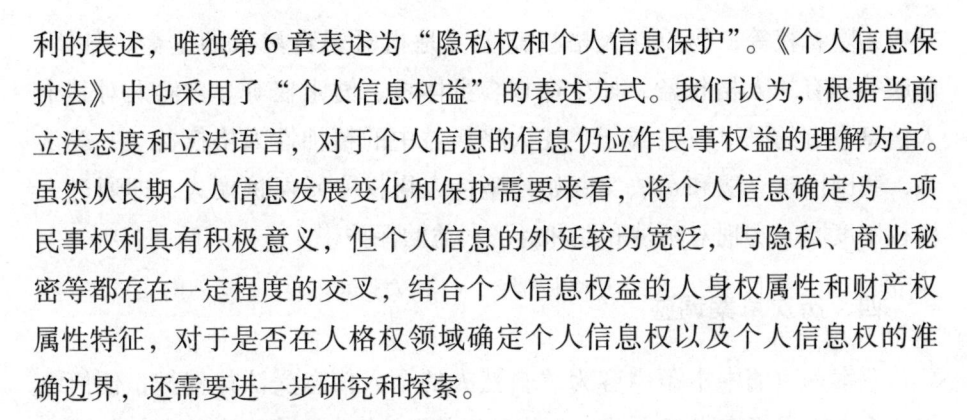

利的表述,唯独第6章表述为"隐私权和个人信息保护"。《个人信息保护法》中也采用了"个人信息权益"的表述方式。我们认为,根据当前立法态度和立法语言,对于个人信息的信息仍应作民事权益的理解为宜。虽然从长期个人信息发展变化和保护需要来看,将个人信息确定为一项民事权利具有积极意义,但个人信息的外延较为宽泛,与隐私、商业秘密等都存在一定程度的交叉,结合个人信息权益的人身权属性和财产权属性特征,对于是否在人格权领域确定个人信息权以及个人信息权的准确边界,还需要进一步研究和探索。

(二) 对个人信息权益的理解

自然人的个人信息权益,是指自然人就其个人信息享有的民事权益。我国《民法典》总则编第5章详细列举了自然人、法人和非法人组织所享有的各项民事权益,包括人格权益、身份权利、物权、债权、知识产权、继承权、股权和其他投资性权利,其他民事权利和利益,直至数据、网络虚拟财产等新型的财产。《民法典》第111条明确自然人的个人信息受法律保护,该条置于第110条(具体人格权)和第112条(因婚姻、家庭关系等产生的人身权利)之间,这一立法位置的安排充分表明自然人对个人信息享有的权益属于民事权益。[1]

我国民事权益分为人身权益与财产权益,其中人身权益又可分为人格权益和身份权益。虽然《民法典》没有规定个人信息权,但《民法典》第990条第2款明确规定自然人享有基于人身自由、人格尊严产生的其他人格权益。一般认为,法律对自然人个人信息的保护,本质上是保护其人格利益,包括人的尊严和自由。[2] 因此,无论将个人信息界定为权利还是利益,都不影响法律将其确定为自然人的人格权益。我国《民法典》规定的人格权益可以进一步细分为精神性人格权益和物质性人格权益,精神性人格权益一般是民事主体对精神性人格要素如姓名、肖像、名誉、荣誉、隐私等享有的人格权益,如姓名权、名称权、肖像权、名

---

[1] 参见程啸:《个人信息保护法理解与适用》,中国法制出版社2021年版,第27页。
[2] 参见张新宝:《民法总则个人信息保护条文研究》,载《中外法学》2019年第1期。

誉权、隐私权等；物质性人格权益主要是指对于自然人的生命、身体、健康等拥有的人格权益，如生命权、身体权、健康权等。自然人对其个人信息享有的民事权益属于上述人格权益中的精神性人格权益。一般认为，我国民事立法和司法实践始终坚持人格权一元保护模式，即通过人格权制度同时实现对精神利益和经济利益的保护。①

四、历次草案调整

草案一审稿中本条内容为"自然人的个人信息受法律保护，任何组织、个人不得侵害自然人的个人信息权益"。有建议将个人信息权益修改为"个人信息"或者"个人信息权益"，也有建议在本条明确胎儿、死者及英雄烈士的个人信息受法律保护，立法机关经研究未作调整。

【条文适用】

一、区分隐私权与个人信息权益、数据权益

对于个人信息与隐私权的关系，在《民法典》编纂过程中，一种观点认为应当通过隐私权来保护个人信息；② 另一种观点认为个人信息不同于隐私，需要区分加以保护。③ 根据《民法典》第1032条第2款的规定，隐私是自然人的私人生活安宁和不愿为他人知晓的私密空间、私密活动、私密信息。《民法典》第1034条第3款④明确个人信息中的私密信息适用有关隐私权的规定，一定程度上体现了个人信息权益与隐私权在保护客体上的交叉性。在保护客体方面，隐私权侧重保护私密性的信息，注重保护私人生活安宁和私密信息不为他人知晓，而个人信息权益保护的个

---

① 参见程啸：《个人信息保护法理解与适用》，中国法制出版社2021年版，第35页。
② 参见丁晓东：《个人信息私法保护的困境与出路》，载《法学研究》2018年第6期。
③ 参见王利明：《论个人信息的法律保护——以个人信息权与隐私权的界分为中心》，载《现代法学》2013年第4期。
④ 该条款规定："个人信息中的私密信息，适用有关隐私权的规定；没有规定的，适用有关个人信息保护的规定。"

人信息范围广于隐私权。在保护内容方面，隐私权特别注重隐秘性，强调个人私密不被他人非法公开，而个人信息权益注重对个人信息的支配和自主决定，强调享有信息是否公开的控制权。在保护方式方面，隐私权是一种消极的、防御性的权利，通常是待隐私权受到侵害后寻求事后救济，而个人信息权益偏主动性，强调预防个人信息被侵害。

关于个人信息与数据权益，《民法典》第127条①、《数据安全法》均明确规定了对数据权益的保护。从技术角度而言，数据是指具有可分析性、可统计性、有使用价值的信息的总和，不仅包括原生数据，即计算机直接产生的数据，也包括这些数据被记录、储存、编辑、计算后形成了具有使用价值的衍生数据，比如购物喜好、信用记录等。因此，数据是信息的记录形式，信息是数据的具体内容，个人信息与数据存在着紧密的联系。一般认为，《民法典》所保护的个人信息是依法受到保护，不可交易的可识别性的数据的总和。《民法典》第127条规定的数据是针对不涉及个人信息的可统计、非识别性的数据，这些数据的收集、处理是在保护自然人隐私权和信息权益基础上，对原始数据进行梳理、加密等方式后使用的。② 由于数据处理者需要投入资金、时间、人力、智力、技术等进行开发，一般认为数据权益更侧重对数据本身的财产性权益。但这种权益究竟是物权、债权抑或知识产权，在理论上存在不同认识与分歧，立法层面也没有定论，需要依据具体情况判断权益属性。

综上所述，隐私权、个人信息权益都要求保护的个人信息具有可识别性，如信息经匿名化、脱敏化处理脱离可识别性后，则成为可流动、可使用的数据，宜从数据权益的角度加以保护；如信息可识别特定自然人，则要界定是否属于私密信息，以判断是适用隐私权保护的规定还是个人信息保护的相关规定。

---

① 该条规定："法律对数据、网络虚拟财产的保护有规定的，依照其规定。"
② 最高人民法院民法典贯彻实施工作领导小组主编：《中华人民共和国民法典总则编理解与适用（下）》，人民法院出版社2020年版，第658页。

二、区分私密信息与非私密信息

依据《民法典》第 1034 条第 3 款规定,个人信息可基于私密性标准划分为私密信息和非私密信息。私密信息是指通过特定形式体现出来的有关自然人的病历、财产状况、身体缺陷、遗传特征、档案材料、生理识别信息、行踪信息等个人情况。[①] 这些个人情况是自然人不愿向他人公开披露的信息。未经权利人同意,任何组织或者个人不得擅自处理上述信息。私密信息和非私密信息虽然都能起到识别特定自然人的作用,但私密信息往往与特定自然人的识别性更强,联系更为紧密,并且关乎自然人的私人生活安宁和特定信息不为他人知晓,即个人隐私问题。此外,私密信息与《民法典》第 1032 条第 2 款[②]中的私密活动也有一定联系。私密活动是一种动态的隐私,如将私密活动记录成静态信息的形式,则为私密信息。例如,某一自然人在某宾馆房间与另一人约会是私密活动,但若其用手机将约会的过程记录留存下来,则手机上留存的记录就变成了私密信息,而非私密活动;某人的通信行为为私密活动,但通信记录则为私密信息。[③]

【相关规定】

1. 《中华人民共和国民法典》(2020 年 5 月 28 日)

第一百一十一条 自然人的个人信息受法律保护。任何组织或者个人需要获取他人个人信息的,应当依法取得并确保信息安全,不得非法收集、使用、加工、传输他人个人信息,不得非法买卖、提供或者公开他人个人信息。

---

① 黄薇主编:《中华人民共和国民法典释义(下)》,中国民主法制出版社 2020 年版,第 1540 页。

② 该条款规定:"隐私是自然人的私人生活安宁和不愿为他人知晓的私密空间、私密活动、私密信息。"

③ 黄薇主编:《中华人民共和国民法典释义(下)》,中国民主法制出版社 2020 年版,第 1540 页。

2.《中华人民共和国数据安全法》（2021年6月10日）

第七条 国家保护个人、组织与数据有关的权益，鼓励数据依法合理有效利用，保障数据依法有序自由流动，促进以数据为关键要素的数字经济发展。

3.《中华人民共和国网络安全法》（2016年11月7日）

第四十四条 任何个人和组织不得窃取或者以其他非法方式获取个人信息，不得非法出售或者非法向他人提供个人信息。

第三条 在中华人民共和国境内处理自然人个人信息的活动，适用本法。

在中华人民共和国境外处理中华人民共和国境内自然人个人信息的活动，有下列情形之一的，也适用本法：

（一）以向境内自然人提供产品或者服务为目的；

（二）分析、评估境内自然人的行为；

（三）法律、行政法规规定的其他情形。

【条文主旨】

本条是关于本法空间适用范围的规定。

【条文理解】

《中共中央关于制定国民经济和社会发展第十四个五年规划和二〇三五年远景目标的建议》中提出"加快数字化发展"的战略规划，建立数据资源产权、交易流通、跨境传输和安全保护等基础制度和标准规范，积极参与数字领域国际规则和标准制定，扩大基础公共信息数据有序开放，建设国家数据统一共享开放平台，保障国家数据安全，加强个人信息保护，确保产业数字化在公平、合理、非歧视的数字国际规则和标准的保驾护航下进行。

法律是国家意志的体现，在国家主权范围内保证其实施，其效力类型包括时间效力、空间效力和对人的效力。在法律的空间效力上，现代国家立法多以属地管辖为主，属人管辖、保护性管辖、普遍性管辖为辅，强调法律的域内效力。而网络空间具有超地域性的基本特征。伴随着大数据、云计算、物联网等技术的发展，数据的跨境流动给传统的属地管辖带来了巨大的冲击，构建数据全球化背景下的个人信息保护管辖规则，成为各国和地区立法都关注的问题，国际范围内不少国家（地区）都已经设立了域外适用条款，建立反信息保护管辖规则已成为抢占国际数字经济及数据治理话语权的重要方式。我国《个人信息保护法》的颁布，旗帜鲜明地提出了个人信息跨境治理的"中国方案"。

一、域内效力

法律的域内效力亦称属地效力，是国家主权在法律上的体现。本条第1款确认了我国《个人信息保护法》以属地管辖为原则，即本法对在中华人民共和国境内进行自然人个人信息处理活动的主体具有管辖权。2013年《电信和互联网用户个人信息保护规定》、2017年《网络安全法》均对域内效力作出了规定。

从空间维度上看，域内即领域之内，本条表述为中华人民共和国境内，指的是中国大陆（内地），而不包括我国台湾地区、香港特别行政区、澳门特别行政区。这是我国"一国两制"的特殊国情下对属地管辖的限制。我国香港特别行政区、澳门特别行政区、台湾地区分别已有适用于本地区的个人信息保护立法，即我国香港特别行政区《个人资料（隐私）保护条例》、澳门特别行政区《个人资料保护法》、我国台湾地区"个人资料保护法"。从物理空间的角度看，本法的地域适用范围为中国大陆（内地）。[①] 此外，根据旗国主义，一国的船舶和航空器在国际法上构成一国领土范围的延伸，因此，应该理解为在中华人民共和国船舶或者航空器内处理自然人个人信息的活动，也应适用本法。

从主体维度上看，只要是在我国境内开展处理自然人个人信息的活动，无论处理者是组织还是个人，无论是否为中国的组织和个人，均适用本法。

从行为维度上看，结合本法第4条第2款，个人信息的处理包括个人信息的收集、存储、使用、加工、传输、提供、公开、删除等。

[①] 张新宝、葛鑫：《个人信息保护法（专家建议稿）及立法理由书》，中国人民大学出版社2021年版，第5页。

二、域外效力

本条第 2 款规定了在我国领域外的个人信息处理活动适用本法的情形，即本法的"域外效力"。

（一）个人信息保护法域外效力的理论基础

由于各国对域外管辖制度的理解和认识存在分歧，目前对"域外管辖"的概念界定尚未形成共识。联合国国际法委员会曾经在 2006 年对域外管辖的含义进行界定："国家主张域外管辖权是在没有国际法有关规则的情况下试图以本国的立法、司法或执行措施管辖在境外影响其利益的人、财产或行为。"在美国，域外管辖常被称为"长臂管辖"。域外管辖并不是一类独立的管辖权，而是主权国家在实践中发展出来的行使管辖权的一种具体方式。[①] 在尊重主权、不干涉内政的前提下，承认通过国内法规定其域外效力已得到国际普遍认可。我国的《刑法》《反垄断法》等实体法均有域外效力的立法表述。例如，我国《刑法》第 6 条第 2 款、第 3 款规定："凡在中华人民共和国船舶或者航空期内犯罪的，也适用本法。犯罪行为或者结果有一项发生在中国领域内，就认为是在中华人民共和国领域内犯罪"，在立法上对发生在境外的犯罪行为主张属地管辖权。又如，根据效果原则，我国《反垄断法》第 2 条主张对在我国境外发生但是对境内市场竞争产生排除、限制影响的垄断行为进行管辖。

个人信息保护法域外效力制度的理论基础来源于"数据主权"概念，即数据作为国家基础性战略资源，属于国家主权范畴。大数据时代，网络空间逐步发展成为继陆地、海洋、天空、外太空之外的第五空间，为规范针对网络空间的立法和司法活动，《网络行动国际法塔林手册 2.0 版》（以下简称《塔林手册 2.0 版》）应运而生。《塔林手册 2.0 版》规定了国家可对网络活动行使属地和域外管辖权，将网络活动国际管辖权的对象扩大到数据，从而第一次在国际管辖权规则创设上明确将数据作

[①] 廖诗评：《国内法域外适用及其应对——以美国法域外适用措施为例》，载《比较法研究》2019 年第 3 期。

为独立的客体，体现了对数据主权观念的肯定。①

（二）主要国家和地区个人信息保护法域外效力的立法

1998年通过的《美国儿童网上隐私保护法》中将规范的主体规定为"面向儿童的网站或在线服务提供者"，这一规范普遍被认为并没有界定地域范围而实质上具有域外效力。虽然美国一直以来是数据自由流动的倡导者，但随着数据领域全球竞争的日益激烈，2018年通过《美国澄清境外数据合法使用法》（又称"云法案"），将美国政府的管辖范围延伸到所有美国公司控制的数据，建立了数据跨境中的"长臂管辖"。该法的主要内容包括两部分：一是明确美国执法机构获取境外数据的方式。这标志着美国在数据跨境实践中，放弃以属地原则为基础的"数据存储地"标准，转向了"数据访问地/控制者"标准。通过遍布世界的高科技公司，美国政府将自己的数据主权从物理国境延伸到了技术国境，可以对世界各地的数据行使管辖权。二是创设了跨境数据执法协作机制。"云法案"授权美国政府与"适格国家"签署双边协议，应外国政府请求向其提供美国公司控制的非美国人数据（个人信息）。"适格国家"应满足美国国会设立的标准，并且接受美国政府的监督。② 可以说，"云法案"的规定事实上是美国单边主义在数据跨境领域的体现。

欧盟1995年《数据保护指令》（Data Protection Directive，通称"95指令"）被视为个人信息保护域外适用的典型，确立了以属地原则为主、效果原则为补充的管辖原则。95指令第4（1）条作为该法的地域范围条款，该条款根据"设立机构是否在欧盟境内"作为分类标准，明确了何种个人数据的处理行为将落入其地域适用范围；该条包含了是否应该适用欧盟成员国法的两项标准：其一，根据数据控制者"设立机构"的具体位置确定欧盟是否对此拥有管辖权，即"设立机构标准"（establishment criterion）（第4条第1款a项）；以数据处理为目的而使用的"设备"的具体位置确定欧盟对此是否拥有管辖权，即"设备使用标准"

---

① 黄志雄主编：《网络空间国际规则新动向：〈塔林手册2.0版〉研究文集》，社会科学文献出版社2019年版，第111页。

② 吴玄：《数据主权视野下个人信息跨境规则的建构》，载《清华法学》2021年第3期。

(第 4 条第 1 款 c 项)。

2016 年 GDPR 的地域范围条款对 95 指令进行了继承与发展。在属地管辖方面，沿用了"设立机构标准"，同时进行了扩张。GDPR 第 3 条规定："1. 本条例适用于在欧盟内部设立的数据控制者或处理者对个人数据的处理，无论其数据处理是否位于欧盟内部。"更重要的是，GDPR 新设的"靶向标准"（targeting criterion，也被称为"目标指向标准"）取代了原来的"设备使用标准"。其第 3 条第 2 款规定："本条例适用于如下相关活动的个人数据处理，即使数据控制者或处理者不在欧盟设立：（a）为欧盟内的数据主体提供商品或服务——无论此项商品是否要求数据主体支付对价；或（b）对发生在欧洲范围内的数据主体的活动进行监控。"

在欧洲数据保护委员会（European Data Protection Board，以下简称"EDPB"）发布的《关于 GDPR 第 3 条地域范围的指南》中，对上述规定进行了进一步的解释：在"设立机构标准"的判断上，解释为"稳定的安排以实现真实有效的活动"，即该机构可能并非只是法人性质的数据控制者或处理者，即便是境外企业在欧洲的分支机构甚至一个员工，在满足一定条件的稳定性要求下，也可构成连接点，从而触发 GDPR 的域外适用。对于境外与境内的连接点上，需要结合境外机构与境内机构的业务联系与财务关系等，结合具体场景判断。

在"靶向标准"的判定上，从字面理解范围十分宽泛，即使个人数据处理者是否在欧盟境内设立机构，只要其数据处理行为对欧盟数据主体产生影响，则触发 GDPR 的适用，事实上构成了"效果原则"的适用。EDPB 指出判断"向欧盟境内的数据主体提供商品或服务"的核心在于"有关"（Related to）[1]，对于数据处理行为的判断应当以其发生时为准，从数据控制者或处理者所使用的语言、货币支付方式、提供搜索引擎服务、网站顶级域名、商品运送服务等因素可以作为认定网络服务提供者

---

[1] See The European Data Protection Board, Guidelines 3/2018 on the territorial scope of the GDPR (Article 3) [EB/OL]. (2019-11-12) [2020-10-05]. https：//edpb. europa. eu/sites/edpb/files/files/file1/edpb_ guidelines_ 3_ 2018_ territorial_ scope_ after_ public_ consultation_ en_ 1. pdf.

针对欧盟境内数据主体提供商品或服务意图的根据。①

对于判断"数据主体发生在欧盟内的行为进行监控",对根据 GDPR 序言（24）,应当确认该自然人是否在网络中被追踪,包括以个人数据处理技术为潜在后续使用而将数据主体建档,特别是为了作出决策,或者是为分析或预测其个人偏好、行为和态度。这其实就是我们通常所称的"自动化决策"或"用户画像"。EDPB 进一步认为,GDPR 序言中规定的用户画像行为仅仅是数据控制者或处理者实施监控行为的一种方式,通过可穿戴设备或智能设备等其他方式实施的监控行为也应当被纳入考量范围。

（三）我国《个人信息保护法》的域外适用

GDPR 的域外效力对许多国家的立法都产生了深刻影响。在我国《个人信息保护法》制定的过程中,如何通过立法来更好应对数字经济发展中的数据权利国际竞争成为社会各界广泛关注的重点。在第十三届全国人民代表大会常务委员会第二十二次会议上,时任全国人大常委会法工委副主任刘俊臣作的《关于〈中华人民共和国个人信息保护法（草案）〉的说明》中,明确"在我国境内处理个人信息的活动适用本法的同时,借鉴有关国家和地区的做法,赋予本法必要的域外适用效力,以充分保护我国境内个人的权益"。

本条第 2 款第 1~2 项基本借鉴了 GDPR 的"靶向标准",明确了适用域外管辖的两种具体情形:一是以向境内自然人提供产品或服务为目的,与 GDPR 的目的性原则相一致。二是对境内自然人行为进行分析、评估的行为,与 GDPR 的"监控"内涵基本一致。两种行为共同指向"境内自然人",实质上构成保护管辖。此外,设置了第 3 项"法律,行政法规规定的其他情形"作为兜底条款,《刑法》第 9 条所规定的普遍管辖权可以通过本项实现。

---

① 张哲、齐爱民:《论我国个人信息保护法域外效力制度的构建》,载《重庆大学学报（社会科学版）》2021 年 3 月。

【条文适用】

一、"境内处理"的准确理解

本条第1款与GDPR的"设立标准"有明显的区别。GDPR第3条1要求在"欧盟内部设立"。而按照本条第1款规定，只要在我国境内处理个人信息，不问其是否为外国组织或个人，是否在中国设立主体，均要适用我国《个人信息保护法》。

二、域外管辖中的个人信息主体的判断

对于本条第2款所规定的"境内自然人"一般包括我国公民，也包括在我国境内的外国人、无国籍人等。但是否包括临时过境的旅客，值得进一步讨论。在GDPR对临时过境旅客是否适用的问题上，有学者认为，"中国游客即便短暂停留在欧盟境内，理论上也可能被认定为欧盟境内的数据主体"。[①] 而EDPB指出，应当以考虑处理行为发生时的情景来判断，并举例道，一位美国人在欧洲度假，其下载了仅针对美国用户的新闻App，那么即使其身处欧盟境内，在这种情形下也不会触发GDPR的适用，原因在于该新闻App并不符合靶向标准。该例证反映出数据主体应当是一种较为稳定的存在，临时度假的游客难以受到GDPR保护。根据这一标准，可以在判断是否属于境内个人信息主体时，考虑一定的稳定性因素，结合具体信息处理的场景确定。

三、主观目的的判断因素

对"提供产品或服务为目的"应如何判断，可以参考GDPR和EDPB的相关内容。GDPR序言部分的第23条指出，为判断数据控制者或者处理者是否向位于欧盟境内的数据主体提供产品或服务，应确认控制者或

[①] 郭戎晋：《GDPR下互联网企业的机遇与挑战》，载《信息安全与通信保密》2018年第8期。

者处理者是否具有向位于欧盟境内一个或数个成员国的数据主体提供服务的"明显企图"。控制者网站、处理者网站或其他中介网站仅可以获取邮件地址或者其他联系信息以及使用了控制者营业地所在的第三方国家的通用语言,上述行为均不足以确认其提供服务的动机和意图;一些判断因素使控制者的动机变得明显,例如使用一个或多个欧盟成员国的通用语言或货币用于订购其他语言标识的商品或服务,或者涉及欧盟境内的客户或用户。EDPB 指出,对于数据处理行为的判断应当以其发生时为准,数据控制者或处理者所使用的语言、货币支付方式、提供搜索引擎服务、网站顶级域名、商品运送服务等因素可以作为认定网络服务提供者针对欧盟境内数据主体提供商品或服务意图的根据。

此外,根据 GDPR 第 3 条第 2 款 a 项规定,数据控制者或处理者所提供的商品或服务,不以向数据主体要求支付对价为限。结合该理解,在适用本条第 2 款第 1 项时,境外数据控制者或处理者向境内数据主体提供免费的商品或服务,也受到 GDPR 域外条款的管辖。

所以,在适用本条第 2 款第 1 项时,可以综合境外个人信息处理者所使用的语言、货币支付方式、提供搜索引擎服务、网站顶级域名、商品运送服务等因素,对"提供产品或服务为目的"进行判断。虽然法条中未列明所提供的商品或服务是否以要求支付对价为限,结合本域外效力条款的立法目的以及所借鉴的 GDPR 的内部逻辑,应当采取同 GDPR 相同的路径,即不以向个人信息主体要求支付对价为限。

四、"分析、评估"的认定

从广义上而言,任何对数据进行计算、处理从而得出一些有意义的结论的过程,都是数据分析。典型的对个人信息进行分析、评估的行为是进行"用户画像"(Profiling),即基于个人档案或用户数据集对该用户展开分析,形成其特征、特色和属性的描述。在网络环境下,在用户注册时一般分配独一无二的标识符(即用户 ID),这样基于网络流量监测工具就会形成关于该用户的文档。用户画像针对的是数字身份,即网络用户和设备 ID,从而形成第一层次的识别;再利用网络通信,则可以触达该用户,即用户 ID 对应的真实个人,从而形成第二层次的识别。进入网络时的实名注册和验证形成了两层次识别间的"枢纽",使网络运营者可以实现对 ID 背后真实个人的个人信息的控制。①

"分析、评估"条款在 GDPR 中的对应表述是"监控"。对于"监控(Monitoring)"的界定,根据 GDPR 序言第 24 条的规定,应当确认该自然人是否在网络中被追踪,包括以个人数据处理技术为潜在后续使用而将数据主体建档,特别是为了做出决策,或者是为分析或预测其个人偏好、行为和态度。② EDPB 进一步认为,GDPR 序言中规定的用户画像行为仅仅是数据控制者或处理者实施监控行为的一种方式,通过可穿戴设备或智能设备等其他方式实施的监控行为也应当被纳入考量范围。EDPB 也列举了常见的监控行为,包括行为广告、地理位置服务、利用 Cookie 或其他技术实施的网络追踪、个性化的饮食和健康分析服务、CCTV、基于个人档案的市场调研或行为研究、监控或定期报告个人健康状况等。③

《信息安全技术 个人信息安全规范》对"用户画像"进行了定义:"通过收集、汇聚、分析个人信息,对某特定自然人个人特征,如职业、经济、健康、教育、个人喜好、信用、行为等方面作出分析或预测,形成其个人特征模型的过程。"同时,该规范还将用户画像进行了两种不同形式的分类:"直接使用特定自然人的个人信息,形成该自然人的特征模型,称为直接用户画像。使用来源于特定自然人以外的个人信息,如其所在群体的数据,形成该自然人的特征模型,称为间接用户画像。"《个人信息保护法》第 73 条第 2 项对自动化决策进行了规定,是指通过计算机程序自动分析、评估个人的行为习惯、兴趣爱好或者经济、健康、信用状况等,并进行决策的活动。以上规范均可以作为"评估、分析"活动的判断依据,具体方式可以参考 EDPB 列举的内容。此外,由于大数据、人工智能等技术的不断发展,计算机程序对自然人的评估、分析的

---

① 高富平:《大数据知识图谱——数据经济的基础概念和制度》,法律出版社 2020 年版。
② See General Data Protection Regulation, Recital 24.
③ See The European Data Protection Board, Guidelines 3/2018 on the territorial scope of the GDPR (Article 3) [EB/OL]. (2019-11-12) [2020-10-05]. https://edpb.europa.eu/sites/edpb/files/files/file1/edpb_ guidelines_ 3_ 2018_ territorial_ scope_ after_ public_ consultation_ en_ 1. pdf.

方式、表现形式会不断发展，实践中应结合产业和技术的发展，对"分析、评估"的判断保持开放、发展的态度。

【相关规定】

1.《中华人民共和国网络安全法》（2016年11月7日）

第二条 在中华人民共和国境内建设、运营、维护和使用网络，以及网络安全的监督管理，适用本法。

2.《电信和互联网用户个人信息保护规定》（2013年7月16日）

第二条 在中华人民共和国境内提供电信服务和互联网信息服务过程中收集、使用用户个人信息的活动，适用本规定

第四条 个人信息是以电子或者其他方式记录的与已识别或者可识别的自然人有关的各种信息，不包括匿名化处理后的信息。

个人信息的处理包括个人信息的收集、存储、使用、加工、传输、提供、公开、删除等。

【条文主旨】

本条是关于个人信息的概念及处理个人信息行为类型的规定。

【条文理解】

个人信息的准确界定以及处理个人信息行为类型的科学划分，是明晰个人信息保护规则、确定信息处理者法律责任的基础，是《个人信息保护法》必须解决的基本问题。相较《个人信息保护法（草案二次审议稿）》的规定，本条就处理个人信息的行为类型增加或者说明确列明了"删除"这一种情形。现就本条规定的理解与适用作以下解读。

一、个人信息的界定

（一）个人信息法律保护概述

随着大数据时代的到来，信息技术的广泛应用和互联网的不断普及，个人信息在社会、经济活动中的地位日益凸显，信息资源成为重要的生产要素和社会财富。与此同时，个人信息泄露问题给社会秩序和个人切身利益带来了危害，个人信息安全成为一个全社会高度关注的问题。为促进个人信息的合理利用，各发达国家或者地区均越来越重视个人信息的保护。《德国联邦个人资料保护法》第2条规定：个人资料是指"凡涉及特定或可得特定的自然人的所有属人或属事的个人资料"；我国台湾地区"电脑处理个人资料保护法"第3条第1款规定"个人资料指自然人之姓名、出生年月、身份证编号、特征、指纹、婚姻、家庭、教育、职业、健康、病历、财务情况、社会活动等足资识别该个人之资料"。① 特别是在欧盟层面，从1995年发布《个人信息保护指令》，到2009年欧盟宪法确立个人信息保护的基本人权地位，再到2016年出台、2018年在欧盟成员国强制实施的GDPR，对个人信息的保护逐渐加强，同时也展现出了欧洲国家在个人信息保护领域标准化、一体化的立法和执法特点。

我国个人信息的法律保护经历了从以公法保护为主到同时重视私法保护的发展历程。2005年，第十届全国人大常委会第十四次会议通过的《刑法修正案（五）》中增设的"窃取、收买、非法提供信用卡信息罪"（第177条之一第2款）是我国法律上第一个关于侵害公民个人信息犯罪的法律规定。2009年，第十一届全国人大常委会第七次会议审议通过的《刑法修正案（七）》在《刑法》中新增第253条之一，首次将窃取或以其他方式非法获取公民个人信息、出售或非法提供公民个人信息情节严重的行为规定为犯罪行为，从而纳入刑事打击的范围。在民事领域，2013年十二届全国人大常委会第二次会议修订《消费者权益保护法》时，在原第14条中新增了消费者"享有个人信息依法得到保护的权利"，并在第50条就侵害该权利的民事责任作出了规定，这是我国法律首次从民事权利的角度对个人信息作出的规定。通过对个人信息的民法保护，赋予自然人对个人信息相应的民事权益，能够使广大自然人更加重视该权益，让他们真正认识到"线上平台的免费午餐券需要用我们的个人信息来换取"，而这种免费的成本已经变得越来越高了。② 这样就能促使人们在日常生活中"认真对待个人信息"，积极保护个人信息。③ 2017年10月1日起施行的《民法总则》第111条规定："自然人的个人信息受法律保护。任何组织和个人需要获取他人个人信息的，应当依法取得并确保

---

① 王利明：《中国民法典学者建议稿及立法理由·人格权编·婚姻家庭编·继承编》，法律出版社2005年版，第159页。

② 参见［英］阿里尔·扎拉奇、［美］莫里斯·E.斯图克：《算法的陷阱：超级平台、算法垄断与场景欺骗》，余潇译，中信出版集团2018年版，第41页。

③ 参见程啸：《民法典编纂视野下的个人信息保护》，载《中国法学》2019年第4期。

信息安全,不得非法收集、使用、加工、传输他人个人信息,不得非法买卖、提供或者公开他人个人信息。"此外,该法第 127 条还规定:"法律对数据、网络虚拟财产的保护有规定的,依照其规定。"《民法典》总则编沿袭了这一规定,并在第 1034 条强调个人信息受法律保护的前提下专门规定了个人信息的定义及主要类型。

(二) 个人信息的定义

我国立法上对于"个人信息"的概念界定主要体现在《网络安全法》上。该法第 76 条第 5 项规定:"个人信息,是指以电子或者其他方式记录的能够单独或者与其他信息结合识别自然人个人身份的各种信息,包括但不限于自然人的姓名、出生日期、身份证件号码、个人生物识别信息、住址、电话号码等。"《民法典》第 1034 条第 2 款规定:"个人信息是以电子或者其他方式记录的能够单独或者与其他信息结合识别特定自然人的各种信息,包括自然人的姓名、出生日期、身份证件号码、生物识别信息、住址、电话号码、电子邮箱、健康信息、行踪信息等。"这种定义方式延续了此前《全国人民代表大会常务委员会关于加强网络信息保护的决定》中对于个人信息的定义方式,并借鉴了其他国家和地区的相关立法例。例如,依据 GDPR 第 4 条第 1 项的规定,"个人数据"指的是任何已识别或可识别的自然人相关的信息:一个可识别的自然人是一个能够被直接或间接识别的个人,特别是通过诸如行为、身份编号、地址数据、网上标识或自然人所特有的一项或多项的身体性、生理性、遗传性、精神性、经济性、文化性或社会性身份而识别的个体。《民法典》第 1034 条第 2 款采取的定义方式,一方面,通过直接或者间接可识别性的认定体现个人信息这一概念的根本特征;另一方面,通过列举典型内容来指导司法适用,区别于单纯的抽象定义以及纯粹的列举,能够更加清晰地展现个人信息保护的内涵和外延。[①] 此外,《民法典》第 1034 条第 2 款在列举个人信息类型中,明确了电子邮箱地址和行踪信息属于

[①] 最高人民法院民法典贯彻实施工作领导小组主编:《中华人民共和国民法典人格权编理解与适用》,人民法院出版社 2020 年版,第 363 页。

个人信息的范畴，也是为了让信息的定义更适合互联网时代的需要，也更能适应大数据产业的发展。① 电子邮箱地址和行踪信息同样具有识别特定自然人的功能，电子邮件地址属于个人基本资料，而行踪轨迹信息系事关人身安全的高度敏感信息，二者亦能反映特定自然人活动情况的信息。《个人信息保护法》在总结以往经验做法的基础上，采取了直指个人信息核心要义的做法，通过下定义的方式，对个人信息作了规定。同时，考虑到个人信息类型的多样性，以及个人信息外延上的抽象性，且在体系上在后面的章节对敏感个人信息作了明确规定，在定义当中并未如同《民法典》一样再具体列举个人信息的种类。

依据本条规定，个人信息是以电子或者其他方式记录的与已识别或者可识别的自然人有关的各种信息，不包括匿名化处理后的信息。该定义不同于《民法典》等法律的规定。《民法典》采用的是"识别说"，即将"单独或与其他信息结合识别特定自然人"作为判断个人信息的标准。《个人信息保护法》借鉴了GDPR的规定，采用的是"关联说"，将个人信息定义为"已识别或者可识别的自然人有关的各种信息"。"识别说"从信息本身出发，看能否从中找出与特定自然人的关联性。"关联说"则从信息主体出发，认为只有已识别或者可识别的自然人有关的信息才属于个人信息。"关联说"更加强调个人信息的相对性，某信息对一些处理者来说可能是个人信息，但对另外一些处理者来说则不是个人信息。② 根据本条规定，构成个人信息的要件有三：一是个人信息的主体只能是自然人；而其他民事主体，比如法人或者非法人组织都不是享有个人信息的主体。二是需要一定的载体记录。个人信息必须以电子或者其他方式记录下来，没有以一定载体记录的信息不能认定为个人信息。三是已识别或可识别到特定自然人。已识别，指特定自然人已经被识别出来；可识别，是指存在识别出特定自然人的可能性。凡是与已识别或可识别的自然人无关的信息，都不属于个人信息。

---

① 谢远扬：《〈民法典人格权编（草案）〉中"个人信息自决"的规范建构及其反思》，载《现代法学》2019年第6期。

② 参见程啸：《个人信息保护法理解与适用》，中国法制出版社2021年，第57~58页。

本条第1款在对个人信息的界定中,较《民法典》第1034条第2款的规定,还增加了"不包括匿名化处理后的信息"的要求。这一变化是个人信息保护实践经验的总结,鲜明体现了个人信息保护与促进数据流通、数字经济发展的有机平衡。此前,《民法典》从信息处理的要求角度对匿名化处理作出了规定,其第1038条第1款规定:"信息处理者不得泄露或者篡改其收集、存储的个人信息;未经自然人同意,不得向他人非法提供其个人信息,但是经过加工无法识别特定个人且不能复原的除外。"《个人信息保护法》的这一规定则直接从信息的内涵角度,将此作为区别于"已识别或者可识别"的特征予以规定,明确此类情形不属于个人信息的范畴。我们认为,这两者规定不但不相冲突,而且相得益彰。一方面,《民法典》强调了信息处理者在收集个人信息后,应当对个人信息进行匿名化处理。信息控制者之所以必须将个人信息进行匿名化处理,理由在于:(1)个人信息用于定向营销、数据库营销和商务智能分析的场景,信息业者关注的是消费者的群体特征,因此去除单个人的明确身份识别要素,并不影响信息业者对消费者群体特征的分析。(2)对个人信息进行匿名化处理,可以避免个人信息泄漏时信息主体被识别的可能性,降低个人信息使用、传输和共享时对信息主体造成损害的风险。[1] 另一方面,本条第1款将此作为个人信息的排除性规定,则是由于这类信息已经丧失个人信息所要求的直接或者间接可识别性的特征,已不再属于个人信息,其流动不再受到权利人同意等的限制。

关于个人信息匿名化处理的具体标准,从域外法上看,欧盟第29条工作组认为一项有效的匿名化措施应当防止任何人从数据集中或从数据集中两项数据(或是两个独立数据集)中识别出单个个人或推断出任何信息。[2] 依据GDPR第4条第5项的规定,"匿名化"指的是在采取某种方式对个人数据进行处理后,如果没有额外的信息就不能识别数据主体的处理方式。此类额外信息应当单独保存,并且以已有技术与组织方式

---

[1] 参见张新宝:《从隐私到个人信息:利益衡量的理论与制度安排》,载《中国法学》2015年第3期。

[2] Data protection working party, Anonymization Techniques, April 2014, p. 11 – 12.

确保个人数据不能关联到某个已识别或可识别的自然人。根据我国《网络安全法》第42条第1款的规定以及本条第1款的规定，匿名化处理应该达到经过加工无法识别特定个人且不能复原的要求。

在此需要注意的是，在《民法总则》明确个人信息并非法定权利的情况下，人格权编对这一态度作了延续，虽然学界对于这一问题仍存有争议。有观点认为，《民法总则》规定的个人信息是指个人身份信息，与隐私权保护的私人隐私信息有明确的界限，在实践上作为一个权利保护没有障碍，在比较法上没有对个人信息作为法益保护的立法例，因此，应当认定《民法总则》第111条规定的个人信息，就是规定的自然人享有的具体人格权之一，即个人信息权。[①] 我们认为，从长远发展看，明确个人信息为一确定的实体权利具有积极意义。但目前就规范分析而言，个人信息本身的外延比较广阔，与隐私权、商业秘密权等都存在一定程度的交叉，既有人身权属性，又具有财产权属性，在人格权领域内确定其为法定权利，还需要进一步研究探索和积累实践经验。

二、个人信息的分类

虽然本条未采取列举的方式对个人信息的类型予以规定。但是明晰个人信息的具体类型在理论上也多有研究，《民法典》等法律、司法解释等对此也都有所体现，对于审判实践具有积极指导意义。关于个人信息的分类，按照不同标准有不同分类。比如以个人参与的社会活动为参照，可分为购物信息、教育信息、交通信息、医疗信息、金融信息、社保信息等。这种分类通俗易懂，有利于直观地把握个人信息，但是不能穷尽所有个人信息。我们认为，从法律适用的角度讲，较有意义的分类是以信息敏感程度为标准所进行的分类。

学界通说认为，以个人信息与个人是否具有直接相关性，将个人信息区分为敏感信息与非敏感信息。我国已颁布的国家标准《个人信息保护指南》和《个人信息安全规范》对个人敏感信息均采取界定内涵加列

[①] 参见杨立新：《个人信息：法益抑或民事权利——对〈民法总则〉第111条规定的"个人信息"之解读》，载《法学论坛》2018年第1期。

举类型的方式,即先依据个人信息的内容或性质定义敏感信息,进而对其种类予以列举。具体而言,个人敏感信息是"一旦遭到泄露或修改,会对标识的个人信息主体造成不良影响的个人信息",① 或者界定为"一旦泄露、非法提供或滥用可能危害人身和财产安全,极易导致个人名誉、身心健康受到损害或歧视性待遇的个人信息"。② 也有观点将个人敏感信息定义为"一旦泄露或滥用,极易危及人身、财产安全或导致人格尊严受到损害、歧视性待遇的个人信息"。《个人信息保护法》也遵循了这一思路,对敏感个人信息作出了规定,而且列举敏感个人信息的主要类型,其第 28 条规定:"敏感个人信息是一旦泄露或者非法使用,容易导致自然人的人格尊严受到侵害或者人身、财产安全受到危害的个人信息,包括生物识别、宗教信仰、特定身份、医疗健康、金融账户、行踪轨迹等信息,以及不满十四周岁未成年人的个人信息。"同时,在第 2 章第 2 节对敏感个人信息的处理规则作了明确规定。在审判实践中,我们建议根据《个人信息保护法》的有关规定,综合考虑泄露该信息是否会导致重大伤害、给信息主体带来伤害的概率、社会大多数人对某类信息的敏感度等因素,除了上面明确列举的情形外,将性生活和性取向、身份证件号码、通讯信息等明确界定为敏感个人信息,人脸信息、基因信息、指纹、掌纹等属于生物识别信息。

此外,也有学者根据个人信息是否可以被直接地识别,将其分为"直接可识别个人信息"与"间接可识别个人信息"。③ 直接可识别个人信息,是指能够较容易地识别特定个人的信息,主要包括姓名、性别、身高、体重、三围、身体缺陷、出生日期、住址、身份证号、护照号码、电话号码、邮箱地址、基因、指纹、财产状况、家庭情况、婚恋情况、犯罪记录、病历记录等。此类信息是单独或与其他信息简单结合后就可以指向特定个人的身份识别性信息,是传统的个人信息权理论研究的对

---

① 《信息安全技术 公共及商用服务信息系统个人信息保护指南》第 3.7 条。
② 《信息安全技术 个人信息安全规范》第 3.2 条。
③ 最高人民法院民法典贯彻实施工作领导小组主编:《中华人民共和国民法典人格权编理解与适用》,人民法院出版社 2020 年版,第 365 页。

象。间接可识别个人信息，是指通过互联网或移动通信技术手段等综合分析和核对相关个人信息内容后，可以间接识别该特定个人或者特定群体的信息。目前受到关注的主要包括个人消费信息、生活信息、行踪记录、网络浏览记录、上网时间记录、网络聊天记录等匿名化信息。这类信息的特点是，虽然不能直接体现具体的信息主体是谁，但可以反映出该信息主体何时何地以何种方式从事了何种行为，还可以由此分析其兴趣爱好、活动范围、消费能力、消费需求、行为方式等，并通过数据分析为个人提供个性化的服务，如互联网定向广告服务、个人生活记录服务、个人定位服务等。此类信息也具有身份识别属性，与个人人格、身份有一定的联系。[①] 这一分类对区别不同个人信息的保护要求和保护方法具有重要意义。

三、处理个人信息的行为类型

依据本条第2款的规定，处理个人信息的行为类型包括个人信息的收集、存储、使用、加工、传输、提供、公开、删除等。《民法典》第1035条第2款对此规定为："个人信息的处理包括个人信息的收集、存储、使用、加工、传输、提供、公开等。"立法机关认为，《民法典》之所以这样规定，主要是为了表述上的方便，与国际上的通行的做法也能基本保持一致。[②] 比较法上，GDPR第4条第2项将"处理"界定为"任何一项或多项对个人数据或一系列个人数据的操作，无论是否通过自动化方式，如收集、记录、组织、构造、存储、调整、更改、检索、咨询、使用、通过传输而公开、散布或其他方式对他人公开、排列、组合、限制、删除或销毁而公开"。其规定的信息类型更加丰富，值得我们参考借鉴。就我国《民法典》和《个人信息保护法》而言，二者相较，在立法技术及列举内容上高度一致，只是本条第2款明确增加了"删除"这一类型。在此需要注意的是，一方面，处理个人信息的行为类型遵照其条

[①] 陶盈：《我国网络信息化进程中新型个人信息的合理利用与法律规制》，载《山东大学学报（哲学社会科学版）》2016年第2期。

[②] 黄薇主编：《中华人民共和国民法典人格权编释义》，法律出版社2020年版，第201页。

文规定文义予以理解即可；另一方面，这里的行为类型侧重于信息处理者处理个人信息的情形，并非是从自然人享有权利的角度作出的规定。比如，就"删除"的情形而言，本条第2款的规定与《民法典》第1037条等规定的"自然人发现信息处理者违反法律、行政法规的规定或者双方的约定处理其个人信息的，有权请求信息处理者及时删除"，并不相同。本条第2款列举相应的行为类型，其法律意义就在于，这些行为类型就要遵循《个人信息保护法》后面所规定的信息处理规则，否则将构成侵权行为。

【条文适用】

关于本条的适用，要注意以下问题：

一是要明确本条规定的个人信息的内涵及有关行为的处理类型与《民法典》的有关规定构成特别法与一般法的关系。一方面，因《个人信息保护法》规定在后，又是关于个人信息保护的专门法律，其在《民法典》规定基础上对有关个人信息的处理及保护作了更加全面细致的规定，但从内容上讲二者规定并不冲突，也不宜将《个人信息保护法》与《民法典》关于个人信息的规定之间的关系认定为后法与先法的关系；另一方面，要遵循特别法优先适用的规则，涉及个人信息处理及保护的有关法律适用问题，要优先适用《个人信息保护法》的规定，比如关于匿名化处理后的信息不属于个人信息的规定。但是，对于《个人信息保护法》未明确规定的，比如《民法典》所列举的有关个人信息的内容，具有一般适用的效力。

二是要明确个人信息保护与隐私权规则的衔接适用关系。对此，《民法典》第1034条第3款规定："个人信息中的私密信息，适用有关隐私权的规定；没有规定的，适用有关个人信息保护的规定。"适用本条需要注意的是，在鉴别侵害个人信息所带来的损害时，除要考量个人信息是否为不愿意为他人知晓的私密信息，还要考虑是否为敏感信息，要与《个人信息保护法》第28条等规定相衔接。个人敏感信息一旦泄露、非法提供或滥用可能危害人身和财产安全，极易导致个人名誉、身心健康受到损害或歧视性待遇。对于能够构成私密信息的个人信息，包括敏感个人信息，要适用隐私权的规定给予相应的绝对权保护。

【相关规定】

1.《中华人民共和国民法典》（2020 年 5 月 28 日）

第一千零三十四条　自然人的个人信息受法律保护。

个人信息是以电子或者其他方式记录的能够单独或者与其他信息结合识别特定自然人的各种信息，包括自然人的姓名、出生日期、身份证件号码、生物识别信息、住址、电话号码、电子邮箱、健康信息、行踪信息等。

个人信息中的私密信息，适用有关隐私权的规定；没有规定的，适用有关个人信息保护的规定。

第一千零三十五条　处理个人信息的，应当遵循合法、正当、必要原则，不得过度处理，并符合下列条件：

（一）征得该自然人或者其监护人同意，但是法律、行政法规另有规定的除外；

（二）公开处理信息的规则；

（三）明示处理信息的目的、方式和范围；

（四）不违反法律、行政法规的规定和双方的约定。

个人信息的处理包括个人信息的收集、存储、使用、加工、传输、提供、公开等。

第一千零三十七条　自然人可以依法向信息处理者查阅或者复制其个人信息；发现信息有错误的，有权提出异议并请求及时采取更正等必要措施。

自然人发现信息处理者违反法律、行政法规的规定或者双方的约定处理其个人信息的，有权请求信息处理者及时删除。

第一千零三十八条　信息处理者不得泄露或者篡改其收集、存储的个人信息；未经自然人同意，不得向他人非法提供其个人信息，但是经过加工无法识别特定个人且不能复原的除外。

信息处理者应当采取技术措施和其他必要措施，确保其收集、存储的个人信息安全，防止信息泄露、篡改、丢失；发生或者可能发生个人信息泄露、篡改、丢失的，应当及时采取补救措施，按照规定告知自然人并向有关主管部门报告。

2.《中华人民共和国网络安全法》（2016年11月7日）

第四十二条　网络运营者不得泄露、篡改、毁损其收集的个人信息；未经被收集者同意，不得向他人提供个人信息。但是，经过处理无法识别特定个人且不能复原的除外。

网络运营者应当采取技术措施和其他必要措施，确保其收集的个人信息安全，防止信息泄露、毁损、丢失。在发生或者可能发生个人信息泄露、毁损、丢失的情况时，应当立即采取补救措施，按照规定及时告知用户并向有关主管部门报告。

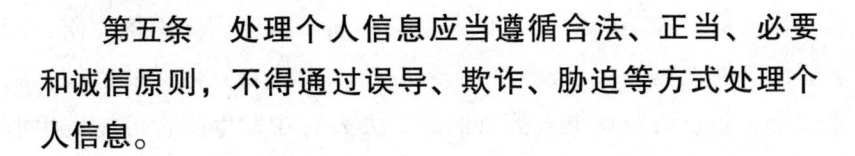

第五条　处理个人信息应当遵循合法、正当、必要和诚信原则，不得通过误导、欺诈、胁迫等方式处理个人信息。

【条文主旨】

本条是关于处理个人信息基本要求的规定。

【条文理解】

关于处理个人信息的基本要求，在《个人信息保护法（草案）》中，第5条规定："处理个人信息应当采用合法、正当的方式，遵循诚信原则，不得通过欺诈、误导等方式处理个人信息。"《个人信息保护法（草案二次审议稿）》增加了不得通过胁迫的方式处理个人信息。在正式出台的《个人信息保护法》中，则明确将"合法、正当的方式"纳入处理个人信息要遵循的基本原则范畴，同时增加了"必要原则"。现就本条的规定解读如下。

一、个人信息处理基本原则的沿革

本条是个人信息保护的核心条款，明确了个人信息处理的基本原则。在以往的立法中，《全国人民代表大会常务委员会关于加强网络信息保护的决定》第2条规定了网络服务提供者和其他企业事业单位在业务活动中收集、使用公民个人电子信息，应当遵守合法、正当、必要的原则，该规定确立了个人信息收集与处理的合法、正当、必要的基本原则。此后的《网络安全法》第41条采纳了这一原则。《消费者权益保护法》第29条也规定："经营者收集、使用消费者个人信息，应当遵循合法、正当、必要的原则，明示收集、使用信息的目的、方式和范围，并经消费者同意。经营者收集、使用消费者个人信息，应当公开其收集、使用规则，不得违反法律、法规的规定和双方的约定收集、使用信息。经营者及其工作人员对收集的消费者个人信息必须严格保密，不得泄露、出售或者非法向他人提供。经营者应当采取技术措施和其他必要措施，确保信息安全，防止消费者个人信息泄露、丢失。在发生或者可能发生信息泄露、丢失的情况时，应当立即采取补救措施。经营者未经消费者同意或者请求，或者消费者明确表示拒绝的，不得向其发送商业性信息。"在总结以往经验的基础上，《民法典》对于个人信息处理的基本要求作出了规定，其第1035条第1款规定了"应当遵循合法、正当、必要原则"。《个人信息保护法》在此基础上再进一步。二者相较，《个人信息保护法》增加了"诚信原则"的要求。本来，在《民法典》规范中，通过对《民法典》关于诚信原则的体系化解读，诚信原则当然要适用于个人信息保护领域，本条的这一规定应该属于《个人信息保护法》将《民法典》中的诚信原则在个人信息保护领域予以了突出强调。本条对此作了进一步明确。

二、个人信息处理基本原则的内容

依据本条规定，个人信息处理应当遵循以下原则：

其一，合法原则。这一原则要求所有对个人信息的收集和处理的活动都要符合我国的法律规范，这里的法律规范不仅是指民法中的相关内容，还包括其他部门法对个人信息保护有所涉及的内容，如《电子商务法》《网络安全法》以及最高人民法院的相关司法解释等。合法原则的核心要求是个人信息的收集、处理应当具有法律依据，并且符合所有的法律要求。[1]比较法上，GDPR第5条第1款a项规定，对于设计数据主体的个人数据，应当以合法、合理和透明的方式进行处理。具体而言，合法原则主要包含如下两方面的内容：第一，收集、处理信息的主体必须合法。何种主体有权收集、处理他人的个人信息，需要依据法律的规定

---

[1] 程啸、阮神裕：《论侵害个人信息权益的民事责任》，载《人民司法》2020年第4期。

来具体确定。通常个人信息的收集、处理机构主要有两类：一是法律授权的主体，如国家机关（包括权力机关、立法机关和司法机关等）。无论当事人同意与否，有关部门都可以在法律授予职权的范围内依法收集、处理和利用个人信息。[1] 二是获得信息主体同意的信息收集机构。例如，信息主体出于参加某项活动的需要，填写某些表格或申报个人信息；为登录某些网站而填写某些信息。信息的收集者都可以经过当事人的同意而成为合法的个人信息收集者。第二，收集、处理个人信息的手段必须合法。除要遵守《民法典》及本法中有关个人信息收集、处理的规范外，例如个人信息的收集必须基于自然人或者监护人的同意，还要尽到收集、处理信息的相关公开公示义务，保证自然人的知情权，《网络安全法》等还对个人信息收集、处理者有关行为规范提出了特别要求。本法第10条规定的"任何组织、个人不得非法收集、使用、加工、传输他人个人信息，不得非法买卖、提供或者公开他人个人信息；不得从事危害国家安全、公共利益的个人信息处理活动"等，以及后续规定的个人信息处理规则都是处理个人信息合法原则的具体化。在此需要注意的是，本条规定的适用，要注意与《民法典》第1035条第1款第4项规定相衔接，该项明确要求处理个人信息不得违反法律、行政法规的规定和双方的约定。这也是对合法性原则的具体化。对于处理个人信息，法律法规未作规定的事项，信息处理者还应当遵循相关行业规范和目前一些行业组织已制定的相关个人信息保护自律规范。[2] 有关部门规章，比如工业和信息化部制定的《电信和互联网用户个人信息保护规定》，信息处理者也都要严格遵循，不得违反。

其二，正当原则。这一原则较为抽象，需要在审判实践中结合具体案例判断。通常而言，正当原则是指处理个人信息的目的和手段要正当。有观点认为，正当原则包括业务正当性，指个人信息的收集、使用应当

---

[1] 齐爱民：《拯救信息社会中的人格：个人信息保护法总论》，北京大学出版社2009年版，第266页。

[2] 参见黄薇主编：《中华人民共和国民法典人格权编释义》，法律出版社2020年版，第198页。

是其开展业务所需要的，不得超出其业务能力范围开展信息收集活动；还包括目的正当性，一般而言，私法主体收集、使用目的是否正当，法律不过多干涉，只要该目的在社会的惯例和人们认识中合理即可。① 根据GDPR 第 5 条第 1 款 2 项规定，个人数据的收集应当遵循具体的、情形的和正当的目的，对个人数据的处理不应当和此类目的不相容。我们认为，正当性原则通常是要求进行信息收集和处理的目的和手段要正当。目的正当，一方面要求信息收集者不能超越法律规定或者商业机构事先确定的目的收集其他信息。如房产登记机构可以收集与财产登记相关的个人信息，而不能收集与登记无关的其他个人信息。另一方面，不能将收集的信息作超出目的的利用。例如，房产登记机构收集产权人的财产信息只能用于公示的目的，而不能将此登记信息用于商业目的，如出售。手段正当则是要求信息处理者处理相关信息要符合诚实信用原则要求，同时要尽量满足透明的要求，以便当事人能够充分了解相关信息的收集、使用目的，行使相关权利。② 这就要求信息处理者对处理个人信息的行为进行自我管理，确保处理个人信息行为的正当性。③ 目的正当性的要求就是目的的合理性，这就意味着信息处理者处理个人信息必须符合法律规定或者当事人约定的特定目的，而这一约定也要以合法有效为前提。在没有明确的法律规定（比如为了特定公共利益）和当事人明确约定的情况下，则要以合理性作为判断正当性的标准。当然，目的特定、明确应当是正当处理个人信息的前提。如果个人信息处理目的过于宽泛、抽象，不仅无法有效指引后续的个人信息处理活动，无法有力限制个人信息处理范围，而且也无法使个人形成合理预期而可能始终处于"信息惶恐"状态。④

其三，必要原则。必要原则是指在从事某一特定活动时可以收集、

---

① 梁泽宇：《个人信息保护中目的限制原则的解释与适用》，载《比较法研究》2018 年第 5 期。
② 最高人民法院民法典贯彻实施工作领导小组主编：《中华人民共和国民法典人格权编理解与适用》，人民法院出版社 2020 年版，第 374~375 页。
③ 黄薇主编：《中华人民共和国民法典人格权编释义》，法律出版社 2020 年版，第 200 页。
④ 刘权：《论个人信息处理的合法、正当、必要原则》，载《法学家》2021 年第 5 期。

处理，也可以不收集、处理个人信息时，要尽量不收集、处理，在必须使用并征得权利人许可时，要尽量少地进行收集、处理。必要原则也被称为最小化原则或最少够用原则。根据GDPR第5条第1款c项规定，个人数据的处理应当是为了实现数据处理目的而适当的、相关的和必要的。概言之，处理个人信息应该有特定目的，并且应当依据该特定的、明确的目的进行，通常不得超出目的范围处理个信息，不得处理与实现所涉目的无关的个人信息。具体而言，必要原则要求：一方面，在收集个人信息时，其所获取的个人信息应当以满足相应的使用目的为限，即要收集对于实现其正当目的范围内最少够用的个人信息。例如，在论坛注册账号时，除非有正当理由，否则不得要求用户提供家庭地址和手机号码等信息。在安装手机软件时，若该软件只服务于地图位置搜索，则不应当要求用户提供不必要的短信内容信息。另一方面，在利用个人信息时，也应遵循必要原则。即使收集个人信息已满足最小够用原则的要求，也不意味着其他处理个人信息的行为可以不受约束。本法第6条明确要求采取对个人权益影响最小的方式处理个人信息。《传染病防治法》第12条第1款规定："在中华人民共和国领域内的一切单位和个人，必须接受疾病预防控制机构、医疗机构有关传染病的调查、检验、采集样本、隔离治疗等预防、控制措施，如实提供有关情况。疾病预防控制机构、医疗机构不得泄露涉及个人隐私的有关信息、资料。"《突发公共卫生事件应急条例》第25条要求卫生行政主管部门负责向社会发布突发公共卫生事件的信息。公布传染病人的位置、行踪，有利于密切接触者进行自我防护，但并无必要公开传染病人的姓名、家庭信息、手机号、个人病史等。对于敏感个人信息，本法第28条第2款明确要求，只有在具有特定的目的和充分的必要性，并采取严格保护措施的情形下才可以处理。此外，个人信息的存储也应遵循存储时间最小化的原则，即除却法律法规另有规定或个人信息主体另行授权，原则上信息处理者不得存储个人的原始生物信息，若属必须存储的情形，也必须与个人的其他信息相分开。而且，个人信息存储期限应为实现个人信息主体授权使用的目的所必需的最短时间。在必要的情况下，对于个人信息处理是否符合必要原则，同时为了降低个人信息处理带来的安全风险,可以采取个人信息保护影响评估的做法,对此,欧盟确立了数据保护影响评估制度,我国在2020年也发布了《信息安全技术 个人信息安全影响评估指南》,对个人信息安全影响评估机制的实施办法、程序作了具体规定。有关精神也被吸收到《个人信息保护法》当中。本法第55条要求处理个人敏感信息、利用个人信息进行自动化决策等情形下,均应进行事先的评估。

其四,诚信原则。诚信原则作为民法最为重要的基本原则,被称为《民法典》的"帝王条款",是各国民法公认的基本原则。《民法典》第7条规定:"民事主体从事民事活动,应当遵循诚信原则,秉持诚实,恪守承诺。"通常而言,诚信原则要求民事主体从事民事活动应当讲诚信、守信用,以善意的方式行使权利、履行义务、不诈不欺,言行一致,信守诺言。诚信原则在内涵和外延都是概况性的、抽象的,诚信原则有很大的适用性,民事主体从事任何民事活动都应当遵守该原则。民事主体无论自己行使权利,还是在与他人建立民事法律关系之前、之中、之后都必须始终贯彻诚信原则,按照诚信原则的要求善意行事。① 如上所述,本条规定明确将诚信原则作为个人信息处理的基本原则,即是对诚信原则在个人信息保护领域的强调。这就意味着诚信原则不仅是今后制定个人信息有关司法解释具体条文时,特别是制定涉及处理个人信息合法性规则时重要的遵循和指导,而且在《个人信息保护法》及其他法律、行政法规对于个人信息处理规则在某些情形下没有具体规定,特别是随着时代发展进步而出现新问题新情况时,诚信原则将作为填补法律漏洞、依法裁判相关案件的有力规范。

在此需要强调的是,2018年发布的《信息安全技术 个人信息安全规范》对个人信息保护基本原则进行了较为系统的规定,包括:(1)权责一致原则,即因个人信息处理给信息主体合法权益造成损害的应承担责任;(2)目的明确原则,即具有合法、正当、必要、明确的个人信息处理目的;(3)选择同意原则,即向个人信息主体明示信息处理的目的、

---

① 黄薇主编:《中华人民共和国民法典总则编释义》,法律出版社2020年版,第30页。

方式、范围、规则等，征求其授权同意；（4）最少够用原则，除另有约定的以外，只处理满足个人信息授权同意的目的所需的最少的个人信息类型和数量，目的达成后，应及时按约定删除个人信息；（5）公开透明原则，即要求以明确、易懂的方式公开处理个人信息的范围、目的、规则等，并接受外部监督；（6）确保安全原则，即要求具备与所面临的安全风险相匹配的安全能力，并采取足够的管理措施和技术手段，保护个人信息的保密性、完整性、可用性；（7）主体参与原则，即向个人信息主体提供能够访问、更正、删除其个人信息，以及撤回同意、注销账户等方法。这些原则有的与上述四原则存在重复交叉，有的则属于这四原则的细化和补充。这是保障信息主体知情权、自决权以及其他相关权利的前提和基础，能有效弥补合法、正当、必要等原则的不足。[1] 在审判实践中，可以结合这些标准来确定个人信息处理者处理信息的行为是否违法及是否存在过错。

本条后段还从反面强调了处理个人信息的禁止性规定，即"不得通过误导、欺诈、胁迫等方式处理个人信息"。这一方面是与前面所述个人信息处理四原则相呼应，另一方面也是针对实践中存在的突出问题，对于这几种违法处理个人信息的行为提出了明令禁止的要求。在处理个人信息过程中不得强迫用户授权，或者以捆绑服务、强制停止使用等不正当手段变相诱导、胁迫用户提供个人信息，更不得欺骗、窃取或者使用其他非法手段处理个人信息。实践中的"大数据杀熟"就是一种典型的违反正当原则的行为。[2]"大数据杀熟"的情形在符合《消费者权益保护法》第55条规定的欺诈的情形下，应当依法适用惩罚性赔偿。在司法解释层面，近期最高人民法院发布的《使用人脸识别技术处理个人信息民事案件规定》第4条规定："有下列情形之一，信息处理者以已征得自然人或者其监护人同意为由抗辩的，人民法院不予支持：（一）信息处理者要求自然人同意处理其人脸信息才提供产品或者服务的，但是处理人脸

---

[1] 周汉华：《探索激励相容的个人数据治理之道——中国个人信息保护法的立法方向》，载《法学研究》2018年第2期。

[2] 黄薇主编：《中华人民共和国民法典人格权编释义》，法律出版社2020年版，第200页。

信息属于提供产品或者服务所必需的除外；（二）信息处理者以与其他授权捆绑等方式要求自然人同意处理其人脸信息的；（三）强迫或者变相强迫自然人同意处理其人脸信息的其他情形。"该法第10条第1款规定："物业服务企业或者其他建筑物管理人以人脸识别作为业主或者物业使用人出入物业服务区域的唯一验证方式，不同意的业主或者物业使用人请求其提供其他合理验证方式的，人民法院依法予以支持。"该法第11条规定："信息处理者采用格式条款与自然人订立合同，要求自然人授予其无期限限制、不可撤销、可任意转授权等处理人脸信息的权利，该自然人依据民法典第四百九十七条请求确认格式条款无效的，人民法院依法予以支持。"上述规定应该说属于本条规定的"不得通过误导、欺诈、胁迫等方式处理个人信息"在人脸信息保护领域的具体化，对于其他领域个人信息侵权案件具有很好的参考借鉴价值。

【条文适用】

关于本条的适用，要注意以下问题：

一是要明确个人信息处理基本原则的功能价值。同《民法典》的基本原则一样，《个人信息保护法》所规定的个人信息处理基本原则不仅是信息处理者从事个人信息处理活动应当遵守的基本行为准则，也是人民法院审理个人信息相关民事纠纷应当遵守的基本裁判准则。个人信息处理的基本原则不仅具有宏观指导性，是制定有关行政法规、部门规章乃至行业标准的基本遵循，同样也是最高人民法院制定司法解释的基本依据，而且也是在有关法律行政法规没有明确规定的情况下，人民法院裁判案件时认定信息处理者处理个人信息是否合法或者是否构成侵权行为的基本依据。

二是要注重公序良俗原则在个人信息保护领域的运用。公序良俗包括公共秩序和善良风俗。公共秩序是指政治、经济、文化等领域的基本秩序和根本理念，是与国家和社会整体利益相关的基础性原则、价值和秩序，在以往的民商事立法中被称为社会公共利益。善良风俗是指基于社会主流道德观念的习俗,也被称为社会公共道德,是全体社会成员所普遍认可、遵循的道德准则。善良风俗具有一定的时代性和地域性,随着社会成员的普遍道德观念的改变而改变。[①] 实践中,歪曲、篡改个人信息对自然人进行丑化的情形不在少数,比如对人脸图像进行深度加工生成比较丑陋的形象等。《使用人脸识别技术处理个人信息民事案件规定》第2条第7项明确将"违背公序良俗处理人脸信息"的情形界定为"侵害自然人人格权益的行为",应当依法承担相应的侵权责任,包括精神损害赔偿。这一规定对于其他类型个人信息的保护具有参照适用的价值。除此之外,公序良俗原则的适用,也要像上述个人信息处理四原则一样,发挥宏观指导、解释法律和填补漏洞的作用。

【相关规定】

1. 《中华人民共和国民法典》(2020年5月28日)

第七条 民事主体从事民事活动,应当遵循诚信原则,秉持诚实,恪守承诺。

第八条 民事主体从事民事活动,不得违反法律,不得违背公序良俗。

第一千零三十五条 处理个人信息的,应当遵循合法、正当、必要原则,不得过度处理,并符合下列条件:

(一)征得该自然人或者其监护人同意,但是法律、行政法规另有规定的除外;

(二)公开处理信息的规则;

(三)明示处理信息的目的、方式和范围;

(四)不违反法律、行政法规的规定和双方的约定。

个人信息的处理包括个人信息的收集、存储、使用、加工、传输、提供、公开等。

[①] 参见黄薇主编:《中华人民共和国民法典总则编释义》,法律出版社2020年版,第32页。

2.《中华人民共和国数据安全法》（2021年6月10日）

第三十二条 任何组织、个人收集数据，应当采取合法、正当的方式，不得窃取或者以其他非法方式获取数据。

法律、行政法规对收集、使用数据的目的、范围有规定的，应当在法律、行政法规规定的目的和范围内收集、使用数据。

3.《中华人民共和国网络安全法》（2016年11月7日）

第四十一条 网络运营者收集、使用个人信息，应当遵循合法、正当、必要的原则，公开收集、使用规则，明示收集、使用信息的目的、方式和范围，并经被收集者同意。

网络运营者不得收集与其提供的服务无关的个人信息，不得违反法律、行政法规的规定和双方的约定收集、使用个人信息，并应当依照法律、行政法规的规定和与用户的约定，处理其保存的个人信息。

4.《中华人民共和国消费者权益保护法》（2013年10月25日修正）

第二十九条 经营者收集、使用消费者个人信息，应当遵循合法、正当、必要的原则，明示收集、使用信息的目的、方式和范围，并经消费者同意。经营者收集、使用消费者个人信息，应当公开其收集、使用规则，不得违反法律、法规的规定和双方的约定收集、使用信息。

经营者及其工作人员对收集的消费者个人信息必须严格保密，不得泄露、出售或者非法向他人提供。经营者应当采取技术措施和其他必要措施，确保信息安全，防止消费者个人信息泄露、丢失。在发生或者可能发生信息泄露、丢失的情况时，应当立即采取补救措施。

经营者未经消费者同意或者请求，或者消费者明确表示拒绝的，不得向其发送商业性信息。

第五十五条 经营者提供商品或者服务有欺诈行为的，应当按照消费者的要求增加赔偿其受到的损失，增加赔偿的金额为消费者购买商品的价款或者接受服务的费用的三倍；增加赔偿的金额不足五百元的，为五百元。法律另有规定的，依照其规定。

经营者明知商品或者服务存在缺陷，仍然向消费者提供，造成消费者或者其他受害人死亡或者健康严重损害的，受害人有权要求经营者依照本法第四十九条、第五十一条等法律规定赔偿损失,并有权要求所受损失二倍以下的惩罚性赔偿。

5.《**中华人民共和国传染病防治法**》(2013年6月29日修正)

第十二条第一款 在中华人民共和国领域内的一切单位和个人,必须接受疾病预防控制机构、医疗机构有关传染病的调查、检验、采集样本、隔离治疗等预防、控制措施,如实提供有关情况。疾病预防控制机构、医疗机构不得泄露涉及个人隐私的有关信息、资料。

第六条　处理个人信息应当具有明确、合理的目的，并应当与处理目的直接相关，采取对个人权益影响最小的方式。

收集个人信息，应当限于实现处理目的的最小范围，不得过度收集个人信息。

【条文主旨】

本条是关于个人信息处理的目的限制原则和最小化原则的规定。

【条文理解】

一、本条历史沿革

鉴于目的限制原则的极端重要性，《个人信息保护法（草案）》第6条即有明确规定："处理个人信息应当具有明确、合理的目的，并应当限于实现处理目的的最小范围，不得进行与处理目的无关的个人信息处理。"《个人信息保护法（草案二次审议稿）》第6条的表述有所变化，具体内容为："处理个人信息应当具有明确、合理的目的，并应当限于实现处理目的所必要的最小范围、采取对个人权益影响最小的方式，不得进行与处理目的无关的个人信息处理。"《个人信息保护法（草案三次审议稿）》将该条改造为两款，第1款内容规定："处理个人信息应当具有明确、合理的目的，并应当与处理目的直接相关，采取对个人权益影响最小的方式。"第2款内容规定："收集个人信息，应当限于实现处理目的的最小范围。"最终通过的本法第6条，在《个人信息保护法（草案三次审议稿）》的基础上又有增加，即在保留《个人信息保护法（草案三次审议稿）》第6条第1款的基础上，在其第2款之后增加一句话"不得

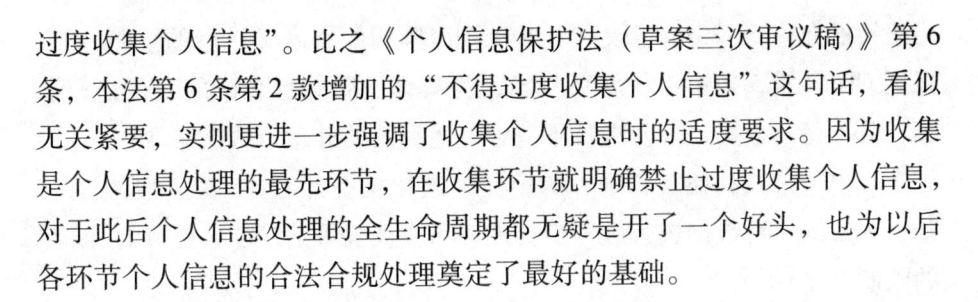

过度收集个人信息"。比之《个人信息保护法（草案三次审议稿）》第6条，本法第6条第2款增加的"不得过度收集个人信息"这句话，看似无关紧要，实则更进一步强调了收集个人信息时的适度要求。因为收集是个人信息处理的最先环节，在收集环节就明确禁止过度收集个人信息，对于此后个人信息处理的全生命周期都无疑是开了一个好头，也为以后各环节个人信息的合法合规处理奠定了最好的基础。

二、目的限制原则的理解

所谓目的限制原则，就是个人信息的处理应限于最初的收集目的，在后续的个人信息处理中也应与该目的保持一致，除非经过个人的明确同意，否则不得在目的之外处理个人信息，该原则又被称为目的特定原则、目的拘束原则。目的限制原则在个人信息保护法中的作用和价值可以比肩诚信原则在民法中的地位，堪称《个人信息保护法》的"帝王条款"。[①]

（一）目的限制原则的渊源

目的限制原则最早见诸欧盟理事会的决议。1973年，欧盟理事会第（73）22号决议中指出：信息应与信息存储之目的相关，……未经授权，不得将信息用于存储目的之外或传输给第三方。在第（74）29号决议中又规定，公共部门的电子数据库在处理信息时也应与信息存储之目的相关。例外情况是，经法律允许或政府批准，信息可以超出此前确定的目的。欧盟95指令第6条在规定个人数据处理原则时，明确了个人数据的目的限制原则。该指令第6条第1款b项规定，信息处理者在收集、处理个人信息时必须处于明确、特定的目的，并且后续处理不得超出收集他们时的目的范围。这里的目的明确，已经具备了限制超范围处理个人信息的意味，已经成为个人数据保护的核心要素。按照这一原则，数据控制者在收集数据时如果没有指定目的，则无法明确后续的处理活动是否

[①] 参见李惠宗：《个人资料保护法上的帝王条款——目的拘束原则》，载我国台湾地区《法令月刊》2013年第1期。

为法律所允许。[①] 2016 年欧盟 GDPR 更以鲜明的态度确认目的限制原则。根据 GDPR 第 5 条第 1 款 b 项规定，为具体、明确且合法的目的进行收集，且不得对数据进一步进行不符合上述目的的处理；根据第 89 条（1）规定，出于公共利益、科学、历史研究或数据统计考虑，以对数据存储归档为目的，对数据进行进一步处理，不应被视为不符合最初目的（"目的限制"）。

由此可见，目的限制的要求是个人数据保护的前提条件，没有这一要求，知情同意等处理个人数据的要求也将无法实现。

（二）我国个人信息保护领域的目的限制原则的确立与实践

在本法之前，我国在法律层面并未确认目的限制原则。《网络安全法》和《民法典》虽然有一些个人信息保护的内容，但并未对目的限制原则进行明确。在实践中，目的限制原则实际上也已经在探索。在国家标准化委员会 2012 年 11 月发布的《信息安全技术 公共及商用服务信息系统个人信息保护指南》（GB/Z 28828—2012）已经对目的限制原则有所涉及。该《保护指南》第 4.2 条 a 款即规定了目的明确原则，并在其后的规范中加以具体化。第 5.2.1 条明确规定，收集个人信息要有特定、明确、合理的目的；第 5.3.1 条规定，不违背收集阶段已告知的使用目的，或超出告知范围对个人信息进行加工；第 5.4.1 条规定，不违背收集阶段告知的转移目的，或超出告知的转移范围转移个人信息。

到了 2017 年《信息安全技术 个人信息安全规范》（GB/T 35273—2017）中，同样在第 4 条 b 款中规定了目的明确原则，即具有合法、正当、必要、明确的个人信息处理目的。并在其后关于个人信息的收集、保存、使用、访问、共享、转让等各个环节予以具体化。

2020 年《信息安全技术 个人信息安全规范》（GB/T 35273—2020）中，也是在第 4 条 b 款中规定了目的明确原则，但具体内涵变化为：具有明确、清晰、具体的个人信息处理目的。其后，也是在关于个人信息

[①] 参见陶颢予：《个人信息处理中目的限制原则的适用与完善》，上海师范大学 2021 年硕士学位论文，第 18 页。

的收集、保存、使用、访问、共享、转让等各个环节予以具体化。尤其是在使用环节，第 7.3 条明确规定了个人信息使用的目的限制。

以上国家标准，虽然不具有强制性的法律效力，但无疑是对个人信息处理实践的有益引导，对于个人信息保护意识中的目的限制原则养成具有积极意义。

（三）目的限制原则的内涵

1. 处理个人信息的目的应当明确、合理。处理个人信息的目的应当明确，这是对个人信息处理目的的描述性要求，就是指个人信息处理者在处理个人信息时必须将其处理目的清楚无误地表达出来。具体有三个层面的要求：一是个人信息处理目的必须表达出来。如果个人信息处理者仅仅是自己清楚其处理目的，而没有将其处理目的表达出来，那就无从判断处理个人信息的目的到底是什么，进而从根本上不可能符合个人信息处理目的应当明确的要求。二是个人信息处理目的必须有清晰可见的范围。个人信息处理者在表达其处理目的时应当使用通常的语言，清晰易懂地呈现出其处理的目的范围。如果个人信息处理者表达出来的目的没有明确的界限，则可能导致对目的理解的无限放大，从根本上有悖于目的限制原则的本旨。三是个人信息处理的目的必须向个人本人明示。个人信息处理过程中权益可能受影响最大的就是其个人信息被他人处理的个人。所以，处理个人信息的目的应当明确，不仅仅是描述上的明确，还应包括对象上的明确，即需要将个人信息的处理目的明确地告知信息主体个人。

处理个人信息的目的还应当合理，这是对个人信息处理目的的正当性要求。处理个人信息的目的虽然很明确，但如果明显不合理，则仍然有违目的限制原则。比如，实践中经常有提供扫码乘车或骑车服务的 App 力图收集个人终端上的照片或视频，这就属于完全不合理的收集目的，明显违背目的限制原则，应当引起高度警惕。当然，目的合理性也会随着时间的推移而发生变化，这取决于科学技术的发展以及社会和文化态度的变化。①

2. 处理个人信息应与其处理目的直接相关。所谓直接相关，强调的是相关的紧密程度，即只有那些与处理目的紧密相关的个人信息处理活动才是符合目的限制原则的。那些与处理目的一般相关和间接相关的处理活动，则是违背目的限制原则的。较为典型的例子有，提供美图服务的App，对于收集用户终端上的照片是直接相关的，但对于收集用户终端上的视频则不是直接相关的。尽管有时美图软件也可以提供修改视频的服务，但如果用户仅仅是请求使用App进行单纯的美图操作，则App不应收集与美图服务并不直接相关的视频信息。

3. 采取对个人权益影响最小的方式。个人信息的处理往往可以采取很多种方式，但是个人信息处理者应当采取其中影响最小的方式，这是比例原则的必然要求。比例原则被认为包含三项基本原则：合目的性原则，要求权力（权利）的行使方式应该有助于实现其目的，否则宁可不采；必要性原则，要求权力（权利）的行使方式以必要为限，确保损害最小；均衡性原则，要求权力（权利）行使方式所获收益与所受损失合乎比例，不能明显失衡、得不偿失。② 采取权益影响最小方式，属于比例原则中均衡性原则的要求，也是权利不得滥用的民法基本原则在个人信息处理中的具体体现。

三、关于最小化原则的理解

所谓最小化原则，就是在收集个人信息时，应当限于实现处理目的的最小范围，不得过度收集个人信息。最小化原则需要从以下三个方面进行理解：

第一，最小化原则是就个人信息的收集而言的。个人信息的全生命周期包括收集、保存、使用、加工、传输、提供、公开、删除等各个环节，但《个人信息保护法》规定的最小化原则是仅就收集阶段的要求，

---

① 参见程啸：《个人信息保护法理解与适用》，中国法制出版社2021年版，第90页。
② 参见刘权：《目的正当性与比例原则的重构》，载《中国法学》2014年第4期；黄忠：《比例原则下的无效合同判定及展开》，载《法制与社会发展》2012年第4期。

可谓是目的限制原则在个人信息收集环节的具体适用。由于个人信息的收集是此后各个环节的基础，只要在收集环节贯彻了最小化原则，则个人信息处理的其他环节就戴上了"紧箍咒"，不会产生大的偏差。

第二，最小化原则要求收集个人信息的范围是满足处理目的的最小范围。为满足个人信息的处理目的而收集个人信息的范围不是漫无边界的，而是必须以满足处理目的为已足。比如，提供出行服务的个人信息处理者，只需要收集用户的位置信息和设备信息即为已足，如果还要求收集用户的通讯录，则构成对最小化原则的违反。

第三，最小化原则要求收集个人信息的程度是满足处理目的的最低程度。在绝大多数情况下，收集个人信息仅仅符合了最小化原则的范围要求是不够的，而必须在最小范围内同时满足最低程度要求。比如，提供出行服务的个人信息处理者，从范围上看只需要收集用户的位置信息和设备信息即为已足。但仅仅满足这一点，还不符合最小化原则的程度要求。按照最小化原则，提供出行服务的个人信息处理者不仅只能收集用户的位置信息和设备信息，而且在程度上只能收集用户在使用其服务时的位置信息和设备信息，而不能在用户不使用其服务时仍然收集用户的位置信息和设备信息。

【条文适用】

一、目的限制原则适用中需要注意的问题

（一）目的限制原则不宜直接作为请求权基础

可以作为请求权基础的规范必须首先是可以涵摄具体案件事实的最具体的民法规范条文。法官在判决说理时，必须首先以最具体的规则作为涵摄的大前提。只有当具体规则欠缺时，才可以一般规则作为大前提。

比一般规则更为宏观的原则，一般不作为涵摄的大前提。[①] 而目的限制原则恰恰是个人信息保护领域的宏观原则，在具体的案件审理过程中，可以援引本条规定进行判决说理，但不宜直接以本条作为支持原告诉讼请求的请求权基础规范。如果具体案件中违反目的限制原则的行为在本法中已经有相应规范的，可以直接以该具体规范作为请求权基础规范。比如，在个人信息处理过程中，处理者单方变更处理目的，个人请求处理者删除其个人信息的，则可以本法第47条第1款第4项确定的"个人信息处理者违反法律、行政法规或者违反约定处理个人信息，个人信息处理者应当主动删除个人信息；个人信息处理者未删除的，个人有权请求删除"规范作为请求权基础。如果相应的违反目的限制原则的行为在本法中没有具体规范，则可以通过类推适用、目的性扩张、目的性限缩等法学方法填补漏洞。如果仍然无法解决的，则可以目的限制原则作为基础进行价值补充，创设相应的具体规范，并以之作为请求权基础。

（二）违反目的限制原则的常见行为类型

违反本法规定的目的限制原则的常见行为有：未向个人明示个人信息的处理目的（本法第17条第1款第2项）；个人信息处理目的变更而未取得个人重新同意（本法第14条第2款）；委托处理个人信息时受托人超出约定的处理目的处理个人信息（本法第21条第2款）；个人信息处理者因合并、分立、解散、被宣告破产等原因转移个人信息，接收人变更原先的处理目的而未经个人重新同意的（本法第22条）；个人信息的处理目的已实现、无法实现或者为实现处理目的不再必要时仍然保留个人信息（本法第47条第1款第1项）；个人信息保护影响评估中，没有制作关于个人信息处理目的的影响评估内容（本法第56条第1款第1项）。上述行为有的可能引起民事责任，有的可能引起行政责任，无论何种责任，都是捍卫目的限制原则的最有力武器。

---

① 参见丁宇翔：《缺位、错位与归位：民法方法论在民事判决中的谦抑表达》，载《中国应用法学》2018年第4期。

二、违反最小化原则的认定

本法虽然没有明确地对违反最小化原则的行为类型予以明确，但因最小化原则本就是目的限制原则在个人信息收集阶段的具体贯彻和落实，因此，很多违反目的限制原则的行为实质上也违反了最小化原则。2019年11月，国家互联网信息办公室秘书局、工业和信息化部办公厅、公安部办公厅、国家市场监督管理总局办公厅共同发布的《App违法违规收集使用个人信息行为认定方法》对于审判实践中违反最小化原则的认定具有借鉴意义。参照该办法的规定，以下行为一般可以认定违反最小化原则：收集的个人信息类型或打开的可收集个人信息权限与现有业务功能无关；因用户不同意收集非必要个人信息或打开非必要权限，拒绝提供业务功能；App新增业务功能申请收集的个人信息超出用户原有同意范围，若用户不同意，则拒绝提供原有业务功能，新增业务功能取代原有业务功能的除外；收集个人信息的频度等超出业务功能实际需要；仅以改善服务质量、提升用户体验、定向推送信息、研发新产品等为由，强制要求用户同意收集个人信息；要求用户一次性同意打开多个可收集个人信息的权限，用户不同意则无法使用。

【相关规定】

1.《中华人民共和国民法典》（2020年5月28日）

第一千零三十五条第一款第三项 处理个人信息的，应当遵循合法、正当、必要原则，不得过度处理，并符合下列条件：

（三）明示处理信息的目的、方式和范围。

2.《中华人民共和国数据安全法》（2021年6月10日）

第三十二条第二款 法律、行政法规对收集、使用数据的目的、范围有规定的，应当在法律、行政法规规定的目的和范围内收集、使用数据。

3.《全国人民代表大会常务委员会关于加强网络信息保护的决定》（2012年12月28日）

第二条第一款 网络服务提供者和其他企业事业单位在业务活动中收集、使用公民个人电子信息，应当遵循合法、正当、必要的原则，明示收集、使用信息的目的、方式和范围，并经被收集者同意，不得违反法律、法规的规定和双方的约定收集、使用信息。

第七条　处理个人信息应当遵循公开、透明原则，公开个人信息处理规则，明示处理的目的、方式和范围。

【条文主旨】

本条是关于处理个人信息公开透明原则的规定。

【条文理解】

公开透明原则（The Transparency Principle）是处理个人信息的基本原则之一。同上述的合法、必要原则一样，公开透明原则在个人信息保护法律适用规则中具有重要意义。相较于《个人信息保护法（草案二次审议稿）》的规定，本条在综合有关方面意见的基础上，新增了"明示处理的目的、方式和范围"的要求，并作了个别文字调整。

关于公开透明原则的要求，早在 2012 年的《全国人民代表大会常务委员会关于加强网络信息保护的决定》中就有相应规定，其第 2 条规定："网络服务提供者和其他企业事业单位在业务活动中收集、使用公民个人电子信息，应当遵循合法、正当、必要的原则，明示收集、使用信息的目的、方式和范围，并经被收集者同意，不得违反法律、法规的规定和双方的约定收集、使用信息。网络服务提供者和其他企业事业单位收集、使用公民个人电子信息，应当公开其收集、使用规则。"此后的《网络安全法》第 41 条规定："网络运营者收集、使用个人信息，应当遵循合法、正当、必要的原则，公开收集、使用规则，明示收集、使用信息的目的、方式和范围，并经被收集者同意。网络运营者不得收集与其提供的服务无关的个人信息，不得违反法律、行政法规的规定和双方的约定收集、使用个人信息，并应当依照法律、行政法规的规定和与用户的约定，处理其保存的个人信息。"在此基础上，《民法典》第 1035 条对公开透明的要求也作了规定，其内容与本条规定大致一致，该条第2项明确要求处理个人信息应当遵循公开处理信息的规则；第3项则进一步要求明示处理信息的目的、方式和范围。这些规定在本条当中都有体现。应该说，本条规定属于在《民法典》这一规定基础上的进一步升华，将处理个人信息公开性的要求明确上升到基本原则的高度，并将公开原则明确为公开、透明原则，这符合目前加强个人信息保护的整体趋势，也与比较法上的先进做法一致。GDPR第5条第1款a项规定："对涉及数据主体的个人数据，应当以合法的、合理的和透明的方式进行处理。"第12条第1款规定："对于和个人信息处理相关的第13条和第14条规定的所有信息或者第15条至第22条以及第34条所规定的所有交流、控制者应当以一种坚决、透明、易懂和容易获取的方式，以清晰和平白的语言来提供；对于针对儿童的所有信息，尤其应当如此。"在行业标准上，我国的《信息安全技术 个人信息安全规范》（GB/T 35273—2020）也要求"以明确、易懂和合理的方式公开处理个人信息的范围、目的、规则等，并接受外部监督"。

所谓公开透明原则，是指信息处理者在处理个人信息时应明示处理信息的目的、方式、范围和规则等，确保信息主体享有知情权。公开透明原则不仅要求个人信息处理者公开个人信息处理规则，而且公开的个人信息处理规则应当明示处理目的、方式和范围等核心内容。公开透明原则是确保信息主体有效行使知情同意权的重要保障。只有让信息主体充分知悉和了解处理个人信息的规则、目的和范围，了解个人信息被处理的后果和可能的影响，才可以确保信息主体的意思判断是自主、真实和合理的，并使个人信息处理者充分接受外部的监督。公开透明原则的要求并不是对个人信息内容的公开，而是对处理个人信息的过程和规则的公开。这就要求信息处理者在处理个人信息时要主动增强透明度，用通俗易懂、简洁明了的语言说明处理个人信息的目的、方式和范围，并将处理个人信息的规则予以公开。① 本条规定的公开信息处理的规则，主

---

① 黄薇主编：《中华人民共和国人格权编释义》，法律出版社2020年版，第201页。

要是指要将信息处理者处理信息的基本规则,如收集处理的信息类型、信息处理者的身份、信息收集处理的目的等公开。理论上,信息处理者可以采用报纸、广播、发布会等多种方式公开个人信息处理规则。① 但在实践中,信息处理者多采用低成本、高效率的隐私政策的方式进行公开。例如,绝大多数 App 在向用户提供服务前,都会通过隐私政策的形式向用户说明其收集用户个人信息的方式、用途等信息。

明示处理信息的目的、方式和范围,就是在具体的信息处理活动中,尤其是信息收集活动中,明确说明信息处理的目的、方式和范围等与具体信息处理活动和具体自然人信息主体密切相关的内容。和一般性的"公开"不同,"明示"所要求的,不仅是自然人有渠道可以获得相关的信息,而是信息处理者主动、明确地将相关信息告知自然人,并且鉴于信息处理活动高度的技术性和专业性,信息处理者还有义务以自然人可以理解的方式,清晰地告知相关内容。② 就信息主体而言,只有对信息公开的内容充分知晓,才可能判断信息处理者处理个人信息的行为是否遵循了合法性、必要性、正当性原则。个人对处理信息的目的、方式和范围具有清晰的认识,才能理性地评价处理活动对自己的权益造成的影响,从而作出符合自己意志的决定。

有观点认为不仅信息处理的目的、方式和范围要公开,信息收集处理的过程也有必要公开。只有个人信息收集和处理的实施行为和实施过程公开,公开透明原则才有实际意义。否则,即使信息收集处理者公示了其收集的目的、规则和使用范围,信息主体无从判断信息处理者是否如其公示的那样实际执行。因此,信息处理者如果不能证明其收集、处理信息的过程是公开的,则应当认定其违反了处理信息的公开透明原则。③ 这一观点较有道理,值得参考借鉴。此外,《信息安全技术 个人信息安全规范》第 5.5 条关于个人信息保护政策的规定也应该是司法实务中认定相关信息处理行为是否符合公开透明原则的重要参考标准。该条

---

① 参见齐爱民:《大数据时代个人信息保护法国际比较研究》,法律出版社 2015 年版,第 220 页。
② 陈甦、谢鸿飞主编:《民法典评注·人格权编》,中国法制出版社 2020 年版,第 381 页。
③ 参见杜万华主编:《中华人民共和国民法典实施精要》,法律出版社 2021 年版,第 878 页。

规定:"对个人信息控制者的要求包括:a)应制定个人信息保护政策,内容应包括但不限于:1)个人信息控制者的基本情况,包括主体身份、联系方式;2)收集、使用个人信息的业务功能,以及各业务功能分别收集的个人信息类型。涉及个人敏感信息的,需明确标识或突出显示;3)个人信息收集方式、存储期限、涉及数据出境情况等个人信息处理规则;4)对外共享、转让、公开披露个人信息的目的、涉及的个人信息类型、接收个人信息的第三方类型,以及各自的安全和法律责任;5)个人信息主体的权利和实现机制,如查询方法、更正方法、删除方法、注销账户的方法、撤回授权同意的方法、获取个人信息副本的方法、对信息系统自动决策结果进行投诉的方法等;6)提供个人信息后可能存在的安全风险,及不提供个人信息可能产生的影响;7)遵循的个人信息安全基本原则,具备的数据安全能力,以及采取的个人信息安全保护措施,必要时可公开数据安全和个人信息保护相关的合规证明;8)处理个人信息主体询问、投诉的渠道和机制,以及外部纠纷解决机构及联络方式。b)个人信息保护政策所告知的信息应真实、准确、完整;c)个人信息保护政策的内容应清晰易懂,符合通用的语言习惯,使用标准化的数字、图示等,避免使用有歧义的语言;d)个人信息保护政策应公开发布且易于访问,例如,在网站主页、移动互联网应用程序安装页、附录C中的交互界面或设计等显著位置设置链接;e)个人信息保护政策应逐一送达个人信息主体。当成本过高或有显著困难时,可以公告的形式发布;f)在a)所载事项发生变化时,应及时更新个人信息保护政策并重新告知个人信息主体。"

公开透明原则与一些个人信息保护具体规则存在密切的关联性,在理解具体的个人信息处理规则时,应注意公开透明原则的指导性作用。比如,根据本法第14条第1款规定,基于个人同意处理个人信息的,该同意应当由个人在充分知情的前提下自愿、明确作出。该款规定了同意的具体要件,个人信息处理者需要依据《个人信息保护法》第7条的规定向个人明示个人信息处理规则,在确保个人充分知情的基础上,由信息主体自由、具体、明确地作出同意。根据本法第17条第3款规定,个人信息处理者通过制定个人信息处理规则的方式告知其联系方式、处理

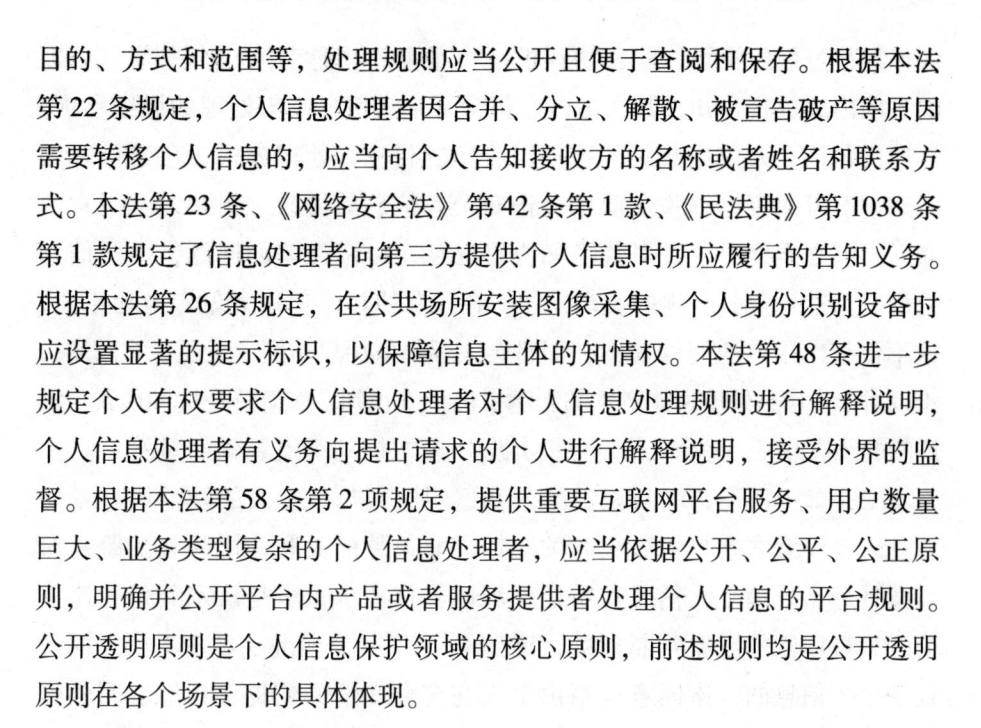

目的、方式和范围等,处理规则应当公开且便于查阅和保存。根据本法第22条规定,个人信息处理者因合并、分立、解散、被宣告破产等原因需要转移个人信息的,应当向个人告知接收方的名称或者姓名和联系方式。本法第23条、《网络安全法》第42条第1款、《民法典》第1038条第1款规定了信息处理者向第三方提供个人信息时所应履行的告知义务。根据本法第26条规定,在公共场所安装图像采集、个人身份识别设备时应设置显著的提示标识,以保障信息主体的知情权。本法第48条进一步规定个人有权要求个人信息处理者对个人信息处理规则进行解释说明,个人信息处理者有义务向提出请求的个人进行解释说明,接受外界的监督。根据本法第58条第2项规定,提供重要互联网平台服务、用户数量巨大、业务类型复杂的个人信息处理者,应当依据公开、公平、公正原则,明确并公开平台内产品或者服务提供者处理个人信息的平台规则。公开透明原则是个人信息保护领域的核心原则,前述规则均是公开透明原则在各个场景下的具体体现。

【条文适用】

关于本条的适用,要注意以下问题:

一是在体系化思维背景下,要注意本条规定与《民法典》相关规定的衔接适用。其一,公开透明原则作为处理个人信息的基本原则,在法律、行政法规没有具体规定的情况下,这一原则应当作为判断处理个人信息行为是否合法抑或是否构成侵权行为的一般条件。构成侵权行为的,则要注意和侵权责任编有关责任构成、损害赔偿包括精神损害赔偿的相关规定相衔接。其二,有关隐私政策问题,在实践中通常是以格式条款的形式出现。《民法典》合同编有关格式条款的规定对此具有直接适用的效力,特别是有关效力认定及格式条款解释的规定,比如《民法典》第496条、第497条的规定。但需要警惕的是,司法实践中,隐私协议已经成为法院判决网络服务商免责的关键支撑,如"Cookie隐私案",然而将隐私协议中相关事项的告知等同于用户的知情,未免具有对网络服务商法律期待过低的嫌疑。隐私协议的一个重要作用是对用户个人信息处理的各项内容进行告知，其文本内容包含了个人信息收集处理的详细事项，一般应包括个人信息收集的范围、收集的目的、处理方式、存储位置和流动情况等内容，有些企业也会告知个人信息的修改、删除以及同意的撤回。但在实践中，大多数隐私协议都存在可读性差的问题，一些信息处理者为达到业务合规的要求，往往在隐私协议中使用大量专业化术语，这不仅超出用户的阅读能力，而且会大幅降低用户的阅读意愿，导致用户难以对个人信息处理可能产生的影响做出正确预判。如何解决这种形式与实质间的矛盾冲突，是个人信息保护实践中亟须进一步深化探索的问题。

二是如上所述，本条规定的公开透明原则与自然人的知情同意密切相连，要注意本条与本法中有关知情同意条款的关联，这些条款既是对信息处理者处理个人信息在特定领域的具体要求，也是认定其是否违反公开处理原则的重要判断标准，比如本法第14条规定："基于个人同意处理个人信息的，该同意应当由个人在充分知情的前提下自愿、明确作出。法律、行政法规规定处理个人信息应当取得个人单独同意或者书面同意的，从其规定。个人信息的处理目的、处理方式和处理的个人信息种类发生变更的，应当重新取得个人同意。"该条强调的"个人在充分知情"以及"个人信息的处理目的、处理方式和处理的个人信息种类发生变更的，应当重新取得个人同意"都体现了对信息处理者处理个人信息公开透明的要求。从实践角度，对于需要用户同意才能处理用户个人信息的情形，需要通过《个人信息保护政策》等个人信息授权文本，向用户充分说明处理个人信息的规则，并由用户手动点击确认、手动勾选同意等自主同意的方式获得用户的同意。此外，在实践中，经常发生个人同意进行的个人信息处理活动，但在个人信息处理期间发现个人信息处理者存在"过度处理"其个人信息的行为，该个人想撤回其之前的同意，但网络平台环境下，个人撤回其同意的行为必须得到个人信息处理者的配合，否则个人是无法实现所谓"有权撤回其同意"之目的。本法第15条确立了"个人信息处理者应当提供便捷的撤回同意的方式"的个人信息处理规则，遵循了"以人民为中心"的发展理念，体现了数据私权至上的个人信息处理规则。

【相关规定】

1. 《中华人民共和国民法典》（2020年5月28日）

第一千零三十五条 处理个人信息的，应当遵循合法、正当、必要原则，不得过度处理，并符合下列条件：

（一）征得该自然人或者其监护人同意，但是法律、行政法规另有规定的除外；

（二）公开处理信息的规则；

（三）明示处理信息的目的、方式和范围；

（四）不违反法律、行政法规的规定和双方的约定。

个人信息的处理包括个人信息的收集、存储、使用、加工、传输、提供、公开等。

2. 《中华人民共和国网络安全法》（2016年11月7日）

第四十一条 网络运营者收集、使用个人信息，应当遵循合法、正当、必要的原则，公开收集、使用规则，明示收集、使用信息的目的、方式和范围，并经被收集者同意。

网络运营者不得收集与其提供的服务无关的个人信息，不得违反法律、行政法规的规定和双方的约定收集、使用个人信息，并应当依照法律、行政法规的规定和与用户的约定，处理其保存的个人信息。

3. 《全国人民代表大会常务委员会关于加强网络信息保护的决定》（2012年12月28日）

二、网络服务提供者和其他企业事业单位在业务活动中收集、使用公民个人电子信息，应当遵循合法、正当、必要的原则，明示收集、使用信息的目的、方式和范围，并经被收集者同意，不得违反法律、法规的规定和双方的约定收集、使用信息。

网络服务提供者和其他企业事业单位收集、使用公民个人电子信息，应当公开其收集、使用规则。

第八条 处理个人信息应当保证个人信息的质量，避免因个人信息不准确、不完整对个人权益造成不利影响。

【条文主旨】

本条是关于处理个人信息质量原则的规定。

【条文理解】

《个人信息保护法》将质量原则规定在第1章总则，凸显其作为基本原则的重要地位。本法系首次从法律层面规定质量原则，意义重大。一是有利于更好地保护个人信息权益。在个人信息处理活动中，保证个人信息的质量，对保护信息主体的人格尊严及人身财产权益至关重要。任何个人信息的不实、错误或者对其内容的扭曲都会或多或少影响个人社会形象和社会交往，让个人在社会中的发展偏离自己的预期。[①] 二是有利于更有效地促进个人信息的合理利用。在大数据时代，个人信息成为与物质、能量同样重要的资源，整个社会对信息的依赖和利用需求增强。[②] 将保证个人信息质量作为法定义务，有助于督促个人信息处理者通过采取合理的措施提升个人信息数据获取的准确性和完整性，使得个人信息的商业价值得到更加充分的发掘。

[①] 最高人民法院民法典贯彻实施工作领导小组主编：《中华人民共和国民法典人格权编理解与适用》，人民法院出版社2020年版，第391页。

[②] 张新宝：《从隐私到个人信息：利益再衡量的理论与制度安排》，载《中国法学》2015年第3期。

一、本条的立法沿革和起草过程

(一) 立法沿革

从我国现行立法的角度考察,在本法颁布之前,《民法典》《网络安全法》《征信业管理条例》等法律法规中已有涉及个人信息质量要求及救济措施的相关规定。《民法典》第1037条第1款规定:"自然人可以依法向信息处理者查阅或者复制其个人信息;发现信息有错误的,有权提出异议并请求及时采取更正等必要措施。"《网络安全法》第43条规定:"……发现网络运营者收集、存储的其个人信息有错误的,有权要求网络运营者予以更正。网络运营者应当采取措施予以删除或者更正。"《征信业管理条例》第23条第1款规定:"征信机构应当采取合理措施,保障其提供信息的准确性。"第25条第1款规定:"信息主体认为征信机构采集、保存、提供的信息存在错误、遗漏的,有权向征信机构或者信息提供者提出异议,要求更正。"

从比较法的角度考察,质量原则是各国数据保护法或个人信息保护法中的一项重要原则。例如,GDPR第5条第1款d项规定:个人数据应当准确、必要、及时;以个人数据处理目的危险,应采取一切合理步骤确保不准确的个人数据被及时地处理、删除或修正。又如,《日本个人信息保护法》规定:确保个人数据内容正确包括在合乎用途的必要范围内尽量及时更新个人信息;无须使用时,及时予以删除。

(二) 起草过程

本条在起草过程中有过较大变动。《个人信息保护法(草案)》第8条规定:"为实现处理目的,所处理的个人信息应当准确,并及时更新。"在立法过程中,有委员建议将"应当准确"改为"应当真实、准确";有地方建议本条明确保证信息准确的主体;有部门建议删去"并及时更新",也有地方和部门建议增加完整原则和处理者证明责任;有企业建议删去"为实现处理目的",也有企业建议将"应当准确"改为"尽量准确",将"及时更新"改为"发现信息错误、过时应及时更新";有国外机构建议删去本条中个人信息准确性原则的规定或者将"并及时更新"

改为"若有必要应及时更新",也有国外机构建议由个人信息主体对信息的准确性负责。

在综合各方面意见的基础上,《个人信息保护法(草案二次审议稿)》将草案一审稿中"为实现处理目的"删除,并将"所处理的个人信息应当准确,并及时更新"修改为"处理个人信息应当保证个人信息的质量,避免因个人信息不准确、不完整对个人权益造成不利影响"。本法延续了二审稿的内容。我们认为,立法者之所以作上述修订,主要是基于以下几点考虑:一是"个人信息的质量"内涵和外延更为丰富,"质量"概念涵盖了准确、完整等要求,表述更为精准;二是基于个人信息处理活动的多样性,个人信息的时效性并非在任何场景下都适用,不宜一般性地将确保个人信息及时更新作为个人信息处理者的义务加以规定;三是质量原则贯穿于个人信息处理活动的全过程,无论个人信息处理者是谁,也不管处理活动属于何种类型,都必须受到该原则的约束,对其加以限定性的前提条件并无必要。

二、关于质量原则的理解

准确理解质量原则,应当对本条的文本从整体上加以把握。本条前半段规定"处理个人信息应当保证个人信息的质量",属一般的原则性要求;后半段规定"避免因个人信息不准确、不完整对个人权益造成不利影响",明确了该原则的适用目的。个人信息质量存在瑕疵,并不必然等同于不符合质量原则。只有相关信息质量问题同时存在对信息主体的个人权益造成不利影响的风险,才构成对该原则的违反。例如,利用众多去标识化信息进行数据分析以判断群体的消费倾向等特征时,由于信息分析结果并非精确地应用于个人,可以允许少量瑕疵的个人信息存在。

从文义解释的角度出发,尤其是结合本条后半段对前半段的解读,个人信息的"质量"应指向准确性和完整性两方面的要求。具体阐述如下:

(一)准确性

准确性要求处理个人信息应当真实、准确,系针对实践中大量存在的个人信息不准确的现象作出的规制。个人信息不准确主要表现为：一是个人信息不正确。即个人信息在被收集时就有错误，既可能是信息主体自身提供的个人信息有误，也有可能是个人信息处理者的原因所致。若是轻微笔误、格式错误等形式错误，则一般不会对信息主体的个人权益产生实质性影响；反之，若出现实质错误，则可能对信息主体的个人权益产生不利影响甚至造成损害。例如，当个人征信信息出现错误时，很可能会对信息主体获得信用贷款造成不利影响。又如，当个人医疗健康信息出现错误时，很可能会导致患者的生命健康权受到损害。二是个人信息已过时。即过去的个人信息已经不符合信息主体当前的情况，但又没有新的个人信息产生予以更替。这说明个人信息收集时没有错误，能够客观反映信息主体当时的情况，只是时过境迁，信息主体的客观情况发生变化，而个人信息处理者留存的仍然是过去的个人信息。这是个人信息已过时与个人信息不正确的主要差别。个人信息主体对于过时的个人信息享有及时更新的权利，但若处理目的为分析个人信息主体过去的情况，则对此类个人信息没有必要予以更新。

（二）完整性

完整性要求处理个人信息应当全面，没有缺失或者遗漏。个人信息完整与否，是相对于个人信息处理目的而言的。个人信息处理应当遵循目的限制和最小必要原则，这就意味着信息主体同意个人信息处理者处理的个人信息可以是部分的或不完全的。但随着处理活动的进行，如果已收集的个人信息相对于实现处理目的是不全面的或不完整的，那么信息主体有权要求个人信息处理者补充相应的个人信息。[①] 补充的个人信息，既可能是收集时已经存在而未被纳入的个人信息，也可能是新产生的个人信息。这些个人信息与已收集的个人信息之间不存在矛盾，而是基于信息内容全面性的需要才进行增补，此时无须对原有数据做任何处理。需要指出的是，信息主体要求个人信息处理者补充个人信息，实际上增加了个人信息处理者的成本和负担。此时，是否补充应当考虑如下

[①] 程啸：《个人信息保护法理解与适用》，中国法制出版社2021年版，第356页。

因素：补充个人信息是否是实现特定的个人信息处理目的所必需的；补充个人信息是否有助于个人信息处理活动；如不补充个人信息是否会使得个人因信息的不完整而面临风险等。[①] 例如，某项新产生的个人信息将影响到基于数据画像的自动化决策机制准确运行，对该等信息即有必要予以补充。

【条文适用】

一、关于本条与本法其他规定的衔接适用

本条属原则性条款，贯穿于《个人信息保护法》整部法律，对本法第 46 条、第 47 条等相关条文的法律适用，具有一般原则的指导意义。具言之，根据质量原则，信息主体发现其个人信息不准确或者不完整的，有权请求个人信息处理者更正、补充，并且在符合规定的条件时有权要求个人信息处理者删除其个人信息；而个人信息处理者应当对相关个人信息予以核实，并及时更正、补充、删除。

本法第 7 章 "法律责任" 中第 69 条的规定，可作为确定个人信息处理者违反本条的民事赔偿责任的规范依据。需要注意的是，质量原则并不意味着个人信息处理者承担的是绝对责任或担保责任，即只要个人信息不准确或不完整对个人造成不利影响或损害的，就要承担民事责任。[②] 本法第 69 条第 1 款确立了侵害个人信息权益的损害赔偿责任适用过错推定原则，也即个人信息处理者只有不能证明自己没有过错，才应当承担赔偿责任。而如果个人信息处理者能够证明，个人信息不完整或者不准确，并非个人信息处理者的过错所致，而是其他原因导致的，则其不需要承担赔偿责任。如果信息主体已经向个人信息处理者提出其个人信息存在错误或缺漏，个人信息处理者未及时采取更正、补充、删除等措施，则其存在过错，由此给个人造成损害的，应承担相应的赔偿责任。

[①] 程啸：《个人信息保护法理解与适用》，中国法制出版社 2021 年版，第 356 页。
[②] 程啸：《个人信息保护法理解与适用》，中国法制出版社 2021 年版，第 98 页。

二、关于保证个人信息质量的措施

本条规定较为原则,在实践中如何推动保证个人信息质量的规定落地,结合既往的立法与司法实践,分述如下:

一方面,个人信息处理者应当有效履行数据质量控制义务。个人信息处理活动包括个人信息收集、存储、使用、加工、传输、提供、公开、删除等,个人信息侵权可能发生在其中任何一个环节,个人信息处理者也可能从事以上单项或者数项活动,故应结合业务特点,积极采取各项技术措施和组织措施来保证信息的准确和完整。鉴于目前的法律体系未对保证个人信息质量的实现路径作出具体规定,《银行业金融机构数据治理指引》(银保监发〔2018〕22号)的相关规定可兹参考。该指引在第4章"数据质量控制"中明确应当加强数据源头管理,建立数据质量监控体系、数据质量现场检查制度、数据质量考核评价体系、数据质量整改机制、监管数据质量管控制度等,覆盖数据全生命周期,确保数据的真实性、准确性、连续性、完整性和及时性。

另一方面,个人信息处理者应当建立便捷的个人行使权利的申请受理和处理机制,并及时更正、补充、删除个人信息。本法第46条第2款规定:个人信息主体请求更正、补充其个人信息时,个人信息处理者应当对其个人信息予以核实,并及时更正、补充。本法第50条第1款规定:个人信息处理者应当建立便捷的个人信息主体行使权利的申请受理和处理机制,拒绝个人信息主体行使权利的请求的,应当说明理由。需注意的是,信息主体提出更正、补充其个人信息的请求后,个人信息处理者应当加以核实后才能进行更正、补充,否则就无法确定个人信息是否准确和完整,且即使确定了不准确、不完整,对于补充或更正信息的真实性、准确性也需要进一步进行审核。此外,如果出现更正不能的情况,不必强行更正,可以选择删除。[①] 关于本法第46条第2款规定的"及时"处理如何理解,参照《征信业管理条例》第25条"自收到异议之日起

[①] 高富平、李群涛:《个人信息主体权利的性质和行使规范——〈民法典〉第1037条的解释论展开》,载《上海政法学院学报(法治论丛)》2020年第6期。

20日内进行核查和处理,并将结果书面答复异议人"以及《信息安全技术 个人信息安全规范》第8.7条a项"在验证个人信息主体身份后,应及时响应个人信息主体基于8.1～8.6提出的请求,应在三十日内或法律法规规定的期限内作出答复及合理解释,并告知个人信息主体外部纠纷解决途径"之规定,可在个案审理中根据申请事项的明确程度、申请理由的充分程度、所提供证据的有效程度以及个人信息处理者承诺处理时间等因素予以综合判断。

三、关于保证个人信息质量的义务主体

本条虽强调"处理个人信息应当保证个人信息的质量",但并未明确义务主体的具体指向。个人信息处理者是使用个人信息、对个人信息处理行为负责的主体,承担保证个人信息质量的义务,自不待言。

实践中,关于本条的义务主体是否包括个人信息处理者受托人以及个人信息处理者次受托人存在争议,有待进一步的探讨。我们的初步考虑是,从本法第50条第1款关于义务主体的表述看,似乎只能约束个人信息处理者,而不包括本法第21条第1款、第2款规定的个人信息处理者受托人以及第3款规定的个人信息处理者次受托人。但本法第59条又规定"接受委托处理个人信息的受托人,应当依照本法和有关法律、行政法规的规定,采取必要措施保障所处理的个人信息的安全,并协助个人信息处理者履行本法规定的义务",自文义进路观之,受托人和次受托人为了履行保障信息安全义务和协助义务,也应当在相应程度上采取措施。因此,为对个人信息处理活动进行更加全面的规制,负有保证个人信息质量义务的主体应既包括个人信息处理者,也包括个人信息处理者的受托人和个人信息处理者的次受托人。

【相关规定】

1.《中华人民共和国民法典》(2020年5月28日)

第一千零三十七条 自然人可以依法向信息处理者查阅或者复制其

个人信息；发现信息有错误的，有权提出异议并请求及时采取更正等必要措施。

自然人发现信息处理者违反法律、行政法规的规定或者双方的约定处理其个人信息的，有权请求信息处理者及时删除。

2.《中华人民共和国网络安全法》（2016年11月7日）

第四十三条 个人发现网络运营者违反法律、行政法规的规定或者双方的约定收集、使用其个人信息的，有权要求网络运营者删除其个人信息；发现网络运营者收集、存储的其个人信息有错误的，有权要求网络运营者予以更正。网络运营者应当采取措施予以删除或者更正。

3.《征信业管理条例》（2013年1月21日）

第二十三条 征信机构应当采取合理措施，保障其提供信息的准确性。

征信机构提供的信息供信息使用者参考。

第二十五条 信息主体认为征信机构采集、保存、提供的信息存在错误、遗漏的，有权向征信机构或者信息提供者提出异议，要求更正。

征信机构或者信息提供者收到异议，应当按照国务院征信业监督管理部门的规定对相关信息作出存在异议的标注，自收到异议之日起20日内进行核查和处理，并将结果书面答复异议人。

经核查，确认相关信息确有错误、遗漏的，信息提供者、征信机构应当予以更正；确认不存在错误、遗漏的，应当取消异议标注；经核查仍不能确认的，对核查情况和异议内容应当予以记载。

第九条　个人信息处理者应当对其个人信息处理活动负责，并采取必要措施保障所处理的个人信息的安全。

【条文主旨】

本条是关于个人信息处理者主体责任原则及安全保障原则的规定。

【条文理解】

本法将主体责任原则及安全保障原则规定在第1章总则，凸显其作为基本原则的重要地位。本条属原则性条款，对本法第5章"个人信息处理者的义务"和第7章"法律责任"相关内容具有指导意义。

一、本条的立法沿革和起草过程

（一）立法沿革

从我国现行立法的角度考察，《民法典》《数据安全法》《网络安全法》《消费者权益保护法》《全国人民代表大会常务委员会关于加强网络信息保护的决定》等法律法规中均有关于个人信息处理者负有保障信息安全义务的内容。《全国人民代表大会常务委员会关于加强网络信息保护的决定》第4条规定："网络服务提供者和其他企业事业单位应当采取技术措施和其他必要措施，确保信息安全，防止在业务活动中收集的公民个人电子信息泄露、毁损、丢失。"此后，《消费者权益保护法》《网络安全法》中也均有类似规定。2021年1月实施的《民法典》第1038条第2款规定："信息处理者应当采取技术措施和其他必要措施，确保其收集、存储的个人信息安全，防止信息泄露、篡改、丢失。"与本法立法时间相近的《数据安全法》第27条亦规定："开展数据处理活动应当依照法律、法规的规定，建立健全全流程数据安全管理制度，组织开展数据安全教育培训，采取相应的技术措施和其他必要措施，保障数据安全。"

从比较法的角度考察，GDPR在个人数据处理活动的基本原则项下，要求应确保个人数据处理活动的安全性，并采取适当的技术和管理措施防止个人数据遗失、毁损或遭非法处理，数据控制者对个人数据处理活动负责，并承担履行上述原则的证明责任；同时依据该条例第83条规定，对违反上述原则的数据控制者，可以处以1000万欧元的罚款，如果控制者是企业，最高罚款应为上一财务年度全球总营业额的2%，以金额较高者为准。

由此可见，一方面，本条借鉴了GDPR的相关规定，首次在法律层面提出个人信息处理者的主体责任原则，又将该原则与安全保障原则整合在一个法律条文中。这是因为，个人信息处理者对其个人信息处理活动负责，当然包含了对个人信息处理的安全负责，强调安全保障原则，是为了凸显个人信息安全是个人信息保护的重要内容，个人信息处理者在处理个人信息时应对此特别予以关注。另一方面，本条在沿用现行法律相关规定的基础上，对安全保障原则予以概括和明确。本条以"必要措施"代替了以往"技术措施和其他必要措施"的表述，并删除了"防止信息泄露、毁损、丢失"等类似目的性描述的语句，不仅用语上更加精炼，符合原则性条款的定位，而且进一步拓展了个人信息安全的内涵范围。

（二）起草过程

本条争议较小，在历次审议过程中均未作修改。立法过程中，曾有委员建议在本条最后增加"维护个人信息权益"，也有地方提出将"必要措施"改为"技术、管理措施"，但本法最终未采纳上述建议。

二、关于主体责任原则的理解

随着大数据、云计算、人工智能等现代科技的发展，个人信息以前所未有的速度和广度被开发利用，个人信息处理活动不可避免地会产生新的社会风险，并可能导致信息主体的权益受到威胁和侵害。为此，本法概括性要求个人信息处理者对其个人信息处理活动负责，以满足保障个人信息权益和安全的客观要求。之所以强化个人信息处理者的主体责任，主要理由在于：其一，基于控制力理论，个人信息处理者是个人信息处理活动的决策者、控制者，当然要为处理活动负责，相较于信息主体，其具有明显的技术与资本优势，对处理行为的目的、方式、所采用的技术等各项情况更为了解，且有足够的技术能力去对处理行为的风险进行评估和控制，由其履行相关责任和义务，更具操作性，亦更能节约社会整体成本。其二，根据权利义务相一致原则，个人信息处理者是个人信息处理活动的受益者，既然其从个人信息中直接或间接获取利益，那么理应承担相应的社会责任，这也有利于建立个人信息处理者与信息主体之间的信任关系，提升信息主体对个人信息安全的信心，进而促进个人信息的良性流转与合理利用。

个人信息处理者对其个人信息处理活动负责，强调的是个人信息处理者处理个人信息应当符合法律和行政法规的规定。首先，个人信息处理者需要遵守本法所明确的"合法、正当、必要、诚信原则"（第5条）、"目的限制原则""数据最小化原则"（第6条）、"公开透明原则"（第7条）、"保证个人信息质量原则"（第8条）等各项法律原则。其次，个人信息处理者需要遵守本法第5章关于个人信息处理者的义务之相关细化规定。即：应当按照规定制定内部管理制度和操作规程，采取相应的安全技术措施，并指定负责人对其个人信息处理活动进行监督（第51条、第52条）；应当定期对其个人信息处理活动进行合规审计（第54条）；在涉及敏感个人信息、自动化决策、向境外提供个人信息等情形时应当在事前进行个人信息保护影响评估（第55条）；发生或可能发生个人信息泄露、篡改、丢失时，应当履行通知和补救义务（第57条）；提供重要互联网平台服务、用户数量巨大、业务类型复杂的个人信息处理者还应当履行更高水平的保护义务（第58条）。再次，个人信息处理者需要按照本法其他章节的规定建立个人行使权利的申请受理和处理机制（第50条）。最后，考虑到经济社会生活的复杂性和个人信息处理的不同情况，如其他法律、行政法规有涉及个人信息处理者责任的特别规定，亦应当一并予以遵守。

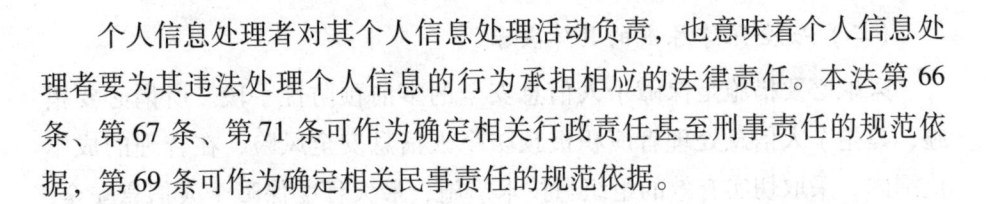

个人信息处理者对其个人信息处理活动负责,也意味着个人信息处理者要为其违法处理个人信息的行为承担相应的法律责任。本法第66条、第67条、第71条可作为确定相关行政责任甚至刑事责任的规范依据,第69条可作为确定相关民事责任的规范依据。

三、关于安全保障原则的理解

(一) 安全保障原则的内涵界定

安全保障义务,是指采取积极措施保护他人利益免受危险侵害,或在侵害发生时采取积极救助措施的义务。安全保障义务在大陆法系通常被称为"一般安全注意义务",在英美法系则大致对应过失侵权中的"有限义务"。具体到个人信息处理活动中,所谓安全保障原则,是指个人信息处理者应当根据个人信息的类别、处理目的、处理方式、约定处理范围,并充分考虑该处理活动对个人权益的影响以及其中可能存在的安全风险等,采取必要措施保障个人信息的安全。

实际上,对个人信息的安全保障,更多的是一种法律上的保护手段,而不是保护的最终目标。个人信息安全保障义务的对象,既包括个人信息本身即个人信息财产价值的保护,又包括以预防第三人非法获取个人信息进而导致信息主体财产权或人身权受损为目的的保护。前者系针对技术角度的个人信息安全,参照《信息安全技术 个人信息安全规范》,具体指向个人信息的完整性、保密性与可用性,一般与个人信息处理者的公法责任相联系。后者系针对民事权益角度的个人信息安全,即个人信息主体的民事权益不因个人信息处理活动而遭到损害,一般与个人信息处理者的民事责任相联系。[①] 因此,个人信息处理者只有既做到防止个人信息未经授权或非法处理以及意外丢失、破坏或损坏,又做到防止信息主体的民事权益因个人信息处理遭受损害,才能真正达到保障个人信息安全的要求。

[①] 参见高争志:《侵权责任视角下的个人信息安全保障义务探究》,载《重庆邮电大学学报(社会科学版)》2020年第1期。

(二) 安全保障原则的具体要求

采取必要措施是保障个人信息安全的事前预防性手段。所谓必要措施，是指个人信息处理者应积极预防个人信息安全风险，在合理的成本范围内，采取切实有效的组织与技术措施，最大程度保障个人信息安全。至于如何判断是否采取了最大有效性的必要措施，实际上需要进行利益权衡，应结合均衡性原则，即狭义比例原则进行分析。如果某项安全保障措施有效性很强但成本太高，个人信息处理者负担的成本同对个人信息安全保障产生的收益不成比例，就不应当被采取。倘若该项措施有效性很强，成本与收益之间成比例，个人信息处理者就有义务采取该项措施。判断个人信息处理者是否采取了必要的安全保障措施，"应当在比例原则语境下考量成本"。①

本条规定的"必要措施"，既包括本法、其他法律、行政法规所明确的技术措施、组织措施，也包括个人信息处理者基于信息技术发展现状、信息处理实际等客观情况，为达到保护个人信息安全目标应当采取的法律规定之外的其他措施。本法第51条明确列举了比较典型的必要措施，包括：(1) 制定内部管理制度和操作规程；(2) 对个人信息实行分类管理；(3) 采取相应的加密、去标识化等安全技术措施；(4) 合理确定个人信息处理的操作权限，并定期对从业人员进行安全教育和培训；(5) 制定并组织实施个人信息安全事件应急预案。同时，考虑到个人信息处理活动的复杂性与多样性，将"法律、行政法规规定的其他措施"作为兜底性规定，留有弹性空间。

【条文适用】

对于本条的适用，应注意以下问题：

第一，举证责任问题。依据本法第69条的规定，处理个人信息侵害个人信息权益造成损害的，适用过错推定原则，个人信息处理者不能证

---

① 刘权：《论个人信息处理的合法、正当、必要原则》，载《法学家》2021年第5期。

明自己没有过错的,应当承担损害赔偿等侵权责任。故此,个人信息处理者对其遵守法律规定的情况负有举证责任。这不仅有助于推动个人信息处理者更为主动地遵守本法及其他法律法规规定,也符合个人信息保护责任从个人向个人信息处理者转变的国际趋势。

第二,责任主体问题。在立法过程中,关于接受委托处理个人信息的受托方是否属于本法规定的个人信息处理者范畴问题曾发生争议,有的委员和部门、专家提出,接受委托处理个人信息的受托方,不属于本法规定的个人信息处理者,但仍应履行相应的个人信息安全保护义务,主要是考虑到个人信息受托处理者接受个人信息处理者的委托从事个人信息处理活动,实际控制着海量的个人信息,是可能导致个人信息被泄露、滥用,进而侵害信息主体权益的重要危险源。鉴于此,二审稿增加规定"接受委托处理个人信息的受托方,应当履行本章规定的相关义务,采取必要措施保障所处理的个人信息的安全",最终审议时又对部分表述予以修改完善,实质上确立了接受委托处理个人信息的受托人作为信息处理辅助人,承担一定范围内的个人信息安全保障义务。当然,基于"责权利相统一"的原则,受托人所承担的安全保障义务应当低于个人信息处理者对信息主体应承担的主体责任。

第三,责任程度问题。首先,对于不同类型的个人信息处理者,其主体责任义务和安全保障义务的履行要求不同。就一般的个人信息处理者而言,仅需在常规意义上遵守相关法律、行政法规的规定;就提供重要互联网平台服务、用户数量巨大、业务类型复杂的个人信息处理者而言,由于其掌握了海量个人信息,一旦在处理活动中出现违法违规行为,将带来巨大的风险和挑战,故对此类主体应当强化其责任。其次,对于不同的信息类型,应根据信息分级分类的结果,采取不同的安全保障措施。就一般个人信息而言,根据安全保障需要和自身技术能力水平采取相应的保护措施即可;就敏感个人信息而言,个人信息处理者应当尽到更高的注意义务,采取更为充分的保护措施,例如,在处理生物识别信息时,需要采取加密等安全措施,并将生物识别信息与个人身份信息分开储存,原则上不应储存原始样本或图像等。

【相关规定】

1. 《中华人民共和国民法典》（2020年5月28日）

第一千零三十八条 信息处理者不得泄露或者篡改其收集、存储的个人信息；未经自然人同意，不得向他人非法提供其个人信息，但是经过加工无法识别特定个人且不能复原的除外。

信息处理者应当采取技术措施和其他必要措施，确保其收集、存储的个人信息安全，防止信息泄露、篡改、丢失；发生或者可能发生个人信息泄露、篡改、丢失的，应当及时采取补救措施，按照规定告知自然人并向有关主管部门报告。

2. 《中华人民共和国数据安全法》（2021年6月10日）

第二十七条 开展数据处理活动应当依照法律、法规的规定，建立健全全流程数据安全管理制度，组织开展数据安全教育培训，采取相应的技术措施和其他必要措施，保障数据安全。利用互联网等信息网络开展数据处理活动，应当在网络安全等级保护制度的基础上，履行上述数据安全保护义务。

重要数据的处理者应当明确数据安全负责人和管理机构，落实数据安全保护责任。

3. 《中华人民共和国网络安全法》（2016年11月7日）

第四十二条 网络运营者不得泄露、篡改、毁损其收集的个人信息；未经被收集者同意，不得向他人提供个人信息。但是，经过处理无法识别特定个人且不能复原的除外。

网络运营者应当采取技术措施和其他必要措施，确保其收集的个人信息安全，防止信息泄露、毁损、丢失。在发生或者可能发生个人信息泄露、毁损、丢失的情况时，应当立即采取补救措施，按照规定及时告知用户并向有关主管部门报告。

4. 《中华人民共和国消费者权益保护法》（2013年10月25日修正）

第二十九条 经营者收集、使用消费者个人信息，应当遵循合法、正当、必要的原则，明示收集、使用信息的目的、方式和范围，并经消费者同意。经营者收集、使用消费者个人信息，应当公开其收集、使用规则，不得违反法律、法规的规定和双方的约定收集、使用信息。

经营者及其工作人员对收集的消费者个人信息必须严格保密，不得泄露、出售或者非法向他人提供。经营者应当采取技术措施和其他必要措施，确保信息安全，防止消费者个人信息泄露、丢失。在发生或者可能发生信息泄露、丢失的情况时，应当立即采取补救措施。

经营者未经消费者同意或者请求，或者消费者明确表示拒绝的，不得向其发送商业性信息。

5.《全国人民代表大会常务委员会关于加强网络信息保护的决定》（2012年12月28日）

四、网络服务提供者和其他企业事业单位应当采取技术措施和其他必要措施，确保信息安全，防止在业务活动中收集的公民个人电子信息泄露、毁损、丢失。在发生或者可能发生信息泄露、毁损、丢失的情况时，应当立即采取补救措施。

6.《信息安全技术 个人信息安全规范》（2020年3月6日）

4 个人信息安全基本原则

个人信息控制者开展个人信息处理活动应遵循合法、正当、必要的原则，具体包括：

a) 权责一致——采取技术和其他必要的措施保障个人信息的安全，对其个人信息处理活动对个人信息主体合法权益造成的损害承担责任。

b) 目的明确——具有明确、清晰、具体的个人信息处理目的。

c) 选择同意——向个人信息主体明示个人信息处理目的、方式、范围等规则，征求其授权同意。

d) 最小必要——只处理满足个人信息主体授权同意的目的所需的最少个人信息类型和数量。目的达成后，应及时删除个人信息。

e) 公开透明——以明确、易懂和合理的方式公开处理个人信息的范围、目的、规则等，并接受外部监督。

f) 确保安全——具备与所面临的安全风险相匹配的安全能力，并采取足够的管理措施和技术手段，保护个人信息的保密性、完整性、可用性。

g) 主体参与——向个人信息主体提供能够查询、更正、删除其个人信息，以及撤回授权同意、注销账户、投诉等方法。

第十条　任何组织、个人不得非法收集、使用、加工、传输他人个人信息，不得非法买卖、提供或者公开他人个人信息；不得从事危害国家安全、公共利益的个人信息处理活动。

【条文主旨】

本条是关于个人信息处理的禁止性规定。

【条文理解】

《个人信息保护法》颁布之前，我国个人信息保护一直处于分散立法的状态。[①] 我国《民法典》第111条规定：任何组织或者个人需要获取他人个人信息的，应当依法取得并确保信息安全，不得非法收集、使用、加工、传输他人个人信息，不得非法买卖、提供或者公开他人个人信息。《刑法》第253条之一规定：违反国家有关规定，向他人出售或者提供公民个人信息，情节严重的，依法承担刑事责任。《网络安全法》第44条规定：任何个人和组织不得窃取或者以其他非法方式获取个人信息，不得非法出售或者非法向他人提供个人信息。除此之外，关于个人信息保护的规定还散见于《全国人民代表大会常务委员会关于加强网络信息保护的决定》《数据安全法》《消费者权益保护法》《电子商务法》《征信业管理条例》等。本条通过列举禁止行为，在既有法律法规的基础上，明确了个人信息处理者处理个人信息的行为准则和法律依据，较好地与其他法律规范中个人信息保护的相关规定衔接，对维护个人信息保护制度

[①] 杨帆、刘业：《个人信息保护的"公私并行"路径：我国法律实践及欧美启示》，载《国际经济法学刊》2021年第2期。

体系的协调具有积极意义。

本条内容相比于《个人信息保护法》第一、二次审议稿，将"任何组织、个人不得违反法律、行政法规的规定处理个人信息"修改为"任何组织、个人不得非法收集、使用、加工、传输他人个人信息，不得非法买卖、提供或者公开他人个人信息"。正式条文中明确了在个人信息处理活动的全生命周期（包括收集、使用、加工、传输，未包含储存和删除）都必须合法，并强调不得"非法买卖、提供或公开"，与本法第4条第2款个人信息处理的界定和第5条处理个人信息应当遵循合法原则的规定相呼应。

根据本条规定的内容，应当从以下两个方面具体理解：

一、非法处理个人信息的行为类型

个人信息处理者违反《民法典》《个人信息保护法》《网络安全法》等法律、法规，非法处理个人信息的行为类型主要有三种。

一是非法收集、使用、加工、传输他人个人信息。对个人信息的收集，包括自然人主动向信息处理者提供其个人信息，也包括信息处理者向个人索取个人信息。使用，是指个人信息处理者对个人信息的分析和利用，如企业收集用户的浏览记录、订购的商品和付款方式等信息进行精准广告推送。加工，是指对个人信息进行分类、筛选、排序、去标识化等活动。传输，是指信息处理者传送所收集的个人信息的行为。本法第6条第2款规定了个人信息收集最小化原则，第13条规定了告知同意规则，第23条是关于向其他个人信息处理者提供个人信息的规定，第24条第2款是关于利用个人信息进行自动化决策的规定，第三章专章规定了个人信息跨境提供的规则。实践中，经常发生违反上述规定对个人信息进行非法处理的情况，如未经告知同意非法收集个人信息、过度收集个人信息、利用自动化决策方式进行信息推送并未提供关闭个性化推荐的选项以及非法将个人信息提供给境外组织或个人等。

二是非法买卖、提供或者公开他人个人信息。个人信息提供以个人信息接收方在境内还是境外为标准分为两类，一类是向境内提供个人信息，另一类是向境外提供个人信息。买卖个人信息也属于提供个人信息的一种形式，买卖个人信息是提供者向接收者提供其所处理的个人信息，而接收方需支付相应价款，买卖个人信息即有偿提供个人信息。提供个人信息，则不要求支付相应的价款。在实践中，由于买卖个人信息比较典型，所以立法往往对买卖个人信息单独予以规定。例如《网络安全法》第44条、《民法典》第111条、《刑法》第253条之一。本法第23条是关于向其他个人信息处理者提供个人信息的规定，第25条规定了没有取得个人同意不得公开个人信息，第55条规定了向其他个人信息处理者提供、公开个人信息应当事前进行个人信息保护影响评估与记录。随着数字经济的发展和满足数据交易的需要，经个人信息保护影响评估后，不危害国家安全和公共利益并经个人同意而向他人提供或者公开个人信息的行为是被允许的，只有不符合知情同意原则或者法律法规有关规定提供或者公开个人信息的行为才是非法的、法律所禁止的行为。

三是从事危害国家安全、公共利益的个人信息处理活动。个人信息处理者从事个人信息处理活动，均应符合法律规范，不得危害国家安全和公共利益。本法第3条第2款规定：一定情形下，在我国境外处理我国境内自然人个人信息的活动，适用《个人信息保护法》。这些情形包括以向境内自然人提供产品或服务为目的；分析、评估境内自然人的行为；法律、行政法规规定的其他情形。事实上，此款明确了本法的域外效力，这是在数字经济与数据信息流动的背景下，基于对不特定多数人和我国国家安全的全面保护，赋予《个人信息保护法》必要的域外效力。[①] 在个人信息跨境提供的规则一章中，第40条明确了关键信息基础设施运营者和处理个人信息达到国家网信部门规定数量的处理者，确需向境外提供个人信息的，应当通过国家网信部门组织的安全评估。该条的主要目的也是评估个人信息出境是否会损害个人信息权益、社会公共利益和国家安全。

[①] 参见2020年10月13日时任全国人大常委会法工委副主任刘俊臣在第十三届全国人民代表大会常务委员会第二十二次会议上所作的《关于〈中华人民共和国个人信息保护法（草案）〉的说明》。

二、合法原则的体现

首先,个人信息处理行为必须符合法律、行政法规的规定。本法第13条列举了7种情形:(1)取得个人的同意;(2)为订立、履行个人作为一方当事人的合同所必需,或者按照依法制定的劳动规章制度和依法签订的集体合同实施人力资源管理所必需;(3)为履行法定职责或者法定义务所必需;(4)为应对突发公共卫生事件,或者紧急情况下为保护自然人的生命健康和财产安全所必需;(5)为公共利益实施新闻报道、舆论监督等行为,在合理的范围内处理个人信息;(6)依照本法规定在合理的范围内处理个人自行公开或者其他已经合法公开的个人信息;(7)法律、行政法规规定的其他情形。个人信息处理行为只有在符合上述情形的情况下才是合法的,否则就是非法行为。

其次,信息处理者处理个人信息需目的合法。个人信息处理者追求的利益合乎现行法律的规定,不得以非法目的展开个人信息处理活动。[1]在进行个人信息处理活动时,个人信息处理者不得侵害个人权益、社会利益以及国家安全。实践中,有些网络运营者处理个人信息时虽对个人依法履行了告知同意等规范行为,但实际上已经对公共利益和国家安全构成了威胁。对于此类情况,根据本条规定,如从事危害国家安全、公共利益的个人信息处理活动,仍需承担相应的法律责任。

最后,合法的原则贯穿于个人信息处理的全过程、各环节。个人信息收集、储存、使用、加工、传输、提供、公开等个人信息处理环节都应当合法合规。如有疑难情况或没有具体规定时也应当符合原则的要求,任何组织、个人不得非法收集、使用、加工、传输他人个人信息,不得非法买卖、提供或者公开他人个人信息,不得从事危害国家安全、公共利益的个人信息处理活动。

---

[1] 高富平:《个人信息使用的合法性基础——数据上利益分析视角》,载《比较法研究》2019年第2期。

【条文适用】

本条规定的"法"当然包括法律和行政法规,至于是否包括部门规章等规范性文件值得关注。[1] GDPR 第 5 条第 1 款 a 项确立了合法原则,欧盟第 29 条工作组认为,所谓合法中的"法"应当作最广义的解释,包括各种形式的成文法和普通法、初级立法和次级立法、市政法令、先例、宪法原则、基本权利、其他法律原则以及判例,因为这些"法律"将由主管法院解释和考虑。[2] 我国《侵犯公民个人信息刑事案件解释》第 2 条规定:"违反法律、行政法规、部门规章有关公民个人信息保护的规定的,应当认定为刑法第二百五十三条之一规定的'违反国家有关规定'。"在监管体制上,《个人信息保护法》采取了"规则制定权相对集中,执法权相对分散"的架构,由国家网信部门统筹协调有关部门根据各自监管需要制定个人信息保护具体规则、标准,国务院有关部门在各自职责范围内负责个人信息保护和监督管理工作。[3] 若"法"的范围更加宽泛,则监管力度更大,对个人信息保护力度也会更强。外引域外立法智慧,内接本土实务经验,本条虽未明确部门规章等规范性文件是否属于本条规定的"法"的范畴,但用这些文件来判断个人信息处理行为合法与否具有重要价值。

【相关规定】

1. 《中华人民共和国民法典》(2020 年 5 月 28 日)

第一百一十一条 自然人的个人信息受法律保护。任何组织或者个人需要获取他人个人信息的,应当依法取得并确保信息安全,不得非法

---

[1] 例如,《儿童个人信息网络保护规定》《个人金融信息保护技术规范》《App 违法违规收集使用个人信息行为认定方法》《常见类型移动互联网应用程序必要个人信息范围规定》等。
[2] See Art. 29 Data Protection Working Party, WP203 (2013), p. 20.
[3] 许可:《个人信息保护法的深远意义:中国与世界》,载《中国人大》2021 年第 18 期。

收集、使用、加工、传输他人个人信息，不得非法买卖、提供或者公开他人个人信息。

第一千零三十五条 处理个人信息的，应当遵循合法、正当、必要原则，不得过度处理，并符合下列条件：

（一）征得该自然人或者其监护人同意，但是法律、行政法规另有规定的除外；

（二）公开处理信息的规则；

（三）明示处理信息的目的、方式和范围；

（四）不违反法律、行政法规的规定和双方的约定。

个人信息的处理包括个人信息的收集、存储、使用、加工、传输、提供、公开等。

2.《中华人民共和国数据安全法》（2021年6月10日）

第八条 开展数据处理活动，应当遵守法律、法规，尊重社会公德和伦理，遵守商业道德和职业道德，诚实守信，履行数据安全保护义务，承担社会责任，不得危害国家安全、公共利益，不得损害个人、组织的合法权益。

3.《中华人民共和国网络安全法》（2016年11月7日）

第十二条 国家保护公民、法人和其他组织依法使用网络的权利，促进网络接入普及，提升网络服务水平，为社会提供安全、便利的网络服务，保障网络信息依法有序自由流动。

任何个人和组织使用网络应当遵守宪法法律，遵守公共秩序，尊重社会公德，不得危害网络安全，不得利用网络从事危害国家安全、荣誉和利益，煽动颠覆国家政权、推翻社会主义制度，煽动分裂国家、破坏国家统一，宣扬恐怖主义、极端主义，宣扬民族仇恨、民族歧视，传播暴力、淫秽色情信息，编造、传播虚假信息扰乱经济秩序和社会秩序，以及侵害他人名誉、隐私、知识产权和其他合法权益等活动。

第四十一条 网络运营者收集、使用个人信息，应当遵循合法、正当、必要的原则，公开收集、使用规则，明示收集、使用信息的目的、方式和范围，并经被收集者同意。

网络运营者不得收集与其提供的服务无关的个人信息，不得违反法律、行政法规的规定和双方的约定收集、使用个人信息，并应当依照法律、行政法规的规定和与用户的约定，处理其保存的个人信息。

第四十四条 任何个人和组织不得窃取或者以其他非法方式获取个人信息，不得非法出售或者非法向他人提供个人信息。

4.《中华人民共和国刑法》（2020年12月26日修正）

第二百五十三条之一 违反国家有关规定，向他人出售或者提供公民个人信息，情节严重的，处三年以下有期徒刑或者拘役，并处或者单处罚金；情节特别严重的，处三年以上七年以下有期徒刑，并处罚金。

违反国家有关规定，将在履行职责或者提供服务过程中获得的公民个人信息，出售或者提供给他人的，依照前款的规定从重处罚。

窃取或者以其他方法非法获取公民个人信息的，依照第一款的规定处罚。

单位犯前三款罪的，对单位判处罚金，并对其直接负责的主管人员和其他直接责任人员，依照各该款的规定处罚。

5.《全国人民代表大会常务委员会关于加强网络信息保护的决定》（2012年12月28日）

二、网络服务提供者和其他企业事业单位在业务活动中收集、使用公民个人电子信息，应当遵循合法、正当、必要的原则，明示收集、使用信息的目的、方式和范围，并经被收集者同意，不得违反法律、法规的规定和双方的约定收集、使用信息。

网络服务提供者和其他企业事业单位收集、使用公民个人电子信息，应当公开其收集、使用规则。

三、网络服务提供者和其他企业事业单位及其工作人员对在业务活动中收集的公民个人电子信息必须严格保密，不得泄露、篡改、毁损，不得出售或者非法向他人提供。

《中华人民共和国个人信息保护法》条文理解与适用

第十一条 国家建立健全个人信息保护制度，预防和惩治侵害个人信息权益的行为，加强个人信息保护宣传教育，推动形成政府、企业、相关社会组织、公众共同参与个人信息保护的良好环境。

【条文主旨】

本条是关于个人信息保护国家义务的规定。

【条文理解】

一、个人信息保护为何是国家义务

在大数据时代，个人信息是个体在社会中标识自己，并与他人建立关联的必要工具。个人信息若被不当收集和使用，将严重危及个体由信息所组成的数据人格，进而贬损其人性尊严。正是基于上述共识，各国都已普遍展开对个人信息的严格保护。[1] 而这也构成了国家的一种积极义务。国家之所以要担负起此种义务，主要基于以下原因：

第一，大数据时代个人信息权益更容易被侵犯。在大数据时代，个人信息的资源属性和商业价值显得愈发重要，大量互联网新兴产业将个人信息作为最重要的生产资料之一，收集、利用用户的个人信息成为许多企业的经营战略。但个人信息商业利用导致的大量个人信息的收集、处理、分享、利用必然与知情同意权、删除权等个人信息保护权利相抵触。专业的信息技术企业作为信息处理者，具有强大的信息、技术、诉

---

[1] 参见赵宏：《〈民法典〉时代个人信息权的国家保护义务》，载微信公众号"法治政府研究院"2021年2月22日，原载《经贸法律评论》2021年第1期。

讼优势，伴随资本、技术和数据等生产要素高度集中化，其无疑成为了时代"巨人"和强者，与之相对的信息主体则处于明显的弱势地位，双方力量明显失衡。① 这些机构的信息处理行为往往伴随着监控、歧视、支配个人的风险，信息处理者可以通过挖掘信息形成特定的"人格画像"，从而对私人的决策进行隐形的控制与干预。而由于信息不对等、经济地位和诉讼能力不对等以及技术鸿沟等因素的存在，加之网络空间的特殊性和隐蔽性，信息主体较小数据时代更难发现个人信息被泄露，即使发觉泄露也很难搜集和提供证据。在这种情况下，将保护个人信息的期望完全寄托于信息主体与信息处理者处于平等地位下的对抗不太切合实际，外部监管和国家介入也因此变得必要。

第二，个人信息利用中的价值冲突需要国家来平衡。个人信息是一个多元价值的集合体，包含了信息主体的人格尊严和自由价值、商业价值和公共管理价值。个人信息的保护需求与信息处理者对个人信息的利用需求之间产生尖锐冲突：如果个人信息保护过于严格，将使大量信息沉淀而加剧信息孤岛效应，制约大数据产业发展。政府在公共管理、公共服务、公共安全等方面对个人信息的利用，更是直接服务于社会所有成员。而过度的商业利用甚至违法收集、使用个人信息，又会严重侵害信息主体的个人信息权益。因此，需要国家在个人权益与社会利益的保护中寻求良性动态平衡，使得个人信息的利用既能考虑信息主体的人格利益，同时也能兼顾信息处理者的商业利益和数字经济的发展前景。②

第三，个人信息与国家安全的关系日益紧密。个人信息虽然属于私人领域，但以动态的安全观衡量，仍然可能对国家安全造成重大影响。由于信息的关联性、数据的海量性、处理结果的不确定性等因素，某些特殊的个人信息或个人信息的集合在一定条件下可以转化为公共信息。主要包括来源于关键信息基础设施的重要个人信息、涉及特殊群体的重

---

① 参见王怀勇、常宇豪：《个人信息保护的理念嬗变与制度变革》，载《法制与社会发展》2020年第6期。

② 参见陈奇伟、聂琳峰：《大数据时代我国个人信息保护的理念转变与制度构建》，载《长白学刊》2021年第4期。

要个人信息、敏感个人信息（如个人生物特征与医疗健康信息，不仅关系到个人生命健康，还涉及国家基因安全）等。即使一般的个人信息，如果达到一定规模，也必然会反映国家的政治、经济、社会情况，存在泄露国家秘密的风险。[①]

二、个人信息保护制度的法律框架

国家需要建构个人信息处理的基本制度，设定个人与个人信息处理者之间的权利义务关系结构，确保个人实质性参与信息处理过程，对信息处理者形成制衡，以充分实现权益保障目标，这也是个人信息国家保护义务的制度性保障的应有之义。在《个人信息保护法》出台之前，我国针对个人信息保护的制度规定较为分散，见于法律、行政法规、部门规章、地方性法规、司法解释、各类规范性文件等多层次、多领域的规范之中。

（一）民事法律制度规范

2009年12月26日颁布的《侵权责任法》规定了对隐私权的保护及网络侵权责任。2013年10月25日修正的《消费者权益保护法》规定了消费者"享有个人信息依法得到保护的权利"，这是我国法律首次从民事权利角度对个人信息作出的规定。2014年6月23日通过的《信息网络侵害人身权益规定》第12条对利用网络公开他人个人信息行为的侵权责任认定加以规定。2017年3月15日发布的《民法总则》特别规定了个人信息的保护，该法第111条规定："自然人的个人信息受法律保护。任何组织和个人需要获取他人个人信息的，应当依法取得并确保信息安全，不得非法收集、使用、加工、传输他人个人信息，不得非法买卖、提供或者公开他人个人信息。"2021年1月1日《民法典》实施后，取代《民法总则》相关规定的是《民法典》人格权编第六章专章规定的隐私权和个人信息保护，这成为我国立法别具特色的亮眼之处。2017年6月1日施行的《网络安全法》第41条对个人信息的收集、存储、保管和使用进

---

① 参见吴玄：《数据主权视野下个人信息跨境规则的建构》，载《清华法学》2021年第3期。

行了全面规范。

(二) 刑事法律制度规范

2000年12月28日通过的《全国人民代表大会常务委员会关于维护互联网安全的决定》是我国以法律规范互联网的开端,该决定将信息安全视为互联网安全的重要内容,采取刑事制裁手段维护信息主体权利,其中第4条规定的"非法截获、篡改、删除他人电子邮件或者其他数据资料,侵犯公民通信自由和通信秘密"可构成犯罪。2005年2月28日,全国人民代表大会常务委员会通过《刑法修正案(五)》,新增"窃取、收买、非法提供信用卡信息罪"。2009年2月28日,全国人民代表大会常务委员会通过《刑法修正案(七)》,新增"出售、非法提供公民个人信息罪"和"非法获取公民个人信息罪"。2013年9月6日,最高人民法院、最高人民检察院发布《关于办理利用信息网络实施诽谤等刑事案件适用法律若干问题的解释》,对通过网络散布捏造损害他人名誉的事实的行为、将信息网络上涉及他人的原始信息内容篡改为损害他人名誉的事实并加以散布的行为认定为"捏造事实诽谤他人"。2015年8月29日全国人民代表大会常务委员会通过的《刑法修正案(九)》规定:"网络服务提供者不履行法律、行政法规规定的信息网络安全管理义务,经监管部门责令采取改正措施而拒不改正,有下列情形之一的,处三年以下有期徒刑、拘役或者管制,并处或者单处罚金:(一)致使违法信息大量传播的;(二)致使用户信息泄露,造成严重后果的;(三)致使刑事案件证据灭失,情节严重的;(四)有其他严重情节的。单位犯前款罪的,对单位判处罚金,并对其直接负责的主管人员和其他直接责任人员,依照前款的规定处罚。有前两款行为,同时构成其他犯罪的,依照处罚较重的规定定罪处罚。"

(三) 行政法律制度规范

国务院2013年1月21日发布的《征信业管理条例》最为完善,对征信行业的个人信息采集进行了详细规定。工信部作为我国信息产业主管部门,也制定了许多规范性文件,其中以2013年7月16日发布的《电信和互联网用户个人信息保护规定》最具针对性,规定了电信业务经营者、互联网信息服务提供者的个人信息收集、使用规范和安全保障措施。2013年2月1日起，国家质量监督检验检疫总局、国家标准化管理委员会联合发布的《信息安全技术 公共及商用服务信息系统个人信息保护指南》开始实施，这是我国首个个人信息保护国家标准。

(四) 综合性专门法律制度规范

2012年12月28日，全国人民代表大会常务委员会通过《关于加强网络信息保护的决定》，其中第1条明确规定"国家保护能够识别公民个人身份和涉及公民个人隐私的电子信息"，并遵从国际惯例规定了多项个人信息保护和利用的基本原则。2016年11月7日通过的《网络安全法》从法律层面为更加完善而系统化的个人信息保护立法奠定了良好的基础，并首次在法律层面上确立了一般意义上"个人信息"的概念，为个人信息保护的体系化制度建设提供了起点。2021年9月起正式施行的《数据安全法》是我国数据保护领域的一般法、基础法，该法项下"数据"的内涵包含了个人信息与其他所有类型的信息。《个人信息保护法》则是我国首部独立的个人信息保护立法，翻开了我国个人信息保护法治事业的新篇章。《个人信息保护法》作为个人信息保护领域的基础性法律，其出台解决了个人信息层面法律法规散乱不成体系的问题，厘清了个人信息、敏感个人信息、个人信息处理者、自动化决策、去标识化、匿名化的基本概念，从适用范围、个人信息处理的基本原则、个人信息及敏感个人信息处理规则、个人信息跨境传输规则、个人信息保护领域各参与主体的职责与权利以及法律责任等方面对个人信息保护进行了全面规定，建立起个人信息保护领域的基本制度体系。

(五) 其他法律制度的特别规范

2019年8月，国家互联网信息办公室出台《儿童个人信息网络保护规定》，对未成年人采取高于普通人群个人信息保护标准作出专门规定。2020年10月17日新修订的《未成年人保护法》第72条规定："信息处理者通过网络处理未成年人个人信息的，应当遵循合法、正当和必要的原则。处理不满十四周岁未成年人个人信息的，应当征得未成年人的父母或者其他监护人同意，但法律、行政法规另有规定的除外。未成年人、父母或者其他监护人要求信息处理者更正、删除未成年人个人信息的，信息处理者应当及时采取措施予以更正、删除，但法律、行政法规另有规定的除外。"第73条规定："网络服务提供者发现未成年人通过网络发布私密信息的，应当及时提示，并采取必要的保护措施。"此外，我国在《旅游法》《护照法》《居民身份证法》《档案法》等法律中也都有个人信息保护的规定。

三、个人信息保护制度的预防和惩治功能

（一）预防功能

国家保护义务的落实首先指向侵害防止义务，因此，需要通过构建预防机制来保障个人信息不受侵害。《个人信息保护法》在很多方面都体现了这种预防侵害的理念。比如，第54条明确规定，个人信息处理者应当定期对其个人信息处理活动遵守法律、行政法规的情况进行合规审计。这表明在未来对企业的合规审计将会成为常态，说明法律不仅着眼于事后对违法的个人信息处理活动进行处理，更重要的是注重构建事前的预防机制，从源头阻止个人信息被侵害的情形发生。实际上，不仅是此条规定，《个人信息保护法》整个第五章也详细列举了个人信息处理者所应采取的必要措施，包括对事前的风险评估和信息泄露后报告义务的规定。前者强调个人信息处理者在进行个人信息处理活动前应对"个人信息的处理目的、处理方式等是否合法、正当、必要；对个人权益的影响及安全风险；所采取的保护措施是否合法、有效并与风险程度相适应"等问题进行评估；后者则要求个人信息处理者在发现个人信息泄露时，除立即采取补救措施外，还须及时通知履行个人信息保护职责的部门和个人。这些规定，都体现了立法对于事前预防个人信息侵害发生的理念。当然，这种预防理念还体现于《个人信息保护法》第六章中对于相关行政机关行政监管职责的强化。

（二）惩治功能

对于侵害个人信息的违法行为加大惩处力度，是《个人信息保护法》彰显惩治功能的重要体现，相应的惩治措施和责任条款主要规定在本法

第七章中。主要包括：

第一，依据违法程度轻重不同，规定了全面的行政处罚措施，包括警告、责令改正、没收违法所得、吊销营业执照、罚款等，既有助于处罚的合理精准匹配，又与我国现行的违法处罚方式相衔接。同时，针对一般违法和情节严重的违法进行了区分，符合法律责任与行为的危害程度比例相当的基本原则。

第二，规定了个人责任。对直接负责的主管人员或其他直接责任人员处以罚款，责任具体到个人，信用惩戒以及对担任企业董事、监事、高级管理人员和个人信息保护负责人的从业禁止等，更利于相关责任条款的贯彻落实。

第三，明确了侵权行为民事责任确定的具体方式，并考虑到个人信息领域个人举证存在举证困难，确立了推定过错的损害赔偿责任，即个人信息处理者若不能举证证明自己无过错的，则需承担损害赔偿责任。

第四，明确将个人信息侵权行为纳入可提起公益诉讼的范畴，加强了对侵犯个人信息行为的法律规制。

第五，明确了刑事责任的兜底功能。虽然对于刑事责任规定的内容不多，但第71条明确规定了刑事责任的兜底效能，即在民事责任、行政责任之外，行为人违法行为构成犯罪的，要承担刑事责任，即转致适用《刑法修正案（七）》《刑法修正案（九)》的相关规定。

四、个人信息保护的多元治理

国家虽然负有对个人信息进行保护的义务，但由于个人信息关系的主体多样性、利益多元性、价值多重性、保护工作复杂性，因此，不能仅仅依靠国家行政和司法的力量，还需要依靠行业组织、社会团体，特别是企事业单位和互联网机构等组织在资源、管理和技术方面的参与和配合，推进政府部门、行业协会、企业、个人多元参与信息安全治理工作。具体而言，包括以下几个方面：（1）由国家网信部门统筹个人信息保护监管工作，建立安全标准体系、组建信息交易市场、开展信息安全评估、培养信息安全人才等，对信息安全负主体责任。（2）建立个人信息保护社会服务体系、筹建行业协会、制定行业准则、建立奖惩机制、推广风险评估服务、开展信息保护认证、受理信息主体投诉。(3)由信息从业者建立信息风险内部控制制度、信息档案管理系统、信息分级授权管理体系、信息风险评估机制、信息安全事件应急处理机制、信息安全事件通知制度等。[①] (4)加强宣传教育，提升公民个人信息保护意识。应当加强个人信息保护宣传和普及力度，让个人信息保护知识走进学校、走进社区、走进企业，覆盖全社会，快速提升我国公民的个人信息保护意识。[②]

【条文适用】

一、个人信息的公法保护与私法保护之争

在《个人信息保护法》起草过程中，出现过个人信息保护的重心究竟落脚于行政法保护还是民法保护的争论。这一争议又延伸出个人信息的保护模式以及政府与个人责任分配之争。[③] 具体而言，争论点集中于两个方面：一是在权利基础上，私法上的"个人信息权利（益）"是否成立；二是在保护路径上，个人信息应通过私法保护还是公法保护抑或综合保护。[④]

随着《个人信息保护法》出台，第1条写明了本法的制定依据是《宪法》（该依据是《个人信息保护法（草案三次审议稿）》才加入并最终成为正式内容写入法律），第11条写明了"国家建立健全个人信息保护制度"，第二章"个人信息处理规则"专节规定了"国家机关处理个

[①] 参见陈奇伟、聂琳峰：《大数据时代我国个人信息保护的理念转变与制度构建》，载《长白学刊》2021年第4期。

[②] 参见赵磊：《发达国家个人信息保护经验及对我国的启示》，载《大庆社会科学》2013年第3期。

[③] 参见赵宏：《〈民法典〉时代个人信息权的国家保护义务》，载微信公众号"法治政府研究院"2021年2月22日，原载《经贸法律评论》2021年第1期。

[④] 参见王锡锌：《个人信息国家保护义务及展开》，载微信公众号"中国法学杂志社"2021年3月4日，原载《中国法学》2021年第1期。

人信息的特别规定",第六章更细致地规定了"履行个人信息保护职责的部门"。这些规定与《个人信息保护法》中有关私人信息处理主体的规定相互并置,可以说确立了我国在个人信息保护领域公私协力、合作共治的基本格局,也彻底化解了此前有关个人信息保护的公私之争。

二、关于个人信息保护行政监管部门的职责分工问题

行政监管部门作为履行国家对个人信息保护义务的重要主体,在《个人信息保护法》第六章中对其职责有专门规定。根据第60条规定,在我国负责履行个人信息保护职责的主要部门为国家网信部门、国务院有关部门和县级以上地方人民政府有关部门。该规定与《网络安全法》《数据安全法》的相关规定基本一致。在《个人信息保护法》立法之初,曾有建立统一的执法机关专门管理个人信息保护工作的呼声。但出于国家机构编制改革以及各个部门的各自主管领域短期内恐难整合等诸多因素的考虑,最终仍然维持了《网络安全法》建立的管理体制。这一规定在相对集中的个人信息监管体系基础上,兼顾了各部门和各行业的差异。一般认为,"国务院有关部门"主要包括工业和信息化部、公安部、国家市场监督管理总局、中国人民银行等部门。不过,第60条规定并未涉及国家网信部门和国务院相关部门的监管职责划分,亦未明确中央部门与地方部门之间的监管体制,尚需在实践中进一步探索,并出台相关制度规范予以明确。

【相关规定】

1.《中华人民共和国数据安全法》(2021年6月10日)

第七条 国家保护个人、组织与数据有关的权益,鼓励数据依法合理有效利用,保障数据依法有序自由流动,促进以数据为关键要素的数字经济发展。

第九条 国家支持开展数据安全知识宣传普及,提高全社会的数据安全保护意识和水平,推动有关部门、行业组织、科研机构、企业、个

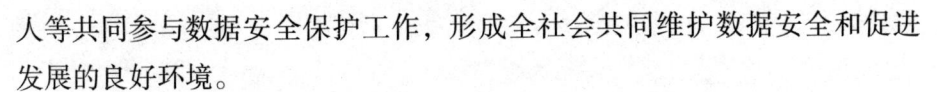

人等共同参与数据安全保护工作，形成全社会共同维护数据安全和促进发展的良好环境。

2.《中华人民共和国网络安全法》（2016年11月7日）

第六条 国家倡导诚实守信、健康文明的网络行为，推动传播社会主义核心价值观，采取措施提高全社会的网络安全意识和水平，形成全社会共同参与促进网络安全的良好环境。

第十五条 国家建立和完善网络安全标准体系。国务院标准化行政主管部门和国务院其他有关部门根据各自的职责，组织制定并适时修订有关网络安全管理以及网络产品、服务和运行安全的国家标准、行业标准。

国家支持企业、研究机构、高等学校、网络相关行业组织参与网络安全国家标准、行业标准的制定。

第十九条 各级人民政府及其有关部门应当组织开展经常性的网络安全宣传教育，并指导、督促有关单位做好网络安全宣传教育工作。

大众传播媒介应当有针对性地面向社会进行网络安全宣传教育。

第十二条 国家积极参与个人信息保护国际规则的制定，促进个人信息保护方面的国际交流与合作，推动与其他国家、地区、国际组织之间的个人信息保护规则、标准等互认。

【条文主旨】

本条是关于国家推动个人信息保护国际交流与合作的规定。

【条文理解】

"当前，以数据为新生产要素的数字经济蓬勃发展，数据的竞争已成为国际竞争的重要领域，而个人信息数据是大数据的核心和基础。"[1] 因此，主权国家围绕数据控制展开了新一轮激烈竞争，个人信息跨境的国际规则成为网络空间国际治理的重要部分。在此背景下，《个人信息保护法》强调国家积极参与个人信息保护国际规则的制定，推动与其他国家、地区、国际组织之间的个人信息保护规则、标准等的互认，既顺应了个人信息保护的世界潮流，也显示了我国在个人信息保护方面自信开放的心态。

一、个人信息保护国际交流与合作的必要性

在大数据时代，数据的巨量流动使得一国自身的立法、司法以及行政执法难以很好地解决数据流动中产生的个人数据自决、信息自由、隐私保护、数据安全、公共利益之间的平衡问题，需要有统一的国际规则

---

[1] 参见2020年10月13日时任全国人大常委会法工委副主任刘俊臣在第十三届全国人民代表大会常务委员会第二十二次会议上所作的《关于〈中华人民共和国个人信息保护法（草案）〉的说明》。

加以协调。

首先,当前世界各国个人信息的保护模式及水平差异较大。从20世纪70年代开始,经济合作与发展组织、亚太经济合作组织和欧盟等先后出台了个人信息保护相关准则、指导原则和法规,有140多个国家和地区制定了个人信息保护方面的法律。[1]但由于各国政治、经济、法律传统及历史环境不同,包括个人信息在内的隐私保护模式、理念和具体内容也因国而异。以欧美为例,各国关于个人信息的保护模式、保护水平存在较大差异。就保护模式而言,欧盟以立法保护为原则,行业自律为补充。个人信息保护立法不区分政府部门和私营部门,不区分行业类别,由政府制定适用于所有部门、所有行业的统一法规,由统一的个人信息保护监管机构监督法律的实施。与欧盟不同,美国没有以个人信息保护命名的法规,其对个人信息的保护包含在"隐私"保护的框架之下,对"信息隐私"的保护义务又区分公营部门和私营部门:对公营部门,制定联邦统一隐私权法限制政府收集与存储个人信息的能力;对私营部门,则以行业自律隐私保护为原则,只在隐私容易被侵犯的行业,如电信、金融,才制定专门的隐私保护法。就保护水平而言,欧盟明显高于美国。欧盟采取统一立法保护模式,且对个人信息的保护涵盖收集、利用、储存、披露的所有环节,采取"严进严出"的保护模式。而美国对个人信息保护以行业自律为主,在特定行业虽有信息隐私保护法,但非常零散,难以涵盖个人信息保护的所有环节。如1978年的《美国金融隐私权法》采取了"宽进严出"的隐私保护模式,对个人金融信息的收集无任何限制,渠道多且容易,只要求金融机构不得随意利用、披露个人金融隐私信息。[2]

其次,个人信息的跨境流动日益频繁。随着全球化背景下国际交往的日益广泛,从事跨境经营活动的私人部门之间个人信息的跨境流动也

---

[1] 参见2020年10月13日时任全国人大常委会法工委副主任刘俊臣在第十三届全国人民代表大会常务委员会第二十二次会议上所作的《关于〈中华人民共和国个人信息保护法(草案)〉的说明》。

[2] 参见邵朱励:《个人信息保护的国际协调》,载《武陵学刊》2017年第1期。

日益深入，许多以数据处理为经营核心的行业，如金融服务、保险、咨询、新闻、网络等，越来越频繁地大量收集、处理和跨国传输数据，即使是以制造业为主和非数据密集型的跨国公司，也需要先进的人力资源信息系统和客户管理平台，同时在全球分支机构间传输这些数据。但是，由于各国对个人信息的保护水平不同，保护水平较高的国家担心如果个人信息被允许传输进入保护水平较低的国家，其本国公民的个人隐私会受到侵犯。此外，在涉及跨境数据传输时，各国还会有数字主权、公共安全、经济利益等多方面的考虑。因此，许多国家都试图采取双重标准，一方面尽可能扩大国内立法的域外适用范围，获取他国的数据；另一方面又尽可能避免本国的数据外流，纷纷根据世贸组织框架下的《服务贸易总协定》（GATS）之隐私例外条款限制跨境数据传输。基于上述情况，在国际层面寻求一种既能让个人信息有序跨境流动，又能解决各国关于个人信息保护的法律冲突，有效保护个人信息隐私的平衡，是经济全球化背景下必须要解决的问题。[①]

二、个人信息保护的国际规则与标准

一般来说，在各国法律、政策和程序的冲突之间寻求一个微妙的平衡，最好的方式就是进行国际合作，通过签订条约、非正式的协定，多边合作，促进和便利各国交流。在个人信息保护方面也是如此。在个人信息保护的国际协调方面，目前主要是通过双边协定、多边协定，以及大量以"指南（Guidelines）""建议（Recommendations）"或"行业准则（Codes of Practice）"命名的"软法"来实现的。[②]

（一）全球性个人信息保护多边条约

在全球层面，首个与个人信息及隐私保护有关的有约束力的多边条约是 1966 年 12 月联合国大会通过的《公民权利和政治权利国际公约》第 17 条，此条规定和 1948 年《世界人权宣言》第 12 条的措辞完全相

[①] 参见邵朱励：《个人信息保护的国际协调》，载《武陵学刊》2017 年第 1 期；沈红雨：《大数据流动背景下个人信息保护法律制度的挑战与对策》，载《中国应用法学》2021 年第 2 期。

[②] 参见邵朱励：《个人信息保护的国际协调》，载《武陵学刊》2017 年第 1 期。

同。区域性的人权保护公约包括《人权和基本自由欧洲公约》《美洲人权公约》等也有类似规定。这些文件都明确承认隐私是基本人权，是对包括个人信息在内的隐私进行国际保护的法律基础，对成员国有约束力。但迄今为止，国际上并无专门对个人信息保护问题进行协调的全球性的国际条约，其主要原因在于，各国历史、文化及法律传统、社会及政治因素迥异，在个人数据保护的立法模式和具体规则等方面很难协调。[1]

（二）区域性的个人信息保护专门立法及条约

虽然不存在专门的有约束力的全球性的有关个人信息保护的国际条约，一些区域性的多边个人信息保护立法性文件却是存在的。较为典型的有：

1. 1981年欧洲议会《与个人数据自动化处理有关的个人保护公约》。在个人信息保护方面，第一个具有法律约束力的国际文件是1981年欧洲议会通过的第108号公约——《与个人数据自动化处理有关的个人保护公约》（以下简称《欧洲议会第108号公约》）。该公约确立了自动化处理的个人信息保护的八大原则：一是社会公正原则；二是有限收集原则；三是数据质量原则；四是目的特定原则；五是安全保护原则；六是公开原则；七是时间限制原则；八是个人参与原则。《欧洲议会第108号公约》设定了个人数据最低保护标准，公约签字国有义务制定和公约保持一致的国内法。[2]

2. 1995年《欧盟关于个人数据处理及自由流通个人保护指令》（以下简称《欧盟指令》）。《欧盟指令》确立了欧盟个人数据保护的八个重要的基本原则：一是目的有限原则；二是数据质量和比例性原则；三是透明度原则；四是获取、修改和反对原则；五是安全原则；六是充分水平保护原则；七是对特殊数据进行特殊处理的原则；八是实施措施和补救措施的确定原则。《欧盟指令》有两个并行的目标：一是促进个人信息在欧盟境内的顺畅传输；二是高标准保护个人的个人信息隐私。它对欧

---

[1] 参见邵朱励：《个人信息保护的国际协调》，载《武陵学刊》2017年第1期。
[2] 参见邵朱励：《个人信息保护的国际协调》，载《武陵学刊》2017年第1期。

盟成员国具有约束力，但只规定了各国必须达到的个人数据保护的最低水准，具体立法方式、是否给予更多保护则由各国自行决定。虽然它只对欧盟成员国有约束力，但对其他很多国家也产生了相当大的影响，因为第25~26条规定了禁止将个人数据传输给个人数据保护水平不"充分"的国家。许多非欧盟成员国为此以《欧盟指令》为蓝本通过立法以满足其"充分性"标准的要求。①

3. 2016年通过的GDPR。相较于《欧盟指令》，GDPR有以下方面的创新：（1）扩大了适用范围，将数据处理活动与向欧盟境内的数据主体提供商品、服务有关的欧盟境外的数据控制方、数据处理方纳入。（2）增强了数据主体的权利，包括数据可携带权、被遗忘权等。（3）严格规定了个人同意的条件，核心的变化是数据主体作出声明，或者做出清晰的肯定性动作，同意才被认为有效。（4）详细规定了数据处理者责任。（5）数据处理记录文档化。（6）通过设计实现隐私保护和通过默认设置实现隐私保护。（7）数据保护影响评估，即如果处理个人信息可能导致个人权益有较高的风险被侵害时（特别是采用新技术时），数据控制方应当进行数据保护影响评估。（8）问责原则变化。（9）规定数据保护官制度。（10）数据跨境流动机制的重构，增加了新的制度安排，如认证机制、行为守则等。（11）规定数据安全事故通知。（12）统一各成员国监督机构的权力和任务，并大幅增加处罚标准。②

（三）个人信息保护的国际文件

人类有关隐私保护的国际法文件可以追溯到1948年12月联合国大会通过的《世界人权宣言》第12条对个人的私生活、家庭、住宅和通信等的保护。该宣言并无法律约束力，但可看成是国际层面对包括个人信息保护在内的隐私保护的基础性文件。

对发达国家而言，最重要的个人信息保护国际性文件是1980年经济合作与发展组织（OECD）发布的《隐私保护和个人数据跨境流动指南》

---

① 参见邵朱励：《个人信息保护的国际协调》，载《武陵学刊》2017年第1期。
② 参见洪延青、左晓栋：《个人信息保护标准综述》，载《信息技术与标准化》2016年第6期。

（以下简称OECD《指南》）。OECD《指南》规定了隐私保护和个人数据在各国间自由流动的八个基本原则：一是限制收集原则；二是资料完整正确原则；三是特定目的原则；四是限制利用原则；五是安全保护原则；六是公开原则；七是个人参与原则；八是责任原则。但OECD《指南》本身没有法律约束力，各国可以此为基础自行确定其国内立法。OECD《指南》对一些非欧洲国家（如澳大利亚、新西兰、加拿大）个人数据保护标准和立法产生了非常重要的影响，同时也被美国的许多公司和贸易协会认可。

OECD《指南》对2004年的《亚太经合组织隐私保护框架》（以下简称APEC《框架》）也产生了重要影响。APEC《框架》旨在为亚太地区国家提供一套共同的隐私保护规则，它以OECD《指南》为基础，但主要强调的不是隐私权，而是全球商务和信息的自由流动的重要性。它对APEC成员无约束力，因为"过于原则"而被称为"OECD《隐私保护和个人数据跨境流动指南》精简版"。APEC《框架》包括九个信息隐私原则：一是预防损害原则；二是通知原则；三是收集限制原则；四是个人信息的合理使用原则；五是个人信息主体的选择权原则；六是个人信息的完整性原则；七是安全防护原则；八是个人信息主体的获取权和要求改正权原则；九是责任原则。

另一个影响较大的国际性文件是联合国1990年通过的《关于计算机处理的个人数据文档规范指南》（以下简称UN《指南》）。UN《指南》旨在鼓励没有个人信息保护立法的联合国成员国制定个人信息保护立法，也鼓励政府间和非政府间国际组织以负责任的、公平的和友好的方式处理个人信息。UN《指南》确立了个人信息保护的十大原则：一是合法、合理原则；二是准确性原则；三是特定目的原则；四是本人参与原则；五是不得歧视原则；六是例外规定；七是安全原则；八是监督与处罚原则；九是个人数据只在对其提供相似保护的国家间传输原则；十是政府和私人的电脑和手工处理文件均适用指南原则。[1]

---

[1] 参见邵朱励：《个人信息保护的国际协调》，载《武陵学刊》2017年第1期。

（四）个人信息保护的国际安全标准

ISO/IEC JTC1/SC27（以下简称 SC27）是 ISO/IEC JTC1 下属安全技术分委员会，于 1990 年成立，其工作范围主要是信息与通信技术保护的标准研制，包括安全与隐私保护方面的方法、技术和指南。SC27 下设五个工作组，其中 WG5 负责身份管理和隐私保护相关标准的研制和维护，目前已形成包含总体框架、管理要求、技术要求、应用领域、实施指南的标准体系，即 ISO/IEC 29100 系列标准，包括：ISO/IEC 29100《隐私保护框架》、ISO/IEC 29101《隐私架构框架》、ISO/IEC 29190《隐私能力评估模型》、ISO/IEC 29134《隐私影响评估指南》、ISO/IEC 29151《个人可识别信息保护指南》等。ISO/IEC 29100 系列标准从隐私保护原则、架构、要求、风险管理、能力评估等多个层次与数据主体、控制者、处理者多个角度对隐私保护过程全方位进行阐述，形成了较成熟的标准体系，具有重要的指导和参考意义。[1]

三、中国参与个人信息保护国际交流合作的途径

在全球化和信息社会背景下，我国与世界其他国家的政治、经济、文化交往日益频繁，这其中不可避免地涉及个人信息的跨境流动。特别是以数据处理为经营核心的服务贸易领域，如电子商务、金融、保险、网络服务等，与外国的个人信息跨境传输日益常态化，而对个人信息及隐私保护不力会不可避免地阻碍与外国的经贸活动的开展。上述个人信息保护国际协调的成果与经验无疑为解决中外个人信息商业性跨境流通与保护提供了良好的路径。[2]

第一，积极参与个人信息国际保护规则的制定。个人信息保护出现在信息化时代，世界各国几乎同步进入，并不存在先发优势，这就为我们参与规则制定提供了客观条件。而且，个人信息内容广泛且具有包容性，涉及产业结构、国家安全等宏观问题，因此，在个人信息保护范围

---

[1] 参见洪延青、左晓栋：《个人信息保护标准综述》，载《信息技术与标准化》2016 年第 6 期。

[2] 参见邵朱励：《个人信息保护的国际协调》，载《武陵学刊》2017 年第 1 期。

和标准的确立上,就存在较大的磋商空间,如果不积极参与其中,很可能形成国际贸易中的不利地位。因此,我国应该积极参与个人信息保护的国际协商和政策协调,提高在国际规则形成中的话语权和影响力,以免被动接受规则,而承受由于个人信息保护形成的国际贸易壁垒的不良影响。[①] 至于参与的方式,由于各国国情不同,试图通过谈判达成全球性的个人信息保护公约、统一世界所有国家的个人信息保护立法,具有极大的难度。因此,我国解决与他国个人信息跨境流动障碍的最佳途径,无疑是通过国际谈判的方式达成双边解决方案。

第二,积极促进个人信息保护方面的国际交流与合作。个人信息保护是一项非常复杂的工作,不仅仅需要考量技术问题,也需要考虑一个国家的历史传统和文化背景,由此导致个人信息保护的国家差异。即使仅仅出于对技术的考虑,也由于科技水平的限制而存在技术限制和技术缺失,导致个人信息保护方面的制度漏洞,这是各国面临的共同问题。[②] 因此,世界各国都有加强个人信息保护国际交流的愿望和需求。我国是世界第二大数字经济体,拥有全球最多的互联网用户,在个人信息保护和数字资源等方面有着得天独厚的优势,对于全球的高科技数据企业都有着很强的吸引力。因此,我国应该更多搭建全球性的交往平台,促进个人信息保护方面的国际合作与交流。比如,我国举办的世界互联网大会就是一个非常好的国际交流平台。借助这一平台,我国积极推动个人信息保护的国际合作,在2020年的世界互联网大会上,组委会就发布了《携手构建网络空间命运共同体行动倡议》,提出加强个人信息保护和数据安全管理,规范个人信息收集、存储、使用、加工、传输、提供、公开等行为,保障个人信息安全,开展数据安全和个人信息保护及相关规则、标准的国际交流合作,推动符合《联合国宪章》宗旨的个人信息保护规则标准国际互认。

---

① 参见侯富强:《基于个人信息保护的国际贸易壁垒及其法律应对》,载《法学论坛》2015年第3期。

② 参见侯富强:《基于个人信息保护的国际贸易壁垒及其法律应对》,载《法学论坛》2015年第3期。

第三，积极推动我国与其他国家、地区、国际组织之间的个人信息保护规则、标准等互认。针对各国之间的规则壁垒，一方面，我们要积极加强与其他国家、地区、国际组织之间的磋商，争取在尽力找到双方之间的利益最佳平衡点的基础上，推动双方个人信息保护规则的互认；另一方面，我们也要充分利用我国网络大国、数字经济大国的天然优势，不断优化完善我国的个人信息保护规则，以此吸引更多高科技数据企业愿意选择适用我国的个人信息保护规则，同时联合主权观念相近的国家，扩大主权原则直接适用主张的影响，以个人信息跨境区域规则为跳板，最终形成符合我国数据主权理念的个人信息跨境全球规则。[1] 此外，还要积极推动我国个人信息保护的国家标准能够得到其他国家、地区、国际组织的认可。目前，我国已经制定或正在研究制定《信息安全技术 个人信息安全规范》（GB/T 35273—2020）、《信息安全技术 移动智能终端个人信息保护技术要求》（GB/T 34978—2017）、《信息安全技术 大数据服务安全能力要求》（GB/T 35274—2017）、《信息安全技术 个人信息去标识化指南》（GB/T 37964—2019）、《信息安全技术 移动互联网应用（App）收集个人信息基本规范》等多个国家标准，但无论是在体系化、成熟度、可操作性方面，还是在社会的了解接受程度等方面，都有一定的差距，需要我们抓紧完善。

【条文适用】

一、关于《个人信息保护法》的域外效力问题

《个人信息保护法》第3条第1款明确规定："在中华人民共和国境内处理自然人个人信息的活动，适用本法。"这一规定确立了本法地域效力的基本规则，即主权原则加属地原则。同时，《个人信息保护法》借鉴GDPR的经验，将其适用适当扩张到中华人民共和国的境外，产生了

---

[1] 参见吴玄：《数据主权视野下个人信息跨境规则的建构》，载《清华法学》2021年第3期。

"长臂管辖"的效果。根据《个人信息保护法》第3条第2款的规定，在境内处理自然人个人信息的活动应适用本法，在境外处理境内自然人个人信息的活动，有下列情形之一的，也适用本法：（1）以向境内自然人提供产品或服务为目的；（2）为分析、评估境内自然人的行为；（3）法律、行政法规规定的其他情形。根据该规定，适用范围不仅包括在中国境内处理自然人个人信息的活动，还包括特定情形下在境外处理境内自然人个人信息的活动，此处特定情形既包括个人信息处理者因提供产品或服务而产生的直接信息处理活动，也包括行为分析和评估等企业常见的间接信息处理行为。为与域外管辖相呼应，《个人信息保护法》第53条进一步要求，境外的个人信息处理者应在境内设立专门机构或者指定代表，负责处理个人信息保护相关事务，并将有关信息报送履行个人信息保护职责的部门。

但上述关于域外适用效力的条款也存在待进一步明确之处，如《个人信息保护法》第3条关于"在中华人民共和国境内处理自然人个人信息"的判断标准仍不明确。同时，《个人信息保护法》并未针对境外个人信息处理者在境内所设的专门机构或指定代表未履行相关义务的情形制定相应的法律责任。因此，域外管辖效力能否在实践中得到有效实施还需相关部门后续出台实施细则进一步明确。

二、关于《个人信息保护法》个人信息跨境流动规则与国际条约、协定的协调问题

在个人信息跨境流动规则上，《个人信息保护法》规定较其他国家或地区的立法更为严格。如 GDPR 中，跨境传输的核心基础是"可提供同等保护"，无论是白名单、充分性决定、BCR 等豁免机制，还是 SCC 等协议架构机制，都是为了确认或保证接收方有等同于传输方的个人信息安全保护机制，以防止泄露、滥用等事件的发生。而《个人信息保护法》对于个人信息跨境传输，除了要求"个人信息处理者应当采取必要措施，保障境外接收方处理个人信息的活动达到本法规定的个人信息保护标准"外，还要求信息处理者"能通过安全性评估和认证"，包括：关键信息基础设施运营者和处理个人信息达到国家网信部门规定数量的处理者,确需向境外提供个人信息的,应当通过国家网信部门组织的安全评估;对于其他需要跨境提供个人信息的,规定了经专业机构认证等途径。同时,为了弥补评估认证制的不足,兼顾企业经营需求,《个人信息保护法》也规定了"标准合同"作为跨境传输条件之一。

在《个人信息保护法》更为严格的规则下,客观上需要与国际条约、协定进行协调适用。对此,《个人信息保护法》在两处作出了规定。一是第38条第2款规定:"中华人民共和国缔结或者参加的国际条约、协定对向中华人民共和国境外提供个人信息的条件等有规定的,可以按照其规定执行。"二是第41条规定:"中华人民共和国主管机关根据有关法律和中华人民共和国缔结或者参加的国际条约、协定,或者按照平等互惠原则,处理外国司法或者执法机构关于提供存储于境内个人信息的请求。非经中华人民共和国主管机关批准,个人信息处理者不得向外国司法或者执法机构提供存储于中华人民共和国境内的个人信息。"根据上述规定,如果在《个人信息保护法》与国际条约、协定的规定存在不一致的情况下,应该按以下原则处理:第一,一般情况下,对于我国未缔结或者未参加的国际条约、协定,即便《个人信息保护法》与其规定不一致,也执行《个人信息保护法》的规定;第二,对于我国缔结或者参加的国际条约、协定,可以按照该国际条约、协定的规定处理跨境传输个人信息行为,或者处理外国司法、执法机构关于提供存储于境内个人信息的请求,此时可不执行《个人信息保护法》的规定;第三,对于外国司法或者执法机构关于提供存储于境内个人信息的请求,如果没有我国缔结或者参加的国际条约、协定的规定,还可按照平等互惠原则进行处理,即对方如果同意我方相关机构的请求的,我方可以按照对等原则同意。但不管是基于我国缔结或者参加的国际条约、协定的规定,还是平等互惠原则,个人信息处理者向外国司法或者执法机构提供存储于我国境内的个人信息时,都必须经我国主管机关批准。

【相关规定】

1.《中华人民共和国数据安全法》(2021年6月10日)

第十一条　国家积极开展数据安全治理、数据开发利用等领域的国际交流与合作,参与数据安全相关国际规则和标准的制定,促进数据跨境安全、自由流动。

2.《中华人民共和国网络安全法》(2016年11月7日)

第七条　国家积极开展网络空间治理、网络技术研发和标准制定、打击网络违法犯罪等方面的国际交流与合作,推动构建和平、安全、开放、合作的网络空间,建立多边、民主、透明的网络治理体系。

第二章 个人信息处理规则

第一节 一般规定

第十三条 符合下列情形之一的,个人信息处理者方可处理个人信息:

(一)取得个人的同意;

(二)为订立、履行个人作为一方当事人的合同所必需,或者按照依法制定的劳动规章制度和依法签订的集体合同实施人力资源管理所必需;

(三)为履行法定职责或者法定义务所必需;

(四)为应对突发公共卫生事件,或者紧急情况下为保护自然人的生命健康和财产安全所必需;

(五)为公共利益实施新闻报道、舆论监督等行为,在合理的范围内处理个人信息;

(六)依照本法规定在合理的范围内处理个人自行公开或者其他已经合法公开的个人信息;

(七)法律、行政法规规定的其他情形。

依照本法其他有关规定,处理个人信息应当取得个人同意,但是有前款第二项至第七项规定情形的,不需取得个人同意。

【条文主旨】

本条是关于个人信息处理的合法性基础的规定。

【条文理解】

由于本法以规范个人信息处理活动为基本内容，而个人信息处理的合法性基础条款又是衡量个人信息处理者处理个人信息行为合法性的前提，因此本条在整部法律中具有基石性作用。个人信息处理行为，只有符合本条规定的合法性基础之一，才具备进一步讨论是否符合保护个人信息权益的可能性。与《个人信息保护法（草案）》《个人信息保护法（草案二次审议稿）》相比，本条有三处重要变化：第一，在"为订立、履行个人作为一方当事人的合同所必需"这一事由后，又补充了"或者按照依法制定的劳动规章制度和依法签订的集体合同实施人力资源管理所必需"这一情形。第二，在二审稿"依照本法规定在合理的范围内处理已公开的个人信息"基础上，进一步明确为"依照本法规定在合理的范围内处理个人自行公开或者其他已经合法公开的个人信息"两类属于已公开的个人信息，排除了个人信息被他人非法公开等情形。第三，在各个合法性基础的适用顺序上，调整了相关表述，使得语言表达更加准确、严谨。

一、个人信息处理的合法性基础的法理基础与适用范围

（一）个人信息处理的合法性基础的法理基础

在我国《个人信息保护法》的起草过程中，就是否应当以告知同意作为个人信息处理行为的合法性基础以及哪些情形下无须告知并取得个人的同意也可以合法地处理个人信息等问题，一直存在争议。[①] 最终，《个人信息保护法》将告知同意规则作为个人信息处理的合法性基础，并规定了无须个人同意的例外情形。告知同意规则充分体现了尊重和保护民事权益的精神和意思自治原则。作为个人信息处理行为的基本规范，

---

① 参见陆青：《个人信息保护中"同意"规则的规范构造》，载《武汉大学学报（哲学社会科学版）》2019年第5期；万方：《个人信息处理中的"同意"与"同意撤回"》，载《中国法学》2021年第1期。

告知同意规则对个人信息处理行为进行了限定，它是判断个人信息处理行为合法与否的基本规则（除非法律另有规定），在个人信息处理规则的构建中发挥了重要的作用。处理者在处理个人信息时，原则上必须遵循告知同意规则，在依法告知并取得信息主体的同意后才能对个人信息进行收集、存储、使用、加工、传输、提供、公开等活动。为了在保护个人信息权益的同时，也能实现个人信息的合理利用，同时维护公共利益、国家利益等，法律上有必要规定不适用告知同意规则的例外情形。

《个人信息保护法》在延续《民法典》立法思路并借鉴 GDPR 相关规则的基础上，增加了处理个人信息的其他合法情形，将订立或履行合同所必需、保护自然人的重大利益以及公共利益等情形作为例外情况纳入合法性基础场景，并结合新冠肺炎疫情防控的现状，增加了突发公共卫生事件的例外情形，为疫情防控时期基础电信企业、地图平台等企业收集疫情信息提供法律依据。值得注意的是，《个人信息保护法》在二审稿的基础上，新增了"按照依法制定的劳动规章制度和依法签订的集体合同实施人力资源管理所必需"的情形，为用人单位处理员工个人信息提供了相应的法律依据。此外，虽然个人信息处理者可以在合理的范围内处理个人自行公开或者其他已经合法公开的个人信息，但根据《个人信息保护法》第 27 条规定，如个人明确拒绝，则不得处理其公开的个人信息，并且个人信息处理者处理已公开的个人信息，对个人权益有重大影响的，还应当取得个人同意。据此，《个人信息保护法》第 13 条建立了个人信息处理活动的多元化合法性基础，以协调个人信息权益保护与个人信息合理利用之间的关系。技术革新改变了社会基础、商业模式和生活方式，植根于传统社会基础的告知同意规则在数据时代呈现出极度的不适应，单一的告知同意规则难以实现对个人信息上个人利益的有效保护，相反，可能会给信息产业从业者带来巨大的法律风险，进而妨碍个人信息的社会化利用，阻滞我国信息产业的发展。个人信息上不仅附着了信息主体的人格尊严和自由利益，个人信息使用者的利益和公共利益也是个人信息法律制度需要保护的重要利益。为实现个人利益保护与个人信息利用的平衡，应充分衡量信息主体的人格尊严和自由利益、信息使用者的利益、公共利益。① 因此，基于协调个人信息权益保护与个人信息合理利用的考量，《个人信息保护法》第13条设置了个人信息处理活动的多元化合法性基础。

（二）个人信息处理的合法性基础的适用范围

个人信息处理的合法性基础的适用范围主要涉及以下方面：个人信息处理的主体限定。根据《个人信息保护法》第13条规定，个人信息处理者在法律规定的情形下方可处理个人信息。因此，个人信息处理的合法性基础主要适用于个人信息处理者。同时，本法第73条对于"个人信息处理者"作出了明确的规定，即"个人信息处理者，是指在个人信息处理活动中自主决定处理目的、处理方式的组织、个人"。由上述规定可知，个人信息处理者原则上包括个人及组织，以"自主决定处理目的、处理方式"为判断标准。因此，《个人信息保护法》不仅调整公司企业等普通民事主体出于经营目的处理个人信息的行为，也调整国家机关基于公权力和履行公共管理职能处理个人信息的活动。作为调整平等主体的自然人、法人和非法人组织之间的人身财产关系的《民法典》，无法对国家机关处理个人信息的活动进行全方位的规范，这就要求《个人信息保护法》加以调整。国家机关即便是在履行法定职责处理个人信息时，也应当严格依照法律、行政法规规定的权限和程序进行，受到《个人信息保护法》在内的法律的规范。唯有如此，方能更好地实现个人信息上的多元利益关系的协调。同时，本法第72条规定："自然人因个人或者家庭事务处理个人信息的，不适用本法。法律对各级人民政府及其有关部门组织实施的统计、档案管理活动中的个人信息处理有规定的，适用其规定。"根据该例外规定，自然人因个人或家庭事务处理个人信息的，不适用《个人信息保护法》，自然也就没有个人信息处理合法性基础规则的适用余地。这是因为，自然人之间因为个人或家庭事务而处理个人信息的行为，属于平等主体之间的个人信息处理行为，往往是为了维持正常

---

① 参见高富平：《个人信息使用的合法性基础——数据上利益分析视角》，载《比较法研究》2019年第2期。

的社会交往所必需的,并不涉及侵害个人信息权益的问题,无须给此等情形中的信息处理者施加各种法定义务,更无须个人信息保护机关强制介入。只有涉及利用信息能力的不平等收集、处理个人信息的行为,才是信息时代保护个人信息的法律真正要调整的对象。

二、告知同意规则

(一)告知同意规则的内涵

个人的同意是信息利用的基本依据,若个人属于无民事行为能力或限制行为能力人,在得到其监护人同意的情况下也可以处理权利人的个人信息。告知同意规则,又称"知情同意规则"。是指任何组织或个人在处理个人信息时都应当对信息主体即其个人信息被处理的自然人进行告知,并在取得同意后方可从事相应的个人信息处理活动,否则该等处理行为即属违法,除非法律另有规定。[1] 告知同意规则包含了告知规则与同意规则,二者紧密联系,不可分割。没有告知,自然人无法就其个人信息被处理作出同意与否的表示;即便告知了,但没有充分、清晰的告知,自然人作出的同意也并非真实有效的同意。反之,虽然充分、清晰地告知,却未取得自然人的同意,对个人信息的处理也是非法的,侵害了个人信息权益。[2] 告知同意规则意味着:第一,个人信息处理者对其处理行为合法与否具有更明确的预期。第二,对于个人信息保护执法机构来说,告知同意规则为查处违法的个人信息处理行为提供了明确的标准。第三,在个人信息权益民事纠纷案件的裁判中,告知同意规则是法院认定处理者应否承担侵权责任的重要标准。

(二)告知同意规则的法理基础

原则上,任何人都不得侵害他人的民事权益,但民事主体可以对自己的权益进行合法的处分,既包括自行处分,也包括在不违反法律强制

---

[1] 王利明、程啸、朱虎等:《中华人民共和国民法典人格权编释义》,中国法制出版社2020年版,第419页。
[2] 程啸:《个人信息保护法理解与适用》,中国法制出版社2021年版,第118页。

性规定和公序良俗原则的前提下同意他人对自己民事权益的处分。告知同意规则则充分体现了尊重和保护民事权益的精神以及意思自治原则。告知同意植根于信息保护的两大理论基础：一是欧盟个人信息保护体制中的个人信息自决权理论；二是美国法上的信息隐私权理论。个人信息自决权理论的基本内涵是指个人对其自身信息的控制权，定性为人格权的一种。从信息隐私来看，美国1977年"惠伦案"确立了信息隐私权，隐私权被认为是个人对其个人信息披露的控制权。[①] 无论是个人信息控制权还是信息隐私权，均强调信息主体对信息的控制力，而告知同意被认为是个人信息控制力的核心。[②]

三、告知同意规则的例外情形

（一）对告知同意规则例外情形具体规定的认识

1. 缔约或履约之必需，制定劳动规章制度或签订集体合同实施人力资源管理所必需。《个人信息保护法》第13条第1款第2项关于"订立、履行个人作为一方当事人的合同所必需"的规定借鉴了GDPR第6条第1款b项的规定。这一规定的理由在于：如果对于合同一方当事人信息的处理，对于该合同的另一方当事人履行该合同是必要的，那么后者对该信息的处理就是有法律依据的，因为信息控制者作为合同当事人，根据一般法律原则负有履行其合同的法定义务，因此为履行合同义务而处理信息的合法性也可以理解为"法定义务"甚至"控制者的合法利益"的特殊情况。处理者必须处理该个人信息才能与之缔结合同或履行合同，这种例外情形仅适用于处理者与个人作为平等的民事主体之间订立或履行合同的场所。对于哪些个人信息的处理属于为订立或履行合同所必需，一方面，应当符合比例原则；另一方面，要从处理者与信息主体等双方当事人的角度来考虑合同的目的，即对于实现合同目的而言，信息的处

[①] 张新宝：《个人信息收集：告知同意原则适用的限制》，载《比较法研究》2019年第6期。
[②] 参见韩旭至：《个人信息保护中告知同意的困境与出路——兼论〈个人信息保护法（草案）〉相关条款》，载《经贸法律评论》2021年第1期。

理是否必不可少。①

《个人信息保护法》在二审稿的基础上,新增了"按照依法制定的劳动规章制度和依法签订的集体合同实施人力资源管理所必需"的情形,为用人单位处理员工个人信息提供了相应的法律依据。这里需要注意的是,用人单位不能随意以"人力资源管理所必需"而对其处理个人信息的行为主张免责,必须是"按照依法制定的劳动规章制度和依法签订的集体合同"实施的人力资源管理所必需,防止企业任意扩大处理范围。

2. 为履行法定职责或者法定义务所必需。所谓的法定职责,包括法定职权和法定责任,是指立法机关、行政机关以及司法机关等公权力机关依据法律法规的规定而享有的职权以及必须履行的义务。为确保公权力机关能够履行法定职责,为履行法定职责所必须处理个人信息的,不需要取得个人同意。例如,依据《道路交通安全法》第19条的规定,驾驶机动车,应当依法取得机动车驾驶证。申请机动车驾驶证,应当符合国务院公安部门规定的驾驶许可条件;经考试合格后,由公安机关交通管理部门发给相应类别的机动车驾驶证。故此,自然人在向公安机关交通管理部门申请机动车驾驶证时,必须提供相应的个人信息,公安机关交通管理部门可以无须取得个人的同意。又如,根据《出境入境管理法》第30条第2款规定,申请办理外国人居留证件,应当提交本人的护照或者其他国际旅行证件,以及申请事由的相关材料,并留存指纹等人体生物识别信息。据此,外国人所持签证注明入境后需要办理居留证件的,必须向拟居留地县级以上地方人民政府公安机关出入境管理机构提供相应的个人信息。再如,我国《刑事诉讼法》第132条第1款规定:"为了确定被害人、犯罪嫌疑人的某些特征、伤害情况或者生理状态,可以对人身进行检查,可以提取指纹信息,采集血液、尿液等生物样本。"显然,这种情形下,公安机关或检察机关为侦查犯罪而强制收集个人生物识别信息等,就属于履行法定职责,无须取得个人同意。

所谓法定义务,是指信息处理者依据法律法规的规定而负有的义务。

---

① 参见程啸:《个人信息保护法理解与适用》,中国法制出版社2021年版,第127页。

法定义务的主体限于普通的民事主体即自然人、法人和非法人组织。我国法律中规定了很多的法定义务。比如，根据《反洗钱法》的规定，金融机构应当按照规定建立客户身份识别制度。金融机构在履行反洗钱的法定义务时所收集的用户的相关个人信息，不需要取得个人同意。又如我国《社会保险法》《劳动合同法》《劳动法》《工伤保险条例》等法律法规要求，职工应当参加工伤保险，由用人单位缴纳工伤保险费，职工不缴纳工伤保险费。据此，用人单位在为职工投保工伤保险时，就必须收集职工的相关个人信息，否则就无法履行该义务。再如，根据《传染病防治法》第31条规定，任何单位和个人发现传染病病人或者疑似传染病病人时，应当及时向附近的疾病预防控制机构或者医疗机构报告。据此，直接发现和疫情相关的信息应当主动向主管部门报告，不需要取得个人同意。

3. 应对突发公共卫生事件或紧急情况所必需。《个人信息保护法》第13条第1款第4项规定了应对突发公共卫生事件或紧急情况下为维护自然人利益所必需的情形。自新冠肺炎疫情发生以来，围绕"早发现、早报告、早隔离、早治疗"的防治原则，借助大数据分析手段，位置信息、行动轨迹等个人信息在疫情预测预警方面发挥了极其重要的作用。因此，《个人信息保护法》专门对此予以规定，为应对突发公共卫生事件，对相关个人信息处理的，可以不经个人同意。

关于"紧急情况下为保护自然人的生命健康和财产安全所必需"，系在《民法典》第1036条第3项规定的基础上，进一步扩大了处理个人信息的范围，即不限于为了维护"该自然人合法权益"。只要是为保护自然人的生命健康和财产安全所必需，均可不经过自然人或其监护人的同意而合理实施个人信息的处理行为，行为人不承担民事责任。例如，甲突发疾病而生命垂危，急需在掌握其既往病史等个人信息的基础上进行对应的抢救治疗，而又无法取得其本人或近亲属的同意。此时，为了挽救甲的生命，可以实施个人信息的处理行为。又如，为了寻找失踪儿童或者追踪犯罪分子的行踪，而使用远距离人脸识别设备进行识别比对等。部分措施并非紧急，却与信息主体重大利益密切相关的，如反欺诈措施、支付安全措施等,这些措施是信息处理者的法律职责或法定义务,可直接适用《个人信息保护法》第13条第1款第3项的规定,无须在此处体现。

4. 为公共利益实施新闻报道或舆论监督等行为所必需。《个人信息保护法》第13条第1款第5项规定了"为公共利益实施新闻报道、舆论监督等行为,在合理的范围内处理个人信息"的情形。本项规定适用必须符合两点:首先,必须是新闻报道、舆论监督等行为。其次,必须是为了公共利益。为公共利益而实施新闻报道、舆论监督的行为,对于维护广大民事主体的合法权益,保护表达自由,具有不可替代的重要作用。至于与公共利益无关,完全是娱乐性的新闻报道或者仅仅是涉及个人的不道德或违法行为的舆论监督,不能适用本项规定,如果处理者未经同意而处理他人的个人信息,就构成侵权。①

对本项的"等"的解释将直接决定本项的适用范围。若作"等内等"理解,则本项为针对新闻报道、舆论监督的规定;若作"等外等"的解释,本项可作公共利益的扩大解释。以公共利益的必要性作为考量,对个人信息进行处理的情形至少包括"监控疫情和人道主义救援、确保网络和信息安全、基于劳动和社会保障目的、维护公共健康、新闻和文学艺术创作自由、科学研究等"。② 为了与其他基于公共利益的信息流通规则相协调,本项中的等亦作"等外等"解释。

5. 依照本法规定在合理的范围内处理个人自行公开或者其他已经合法公开的个人信息。"个人自行公开"自己的个人信息就是个人主动将自己的某些个人信息向社会公开,如患者主动向社会公开自己的生病经历,自然人主动公开自己的性取向或宗教信仰。个人自行公开自己的个人信息意味着其在一定程度上同意他人对这些信息的处理。"其他已经合法公开"的个人信息,是指除个人自行公开的以外,其他以合法形式公开的个人信息,如媒体在新闻报道中依法处理这些已公开的个人信息、国家

---

① 程啸:《个人信息保护法理解与适用》,中国法制出版社2021年版,第137页。
② 参见丁晓强:《个人数据保护中同意规则的"扬"与"抑"——卡-梅框架视域下的规则配置研究》,载《法学评论》2020年第4期。

机关依法公开的个人信息。但是，必须在合理范围内处理上述个人信息。比如，结合《使用人脸识别技术处理个人信息民事案件规定》，对于自然人在互联网上发布照片或者视频，尽管其没有明确表示拒绝人脸识别，但是信息处理者使用人脸识别技术对其照片进行识别，已经超出了"合理"的范畴，对自然人的人格利益有重大影响，甚至可能侵害其隐私权、名誉权或者财产权等。因此，擅自对自然人自行公开的人脸图像进行人脸识别，不属于本条第6项以及《民法典》第1036条第2项所规定的情形。从人脸识别相关诉讼看，较为典型的是Facebook案。2015年，社交网络巨头Facebook因使用人脸识别技术扫描伊利诺伊州市民上传的照片而被提起集体诉讼，美国巡回法院认为，未经同意使用面部识别技术开发面部模板侵犯了个人的私人事务和具体利益。2021年2月27日，联邦法官批准了和解协议，Facebook将向这些用户支付6.5亿美元（约人民币42亿元），扣除9750万美元的律师费和接近91.5万美元的诉讼开销，三名原告代表每人将获得5000美元，其他人每人至少将获得345美元赔偿。除了交罚款、关闭人脸识别功能，和解协议还要求Facebook删除现有的人脸模板。

6. 法律、行政法规规定的其他情形。法律、行政法规规定的其他情形为兜底性条款，没有将个人信息处理的合法性基础限于所明确列举的情形，保留了一定的弹性，可以针对社会状况的变化而进化，从而避免疏漏。

（二）告知同意规则例外情形具体规定的法理基础

处理者在处理个人信息时原则上必须遵循告知同意规则，在依法告知并取得信息主体的同意后才能对个人信息进行收集、存储、使用、加工、传输、提供、公开等活动。但是社会对个人信息的自由流动具有正当需求，若赋予信息主体绝对完整的权利，可能阻碍个人信息的自由流动。个体利益和其他利益发生冲突时，需要对个体自由加以适当的干预和限制，以求公共利益与个体利益的平衡。在此种情况下，保护了个人信息权益的同时，也实现了个人信息的合理利用，同时维护了社会利益和国家利益，即使未取得信息主体同意收集其个人信息，亦属合法行为。

《中华人民共和国个人信息保护法》条文理解与适用

【条文适用】

对于本条的适用,需要注意以下问题:

1. 本条仅涉及个人信息处理行为合法与否的问题,而非意味着发生侵害个人信息权益的违法行为时,处理者可以据此免于承担任何法律责任,更不能以本条来排除其他个人信息保护规则的适用。首先,即便处理者充分适当地履行了告知同意规则,也只是使得处理行为本身不具有非法性而已,即存在违法阻却事由,可能无须承担行政责任或刑事责任。例如,依据《侵犯公民个人信息刑事案件解释》第2条的规定,违反法律、行政法规、部门规章有关公民个人信息保护的规定的,应当认定为《刑法》第253条之一规定的"违反国家有关规定"。但是,在处理的过程中,因为不合理的处理行为如处理者的故意或过失等造成自然人的人身财产权益受到侵害的,依然要承担民事责任。其次,信息处理者实施的信息处理行为必须遵循本法规定的基本原则。例如,本法第7条规定,处理个人信息应当遵循公开、透明原则,公开个人信息处理规则,明示处理的目的、方式和范围。最后,并非告知并取得同意后,处理者就可以随意地、无限制地处理个人信息,处理者仍然应当严格遵循法律规定和当事人约定的相应义务。例如,经告知并取得同意而收集自然人的个人信息后,处理者负有不得泄露或者篡改其收集、存储的个人信息的义务,应当采取技术措施和其他必要措施以确保其收集、存储的个人信息安全,防止信息泄露、篡改、丢失,并在发生或者可能发生个人信息泄露、篡改、丢失时及时采取补救措施,按照规定告知自然人并向有关主管部门报告。

2. 适用告知同意规则及其例外情形时要注意相关限制。首先,告知同意规则只解决个人信息处理行为合法与否的问题。进行了告知同意并不意味着发生侵害个人信息权益的违法行为时,处理者可以据此免于承担法律责任,更不能以告知同意规则的履行来排除其他个人信息保护规则的适用,即告知同意规则受到正当目的原则和必要原则的限制。同样,告知同意规则也不能排除信息主体享有的权利，其适用需要受到相应的限制。[①] 其次，对于无须取得个人同意的情形，也必须满足合法、正当、必要与诚信原则。信息处理者不能超出实现目的必要范围对个人信息进行收集和处理，即使无须取得个人同意，处理者也要履行告知义务。告知是取得同意的前提，不满足法定要求的告知将导致同意无效，但告知义务并非依附于个体同意而存在。"同意"的例外并不必然导致"告知"的例外。虽然《个人信息保护法》同样规定了在特定情形下可以未经同意即处理个人信息，但并不代表这些情况下同时免除了告知义务。例如，第13条规定在"为应对突发公共卫生事件，或者紧急情况下为保护自然人的生命健康和财产安全所必需"的情形下处理个人信息可以不须取得个人同意，但第18条第2款同时规定"紧急情况下为保护自然人的生命健康和财产安全无法及时向个人告知的，个人信息处理者应当在紧急情况消除后及时告知"。也就是说，处理者基于法律、行政法规规定的情形处理个人信息，虽然不需要取得个人的同意，但是仍然要履行告知义务。之所以在无须个人同意的个人信息处理活动中，原则上也必须适用告知规则，使处理者负有告知义务，根本原因在于要贯彻落实公开透明原则，保护个人对个人信息处理的知情权。

关于《个人信息保护法》第13条第1款第2项"缔约或履约之必需"之规定，将成为绝大多数业务场景下收集信息的依据。因此，其必须受目的限制原则的约束，不得利用这一条款进行个性化营销。关于《个人信息保护法》第13条第1款第4项"应对突发公共卫生事件或紧急情况之必需"之规定与《个人信息保护法》第18条相对应，必须有相应的回复机制。根据《个人信息保护法》第18条第2款的规定，在紧急情况消除后，信息处理者必须对信息主体履行告知义务。同时，应进一步明确由于紧急情况已经消除，应使用告知同意规则，在获得同意后方可继续处理相关信息。虽然突发公共卫生事件在此项中予以单列，但实际上也属于特殊的紧急情况，事后亦应履行告知义务。关于《个人信息

[①] 黄薇主编：《中华人民共和国民法典人格权编解读》，中国法制出版社2020年版，第220页。

保护法》第 13 条第 1 款第 5 项"为公共利益实施新闻报道、舆论监督等行为,在合理的范围内处理个人信息",该项规定公共利益必须受"合理的范围"的约束。需要注意的是,"合理的范围"并不等于"所必需"。以该项所指向的新闻报道为例,实难以说明信息处理是必需的,若以必需为逻辑,记者大可不报道相关信息。因此,对于涉及公共利益的信息利用而言,其适用的是比必要性更为宽松的合理性要件。新闻报道若涉及家庭地址、人肉搜索等便是超出了合理范围。《个人信息保护法》第 13 条第 1 款第 6 项关于"对合法公开的个人信息进行的合理使用"应当与《民法典》第 1036 条第 2 项的规定保持含义上的一致,即在自然人明确拒绝时以及处理该信息侵害其重大利益时,该种处理不是合理处理。[①]

3. 注意敏感信息的特殊处理规则。本法在第二章中单独设立一节,规定敏感个人信息的处理规则。根据本法第 28 条的规定,敏感个人信息是一旦泄露或者非法使用,容易导致自然人的人格尊严受到侵害或者人身、财产安全受到危害的个人信息,包括生物识别、宗教信仰、特定身份、医疗健康、金融账户、行踪轨迹等信息,以及不满 14 周岁未成年人的个人信息。敏感信息和非敏感信息是《个人信息保护法》从规范个人信息处理行为的角度进行的一种重要分类,并在该区分的基础上针对信息处理者提出了不同的处理规则上的要求,从而有针对性地提高处理者在处理敏感信息时的法定义务,更加充分地保护个人信息权益。由于敏感信息对于维护自然人的人身财产安全与人格尊严极为重要,该等信息一旦泄露或被非法使用,势必会对自然人的人身财产权益造成严重的侵害或损害,故此,法律上对处理此类信息有非常严格的要求。但是,对于非敏感信息的处理而言,则没有如此严格的要求。因此,为正确理解本法第 13 条关于处理个人信息合法性基础的规则,应当区分敏感个人信息及非敏感个人信息,涉及敏感个人信息时,应当适用敏感个人信息的处理规则,而非一般规则。

[①] 参见程啸:《论我国个人信息保护法中的个人信息处理规则》,载《清华法学》2021 年第 3 期。

【相关规定】

1. 《中华人民共和国民法典》（2020年5月28日）

第一千零三十六条　处理个人信息，有下列情形之一的，行为人不承担民事责任：

（一）在该自然人或者其监护人同意的范围内合理实施的行为；

（二）合理处理该自然人自行公开的或者其他已经合法公开的信息，但是该自然人明确拒绝或者处理该信息侵害其重大利益的除外；

（三）为维护公共利益或者该自然人合法权益，合理实施的其他行为。

2. 《中华人民共和国刑法》（2020年12月26日修正）

第二百五十三条之一　违反国家有关规定，向他人出售或者提供公民个人信息，情节严重的，处三年以下有期徒刑或者拘役，并处或者单处罚金；情节特别严重的，处三年以上七年以下有期徒刑，并处罚金。

违反国家有关规定，将在履行职责或者提供服务过程中获得的公民个人信息，出售或者提供给他人的，依照前款的规定从重处罚。

窃取或者以其他方法非法获取公民个人信息的，依照第一款的规定处罚。

单位犯前三款罪的，对单位判处罚金，并对其直接负责的主管人员和其他直接责任人员，依照各该款的规定处罚。

第十四条 基于个人同意处理个人信息的，该同意应当由个人在充分知情的前提下自愿、明确作出。法律、行政法规规定处理个人信息应当取得个人单独同意或者书面同意的，从其规定。

个人信息的处理目的、处理方式和处理的个人信息种类发生变更的，应当重新取得个人同意。

【条文主旨】

本条是关于个人信息处理活动中有效同意的规定。

【条文理解】

本条是个人信息处理在符合需要取得个人信息主体同意的条件下，应当满足的同意行为的基本构成要件。同时，对于需要取得个人单独同意和重新取得个人同意的情形，也应遵循本条的相关规定。在适用情形表述上，由《个人信息保护法（草案二次审议稿）》的"处理个人信息的同意"调整为本条"基于个人同意处理个人信息的"，强调的是在各类处理个人信息合法行为中，仅聚焦适用获取个人同意的这一类情况，进行针对性规定，表述更加合理、严谨。

一、告知同意规则的法理基础与适用范围

（一）告知同意规则的法理基础

在个人信息保护法中，告知同意之所以被认为是基本规则，具有极为重要的地位，根本原因在于：个人信息是可直接或间接识别特定自然人的信息，与自然人的人格尊严和人格自由息息相关，为了保护人格尊严和人格自由这一最高位阶的法益，自然人对其个人信息享有受到法律

保护的民事权益。我国《民法典》明确承认了自然人的个人信息权益，赋予了自然人对其个人信息享有作为民事权益的人格权益。这就意味着其他人需要尊重该权益且不得侵犯它。进入个人信息处理领域，个人信息绝不能任由他人使用，而应当确立自然人对其个人信息的控制权。因为个人信息是能够单独或者与其他信息结合识别特定自然人的信息，该信息上就已经存在特定自然人的受法律保护的民事权益，对个人信息的处理行为（无论是基于营利目的还是行政管理目的等）会产生侵害自然人的人格尊严和人身财产等民事权益的风险。正因如此，我国《个人信息保护法》坚持了告知同意规则，并将其作为个人信息处理中应遵循的基本原则加以凸显。原则上，任何人都不得侵害他人的民事权益，但民事主体可以对自己的权益进行合法的处分，既包括自行处分，也包括在不违反法律强制性规定和公序良俗原则的前提下同意他人对自己民事权益的处分。作为个人信息处理行为的基本规范，告知同意规则对个人信息处理行为进行了限定，它是判断个人信息处理行为合法与否的基本规则，在个人信息处理规则的构建中发挥了重要的作用。[1]

实际上，告知同意规则为全球范围内的个人信息保护立法普遍适用。20世纪70年代，国际社会关于个人信息保护的基本原则和理念初步形成。1970年，欧洲的第一部个人信息保护立法《德国黑森州信息法》便将告知同意原则作为个人信息收集原则予以确定。1973年，美国政府成立的"关于个人数据自动系统的建议小组"发布"公平信息实践准则"报告，五项准则中便包含告知同意原则的内容，该准则在此后美国个人信息保护立法中具有关键性作用，基本确立了美国个人信息保护的基本框架，此后《美国公平信用报告法》《美国儿童网络隐私保护法》等立法中均沿用了告知同意原则。除此之外，瑞典、奥地利、丹麦等国均在本国个人信息保护的法律文件中作出类似规定。虽然对于"告知－同意"

---

[1] 参见程啸：《论我国个人信息保护法中的个人信息处理规则》，载《清华法学》2021年第3期。

模式的质疑与批判不绝于耳,[①] 但至今仍为各国广泛采用,究其原因,乃是其标准化的模式无论对于用户还是信息处理者而言均为成本最小化的解决方式。因此,《个人信息保护法》借鉴国际经验并立足我国实际,紧紧围绕规范个人信息处理活动、保障个人信息权益,构建了以"告知-同意"为核心的个人信息处理规则。

（二）告知同意规则的适用范围

并非在所有情形下均有告知同意规则的适用。《个人信息保护法》第13条确定了个人信息处理者处理个人信息的多元化合法性基础。而"知情同意"只是第13条所确定的合法性基础之一。依照本法其他有关规定,处理个人信息应当取得个人同意,但是有第13条第1款第2项至第7项规定情形的,不需取得个人同意。由此可知,并非在所有的情形下,均有告知同意规则的适用。在法定情形下,处理个人信息不需取得个人同意。需要注意的是,同意规则在法定情形中不适用,并不等于告知规则就不适用。也就是说,处理者基于法律、行政法规规定的情形处理个人信息,即便不需要取得个人的同意,此时仍然要履行告知义务。

二、同意的性质

关于同意的概念,不同国家和地区的规定不尽相同。例如,GDPR第4条第11款将"数据主体的同意"（consent of the data subject）界定为数据主体依其个人意愿而自由、明确、知情且清晰地通过陈述或积极行为就与其相关的个人数据的处理作出的同意。[②] 2018年《巴西通用数据保护法》第5条第12款规定,同意,是指数据主体同意为特定目的处理其个人数据自由、知情和明确的声明。我国台湾地区"个人资料保护法"第7条第1~2款规定:第15条第2款及第19条第1款第5项所称同意,

---

[①] 参见许可:《欧盟〈一般数据保护条例〉的周年回顾与反思》,载《电子知识产权》2019年第6期;蔡培如、王锡锌:《论个人信息保护中的人格保护与经济激励机制》,载《比较法研究》2020年第1期。

[②] 该定义与1995年10月24日欧洲议会《关于涉及个人数据处理的个人保护以及此类数据自由流动的第95/46/EC号指令》（DPD）中的定义是一致的,其第2条h款将数据主体的同意界定为数据主体自由作出的特定与知情的指示,表示其同意对于与其相关的数据进行处理。

指当事人经搜集者告知本法所定应告知事项后，所为允许之意思表示。第 16 条第 7 款、第 20 条第 1 款第 6 项所称同意，指当事人经搜集者明确告知特定目的外之其他利用目的、范围及同意与否对其权益之影响后，单独所为之意思表示。

关于同意的法律性质，学界认识不一，主要存在如下三种观点：

一是意思表示说。该学说认为，同意本身是自然人作出的意思表示，《民法典》总则编关于意思表示的规定完全可以适用于自然人就个人信息处理所作出的同意。故此，自然人因欺诈、胁迫或重大误解而作出的意思表示，是可以撤销的意思表示。[1]

二是违法阻却事由说。该说认为，个人信息处理中信息主体的同意属于免责事由或违法阻却事由，而非意思表示。处理者对自然人的个人信息进行收集、存储、使用、加工、传输、提供、公开等处理行为，客观上就构成对自然人的个人信息权益的侵入或干扰，违反了法秩序，具有（暂时认定的）非法性。要排除这种非法性，就必须具备法律上的正当性。在《个人信息保护法》上，此种正当性要么来自个人的同意，要么来自法律、行政法规的规定即法定的许可，二者构成了全部个人信息处理的法律基础。作为个人信息权益的所有者的个人，可以对自己的权益进行合法的处分，其可以自行处分，也可以同意他人对自己的民事权益的处分。因此，在得到民事权益所有者的同意后，被同意者实施的客观上侵害他人民事权益的行为，对于同意者而言，不构成侵害。同时，法律、行政法规也可以基于促进个人信息的合理利用、维护公共利益和国家利益等理由而特别规定，某些情形下不需要取得个人的同意就可以处理其个人信息。[2]

三是双重属性说。该说认为，同意具有双重属性，一方面它是侵权法上阻却违法的事由，另一方面它又是法律行为。[3] 之所以有双重属性，

---

[1] 王利明、程啸：《中国民法典释评·人格权编》，中国人民大学出版社 2020 年版，第 457 页；陈甦、谢鸿飞主编：《民法典评注·人格权编》，中国法制出版社 2020 年版，第 379 页。

[2] 程啸：《个人信息保护法理解与适用》，中国法制出版社 2021 年版，第 147 页。

[3] 刘召成：《人格商业化利用权的教义学构造》，载《清华法学》2014 年第 3 期。

是因为在合同领域与侵权领域中，同意有不同的含义。在侵权领域中，"同意"作为侵权法上的免责事由可归入"受害人同意"的范畴，在构成要件上包括必须有明确具体的内容、受害人须具有同意能力、同意必须真实自愿、加害人必须尽到充分的告知说明义务；在合同领域中，同意可能成为相关合同给付内容的一部分，因此当事人须具备相应的行为能力。① 持双重属性说的学者，主要是从个人信息既存在消极防御的问题，也存在积极利用的问题角度出发来认识同意的性质，即从消极防御的角度说，同意就是违法阻却事由，而从积极利用的层面看，同意就是个人在授权他人商业利用个人信息。②

关于同意的法律性质，上述学说均有一定道理。那么，我国《个人信息保护法》对同意的性质是如何界定的呢？根据《个人信息保护法》第14条第1款的规定，基于个人同意处理个人信息的，该同意应当由个人在充分知情的前提下自愿、明确作出。从上述规定看，立法并未明确"同意"的性质。但是，《个人信息保护法（草案）》第14条第1款前句曾规定"处理个人信息的同意，应当由个人在充分知情的前提下，自愿、明确作出意思表示"。可见，立法机关曾将个人的同意界定为意思表示。但是，《个人信息保护法（草案二次审议稿）》删除了"意思表示"一词，将该句改为"处理个人信息的同意，应当由个人在充分知情的前提下自愿、明确作出"。从上述起草过程看，立法机关基于一定考量，回避了对"同意"性质的界定。

我们倾向认为，个人信息处理活动的"同意"，不完全等同于传统民法中的意思表示，二者既有区别也有联系。首先，综观各国立法，个人信息领域的"同意"有着其特殊的适用规则，如通行的"撤回同意"规则，不同于意思表示的"撤回"和"撤销"，不能用传统的民法理论进行严格意义上的逻辑推演。其次，我国《民法典》第993条规定："民事主体可以将自己的姓名、名称、肖像等许可他人使用，但是依照法律规

---

① 陆青：《个人信息保护中"同意"规则的规范构造》，载《武汉大学学报（哲学社会科学版）》2019年第5期。

② 程啸：《个人信息保护法理解与适用》，中国法制出版社2021年版，第147页。

定或者根据其性质不得许可的除外。"尽管此处并未规定个人信息的许可使用，但从体系解释上看，第993条属于人格权编的一般规定，对于个人信息也可适用。许可使用又是典型的意思表示行为。因此，对《个人信息保护法》中的"同意"的解读既不能脱离意思表示，又不能完全适用意思表示的相关规则，如胁迫、欺诈的可撤销。而违法阻却事由说，则从侵权的角度对个人信息中的"同意"进行相对周延的解读。

三、同意的实质要件

关于同意的要件，不同国家的规定不尽相同。比如，GDPR第4条第11款规定了有效同意必须具备四个要件：（1）自由作出的（Freely Given）；（2）具体的（Specific）；（3）被告知的（Informed）；（4）明确的（Unambiguous）。这一标准被认为提高了有效同意的门槛，欧盟的数据保护机构也倾向于严格解释这四项标准。以违反"自由"（"Freely Given"）要件为例，欧盟将此类同意认定为无效同意。欧盟数据保护委员会（EDPB）举了一个例子：一个网站的首页什么都不显示，只显示cookeis信息。除非点击"我同意"，不然用户看不到网站信息。这种情况用户即便点击了"我同意"，也不是"Freely Given"，因为用户没有真正地选择，除了同意外，看不到网站内容，这是不合规的。《巴西通用数据保护法》第8条规定：本法第7条第I项所规定的同意，应当以书面方式或者其他能够证明数据主体表现意愿的方式提供。（1）如果同意是以书面形式提供的，它应区分于其他合同条款，并单独、重点显示。（2）控制者有责任证明已依照本法取得同意。（3）如果同意有瑕疵，禁止处理个人数据。（4）同意应为了特定目的而作出。为处理个人数据获取的一般授权应为无效。（5）只要不作出根据本法第18条第VI项规定的删除请求，同意可以通过便捷和免费的流程，随时被数据主体明确表示撤回，这是对基于先前同意而作处理的矫正。（6）如果本法第9条第I~III项或者第V项所涉及的信息发生变更，数据控制者应当通知数据主体，尤其应告知其所变更的内容。在这种情况下，数据主体的同意是必须的，如果数据主体不同意该等变更，其可以撤回同意。可见，巴西也非常重视同意是否有瑕疵，如果有瑕疵，则为无效同意，禁止处理个人数据。根据我国《个人信息保护法》第14条规定，基于个人同意处理个人信息的，该同意应当由个人在充分知情的前提下自愿、明确作出。根据本条规定，有效的同意应当具备如下要件：（1）同意是个人在充分知情的前提下作出的；（2）同意是真实自愿的；（3）同意是明确具体的。

首先，同意是个人在充分知情的前提下作出的。知情是同意的内在规范要求，同意的前提是信息控制者的充分告知，只有充分了解同意所针对的内容，权利人才能作出有效的同意。在明确了知情要素的基本要求后，还必须正确判断信息控制者是否尽到了告知义务，即其所提供的资讯是否足以使信息主体知情。GDPR第12条要求：信息控制者提供的资讯应简洁、透明、易懂并容易获取，语言应清楚明白。信息应以书面形式或通过其他手段提供，包括在适当情况下通过电子手段提供。当数据主体请求时，信息可以口头方式提供，但该数据主体的身份应通过其他手段证实。该条提供了两个判断标准，可以从两个方面对信息控制者的告知进行判断。一是资讯的可理解性，即其提供的信息内容都应通俗易懂且清晰、不使用专业术语，能够为一般用户所理解。二是提供资讯的形式，这对判断当事人是否知情而言是至关重要的指标。即该条原则上要求采取书面或电子形式，口头形式只有在信息主体请求时才被允许。我国《个人信息保护法》第17条同样也规定了个人信息处理者在处理个人信息前，应当以显著方式、清晰易懂的语言真实、准确、完整地向个人告知事项。从该条来看，我国只规定了告知的可理解性，并未要求书面或电子形式，关于信息处理者的告知义务范围，[1] 主要包括：（1）个人信息处理者的名称或者姓名和联系方式；（2）个人信息的处理目的、处理方式，处理的个人信息种类、保存期限；（3）个人行使本法规定权利的方式和程序；（4）法律、行政法规规定应当告知的其他事项。

其次，同意必须是个人自愿作出的。取得个人同意，可以理解为个人信息处理者处理个人信息的目的、方式等获得了相应个人信息主体的

---

[1] 参见王进：《论个人信息保护中知情同意原则之完善——以〈欧盟一般数据保护条例〉为例》，载《广西政法管理干部学院学报》2018年第1期。

肯定、允许或认可。结合前文所述，如果从意思表示的角度看，只有同意是在个人充分知情的前提下自愿、明确作出，这个同意才能被认定为个人的真实意思表示，从而认定个人信息处理者基于该同意处理个人信息的行为是合法有效的。如果从违法阻却事由的角度看，作为处理个人信息合法性基础的同意亦必须真实、自由作出，方才构成有效的违法阻却事由。在判断同意的表达是否自由的问题上，比较法上有具体的规定。在欧洲法上，GDPR在对同意的定义中明确将"自由作出"作为第一实质要素。根据GDPR第7条的规定，当评估同意是否是自愿作出时，应尽最大限度地考虑合同的履行包括服务的提供是否以基于不必要的同意个人数据处理为条件。"鉴于条款"第43项中进一步说明：为确保同意是自愿作出的，在特定情形下，数据主体与控制者之间是不平等的，特别是当控制者是公权力一方且基于特定情形下予以考虑的所有条件认为同意不可能是自愿作出的，该同意并不能成为该特定情形个人数据处理的有效法律依据。如果不允许对不同的个人数据处理操作分别作出同意，尽管这对于个别案例来说是恰当的，或者尽管同意并不是合同履行的必要条件。因此，当事人的地位是否平等，不提供信息是否会对数据主体带来实质上的不利益，同意是否是合同履行的条件甚至是对待给付的内容，这些都会影响对同意自愿性的判断。欧洲法对"自愿作出"的规范逻辑，重在强调"尽最大限度地考虑合同的履行包括服务的提供是否以基于不必要的同意个人数据处理为条件"。因此，在网络服务合同关系中，判断同意是否自由作出的问题可以转化为如何去解释提供相关的个人信息是否属于"合同履行之必要"。

最后，同意必须是明确具体的。明确的同意并不意味着一定需要有书面和签字盖章的声明，甚至可以是口头的声明，但必须针对数据处理有特定、清楚的表示。有学者提出，"明示同意"在规范要求上恰恰处在欧洲法的"同意"和"明确同意"之间。明示同意与默示同意相对应，指的是以肯定性动作的方式表示同意；而明确同意指的是由明确的行为表达出来的同意，该行为应当是具体的和表达性的。就同意的表达形式而言，有意见认为，明确同意应包括明示同意，即明确同意不仅要求该同意是以明示方式作出的，而且强调同意的内容是特定的，而不能是模糊宽泛的。有意见认为，应当明确在网络服务领域沉默（不作为）以及默示勾选的对话框不能构成同意。这是因为以默示方式作出的同意往往被推断为不明确和模糊的，默示同意实际上背离了知情同意规则。[1] 如果从意思表示的角度看，个人信息保护中明示同意、默示同意甚至以沉默方式的同意也应遵循相关规范界定，尤其是沉默仅在法律规定、当事人约定或者符合当事人之间的交易习惯时才可以视为意思表示。[2] 沉默在现行法上本就是意思表示例外的表达方式，因此，个人信息保护中的同意原则上也不能以沉默的方式作出。同时，有效的同意必须具体，即应清楚而精确地指明信息处理的范围和后果。若某一信息处理活动的范围和后果无法限定，则该同意对其并不适用。所以从这个意义上来讲，同意的适用情形是有限度的。同意必须针对信息处理的各个方面而作出，所以其所指必须明确，这些方面主要包含将要处理哪种类型的信息以及为何种目的而处理。如果不同的信息处理已经为信息当事人所合理期待，则原则上信息控制者只需就这类处理征求一次同意便已足够。相反，在不同的信息处理无法为信息当事人所合理期待时，信息控制者应当就每一信息处理行为征得信息主体的同意。可见，具体作为同意有效的要素之一，其向信息处理者施加了分别征求信息主体同意的义务，保障了信息主体对其个人信息的控制权，便于当事人真正行使其信息自决权。在比较法上，这一点也有所体现，根据 GDPR 的规定，如果数据控制者要基于其他新的目的处理数据，除非有其他合法性基础，否则必须寻求数据主体进一步的同意，而且不同处理目的之间要求一定的间隔尺度。在这一点上，欧洲法上还进一步要求，数据处理者要就每个特定目的的数据处理告知数据主体相关的信息，以征得后者就每项处理事实的同意，如此确保数据主体能清楚意识到不同选择下会带来的具体影响。

---

[1] 参见郑佳宁：《知情同意原则在信息采集中的适用与规则构建》，载《东方法学》2020年第2期。

[2] 参见李适时：《中华人民共和国民法总则释义》，法律出版社2017年版，第128页。

四、同意的类型

(一) 单独同意

单独同意区别于一般同意，单独同意实际上属于一种特别同意。"单独同意"，是指在处理特殊的个人信息或处理个人信息的特殊行为、场景时，个人信息处理者必须就其处理目的、行为等单独向个人告知并取得同意。"单独同意"要求个人信息处理者将相应的场景的同意与其他同意区分开来，做到"一处理一告知一同意"，而不能将其与其他场景下个人信息处理的同意糅合在一起，或者隐匿在其他事项中，通过一揽子授权的方式取得个人同意或接受，避免过度索权、随意收集等违法违规情形。而一般同意应理解为概括同意，虽然也要求"明确、自愿"，但并不一定针对一个具体的事项，可以是针对将来信息处理行为概括的、一揽子的同意。《个人信息保护法》规定，在向第三方提供个人信息时（第23条）、公开所处理的个人信息时（第25条）、公共场所设备所收集的个人图像、身份识别信息用于其他目的时（第26条）、处理敏感个人信息时（第29条）、个人信息跨境时（第39条）需要取得个人单独同意。单独同意对应的特殊的个人信息处理情形，伴随有特殊的个人信息告知要求。除《个人信息保护法》规定的需要单独同意的情形外，其他法律、行政法规有明确规定的，从其规定。从同意作出的形式来看，法律并未规定"单独同意"必须以书面形式作出，因而应当理解为"单独同意"可以包含口头、书面或其他形式。

(二) 书面同意

"书面同意"，应当是指在处理特殊的个人信息或处理个人信息的特殊行为、场景时，个人信息处理者必须就其处理目的、行为等向个人告知并取得个人"书面"的同意，这是《个人信息保护法》对特殊情形下的同意作出的形式要求和规定。根据《民法典》第469条的规定，书面形式一般与口头形式对应，包括合同书、信件、电报、电传、传真等形式，数据电文也可以视为书面形式。简单而言，此处的书面可以理解为必须取得个人以纸质或电子形式作出的同意。至于"书面同意"的情形是否必须同时取得"单独"同意，《个人信息保护法》第 29 条规定："处理敏感个人信息应当取得个人的单独同意；法律、行政法规规定处理敏感个人信息应当取得书面同意的，从其规定。"从该条来看，书面同意的情形更为严格，单独同意可以口头、书面或者其他形式作出，而书面同意必须是书面的单独同意。

除"单独同意"和"书面同意"外，其他情形下处理个人信息只需要取得一般同意即可，即获得的"同意"并没有"单独"和"书面"的形式要求。

五、重新取得同意

在部分情形下需要重新取得个人同意，包括处理目的、处理方式和处理的个人信息种类发生变更等情形。这实质明确了个人信息处理者初次（首次）获得的个人同意，不能当然作为其后续所有处理个人信息行为的依据，在特殊场景下，个人信息处理者须再次取得个人同意。

根据《个人信息保护法》的规定，个人信息处理者因合并、分立、解散、被宣告破产等原因需要转移个人信息的，接收方变更原先的处理目的、处理方式的，以及个人信息对外提供时，接收方变更原先的处理目的、处理方式的，应当依照本法规定重新取得个人同意。

【条文适用】

关于人脸信息等敏感个人信息处理过程中的单独同意。由于敏感个人信息与公民个人的人格利益具有紧密联系，《个人信息保护法》在明确界定敏感个人信息的基础上，于第 26 条规定，处理敏感个人信息应当取得个人的单独同意；法律、行政法规规定处理敏感个人信息应当取得书面同意的，从其规定。这主要是考虑到此类信息一旦泄露或者被非法使用，极易导致自然人的人格尊严受到侵害或者人身、财产安全受到侵害，因此，对处理敏感个人信息的活动应当作出更加严格的限制。此外，《个人信息保护法》第 26 条规定：在公共场所安装图像采集、个人身份识别设备，应当为维护公共安全所必需，遵守国家有关规定，并设置显著的提示标识。所收集的个人图像、身份识别信息只能用于维护公共安全的目的，不得用于其他目的；取得个人单独同意的除外。人脸识别是人工智能技术的重要应用，在为社会生活带来便利的同时，其所带来的个人信息保护问题也日益凸显。"3·15晚会"曝光人脸识别技术滥用乱象、"我国人脸识别第一案"中强制顾客激活人脸识别系统等，体现出人脸识别技术广泛应用与个人信息保护的矛盾日益尖锐。《个人信息保护法》作了明文规定，在公共场所安装图像采集、个人身份识别设备收集生物识别信息只能用于维护公共安全，如果个人信息处理者用于其他目的，则必须取得个人单独同意。

实践中，关于线上具有人脸识别功能的应用程序设计是否符合单独同意，下列模式可作为认定时的参考：对于具有人脸识别功能的应用程序，应用商可在用户首次开启人脸识别功能时，通过弹窗、跳转专门页面等形式同步告知该功能的信息处理规则（以满足"充分知情"的要求）；该规则应仅包含对人脸识别功能及其信息处理规则的描述而不包括对其他不相关事项的描述（以满足"单独"的要求）；用户通过点击"同意"或"已知悉，并继续使用"等主动性动作清楚地表达自己的意愿（以满足"明确"的要求）；如果人脸信息并不属于该应用的必要个人信息，用户在阅读信息处理规则后，既可以选择开启该功能，也可以选择不开启该功能。如果选择不开启该功能，用户仍然可以通过其他替代性方式继续使用应用程序的其他功能（以满足"自愿"的要求）。当然，上述模式只是线上平台实现单独同意的方式之一，人民法院可结合具体情形进行综合认定。

【相关规定】

1. 《中华人民共和国民法典》（2020年5月28日）

第四百六十九条　当事人订立合同，可以采用书面形式、口头形式或者其他形式。

书面形式是合同书、信件、电报、电传、传真等可以有形地表现所载内容的形式。

以电子数据交换、电子邮件等方式能够有形地表现所载内容，并可以随时调取查用的数据电文，视为书面形式。

2.《最高人民法院关于审理使用人脸识别技术处理个人信息相关民事案件适用法律若干问题的规定》（2021年7月28日）

第四条 有下列情形之一，信息处理者以已征得自然人或者其监护人同意为由抗辩的，人民法院不予支持：

（一）信息处理者要求自然人同意处理其人脸信息才提供产品或者服务的，但是处理人脸信息属于提供产品或者服务所必需的除外；

（二）信息处理者以与其他授权捆绑等方式要求自然人同意处理其人脸信息的；

（三）强迫或者变相强迫自然人同意处理其人脸信息的其他情形。

第十五条　基于个人同意处理个人信息的，个人有权撤回其同意。个人信息处理者应当提供便捷的撤回同意的方式。

个人撤回同意，不影响撤回前基于个人同意已进行的个人信息处理活动的效力。

【条文主旨】

本条是关于信息主体撤回其个人信息处理同意的规定。

【条文理解】

一、个人信息处理中的同意撤回权及其正当性

告知同意是现代个人信息制度的基础，也是个人信息处理的基本模式，为个人信息处理提供合法性与正当性依据。我国《个人信息保护法》确立了以"告知—同意"为核心的个人信息处理规则体系，要求处理个人信息应当在事先充分告知的前提下取得个人同意，并且个人有权撤回同意。[1]

《民法典》第1034条第2款规定："个人信息是以电子或者其他方式记录的能够单独或者与其他信息结合识别特定自然人的各种信息……"个人信息由于与主体的身份相关联，具有直接指向作为目的存在的特定法律主体的特征，亦即个人信息的人格利益属性。这是因为，个人信息是个人参与社会交往的载体，是个人人格表现和人格发展的工具；信息

---

[1] 参见2020年10月13日时任全国人大常委会法工委副主任刘俊臣在第十三届全国人民代表大会常务委员会第二十二次会议上所作的《关于〈中华人民共和国个人信息保护法（草案）〉的说明》。

主体对个人信息流转范围和流转方式的控制，和个人人格的发展密切联系，这也是在现实社会中保护个人信息相关权益的价值基础。① 个体人格的建构在相当程度上依赖于他人对自己的认识，因此，控制个人信息的传播属于人的基础利益，是个体自由发展人格的组成部分。② 因此，可以认为，告知同意规则是个人信息自决权的核心制度。

显然，告知同意规则的核心目的在于保障信息主体对个人信息的自主决定权能够真正得到落实，有效维护信息主体的人格尊严与人格自由。信息主体有权决定信息处理者能否以及在何种程度、范围内处理其个人信息，进而矫正信息主体与信息处理者在市场关系中的实质地位不平等和信息不对称现象。信息自决是实现人格自由的方式，而信息自决的关键在于信息主体有效地实现对个人信息权益的控制。此种控制既体现为对信息权益遭受侵害时的消极防御，排除他人对个人信息的非法利用和干涉，也表现为以人格要素商业化利用为代表的个人信息权益的积极行使。告知同意的内核在于信息主体的私人自治，信息主体有权在一定范围内对个人信息权益进行适当处分，此种处分既包括同意信息处理者处理其个人信息，也包括对此种信息处理同意的撤回与修正，这是信息控制和信息自决的规范内涵与题中之义。因此，同意与同意撤回是"告知同意"规则的一体两面，后者是前者的合理逻辑延伸，两者缺一不可，否则可能威胁信息主体的人格尊严与自由，导致主体地位的式微。有鉴于此，在比较法上，GDPR 第 7 条也明确了同意撤回权，规定数据主体有权随时撤回其同意；《加州消费者隐私法案》也规定了类似的选择退出权，消费者有权要求企业停止出售其个人信息，进而限制信息处理者可能作出的进一步信息处理行为。

同意撤回的另一个制度功能在于弥补传统告知同意框架下的不足。尽管告知同意规则在理论上具有保障信息自决、维护人格自由的积极作用，但该制度在实施层面存在一定的困境。实践中，信息处理者主要通

---

① 参见王利明：《人格权法研究》（第三版），中国人民大学出版社 2018 年版，第 621 页。
② 参见于柏华：《处理个人信息行为的合法性判准——从〈民法典〉第 111 条的规范目的出发》，载《华东政法大学学报》2020 年第 3 期。

过隐私或个人信息保护政策等方式履行信息处理告知义务。由于隐私政策的专业性、复杂性和冗长性，此种告知义务往往流于形式；而信息主体自身的阅读理解能力、时间成本、风险认知程度存在较大差异，垄断性产品导致的消费者选择受限，以及部分信息处理者以不同意即拒绝提供服务等变相胁迫性方式取得同意，都导致信息主体缺乏有效的表意自由。因此，赋予信息主体撤回同意的权利是完善告知同意制度的有效路径。信息主体得通过事后的理性判断与风险评估，作出有利于个人信息权益处理利益最大化的意思表示。此外，即使是出于完全自愿选择的结果，随着主客观环境的变迁，这种许可可能会演变成对权利人人格发展的限制。在这种情形下赋予权利人撤回许可的权利，也是维护许可人的人格自治利益的需要。[1]

二、同意撤回的法律性质及其内涵

告知同意，是指信息业者在处理个人信息时，应当对信息主体就有关个人信息被收集和利用等情况进行充分告知，并征得信息主体明确同意。[2] 同意撤回的法律性质与信息处理同意本身密切相关。有学者认为，同意是一种许可行为，"权利人将其内在的追求赋予他人商业化利用其人格方面的权利的法律后果表达出来，是权利人行使其人格自主和自我决定的重要途径"。[3] 也有学者认为，"同意既可能构成合同等交易行为的内容，也可以是单纯表达对他人商业利用不法性的排除，分别体现了权利人积极和消极的控制"。[4] 我们认为，从传统的民法理论上看，同意本身是信息主体就个人信息处理所作出的一项意思表示，可以适用《民法典》相关的意思表示规则，如意思表示的效力瑕疵等。从功能主义的视角看，同意体现出信息主体对自身信息权益的合理处分，是个人信息的具体权能之一。在此意义上，《信息安全技术 个人信息安全规范》第

---

[1] 参见姚辉：《关于人格权商业化利用的若干问题》，载《法学论坛》2011年第6期。
[2] 参见齐爱民：《信息法原论》，武汉大学出版社2010年版，第76页。
[3] 刘召成：《人格商业化利用权的教义学构造》，载《清华法学》2014年第3期。
[4] 陆青：《个人信息保护中"同意"规则的规范构造》，载《武汉大学学报（哲学社会科学版）》2019年第5期。

3.7条就将信息处理同意界定为"个人信息主体对其个人信息进行特定处理作出明确授权的行为"。此种授权行为构成了他人处理自然人个人信息的合法理由或者免责事由，具有合同法与侵权法层面的双重属性。因此，同意撤回可以理解为信息主体对此前作出的信息处理授权或处分的终止。

有论者指出，撤回须在意思表示未生效之前到达相对人，其产生的效力是使得早先作出的意思表示不发生效力；而撤销系在意思表示到达相对人并生效之后作出的取消前一意思表示的行为。"同意的撤回"虽名为撤回，实质含义为意思表示的撤销，属于人格权体系下的撤销权。[①] 前述观点具有一定的合理性。《民法典》第141条规定："行为人可以撤回意思表示。撤回意思表示的通知应当在意思表示到达相对人前或者与意思表示同时到达相对人。"个人信息处理中的同意尽管也属于意思表示的一种，但此处的同意撤回有其特殊性。传统的意思表示撤回旨在阻止既已作出的意思表示发生法律效力，后果是意思表示不生效；而信息处理的同意撤回是针对已经发生效力的意思表示而言，结果是使已经生效的意思表示效力得以终止。

然而，同意撤回与撤销也存在一定区别。尽管两者都直接作用于已经生效的意思表示之上，都意在结束既有的法律行为效力。但传统民法意义上的撤销具有溯及力，使得已经生效的法律行为自始无效。因此，《民法典》第155条规定："无效的或者被撤销的民事法律行为自始没有法律约束力。"在个人信息保护领域，同意撤回并不产生相应的溯及力，其后果仅仅是指自同意撤回时起，终止信息处理授权，但不影响此前基于合法授权所作出的个人信息处理活动的效力。需要明确的是，个人信息处理的同意撤回，通常并非基于意思表示瑕疵而作出，而是法律赋予信息主体的一项法定权利，以保障其信息自主利益。若作出信息处理同意时，信息主体的意思表示存在瑕疵，如存在重大误解、欺诈、胁迫等情形，信息主体可通过《民法典》的意思表示瑕疵规则予以救济。

[①] 参见万方：《个人信息处理中的"同意"与"同意撤回"》，载《中国法学》2021年第1期。

【条文适用】

一、同意撤回的适用范围

就个人信息的处理机制而言,存在"选择进入"和"选择退出"两种模式。"选择退出"模式,是指当事人之间并不存在许可合同,在法律规定的特定情形下,如果权利人未声明不得使用,即视为许可他人使用其个人信息的许可形式。与"选择退出"相对应的则是"选择进入"模式,即收集、使用他人信息之前必须获得权利人的同意,否则,将被视为侵权。[1]《加州消费者隐私法案》是选择退出模式的代表,若消费者不反对或行使选择退出权,则推定信息处理者的信息处理行为合法有效。此种模式,以信息的自由流通和信息产业的市场化发展为价值基础,对数据产业具有强大的商业激励效应,却容易产生侵害信息主体权益的负面效应。与此相反,我国《个人信息保护法》和 GDPR 则强调在保护个人信息权益的基础上,规范个人信息处理活动,促进个人信息合理利用,告知同意规则正是选择进入模式下的产物。

告知同意规则为他人处理个人信息提供了合法性依据,但是其并非个人信息处理的万能规则。告知同意要受部分宪法权利和隐私权的限制,还要受目的原则与必要原则的限制。因此,不能简单地以告知同意作为任何情况下不当收集个人信息的合格抗辩。[2] 这意味着,告知同意仅仅是个人信息处理的充分非必要条件。在维护公共利益等法律特别规定的情形下,信息处理者可以不经自然人的同意而处理其个人信息,这是告知同意的例外情形。告知同意有其适用范围,基于同意而产生的撤回权,也理应受到同意范围的限制。概言之,同意撤回只能适用于基于自然人

---

[1] 冉高苒、范玉吉:《"选择退出"机制:重估我国网络个人信息保护》,载《科技与法律》2017 年第 5 期。

[2] 参见张新宝:《个人信息收集:告知同意原则适用的限制》,载《比较法研究》2019 年第 6 期。

同意而处理其个人信息的情形下；因其他法定事由无须信息主体同意可直接处理个人信息的场景中，无同意撤回权的适用余地。因此，本条第1款前句规定，"基于个人同意处理个人信息的，个人有权撤回其同意"。该规定划定了信息主体行使其"同意撤回"权的边界范围，平衡了信息权益保护与信息流通之间的利益诉求。

《民法典》第1036条规定了处理个人信息的免责事由，包括告知同意、处理自然人的合法公开信息以及为维护公共利益或者自然人的合法权益合理实施的其他行为。因此，后两种事由属于非基于信息主体的授权同意而合法处理其个人信息，在此种情况下，自然人不得主张信息处理同意的撤回。《个人信息保护法》第13条第1款也明确了个人信息处理者可处理个人信息的具体条件，第2款规定有第1款第2项至第7项规定情形的，不需取得个人同意，因此同意撤回也无法适用本法第13条第1款第2~7项规定的个人信息处理情形。

二、同意撤回权利的行使

信息数据巨大的经济效益会对信息处理者产生更为强烈的信息利用激励，而非信息保护激励。[1] 在信息控制者利用激励与保护激励明显失衡的结构下，如果缺乏外部干预与政府监管，势必产生"丛林法则"和对个人信息的肆意滥用，这是各国普遍重视个人信息保护的重要理由。[2] 现代个人信息制度，主要以高频次、规模化的信息处理行为为规制对象，涉及的信息处理者以企业为主，自然人之间的信息处理行为一般不适用《个人信息保护法》的规定，而直接适用民法的相关规则。《个人信息保护法》第72条第1款就明确，自然人因个人或者家庭事务处理个人信息的，不适用本法。因此，在实际的信息处理场景中，信息处理者与信息主体的市场地位往往存在一定差异，信息主体通常以信息弱势方的角色

---

[1] 石佳友：《网络环境下的个人信息保护立法》，载《苏州大学学报（哲学社会科学版）》2012年第6期。

[2] 参见周汉华：《探索激励相容的个人数据治理之道——中国个人信息保护法的立法方向》，载《法学研究》2018年第2期。

出现。

　　法谚有云，没有救济就没有权利。为保障信息主体能有效地行使撤回同意的权利，本法规定了信息处理者的相应义务，本条第1款后句规定，"个人信息处理者应当提供便捷的撤回同意的方式"。GDPR也强调，数据主体撤回同意应当和表达同意一样简单。便捷的撤回同意方式是《个人信息保护法》对信息处理者规定的法定义务。前述法定义务应当至少包含三个层面的具体内容：首先，信息处理者应当履行充分的告知义务。信息处理者在获得信息主体授权同意之时，应当充分告知其享有撤回同意的权利，并告知其行使撤回权的方法。其次，信息处理者应当提供撤回同意的具体方法。《个人信息保护法》第7条规定了公开、透明原则。[1] 在个人信息保护领域，透明度原则意味着有关个人信息处理的相关规则说明必须易于获取、易于理解，尽可能使用清晰和易懂的语言而非专业性术语。因此，有关撤回同意方法的说明应当清晰易懂、易于操作，满足一般社会群体的理解和实施能力，不得以晦涩、冗长的信息政策，复杂、耗时的流程等不合理方式变相妨碍信息主体行使同意撤回权。最后，信息处理者应当在合理期限内及时有效地处理撤回同意的行为，不得设置不合理的条件。

　　法律赋予信息主体同意撤回的权利，旨在维护自然人的人格尊严和自由，保障其对自身人格利益的有效控制和支配。一般而言，信息主体的个人信息处理主要是基于信息之上的财产利益，而个人信息是自然人重要的人格要素，体现为主体的人格利益，当财产利益与人格利益发生冲突时，基于价值位阶的优越性和人格权的重要程度，法律原则上优先

---

[1] 个人信息保护法的立法目的在很大程度上就是保证信息处理过程的透明。因此，GDPR等最新的立法均规定了这一原则。譬如，2020年《瑞士联邦数据保护法》第25条第2款规定，信息主体有权获得必要信息，以保障其可行使本法所规定的权利，以及信息处理的透明度原则得到遵守。透明原则是信息主体行使知情同意权的前提。特别是在信息处理者自第三方获取并处理个人信息的外包等场合（所谓"看不见的处理"），透明度原则对于保障信息主体的信息自决就尤其重要，因为其中往往涉及多个信息处理的主体，并且处理过程在技术上极为复杂。在这样的场景下，信息主体清楚地知晓信息处理者的身份、处理目的、处理方式和范围等必要内容，对于其有效行使其信息自决权就尤为必要。参见石佳友：《隐私权与个人信息关系的再思考》，载《上海政法学院学报（法治论丛）》2021年第5期。

保护人格利益。若被许可人的行为影响权利人人格发展，为满足人格权人人格利益自治的需要，应当允许其撤回之前的同意。[①] 因此，作为一项法定的义务，信息处理者不得以其他方式排除信息主体的撤回权。原则上，信息主体行使该撤回权，不受诉讼时效或除斥期间的法定期间限制，一般也无须提供任何撤回理由，以保障其有效地享有并行使该权利。

三、撤回个人信息处理同意的法律效果

本条第2款是《个人信息保护法（草案二次审议稿）》的新增条款，进一步明确了信息主体行使同意撤回权的法律效果，即个人撤回同意，不影响撤回前基于个人同意已进行的个人信息处理活动的效力。因此，以撤回同意为时间节点，可以分为前后两个区间的信息处理活动。撤回同意之前的信息处理活动，由于具备信息主体的合法有效授权，该信息处理行为有效。即使同意已被撤回，但该撤回权利的行使不具有溯及力，不影响此前的信息处理行为效力。而撤回同意之后的信息处理活动，若不存在其他法定的事由，则由于丧失了许可的正当性基础，具有违法性，信息处理者的处理行为可能构成侵权。

如前所述，尽管同意撤回与传统的民法撤销权具有相似性，但两者亦存在本质不同。民法中规定的诸多可撤销的事由，一般基于意思表示的瑕疵，为维护私法自治，当事人可溯及既往地使相应的法律行为自始归于无效。而个人信息处理中的同意，其本身不存在任何意思表示的瑕疵，具有合法性，若允许此后的撤回具有溯及力则缺乏法理层面的正当性；并且由于同意撤回权的强大权能，允许溯及既往，容易影响正常的交易秩序，挫败信息处理者的合理信赖与期待。

因此，个人信息处理同意撤回的法律效果是，信息处理者无权继续处理已丧失同意基础的新的个人信息；原则上，对已经处理的个人信息也不得进行再次处理。需要明确的是，由于不同的信息处理目的和信息服务的变动性，告知同意呈现出动态化与综合性。因此，这里的同意撤

[①] 参见姚辉：《人格权法论》，中国人民大学出版社2011年版，第395页。

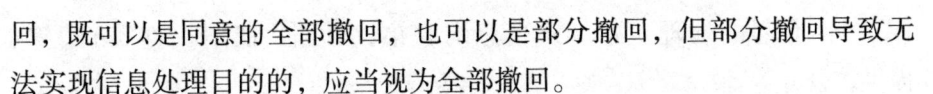

回，既可以是同意的全部撤回，也可以是部分撤回，但部分撤回导致无法实现信息处理目的的，应当视为全部撤回。

根据《个人信息保护法》第 47 条规定，个人撤回同意的，个人信息处理者应当主动删除个人信息；个人信息处理者未删除的，个人有权请求删除。尽管在学理层面，删除权和撤回权具有一定的区别，前者通常是指信息存储内容的实质清除，后者强调信息处理行为的授权取消。但根据本法的规定，个人撤回同意的效果是，个人信息处理者应当主动删除个人信息。关于信息主体行使撤回权是否应当承担损害赔偿责任，存在一定争议。有论者认为，行使撤销权对无过错一方造成损害的，应由权利人承担相应的赔偿责任。也有论者主张，对人格利益的许可的撤销规则应当与一般合同处分财产性权益的撤销规则作出区分，信息主体行使同意撤回权系其对自身权益的正当处分，具有合法性基础。前述观点具有一定的合理性。我们认为，在一般的信息处理活动中，如对 App 服务所需的位置信息和通讯信息处理，单纯的同意撤回不产生损害；其他信息处理活动中，信息主体未滥用权利，原则上也不需要承担损害赔偿责任。对该问题，可以区分不同的信息处理场景，界定具体的信息处理行为，结合信息处理者和信息主体的实际情况，体系化运用个人信息处理的其他规则，作进一步探讨。

【相关规定】

1. **《中华人民共和国民法典》**（2020 年 5 月 28 日）

第一千零三十五条 处理个人信息的，应当遵循合法、正当、必要原则，不得过度处理，并符合下列条件：

（一）征得该自然人或者其监护人同意，但是法律、行政法规另有规定的除外；

（二）公开处理信息的规则；

（三）明示处理信息的目的、方式和范围；

（四）不违反法律、行政法规的规定和双方的约定。

个人信息的处理包括个人信息的收集、存储、使用、加工、传输、提供、公开等。

第一千零三十六条 处理个人信息，有下列情形之一的，行为人不承担民事责任：

（一）在该自然人或者其监护人同意的范围内合理实施的行为；

（二）合理处理该自然人自行公开的或者其他已经合法公开的信息，但是该自然人明确拒绝或者处理该信息侵害其重大利益的除外；

（三）为维护公共利益或者该自然人合法权益，合理实施的其他行为。

2.《**中华人民共和国电子商务法**》（2018年8月31日）

第二十四条 电子商务经营者应当明示用户信息查询、更正、删除以及用户注销的方式、程序，不得对用户信息查询、更正、删除以及用户注销设置不合理条件。

电子商务经营者收到用户信息查询或者更正、删除的申请的，应当在核实身份后及时提供查询或者更正、删除用户信息。用户注销的，电子商务经营者应当立即删除该用户的信息；依照法律、行政法规的规定或者双方约定保存的，依照其规定。

3.《**中华人民共和国网络安全法**》（2016年11月7日）

第四十一条 网络运营者收集、使用个人信息，应当遵循合法、正当、必要的原则，公开收集、使用规则，明示收集、使用信息的目的、方式和范围，并经被收集者同意。

网络运营者不得收集与其提供的服务无关的个人信息，不得违反法律、行政法规的规定和双方的约定收集、使用个人信息，并应当依照法律、行政法规的规定和与用户的约定，处理其保存的个人信息。

4.《**App违法违规收集使用个人信息行为认定方法**》（2019年11月28日）

三、以下行为可被认定为"未经用户同意收集使用个人信息"

1. 征得用户同意前就开始收集个人信息或打开可收集个人信息的权限；

2. 用户明确表示不同意后，仍收集个人信息或打开可收集个人信息的权限，或频繁征求用户同意、干扰用户正常使用；

3. 实际收集的个人信息或打开的可收集个人信息权限超出用户授权范围；

4. 以默认选择同意隐私政策等非明示方式征求用户同意；

5. 未经用户同意更改其设置的可收集个人信息权限状态，如 App 更新时自动将用户设置的权限恢复到默认状态；

6. 利用用户个人信息和算法定向推送信息，未提供非定向推送信息的选项；

7. 以欺诈、诱骗等不正当方式误导用户同意收集个人信息或打开可收集个人信息的权限，如故意欺瞒、掩饰收集使用个人信息的真实目的；

8. 未向用户提供撤回同意收集个人信息的途径、方式；

9. 违反其所声明的收集使用规则，收集使用个人信息。

5.《信息安全技术 个人信息安全规范》（2020 年 3 月 6 日）

8.4 个人信息主体撤回授权同意

对个人信息控制者的要求包括：

a）应向个人信息主体提供撤回收集、使用其个人信息的授权同意的方法。撤回授权同意后，个人信息控制者后续不应再处理相应的个人信息；

b）应保障个人信息主体拒绝接收基于其个人信息推送商业广告的权利。对外共享、转让、公开披露个人信息，应向个人信息主体提供撤回授权同意的方法。

注：撤回授权同意不影响撤回前基于授权按同意的个人信息处理。

第十六条 个人信息处理者不得以个人不同意处理其个人信息或者撤回同意为由,拒绝提供产品或者服务;处理个人信息属于提供产品或者服务所必需的除外。

【条文主旨】

本条是关于不得因不同意或者撤回同意而拒绝提供产品或服务的规定。

【条文理解】

根据告知同意规则,除法律、法规另有规定外,个人信息处理者处理个人信息应当取得个人同意,且个人可以撤回其同意。本条规定的内容是告知同意规则的重要保障和必要延伸。

一、制定背景

信息网络科技的高速发展使得社会的生产和生活被高度数字化、信息化。现实生活中,特别是在手机、电脑应用程序使用中,运营者或所有者相对于使用的个人,通常具有优势地位,尤其一些市场占有率较高、所提供的服务或产品具有一定独特性的应用程序,运营者与使用者实质上处于非常不平等的地位。在这种情况下,如果应用程序所有者以个人不同意其处理信息为由拒绝提供产品或服务,个人实际上很难有能力拒绝或者阻止个人信息被收集。拒绝收集可能意味着要牺牲生活便利甚至被排除在现代社会生活之外,不但无法享受科技发展所带来的社会普遍性红利,反而成为社会生活中的"少数派"。因此,作为弱势一方的个人若想使用该应用程序,即使该个人信息不是应用程序所必需,也不得不同意提供。此时,个人的同意并非真实、自愿,而是妥协之后的无奈选择。在这种情况下，个人信息处理中的告知同意规则实际上已经被架空，个人已经丧失了同意的自由，更谈不上对个人信息处理的决定权，根本无法真正去限制或拒绝信息处理者对其个人信息的处理。[1]可以说，上述行为和现象严重损害告知同意规则在个人信息处理中的基础性地位，损害了个人信息保护和利用的正常秩序，也引起了国家有关部门的高度重视。全国信息安全标准化技术委员会秘书处组织编制并于2020年9月18日发布的《网络安全标准实践指南—移动互联网应用程序（App）个人信息保护常见问题及处置指南》对实践中移动互联网App在处理个人信息时常见的十大问题及其表现形式进行了归纳，其中一个典型的问题是超范围收集，即违反必要原则，收集与业务功能无关的个人信息，或收集个人信息的范围、频度等超出实现App业务功能实际需要，其中一个典型的情形是强制收集非必要个人信息，因用户不同意收集非必要个人信息，App拒绝提供业务功能。例如，因用户拒绝提供某服务类型最小必要个人信息以外的信息，App拒绝提供该类型服务基本业务功能；仅以改善服务质量、提升用户体验、定向推送信息、研发新产品等为由，强制要求用户同意收集个人信息；在非必需的服务场景，诱导或强制采集个人生物识别信息、手持身份证照片等个人敏感信息，如可以通过密码方式验证而确保安全性的，却诱导用户使用指纹识别或人脸识别的方式验证。2021年5月1日施行的《网络交易监督管理办法》第13条第2款也专门对此予以规定："网络交易经营者不得采用一次概括授权、默认授权、与其他授权捆绑、停止安装使用等方式，强迫或者变相强迫消费者同意收集、使用与经营活动无直接关系的信息……"

在充分吸收前期有益经验并借鉴域外立法的基础上，《个人信息保护法》专门设置本条对实践中存在的个人信息处理者以拒绝提供产品或者服务的方式胁迫或者变相胁迫个人同意的违法行为进行规制。

二、自愿同意的逻辑推演

告知同意规则是认定个人信息处理是否合法的基本规则。告知同意

---

[1] 程啸：《个人信息保护法理解与适用》，中国法制出版社2021年版，第168页。

规则包含告知规则和同意规则，前者围绕告知的义务展开，后者围绕同意的权利展开。在个人信息的处理中，同意系对个人信息权益的重大处分，理应设置较为严格的条件。关于同意的要件，不同国家的规定不尽相同。比如，GDPR第4条第11款规定了有效同意必须具备四个要件：（1）自由作出的（Freely Given）；（2）具体的（Specific）；（3）被告知的（Informed）；（4）明确的（Unambiguous）。这一标准被认为提高了有效同意的门槛，欧盟的数据保护机构也倾向于严格地解释这四项标准。以违反"自由"（"Freely Given"）要件为例，欧盟将此类同意认定为无效同意。《巴西通过数据保护法》第8条也对同意的要件予以规定，如果同意有瑕疵，则禁止处理个人数据。我国《个人信息保护法》第14条规定："基于个人同意处理个人信息的，该同意应当由个人在充分知情的前提下自愿、明确作出。法律、行政法规规定处理个人信息应当取得个人单独同意或者书面同意的，从其规定。个人信息的处理目的、处理方式和处理的个人信息种类发生变更的，应当重新取得个人同意。"根据该规定，有效的同意应当具备如下要件：（1）同意是个人在充分知情的前提下作出的；（2）同意是真实自愿的；（3）同意是明确具体的。其中，本条规定在一定程度上看，是自愿要件的逻辑推演和逻辑必然。在个人信息处理中，个人就其个人信息将要被处理而作出的同意必须是本人真实、自由意愿的展现，如果个人没有不同意的自由或者撤回同意后将无法使用相关产品或者接受相关服务，那么个人的同意就不可能是自愿的，这种同意是无效的。

三、处理个人信息属于提供产品或者服务所必需的界定

必要原则是规范个人信息处理行为的基本原则。《民法典》第1035条第1款规定："处理个人信息的，应当遵循合法、正当、必要原则，不得过度处理，并符合下列条件：（一）征得该自然人或者其监护人同意，但是法律、行政法规另有规定的除外；（二）公开处理信息的规则；（三）明示处理信息的目的、方式和范围；（四）不违反法律、行政法规的规定和双方的约定。"本法第5条规定："处理个人信息应当遵循合法、

正当、必要和诚信原则,不得通过误导、欺诈、胁迫等方式处理个人信息。"《民法典》和本法均强调,处理个人信息应当遵循必要原则。关于必要原则的定义,GDPR规定,数据最小化(Data Minimisation),是指处理个人数据应当是对实现数据处理目的而言适当的、相关的和必要的。有观点从正面角度,通过分析要件来定义必要原则,认为必要原则包括合理关联性、最小损害性、均衡性、最大有效性等方面的内容。其中,合理关联性是指个人信息处理手段与目的间应具有合理关联性,不得超出特定、明确、合理的正当目的。最小损害性是指应以最小损害的方式,处理合法收集的个人信息,还应进行个人信息风险评估。均衡性是指面对利益冲突时应实现利益均衡。最大有效性是必要原则的积极面向,指个人信息处理者应采取最大有效性的必要措施,确保个人信息持续处于安全状态。[①] 国家市场监督管理总局、国家标准化管理委员会2020年3月发布的《信息安全技术 个人信息安全规范》(GB/T 35273—2020)第4条"个人信息安全基本原则"规定,最小必要是指只处理满足个人信息主体授权同意的目的所需的最少个人信息的类型和数量,并强调,目的达成后应及时删除个人信息。实践中,也有相关行政部门采用反面定义的方式解释必要个人信息或最小必要信息。例如,国家互联网信息办公室、工业和信息化部、公安部、国家市场监督管理总局联合制定的《常见类型移动互联网应用程序必要个人信息范围规定》第3条规定:"本规定所称必要个人信息,是指保障App基本功能服务正常运行所必需的个人信息,缺少该信息App即无法实现基本功能服务。具体是指消费侧用户个人信息,不包括服务供给侧用户个人信息。"再如,《信息安全技术 移动互联网应用(App)收集个人信息基本规范(征求意见稿)》亦对移动互联网应用程序收集个人信息时的"最小必要信息"的含义进行了解释,该规范认为,最小必要信息是指保障某一服务类型正常运行所最少够用的个人信息,包括一旦缺少将导致该类型服务无法实现或无法正常运行的个人信息以及法律法规要求必须收集的个人信息。前述两

---

① 刘权:《论个人信息处理的合法、正当、必要原则》,载《法学家》2021年第5期。

份文件均从反面定义最小必要信息,即如果缺少一项信息,App 即不能够实现正常功能,那么该信息就是最小必要信息。

根据前述规定,所必需的信息包括两类情形,第一类是从功能角度出发,缺少该信息,将导致该服务不能实现正常功能,如对于提供网络支付服务的应用程序,相关银行账户信息即维持基本功能所必需的信息,缺少银行账户信息,支付服务便不能实现。第二类是从法律法规角度出发,即国家对某些服务规定了用户必须提供的个人信息,如针对提供交通票务服务的应用程序,根据实名制管理的规定,旅客身份证件信息就是个人必须提供的信息。缺少前述必要信息,个人信息处理者得拒绝向个人提供相应的产品和服务。又如,金融消费者不能或者拒绝提供必要信息,致使银行、支付机构无法履行反洗钱义务的,根据《中国人民银行金融消费者权益保护实施办法》第 29 条第 2 款的规定,银行、支付机构可以根据《反洗钱法》的相关规定对其金融活动采取限制性措施;确有必要时,银行、支付机构可以依法拒绝提供金融产品或者服务。

【条文适用】

一、关于"不同意就不提供服务"是否属于强迫同意

从民事审判的角度,如何认定本条所规定的信息处理者拒绝提供产品或者服务的法律效果,是本条适用的一个难点。本条所规定的情形在 App 应用程序中最为常见,即平台信息处理者不管所提供的产品或服务与要求提供个人信息是否有直接关联、是否必要,往往把收集个人信息作为提供产品或服务的前提条件,不同意就无法继续安装或使用该应用程序。对信息处理者的这种行为,有意见认为,这属于交易条件的自由选择,并不属于强迫,因为网络用户如果不同意,可以"用脚投票",不选择使用该产品或者服务,而部分网络服务提供商提供低廉的服务正是以能获取个人信息报偿作为对价和前提的。但是,这种观点忽略了信息网络时代对人们生活方式的改变和对信息自决权的异化。正如前文所说,

信息网络科技的高速发展使得社会的生产和生活被高度数字化、信息化，面对各种类型的信息处理者，个人实际上很难有能力拒绝或者阻止个人信息被收集，个人信息处理中的告知同意规则实际上已经被架空，个人实质上已丧失了信息自决权或者同意的自由。关于自由作出同意，欧盟数据保护委员会（EDPB）指出，数据控制者经常会争辩，尽管自己的服务需要获取个人数据用于额外的用途，市面上还存在其他数据控制者提供的与自己同样的服务，也就是说，如果数据主体不想提供个人数据给自己，完全可以寻求其他数据控制者的同等服务，因此，数据主体愿意提供个人数据给自己是一种自由选择。但是欧盟不这么看，欧盟认为，这种自由选择依赖于其他市场主体如何做，以及数据主体是否认为两种服务是真正相同的。这还意味着数据控制者要实时监控市场，确保市场上存在同样的服务。因此，欧盟不认为数据控制者基于市场上还存在其他选择而获得的同意是合规的。也就是说，虽从理论上讲，用户可采取"用脚投票"的方式自由选择其交易对象，以此抵制其不愿意的授权同意行为，但很难保证市场上存在丰富的、可供选择的同质服务主体。在缺乏充分市场选择的情况下，实质上会导致数据主体为使用某项产品或者服务而不自由或者不自愿作出同意，具有强迫或者变相强迫的因素。针对本条所规定的情形，《使用人脸识别技术处理个人信息民事案件规定》第4条规定："有下列情形之一，信息处理者以已征得自然人或者其监护人同意为由抗辩的，人民法院不予支持：（一）信息处理者要求自然人同意处理其人脸信息才提供产品或者服务的，但是处理人脸信息属于提供产品或者服务所必需的除外；……（三）强迫或者变相强迫自然人同意处理其人脸信息的其他情形。"可见，上述司法解释将本条所规定的情形明确界定为强迫或者变相强迫同意的情形。

二、《使用人脸识别技术处理个人信息民事案件规定》的其他相关内容

除本条规定的情形外，《使用人脸识别技术处理个人信息民事案件规定》还规定了强迫或者变相强迫同意的其他情形，如"捆绑授权"。实践中，"捆绑授权"的方式在 App 应用程序中非常普遍。具体到人脸信息，存在的捆绑授权主要有两类：一种是将产品或者服务基本功能和附加功能所需要的个人信息予以捆绑，通过"一揽子告知同意"等形式，要求自然人同意处理其人脸信息，否则任何一项业务功能都无法使用。另一种是将产品或者服务的附加功能所需要的个人信息予以捆绑，要求自然人一并同意处理包括其人脸信息在内的个人信息，否则附加功能无法实现。根据《使用人脸识别技术处理个人信息民事案件规定》第 2 条第 3 项的规定，对于人脸信息的处理必须经自然人单独同意，以充分保障自然人对敏感个人信息的信息自决权。因此，无论上述何种模式设计，都包含了强制索取人脸信息的因素，导致自然人无法单独对人脸信息作出自愿同意，或者被迫同意处理其本不愿提供且非必要的人脸信息。针对捆绑授权乱象，2021 年 5 月 1 日施行的《网络交易监督管理办法》第 13 条专门规定："网络交易经营者不得采用一次概括授权、默认授权、与其他授权捆绑、停止安装使用等方式，强迫或者变相强迫消费者同意收集、使用与经营活动无直接关系的信息。"《信息安全技术 个人信息安全规范》（GB/T 35273—2020）第 5.3 条也规定："当产品或服务提供多项需收集个人信息的业务功能时，个人信息控制者不应违背个人信息主体的自主意愿，强迫个人信息主体接受产品或服务所提供的业务功能及相应的个人信息收集请求。对个人信息控制者的要求包括：a）不应通过捆绑产品或服务各项业务功能的方式，要求个人信息主体一次性接受并授权同意其未申请或使用的业务功能收集个人信息的请求……f）不得仅以改善服务质量、提升使用体验、研发新产品、增强安全性等为由，强制要求个人信息主体同意收集个人信息。"为强化人脸信息保护，防止信息处理者对人脸信息的不当采集，《使用人脸识别技术处理个人信息民事案件规定》参照上述相关规定，在第 4 条第 2 项中明确：信息处理者以与其他授权捆绑等方式要求自然人同意处理其人脸信息的，信息处理者据此认为其已征得相应同意的，人民法院不予支持。根据该项的规定，无论人脸信息是否属于提供产品或者服务所必需，均不能采取与其他授权捆绑等方式取得同意。

值得一提的是,《使用人脸识别技术处理个人信息民事案件规定》第4条的规定与《个人信息保护法》第16条的基本精神是一致的。只是二者规范信息处理行为的角度不同,《使用人脸识别技术处理个人信息民事案件规定》第4条的规定重在明确强迫收集人脸信息的行为效力,而本条旨在明确信息处理者的行为义务,二者切入点不同,但所要实现的规范目的是一致的,即禁止信息处理者以拒绝提供产品、服务的方式强迫或者变相强迫个人同意其索权请求。

【相关规定】

1. 《中华人民共和国民法典》(2020年5月28日)

第一千零三十五条 处理个人信息的,应当遵循合法、正当、必要原则,不得过度处理,并符合下列条件:

(一)征得该自然人或者其监护人同意,但是法律、行政法规另有规定的除外;

(二)公开处理信息的规则;

(三)明示处理信息的目的、方式和范围;

(四)不违反法律、行政法规的规定和双方的约定。

个人信息的处理包括个人信息的收集、存储、使用、加工、传输、提供、公开等。

2. 《网络交易监督管理办法》(2021年3月15日)

第十三条 网络交易经营者收集、使用消费者个人信息,应当遵循合法、正当、必要的原则,明示收集、使用信息的目的、方式和范围,并经消费者同意。网络交易经营者收集、使用消费者个人信息,应当公开其收集、使用规则,不得违反法律、法规的规定和双方的约定收集、使用信息。

网络交易经营者不得采用一次概括授权、默认授权、与其他授权捆绑、停止安装使用等方式,强迫或者变相强迫消费者同意收集、使用与经营活动无直接关系的信息。收集、使用个人生物特征、医疗健康、金融账户、个人行踪等敏感信息的,应当逐项取得消费者同意。

网络交易经营者及其工作人员应当对收集的个人信息严格保密,除依法配合监管执法活动外,未经被收集者授权同意,不得向包括关联方在内的任何第三方提供。

3.《**最高人民法院关于审理使用人脸识别技术处理个人信息相关民事案件适用法律若干问题的规定**》(2021年7月28日)

第四条 有下列情形之一,信息处理者以已征得自然人或者其监护人同意为由抗辩的,人民法院不予支持:

(一)信息处理者要求自然人同意处理其人脸信息才提供产品或者服务的,但是处理人脸信息属于提供产品或者服务所必需的除外;

(二)信息处理者以与其他授权捆绑等方式要求自然人同意处理其人脸信息的;

(三)强迫或者变相强迫自然人同意处理其人脸信息的其他情形。

第十七条　个人信息处理者在处理个人信息前,应当以显著方式、清晰易懂的语言真实、准确、完整地向个人告知下列事项:

（一）个人信息处理者的名称或者姓名和联系方式;

（二）个人信息的处理目的、处理方式,处理的个人信息种类、保存期限;

（三）个人行使本法规定权利的方式和程序;

（四）法律、行政法规规定应当告知的其他事项。

前款规定事项发生变更的,应当将变更部分告知个人。

个人信息处理者通过制定个人信息处理规则的方式告知第一款规定事项的,处理规则应当公开,并且便于查阅和保存。

【条文主旨】

本条是关于个人信息处理者告知义务的规定。

【条文理解】

本条分三款详细规定了个人信息处理者的告知义务。第1款规定了个人信息处理者告知义务的内容和具体的履行要求;第2款规定了告知事项发生变更时的告知义务;第3款规定了通过制定个人信息处理规则的方式告知的规则。

《个人信息保护法（草案二次审议稿）》第18条与《个人信息保护法（草案）》第18条完全一致,《个人信息保护法》第17条作出了两处修改：第一，在"应当以显著方式、清晰易懂的语言向个人告知下列事项"中间新增了"真实、准确、完整地"的要求，进一步强化了个人信息处理者的告知义务；第二，将"个人信息处理者的身份"修改成"个人信息处理者的名称或者姓名"，使得表述更加清晰准确。

一、个人信息处理者告知义务的含义及其理论基础

（一）告知义务的含义

本条所规定的个人信息处理者的告知义务，是指为了让信息主体对其个人信息处理活动的相关事项知情，个人信息处理者依法负有的主动向信息主体告知与其个人信息处理相关重要事项信息的法定义务。

个人信息保护中的告知同意规则由告知规则与同意规则构成。在《个人信息保护法》中，告知规则对应信息主体的知情权和个人信息处理者的告知义务，同意规则对应信息主体的信息自决权，两者密不可分。让个人信息处理者承担告知义务的目的是保证信息主体的知情权，满足个人信息处理的公开透明原则，进而确保信息主体在充分知情的前提下，自愿、明确地作出有效的同意，为个人信息处理者的个人信息处理行为提供合法性基础。[①] 换言之，同意以告知为前提。

信息主体的知情权包括积极和消极两个方面：前者是指信息主体主动要求个人信息处理者提供与其个人信息处理相关事项信息的自由和权利；后者是指无须信息主体主动行使其知情权，个人信息处理者负有对信息主体的主动告知义务。[②] 本条正是从信息主体知情权的消极方面对个人信息处理者的主动告知义务作出明确规定。

（二）设立告知义务的正当性

要确保个人的同意是在充分知情的前提下自愿、明确地作出的，就必须对个人信息处理者的告知提出相应的要求。否则，个人的同意不可

[①] 参见程啸：《论我国个人信息保护法中的个人信息处理规则》，载《清华法学》2021年第3期。

[②] 参见张新宝、葛鑫：《个人信息保护法（专家建议稿）及其立法理由书》，中国人民大学出版社2021年版，第33页。

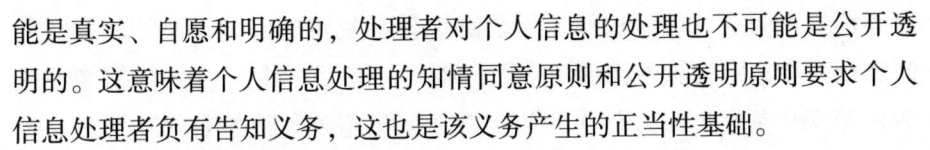

能是真实、自愿和明确的，处理者对个人信息的处理也不可能是公开透明的。这意味着个人信息处理的知情同意原则和公开透明原则要求个人信息处理者负有告知义务，这也是该义务产生的正当性基础。

一是知情同意原则要求个人信息处理者负有主动告知的义务。一方面，信息主体对其个人信息被谁处理、如何处理和如何行权等方面的信息主要通过个人信息处理者履行告知义务来获取；另一方面，信息主体的有效同意依赖于信息主体的充分知情，根本上也依赖于个人信息处理者依法履行告知义务。

二是公开透明原则要求个人信息处理者负有主动告知义务。公开透明原则，是指处理个人信息时应当采取公开、透明的方式，公开个人信息处理的规则，向信息主体明示个人信息处理的目的、处理的方式和处理的范围。① 如果个人信息处理者不以公开、透明的方式处理个人信息，而是采取隐秘的"黑箱"方式，那么该处理行为就侵害了自然人对其个人信息享有的知情权和决定权，即侵害了个人信息权益，这种处理行为是非法的处理行为。为此，本法第7条明确规定，"处理个人信息应当遵循公开、透明原则，公开个人信息处理规则，明示处理的目的、方式和范围"。个人信息处理者负有主动告知义务是践行公开透明原则的必然要求。

应当注意的是，个人信息处理者无须取得信息主体的同意不等于不负有告知义务。告知的目的是保障信息主体的知情权，同意的目的是保障信息主体的自决权，信息主体的同意以知情为前提，但信息主体的知情又不限于须征得信息主体同意的情形，两者受限制的范围并不相同。②

个人信息处理活动的合法性根据并不仅仅在于个人的同意，除了个人的同意外，还有法律、行政法规等规定的合法性根据。根据我国《民法典》第1035条第1项的规定，处理个人信息的，应当征得该自然人或

---

① 有关公开透明原则的详细介绍，请参见 Article 29 Data Protection Working Party, Guidelines on Transparency under Regulation 2016/679.

② 参见张新宝、葛鑫：《个人信息保护法（专家建议稿）及其立法理由书》，中国人民大学出版社2021年版，第34页。

者其监护人同意，但是法律、行政法规另有规定的除外。所谓法律、行政法规另有规定的除外情形，《民法典》列举了三种：（1）依据《民法典》第999条规定，为公共利益实施新闻报道、舆论监督等行为的，可以合理使用民事主体的个人信息；（2）依据《民法典》第1036条第2项规定，合理处理该自然人自行公开的或者其他已经合法公开的信息，但是该自然人明确拒绝或者处理该信息侵害其重大利益的除外；（3）依据《民法典》第1036条第3项规定，为维护公共利益或者该自然人的合法权益，合理实施的其他行为。《个人信息保护法》第13条第1款第2~7项则进一步详细规定了无须取得信息主体同意就可以处理个人信息的情形：（1）为订立、履行个人作为一方当事人的合同所必需，或者按照依法制定的劳动规章制度和依法签订的集体合同实施人力资源管理所必需；（2）为履行法定职责或者法定义务所必需；（3）为应对突发公共卫生事件，或者紧急情况下为保护自然人的生命健康和财产安全所必需；（4）为公共利益实施新闻报道、舆论监督等行为，在合理的范围内处理个人信息；（5）依照本法规定在合理的范围内处理个人自行公开或者其他已经合法公开的个人信息；（6）法律、行政法规规定的其他情形。

然而，同意规则在前述法律、行政法规规定的情形中不适用，并不等于告知规则就不适用。处理者即便基于法律、行政法规规定的情形处理个人信息，不需要取得个人的同意，但是仍然要履行告知义务。例如，处理者为了订立或者履行个人作为一方当事人的合同而必须处理个人信息时，依据本法第13条第1款第2项以及第2款的规定，可以不取得个人的同意。但是，处理者仍然应当履行告知义务，即在处理个人信息前，应向个人告知相应的事项。再如，依据《反洗钱法》的规定，金融机构负有反洗钱义务，这是一种法定义务。故该法第16条规定，金融机构应当按照规定建立客户身份识别制度。金融机构在与客户建立业务关系或者为客户提供规定金额以上的现金汇款、现钞兑换、票据兑付等一次性金融服务时，应当要求客户出示真实有效的身份证件或者其他身份证明文件，进行核对并登记。由于金融机构是为了履行反洗钱这一法定义务而处理客户的个人信息，故该处理行为不需要取得个人的同意，但是，金融机构仍然应当通过适当的方式履行告知义务，使作为客户的个人知道自己的个人信息被以何种方式、为实现何种处理目的而处理。

之所以在无须个人同意的个人信息处理活动中，原则上也适用告知规则，使处理者负有告知义务，根本原因在于要贯彻落实公开透明原则，保护个人对个人信息处理的知情权。因此，无论个人信息处理是基于个人的同意还是基于其他合法性根据，原则上处理者都应当履行向个人进行告知的义务，除非法律、行政法规另有规定。

二、告知义务的内容

告知义务的内容，是指处理者应当向个人信息被处理的个人告知的事项。一般而言，告知的内容越多，信息主体的知情权就越能够得到充分的保障。但对企业而言，告知义务的履行必然需要一定的成本，告知的内容越多，需要的成本就越高，因此告知义务的内容就应当具有合理的限制。

在《个人信息保护法》颁布之前的我国法律中，就处理者应当向个人告知哪些事项并无详细规定。《民法典》第1035条以及《网络安全法》第41条第1款只是规定了"处理信息的目的、方式和范围"等内容，没有作出具体的规定。较为详细地规定处理者告知内容的，目前主要是一些规章和标准。例如，国家互联网信息办公室颁布的《儿童个人信息网络保护规定》对网络运营者收集儿童个人信息时应当告知的事项作了较为详细的列举。依据该规定第10条第1款，网络运营者征得同意时，应当同时提供拒绝选项，并明确告知以下事项：（1）收集、存储、使用、转移、披露儿童个人信息的目的、方式和范围；（2）儿童个人信息存储的地点、期限和到期后的处理方式；（3）儿童个人信息的安全保障措施；（4）拒绝的后果；（5）投诉、举报的渠道和方式；（6）更正、删除儿童个人信息的途径和方法；（7）其他应当告知的事项。再如，《信息安全技术规范 个人信息安全规范》（GB/T 35273—2020）第5.4条规定，收集个人信息，应向个人信息主体告知收集、使用个人信息的目的、方式和范围等规则。

从比较法的角度观察，一些国家的法律对于告知义务的内容一般会作出详细的规定。例如，GDPR通过区分个人信息的来源而分别规定了个人信息处理者告知义务的内容。其中，第13条规定了直接从数据主体处收集个人数据时的告知内容，第14条则规定了非从数据主体处收集个人数据时的告知内容。依据第13条第1款，控制者在向数据主体获取其个人数据时，应当向数据主体提供以下信息：（a）控制者的身份和详细联系方式，如适用，还要提供控制者代表的身份和详细联系方式；（b）如适用，提供数据保护官的详细联系方式；（c）个人数据处理目的以及处理的法律依据；（d）当处理是依据本条例第6条第1款f项的规定进行的，控制者或者第三方追求的合法利益；（e）如有，提供个人数据接收方或者接收方的种类；（f）如适用，控制者意图将个人数据向第三国或者国际组织进行传输的事实、欧盟委员会是否就此问题作出过充分决议，或者依据本条例第46条、第47条或者第49条第1款第2段所述情形下，所采取的保护个人信息的合理安全措施以及获取副本的方式。依据同条第2款的规定，除第1款所述信息外，控制者在获取个人数据时，为确保处理过程的公正和透明之必要，应当向数据主体提供如下信息：（a）个人数据的存储期限，在无法提供的情形下，提供存储期限的确定标准；（b）数据主体具有向控制者主张其个人数据的获取、修改、删除、限制处理、反对处理、可携带的权利；（c）根据本条例第6条第1款a项或者本条例第9条第2款a项，在不触犯法律的前提下随时撤回同意的权利，撤回同意不影响同意撤回之前根据有效同意进行的数据处理活动的有效性；（d）向监管机构投诉的权利；（e）个人数据的提供是否基于法律规定、合同要求，或订立合同之必要，数据主体是否有义务提供个人数据，以及如无法提供数据可能产生的后果；（f）本条例第22条第1款以及第4款所述的自动决策机制，包括数据画像及有关的逻辑程序和有意义的信息，以及此类处理对数据主体的意义和预期影响。此外，该条第3款还规定，如果控制者进一步处理个人数据的意图与数据收集时的目的不同，控制者应当在此之前基于进一步处理目的向数据主体提供与第2款有关的信息。《日本个人信息保护法》则区分不同类型的个人信息处理活动，分别规定了处理者应当告知的事项。① 依据该法第18条第1款，个人信息处理业者取得个人信息后，除已事先公布其利用目的的情形外，应当迅速将该个人信息的利用目的通知给本人或者予以公布。而依据该法第27条第1款，对于持有的个人数据，个人信息处理业者应当将下列事项置于本人容易知悉的状态（包括根据本人的要求立即予以答复）：（1）该个人信息处理业者的姓名或名称；（2）全部持有的个人数据的利用目的（属于第18条第4款第1项至第3项规定的情形除外）；（3）根据下一款规定的要求，或者下一条第1款、第29条第1款、第30条第1款或第3款规定的请求而实施的程序（在依照第30条第2款的规定确定了手续费的金额时，包括该手续费的金额）；（4）前三项规定的事项以外的、政令规定的在确保持有的个人数据之正当处理上所必要的事项。

我国《个人信息保护法》在借鉴比较法经验的基础上通过"一般规定+特殊规定"的方式对处理者应当向个人告知的事项作了规定。所谓一般规定，就是本条第1款规定的事项。这些事项是任何个人信息处理前，个人信息处理者都应当向个人告知的共同事项或一般性事项。所谓特殊规定，就是针对一些特殊的个人信息处理行为而新增加一些告知事项的规定，如《个人信息保护法》第22条、第23条、第30条、第39条等的规定。告知义务的具体内容包括以下几个方面：

第一，个人信息处理者的名称或者姓名和联系方式。由于处理者主体复杂多元和处理行为隐秘专业，为了确保个人信息处理的公开透明与公正，处理者必须向个人告知其名称或者姓名与联系方式，从而使得个人知悉其个人信息究竟是被何人处理。不同的信息处理者的个人信息保护水平是不同的，信息处理者的身份会对信息主体决定是否同意让其处理个人信息产生重大影响。此外，只有知道个人信息处理者的名称或者姓名和联系方式，信息主体才能够向个人信息处理者行使其在个人信息处理中的权利，如查阅、复制、更正、补充、删除等权利。

第二，个人信息的处理目的、处理方式，处理的个人信息的种类、

---

① 参见《日本个人信息保护法修正案》第18条、第27条。

保存期限。所谓个人信息处理的目的，是指处理者究竟是为了什么而处理个人信息的。之所以要求必须告知处理目的，是因为处理目的在个人信息处理中非常重要。目的限制原则是个人信息处理中的基本原则，其要求处理者在处理个人信息时应当具有明确、合理的目的，并应当限于实现处理目的所必要的最小范围，采取对个人权益影响最小的方式，不得进行与处理目的无关的个人信息处理。故此，只有明确了处理目的，个人才能有针对性地决定是否就基于特定处理目的的处理行为作出同意。个人信息的处理方式，主要是指处理者对个人信息采取何种处理方法，具体包括个人信息的收集、存储、使用、加工、传输、提供、公开、删除等。因此，处理者必须告知个人，其采取哪些处理方式，是仅仅收集、存储，但不使用、加工，抑或收集、存储、使用、加工但不提供等。不同的处理方式对于个人信息权益的影响不同，故需要告知个人并取得同意。个人信息的种类很多，包括但不限于自然人的姓名、出生日期、身份证件号码、生物识别信息、住址、电话号码、电子邮箱、健康信息、行踪信息等。个人信息可以分为敏感的个人信息与非敏感的个人信息，不同的个人信息对于个人信息权益的影响不同。敏感个人信息的处理对于个人信息权益会产生很大的风险，因为此类信息一旦泄露或者被非法使用，就有可能导致个人受到歧视或者人身、财产安全受到严重侵害。所以，个人信息的种类属于必须告知的事项。处理者在向个人告知处理的个人信息的种类时，应当遵循公开透明的原则，不能过于笼统。例如，不能简单告知所处理的个人信息是"健康信息"或"与健康有关的信息"，该范围过于广泛，可能涵盖无数的信息，处理者必须明确具体的信息种类，如"心率""血压"和"怀孕年龄"，这取决于处理行为及处理目的。个人信息的保存期限也很重要，保存期限越长，出现泄露或被非法使用的可能性就越大，对个人信息权益的不利影响就越大，因此需要告知个人。个人知悉保存期限也有利于其在保存期限届满时及时依据本法第47条的规定行使删除权。

第三，个人行使本法规定权利的方式和程序。本项所谓的行使本法规定权利，是指本法第4章所规定的个人在个人信息处理活动中的权利，包括知情决定权、查阅复制权、数据携带权、更正补充权、删除权、解释说明权等。之所以要告知个人行使本法规定权利的方式和程序，是为了鼓励和便利信息主体行权。

第四，法律、行政法规规定应当告知的其他事项。这是兜底性规定，一方面与《个人信息保护法》关于特殊告知事项的规定相衔接，另一方面也为相关法律和行政法规的规定留下空间。

特殊的告知事项具体主要包括四类情形：首先，在个人信息处理者因为法人或非法人组织的合并、分立等原因而需要转移个人信息时，依据本法第22条的规定，应当向个人告知接收方的名称或者姓名和联系方式，这主要是为了确保个人能够向接收方主张个人信息处理中的权利。其次，个人信息处理者向其他个人信息处理者提供其处理的个人信息的，依据本法第23条的规定，还必须向个人告知接收方的名称或者姓名、联系方式、处理目的、处理方式和个人信息的种类，并取得个人的单独同意。这是因为，处理者将个人信息提供给他人的，接收方并非单纯地接受个人信息，有可能要按照新的处理目的，采取新的处理方式对个人信息进行处理。故此，要求处理者而非接收方向个人进行告知并取得单独同意，否则不得向他人提供个人信息。再次，为了更好地保护敏感的个人信息，本法第30条要求，个人信息处理者在处理敏感的个人信息时，不仅要告知第17条第1款规定的事项，还应当向个人告知处理敏感个人信息的必要性以及对个人的影响，依照本法规定可以不向个人告知的除外。之所以要求处理敏感的个人信息时必须告知处理的必要性，是因为敏感的个人信息一旦泄露或被非法使用，可能会导致个人受到歧视或人身、财产安全受到严重侵害，故法律上应当给予更强的保护。虽然我国《个人信息保护法》没有采取原则上禁止而例外才允许的处理敏感个人信息的模式，但通过强化对处理敏感个人信息的必要性的要求，可以更好地保护个人信息权益。所谓对个人的影响，是指处理敏感的个人信息可能会对个人产生的影响，主要是指不利的影响。只有充分披露这种影响，才能保证个人是在充分知情的情况下作出自愿的同意。最后，在个人信息跨境提供时，依据本法第39条，处理者应当向个人告知境外接收方的名称或者姓名、联系方式、处理目的、处理方式、个人信息的种类以及个人向境外接收方行使本法规定权利的方式和程序等事项，并取得个人的单独同意。

三、告知义务的履行

（一）告知义务履行的时间

个人信息处理者必须在处理个人信息前向个人信息被处理的个人进行告知，而不能在已经实施了个人信息处理行为之后再告知个人，这是对处理者告知时间的要求。因为只有事前告知对于信息主体才有意义。

当然在例外情况下，如根据本法第18条的规定，可以免于告知或者事后及时告知。

（二）告知义务履行的方式

本条第1款明确规定了个人信息处理者告知义务履行的方式，即"应当以显著方式、清晰易懂的语言真实、准确、完整地向个人告知"。

所谓显著方式，是指个人信息处理者应当以个人容易辨识且易于获取的方式让个人了解到处理者告知的内容，而不能将其隐藏在一大堆包含各种内容的所谓的"隐私政策"当中，或者以极小、难以辨识的字体等其他不显著的方式，让个人无法容易辨识或获取处理者所告知的内容。这种所谓的告知也可认为本质上是一种欺诈或误导的做法。

清晰易懂的语言，意味着处理者应当以普通人能理解的语言表述进行告知，从而使得任何不具备个人信息处理专业知识的个人能够知道处理者所告知的内容。在实践中，为规避法律责任，个人信息处理者往往倾向于使用极其抽象或相当晦涩的语言来描述隐私政策中对个人信息收集和使用的目的，[①] 如"改善服务质量""提升用户体验""研发新产品""增强安全性"等。这种语言表述显然是非常模糊的，而且也使得处理者的处理目的很不明确，违反了目的限制原则和公开透明原则。

真实意味着个人信息处理者告知的信息不能是虚假的；准确意味着

---

① 参见万方：《隐私政策中的告知同意原则及其异化》，载《法律科学》2019年第2期。

个人信息处理者告知的信息不能是错误的；全面意味着个人信息处理者告知的信息不能是不完整的。这些要求都是为了强化个人信息处理者的告知义务，保障信息主体的知情权。

之所以如此详细地规定告知义务的履行方式，是为了消除信息主体和个人信息处理者之间的信息不对称。个人信息处理具有很强的技术性，十分专业，而个人对此知之甚少，因此导致了二者的信息不对称。如果处理者通过一大堆专业术语或者含糊其辞的表述来告知，那么个人难以理解此种个人信息处理对自己的权益有何利弊，存在何种风险，这意味着信息主体难以作出自由的决定。在实践中，不少个人信息处理者为了满足法律的要求，规避法律风险，往往采取"捆绑式"的方式列出内容冗长烦琐的隐私政策条款，给用户带来阅读上的极大困难。[1] 明确告知义务履行方式有利于破解实践中的此种难题，同时这也是本法第7条规定的公开透明原则的必然要求。

四、有关变更情况的告知

为保证告知内容的真实、准确和完整，当本条第1款规定的相关内容发生变更时，个人信息处理者应当将发生变更的信息告知信息主体。例如，当个人信息处理者的联系方式发生变更时，个人信息处理者就应当告知信息主体。

在基于个人同意处理个人信息的情形中，当个人信息的处理目的、处理方式和处理的个人信息种类发生变更的，个人信息处理者应当在变更前告知信息主体。因为不同的处理目的、处理方式和处理不同的个人信息种类，对信息主体的信息权益造成的风险都是不同的，应当重新告知信息主体并且获得其同意。这也是本法第14条第2款规定"个人信息的处理目的、处理方式和处理的个人信息种类发生变更的，应当重新取得个人同意"的原因。

---

[1] 关于实践中告知义务履行存在的问题，请参见范为：《大数据时代个人信息保护的路径重构》，载《环球法律评论》2016年第5期；丁晓东：《个人信息保护：原理与实践》，法律出版社2021年版，第90~91页。

五、通过制定个人信息处理规则的方式告知的规则

个人信息处理者履行告知义务的方式分为逐一告知和统一告知。逐一告知，是指个人信息的处理者在处理个人信息前，以一对一的方式向每一个其个人信息被处理的自然人进行告知，并逐一取得自然人的同意。此种方式在以人工的或非自动化的方式处理个人信息时使用较多，例如，在当事人申请不动产登记时，其向登记机构提交登记申请书，申请相应的不动产登记，不动产登记机构应当在登记申请书中向申请人告知处理该申请人的个人信息的目的、方式和范围等内容，进而取得申请人的同意。统一告知，是指个人信息的处理者通过提前制定好统一适用的个人信息处理规则来告知个人信息被处理的自然人，进而取得其同意。这种方式是在自动化处理个人信息时使用，主要表现为通过"隐私政策"来明确个人信息处理规则，就个人信息处理的目的、方式和范围等内容向个人进行告知。[①] 这种方式适用于一对多的情形，即某个特定的个人信息处理者面向不特定的个人而处理个人信息，其优点是效率较高。

如果个人信息处理者以制定的个人信息处理规则来告知自然人，那么依据《民法典》第 1035 条和本条第 3 款的规定，该处理规则必须是公开的，并且是便于查阅和保存的。否则，应当认为个人信息处理者没有履行告知的义务。

【条文适用】

一、无须取得同意不等于无须告知

个人信息处理活动的合法性根据并不仅仅在于个人的同意，除了个人的同意外，还有法律、行政法规等规定的合法性根据。这是因为在保护个人信息权益的同时，也要实现个人信息的合理利用，同时维护公共

[①] 参见万方：《隐私政策中的告知同意原则及其异化》，载《法律科学》2019 年第 2 期。

利益、国家利益等，法律上有必要规定不适用告知同意规则的例外情形。但是，基于公开透明原则和保障个人对个人信息处理的知情权的要求，不能认为无须个人同意就等于无须向个人告知。因此，无论个人信息处理是基于个人的同意还是基于其他合法性根据，原则上处理者都必须履行向个人进行告知的义务，除非法律另有规定。实践中应当特别注意这一区分，避免两者发生混淆。

二、告知内容变更前的告知

基于个人同意处理个人信息的，实践中经常出现个人信息的处理目的、处理方式和处理的个人信息种类发生变更，但信息处理者没有在变更前告知信息主体并取得其有效同意就开始处理个人信息的情形。这违反了本法第14条第2款的规定，属于违法处理个人信息的情形，信息主体可以依据本法第44条拒绝个人信息处理者对其个人信息进行处理；依据本法第47条第1款第4项请求个人信息处理者删除其个人信息；依据本法第65条对违法个人信息处理活动向履行个人信息保护职责的部门进行投诉、举报；造成损害的，依据本法第69条请求个人信息处理者承担损害赔偿等侵权责任。

三、通过个人信息处理规则进行的告知

在实践中，个人信息处理规则通常是以电子信息的方式存在，尤其是隐私政策，如果自然人无法方便地查阅和保存这些规则，就容易出现个人没有阅读完毕这些个人信息处理规则就必须作出同意，或者处理者私自变更规则，以致双方就个人信息的处理发生纠纷时，个人无法提供相应的证据的情况。此时，如果处理者不能证明其规则是公开的并且是便于查阅和保存的，那么处理者与个人就是否遵循告知同意规则发生争议时，应当认为个人信息处理者没有履行告知义务。此外，如果个人所保存的处理者的个人信息处理规则与处理者提供的规则不一致，一般应当以个人提供的规则为准，除非处理者能够证明个人提供的规则是不真实的。

【相关规定】

1. 《中华人民共和国民法典》（2020 年 5 月 28 日）

第一千零三十五条第一款 处理个人信息的，应当遵循合法、正当、必要原则，不得过度处理，并符合下列条件：

（一）征得该自然人或者其监护人同意，但是法律、行政法规另有规定的除外；

（二）公开处理信息的规则；

（三）明示处理信息的目的、方式和范围；

（四）不违反法律、行政法规的规定和双方的约定。

2. 《中华人民共和国网络安全法》（2016 年 11 月 7 日）

第四十一条第一款 网络运营者收集、使用个人信息，应当遵循合法、正当、必要的原则，公开收集、使用规则，明示收集、使用信息的目的、方式和范围，并经被收集者同意。

3. 《儿童个人信息网络保护规定》（2019 年 8 月 22 日）

第十条 网络运营者征得同意时，应当同时提供拒绝选项，并明确告知以下事项：

（一）收集、存储、使用、转移、披露儿童个人信息的目的、方式和范围；

（二）儿童个人信息存储的地点、期限和到期后的处理方式；

（三）儿童个人信息的安全保障措施；

（四）拒绝的后果；

（五）投诉、举报的渠道和方式；

（六）更正、删除儿童个人信息的途径和方法；

（七）其他应当告知的事项。

前款规定的告知事项发生实质性变化的，应当再次征得儿童监护人的同意。

4.《信息安全技术 个人信息安全规范》（2020年3月6日）

5.4 收集个人信息时的授权同意

对个人信息控制者的要求包括：

a) 收集个人信息，应向个人信息主体告知收集、使用个人信息的目的、方式和范围等规则，并获得个人信息主体的授权同意；

注1：如产品或服务仅提供一项收集、使用个人信息的业务功能时，个人信息控制者可通过个人信息保护政策的形式，实现向个人信息主体的告知；产品或服务提供多项收集、使用个人信息的业务功能的，除个人信息保护政策外，个人信息控制者宜在实际开始收集特定个人信息时，向个人信息主体提供收集、使用该个人信息的目的、方式和范围，以便个人信息主体在作出具体的授权同意前，能充分考虑对其的具体影响。

注2：符合5.3和a)要求的实现方法，可参考附录C。

b) 收集个人敏感信息前，应征得个人信息主体的明示同意，并应确保个人信息主体的明示同意是其在完全知情的基础上自主给出的、具体的、清晰明确的意愿表示；

c) 收集个人生物识别信息前，应单独向个人信息主体告知收集、使用个人生物识别信息的目的、方式和范围，以及存储时间等规则，并征得个人信息主体的明示同意；

注：个人生物识别信息包括个人基因、指纹、声纹、掌纹、耳廓、虹膜、面部识别特征等。

d) 收集年满14周岁未成年人的个人信息前，应征得未成年人或其监护人的明示同意；不满14周岁的，应征得其监护人的明示同意；

e) 间接获取个人信息时：

1) 应要求个人信息提供方说明个人信息来源，并对其个人信息来源的合法性进行确认；

2) 应了解个人信息提供方已获得的个人信息处理的授权同意范围，包括使用目的，个人信息主体是否授权同意转让、共享、公开披露、删除等；

3) 如开展业务所需进行的个人信息处理活动超出已获得的授权

同意范围的，应在获取个人信息后的合理期限内或处理个人信息前，征得个人信息主体的明示同意，或通过个人信息提供方征得个人信息主体的明示同意。

第十八条　个人信息处理者处理个人信息，有法律、行政法规规定应当保密或者不需要告知的情形的，可以不向个人告知前条第一款规定的事项。

紧急情况下为保护自然人的生命健康和财产安全无法及时向个人告知的，个人信息处理者应当在紧急情况消除后及时告知。

【条文主旨】

本条是关于个人信息处理者不负有告知义务和紧急情况下的事后及时告知的规定。

【条文理解】

本条分两款分别规定了个人信息处理者不负有告知义务的情形和紧急情况下事后及时告知的规则。本条与本法第17条构成原则和例外的关系，即原则上个人信息处理者应当依照本法第17条负有事前告知的义务，例外情况下依据本条可以免于告知或者事后及时告知。

《个人信息保护法（草案二次审议稿）》第19条第2款在《个人信息保护法（草案）》第19条第2款的基础上作了一处修改：将"予以告知"修改成"及时告知"，突出强调在紧急情况消除后告知的及时性。《个人信息保护法》第18条则延续了这一修改，同时在《个人信息保护法（草案二次审议稿）》第19条第1款"可以不向个人告知前条规定的事项"中的"前条"后面新增"第一款"的限定，使得表述更加清晰准确。

一、个人信息处理者免于告知义务的规则

(一) 免于告知义务的含义及其与无须取得同意的关系

所谓免于告知义务,是指在特殊情况下,个人信息处理者不负有向信息主体主动告知与其个人信息处理相关事项信息的义务。之所以免除个人信息处理者的告知义务,是因为存在法律、行政法规规定应当保密、不需要告知和告知将妨碍国家机关履行法定职责等情形。这意味着信息主体的知情权会受到国家安全、公共利益、其他信息主体隐私等事项的限制,此时个人信息处理者也相应地负有不告知这种禁止性义务。[1] 而对于知情权的限制,需要以法律、行政法规作为明确的依据。

值得注意的是,在个人信息处理中,免除告知义务的情形和无须同意的情形存在差别,这尤其体现为对于免除告知义务情形的规定应当比无须取得个人同意的情形更加严格。在个人信息的处理中,如果以取得个人同意作为处理行为合法的唯一根据,就会损害个人信息的合理利用,因为个人不同意,处理者就不能处理个人信息,所以法律上必须在协调个人信息权益与个人信息合理利用的基础上,明确各种不需要同意的具体情形。由于需要考虑的利益众多,如公共利益、法定职责、国家利益、自然人的生命健康和财产安全,所以,法律和行政法规上规定的不需要同意的情形自然就会比较多。但是,告知义务则有所不同,告知义务的履行既有利于维护个人的知情权,也不会如同意规则那样构成对处理者实施个人信息处理活动的法律障碍。故此,法律上对于免于告知的情形应当作更加严格的限制。

(二) 免于告知义务的具体情形

比较法上对处理者免除告知义务的情形有不同的规定。有些国家或地区是在区分处理者究竟是直接从个人处收集个人信息,还是非直接从个人处收集个人信息的基础上,分别作出对处理者免除告知义务的情形

---

[1] 参见张新宝、葛鑫:《个人信息保护法(专家建议稿)及立法理由书》,中国人民大学出版社2021年版,第34页。

的规定。例如，GDPR第13条和第14条分别对控制者从数据主体处收集个人数据和并非从数据主体处收集个人数据、控制者应当提供的信息以及免于提供信息的问题作了规定。依据第13条第4款规定，如果控制者是直接从数据主体处收集个人数据的，那么只有当数据主体已经获得了该条第1款至第3款列举的信息时，才免除控制者提供信息给数据主体的义务，即告知义务。如果控制者并非从数据主体处获取的个人数据，依据GDPR第14条第5款的规定，该条第1款至第4款的规定在以下情形不适用：(a)数据主体已经获得上述信息；(b)上述信息的提供是不可能的，或者是需要不成比例的投入，尤其是根据本条例第89条第1款的条件和保障，处理出于公共利益、科学、历史研究或数据统计目的；或者本条第1款所述的义务有可能导致处理目标无法实现或严重影响处理目标的实现。在此情况下，控制者应当采取适当的措施（包括采取公开信息的措施）保护数据主体的权利、自由以及合法利益；(c)控制者应当根据欧盟或成员国法律所规定的获取或者披露个人信息的规定，采取合适的措施保护数据主体的合法利益；(d)根据数据主体应遵守的包括保密法在内的欧盟或成员国法律规定的专业保密制度，个人数据必须保密。再如，我国台湾地区"个人资料保护法"也是依据处理者直接向个人收集个人资料，抑或收集非由当事人提供之个人资料，而对告知义务的免除作出了不同的规定。依据该法第8条的规定，在公务机关或非公务机关依该法第15条或第19条的规定向当事人搜集个人资料时，如果有下列情形之一的，可以免于告知义务：(1)依法律规定得免告知；(2)个人资料之搜集系公务机关执行法定职务或非公务机关履行法定义务所必要；(3)告知将妨害公务机关执行法定职务；(4)告知将妨害公共利益；(5)当事人明知应告知之内容；(6)个人资料之搜集非基于营利之目的，且对当事人无不利之影响。依据该法第9条的规定，如果公务机关或非公务机关依该法第15条或第19条规定，搜集非由当事人提供之个人资料，有下列情形之一的，可以免除告知义务：(1)该法第8条第2款所列的各种情形之一；(2)当事人自行公开或其他已合法公开之个人资料；(3)不能向当事人或其法定代理人告知；(4)基于公共利益为统计或学术研究之目的而有必要,且该资料须经提供者处理后或搜集者依其揭露方式,无从识别特定当事人者为限;(5)大众传播业者基于新闻报道之公益目的而搜集个人资料。

应当说,区分个人信息的来源而规定告知义务免除的情形是有一定道理的。因为在处理者直接面向信息主体收集信息时,与从信息主体之外的其他来源取得个人信息时,告知义务的意义不同。直接从信息主体处收集信息,告知义务的履行能够有效地保障个人是在充分知情的前提下自愿作出同意,该义务之履行对于贯彻落实个人信息处理中的公开透明原则等具有重要意义。故此,免于告知义务的情形应当作非常严格的限制。但是,从其他来源处取得信息时,处理者并非直接面向个人,其有可能是从已经公开的信息中获取的个人信息,也有可能是从其他处理者那里获取的个人信息。此时,如果提供个人信息给处理者的其他处理者已经告知了个人并取得了同意,则接受者无须再行告知。如果处理者获取的是合法公开的个人信息,也无须告知并取得同意,因为对于合法公开的信息是可以合理利用的,要求处理者告知个人也没有实际意义。

本法没有采取上述模式来分别规定处理者免除告知义务的情形,而是采取了统一规定的模式。本法第18条第1款规定:"个人信息处理者处理个人信息,有法律、行政法规规定应当保密或者不需要告知的情形的,可以不向个人告知前条第一款规定的事项。"该法第35条规定:"国家机关为履行法定职责处理个人信息,应当依照本法规定履行告知义务;有本法第十八条第一款规定的情形,或者告知将妨碍国家机关履行法定职责的除外。"这意味着,免除告知义务的情形可以分为三类:第一,法律、行政法规规定应当保密的情形;第二,不需要告知的情形;第三,告知将妨碍国家机关履行法定职责的情形。在这三类情形下,虽然处理者都免除告知义务,但性质上存在差别。第一种情形是法律、行政法规规定了保密的义务,故此,无论处理者是否属于国家机关,都依法负有保密义务,不仅不能告知个人,而且一旦告知了个人还违反了法定的保密义务,属于违法行为,应当承担法律责任。第二种情形只是免除了处理者的告知义务,处理者自愿决定告知个人的也没问题。第三种情形则仅适用于国家机关以及法律、法规授权的具有管理公共事务职能的组织，为履行法定职责而处理个人信息的情形，必须是告知将妨碍法定职责的履行才可以免除告知义务。本条第1款仅规定了前两种情形。

1. 法律、行政法规规定应当保密的情形。法律、行政法规规定应当保密的情形是非常明确的。这是指基于侦查犯罪、反恐怖主义等维护公共安全、国家安全等社会公共利益和国家利益的考虑，而由法律、行政法规规定的处理者的保密义务。《保守国家秘密法》第9条规定："下列涉及国家安全和利益的事项，泄露后可能损害国家在政治、经济、国防、外交等领域的安全和利益的，应当确定为国家秘密：（一）国家事务重大决策中的秘密事项；（二）国防建设和武装力量活动中的秘密事项；（三）外交和外事活动中的秘密事项以及对外承担保密义务的秘密事项；（四）国民经济和社会发展中的秘密事项；（五）科学技术中的秘密事项；（六）维护国家安全活动和追查刑事犯罪中的秘密事项；（七）经国家保密行政管理部门确定的其他秘密事项。政党的秘密事项中符合前款规定的，属于国家秘密。"再如，公安机关、国家安全机关或国家情报工作机构依据《反恐怖主义法》第45条、《反间谍法》第12条、《国家情报法》第15条等规定，公安机关依据《刑事诉讼法》第150条的规定，经过严格的批准手续，可以采取技术侦查措施处理个人信息的，不仅其信息无须被处理的个人同意，并且基于保密义务的规定，更不能告知个人。

2. 不需要告知的情形。关于何谓"不需要告知的情形"，《个人信息保护法》并没有具体的规定。我们认为，根据体系解释，不需要告知的情形，至少应当包括以下两类情形：（1）个人信息处理者已经向信息主体履行了告知义务，作为接收方的其他个人信息处理者就无须再向信息主体履行告知义务。例如，在处理者甲向处理者乙提供其处理的个人信息时，根据本法第23条的规定，甲应当向信息主体告知乙的名称或者姓名、联系方式、处理目的、处理方式和个人信息的种类，并取得个人的单独同意。在这种情形下，由于甲已经履行了告知义务，信息主体已经知道了告知的内容，乙就无须再行告知了。（2）在合理范围内处理已经合法公开的个人信息。依据本法第13条第6项规定，依照本法规定在合理的范围内处理个人自行公开或者其他已经合法公开的个人信息，无须取得信息主体的同意。这意味着，在处理合法公开的个人信息时，处理者不需要取得个人的同意。此时，应当认为也不需要告知个人。因为如果要求对已经合法公开的个人信息也逐一告知并取得同意的话，不仅成本极为巨大、难以实现，也不利于个人信息的合理利用，妨碍数字经济的发展。为了进一步明确不需要告知的情形，未来可以通过相应的法律法规和标准等作进一步的细化规定。

二、紧急情况下的事后及时告知规则

尽管根据本法第17条的规定，个人信息处理者应当在处理个人信息之前履行告知义务，但是考虑到在有些情况下，由于情况紧急，为保护自然人的生命健康和财产安全无法及时向个人告知，此时应当免除个人信息处理者的事前告知义务，但是仍然要求个人信息处理者在紧急情况消除后，履行告知义务。这意味着即使在紧急情况下，为了保护自然人的生命健康和财产安全，免除的仅仅是个人信息处理者事前告知的义务而非告知义务本身。如果个人信息处理者没有在紧急情况消除后及时履行告知义务，依然构成违法处理个人信息。

这种紧急情况最主要的情形就是在发生个人信息泄露、篡改、丢失等个人信息安全事故的时候，为了保护自然人的生命健康和财产安全，个人信息处理者可能需要立即处理个人信息而来不及进行事前告知。本法第57条规定："发生或者可能发生个人信息泄露、篡改、丢失的，个人信息处理者应当立即采取补救措施，并通知履行个人信息保护职责的部门和个人。通知应当包括下列事项：（一）发生或者可能发生个人信息泄露、篡改、丢失的信息种类、原因和可能造成的危害；（二）个人信息处理者采取的补救措施和个人可以采取的减轻危害的措施；（三）个人信息处理者的联系方式。个人信息处理者采取措施能够有效避免信息泄露、篡改、丢失造成危害的，个人信息处理者可以不通知个人；履行个人信息保护职责的部门认为可能造成危害的，有权要求个人信息处理者通知个人。"这里的立即处理个人信息主要目的是采取补救措施。

应当注意的是，个人信息处理者负有的告知义务与在发生个人信息安全事故情形下的通知义务的作用是不同的。前者是为了保障信息主体的知情权，后者则是为了让履行个人信息保护职责的部门和个人采取相应措施，避免损失进一步扩大，同时方便日后采取相应的救济措施。

【条文适用】

一、通过格式条款免除个人信息处理者告知义务的效力

对于免除告知义务情形的规定应当比无须取得个人同意的情形更加严格。法律上也不应当允许处理者与个人约定免除告知义务，或者通过格式条款来排除告知义务，因为这种约定或排除告知义务的做法，构成对自然人就其个人信息享有的知情权的侵害，也违反了公开透明度原则，是无效的。如果采取格式条款的方式，信息主体可以依据《民法典》第497条第2项请求法院认定该格式条款无效。

二、对处理已经合法公开的个人信息时无须告知的理解

实践中对于处理合法公开的个人信息无须告知的理解不能过于宽泛，根据本法第27条的规定，"个人信息处理者可以在合理的范围内处理个人自行公开或者其他已经合法公开的个人信息；个人明确拒绝的除外。个人信息处理者处理已公开的个人信息，对个人权益有重大影响的，应当依照本法规定取得个人同意"。这意味个人信息处理者必须在合理的范围内处理已经合法公开的信息，才免除告知义务。但是对于非法公开的信息，或者合法公开但是处理超出合理范围的情形，个人信息处理者仍然负有告知义务。至于在事件中如何把握"合理的范围"可以考虑借鉴"隐私期待理论"，即处理的目的与公开个人信息的目的相关联，并且处理的目的同时符合信息主体的主观期待和社会公众的客观期待。[1]

---

[1] See David M. O'Brien, Reasonable Expectations of Privacy: Principles and Policies of Fourth Amendment - Protected Privacy, New England Law Review, Vol. 13: 4, p. 662 - 738 (1978).

【相关规定】

1. 《中华人民共和国民法典》（2020年5月28日）

第一千零三十六条 处理个人信息，有下列情形之一的，行为人不承担民事责任：

（一）在该自然人或者其监护人同意的范围内合理实施的行为；

（二）合理处理该自然人自行公开的或者其他已经合法公开的信息，但是该自然人明确拒绝或者处理该信息侵害其重大利益的除外；

（三）为维护公共利益或者该自然人合法权益，合理实施的其他行为。

2. 《中华人民共和国反恐怖主义法》（2018年4月27日修正）

第四十五条 公安机关、国家安全机关、军事机关在其职责范围内，因反恐怖主义情报信息工作的需要，根据国家有关规定，经过严格的批准手续，可以采取技术侦察措施。

依照前款规定获取的材料，只能用于反恐怖主义应对处置和对恐怖活动犯罪、极端主义犯罪的侦查、起诉和审判，不得用于其他用途。

3. 《中华人民共和国国家情报法》（2018年4月27日修正）

第十五条 国家情报工作机构根据工作需要，按照国家有关规定，经过严格的批准手续，可以采取技术侦察措施和身份保护措施。

4. 《中华人民共和国反间谍法》（2014年11月1日）

第十二条 国家安全机关因侦察间谍行为的需要，根据国家有关规定，经过严格的批准手续，可以采取技术侦察措施。

5. 《中华人民共和国保守国家秘密法》（2010年4月29日修订）

第九条 下列涉及国家安全和利益的事项，泄露后可能损害国家在政治、经济、国防、外交等领域的安全和利益的，应当确定为国家秘密：

（一）国家事务重大决策中的秘密事项；

（二）国防建设和武装力量活动中的秘密事项；

（三）外交和外事活动中的秘密事项以及对外承担保密义务的秘密

事项；

（四）国民经济和社会发展中的秘密事项；

（五）科学技术中的秘密事项；

（六）维护国家安全活动和追查刑事犯罪中的秘密事项；

（七）经国家保密行政管理部门确定的其他秘密事项。政党的秘密事项中符合前款规定的，属于国家秘密。

政党的秘密事项中符合前款规定的，属于国家秘密。

第十九条 除法律、行政法规另有规定外，个人信息的保存期限应当为实现处理目的所必要的最短时间。

【条文主旨】

本条是关于个人信息的保存期限的规定。

【条文理解】

在立法过程中，《个人信息保护法（草案）》和《个人信息保护法（草案二次审议稿）》第20条规定："个人信息的保存期限应当为实现处理目的所必要的最短时间。法律、行政法规对个人信息的保存期限另有规定的，从其规定。"本条在其基础上修改为："除法律、行政法规另有规定外，个人信息的保存期限应当为实现处理目的所必要的最短时间。"此项修改使得条文在表述上更为简洁。

本法第5条规定："处理个人信息应当遵循合法、正当、必要和诚信原则，不得通过误导、欺诈、胁迫等方式处理个人信息。"据此，处理个人信息需要遵循必要性原则。本法第6条规定了目的限制原则："处理个人信息应当具有明确、合理的目的，并应当与处理目的直接相关，采取对个人权益影响最小的方式。收集个人信息，应当限于实现处理目的的最小范围，不得过度收集个人信息。"个人信息的处理包括收集、存储、使用、加工、传输、提供、公开、删除等，本条所规定的个人信息的保存期限应当为实现处理目的所必要的最短时间，即为必要性原则和目的限制原则在个人信息存储方面的体现。

个人信息的处理服务于处理目的。一般而言，基于特定性要求，目的本身具有存续期限。这意味着，个人信息的保存期限也应当以实现处理目的的必要时间为限。若目的不再存续或已经实现，继续处理个人信息则不再具有正当性。而在不定期或较长期限内处理个人信息，不符合信息主体对自身权益的合理期待，也徒增信息泄露或不正当使用的风险。以应用程序对用户的姓名和手机号码存储为例，实践中法院认为，未经信息主体同意而进行超过合理期限的存储，有可能不合理地扩大了个人信息泄露或被不当利用的风险，也超过了处理个人信息的必要原则。[①]

对于个人信息的保存期限，GDPR 第 5 条第 1 款 e 项规定：以可识别数据主体的形式保存的保存时间不长于个人数据处理目的所必需的期间；在依据该条例第 89 条第 1 款个人数据仅为了公共利益的存档目的、科学或历史研究目的或统计目的而被处理，在实施该条例规定的适当的技术性和组织性措施以保障数据主体的权利和自由的情况下，个人数据可被储存更长时间。由此可知，GDPR 第 5 条第 1 款 e 项采用了"原则+例外"的立法技术，对个人信息的保护期限作出了详细的规定。原则上保存时间不长于个人数据处理目的所必需的时间，在为了公益并采取适当安全措施的例外情况下可以存储更长的时间。

本条在借鉴 GDPR 的基础上作了两点修改。第一，原则上个人信息的保存期限应当为实现处理目的所必要的最短时间，进一步突出强调了"最短时间"的要求。第二，例外的情况采用了"除法律、行政法规另有规定外"这一更加开放的立法技术，而非列举出特定的情形。一方面，可以更好地与其他法律、行政法规更好地衔接；另一方面，也为未来的立法留下足够的空间。值得注意的是，本条"除法律、行政法规另有规定外"的表述，意味着个人信息保存期限的例外情形必须由法律、行政法规予以明确规定。例如，《网络安全法》第 21 条第 3 项规定："采取监测、记录网络运行状态、网络安全事件的技术措施，并按照规定留存相关的网络日志不少于六个月"；《精神卫生法》第 47 条规定："病历资料保存期限不得少于三十年。"又如，《征信业管理条例》第 16 条第 1 款规定："征信机构对个人不良信息的保存期限，自不良行为或者事件终止之日起为 5 年；超过 5 年的，应当予以删除。"

[①] 参见凌某某诉北京微播视界科技有限公司隐私权、个人信息权益网络侵权责任纠纷案，北京互联网法院（2019）京 0491 民初 6694 号民事判决书。

为了保证个人信息的保存期限的最小化，个人信息处理者应当事前做好准确客观的评估并且通过默认和设计的信息保护原则，①落实本条的要求。这也是本法第9条所确立的信息安全原则的必然要求。该条规定："个人信息处理者应当对其个人信息处理活动负责，并采取必要措施保障所处理的个人信息的安全。"

【条文适用】

实践中，在确定个人信息的保存期限时，若法律、行政法规对此有明确规定，则从其规定；若法律、行政法规对此没有规定，则需要对保存期限的必要最短时间进行具体确定。根据本条规定，保存期限的确定首先需要考虑以下两点：第一，个人信息的存储，需要遵循目的限制原则，这就要求存储与处理目的直接相关，该处理目的是指个人信息处理者在处理个人信息前，以符合法律规定的方式告知个人的"处理目的"，根据目的限制原则的要求，处理目的应当是明确、合理的；第二，个人信息的保存期限，需要符合必要性原则，是为实现处理目的"所必要的最短时间"。个人信息处理者应当对个人信息的处理目的及保存期限的必要性承担举证责任，保存期限设置得越长，就越需要证明其必要性。

个人信息保存期限需要置于具体场景中进行考察，除了符合目的限制原则和必要性原则外，也可以考虑个人信息的特点与属性、个人信息的处理方式、对各方利益可能产生的影响等因素。对此，部门规章、行业规范等有关保存期限的规定可以作为参考，例如，《快递市场管理办法》第22条第2款规定："经营快递业务的企业在事故处理过程中，应当对所有与事故有关的资料进行记录和保存。相关资料和书面记录至少保存一年。"又如，《网络餐饮服务食品安全监督管理办法》第15条规定："网络餐饮服务第三方平台提供者和自建网站餐饮服务提供者应当履行记录义务，如实记录网络订餐的订单信息，包括食品的名称、下单时

---

① 有关通过设计和默认的数据保护原则的详细介绍，请参见 European Data Protection Board, Guidelines 4/2019 on Article 25 Data Protection by Design and by Default.

间、送餐人员、送达时间以及收货地址,信息保存时间不得少于6个月。"

另外,对于个人敏感信息的处理,本法第28条第2款规定:"只有在具有特定的目的和充分的必要性,并采取严格保护措施的情形下,个人信息处理者方可处理敏感个人信息。"据此,个人敏感信息的保存期限的确定,也需要受到"特定的目的"和"充分的必要性"两方面的限制。参考《信息安全技术 个人信息安全规范》(GB/T 35273—2020)第6.3条的内容,应当认为,原则上不应存储原始个人生物识别信息,若存储个人生物识别信息,应与个人身份信息分开存储。

当个人信息的保存期限已届满时,根据本法第47条的规定,个人信息处理者应当主动删除个人信息;个人信息处理者未删除的,个人有权请求删除。若删除个人信息从技术上难以实现,个人信息处理者则应采取必要的安全保护措施,如匿名化处理等。

【相关规定】

1.《中华人民共和国网络安全法》(2016年11月7日)

第二十一条 国家实行网络安全等级保护制度。网络运营者应当按照网络安全等级保护制度的要求,履行下列安全保护义务,保障网络免受干扰、破坏或者未经授权的访问,防止网络数据泄露或者被窃取、篡改:

(一)制定内部安全管理制度和操作规程,确定网络安全负责人,落实网络安全保护责任;

(二)采取防范计算机病毒和网络攻击、网络侵入等危害网络安全行为的技术措施;

(三)采取监测、记录网络运行状态、网络安全事件的技术措施,并按照规定留存相关的网络日志不少于六个月;

(四)采取数据分类、重要数据备份和加密等措施;

(五)法律、行政法规规定的其他义务。

2. 《中华人民共和国证券法》（2019 年 12 月 28 日修订）

第一百五十三条　证券登记结算机构应当妥善保存登记、存管和结算的原始凭证及有关文件和资料。其保存期限不得少于二十年。

3. 《中华人民共和国电子签名法》（2019 年 4 月 23 日修正）

第二十四条　电子认证服务提供者应当妥善保存与认证相关的信息，信息保存期限至少为电子签名认证证书失效后五年。

4. 《中华人民共和国电子商务法》（2018 年 8 月 31 日）

第三十一条　电子商务平台经营者应当记录、保存平台上发布的商品和服务信息、交易信息，并确保信息的完整性、保密性、可用性。商品和服务信息、交易信息保存时间自交易完成之日起不少于三年；法律、行政法规另有规定的，依照其规定。

5. 《中华人民共和国精神卫生法》（2018 年 4 月 27 日修正）

第四十七条　医疗机构及其医务人员应当在病历资料中如实记录精神障碍患者的病情、治疗措施、用药情况、实施约束、隔离措施等内容，并如实告知患者或者其监护人。患者及其监护人可以查阅、复制病历资料；但是，患者查阅、复制病历资料可能对其治疗产生不利影响的除外。病历资料保存期限不得少于三十年。

6. 《中华人民共和国证券投资基金法》（2015 年 4 月 24 日修正）

第一百零二条　基金份额登记机构以电子介质登记的数据，是基金份额持有人权利归属的根据。基金份额持有人以基金份额出质的，质权自基金份额登记机构办理出质登记时设立。

基金份额登记机构应当妥善保存登记数据，并将基金份额持有人名称、身份信息及基金份额明细等数据备份至国务院证券监督管理机构认定的机构。其保存期限自基金账户销户之日起不得少于二十年。

基金份额登记机构应当保证登记数据的真实、准确、完整，不得隐匿、伪造、篡改或者毁损。

7. 《中华人民共和国反洗钱法》（2006 年 10 月 31 日）

第十九条　金融机构应当按照规定建立客户身份资料和交易记录保存制度。

在业务关系存续期间，客户身份资料发生变更的，应当及时更新客户身份资料。

客户身份资料在业务关系结束后、客户交易信息在交易结束后，应当至少保存五年。

金融机构破产和解散时，应当将客户身份资料和客户交易信息移交国务院有关部门指定的机构。

8.《互联网上网服务营业场所管理条例》（2019年3月24日修订）

第二十三条 互联网上网服务营业场所经营单位应当对上网消费者的身份证等有效证件进行核对、登记，并记录有关上网信息。登记内容和记录备份保存时间不得少于60日，并在文化行政部门、公安机关依法查询时予以提供。登记内容和记录备份在保存期内不得修改或者删除。

9.《缺陷汽车产品召回管理条例》（2019年3月2日修订）

第九条 生产者应当建立并保存汽车产品设计、制造、标识、检验等方面的信息记录以及汽车产品初次销售的车主信息记录，保存期不得少于10年。

10.《人力资源市场暂行条例》（2018年6月29日）

第三十三条 人力资源服务机构应当加强内部制度建设，健全财务管理制度，建立服务台账，如实记录服务对象、服务过程、服务结果等信息。服务台账应当保存2年以上。

11.《征信业管理条例》（2013年1月21日）

第十六条 征信机构对个人不良信息的保存期限，自不良行为或者事件终止之日起为5年；超过5年的，应当予以删除。

在不良信息保存期限内，信息主体可以对不良信息作出说明，征信机构应当予以记载。

12.《麻醉药品和精神药品管理条例》（2016年2月6日修订）

第三十二条 第二类精神药品零售企业应当凭执业医师出具的处方，按规定剂量销售第二类精神药品，并将处方保存2年备查；禁止超剂量或者无处方销售第二类精神药品；不得向未成年人销售第二类精神药品。

第二十条　两个以上的个人信息处理者共同决定个人信息的处理目的和处理方式的，应当约定各自的权利和义务。但是，该约定不影响个人向其中任何一个个人信息处理者要求行使本法规定的权利。

个人信息处理者共同处理个人信息，侵害个人信息权益造成损害的，应当依法承担连带责任。

【条文主旨】

本条是关于多个信息处理者共同决定处理个人信息的义务和责任的规定。

【条文理解】

实践中，由于个人信息处理涉及收集、使用、传输等多个环节，不同环节或者同一环节往往会涉及多个信息处理主体，涉及共同决定处理个人信息时，往往需要通过协议的形式约定他们之间的权利义务。同时，这又与个人信息的主体之间的自然人的个人信息权益直接相关，有必要区分信息处理者内部权利义务关系和信息处理者与自然人之间的外部权利义务关系进行规定。相较《个人信息保护法（草案二次审议稿）》，本条仅是作了一定文字修改，比如将原来的"两个或者两个以上"修改为"两个以上"，将"依法承担连带责任"修改为"应当依法承担连带责任"。《民法典》《网络安全法》等对多个信息处理者共同处理个人信息的问题未作规定。《信息安全技术 个人信息安全规范》第9.6条关于共同个人信息控制者的规定中明确："对个人信息控制者的要求包括：a) 当个人信息控制者与第三方为共同个人信息控制者时，个人信息控制者应通过合同等形式与第三方共同确定应满足的个人信息安全要求，以及在个人信息安全方面自身和第三方应分别承担的责任和义务,并向个人信息主体明确告知;b)如未向个人信息主体明确告知第三方身份,以及在个人信息安全方面自身和第三方应分别承担的责任和义务,个人信息控制者应承担因第三方引起的个人信息安全责任。"从域外规定上看,GDPR第26条也是从信息处理主体角度对此类情形作了规定,该条规定:当两个或者更多控制者联合确定处理的目的与方法,他们就是共同控制者。他们应当以一种透明的方式确定遵守本条例责任的相应责任,尤其是当其涉及行使数据主体个人权利,以及涉及控制者为数据主体——根据他们的合约安排——提供第13条和第14条所规定的信息的相应责任,除非欧盟或者成员国的法律已经对控制者施加了相应责任。该合约安排应当恰当地反映相对于数据主体的共同控制的相应角色和相互关心。数据主体应当可以知晓安排的实质。无论前面规定的合约安排的条款如何,数据主体都可以向任何一控制者主张本条例所赋予的权利。

本法在总结以往经验、比较借鉴域外做法的基础上,对多个信息处理者共同处理个人信息的义务和责任承担问题作出了规定。其中,第1款规定了多个数据处理者共同处理个人信息时,可以通过合同的方式约定其内部权利义务关系,但是这一约定不能影响该被处理个人信息所对应的自然人对他们其中任何一个主体主张相应权利。这也符合当事人之间的内部约定不能对抗第三人的基本法理。至于从民事法律适用的体系讲,本款规定从外部关系上是否属于《民法典》合同编所规定的连带债务,则有进一步探讨的必要。本条规定依据《民法典》第518条规定:"债权人为二人以上,部分或者全部债权人均可以请求债务人履行债务的,为连带债权;债务人为二人以上,债权人可以请求部分或者全部债务人履行全部债务的,为连带债务。连带债权或者连带债务,由法律规定或者当事人约定。"从本款规定文义上看,该约定不影响个人向其中任何一个个人信息处理者要求行使本法规定的权利,意味着自然人既可以向某一个信息处理者主张相应权利,也可以向其他信息处理者主张权利。结合《民法典》第518条第2款的规定,连带债务需要法律规定或者当事人约定,在本条并未明确个人信息处理者对自然人承担连带债务的情况下，不宜将本条第 1 款后段界定为连带债务。但是考虑到对于义务不履行的法律救济要靠民事责任的承担来实现，而本条第 2 款明确规定了数个信息处理者共同处理个人信息的连带责任规则，因此，从权益救济的角度讲，界定上述情形是否为连带债务在最终的责任承担方面没有本质差异。

本条第 2 款规定了数个信息处理者共同处理个人信息构成共同侵权，依法应当承担连带责任的情形。从逻辑体系上，本款规定的情形属于《民法典》第 1168 条规定的共同侵权的情形，属于共同侵权责任承担规则在个人信息保护领域的具体化。

【条文适用】

一、关于数个信息处理者之间的约定不能对抗信息主体的适用问题

对此，要注意以下几点：一是数个信息处理者之间有个信息处理的权利义务约定，属于《民法典》合同编调整的合同情形，应当适用合同编的相关规定，尤其与《民法典》第 467 条第 1 款做好衔接，该款规定："本法或者其他法律没有明文规定的合同，适用本编通则的规定，并可以参照适用本编或者其他法律最相类似合同的规定。"二是自然人可以向信息处理者主张的权利包括《个人信息保护法》及其他法律所规定的所有个人信息权益，此主张不受信息处理者之间约定的限制，从该条文义上看，无论该自然人是否知晓信息处理者之间的约定均不影响其权利的行使，除非构成权利滥用。对此，《民法典》第 132 条规定："民事主体不得滥用民事权利损害国家利益、社会公共利益或者他人合法权益。"当然，如果该自然人同意仅向其中一人主张相应权利的，基于意思自治原则，在不违反法律强制性规定的情况下，也应予以准许。三是本条规定的适用不仅包括自然人向信息处理者主张权利的情形，还包括每一个信息处理者都要受本法规定的信息处理规则的约束。当然，其中一个信息

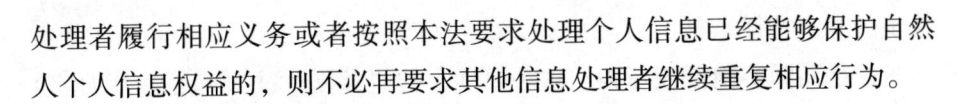

处理者履行相应义务或者按照本法要求处理个人信息已经能够保护自然人个人信息权益的，则不必再要求其他信息处理者继续重复相应行为。

二、关于共同侵权法律规则的适用

如上所述，本条第2款规定是共同侵权行为的适用在个人信息保护领域中的具体化，有关共同侵权的规则对于数个个人信息处理者共同实施侵害自然人个人信息权益的行为具有普遍适用的效力。本款适用的关键在于对"共同"的认定上。这就需要适用一般的共同侵权行为规则。对此，审判实践做了有益探索，此前2003年的《最高人民法院关于审理人身损害赔偿案件适用法律若干问题的解释》（法释〔2003〕20号）第3条第1款规定："二人以上共同故意或者共同过失致人损害，或者虽无共同故意、共同过失，但其侵害行为直接结合发生同一损害后果的，构成共同侵权，应当依照《民法通则》第130条①规定承担连带责任。"该款规定在坚持共同侵权行为的共同过错的同时，还部分承认共同侵权行为的客观标准，认为数人虽无共同故意、共同过失，但其侵害行为直接结合发生同一损害后果的，构成共同侵权，应当依照《民法通则》第130条规定承担连带责任。这一条规定在实务中一般认为采取坚持"时空统一性"作为认定直接结合的依据。虽然"时空统一性"在实践中确实存在不好把握的问题，但不可否认的是，这一规则对于进一步完善共同侵权的法律适用规则体系做出了贡献，将客观关联性引入了共同侵权的制度体系中来。共同侵权行为的本质特征应当从主观标准向客观标准适当过渡，以更好地保护受害人。②这对于完善我国侵权责任法律理论体系以及指导相应的审判实务具有积极的参考借鉴意义。根据《民法典》第1168条的规定，结合上述分析，构成共同侵权行为需要满足以下几个要件：

一是侵权主体的复数性。共同侵权行为的主体必须是两个以上的主体。行为主体既可以是自然人，也可以是法人。这是共同侵权行为所应

---

① 对应《民法典》第1168条，无修改。
② 杨立新：《侵权法论》（第五版），人民法院出版社2013年版，第915页。

具备的基本特征。

二是共同实施侵权行为。这一要件中的"共同"主要包括三层含义：其一，共同故意实施的行为。基于共同故意侵害他人合法权益的，属于典型的共同侵权行为。其二，共同过失实施的行为。共同过失主要是数个行为人共同从事某种行为，基于共同的疏忽大意或者过于自信的过失，而造成他人的损害。其三，数个侵权行为相结合而实施的行为造成他人的损害。换言之，在数个行为人之间尽管没有意思联络，但他们的行为结合在一起，造成了同一个损害结果，形成了客观的关联共同，也构成共同侵权行为。[1] 此为我们结合上述分析得到的见解，如何更好地与《民法典》第178条所规定的责任份额相衔接，还需要审判实务中结合上述分析不断积累实践经验，推动形成指导性案例乃至司法解释，以在维护公平正义、促进法律适用统一方面发挥更大的作用。

三是侵权行为与损害后果之间具有因果关系。在共同侵权行为中，有时各个侵权行为对造成损害后果的比例有所不同，但必须存在法律上的因果关系。[2]

四是受害人的损害需具有不可分割性。这是受害人请求共同侵权人承担连带责任的一个基本要件。无损害，则无救济；没有共同的损害结果，则没有共同侵权责任承担的基础。

【相关规定】

《中华人民共和国民法典》（2020年5月28日）
第一百七十八条 二人以上依法承担连带责任的，权利人有权请求部分或者全部连带责任人承担责任。

连带责任人的责任份额根据各自责任大小确定；难以确定责任大小的，平均承担责任。实际承担责任超过自己责任份额的连带责任人，有

---

[1] 杨立新：《侵权法论》（第五版），人民法院出版社2013年版，第908页。
[2] 王胜明主编：《〈中华人民共和国侵权责任法〉条文解释与立法背景》，人民法院出版社2010年版，第47页。

权向其他连带责任人追偿。

连带责任,由法律规定或者当事人约定。

第五百一十八条 债权人为二人以上,部分或者全部债权人均可以请求债务人履行债务的,为连带债权;债务人为二人以上,债权人可以请求部分或者全部债务人履行全部债务的,为连带债务。

连带债权或者连带债务,由法律规定或者当事人约定。

第五百一十九条 连带债务人之间的份额难以确定的,视为份额相同。

实际承担债务超过自己份额的连带债务人,有权就超出部分在其他连带债务人未履行的份额范围内向其追偿,并相应地享有债权人的权利,但是不得损害债权人的利益。其他连带债务人对债权人的抗辩,可以向该债务人主张。

被追偿的连带债务人不能履行其应分担份额的,其他连带债务人应当在相应范围内按比例分担。

第一千一百六十八条 二人以上共同实施侵权行为,造成他人损害的,应当承担连带责任。

第二十一条 个人信息处理者委托处理个人信息的，应当与受托人约定委托处理的目的、期限、处理方式、个人信息的种类、保护措施以及双方的权利和义务等，并对受托人的个人信息处理活动进行监督。

受托人应当按照约定处理个人信息，不得超出约定的处理目的、处理方式等处理个人信息；委托合同不生效、无效、被撤销或者终止的，受托人应当将个人信息返还个人信息处理者或者予以删除，不得保留。

未经个人信息处理者同意，受托人不得转委托他人处理个人信息。

【条文主旨】

本条是关于委托处理个人信息的规定。

【条文理解】

一、委托处理个人信息的涵义

所谓个人信息处理者委托处理个人信息，是指个人信息处理者将处理个人信息的事务委托给其他的组织或个人，双方成立委托合同关系，一方是委托人，另一方是受托人，由受托人为委托人处理个人信息。委托人可以特别委托受托人对某一种类的个人信息实施某种处理活动（如仅仅是存储或加工），也可以委托受托人对某些种类的个人信息实施多种处理活动（如存储、加工、分析等）。例如，A 公司是一家数据营销分析类公司，受 B 公司委托，对于 B 公司 CRM 系统中的客户数据进行相应的分析，并提供咨询报告。此种情形中，B 公司属于委托人，而 A 公司属于受托人,其受B公司的委托而为其提供个人信息(个人数据)的处理服务。

在委托处理个人信息中,受托人只是受委托人的委托而处理个人信息,个人信息的处理目的与处理方式都是由委托人自主决定的,受托人只是依据委托合同的约定,按照委托人决定的处理目的、处理方式对个人信息进行处理。故此,受托人虽然客观上在实施处理个人信息的活动,但其并非《个人信息保护法》中的"个人信息处理者"。换言之,我国法上虽然没有如同欧盟立法那样区分数据控制者与数据处理者,但是,在个人信息的委托处理中,作为个人信息处理者的委托人就相当于数据控制者,受托人则是数据处理者。为此,《个人信息保护法》专门在第59条对接受委托处理个人信息的受托人的义务作出规定,以示与作为个人信息处理者的委托人的区别。

为了更好地保护个人信息权益,针对个人信息的委托处理,《个人信息保护法》第21条作出了规定。首先,明确了个人信息处理者在委托他人处理个人信息时必须约定的事项,即委托处理个人信息的合同中的必要条款;其次,明确了委托人负有监督义务,即委托方负有对受托方的个人信息处理活动进行监督的义务;再次,规定受托方不得违反委托合同的约定,超出约定的处理目的和处理方式实施处理行为的义务,以及不得擅自将处理个人信息的事务转委托给他人;最后,针对委托合同不生效、无效、被撤销或者终止的时候,特别规定了受托方负有返还个人信息或删除个人信息的义务。

二、处理个人信息的委托合同

(一)处理者应当与受托方订立委托合同

委托合同属于有名合同,它是指委托人和受托人约定,由受托人处理委托人事务的合同(《民法典》第919条)。《民法典》合同编第二十三章对委托合同作出了详细的规定。由于委托合同中受托人处理的事务各不相同,故此,双方具体的权利义务关系也千差万别。《民法典》作为调整民事关系的基本法律,无法对于委托合同中当事人应当约定的各种事项作出规定,而只是就委托合同中委托人和受托人的主要权利义务作出了规定,如委托人的主要义务包括支付费用的义务(《民法典》第921条)、支付报酬的义务(《民法典》第928条)、赔偿受托人损失的义务(《民法典》第930条);受托人的主要义务包括依委托人的指示处理委托事务(《民法典》第922条)、亲自处理委托事务的义务(《民法典》第923条)、报告义务(《民法典》第924条)、财产转交义务(《民法典》第927条)等。[1]

依据《个人信息保护法》第21条第1款规定,个人信息处理者委托处理个人信息的,应当与受托人约定委托处理的目的、期限、处理方式、个人信息的种类、保护措施以及双方的权利和义务等。这就是说,委托人和受托人之间应当订立委托合同,这是强制性规定。该款对于此种为处理个人信息而订立的委托合同的独特的条款作出了明确。

(二)委托合同的形式

合同法以合同自由为基本原则,当事人享有缔结合同的自由、选择相对人的自由、决定合同内容的自由、选择合同形式的自由、选择补救方式的自由等。[2] 故此,《民法典》第135条规定:"民事法律行为可以采用书面形式、口头形式或者其他形式;法律、行政法规规定或者当事人约定采用特定形式的,应当采用特定形式。"个人信息处理者委托他人处理个人信息而订立的委托合同,属于民事法律行为,自然适用《民法典》第135条关于民事法律行为的规定。《个人信息保护法》并未对委托处理个人信息的合同的形式作出特别规定。比较法上,根据GDPR第28条第9条规定,无论是控制者指示、授权还是雇佣处理者处理个人数据,双方的合同或其他法律文件应当采取书面形式,包括电子形式。

(三)委托合同的内容

基于合同自由原则,合同的内容原则上应当由当事人约定,故此,

---

[1] 王利明、杨立新、王轶、程啸:《民法学(下册)》(第六版),法律出版社2020年版,第839~841页。

[2] 王利明:《合同法研究(第一卷)》(第三版),中国人民大学出版社2018年版,第172~175页。

即便是对于各类有名合同,《民法典》合同编也没有逐一规定每类合同中当事人必须约定哪些内容,而只是在第 470 条规定:"合同的内容由当事人约定,一般包括下列条款:(一)当事人的姓名或者名称和住所;(二)标的;(三)数量;(四)质量;(五)价款或者报酬;(六)履行期限、地点和方式;(七)违约责任;(八)解决争议的方法。当事人可以参照各类合同的示范文本订立合同。"这一规定中列举的条款并非所有类型的合同都必须具备的条款。因为社会生活中的交易类型千差万别,合同的性质和内容也各不相同,法律上不可能要求任何合同都必须具备上述条款。因此,应当根据不同的合同来确定哪些条款是必要条款或必备条款。

在欧盟,依据 GDPR 第 28 条的规定,控制者委托他人处理个人数据时,在合同中必须约定的事项,首先,包括以下几项:处理的主旨和期限、处理性质和目的、个人数据的类别、数据主体的类型,以及控制者的权利和义务。其次,还必须包括对处理者不同的义务的规定的具体内容,主要有:(a)仅基于控制者的书面指示处理个人数据,包括将个人数据向第三国或国际组织的传输,除非处理者应遵守的欧盟或成员国法律要求其进行个人数据处理;在这种情况下,处理者在处理之前应将相关法律要求告知控制者,除非因重大公共利益的理由法律禁止告知;(b)确保经授权处理个人数据的人已承诺保密或已承担适当的法定保密义务;(c)采取根据本条例第 32 条规定所需的所有措施;(d)遵守第 2 款和第 4 款所述的雇佣其他处理者的条件;(e)考虑到处理的性质,在可能的范围内通过适当的技术性和组织性措施协助控制者,使得控制者为回应第三章规定的数据主体行使权利的请求而履行义务;(f)考虑到处理的性质和处理者可获得的信息,协助控制者以确保其遵守本条例第 32 条至第 36 条规定的义务;(g)根据控制者的选择,在提供处理相关服务后,需要删除或向该控制者返还所有个人数据,删除现有副本,除非欧盟或成员国法律要求存储个人数据;(h)向控制者提供对于证明遵守本条款规定的义务有必要的所有信息,并允许和配合由控制者或控制者授权的另一审计师进行的审计,包括检查。此外,依据 GDPR 第 28 条第 7 款和第8款的规定，欧盟委员会可根据该条例第93条第2款规定的检查程序，为第28条第3款和第4款所述的事项制定标准合同条款，监管机关可以根据该条例第63条规定的一致性机制，采用为第28条第3款和第4款所述事项制定的标准合同条款。2021年6月，欧盟委员会制定了两个标准合同条款（Standard Contractual Clauses），一个适用于控制者与处理者之间（Between Controllers and Processors），一个适用于向欧盟以外的国家或地区转移个人数据（The Transfer of Personal Data to Third Countries）。①

我国《个人信息保护法》第21条第1款规定也对委托人与受托人应当约定的内容作出了规定，即双方应当约定"委托处理的目的、期限、处理方式、个人信息的种类、保护措施以及双方的权利和义务等"。从这一规定来看，立法者是将"委托处理的目的、期限、处理方式、个人信息的种类、保护措施"与"双方的权利义务"分开表述的。这是因为：前者涉及个人信息权益的保护，这些约定既是委托方与受托方对"委托事务"的具体约定，也是法律规定的义务，故此，它们属于个人信息处理者委托他人处理个人信息所成立的委托合同中必须具备的条款。例如，《儿童个人信息网络保护规定》第16条第2款规定了受托方负有以下义务：（1）按照法律、行政法规的规定和网络运营者的要求处理儿童个人信息；（2）协助网络运营者回应儿童监护人提出的申请；（3）采取措施保障信息安全，并在发生儿童个人信息泄露安全事件时，及时向网络运营者反馈；（4）委托关系解除时及时删除儿童个人信息；（5）不得转委托；（6）其他依法应当履行的儿童个人信息保护义务。显然，《儿童个人信息网络保护规定》规定的这些受托人的义务都是法律规定的义务，即便当事人不约定，也是存在的，必须履行。但是，《个人信息保护法》第21条第1款单独列出的"双方的权利和义务"，则更多的是委托人与受托人之间的民事权利义务关系的约定，具体如何约定应当基于意思自治的原则，只要不违反法律、行政法规的强制性规定和公序良俗原则，就是有效的，法律没有必要逐一列举。当然，未来我国有关主管机关也可

---

① https：//ec.europa.eu/info/law/law-topic/data-protection/publications/standard-contractual-clauses-controllers-and-processors_en.

以考虑针对委托处理个人信息等情形,制定示范合同文本供当事人参照。

三、委托人与受托人的义务

(一) 委托人的监督义务

根据《个人信息保护法》第21条第1款规定,委托人应当对受托人的个人信息处理活动进行监督。这就是说,委托人不能仅仅和受托方作出约定了事,还必须履行监督的义务。《数据安全法》第40条第1句也规定:"国家机关委托他人建设、维护电子政务系统,存储、加工政务数据,应当经过严格的批准程序,并应当监督受托方履行相应的数据安全保护义务。"就委托方的监督义务的具体内容,《个人信息保护法》《数据安全法》未作规定,需要将来相应的法律法规或规章加以细化。① 从比较法来看,一些国家或地区对委托处理个人信息时委托方的监督义务有相应的规定。例如,《日本个人信息保护法》第22条规定:个人信息处理业者委托他人实施全部或部分个人数据的处理业务的,应当对被委托人采取必要且适当的监督,以保障对被委托处理的个人数据进行安全管理。我国台湾地区"个人资料保护法施行细则"第8条规定:委托他人搜集、处理或利用个人资料时,委托机关应对受托者为适当之监督。前项监督至少应包含下列事项:(1) 预定搜集、处理或利用个人资料之范围、类别、特定目的及其期间。(2) 受托者就第12条第2项采取之措施。(3) 有复委托者,其约定之受托者。(4) 受托者或其受雇人违反本法、其他个人资料保护法律或其法规命令时,应向委托机关通知之事项及实行之补救措施。(5) 委托机关如对受托者有保留指示者,其保留指示之事项。(6) 委托关系终止或解除时,个人资料载体之返还,及受托者履行委托契约以储存方式而持有之个人资料之删除。第1项之监督,委托机关应定期确认受托者执行之状况,并将确认结果记录之。受托者

---

① 《电信和互联网用户个人信息保护规定》第11条规定:"电信业务经营者、互联网信息服务提供者委托他人代理市场销售和技术服务等直接面向用户的服务性工作,涉及收集、使用用户个人信息的,应当对代理人的用户个人信息保护工作进行监督和管理,不得委托不符合本规定有关用户个人信息保护要求的代理人代办相关服务。"

仅得于委托机关指示之范围内,搜集、处理或利用个人资料。受托者认为委托机关之指示有违反本法、其他个人资料保护法律或其法规命令者,应立即通知委托机关。

(二)受托人不得违反约定处理个人信息

我国《民法典》第922条规定:受托人应当按照委托人的指示处理委托事务。需要变更委托人指示的,应当经委托人同意。《个人信息保护法》第21条第2款规定:受托方应当按照约定处理个人信息,不得超出约定的处理目的、处理方式等处理个人信息。《数据安全法》第40条规定:受托方应当依照法律、法规的规定和合同约定履行数据安全保护义务,不得擅自留存、使用、泄露或者向他人提供政务数据。如果受托人没有按照约定处理个人信息,如违反委托合同约定的处理目的处理个人信息,或者采取约定之外的处理方式处理个人信息的,那么受托人的这一处理行为属于非法处理个人信息的行为,应当依法承担行政责任乃至刑事责任。如果侵害个人信息权益造成损害的,还需要依法承担民事责任。同时,由于受托人违反委托合同的约定,也构成对委托人的违约行为,所以需要向委托人承担违约责任。

(三)未经个人信息处理者的同意不得转委托

委托合同是基于委托人对受托人的信赖而委托受托人处理事项所产生的民事法律关系。受托人负有亲自处理委托事务的义务,而不得任意转委托他人。《民法典》第923条规定:"受托人应当亲自处理委托事务。经委托人同意,受托人可以转委托。转委托经同意或者追认的,委托人可以就委托事务直接指示转委托的第三人,受托人仅就第三人的选任及其对第三人的指示承担责任。转委托未经同意或者追认的,受托人应当对转委托的第三人的行为承担责任;但是,在紧急情况下受托人为了维护委托人的利益需要转委托第三人的除外。"在个人信息的委托处理中,原则上受托人不能在没有得到委托人的同意的情形下转委托,因为这种做法一则违背委托人的意志,有损委托人的合法权益;二则不利于保护个人信息权益,增加了个人信息被泄露或被非法使用的风险。例如,GDPR第28条就明确规定:在没有事先获得数据控制者的特别或一般书面授权（Written Authorisation）时，数据处理者不得选任另一个数据处理者。即便是获得了一般的书面授权，数据处理者也应当告知数据控制者任何有关增加或替换其他数据处理者的预期变动，以给数据控制者拒绝上述变动的机会。同样，我国《个人信息保护法》第 21 条第 3 款也明确规定："未经个人信息处理者同意，受托方不得转委托他人处理个人信息。"有疑问的是，如果存在紧急情况，受托人能否依据《民法典》第 923 条的规定，为了维护作为委托人的个人信息处理者的利益而转委托给第三人？我们认为，只要这种转委托并不损害个人的权益，显然是可以的。

四、返还或删除个人信息的义务

《民法典》第 157 条规定："民事法律行为无效、被撤销或者确定不发生效力后，行为人因该行为取得的财产，应当予以返还；不能返还或者没有必要返还的，应当折价补偿。有过错的一方应当赔偿对方由此所受到的损失；各方都有过错的，应当各自承担相应的责任。法律另有规定的，依照其规定。"为了有效地保护个人信息权益，《个人信息保护法》第 21 条第 2 款规定，委托合同不生效、无效、被撤销或者终止的，受托方应当将个人信息返还个人信息处理者或者予以删除，不得保留。《个人信息保护法（草案）》第 22 条第 2 款曾规定："受托方应当按照约定处理个人信息，不得超出约定的处理目的、处理方式等处理个人信息，并应当在合同履行完毕或者委托关系解除后，将个人信息返还个人信息处理者或者予以删除。"在审议过程中，有的意见认为，委托合同不仅是履行完毕或委托关系解除后，应当返还个人信息或者删除，而且在其他原因导致委托合同终止或者委托合同没有成立或者无效、被撤销时，也存在返还个人信息或删除的问题。此外，不仅要求受托方返还或删除个人信息，还应当确保受托方没有留存个人信息，这样才能更好地保护个人信息权益。故此，《个人信息保护法》第 21 条第 2 款进行了修改完善。关于什么情况下应当返还个人信息，什么情况是删除个人信息，我们认为，原则上受托方应当返还个人信息给委托方，只有无法返还的时候，才应当删除个人信息。当然，委托方与受托方也可以在委托合同中对此作出明确的约定。但是，无论是返还还是删除，受托方都不得留存个人信息。

【条文适用】

一、关于委托处理个人信息未订立合同

如果委托处理个人信息时，委托人与受托人在订立的委托合同中没有约定《个人信息保护法》第21条第1款所述的内容，或者根本就没有签订委托合同对于相关事项进行约定。这种情况下，一则，即便不约定，也不影响受托人履行法律、行政法规规定的保护个人信息安全的义务。对此，《个人信息保护法》第59条有相应的规定；二则，委托处理个人信息而不作相应的约定，此种行为构成违法行为，依据《个人信息保护法》第66条，履行个人信息保护职责的部门可以依法对双方进行处罚。

二、关于委托处理个人信息中受托人给委托人造成损失的赔偿责任

在委托他人处理个人信息时，委托人和受托人具有委托合同关系。因受托人在处理个人信息时的过错而造成委托人损失，委托人就该损失能否向受托人要求赔偿？我们认为，应当适用《民法典》第929条的规定，即"有偿的委托合同，因受托人的过错造成委托人损失的，委托人可以请求赔偿损失。无偿的委托合同，因受托人的故意或者重大过失造成委托人损失的，委托人可以请求赔偿损失。受托人超越权限造成委托人损失的，应当赔偿损失"。例如，受托人违反委托合同的约定，超出约定的处理目的处理个人信息的，就属于受托人超越权限，其应当就由此给委托人造成的损失承担赔偿责任，无论主观上有无过错，也无论委托合同是有偿的还是无偿的。至于其他情形中受托人给委托人造成损失的，委托人是否有权要求受托人赔偿取决于委托合同是有偿还是无偿的。如果是有偿的，则受托人仅在有过错时需要承担赔偿责任；如果是无偿的，受托人只有因故意或者重大过失造成委托人损失时，才需要承担赔偿

责任。

三、关于受托人侵害个人信息权益的民事赔偿责任

委托处理个人信息时，如果受托人因处理行为侵害个人信息权益，受托人需要承担侵权责任。问题是，委托人是否需要承担侵权责任？我们认为，由于委托人和受托人之间仅仅是委托合同关系，受托人并非委托人的雇员或工作人员，并不受委托人的控制，所以，由此产生的侵权责任属于定作人责任。《民法典》第1193条规定："承揽人在完成工作过程中造成第三人损害或者自己损害的，定作人不承担侵权责任。但是，定作人对定作、指示或者选任有过错的，应当承担相应的责任。"具体到委托处理个人信息中，所谓定作人就是委托人，承揽人就是受托人。只有当定作人就个人信息处理存在定作、指示、选任的过错的，才需要承担相应的责任。当然，如果委托人和受托人存在共同故意时，如委托人将非法收集的个人信息委托给受托人处理，而受托人对此也是明知的，双方存在共同故意，那么就属于《民法典》第1168条规定的共同侵权行为，它们应当就由此给被侵权人造成的损害承担连带赔偿责任。

【相关规定】

1. 《中华人民共和国数据安全法》（2021年6月10日）

第四十条 国家机关委托他人建设、维护电子政务系统，存储、加工政务数据，应当经过严格的批准程序，并应当监督受托方履行相应的数据安全保护义务。受托方应当依照法律、法规的规定和合同约定履行数据安全保护义务，不得擅自留存、使用、泄露或者向他人提供政务数据。

2. 《儿童个人信息网络保护规定》（2019年8月22日）

第十六条 网络运营者委托第三方处理儿童个人信息的，应当对受委托方及委托行为等进行安全评估，签署委托协议，明确双方责任、处理事项、处理期限、处理性质和目的等，委托行为不得超出授权范围。

前款规定的受委托方，应当履行以下义务：

（一）按照法律、行政法规的规定和网络运营者的要求处理儿童个人信息；

（二）协助网络运营者回应儿童监护人提出的申请；

（三）采取措施保障信息安全，并在发生儿童个人信息泄露安全事件时，及时向网络运营者反馈；

（四）委托关系解除时及时删除儿童个人信息；

（五）不得转委托；

（六）其他依法应当履行的儿童个人信息保护义务。

3.《**电信和互联网用户个人信息保护规定**》（2013年7月16日）

第十一条 电信业务经营者、互联网信息服务提供者委托他人代理市场销售和技术服务等直接面向用户的服务性工作，涉及收集、使用用户个人信息的，应当对代理人的用户个人信息保护工作进行监督和管理，不得委托不符合本规定有关用户个人信息保护要求的代理人代办相关服务。

第二十二条　个人信息处理者因合并、分立、解散、被宣告破产等原因需要转移个人信息的，应当向个人告知接收方的名称或者姓名和联系方式。接收方应当继续履行个人信息处理者的义务。接收方变更原先的处理目的、处理方式的，应当依照本法规定重新取得个人同意。

【条文主旨】

本条是关于个人信息处理者因合并、分立等原因而转移个人信息时各方义务的规定。

【条文理解】

一、因合并、分立等原因转移个人信息的含义

个人信息处理者常常是法人或者非法人组织，而法人或者非法人组织会发生合并、分立、解散或被宣告破产等情形。此时，个人信息处理者所处理的个人信息就会发生转移。例如，A公司与B公司进行吸收合并，成立C公司，A公司与B公司均消灭的情形下，原来A公司与B公司所处理的个人信息就被转移给了C公司。此时，无论原先的个人信息处理者是基于个人同意处理个人信息，还是依据法律的规定处理个人信息，由于个人信息处理者已经发生了变化，故此，都应当履行向个人告知的义务，除非存在《个人信息保护法》规定的免除告知义务的情形。但是，由于这种因合并、分立、解散、被宣告破产等原因导致的个人信息转移并非因为个人信息处理者因自己的意愿将个人信息提供给其他的处理者，而且接收方并未变更处理目的、处理方式，仍然继续履行个人信息处理者的义务，故此，此种个人信息的转移不需要取得个人同意。

只要处理者向个人告知接收方的名称或者姓名以及联系方式，以便于个人向接收方行使权利即可。但是，如果接收方要变更原先的处理目的、处理方式的，那么就必须重新取得个人的同意。为了明确上述问题，本条作出了规定。

二、转移个人信息的法定情形

（一）因合并而需要转移个人信息

所谓合并，就是法人或者非法人组织的合并。《民法典》第67条第1款规定："法人合并的，其权利和义务由合并后的法人享有和承担。"第108条规定："非法人组织除适用本章规定外，参照适用本编第三章第一节的有关规定。"因此，非法人组织合并的，其权利义务也是由合并后的非法人组织享有和承担。最常见的法人合并的情形就是作为营利法人的公司的合并。《公司法》第172条规定："公司合并可以采取吸收合并或者新设合并。一个公司吸收其他公司为吸收合并，被吸收的公司解散。两个以上公司合并设立一个新的公司为新设合并，合并各方解散。"例如，A公司与B公司进行吸收合并，A公司吸收B公司，被吸收的B公司解散，此时B公司的债权债务依据《公司法》第174条由合并后依然存续的A公司承继。B公司此前基于同意而收集的个人信息也转移给A公司。再如，甲公司与乙公司进行新设合并，设立一个新的公司丙公司，甲乙两公司均解散，这就是新设合并，甲、乙两公司收集的个人信息转移给丙公司。

（二）因分立而需要转移个人信息

《民法典》第67条第2款规定："法人分立的，其权利和义务由分立后的法人享有连带债权，承担连带债务，但是债权人和债务人另有约定的除外。"《公司法》第176条规定："公司分立前的债务由分立后的公司承担连带责任。但是，公司在分立前与债权人就债务清偿达成的书面协议另有约定的除外。"但是，《民法典》和《公司法》均未就分立的具体类型作出规定，学说上一般将分立分为以下两种情形：一是单纯分立，即一个法人或非法人组织分成两个以上的法人或非法人组织，具体包括存续分立与解散分立，前者是指一个法人或非法人组织分立成两个以上的法人或非法人组织，原来的法人或非法人组织依然存续。后者是指一个法人或非法人组织分立成两个以上的法人或非法人组织，原来的法人或非法人组织消灭。[①] 显然，在存续分立的情形下，由于原来的法人或者非法人组织依然存续，因此，并不一定需要转移个人信息，但是在解散分立的时候，就需要转移个人信息。二是分立合并，即法人或非法人组织因分立而与一个或多个现存的法人或非法人组织进行合并的情形。具体又可以分为，吸收分立合并与新设分立合并，以公司法人为例，前者是指公司将其部分营业分割出去作为出资并入其他既存的公司，所分割的营业被其他既存的公司所吸收；后者是指公司将其部分营业分割出去而与其他既存的公司的全部或部分的营业共同作为出资新设一个公司。[②] 显然这两种分立合并的情形下，都可能会出现需要转移个人信息的问题。

（三）因被宣告破产需要转移个人信息

在法人被宣告破产的情形下，其原来处理的个人信息如何处理，需要视情况而定。多数时候，法人尤其是企业法人被宣告破产，意味着该法人将停止提供产品或者服务，或者其处理目的已经难以实现。在这种情况下，依据《个人信息保护法》第47条规定，个人信息处理者应当主动删除个人信息，如果不删除的，个人有权请求删除。但是，也可能出现的情况是，法人虽然破产，其收集的个人信息以及法人的资产被作为破产财产，依据《企业破产法》规定的破产清算程序进行变价和分配，在这种情形下，就会出现个人信息被转移的问题。在破产清算程序中处置包含个人信息在内的破产人的数据财产时，需要考虑个人信息的接收方是否能够继续履行个人信息处理者的义务，例如，美国破产法实践中发展出的"合格购买者"的标准，要求转让人和受让人属于同一行业或者相似的营业范围，受让人同意按照个人信息原来的使用目的进行使用，

[①] 施天涛：《公司法论》（第四版），法律出版社2018年版，第547页。
[②] 施天涛：《公司法论》（第四版），法律出版社2018年版，第547~548页。

受让人同意遵循破产的债务人的隐私政策等。①

（四）因解散需要转移个人信息

《民法典》第 69 条规定了法人解散的五类情形，即：（1）法人章程规定的存续期间届满或者法人章程规定的其他解散事由出现；（2）法人的权力机构决议解散；（3）因法人合并或者分立需要解散；（4）法人依法被吊销营业执照、登记证书，被责令关闭或者被撤销；（5）法律规定的其他情形。在上述情形中，除合并或分立而需要解散之外，其他法人解散的情形中是否需要转移个人信息也要视不同情况而定。如法人章程规定的存续期间届满或者法人的权力机构决议解散等，可能意味着该法人已经停止提供产品或者服务，所以，依据《个人信息保护法》第 47 条需要删除个人信息。至于法人因为被吊销营业执照等而被责令关闭或被撤销的，有可能是因为法人违法处理个人信息，从而被履行个人信息保护职责的部门依据《个人信息保护法》第 66 条第 2 款的规定处以吊销营业执照的行政处罚。这种情况下，依据《个人信息保护法》第 47 条规定，应当删除个人信息，而不是转移个人信息。但是，有些法人如机关法人被撤销的，依据《民法典》第 98 条的规定，该机关法人的民事权利和义务由继任的机关法人享有和承担；没有继任的机关法人的，由作出撤销决定的机关法人享有和承担。故此，也需要转移个人信息。

三、告知义务的履行

依据本条规定，个人信息处理者因为合并、分立、解散、被宣告破产等原因需要转移个人信息的，应当向个人告知接收方的名称或者姓名和联系方式。由此可见，告知义务是由个人信息处理者来履行，当然也可以由个人信息处理者与接收方来共同履行。不过，仅仅是接收方履行该告知义务，并不妥当，因为个人不能确认接收方是否真的属于接收方，即个人对于个人信息转移的事实是否发生以及何人属于接收方会存在疑

---

① 郭东阳：《破产法视野下个人信息转让的同意规则研究》，载《东北大学学报（社会科学版）》2020 年第 5 期。

问。所以，仅仅是接收方的告知不能表明履行了告知义务。

四、接收方的义务

依据本条规定，接收方应当继续履行个人信息处理者的义务。接收方变更原先的处理目的、处理方式，应当依照本法规定重新取得个人同意。这就是说，首先，原来的个人信息处理者无论是依据法律规定还是依据合同约定而负有的个人信息处理者的义务，接收方都应当继续履行，否则应当承担法律责任。其次，接收方应当按照原来的处理目的、处理方式处理信息，不得变更。如果需要变更的，除非法律规定不需要取得同意，否则必须重新取得个人同意。而这种取得同意的前提当然是向个人履行告知义务。

【条文适用】

对于本条的适用，需要注意的是：本条只是适用于因合并、分立等法定原因需要转移个人信息，也就是说，本条所规定的导致个人信息转移的情形限于个人信息处理者的法律主体地位发生变化而导致的个人信息转移的情形。因此，如果个人信息处理者的法律主体地位没有变化，只是委托其他主体处理个人信息，即属于委托处理个人信息的情形（《个人信息保护法》第 21 条）；如果个人信息处理者向其他处理者提供个人信息的（《个人信息保护法》第 23 条），虽然客观上也是个人信息发生了转移，也都存在至少两个主体：一个是提供方，另一个是接收方。但是，二者产生的原因不同。本条规定的是合并、分立、解散等法律规定的原因，导致了个人信息处理者的主体法律地位的变化。

【相关规定】

1.《中华人民共和国民法典》（2020 年 5 月 28 日）

第六十七条 法人合并的，其权利和义务由合并后的法人享有和承担。

法人分立的,其权利和义务由分立后的法人享有连带债权,承担连带债务,但是债权人和债务人另有约定的除外。

第六十八条 有下列原因之一并依法完成清算、注销登记的,法人终止:

(一)法人解散;

(二)法人被宣告破产;

(三)法律规定的其他原因。

法人终止,法律、行政法规规定须经有关机关批准的,依照其规定。

第六十九条 有下列情形之一的,法人解散:

(一)法人章程规定的存续期间届满或者法人章程规定的其他解散事由出现;

(二)法人的权力机构决议解散;

(三)因法人合并或者分立需要解散;

(四)法人依法被吊销营业执照、登记证书,被责令关闭或者被撤销;

(五)法律规定的其他情形。

第一百零八条 非法人组织除适用本章规定外,参照适用本编第三章第一节的有关规定。

2.《中华人民共和国公司法》(2018年10月26日修正)

第一百七十二条 公司合并可以采取吸收合并或者新设合并。

一个公司吸收其他公司为吸收合并,被吸收的公司解散。两个以上公司合并设立一个新的公司为新设合并,合并各方解散。

第二十三条 个人信息处理者向其他个人信息处理者提供其处理的个人信息的，应当向个人告知接收方的名称或者姓名、联系方式、处理目的、处理方式和个人信息的种类，并取得个人的单独同意。接收方应当在上述处理目的、处理方式和个人信息的种类等范围内处理个人信息。接收方变更原先的处理目的、处理方式的，应当依照本法规定重新取得个人同意。

【条文主旨】

本条是关于个人信息处理者提供个人信息的规定。

【条文理解】

根据本法第4条第2款"个人信息的处理包括个人信息的收集、存储、使用、加工、传输、提供、公开、删除等"以及《民法典》第1035条第2款"个人信息的处理包括个人信息的收集、存储、使用、加工、传输、提供、公开等"的规定，提供个人信息是处理个人信息的一种方式。个人信息具有可复制性，可以由一个信息处理者转移至另外的信息处理者，并由不同的信息处理者分别按照自己的方式和目的进行处理。《个人信息保护法》并未对"提供个人信息"进行定义，有观点认为，提供个人信息包括两种情形：一是个人信息的共享，即处理个人信息的信息处理者将其处理的个人信息提供给另外的个人信息处理者，提供方和接收方分别按照自己的处理目的和方式对个人信息进行处理；二是个人信息的转让，即处理个人信息的信息处理者将其处理的个人信息提供给另外的个人信息处理者后，仅由接收方对个人信息进行处理，前者不再处理个人信息。大数据时代，允许个人信息的共享或转移有利于对个人信息进行深入的开发与利用。提供个人信息，尤其是个人信息的共享是个人信息再利用的方式，有利于防止个人信息的垄断，实现个人信息的合理利用，推动网络信息科技和数字经济的发展。①

本条所指提供个人信息，是指发生在两个以上个人信息处理者之间的处理活动。根据本法第73条规定，个人信息处理者是指在个人信息处理活动中自主决定处理目的、处理方式的组织、个人，也就是说提供个人信息和接收个人信息的主体都是自主决定处理目的、处理方式的组织、个人。这是提供个人信息与共同处理个人信息（本法第20条）、委托处理个人信息（本法第21条）的区别所在。根据本法第20条规定，共同处理个人信息是指两个以上的个人信息处理者共同决定个人信息的处理目的和处理方式。在共同处理个人信息的活动中，也可能发生个人信息从一个主体转移至另一个主体的情况，相对于个人信息所对应的个人来说，这两个实体的处理行为具有整体性。因此，在共同处理个人信息过程中发生的个人信息的移转并不是本条所规定的"提供个人信息"。共同处理个人信息的信息处理者在处理个人信息前应当按照本法第17条的规定履行告知义务，将共同处理个人信息的各个处理者的名称或者姓名告知个人。根据本法第21条规定，委托处理个人信息是指个人信息处理者委托受托人处理个人信息，受托人不能自主决定处理目的、处理方式，而是应当按照与个人信息处理者约定的目的、期限、处理方式、个人信息的种类、保护措施等处理个人信息，不得超出约定的处理目的、处理方式等。根据《民法典》关于委托合同的规定，委托合同是委托人和受托人约定，由受托人处理委托人事务的合同，受托人应当按照委托人的指示处理委托事务。在委托处理个人信息的活动中，同样可能发生个人信息从一个主体转移至另一个主体的情况，但由于受托人并非本法第73条所定义的"个人信息处理者"，因此在委托处理个人信息过程中发生的个人信息的移转并不是本条所规定的"提供个人信息"。委托处理个人信息应当按照本法第17条履行告知义务，同时，受托人应当根据本法第59

---

① 程啸：《个人信息保护法理解与适用》，中国法制出版社2021年版，第215页。

条规定采取必要措施保障所处理的个人信息的安全,并协助个人信息处理者履行本法规定的义务。

提供个人信息应当履行告知义务。提供个人信息属于处理个人信息的一种,应当遵循公开、透明原则,确保个人对处理活动的知情权。根据本条以及结合本法第17条第1款规定,作为提供方的个人信息处理者应当取得个人的单独同意:提供方如果要将自己处理的个人信息向其他个人信息处理者提供,则应向个人告知:接收个人信息的个人信息处理者的姓名、联系方式、处理目的、处理方式和个人信息的种类,在取得个人对提供个人信息这一处理活动的单独同意后,方可将个人信息提供给接收方。提供个人信息应当告知的内容与第17条第1款规定的告知内容并不完全相同,按照本条规定,个人信息应当告知的内容包括:一是作为接收方的个人信息处理者的名称或者姓名、联系方式,便于个人能够清楚在权利受损害时向谁主张权利;二是接收方处理个人信息的目的、方式以及个人信息种类,以便于个人能够考量是否同意提供个人信息。本条是关于提供个人信息的特别规定,在提供个人信息这一处理活动中,应当按照本条规定的应当告知的内容来履行告知义务,而不是按照第17条第1款的规定。此外,本条虽然没有规定履行告知义务时的具体要求,但亦应当按照第17条第1款关于告知义务的具体要求来履行,即应当以显著方式、清晰易懂的语言真实、准确、完整地履行告知义务。除告知义务外,根据本法第55条规定,向其他个人信息处理者提供个人信息的,个人信息处理者应当事前进行个人信息保护影响评估,并对处理情况进行记录。

提供个人信息应当取得个人单独同意。本法明确了以"告知-同意"为核心的个人信息处理规则,处理个人信息应在事先充分告知的前提下取得个人同意或者符合法定条件。"告知-同意"是指在处理用户个人信息之前应当向用户告知其对个人信息的处理目的、规则等,并应征得用户明确同意。基于个人同意处理个人信息的,该同意应当由个人在充分知情的前提下自愿、明确作出,法律、行政法规规定处理个人信息应当取得个人单独同意或者书面同意的,从其规定。我们认为,本法所规定

223

的同意可以分为一般性的同意和单独同意。所谓单独同意，是指个人有针对性地、专门地就特定事项自愿作出明确同意，该同意是独立于其他个人信息处理行为及规则自由地作出同意。与单独同意相比，一般性的同意并不要求个人针对某特定事项单独作出同意的意思表示，比如以"一揽子"方式就数个事项取得同意或者以概括的方式取得同意。本法之所以要求对某些个人信息处理活动取得单独同意是因为这些处理活动或者所处理的个人信息对个人权益影响较大。就提供个人信息而言，个人信息在不同的个人信息处理者之间移转，处理个人信息的主体增多，这一过程中，个人信息被侵害的风险大大增加，一般性的同意难以有效提高个人对此项处理活动的重视程度，有必要以单独同意的方式提醒个人对此项处理活动进行重视；同时也对个人信息处理者设定更高门槛，防止个人信息处理者随意向其他个人信息处理者提供个人信息，降低个人信息被泄露、篡改或丢失的风险。

　　接收个人信息的个人信息处理者应当在告知范围内处理个人信息。提供个人信息的信息处理者应当在将所处理的个人信息转移给接收方之前向个人告知接收方的名称或者姓名、联系方式以及处理目的、处理方式和个人信息种类，接收方应当在上述处理目的、处理方式和个人信息的种类等范围内处理个人信息。接收方变更处理目的、方式的，应当重新取得同意。根据本法第14条规定，个人信息的处理目的、处理方式和处理的个人信息种类发生变更的，应当重新取得个人同意。法律之所以要求重新取得同意是因为个人信息的处理目的、处理方式和处理的个人信息种类对个人信息权益的影响较大，在发生变更时应重新取得个人的明确同意，以保证个人对处理目的、处理方式和处理的个人信息种类的知情权、决定权，同时也以这种方式防止个人信息处理者对处理目的、处理方式和处理的个人信息种类随意变更，降低信息处理者侵害个人信息权益的可能性。在提供个人信息这一处理活动中，由于提供方所提供的个人信息种类是确定的，如果提供方就所提供的个人信息种类进行变更，应当由提供方在提供个人信息之前征求个人单独同意。对接收方而言，其能够变更的主要是个人信息的处理目的、方式，因此与本法第14

条相比，本条第三句并未对个人信息种类进行规定。按照本条第三句的规定，接收个人信息的个人信息处理者对处理目的、方式进行变更的，应当由接收方重新取得个人同意。

【条文适用】

实践中，提供个人信息的场景主要包括两个：一是经营者之间基于营利目的而提供个人信息；二是国家机关以及法律、法规授权的具有管理公共事务职能的组织为履行法定职责而提供个人信息。对于经营者之间基于商业考虑而提供个人信息的，应当注意保护个人合法权益与保障数字经济健康发展之间的平衡问题。对于国家机关以及法律、法规授权的具有管理公共事务职能的组织基于履行公共管理等职责的需求而提供个人信息的，应当注意两个问题：一是本条在体系上位于本法第二章第一节"一般规定"部分，根据本法第33条"国家机关处理个人信息的活动，适用本法；本节有特别规定的，适用本节规定"的规定，国家机关以及法律、法规授权的具有管理公共事务职能的组织基于履行公共管理等职责的需求而提供个人信息的也应当适用本条规定；二是由于提供个人信息属于处理个人信息的一种，在本条没有特别规定的情况下，提供个人信息应当遵守本法对于处理个人信息活动的其他规定，比如，根据本法第18条规定，个人信息处理者处理个人信息，有法律、行政法规规定应当保密或者不需要告知的情形的，可以不向个人告知第17条第1款规定的事项；再比如，根据本法第35条规定，国家机关为履行法定职责处理个人信息，应当依照本法规定履行告知义务；有本法第18条第1款规定的情形，或者告知将妨碍国家机关履行法定职责的除外，换言之，在有法律、行政法规规定应当保密或者不需要告知的情形的或者告知将妨碍国家机关履行法定职责的情况下，提供个人信息可以不向个人告知相关事项。

关于提供个人信息不需要取得个人同意的情形。根据本法第13条第2款"依照本法其他有关规定，处理个人信息应当取得个人同意，但是有前款第二项至第七项规定情形的，不需取得个人同意"的规定，在存在本法第13条第1款第2项至第7项规定的情形时，处理个人信息不需要取得个人同意。这些情形包括：为订立、履行个人作为一方当事人的合同所必需，或者按照依法制定的劳动规章制度和依法签订的集体合同实施人力资源管理所必需；为履行法定职责或者法定义务所必需；为应对突发公共卫生事件，或者紧急情况下为保护自然人的生命健康和财产安全所必需；为公共利益实施新闻报道、舆论监督等行为，在合理的范围内处理个人信息；依照本法规定在合理的范围内处理个人自行公开或者其他已经合法公开的个人信息；以及法律、行政法规规定的其他情形。在这些情形下，为了维护国家利益、公共利益以及他人合法权益，需要对个人信息权益进行必要的限制，法律允许个人信息处理者无须取得个人同意就实施处理个人信息的行为。提供个人信息属于处理个人信息的一种类型，当然适用第13条的规定，因此在上述情形下，个人信息处理者向其他个人信息处理者提供个人信息不需要取得个人同意。

【相关规定】

《中华人民共和国民法典》（2020年5月28日）

第一百一十一条 自然人的个人信息受法律保护。任何组织或者个人需要获取他人个人信息的，应当依法取得并确保信息安全，不得非法收集、使用、加工、传输他人个人信息，不得非法买卖、提供或者公开他人个人信息。

第一千零三十五条 处理个人信息的，应当遵循合法、正当、必要原则，不得过度处理，并符合下列条件：

（一）征得该自然人或者其监护人同意，但是法律、行政法规另有规定的除外；

（二）公开处理信息的规则；

（三）明示处理信息的目的、方式和范围；

（四）不违反法律、行政法规的规定和双方的约定。

个人信息的处理包括个人信息的收集、存储、使用、加工、传输、提供、公开等。

第二十四条　个人信息处理者利用个人信息进行自动化决策，应当保证决策的透明度和结果公平、公正，不得对个人在交易价格等交易条件上实行不合理的差别待遇。

通过自动化决策方式向个人进行信息推送、商业营销，应当同时提供不针对其个人特征的选项，或者向个人提供便捷的拒绝方式。

通过自动化决策方式作出对个人权益有重大影响的决定，个人有权要求个人信息处理者予以说明，并有权拒绝个人信息处理者仅通过自动化决策的方式作出决定。

【条文主旨】

本条是关于个人信息处理者利用个人信息进行自动化决策的规定。

【条文理解】

自动化决策属于近年来立法、司法和理论研究中的热点和难点问题，其不仅涉及个人、个人信息处理者的关系平衡，在更深的层次上，还涉及法律和科学技术的关系问题。正是由于其前端性、复杂性和争议性，本法有关自动化决策中个人权益保护的规定经历了不断修改、完善的过程。《个人信息保护法（草案）》第25条规定："利用个人信息进行自动化决策，应当保证决策的透明度和处理结果的公平合理。个人认为自动化决策对其权益造成重大影响的，有权要求个人信息处理者予以说明，并有权拒绝个人信息处理者仅通过自动化决策的方式作出决定。通过自动化决策方式进行商业营销、信息推送，应当同时提供不针对其个人特征的选项。"经公众征求意见，全国人大宪法和法律委员会经研究决定将该条修改为:"利用个人信息进行自动化决策,应当保证决策的透明度和结果公平合理。通过自动化决策方式进行商业营销、信息推送,应当同时提供不针对其个人特征的选项,或者向个人提供拒绝的方式。通过自动化决策方式作出对个人权益有重大影响的决定,个人有权要求个人信息处理者予以说明,并有权拒绝个人信息处理者仅通过自动化决策的方式作出决定。"相比于一审稿,二审稿的变化为:第一,将本条内容从两款调整为三款,第1款从原则上规定利用个人信息进行自动化决策的程序性要求和结果性要求;第2款规定了通过自动化决策进行个性化商业营销和信息推送时的要求;第3款规定了个人对自动化决策的要求解释权和拒绝权。第二,在第2款中增加要求信息处理者向个人提供拒绝针对其个人特征的商业营销、信息推送的方式。第三,改变了个人行使要求解释权和拒绝权的条件。在一审稿中,个人行使要求解释权和拒绝权的条件是"个人认为自动化决策对其权益造成重大影响的",二审稿将"个人认为"删除。本条进一步进行了优化,相比于二审稿的主要变化在于第1款。本条第1款规定:"个人信息处理者利用个人信息进行自动化决策,应当保证决策的透明度和结果公平、公正,不得对个人在交易价格等交易条件上实行不合理的差别待遇。"内容的变化有两点:第一,将"结果公平合理"改为"结果公平、公正";第二,针对实践中存在的大数据杀熟问题,在本款中增加规定"不得对个人在交易价格等交易条件上实行不合理的差别待遇"。经过多轮修改,本条规定在规范自动化决策应用、保护个人信息权益和商业利益方面趋于完善,与本法的其他相关规定相互结合,形成了全面、科学的制度体系。

一、关于自动化决策的内涵、价值及潜在危害

理解本条的关键在于理解自动化决策(Automated Decision – Making)的含义、应用价值及其潜在危害。

(一)自动化决策的内涵

自动化决策又被称为算法,根据本法第73条规定,自动化决策,是指通过计算机程序自动分析、评估个人的行为习惯、兴趣爱好或者经济、

健康、信用状况等，并进行决策的活动。也有学者认为，自动化决策（算法）即人类通过代码设置、数据运算与机器自动化判断进行决策的一套机制，并非数学或计算机科学意义上的算法，也并非纯粹关于人类行为的决策算法，这一过程既有人类决策，也有机器的自动化判断。[1] 从前述定义可知，算法并非价值中立，相反，其完全体现了算法操控者自身的利益和价值立场，算法的这一根本特征决定了其可以成为法律规制的对象。

(二) 自动化决策的价值

信息数据和人工智能技术的飞速发展为算法提供了大展拳脚的舞台。由于网络和信息化技术进步带来的算法的进步改变了传统的商业经营和销售模式，也改变了传统的消费与娱乐行为。传统条件下，由于信息搜集技术的限制，经营者无法有效获取消费者有关消费需求、消费倾向等方面的信息，其商品或者服务的提供带有很大的盲目性。而在当前信息技术发达、个人信息流通便捷的情况下，经营者可以低成本、高效率地利用各种信息搜集方式获取并分析消费者的消费习惯、消费倾向，从而有效地为特定消费者提供个性化服务，进而取得市场竞争优势。对个人信息的有效利用，不仅给经营者带来了利益，也给消费者带来了诸多便利：消费倾向和消费兴趣被商家掌握的消费者，在选择商品和服务时可以节省更多搜索成本，更好地满足消费者的个性化需求；经营者对消费信息的有效掌握可以使其不再向没有该类消费倾向的消费者滥发邮件，减少众多消费者收到垃圾邮件的数量；有良好信用记录的消费者可以更方便取得贷款。[2] 可见，通过对所搜集的个人信息进行自动化处理与决策，可以极大地节约社会成本，促进经济发展，便利个人生活。

(三) 自动化决策的潜在危害

在推动商业发展和便利个人生活的同时，自动化决策程序应用也可

---

[1] 丁晓东：《论算法的法律规制》，载《中国社会科学》2020年第12期。
[2] 王利明、程啸、朱虎：《中华人民共和国民法典人格权编释义》，中国法制出版社2020年版，第186页。

能带来严重的危害。首先,算法黑箱可能挑战人类决策的知情权与自主决策。在算法社会中,很多时候不透明的算法工具成为决策主体,如果不加检验地以机器决策替代人类决策,人类的自主性可能面临严峻考验。其次,算法可能威胁个体的隐私和自由。算法常常建立在个人数据的收集之上,通过结合大数据运算与个人数据进行个性化推送。但这种对个体偏好的预测与迎合可能损害公民个体的自主性,因为这种个性化推荐可能使个体困于"信息茧房"。个体受限于算法的控制,能接收到的信息只是算法根据个体偏好而筛选出来的信息,而不是那些更加中立、可能促使个体反思自身固有观点的信息,甚至不是随机性的信息。长期如此,个体真正的自由可能受到威胁。最后,算法可能导致歧视与偏见。平等是一个社会的基本价值,算法的技术特征使得有人认为,算法有助于解决歧视与偏见问题。但算法也可能常常暗含歧视与偏见,甚至放大人类的偏见。[1] 除此之外,从算法决策的逻辑来看,其考察的是事物之间的相关性和盖然性,而非必然的因果关系,决策结果可能是根据偶然性因素作出的,并不能保证正确。[2] 另一方面,由于算法的不透明性,个人无法理解其决策的具体逻辑和过程,算法极易异化为商业经营者或其他个人信息处理者侵害个人合法权益的工具,除近年来为人们所熟知的"大数据杀熟"外,个人信息的自动化处理还可能帮助处理者提供操纵个人相关行为。2018年"Facebook-剑桥分析公司"数据丑闻让大众了解到,数据分析公司利用算法决策可以预测甚至操纵个人的特定行为,这一极端案例表明算法可能被异化为严重损害整个社会赖以存在的基本价值体系的工具。

正是基于自动化决策的前述特征、作用和潜在危害,《个人信息保护法》专门设置本条对其进行规制。

---

[1] 丁晓东:《论算法的法律规制》,载《中国社会科学》2020年第12期。
[2] 林洹民:《个人对抗商业自动决策算法的私权设计》,载《清华法学》2020年第4期。

二、个人与个人信息处理者在自动化决策中的权利义务

（一）个人信息处理者负有保证决策的透明度和结果公平、公正的义务

保证决策的透明度和结果公平、公正是对个人信息处理者应用自动化决策的基本要求。公开透明原则是《个人信息保护法》的基本原则。《个人信息保护法》第7条规定："处理个人信息应当遵循公开、透明原则，公开个人信息处理规则，明示处理的目的、方式和范围。"个人信息处理者利用个人信息进行自动化决策，亦属个人信息的处理活动，必须遵守公开透明原则，保证决策的透明度。然而，自动化决策机制是复杂的，相对于个人来说是不可知的，且在商业领域，自动化决策机制常常与信息处理者的知识产权或商业秘密联系在一起，信息处理者在一定程度上享有对其自动决策机制保密的权利。故在何种程度上以及采取何种方式上要求个人信息处理者公开其决策过程和方法，以实现商业个人信息处理者的商业利益保护与个人对决策的知情权保护的平衡，仍有待进一步的研究和细化。

同时，自动化决策还必须保证结果的公平、公正，不能有不合理的差别待遇。近年来，有关经营者通过信息技术对消费者进行大数据杀熟的报道屡见不鲜。[①] 所谓大数据杀熟，又称价格歧视、价格欺诈，指经营者通过信息技术分析消费者的消费偏好、消费习惯、消费意愿、收入水平等信息，将相同的产品或者服务以不同的价格提供给不同的消费者，从而谋取不正当利益的行为。《消费者权益保护法》第10条规定："消费者享有公平交易的权利。消费者在购买商品或者接受服务时，有权获得质量保障、价格合理、计量正确等公平交易条件，有权拒绝经营者的强

[①] 参见《美国第三大保险公司，坐实了大数据"杀熟"》，载新浪网，http://tech.sina.com.cn/csj/2020-03-30/doc-iimxxsth2641110.shtml?dv=1&source=cj，最后访问日期：2021年11月5日；《天猫也"杀熟"？大数据时代下的网购常客们只能吃闷亏？》，载凤凰网，http://fashion.ifeng.com/c/7utLFdPrOtt，最后访问日期：2021年11月5日；《新华社等媒体实测：美团大数据杀熟是什么套路》，载中南舆情网，http://www.ichmw.com/show-11-5437-1.html，最后访问日期：2021年11月5日。

制交易行为。"《在线旅游经营服务管理暂行规定》第 15 条也规定："在线旅游经营者不得滥用大数据分析等技术手段，基于旅游者消费记录、旅游偏好等设置不公平的交易条件，侵犯旅游者合法权益。"大数据杀熟的行为侵害了消费者获得公平交易的权利。针对社会各方面对用户画像、算法推荐等新技术新应用高度关注，对相关产品和服务中存在的信息骚扰、大数据杀熟等问题反映强烈，一些常委会组成人员和地方、部门、社会公众建议，进一步完善个人信息处理规则，特别是对应用程序（App）过度收集个人信息、大数据杀熟以及非法买卖、泄露个人信息等作出有针对性规范，据此，根据本条规定，对于利用个人信息进行自动化决策的，"不得对个人在交易价格等交易条件上实行不合理的差别待遇"。该规定对消费者个人信息、公平交易权等合法权益提供了更加明确、全面、有力的法律保障。

（二）通过自动化决策方式进行信息推送、商业营销

个人信息处理者在向个人提供根据其特征进行的信息推送或者商业营销时，应当同时提供不针对其个人特征的信息推送或商业营销，并由个人进行选择，如果个人信息处理者不能提供非针对其个人特征的选项时，则应当提供方便个人操作的拒绝个性化推送或者营销的方式。个性化信息推送和营销又被称为个性化展示（Personalized Display），国家市场监督管理总局（国家标准化管理委员会）2020 年 3 月发布的《信息安全技术 个人信息安全规范》（GB/T 35273—2020）3.16 条将个性化展示定义为：基于特定个人信息主体的网络浏览历史、兴趣爱好、消费记录和习惯等个人信息，向该个人信息主体展示信息内容、提供商品或服务的搜索结果等活动。从前述定义可以看出，个性化推送的基础在于分析个人的相关信息，并预测个人可能希望看到的推送内容，这一过程被称为"画像"。根据 GDPR，画像（Profiling）是指任何形式的针对个人数据的自动处理，用于评估或预测自然人的某些方面，特别是分析或预测工作表现、经济状况、健康状况、个人偏好、兴趣爱好、可靠性、行为表现、位置或行踪等。画像与自动化决策联系紧密，但又有区别，二者同属自动化处理（Automated Processing）这一概念的统领下，但侧重有所不同，

画像强调对个人的评估和预测,而自动化决策强调基于包括画像在内的自动化处理过程所形成的决定和判断。个性化推荐和画像的前述特征可能损害个人的参与权,更深层次地来看,有可能使个人困于所谓的"信息茧房",从根本上侵蚀个人的自主和自由。故《个人信息保护法》在本条中明确,个人有权选择非针对其个人特征的信息推送和商业营销选项。

关于个性化推荐,2019年1月1日施行的《电子商务法》第18条规定:"电子商务经营者根据消费者的兴趣爱好、消费习惯等特征向其提供商品或者服务的搜索结果的,应当同时向该消费者提供不针对其个人特征的选项,尊重和平等保护消费者合法权益。电子商务经营者向消费者发送广告的,应当遵守《中华人民共和国广告法》的有关规定。"该规定即是针对个性化推荐,不同的是,《个人信息保护法》规范的个性化推荐不只局限在电子商务领域,而是适用于所有利用用户个人信息进行个性化推荐的活动,并且还规定个人信息处理者应当向个人提供便捷的拒绝方式。很明显,《个人信息保护法》对个人信息权益的保护更加全面。

(三)个人要求个人信息处理者说明并拒绝自动化决策的权利

根据本条第3款规定,通过自动化决策方式作出对个人权益有重大影响的决定,个人有权要求个人信息处理者予以说明。要求说明权是《个人信息保护法》赋予信息主体的一项重要权利。如前述,自动化决策程序是复杂而不透明的,作为个人无从理解自动化决策的过程和逻辑,故信息处理者应在一定程度上向个人公开决策的逻辑和过程。但即使个人信息处理者向个人公开相关信息,由于信息技术的专业性,个人很有可能仍然无法理解,因此,个人信息处理者的说明方式显得非常重要。GDPR第12条规定:信息、交流与模式的透明性——保证数据主体权利的行使。对于和个人信息处理相关的第13条和第14条规定的所有信息或者第15条至第22条以及第34条所规定的所有交流,控制者应当以一种简洁、透明、易懂和容易获取的形式,以清晰和平白的语言来提供,对于针对儿童的所有信息,尤其应当如此……本法第17条规定:"个人信息处理者在处理个人信息前,应当以显著方式、清晰易懂的语言真实、准确、完整地向个人告知下列事项：……（二）个人信息的处理目的、处理方式，处理的个人信息种类、保存期限……"因此，个人信息处理者的说明应当遵循"易懂"的标准，且此处的"易懂"应站在一般社会公众而非信息技术专业人员的角度理解。另外，在自动化决策应用中，通常会涉及商业秘密或知识产权，出于维护自身竞争力的目的，商业性质的个人信息处理者不愿对外公开自动化决策过程中的一些环节和内容，在本条征求意见的过程中，有意见认为，涉及商业秘密或可能损害第三方权益的情形可不向个人作出说明。对于具体的操作中如何既保障个人的相关合法权益，又不妨碍自动化决策技术的良性发展，仍需在实践中探索。但是，要求说明权行使的前提条件是明确的：必须是针对通过自动化决策方式作出对个人权益有重大影响的决定，而对个人权益没有重大影响的决定，个人不享有要求说明的权利。至于如何界定"重大影响"，应当具体到个人信息处理的具体场景和个人的具体特征。有意见认为，"重大影响"具体包括两种情形：一是该决定改变了个人的法律上的权利、义务和责任关系，比如拒绝订立合同或者撤销合同等；二是该决定使得个人的经济地位、社会地位等状况发生了改变。[①] 上述意见颇有道理。此外，个人信息处理者应当在收集个人信息的初始阶段即告知个人其处理行为是否涉及自动化处理和决策，并且应当告知该过程可能对个人权益产生的影响。根据本法第17条的规定，个人信息处理者在处理个人信息前，应当以显著方式、清晰易懂的语言真实、准确、完整地向个人告知个人信息的处理目的、处理方式，处理的个人信息种类、保存期限。该条中提到的"处理方式"涵盖了自动化决策。从域外立法看，GDPR明确规定，在向数据主体收集信息时，数据的控制者应当告知数据主体是否存在包括画像在内的自动化决策以及有关涉及的逻辑、影响和可以预见的结果等相关重要信息。

除要求说明的权利外，根据本条第3款的规定，个人还享有拒绝自动化决策的权利。但是，拒绝权的行使有着较为严格的条件限制。首先，

[①] 程啸：《个人信息保护法理解与适用》，中国法制出版社2021年版，第232页。

个人有权拒绝接受的必须是"通过自动化决策方式作出对个人权益有重大影响的决定",这与要求说明权的前提条件一致。其次,该决定必须是"仅通过自动化决策的方式"作出的,换言之,若一项决定是由人在自动化决策技术的辅助下作出时,个人不享有拒绝接受的权利。除此之外,拒绝权的行使是否有例外情形,值得研究。GDPR 规定了个人拒绝权行使的例外情形,主要包括自动化决策是数据主体和数据控制者订立、履行合同所必需、被欧盟或成员国法律允许并且采取了适当措施保护数据主体的权利、自由及合法利益、数据主体明确同意。本条虽未规定个人对自动化决策拒绝权的例外情形,但从本法的立法目的以及域外经验看,个人行使拒绝权可能会受到例外情形的限制。比如,根据《个人信息保护法》第 13 条的规定,"为订立、履行个人作为一方当事人的合同所必需"是个人信息处理者处理个人信息的合法性基础,如果通过自动化决策方式作出对个人权益有重大影响的决定系履行合同所必需,除非合同明确约定,否则个人任意行使拒绝权可能会构成违约。对此问题,需要实践进一步探索。

【条文适用】

司法实践中如何认定差别待遇是否合理

"大数据杀熟"或者"算法歧视"的实质是通过自动化决策实行不合理的差别待遇。因此,并非通过自动化决策所实行的任何差别待遇,都属于"大数据杀熟",只有"不合理的差别待遇"才构成"大数据杀熟"。对于这一点,司法实践中应当重点把握。如何认定差别待遇是否合理,《国务院反垄断委员会关于平台经济领域的反垄断指南》(国反垄发〔2021〕1 号)第 17 条对差别待遇以及差别待遇的正当理由作出了详细规定,可为参考。该条第 1 款规定:"具有市场支配地位的平台经济领域经营者,可能滥用市场支配地位,无正当理由对交易条件相同的交易相对人实施差别待遇,排除、限制市场竞争。分析是否构成差别待遇,可

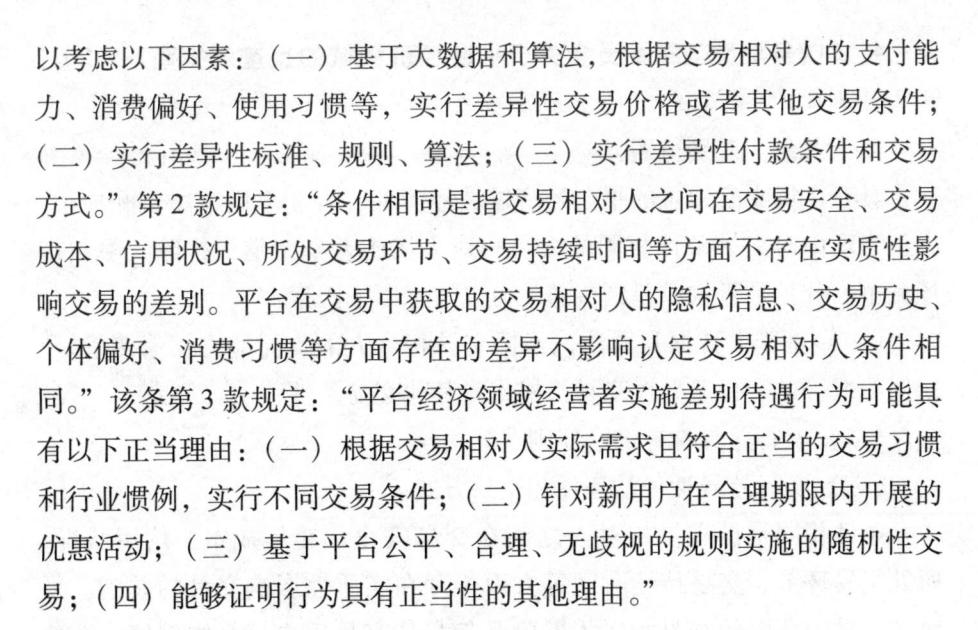

以考虑以下因素：（一）基于大数据和算法，根据交易相对人的支付能力、消费偏好、使用习惯等，实行差异性交易价格或者其他交易条件；（二）实行差异性标准、规则、算法；（三）实行差异性付款条件和交易方式。"第2款规定："条件相同是指交易相对人之间在交易安全、交易成本、信用状况、所处交易环节、交易持续时间等方面不存在实质性影响交易的差别。平台在交易中获取的交易相对人的隐私信息、交易历史、个体偏好、消费习惯等方面存在的差异不影响认定交易相对人条件相同。"该条第3款规定："平台经济领域经营者实施差别待遇行为可能具有以下正当理由：（一）根据交易相对人实际需求且符合正当的交易习惯和行业惯例，实行不同交易条件；（二）针对新用户在合理期限内开展的优惠活动；（三）基于平台公平、合理、无歧视的规则实施的随机性交易；（四）能够证明行为具有正当性的其他理由。"

【相关规定】

1. 《中华人民共和国电子商务法》（2018年8月31日）

第十八条　电子商务经营者根据消费者的兴趣爱好、消费习惯等特征向其提供商品或者服务的搜索结果的，应当同时向该消费者提供不针对其个人特征的选项，尊重和平等保护消费者合法权益。

电子商务经营者向消费者发送广告的，应当遵守《中华人民共和国广告法》的有关规定。

2. 《中华人民共和国消费者权益保护法》（2013年10月25日修正）

第十条　消费者享有公平交易的权利。

消费者在购买商品或者接受服务时，有权获得质量保障、价格合理、计量正确等公平交易条件，有权拒绝经营者的强制交易行为。

3. 《在线旅游经营服务管理暂行规定》（2020年8月20日）

第十五条　在线旅游经营者不得滥用大数据分析等技术手段，基于旅游者消费记录、旅游偏好等设置不公平的交易条件，侵犯旅游者合法权益。

4. 《国务院反垄断委员会关于平台经济领域的反垄断指南》（2021年2月7日）

第十七条　差别待遇

具有市场支配地位的平台经济领域经营者，可能滥用市场支配地位，无正当理由对交易条件相同的交易相对人实施差别待遇，排除、限制市场竞争。分析是否构成差别待遇，可以考虑以下因素：

（一）基于大数据和算法，根据交易相对人的支付能力、消费偏好、使用习惯等，实行差异性交易价格或者其他交易条件；

（二）实行差异性标准、规则、算法；

（三）实行差异性付款条件和交易方式。

条件相同是指交易相对人之间在交易安全、交易成本、信用状况、所处交易环节、交易持续时间等方面不存在实质性影响交易的差别。平台在交易中获取的交易相对人的隐私信息、交易历史、个体偏好、消费习惯等方面存在的差异不影响认定交易相对人条件相同。

平台经济领域经营者实施差别待遇行为可能具有以下正当理由：

（一）根据交易相对人实际需求且符合正当的交易习惯和行业惯例，实行不同交易条件；

（二）针对新用户在合理期限内开展的优惠活动；

（三）基于平台公平、合理、无歧视的规则实施的随机性交易；

（四）能够证明行为具有正当性的其他理由。

第二十五条　个人信息处理者不得公开其处理的个人信息，取得个人单独同意的除外。

【条文主旨】

本条是关于未经个人单独同意不得公开个人信息的规定。

【条文理解】

根据本法第4条第2款"个人信息的处理包括个人信息的收集、存储、使用、加工、传输、提供、公开、删除等"以及《民法典》第1035条第2款"个人信息的处理包括个人信息的收集、存储、使用、加工、传输、提供、公开等"的规定，公开个人信息是处理个人信息的一种方式。与收集、存储、使用、加工、传输、提供、删除等其他处理方式相比，公开个人信息的最大特点是具有不确定。其他处理方式往往发生在个人及特定的个人信息处理者之间或者两个以上特定的个人信息处理者之间，主体较为确定，个人发现个人信息被非法处理时，能够较为准确地找到相应主体主张权利，且由于个人信息在确定主体之间移转，影响范围较小，个人可以行使删除权，要求有关个人信息处理者及时删除个人信息。但公开个人信息是指个人信息处理者以一定的方式将个人信息向不特定的人公开，个人信息处于不特定的人都可以获取的状态，[1] 个人信息随时可被他人收集、加工、利用，而个人却无法阻止，甚至毫不知情，致使个人信息被侵害的风险大大增加。且在现代化信息社会中，信息的传播极为迅捷便利，如果对公开个人信息不加以严格限制，信息一旦公开，将迅速散布且难以收回，给自然人的合法权益带来严重损害。

---

[1] 程啸：《个人信息保护法理解与适用》，中国法制出版社2021年版，第235页。

根据本法第 2 条及《民法典》第 111 条规定，自然人的个人信息受法律保护。法律保护个人信息，就要充分尊重个人对其信息的控制权，[①] 以加强事先防范的方法防止个人信息被滥用、被侵害。为实现这一要求，应当将个人信息未经同意不得公开作为个人信息保护的重要规则。

公开个人信息应当取得个人的单独同意。根据本法第 13 条的规定，除法定的几种情形外，处理个人信息应当取得个人同意。根据本法第 14 条第 1 款的规定，法律、行政法规规定处理个人信息应当取得个人单独同意或者书面同意的，从其规定。单独同意规则是本法新创设的规则，在此前法律中都没有规定。根据本法规定，需要取得个人单独同意的个人信息处理活动共有五类：一是提供个人信息；二是公开个人信息；三是将在公共场合安装图像采集、个人身份识别设备所收集的个人图像、身份识别信息用于维护公共安全之外的其他目的；四是处理敏感个人信息；五是向中华人民共和国境外提供个人信息。这五类个人信息处理活动都对个人信息权益有着重大影响，有必要通过一定方式提醒个人高度重视这些处理活动、审慎考虑是否同意对个人信息进行这样的处理。单独同意规则要求个人信息处理者就特定的处理活动单独地征求个人同意，而不是与其他处理活动合并起来"一揽子"征求个人明确同意。本法规定对于公开个人信息这一处理活动应当适用单独同意规则，不仅能够提高个人对个人信息处理活动的重视程度，切实维护个人信息权益，同时也对个人信息处理者设定更高门槛，防止个人信息处理者随意公开个人信息，造成个人信息泄露。

我们认为，从本条表述来看，与提供个人信息、处理敏感个人信息以及向境外提供个人信息相比，本法为公开个人信息设定了更加严格的条件："个人信息处理者不得公开其处理的个人信息，取得个人单独同意的除外"，意味着不得公开个人信息是原则，符合法定条件的公开是例外，这是因为公开个人信息的行为较之其他行为而言，造成个人信息被侵害的风险更大，影响更广，且更加难以纠正。因此，在审理具体案件

[①] 王利明：《论个人信息权的法律保护——以个人信息权与隐私权的界分为中心》，载《现代法学》2013 年第 4 期。

中，应当对公开个人信息的行为是否取得个人单独同意进行严格认定。

关于公开个人信息不需要取得个人同意的情形。本法第13条第2款规定了处理个人信息不需要取得个人同意的情形，即在存在本法第13条第1款第2项至第7项规定的为订立、履行个人作为一方当事人的合同所必需，或者按照依法制定的劳动规章制度和依法签订的集体合同实施人力资源管理所必需；为履行法定职责或者法定义务所必需；为应对突发公共卫生事件，或者紧急情况下为保护自然人的生命健康和财产安全所必需；为公共利益实施新闻报道、舆论监督等行为，在合理的范围内处理个人信息；依照本法规定在合理的范围内处理个人自行公开或者其他已经合法公开的个人信息；法律、行政法规规定的其他情形时，处理个人信息不需要取得个人同意。公开个人信息属于处理个人信息的一种方式，应当适用第13条的规定，因此在存在法定情形必须公开时，个人信息处理者公开个人信息不需要取得个人同意。

【条文适用】

未征得个人单独同意而公开个人信息的法律责任。个人信息处理者未经个人单独同意而公开个人信息属于非法处理个人信息。首先，非法处理个人信息造成个人信息权益损害的，应当承担民事责任，包括侵权责任和违约责任。根据本法第69条规定，处理个人信息侵害个人信息权益造成损害，个人信息处理者不能证明自己没有过错的，应当承担损害赔偿等侵权责任。非法公开个人信息除了可能造成个人信息权益的损害，根据所公开的个人信息种类，还可能侵害个人的其他民事权益，比如非法公开的个人信息属于私密信息的，可能构成对隐私权的侵害；非法公开的个人信息包含个人肖像、姓名或者涉及对个人的品德、声望、才能、信用等的社会评价的，可能造成对肖像权、姓名权、名誉权等其他民事权益的侵害，均应当承担相应的侵权责任。对于个人信息处理者基于与自然人的约定处理个人信息的，自然人发现信息处理者违反双方的约定公开其个人信息时，也可以要求个人信息处理者承担违约责任。其次，违反本法规定公开个人信息属于违法行为，应当由履行个人信息保护职责的部门进行相应的行政处罚。根据本法第 66 条规定，违反本法规定处理个人信息，或者处理个人信息未履行本法规定的个人信息保护义务的，由履行个人信息保护职责的部门责令改正，给予警告，没收违法所得，对违法处理个人信息的应用程序，责令暂停或者终止提供服务，对直接负责的主管人员罚款等行政处罚；情节严重的，可由相关部门责令暂停相关业务或者停业整顿、通报有关主管部门吊销相关业务许可或者吊销营业执照，以及作出禁止直接负责的主管人员和其他直接责任人员在一定期限内担任相关企业的董事、监事、高级管理人员和个人信息保护负责人等行政处罚。未征得个人同意即对个人信息进行公开的行为属于违反本法规定的行为，应当适用本法第 66 条规定，由履行个人信息保护职责的部门对有关个人信息处理者及相关责任人进行行政处罚。此外，根据本法第 71 条"违反本法规定，构成违反治安管理行为的，依法给予治安管理处罚"的规定，未经个人单独同意公开个人信息还可能构成违反治安管理的行为，依法由相关部门给予行政处罚，比如非法公开他人私密信息的，可能构成《治安管理处罚法》第 42 条所规定的"散布他人隐私"的行为，根据该条规定，行为人应被处以 5 日以下拘留或者 500 元以下罚款；情节较重的，处 5 日以上 10 日以下拘留，可以并处 500 元以下罚款。最后，非法公开个人信息还可能构成犯罪。根据本法第 71 条规定，非法公开个人信息的行为构成犯罪的，依法追究刑事责任。根据《侵犯公民个人信息刑事案件解释》（法释〔2017〕10 号）第 3 条规定，通过信息网络或者其他途径发布公民个人信息的，应当认定为《刑法》第 253 条之一规定的"提供公民个人信息"。虽然本法适用的"公开"与刑法相关司法解释规定的"发布"用词不一，但其含义均为向不特定多数人提供公民个人信息。因此，个人信息处理者未取得个人单独同意而通过信息网络或者其他途径公开个人信息的，可能构成《刑法》第 253 条之一规定的侵犯公民个人信息罪，依法应承担刑事责任。

【相关规定】

《中华人民共和国民法典》（2020年5月28日）

第一百一十一条 自然人的个人信息受法律保护。任何组织或者个人需要获取他人个人信息的，应当依法取得并确保信息安全，不得非法收集、使用、加工、传输他人个人信息，不得非法买卖、提供或者公开他人个人信息。

第一千零三十五条 处理个人信息的，应当遵循合法、正当、必要原则，不得过度处理，并符合下列条件：

（一）征得该自然人或者其监护人同意，但是法律、行政法规另有规定的除外；

（二）公开处理信息的规则；

（三）明示处理信息的目的、方式和范围；

（四）不违反法律、行政法规的规定和双方的约定。

个人信息的处理包括个人信息的收集、存储、使用、加工、传输、提供、公开等。

第二十六条　在公共场所安装图像采集、个人身份识别设备,应当为维护公共安全所必需,遵守国家有关规定,并设置显著的提示标识。所收集的个人图像、身份识别信息只能用于维护公共安全的目的,不得用于其他目的;取得个人单独同意的除外。

【条文主旨】

本条是关于利用图像采集、个人身份识别设备处理个人信息的规定。

【条文理解】

一、公共视频监控等身份识别技术的运用

公共视频监控,强调对公共图像信息的记录,是一种在公共场所利用照相、视频、识别技术对图像信息进行采集、存储、传输、使用等的信息处理方式。《国家发展改革委、中央综治办、科技部等九部门关于加强公共安全视频监控建设联网应用工作的若干意见》指出,公共安全视频监控建设联网应用,是新形势下维护国家安全和社会稳定、预防和打击暴力恐怖犯罪的重要手段,对于提升城乡管理水平、创新社会治理体制具有重要意义。随着人工智能、大数据、云计算等新型数字技术的发展与创新,公共视频监控等身份识别手段已成为推动社会转型、促进产业升级、建设智慧城市的重要技术要素。当下,基于治安管理和维护公共安全等目的,在特定公共场所设立视频监控等图像采集或身份识别设备已被纳入法定义务范畴。《反恐怖主义法》第 27 条第 2 款明确要求:"地方各级人民政府应当根据需要,组织、督促有关建设单位在主要道路、交通枢纽、城市公共区域的重点部位,配备、安装公共安全视频图像信息系统等防范恐怖袭击的技防、物防设备、设施。"《娱乐场所管理条例》第15条第1款规定:"歌舞娱乐场所应当按照国务院公安部门的规定在营业场所的出入口、主要通道安装闭路电视监控设备,并应当保证闭路电视监控设备在营业期间正常运行,不得中断。"

我国的公共安全视频监控以地方立法为主,并且主要是以公共安全为价值取向。① 科技进步与权利保护之间往往存在一定的张力,尽管图像采集、个人身份识别设备自身具有一系列社会管理等便捷性优势,但其本身也是一把双刃剑,引发了一系列技术风险、法律争议问题。这是因为,公共视频监控不仅涉及公民的自由和权利,还涉及公民的生活方式的塑造。出于对隐私的保护,国外的立法对于公共场所的摄像头安装都有严格限制,譬如,比利时2007年通过的全球第一部"摄像头法"——《比利时关于安装和使用监控摄像设备的法律》规定:安装公共场所的固定或者移动摄像头,都必须基于"预防、确定和调查违法行为";该法第8条第1款规定:具有存储和自动识别功能的监控设备,只能用于车牌的自动识别,此类设备的使用必须尊重保护隐私的有关规定。② 我国《民法典》第1032条第1款规定:"自然人享有隐私权。任何组织或者个人不得以刺探、侵扰、泄露、公开等方式侵害他人的隐私权。"隐私是公民最基本的人格权利,与人格自由息息相关。"私"表现为客观层面与公共利益无关的私人事务,"隐"强调权利主体不愿私事为他人所知悉的主观意愿。隐私权表现为私生活的自我隐匿,本质是私人利益的自我保有与独处。公共视频监控系统强大的跟踪、定位、摄录功能引发了民众关于隐私等权利的担忧,而且随着新技术的出现,这种监控带来的侵入性越来越强。③

目前,公共视频监控已经超出了实时场景录像和存储的传统功能,基于数字技术的发展,动态的身份识别功能渐趋主流。图像采集、个人

---

① 参见王秀哲:《公共安全视频监控地方立法中的个人信息保护研究》,载《东北师大学报(哲学社会科学版)》2019年第5期。
② 石佳友:《个人信息保护法与民法典如何衔接协调》,载《人民论坛》2021年第2期。
③ 参见李延舜:《公共视频监控中的公民隐私权保护研究》,载《法律科学(西北政法大学学报)》2019年第3期。

身份识别设备以自然人的个人信息为基础处理对象，根据《民法典》第1034条第2款的规定，个人信息包括自然人的姓名、出生日期、身份证件号码、生物识别信息、住址、电话号码、电子邮箱、健康信息、行踪信息等。从信息类别上讲，公共视频监控主要涉及自然人的生物识别信息和行踪信息。实践中，随着人脸识别技术在公共管理和商业交易中的迅速发展，以及视频技术本身的特点，公共视频监控的核心是自然人的人脸信息的采集和利用。人脸信息作为最为典型的生物识别信息，是最通常的身份标识和识别符号。《个人信息保护法》第28条明确了生物识别信息作为个人敏感信息的法律属性，其一旦泄露或者非法使用，容易导致自然人的人格尊严受到侵害或者人身、财产安全受到危害。随着常态化的视频监控技术的运用，规模化的生物识别信息数据库得以生成，高频次的敏感信息收集和使用，一旦缺乏有效的个人信息安全管理和风险应对机制，将对公民的个人信息权益带来极大的社会风险。

二、人脸识别信息处理的风险

生物识别信息是指自然人可识别的身体生理信息或行为特征。个人生物识别信息包括个人基因、指纹、声纹、掌纹、耳廓、虹膜、面部识别特征等。生物识别信息直接反映自然人独一无二与不可替代性的身体、生理或行为特征，具有强烈的人身属性。[1] 目前，公共视频监控和其他图像采集设备以人脸生物识别信息的处理为主要内容。作为自然人最直接和便捷的生物标识，人脸信息被广泛用于身份识别、认证和安全管理等诸多行政、商业和私人领域。人脸识别作为一种识别个人身份信息的新型技术，其主要特征是非接触性、主体唯一性和不易复制性，同时也具有无须携带、易于采集、成本低廉等特点。[2] 正是由于人脸信息采集的广泛性和便利性，加之人脸信息于信息主体的重要生理价值和社会意义，以及人脸信息存储和管理存在的技术短板和隐私困境等，引发了公众对

---

[1] 陈宗波：《我国生物信息安全法律规制》，载《社会科学家》2019年第1期。
[2] 张勇：《个人生物信息安全的法律保护——以人脸识别为例》，载《江西社会科学》2021年第5期。

人脸识别技术运用的忧虑。论者强调,时至今日,"刷脸"的属性已发生了转变,其不再限于身份识别过程,而是重在人脸验证/人脸辨析基础上所进行的人脸分析或其他关联分析,已从纯粹的身份识别机制转换为识别分析机制,进而可能引发社会歧视、异化等问题。[1]

根据信息的私密性、敏感程度及其对信息主体的风险影响程度,个人信息可以分类为一般个人信息和敏感个人信息。譬如,自然人的人脸识别信息属于敏感信息。"人脸"作为个人在社会交往中的"活体名片",具备生理和心理的双重属性,蕴含着丰富的非语言情感信息,反映出个人的个性特点、社会评价及人格尊严等多重维度。因此,人脸信息具有显而易见的高度敏感性。相较于其他敏感信息,人脸识别信息具有更高的人身专属性和依附性等特点,直接关系人格权主体的人格尊严与自由,是自然人人格完整的必备要素,同时是自然人最为常态和场景应用频次最高的个人识别信息之一。[2] 人脸识别技术是基于人的脸部特征信息进行身份识别的一种生物识别技术,是人工智能时代的新技术成果。人脸识别技术的便捷性和效率性毋庸置疑,对智能社会的建构具有积极意义,但人脸信息由于其高度敏感性,一旦遭到泄露或侵权后将可能严重影响信息主体的尊严、隐私、平等等权利。因此,对人脸识别技术的应用必须进行严格规制。人脸识别信息等敏感个人信息比普通个人信息承载了更高的人格尊严要素,在自动化决策技术的辅助下,敏感信息的泄露和非法使用将使主体的生存权、发展权、自由权、尊严权、就业权等具有人权性质的基础性权利遭受重大损害。[3] 人脸识别技术的高效性、便捷性、收益性等特质,也更容易激励信息处理者采取此种符合自身效益最大化的信息处理手段,甚至超出信息处理必要性原则的限度,引发信息处理技术滥用的问题。美国于 2019 年颁布了《美国商业人脸识别隐私法案》,禁止在未获得用户明确同意的情况下对其进行人脸识别。欧盟

---

[1] 韩旭至:《刷脸的法律治理:由身份识别到识别分析》,载《东方法学》2021 年第 5 期。
[2] 石佳友、刘思齐:《人脸识别技术中的个人信息保护——兼论动态同意模式的建构》,载《财经法学》2021 年第 2 期。
[3] 参见田野、张晨辉:《论敏感个人信息的法律保护》,载《河南社会科学》2019 年第 7 期。

2021年4月所公布的《欧盟人工智能条例草案》将公共场所的远程生物识别（RBI）系统列为人工智能的高风险应用类型，原则上限定为查找失踪儿童、预防犯罪或恐怖袭击、侦查犯罪等用途。就我国而言，近年来人脸支付科技快速发展，其应用范围越来越广泛：个别开发商对客户进行人脸识别，迫使购房人"戴头盔看房"；社交媒体要求用户上传高清人脸照片并给予不可撤销、永久性、可转授权和再许可的授权……我国"人脸识别第一案"就是此种社会焦虑的集中体现。在这样的背景下，最高人民法院于2021年7月及时发布了《使用人脸识别技术处理个人信息民事案件规定》，这也是我国专门针对人脸识别应用进行规制的第一部法律文件，具有里程碑式的重要意义。①

【条文适用】

一、安装图像采集、个人身份识别设备的基本要求

在公共场所安装图像采集、个人身份识别设备，应当为维护公共安全所必需，遵守国家有关规定，并设置显著的提示标识。本条前句，设定了在公共场所安装图像采集、个人身份识别设备的法律规范要件。

第一，在公共场所安装图像采集、个人身份识别设备，应当为维护公共安全所必需。"应当为维护公共安全所必需"集中体现了个人信息处理的基本原则，既包含了对公共视频监控处理个人信息的目的限制，又对目的与手段之间的均衡性提出了程度要求。公共视频监控应当以服务于公共安全为核心目的，公共安全背后的制度逻辑是社会公共利益，即不特定多数人的利益。正因为如此，针对一些地方的物业仅出于管理的便利强制业主刷脸才能进入小区的现象，《使用人脸识别技术处理个人信息民事案件规定》第10条强调信息主体有权作出同意或者拒绝；根据该条，物业服务企业或者其他建筑物管理人以人脸识别作为业主或者物业

---

① 石佳友：《人脸信息司法保护的里程碑》，载《人民法院报》2021年7月28日。

使用人出入物业服务区域的唯一验证方式，不同意的业主或者物业使用人请求其提供其他合理验证方式的，人民法院依法予以支持。这就意味着个人就刷脸进小区享有选择权，可以拒绝刷脸要求，改选其他的身份核验方式。另外，不仅是业主享有此种选择权利，包括承租人在内的物业使用人也享有同样的权利。

显然，公共安全更强调公共秩序和基本的社会安定，为预防和打击暴恐等典型的破坏公共安全在内犯罪活动，我国《刑法》专设"危害公共安全罪"一章。规定危害公共安全的罪名分为两种原因：一是根据行为方式的特殊破坏性而规定危害公共安全的罪名，此类行为可能会对于生命、健康等人身利益或者财产利益等造成重大损害结果；二是根据对象的公共性而规定罪名，也就是说行为针对众多人的利益。刑法上的公共安全范围有限，主要规制具有严重社会危害性和法益侵害性的反公共安全行为，这是因为刑法本身在法秩序中的兜底作用，同时考虑到刑法的谦抑性，《个人信息保护法》所谓的公共安全应当采广义的理解，既包括我国刑法层面意义上的公共安全，也包括行政法、民商法和经济法中涉及的社会公共利益与秩序，如娱乐场所的经营秩序、公共区域的治安环境、交通安全情况等。

第二，在公共场所安装图像采集、个人身份识别设备处理个人信息，不仅应当以维护公共安全为目的，同时要求遵守国家有关规定并设置显著的提示标识；此外，还应当遵循个人信息处理的必要性原则。《个人信息保护法》第6条规定了必要性原则的基本内涵，"处理个人信息应当具有明确、合理的目的，并应当与处理目的直接相关，采取对个人权益影响最小的方式。收集个人信息，应当限于实现处理目的的最小范围，不得过度收集个人信息"，必要性原则是个人信息处理的基本原则，为《民法典》《网络安全法》《电子商务法》等诸多法律所明确，是公法上之比例原则在个人信息处理领域的借鉴和具体化。比例原则主要是通过对"手段"和"目的"之关联性的考察，来对国家行为进行检视，旨在防止公权力对私权的过度干预。① 必要性原则的基本内涵是，个人信息处理的手段与拟实现的信息处理目的之间应当维持必要的均衡，防止对个人信息权益的侵害大于可能实现的信息处理目的，限制个人信息处理的恣意与无序。必要性原则的核心是在既有的明确、合理的信息处理目的下，通过对手段和目的之间的成本收益进行细致考察，以最小损害的方式处理个人信息。具体到公共视频监控中，必须在诸多的可以维护公共安全的方式中，权衡不同方式可能造成的权益侵害和管理收益。当以图像采集方式识别自然人相较于其他方式在维护公共安全具有明显的必要和必需时，才可以采取此种方式处理个人信息，航空安检就是典型示例。一般的公共场所，如公园、居民小区等，没有维护公共安全的特殊必要或存在其他紧急事由时，大范围地采取人脸识别等方式可能有悖个人信息处理必要性原则的初衷。

第三，在公共场所安装图像采集、个人身份识别设备，应当遵守国家有关规定。譬如，在公共场所收集处理人脸信息，如果是出于维护公共安全目的并依法进行，则不承担民事责任：《使用人脸识别技术处理个人信息民事案件规定》第5条规定："有下列情形之一，信息处理者主张其不承担民事责任的，人民法院依法予以支持……（二）为维护公共安全，依据国家有关规定在公共场所使用人脸识别技术的……"遵守国家有关规定是最为广义的合法性要求，既包括遵守宪法、法律和行政法规等上位法律规范，也包括地方法规、部门规章甚至权威的规范性文件，具有转介条款的功能。这是因为，公共视频监控属于公私法的交融地带，且涉及不同的主管部门与行业领域，难以通过单一的法律规范设定统一的标注，遵守国家有关规定的实质是将此种信息处理行为纳入法治轨道，契合个人信息处理的合法性要件。这里的合法性既有法定作为义务要求，也有具体的行为标准要求和权利保护要求。比如，《反恐怖主义法》要求在公共安全重点领域设立视频监控。国家强制标准《公共安全重点区域视频图像信息采集规范》则对图像采集的部位、种类，技术要求和采集

---

① 参见张红：《指纹隐私保护：公、私法二元维度》，载《法学评论》2015年第1期。

设备要求进行了细化。《民法典》关于人格权保护的相关规定也是公共视频监控所应遵守的基本规范。《民法典》第1033条明确禁止通过拍摄等方式侵害自然人的隐私权。

第四，在公共场所安装图像采集、个人身份识别设备，应当设置显著的提示标识。告知同意是个人信息处理的基本模式，赋予信息处理基本的合法性。告知是同意的前提与基础，信息主体只有通过信息处理者真实、准确、完整、有效的信息披露和告知，才能获取个人信息处理的基本情况，并对信息处理的行为性质和潜在风险进行评估，进而合理处分自己的权利。在公共场所安装视频监控，通常是公共事务管理者基于法定授权而处理个人信息，属于告知同意原则的例外情形。但这并不意味着此类信息处理行为无须遵守其他信息处理规则。以人脸识别信息为代表的敏感信息与权利主体的人格尊严密切相关，属于重大人身权益，因此要求在安装相关图像采集设备时，设置显著的提示标志，告知权利主体可能存在的潜在信息处理行为和场景风险，促使信息主体对自身权益作出理性安排。设置提示标志既是私权保护的重要方法，也是保障公民知情权等基本权利的必要途径。

二、公共场所身份识别信息处理的目的限制

《个人信息保护法（草案二次审议稿）》曾规定："所收集的个人图像、个人身份特征信息只能用于维护公共安全的目的，不得公开或者向他人提供，取得个人单独同意的除外。"为进一步强化对人脸识别信息等敏感信息的保护，《个人信息保护法》最终修改为，"所收集的个人图像、身份识别信息只能用于维护公共安全的目的，不得用于其他目的；取得个人单独同意的除外"；其中特别强调"不得用于其他目的"。这是对基于公共视频监控手段收集的个人信息进行事后处理的目的性限制，要求此类信息除取得个人单独同意外，只能服务于公共安全目的。个人信息小数据时代的个人信息主要体现为个体性，社会性较弱，使用目的多为对信息主体的识别；而大数据时代参与个人信息保护与利用的是数量庞大、实力悬殊且呈现出鲜明群体性特征的信息主体和信息处理者。关涉

的利益不仅是信息主体的人格尊严和信息处理者的商业利益,更有数字经济的发展和大数据红利的分享。[1] 个人信息具有多重面向,既表现为信息主体的私人权益,又体现为一定的社会性和公共性,公共安全是个人信息社会价值的重要体现。个人信息权益以信息自决权为中心,但并非说明个人对其信息享有所谓绝对不受限制的支配权,基于个人与团体间的社会关联性和拘束性,信息自主权必须容忍重大公益的限制。[2] 本条规定具有授权规范的性质,政府等公共事务管理者有权基于公共安全目的,设置公共视频监控设备处理公民个人信息,这是对个人信息主体信息权益的合理限制。然而,基于对信息处理行为确立性的信赖和预期,信息主体有理由相信该信息处理行为仅限于特定的公共安全目的,且该目的也是非因授权同意而径直处理公民个人信息的合法性来源与正当性基础,因此,所收集的个人图像、身份识别信息必然只能用于维护公共安全的目的。

公共场所收集的身份识别信息原则上只能用于公共安全目的的信息处理需要。但是,由于现代信息处理场景的复杂性,以及信息处理的效率要求,取得权利人明确同意的,允许突破公共安全的一般性目的限制,正当性在于信息主体的合法性授权。在此情形下,信息处理性质已然发生根本性转变,即由初始的基于法定事由处理个人信息转变为基于权利主体授权同意处理个人信息。由于公共视频监控处理的人脸信息属于敏感信息,因此,取得信息主体的同意有着更为严格的条件。首先,信息处理者应当就基于其他目的处理人脸信息进行个人信息保护影响评估,特别是此类信息处理目的的合法、正当和必要性以及可能的信息风险(《个人信息保护法》第 28 条、第 55 条、第 56 条)。其次,信息处理者应当全面履行信息告知义务,除个人信息处理的一般性事项外,其应当向个人告知处理敏感个人信息的必要性以及对个人权益的影响(《个人信息保护法》第 30 条)。最后,信息处理者应当取得个人单独的同意。我

---

[1] 参见王怀勇、常宇豪:《个人信息保护的理念嬗变与制度变革》,载《法制与社会发展》2020 年第 6 期。

[2] 参见王泽鉴:《人格权法》,北京大学出版社 2013 年版,第 200 页。

国个人信息的同意以概括同意结合特定例外的形式为主,它给予信息处理者一定的自由,在设定的处理范围框架内合理处理信息,提高信息处理效率。由于人脸识别信息的敏感程度和重要性,本法要求,在公共场所收集的此类信息,出于非公共安全目的处理的,应当取得权利人单独的同意。这意味着,信息处理者不得通过一般性的隐私或信息政策以概括性的方式履行告知义务,而是应当以显著和单独的方式取得信息主体的明确同意。同时,符合本法第29条规定的,即法律、行政法规规定处理敏感个人信息应当取得书面同意的,这里的单独同意还应当以书面方式作出。

【相关规定】

1. 《中华人民共和国民法典》(2020年5月28日)

第一千零三十三条 除法律另有规定或者权利人明确同意外,任何组织或者个人不得实施下列行为:

(一)以电话、短信、即时通讯工具、电子邮件、传单等方式侵扰他人的私人生活安宁;

(二)进入、拍摄、窥视他人的住宅、宾馆房间等私密空间;

(三)拍摄、窥视、窃听、公开他人的私密活动;

(四)拍摄、窥视他人身体的私密部位;

(五)处理他人的私密信息;

(六)以其他方式侵害他人的隐私权。

第一千零三十四条 自然人的个人信息受法律保护。

个人信息是以电子或者其他方式记录的能够单独或者与其他信息结合识别特定自然人的各种信息,包括自然人的姓名、出生日期、身份证件号码、生物识别信息、住址、电话号码、电子邮箱、健康信息、行踪信息等。

个人信息中的私密信息,适用有关隐私权的规定;没有规定的,适用有关个人信息保护的规定。

2.《中华人民共和国反恐怖主义法》（2018年4月27日修正）

第三十二条 重点目标的管理单位应当履行下列职责：

（一）制定防范和应对处置恐怖活动的预案、措施，定期进行培训和演练；

（二）建立反恐怖主义工作专项经费保障制度，配备、更新防范和处置设备、设施；

（三）指定相关机构或者落实责任人员，明确岗位职责；

（四）实行风险评估，实时监测安全威胁，完善内部安全管理；

（五）定期向公安机关和有关部门报告防范措施落实情况。

重点目标的管理单位应当根据城乡规划、相关标准和实际需要，对重点目标同步设计、同步建设、同步运行符合本法第二十七条规定的技防、物防设备、设施。

重点目标的管理单位应当建立公共安全视频图像信息系统值班监看、信息保存使用、运行维护等管理制度，保障相关系统正常运行。采集的视频图像信息保存期限不得少于九十日。

对重点目标以外的涉及公共安全的其他单位、场所、活动、设施，其主管部门和管理单位应当依照法律、行政法规规定，建立健全安全管理制度，落实安全责任。

3.《娱乐场所管理条例》（2020年11月29日修订）

第十五条 歌舞娱乐场所应当按照国务院公安部门的规定在营业场所的出入口、主要通道安装闭路电视监控设备，并应当保证闭路电视监控设备在营业期间正常运行，不得中断。

歌舞娱乐场所应当将闭路电视监控录像资料留存30日备查，不得删改或者挪作他用。

4.《最高人民法院关于审理使用人脸识别技术处理个人信息相关民事案件适用法律若干问题的规定》（2021年7月28日）

第五条 有下列情形之一，信息处理者主张其不承担民事责任的，人民法院依法予以支持：

（一）为应对突发公共卫生事件，或者紧急情况下为保护自然人的生命健康和财产安全所必需而处理人脸信息的；

（二）为维护公共安全，依据国家有关规定在公共场所使用人脸识别技术的；

（三）为公共利益实施新闻报道、舆论监督等行为在合理的范围内处理人脸信息的；

（四）在自然人或者其监护人同意的范围内合理处理人脸信息的；

（五）符合法律、行政法规规定的其他情形。

第二十七条 个人信息处理者可以在合理的范围内处理个人自行公开或者其他已经合法公开的个人信息；个人明确拒绝的除外。个人信息处理者处理已公开的个人信息，对个人权益有重大影响的，应当依照本法规定取得个人同意。

【条文主旨】

本条是关于信息处理者处理个人公开信息的规定。

【条文理解】

一、个人公开信息的法律内涵

在类型化视角下，以信息是否被公开为标准，个人信息可以分为公开的个人信息和未公开的个人信息。需要明确的是，公开的个人信息不仅是指其本身已被现实公开，同时强调是已经合法公开的个人信息。因他人泄露或非法公开的个人信息，虽然客观上确实处于公开状态，但不属于法律上所谓的公开的个人信息。[1] 个人信息的核心定义是自然人身份的可识别性，因此是否公开不影响对个人信息的认定。一般而言，在实践中，信息主体的个人信息是以非公开的状态存续的，特别是生物识别、宗教信仰、特定身份、医疗健康、金融账户、行踪轨迹等属于自然人的敏感信息。尽管姓名、肖像也属于个人信息，但是其已经明确为具体人格权，有自身的独特权能，并且由于社会交往的必需，此类信息的公开

---

[1] 王利明、程啸：《中国民法典释评·人格权编》，中国人民大学出版社2020年版，第437页。

是必然的，也非个人信息的一般常态。此外，个人信息与隐私权存在交叉。《民法典》第1032条第2款规定："隐私是自然人的私人生活安宁和不愿为他人知晓的私密空间、私密活动、私密信息。"因此，私密信息在具备身份识别性功能的基础上，也属于个人信息的客体范围，其本身更是自然人所不欲公开的私人事务。

已经合法公开的信息通常为权利人自行向社会公众公开，已经经过权利人对个人信息权益的权衡，或是由于涉及公共利益而为特定机构或组织公开。[①] 公开的个人信息主要包括两类：一是自然人个人自行公开的个人信息；二是其他合法公开的个人信息。自然人个人自行公开的个人信息，是指自然人自愿、主动向社会不特定人公开的个人信息，如信息主体将包含自身联系方式、通讯地址、任职信息等内容的个人简历放置于公开的网站，或通过新闻媒体渠道主动公开自己的个人信息等。其他合法公开的个人信息，是指非基于权利主体同意而依据法律法规的相关规定合法公开的个人信息。例如，《民法典》第999条规定了人格权的合理使用制度，"为公共利益实施新闻报道、舆论监督等行为的，可以合理使用民事主体的姓名、名称、肖像、个人信息等"，因此基于公共利益的目的，新闻媒体可以在合理范围内依法公开他人的个人信息。为保障公民知情权，公权力机关有义务依法公开部分信息，这中间涉及自然人的个人信息公开，《政府信息公开条例》第19条规定："对涉及公众利益调整、需要公众广泛知晓或者需要公众参与决策的政府信息，行政机关应当主动公开。"除此之外，中国裁判文书网上的司法文书公开也属于合法对个人信息的公开情形。

二、个人公开信息的法律性质

信息处理者处理合法公开的个人信息无须取得自然人的同意，亦即在合理的范围内处理公开的个人信息属于个人信息侵权的免责事由。《民法典》第1036条第2项明确规定：合理处理该自然人自行公开的或者其

[①] 最高人民法院民法典贯彻实施领导小组主编：《中华人民共和国民法典人格权编理解与适用》，人民法院出版社2020年版，第387页。

他已经合法公开的信息的，行为人不承担民事责任。《个人信息保护法》第 13 条第 1 款第 6 项也将处理公开的个人信息作为个人信息处理者可以处理个人信息的条件和情形。信息处理者处理他人个人信息的合法性来源主要包括两大类：一是个人的授权同意；二是法律的强制性规定。处理个人公开信息属于基于法律的强制性规定而豁免侵权违法性的信息处理行为。其法理基础和正当性在于，个人信息不仅属于私人利益，在信息时代更具备相当的社会利用价值，体现为一定的公共利益属性。作为理性的完全民事行为能力者，个人自愿公开其个人信息，表明权利主体对自身权益的合理处分。法律推定民事主体知悉此种公开行为的法律意义并愿意承担可能带来的潜在社会风险，进而基于信息流动和信息产业利用等目的，推定权利人允许他人在合理范围内使用其已经公开的个人信息。

需要特别强调的是，自然人公开其个人信息，通常是出于特定的行为目的，某种程度上属于广义的信息处理，愿意接受一定的信息风险，这是信息主体意思自治的范畴。然而，这并不表示信息主体对已经公开的个人信息放弃所有权利，并承担任何侵害风险。例如，一些高校教师将个人的办公地址、电话、邮箱在本单位官网公布，通常是出于师生交流、学术联系等目的，此种信息公开行为并不意味着他人有权将其邮箱信息通过"爬虫"技术获取并进行二次贩卖，或者向其发送大量商业性推销电话或广告侵扰其私人生活安宁。因此，即使是已经公开的个人信息，仍然受到《民法典》《个人信息保护法》等法律的保护，任何个人和组织不得随意侵害。

因此，对公开的个人信息和未公开的个人信息相区别，至少具有两类意义：一是判断处理该个人信息是否需要获得信息主体的同意；二是确定两者的保护强度。若个人信息已被合法公开，原则上不需要获得信息主体的同意即可处理。而正是由于信息主体的自愿公开或通过其他方式合法公开，此类公开信息受到法律保护的程度低于未公开的个人信息。《民法典》第 998 条规定："认定行为人承担侵害除生命权、身体权和健康权外的人格权的民事责任，应当考虑行为人和受害人的职业、影响范围、过错程度，以及行为的目的、方式、后果等因素。"个人信息是否公开受到的法律保护程度有所区别，有助于司法实践中具体个案的利益衡量与侵权判断。

【条文适用】

一、个人公开信息的处理规则

处理个人公开信息是法定的信息处理情形，原则上无须取得信息主体的同意。然而，处理个人公开信息仅仅属于对告知同意规则的修正，除不需要取得当事人同意外，此种信息处理行为仍应当符合公开信息处理的特殊规则与信息处理的一般规则。

第一，信息主体明确拒绝他人处理其个人公开信息的，信息处理者不得处理此种信息。如前所述，信息主体公开个人信息，法律原则上推定信息主体同意他人在合理范围内处理其已经公开的个人信息，视为当事人已默认授权同意此种信息处理行为。然而，个人信息权益以信息主体的信息自决和信息控制为核心，若信息主体在公开其个人信息时已经明确表示拒绝他人处理其个人信息，为保障信息主体的人格自由和真实意思，信息处理者不得处理该公开信息，因当事人的明示拒绝使得可能的信息处理行为缺乏正当性。一般而言，此种拒绝行为应当以较为显著或明确的方式作出，原则上不得迟于可能的信息处理行为开始之时。根据本条规定，信息处理者在处理个人公开信息时，无须取得当事人同意，信息处理者在当事人明确拒绝信息处理行为前具有合理的信赖与期待。因此，即使是事后信息主体拒绝此种合理的信息处理行为，一般也不具有溯及力。事后的拒绝类似于同意的撤回，可以适当参照本法第15条同意撤回制度的相关规定处理。

第二，个人信息处理者应当在合理的范围内处理个人的公开信息。自然人公开其个人信息并不意味着对所有的个人信息权益的放弃，信息处理者处理个人公开信息应当合法、合理。一定程度上，本条是个人信息领域的人格权合理使用制度。《民法典》第999条规定："为公共利益实施新闻报道、舆论监督等行为的，可以合理使用民事主体的姓名、名称、肖像、个人信息等；使用不合理侵害民事主体人格权的，应当依法承担民事责任。"前述规定表明，为实现特定的公共利益目的，权利人的人格权益应当受到适当的限制，他人有权使用其人格要素。但是，该使用行为应当合理，否则已然需要承担相应的民事责任。所谓的合理使用，主要是指目的、内容和手段上的合理。因此，个人信息处理者应当在合理的范围内处理个人的公开信息是指信息处理行为的目的、内容和手段是合理的。首先，信息处理者应当具备合理的信息处理目的，不得利用公开信息从事不合法、不正当的目的，如实施电信诈骗行为或身份歧视行为。其次，信息处理者处理的信息内容应当合理，核心是保障信息的准确性，不得恶意篡改、删减信息，同时不得过度处理他人信息。最后，信息处理行为应当合理，不得通过非法手段获取个人信息。就合理使用而言，应当综合考量权衡多种因素，运用比例原则，分析目的是否妥当、使用是否有助于实现目的、是否是在必要范围内等，对使用是否具有合理性作出判断。[1]

第三，处理个人公开信息应当遵守信息处理的基本原则。具体而言，包括《个人信息保护法》第一章总则部分规定的合法、正当、必要和诚信原则，信息质量和信息安全原则等。信息处理者处理个人公开信息应当具有合法正当的信息处理目的，不得通过信息处理活动实施违法犯罪行为或其他违背公序良俗的行为；同时，该信息处理手段也应当具备合法性与正当性，不得滥用权利，更不得侵害信息主体或其他权利主体的合法权益。同时，信息处理行为应当符合必要性原则，应当与信息处理目的直接相关，采取对个人权益影响最小的方式，不得过度收集个人信息。并且，信息处理者处理个人信息应当保证个人信息的质量，避免因个人信息不准确、不完整对个人权益造成不利影响。除此之外，个人信息处理者还应当对其信息处理活动负责，采取必要措施保障所处理的个

---

[1] 黄薇主编：《中华人民共和国民法典人格权编解读》，中国法制出版社2020年版，第53页。

人信息的安全。

第四，处理个人公开信息应当遵守信息处理的其他规则。个人公开信息是个人信息的一种逻辑分类，与其他特定的信息处理行为属于交叉关系，也应当适用其他信息处理规则。例如，关于信息存储期限，本法规定除法律、行政法规另有规定外，个人信息的保存期限应当为实现处理目的所必要的最短时间，因此个人公开信息的处理也应当以信息处理目的所必需的时限为准。同时，个人信息处理者利用个人公开信息进行自动化决策的，应当保证决策的透明度和结果公平、公正，不得对个人在交易价格等交易条件上实行不合理的差别待遇。符合特定情形的，个人信息处理者还应当事前进行个人信息保护的影响评估，并对个人敏感信息进行更为严格的保护。若信息处理目的已经实现或存在其他法定事由，个人信息处理者应当主动删除已经收集的个人公开信息。

二、处理个人公开信息应当取得信息主体同意的情形

本条后句规定，个人信息处理者处理已公开的个人信息，对个人权益有重大影响的，应当依照本法规定取得个人同意。处理个人公开信息原则上无须取得当事人的同意，但信息权益关涉信息主体的人格尊严与自由，基于人格权的优先性和人身密切性，若处理公开信息对个人权益有重大影响的，信息处理者不得豁免告知同意的基本义务。这是信息处理中比例原则之下利益衡量的直接体现，充分表明了立法对民事主体人格权益的尊重与保护。

对个人权益有重大影响，通常是指个人信息处理者处理已公开的个人信息可能对信息主体的生命、健康、名誉、隐私等人格权益或财产权益带来不合理的风险。以信息自动化决策为例，在大数据和人工智能技术的助力下，经营者可通过对消费者消费习惯、个人兴趣爱好等信息进行整合处理，并进行智能分析，提供具有某种偏好性的产品或服务推荐。由此，可能导致消费者的合法权益受损。为此，《个人信息保护法》对数据产业下的自动化决策进行了必要性规制，通过自动化决策方式作出对个人权益有重大影响的决定，个人有权要求个人信息处理者予以说明，

并有权拒绝此种决策行为。若信息处理者通过自动化决策处理个人公开信息，对个人权益有重大影响的，应当依照本法规定取得个人同意。若个人公开信息中存在个人敏感信息，比如信息主体的身体健康等医疗信息，或者信息主体的行踪信息，信息处理者应当以更为谨慎的方式处理此类信息，该信息极易引发权益侵害问题，为信息主体带来较大的信息风险，应当在具体个案中进行合理的风险判断和评估，以尊重信息主体的真实意思和信息自决。另外，人脸信息属于已公开但对个人的基本权利与自由有重大关联的敏感信息，处理人脸信息显然能对个人的权益产生重要影响。因此，《使用人脸识别技术处理个人信息民事案件规定》第 2 条第 2 项规定：如基于个人同意处理人脸信息的，未征得自然人或者其监护人的单独同意，或者未按照法律、行政法规的规定征得自然人或者其监护人的书面同意，人民法院应当认定属于侵害自然人人格权益的行为。

【相关规定】

1. 《中华人民共和国民法典》（2020 年 5 月 28 日）

第一千零三十六条　处理个人信息，有下列情形之一的，行为人不承担民事责任：

（一）在该自然人或者其监护人同意的范围内合理实施的行为；

（二）合理处理该自然人自行公开的或者其他已经合法公开的信息，但是该自然人明确拒绝或者处理该信息侵害其重大利益的除外；

（三）为维护公共利益或者该自然人合法权益，合理实施的其他行为。

2. 《最高人民法院关于审理利用信息网络侵害人身权益民事纠纷案件适用法律若干问题的规定》（2020 年 12 月 29 日修正）

第九条　网络用户或者网络服务提供者，根据国家机关依职权制作的文书和公开实施的职权行为等信息来源所发布的信息，有下列情形之一，侵害他人人身权益，被侵权人请求侵权人承担侵权责任的，人民法院应予支持：

（一）网络用户或者网络服务提供者发布的信息与前述信息来源内容不符；

（二）网络用户或者网络服务提供者以添加侮辱性内容、诽谤性信息、不当标题或者通过增删信息、调整结构、改变顺序等方式致人误解；

（三）前述信息来源已被公开更正，但网络用户拒绝更正或者网络服务提供者不予更正；

（四）前述信息来源已被公开更正，网络用户或者网络服务提供者仍然发布更正之前的信息。

第二节　敏感个人信息的处理规则

第二十八条　敏感个人信息是一旦泄露或者非法使用，容易导致自然人的人格尊严受到侵害或者人身、财产安全受到危害的个人信息，包括生物识别、宗教信仰、特定身份、医疗健康、金融账户、行踪轨迹等信息，以及不满十四周岁未成年人的个人信息。

只有在具有特定的目的和充分的必要性，并采取严格保护措施的情形下，个人信息处理者方可处理敏感个人信息。

【条文主旨】

本条是关于敏感个人信息内涵、外延以及处理基本条件的规定。

【条文理解】

一、本条历史沿革

关于敏感个人信息的处理规则，《个人信息保护法（草案）》在第29条至第32条作出了规定，其中第29条是关于敏感个人信息内涵与外延的界定。《个人信息保护法（草案）》第29条规定：个人信息处理者具有特定的目的和充分的必要性，方可处理敏感个人信息（第1款）。敏感个人信息是一旦泄露或者非法使用，可能导致个人受到歧视或者人身、财产安全受到严重危害的个人信息，包括种族、民族、宗教信仰、个人生物特征、医疗健康、金融账户、个人行踪等信息（第2款）。《个人信息保护法（草案）》第 29 条首先在第 1 款强调处理敏感个人信息时的特定目的和充分必要，之后才在第 2 款对敏感个人信息进行界定。

《个人信息保护法（草案二次审议稿）》也是在第 29 条规定敏感个人信息的内涵与外延，并且完全沿用了《个人信息保护法（草案）》第 29 条的内容，没有变化。

《个人信息保护法（草案三次审议稿）》则在第 28 条中规定个人信息的内涵和外延，并在结构和内容上比之《个人信息保护法（草案）》和《个人信息保护法（草案二次审议稿）》第 29 条有较大变化。一方面，在条文的结构上，《个人信息保护法（草案三次审议稿）》第 28 条首先在第 1 款规定敏感个人信息的内涵和外延，之后才在第 2 款强调处理敏感个人信息的特定目的和充分必要。这样的结构安排，与《个人信息保护法（草案）》第 29 条及《个人信息保护法（草案二次审议稿）》第 29 条正好相反。另一方面，在条文的内容上，《个人信息保护法（草案三次审议稿）》第 1 款关于敏感个人信息的内涵界定中，强调敏感个人信息一旦泄露或非法使用，"容易导致自然人的人格尊严受到侵害或者人身、财产安全受到危害"，这与《个人信息保护法（草案）》和《个人信息保护法（草案二次审议稿）》第 29 条第 2 款中"导致个人受到歧视或者人身、财产安全受到严重危害"有所不同。前者强调"容易导致自然人的人格尊严受到侵害"，而后者强调"导致个人受到歧视"；前者强调"人身、财产安全受到危害"，而后者强调"人身、财产安全受到严重危害"。从二者的变化看，《个人信息保护法（草案三次审议稿）》的"人格尊严受到侵害"表述更符合法律语言要求，且涵盖更为丰富；"人身、财产安全受到危害"的表述，也比"人身、财产安全受到严重危害"的范围更广，有利于在更大范围内保护敏感个人信息。此外，《个人信息保护法（草案三次审议稿）》第 28 条第 1 款在敏感个人信息外延的列举中，删去了《个人信息保护法（草案）》和《个人信息保护法（草案二次审议稿）》中的"种族、民族"，增加了"特定身份"，使得敏感个人信息的外延更为拓展，有利于对敏感个人信息的保护。尤其需要指出的是，《个人信息保护法（草案三次审议稿）》第 28 条第 1 款中将未成年人的个人信息明确规定为敏感个人信息,这是对《个人信息保护法(草案)》和《个人信息保护法(草案二次审议稿)》的重大发展,对于未成年人保护具有非常重要的意义。

本法最终通过时,完全保留了《个人信息保护法(草案三次审议稿)》中第28条的内容。

二、敏感个人信息的本质特征

从其他国家和我国台湾地区的做法上看,有敏感个人信息并未直接下定义的制度规定。比如,具有全球影响力的GDPR第9条,一般被认为是对敏感个人信息的规定,[①]但实际上该条只是对敏感个人信息进行了列举,并未概括敏感个人信息的本质特征。我国台湾地区的"个人资料保护法"第6条也只是对敏感个人资料进行了列举,并未规定其本质特征。也有对于敏感个人信息作出定义性的规定。比如,《日本个人信息保护法》将敏感个人信息称为"需注意的个人信息",并在其第2条第3款将其本质特征概括为"为避免发生针对本人的不当歧视、偏见以及其他不利益而需要在处理上予以特别注意的记述"。本法关于敏感个人信息的立法模式很显然是既有定义又有列举的模式。

本法规定的敏感个人信息的本质特征是,一旦泄露或者非法使用,容易导致自然人的人格尊严受到侵害或者人身、财产安全受到危害。这一本质特征使得敏感个人信息与其他个人信息相区别的质的规定性较为明晰。一是泄露或非法使用容易导致人格尊严受到侵害。人格尊严是人之为人所应受到的国家、社会和他人的承认和尊重。人格尊严是各项具体人格权的价值基础,具体人格权的规则设计应当以维护个人的人格尊严为基本目的。[②]《宪法》第38条明确规定人格尊严不受侵犯,《民法典》第109条也规定:自然人的人身自由、人格尊严受法律保护。因此,对人格尊严的保护是一个国家法律制度的重要价值之一。一项个人信息一旦泄露或者被非法使用就可能导致人格尊严受损的,足以表明该个人

---

① 参见程啸:《个人信息保护法理解与适用》,中国法制出版社2021年版,第257页。
② 参见王利明:《人格权重大疑难问题研究》,法律出版社2019年版,第101页。

信息对于个人的极端重要性，将之确定为敏感个人信息予以特别保护，完全符合人格尊严保护的价值。二是泄露或非法使用容易导致人身、财产安全受到危害。人身、财产安全关系人民群众基本福祉，一项个人信息一旦泄露或者被非法使用会危及人身、财产安全的，则意味着该个人信息与人民群众基本福祉息息相关，具备给予特别保护的客观基础。

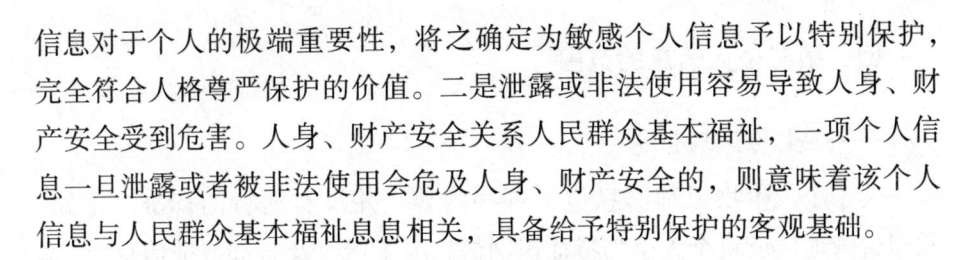

三、敏感个人信息与非敏感个人信息

按照信息内容是否直接涉及个人人格尊严和人身、财产安全，可以将个人信息划分为敏感个人信息与非敏感个人信息，本条规定的就是敏感个人信息，敏感个人信息之外的个人信息则是非敏感个人信息。从二者的对比上看，敏感个人信息涉及个人人格尊严的核心领域、具有高度私密性、对其公开或利用将会对个人造成重大不利影响，如本条列举的生物识别信息、医疗健康信息、金融账户信息、行踪轨迹信息等个人信息都是这样。而非敏感个人信息如个人的姓名信息、教育背景信息、职业信息等，一般与个人的人格尊严和人身、财产安全联系不是那么紧密，对其公开一般也不会对个人产生重大不利影响。

上述分类的意义在于，敏感个人信息与个人的人身和财产权益联系得更为紧密，一旦遭到泄露或修改将直接侵犯个人的人身、财产权益。因此，对于敏感个人信息的保护应高于非敏感个人信息的保护。正如本条第2款规定的那样，只有在具有特定的目的和充分的必要性，并采取严格保护措施的情形下，个人信息处理者方可处理敏感个人信息。在具体的司法审判中，对于敏感个人信息被侵犯的信息主体，应提供更为便捷和低成本的保护。在证明责任分配上，本法第69条已经确定了对所有个人信息权益造成损害时的举证责任倒置规则，即由侵权人证明其对个人信息的处理没有过错，这对于敏感个人信息的保护无疑更具有重要意义。同时，可以考虑降低被侵权人对于侵权行为、因果关系的证明标准，从而更有效地保护敏感个人信息。[1]

---

[1] 参见丁宇翔：《个人信息保护纠纷理论释解与裁判实务》，中国法制出版社2021年版，第8页。

四、敏感个人信息的范围

（一）生物识别信息

关于个人生物识别信息包括哪些内容，并没有通行的标准。比如，我国台湾地区就将个人生物特征识别信息限于指纹及脸部特征信息。[①] 本法并没有明确列举生物识别信息的具体项目，但参考《信息安全技术 个人信息安全规范》（GB/T 35273—2020）附录 B 对敏感个人信息的举例，个人生物识别信息应包括具有个人专属性而足以辨识个人身份的个人基因、指纹、声纹、掌纹、耳廓、虹膜、面部识别特征等。整体而言，这一范围较为契合目前生物科学技术的发展成果，对于个人信息的保护更为全面。

（二）宗教信仰信息

宗教信仰信息是个人是否信奉宗教、信奉何种宗教以及信奉某一宗教中何种教派的信息。个人的宗教信仰往往是其政治自由的一部分，本不需要纳入个人信息进行保护。然而，不同的宗教有着很多不同甚至对立的宗教教义，如果对宗教信仰信息不加保护，可能使得具有某一宗教信仰的人受到歧视或仇视，引发不公正待遇。基于此，对于宗教信仰信息有必要纳入敏感个人信息范畴进行更高程度的保护。

（三）特定身份信息

特定身份信息的概念具有一定的包容性，它可以涵盖自然人基于生物层面或社会层面而产生的相应身份识别信息。本法立法过程中《个人信息保护法（草案）》和《个人信息保护法（草案二次审议稿）》第29条中所列举的"种族、民族"，就属于特定身份信息。此外，诸如俱乐部成员信息、社团组织的会员信息等也属于特定身份信息。随着社会的发展进步，对特定身份信息进行解释，将是本法拓展个人信息外延的重要手段。

[①] 参见我国台湾地区"个人生物特征识别资料归集管理及运用办法"第2条。

(四) 医疗健康信息

医疗健康信息与自然人的人身、健康密切关联，一旦泄露或非法利用，往往会直接损害自然人的人格尊严。比如，涉及乙肝既往病史的个人信息一旦泄露，即可导致自然人被歧视，对其人格尊严造成侵害。因此，对于医疗健康信息有必要纳入敏感个人信息进行保护。

(五) 金融账户信息

从其他国家和我国台湾地区的做法上看，不论是 GDPR 第 9 条第 1 款，还是《日本个人信息保护法》第 2 条第 3 款，抑或是我国台湾地区的"个人资料保护法"第 6 条，都没有将金融账户信息纳入敏感个人信息。但是，敏感个人信息范围的确定往往与一个国家或地区的历史文化和国情息息相关。就我国的情况看，近年来被人民群众深恶痛绝的电信诈骗，基本都与个人金融账户信息的泄露有关。鉴于此，本法立足于我国国情将金融账户信息作为敏感个人信息，从而扩宽了敏感个人信息的范围。①

(六) 行踪轨迹等信息

行踪轨迹信息是记录自然人的静态居停地点和动态行动路线的电子信息，确保其行踪轨迹信息不被泄露或非法利用，是自然人人格自由和人格尊严的当然之义。根据《民法典》第 1034 条的规定，行踪轨迹作为私密信息，也属于隐私权的保护范围。行踪轨迹信息一旦被泄露或非法利用，则直接损害自然人的隐私利益，构成对人格尊严的侵害，因而应当作为敏感个人信息对其进行保护。

(七) 不满 14 周岁未成年人的个人信息

从法律社会学的角度看，法律应当全力促进社会发展进步。未成年人是社会发展进步的希望之所在，对于未成年人的保护，只要是在社会可以承受的范围内，无论如何都不为过。基于此，对于不满 14 周岁的未

---

① 参见程啸：《个人信息保护法理解与适用》，中国法制出版社 2021 年版，第 260 页。

成年人的个人信息应当予以特别的保护,已经是较为普遍的共识,[①] 同时这也是贯彻《未成年人保护法》第72条的必然要求。本条将未成年人的个人信息纳入敏感个人信息进行保护,正好顺应了这一趋势和潮流,殊值肯定。

需要指出的是,敏感个人信息除了本条所列举的情形之外,还有很多。常见的比如,自然人的性取向信息、性活动信息、通信记录和内容信息等。并且,敏感个人信息的类型具有开放性,随着社会发展进步,敏感个人信息的类型具有进一步丰富的可能。

五、敏感个人信息的特别处理规则

敏感个人信息与非敏感个人信息的重要区别之一,就在于其处理规则的要求更为严格,这种严格性主要体现在以下两个方面。

一方面,对于敏感个人信息的处理,必须有特定目的和充分的必要性。如果仅仅是一般性目的或并没有充分的必要性,则不应处理未成年人个人信息。比如,教育培训机构基于教培本身的特定目的,只需要收集未成年人的年级、成绩信息即可,对于未成年人所处的学校、年龄、民族、家庭住址等信息没有收集的必要,如果收集,就构成对敏感个人信息的非法处理。

另一方面,对于敏感个人信息的处理,必须采取严格保护措施,否则不能处理。上例中,教育培训机构即使收集未成年人的年级和成绩信息,也应在采取严格保护措施的情况下才能收集。并且,采取严格保护措施在时间上应该先于收集行为。如果教育培训机构在尚无有效的严格保护措施的情况下就收集未成年人的年级和成绩信息,则构成对敏感个人信息的非法处理。

还需要强调的是,以上两个方面的要求必须同时满足,才能处理未成年人的个人信息。此外,根据本法第31条第1款的规定,处理未成年人个人信息,还必须取得未成年人的父母或者其他监护人的同意。

[①] 参见丁宇翔:《个人信息保护纠纷理论释解与裁判实务》,中国法制出版社2021年版,第189页。

【条文适用】

敏感个人信息的法律保护中，可能因信息主体本人的个体特征而引发法律适用中的特殊考虑，最明显的就是公众人物的敏感个人信息和未成年人的个人信息问题。以下进行简要分析。

一、公众人物敏感个人信息的限制性保护

从纽约时报诉沙利文案（New York Times v. Sullivan）以来，很多国家在立法和司法实践中采取了对公众人物人格权进行限制的做法，这是衡平公众知情权与公众人物人格权的需要。[1] 而敏感个人信息本身与隐私权客体中的私密信息存在很多交叉，甚至可以说很大部分的敏感个人信息属于私密信息，从而可以成为隐私权的客体。就此而言，敏感个人信息的保护对公众人物而言，也存在一定的限制。比如，公众人物的民族、宗教信仰等并非私密信息的敏感个人信息，即使被披露，只要没有违反公序良俗原则，或被恶意利用，一般不认定为侵权，这是衡平公众人物个人利益与社会公共利益的要求。

但是，披露涉及公众人物核心隐私的敏感个人信息，一般而言则不属于维护公共利益的行为，也不属于公众合理知情权的范围，对这种披露行为应认定为侵犯公众人物的个人信息权益。具体而言，公众人物的私密约会、性行为、家庭聚会、住所内的私人活动、私人病史、金融账户信息等都是其核心隐私。涉及上述个人信息的侵权案件，被告不能以原告是"公众人物"进行抗辩。在非常著名的摩纳哥公主卡洛琳案中，欧洲人权法院判决认定，擅自披露卡洛琳公主生活细节的行为构成对卡洛琳公主"私人生活"侵害。其理由就在于，人格权主张者虽然是"绝对新闻人物"，但其私生活完全与公共利益无关，也有可能依据《德

---

[1] 参见丁宇翔：《侵犯人格权案件中"公众人物抗辩"的裁判基准》，载《法律适用》2016年第6期。

国艺术著作权法》第 22 条侧重保护其人格利益。[1] 在我国台湾地区，也曾经有非常著名的璩某某光碟事件。时任新竹市文化局长的璩某某与有妇之夫发生性行为的视频被曝光引发风波，璩某某虽为公众人物，但终因性行为乃纯粹私人生活，公众对此并无正当利益可言，拍摄和曝光视频之人终被判刑。我国台湾地区在 2005 年"刑法"修正时，还专门增设所谓"璩某某条款"，即偷窥或偷拍他人非公开场合的活动或身体隐私的，处以三年以下有期徒刑或 3 万元以下罚金。[2] 因此，对于公众人物而言，其敏感个人信息的保护虽然受到一定程度的限制，但并非一般性的限制。原则上，敏感个人信息构成公众人物私密信息且与公共利益无关的，都应受到如同普通人一样的保护。

二、特别情况下为保护未成年人本人利益而处理其个人信息可能阻却违法

未成年人个人信息受特别保护，本质上是未成年人本身受特别保护的一部分。但在某些时候，未成年人的各项合法权益之间也会存在竞争。比如，养父对于收养的幼童实施家庭暴力，导致其多处受伤。第三人得知后将幼童受伤的相关照片进行面部模糊处理后发表到微博上随即撤下。尽管已经撤下，该事件还是引起社会和媒体关注，幼童被家庭暴力的行为得到制止。此后，幼童的监护人起诉该第三人，主张其侵犯幼童的个人信息权益，要求赔偿。[3] 在上述案例中，第三人揭露幼童养父可能的犯罪行为，本质上是在维护受害未成年人的合法权益。而要揭露这一犯罪行为，难免对未成年人本人受伤害的相关主要事实进行披露。这一披露行为必然会涉及未成年人本人的个人信息。第三人通过互联网的揭露行为，虽然未经未成年人或其监护人同意，但正如《最高人民法院公报》中所指出的，发帖人在微博中发表未成年人受伤害信息，所发微博的内容与客观事实基本一致，

---

[1] 参见张红：《20 世纪德国人格权法的演进》，载《清华法律评论》2009 年第 1 期。
[2] 参见王立志：《台湾地区隐私权刑法保护之评析》，载《河南大学学报（社会科学版）》2013 年第 6 期；项国雄等：《新传媒时代的隐私伦理》，载《传媒观察》2006 年第 1 期。
[3] 参见江苏省南京市江宁区人民法院（2015）江宁少民初字第 7 号民事判决书。

符合社会公共利益和儿童利益最大化原则。[①] 因此，第三人发表未成年人受伤害信息虽然未经其监护人同意，但本质上是为了保护该未成年人合法权益，可以认定属于本条规定的"具有特定目的和充分的必要性"。同时，第三人对面部进行模糊处理，并上传后很快撤下的行为，应当解释为采取了"严格的保护措施"。因此，上述案例中第三人为保护未成年人本人合法权益而处理未成年人个人信息的行为应认定为违法阻却事由。

【相关规定】

1. 《中华人民共和国民法典》（2020 年 5 月 28 日）

第一千二百二十六条　医疗机构及其医务人员应当对患者的隐私和个人信息保密。泄露患者的隐私和个人信息，或者未经患者同意公开其病历资料的，应当承担侵权责任。

2. 《中华人民共和国未成年人保护法》（2020 年 10 月 17 日修订）

第七十二条第一款　信息处理者通过网络处理未成年人个人信息的，应当遵循合法、正当和必要的原则。处理不满十四周岁未成年人个人信息的，应当征得未成年人的父母或者其他监护人同意，但法律、行政法规另有规定的除外。

3. 《最高人民法院关于审理使用人脸识别技术处理个人信息相关民事案件适用法律若干问题的规定》（2021 年 7 月 28 日）

第一条　因信息处理者违反法律、行政法规的规定或者双方的约定使用人脸识别技术处理人脸信息、处理基于人脸识别技术生成的人脸信息所引起的民事案件，适用本规定。

人脸信息的处理包括人脸信息的收集、存储、使用、加工、传输、提供、公开等。

本规定所称人脸信息属于民法典第一千零三十四条规定的"生物识别信息"。

[①] 参见施某某、张某某、桂某某诉徐某某肖像权、名誉权、隐私权纠纷案，载《最高人民法院公报》2016 年第 4 期。

第二十九条 处理敏感个人信息应当取得个人的单独同意；法律、行政法规规定处理敏感个人信息应当取得书面同意的，从其规定。

【条文主旨】

本条是关于处理敏感个人信息时取得单独同意和书面同意的规定。

【条文理解】

敏感个人信息因其与自然人的人格尊严以及人身、财产安全等密切相关，应当设立高于一般个人信息的特殊保护措施。故本法将敏感个人信息及其处理规则，作为第二章个人信息处理规则中的独立一节。本条对敏感个人信息的处理设定了单独同意和书面同意两种方式，目的是保障本法第44条规定的个人"享有知情权、决定权，有权限制或者拒绝他人对其个人信息进行处理"的相关权利。本条在本法审议过程中主体框架基本没有发生变化，体现出立法对强化敏感个人信息同意方式之共识较为确定；相比于《个人信息保护法（草案）》《个人信息保护法（草案二次审议稿）》，本条将"基于个人同意处理敏感个人信息的，个人信息处理者应当取得个人的单独同意"，修正为"处理敏感个人信息应当取得个人的单独同意"，立法技术上更为精准。

一、关于"单独同意"如何理解

（一）单独同意的内涵界定

从文义解释的角度出发，单独同意是指独立且明确的、没有混同其他个人信息的专项同意。单独同意实际上属于一种特别同意，即要求将一切信息和可能风险告知信息主体，在特定、明确、自愿的基础上，取得信息主体具体同意。① 单独同意强化个人信息处理者对信息主体进行告知并取得同意的方式，让个人可以有效地参与到其个人信息处理的决策中。与单独同意对应的是实践中普遍存在的概括同意，该种同意方式在形式上并不一定针对某一具体的事项，也可以就将来信息处理行为作出概括的、"一揽子"的同意。为了强化一般个人信息的利用，个人可以对一般个人信息的处理统一作出概括同意，从而降低取得个人同意环节的沟通成本。

鉴于敏感个人信息的处理活动对信息主体的个人权益影响重大，对敏感个人信息应予以更高层级的保护。本条要求个人信息处理者处理敏感个人信息应当取得个人的单独同意，在告知同意上设定了较高标准，旨在对敏感个人信息处理活动中的"一揽子"收集、无感知被收集、强迫收集以及"与其他授权捆绑""不点击同意就不提供服务"等收集和使用方式乱象作出相应规制。之所以作此要求，一方面，要通过单独的同意发挥警示作用，使个人充分认识到自己的敏感个人信息正在被处理，从而仔细考量并自主决定是否愿意他人对自己的敏感个人信息进行处理；另一方面，提高对个人信息处理者的义务要求，使其充分认识到处理敏感的个人信息时负有更严格的法律义务要求，从而更好地保护敏感个人信息。②

（二）单独同意的立法沿革

在本法将单独同意作为重要的同意形式之前，对敏感个人信息处理的同意方式存在"明示同意""逐项同意""单独告知"等类似概念。分述如下：

1. 明示同意。2020年10月1日实施的《信息安全技术 个人信息安全规范》（GB/T 35273—2020）第5.4条C款规定："收集个人生物识别信息前，应单独向个人信息主体告知收集、使用个人生物识别信息的目的、方式和范围，以及存储时间等规则，并征得个人信息主体的明示

---

① 参见韩旭至：《个人信息保护中告知同意的困境与出路——兼论〈个人信息保护法（草案）〉》，载《经贸法律评论》2021年第1期。

② 程啸：《个人信息保护法理解与适用》，中国法制出版社2021年版，第273页。

同意。"

2. 逐项同意。2021年5月1日实施的《网络交易监督管理办法》第13条第2款规定："收集、使用个人生物特征、医疗健康、金融账户、个人行踪等敏感信息的，应当逐项取得消费者同意。"

3. 单独告知。工业和信息化部2021年4月26日发布的《移动互联网应用程序个人信息保护管理暂行规定（征求意见稿）》第6条第6项规定："处理种族、民族、宗教信仰、个人生物特征、医疗健康、金融账户、个人行踪等敏感个人信息的，应当对用户进行单独告知，取得用户同意后，方可处理敏感个人信息。"

本法在《个人信息保护法（草案）》中首次提出了"单独同意"的概念，此后的历次审议中延续了该项表述。2021年8月1日实施的《使用人脸识别技术处理个人信息民事案件规定》在制定过程中，更是直接吸纳了本法征求意见稿关于"单独同意"的提法，并在此基础上予以细化。该解释第2条规定：基于个人同意处理人脸信息的，未征得自然人或者其监护人的单独同意，或者未按照法律、行政法规的规定征得自然人或者其监护人的书面同意，属于侵害自然人人格权益的行为；第4条列举了非单独同意的常见情形，即"（一）信息处理者要求自然人同意处理其人脸信息才提供产品或者服务的，但是处理人脸信息属于提供产品或者服务所必需的除外；（二）信息处理者以与其他授权捆绑等方式要求自然人同意处理其人脸信息的；（三）强迫或者变相强迫自然人同意处理其人脸信息的其他情形"。上述规定与本法一脉相承，将人脸信息等敏感个人信息权益的保护落实到可操作层面，为规范个人信息处理活动、促进数字经济健康发展提供了良好的司法实践样本。[①]

二、关于"书面同意"如何理解

所谓书面同意，是指个人应当以书面的方式作出同意。即在处理特殊的个人敏感信息时，个人信息处理者必须就其处理的特定目的、充分

[①] 参见洪延青：《保护人脸信息 规范行业健康发展的有效司法路径》，载"人民法院报"微信公众号2021年7月28日。

必要性、处理方式、信息范围、信息存储时间,以及采取何种保护措施等向个人告知并取得个人书面形式的同意。根据《民法典》第469条之规定,书面形式一般与口头形式对应,包括合同书、信件、电报、电传、传真等可以有形地表现所载内容的形式,以电子数据交换、电子邮件等方式能够有形地表现所载内容,并可以随时调取查用的数据电文,也可以视为书面形式。换言之,书面形式可以理解为以纸质或电子形式作出的同意。需注意的是,告知同意的过程包含了三个要素,即告知、知情、同意,书面同意具有强烈的形式化要求,不能通过书面告知即推断实现了书面同意,而应当着重审查同意环节是否按照法律确认的书面形式进行,以此判断书面同意是否有效完成。

本条规定"法律、行政法规规定处理敏感个人信息应当取得书面同意的,从其规定",表明书面同意并非个人敏感信息处理的强制性要求,只有在法律、行政法规有明确要求的情况下,才需要适用书面同意的方式。既然本条前半段规定单独同意是处理敏感个人信息的必要条件,那么后半段规定的书面同意可以理解为"书面的单独同意"。具言之,此类情形下,书面同意应当同时取得单独同意,单独同意必须以书面形式作出,个人信息处理者可就特定的敏感个人信息通过书面形式取得个人的单独同意。GDPR规定的"以书面方式征得同意的,应准备单独的文本"可兹借鉴。

至于处理何种类型的敏感个人信息应当适用书面同意,考虑到社会经济发展和个人信息处理活动的复杂性,本条并未予以具体规定,而是采取了由其他法律、行政法规另行规定的立法技术,留下了弹性空间,以应对未来出现的情形。

【条文适用】

一、关于本条与本法其他条文的衔接适用

第一,本条是对本法第14条"法律、行政法规规定处理个人信息应当取得个人单独同意或者书面同意的,从其规定"的具体细化,规定了需要单独同意的其中一种场景即"处理敏感个人信息",而对书面同意则仍然留待法律、行政法规作出特别规定。除本条之外,本法还在以下条款中规定了需单独同意的情形,即向其他个人信息处理者提供个人信息(第23条),公开个人信息的规制(第25条),处理敏感个人信息(第29条),以及向境外提供个人信息(第39条)。

第二,本条规定的单独同意、书面同意均是同意中的特殊类型,仍然应当满足本法对于同意的一般要求,包括本法第14条关于同意行为构成要件、重新取得同意的规定、第15条关于撤回同意的规定、第16条关于不得拒绝交易的规定、第17条关于个人信息处理告知规则的规定、第18条关于告知例外情形的规定。除此之外,本条适用时需同时遵循敏感个人信息项下关于告知同意规则的特别规定,即本法第30条关于敏感个人信息处理中告知事项的规定、第31条关于处理未成年人个人信息同意规则的规定。

第三,本法第13条规定的个人信息处理的合法性基础并不限于个人同意一种情形,而本条规定"处理敏感个人信息应当取得个人的单独同意",二者的差异值得探究。立法过程中,《个人信息保护法(草案)》《个人信息保护法(草案二次审议稿)》关于本条的表述均为"基于个人同意处理敏感个人信息的,个人信息处理者应当取得个人的单独同意",至最终稿时却删除了"基于个人同意处理敏感个人信息的"这一前提条件。此处修订是对敏感个人信息处理的合法性基础作了限缩,还仅是立法用语上的精炼,在理解上存在争议,有待进一步的探讨。我们的初步考虑是,结合立法者在关于草案修改情况的汇报中并未对本条的修订予以特别说明,目前司法实践中可参考部分学者提出的观点,即:处理敏感的个人信息应当取得个人的单独同意,是指那些基于个人同意处理敏感的个人信息的情形,至于依据法律、行政法规的规定无须个人同意即可处理个人信息的情形,则不适用。[①]

[①] 参见程啸:《个人信息保护法理解与适用》,中国法制出版社2021年版,第273页。

二、关于单独同意的具体要求

单独同意对个人信息处理者处理敏感个人信息提出了更高要求。正确适用本条规定的单独同意,应注意把握以下几个方面:

首先,单独同意应当针对某一具体的处理行为作出,这就意味着不能通过"一揽子"告知的方式征得个人同意,个人信息处理者在获得同意前应当充分履行告知义务,确保个人在充分知情的前提下,可以独立于其他个人信息,合理考虑对自己权益影响的后果而作出同意。

其次,单独同意应当以明示同意的方式作出,即以自主作出肯定性动作的形式对特定处理作出明确授权的行为,肯定性动作具体包括主动勾选、主动填写、主动点击"同意""注册""发送"等。

最后,单独同意应当基于自愿作出,即个人在自由、具体、清晰无误的情形下作出同意,以"与其他授权捆绑""不点击同意就不提供服务"的方式强迫或变相强迫作出的同意无效。

实践中,关于"单独同意"的实现路径,可参照《信息安全技术 个人信息安全规范》《信息安全技术 个人信息告知同意指南(征求意见稿)》等相关规范性文件以及当前实操领域的通用做法。其中,《信息安全技术 个人信息告知同意指南(征求意见稿)》针对告知同意规则作出了具体翔实的细化规定,并列举了公共场合、个性化推荐、互联网金融、网上购物等不同场景下告知同意的适用细则,对"单独同意"如何行使具有较强的借鉴意义。

具体到处理人脸信息的"单独同意"场景中,以通过人脸识别技术解锁手机终端为例,手机终端厂商可在用户首次开启人脸识别功能时,通过弹窗或跳转专门页面的形式同步告知该功能的信息处理规则;该规则应仅包含对人脸识别功能及其信息处理规则的描述而不包括对其他不相关事项的描述;用户通过点击"同意"或"已知悉,并继续使用"等主动性动作清楚地表达自己的意愿;即便用户在阅读信息处理规则后选择不开启该功能,但仍然可以通过设置数字密码、手势密码等方式,或直接继续使用手机终端的其他功能。①

【相关规定】

1.《最高人民法院关于审理使用人脸识别技术处理个人信息相关民事案件适用法律若干问题的规定》（2021年7月27日）

第二条　信息处理者处理人脸信息有下列情形之一的，人民法院应当认定属于侵害自然人人格权益的行为：

（一）在宾馆、商场、银行、车站、机场、体育场馆、娱乐场所等经营场所、公共场所违反法律、行政法规的规定使用人脸识别技术进行人脸验证、辨识或者分析；

（二）未公开处理人脸信息的规则或者未明示处理的目的、方式、范围；

（三）基于个人同意处理人脸信息的，未征得自然人或者其监护人的单独同意，或者未按照法律、行政法规的规定征得自然人或者其监护人的书面同意；

（四）违反信息处理者明示或者双方约定的处理人脸信息的目的、方式、范围等；

（五）未采取应有的技术措施或者其他必要措施确保其收集、存储的人脸信息安全，致使人脸信息泄露、篡改、丢失；

（六）违反法律、行政法规的规定或者双方的约定，向他人提供人脸信息；

（七）违背公序良俗处理人脸信息；

（八）违反合法、正当、必要原则处理人脸信息的其他情形。

第四条　有下列情形之一，信息处理者以已征得自然人或者其监护人同意为由抗辩的，人民法院不予支持：

（一）信息处理者要求自然人同意处理其人脸信息才提供产品或者服

---

① 参见洪延青：《我国"人脸识别技术民事案件司法解释"中"单独同意"的理解》，载"网安寻路人"微信公众号2021年8月1日。

务的，但是处理人脸信息属于提供产品或者服务所必需的除外；

（二）信息处理者以与其他授权捆绑等方式要求自然人同意处理其人脸信息的；

（三）强迫或者变相强迫自然人同意处理其人脸信息的其他情形。

2.《**信息安全技术　个人信息安全规范**》（2020年3月6日）

5.4　收集个人信息时的授权同意

对个人信息控制者的要求包括：

a) 收集个人信息，应向个人信息主体告知收集、使用个人信息的目的、方式和范围等规则，并获得个人信息主体的授权同意；

注1：如产品或服务仅提供一项收集、使用个人信息的业务功能时，个人信息控制者可通过个人信息保护政策的形式，实现向个人信息主体的告知；产品或服务提供多项收集、使用个人信息的业务功能的，除个人信息保护政策外，个人信息控制者宜在实际开始收集特定个人信息时，向个人信息主体提供收集、使用该个人信息的目的、方式和范围，以便个人信息主体在作出具体的授权同意前，能充分考虑对其的具体影响。

注2：符合5.3和a) 要求的实现方法，可参考附录C。

b) 收集个人敏感信息前，应征得个人信息主体的明示同意，并应确保个人信息主体的明示同意是其在完全知情的基础上自主给出的、具体的、清晰明确的意愿表示；

c) 收集个人生物识别信息前，应单独向个人信息主体告知收集、使用个人生物识别信息的目的、方式和范围，以及存储时间等规则，并征得个人信息主体的明示同意；

注：个人生物识别信息包括个人基因、指纹、声纹、掌纹、耳廓、虹膜、面部识别特征等。

d) 收集年满14周岁未成年人的个人信息前，应征得未成年人或其监护人的明示同意；不满14周岁的，应征得其监护人的明示同意；

e) 间接获取个人信息时：

　　1) 应要求个人信息提供方说明个人信息来源，并对其个人信息来源的合法性进行确认；

2）应了解个人信息提供方已获得的个人信息处理的授权同意范围，包括使用目的，个人信息主体是否授权同意转让、共享、公开披露、删除等；

3）如开展业务所需进行的个人信息处理活动超出已获得的授权同意范围的，应在获取个人信息后的合理期限内或处理个人信息前，征得个人信息主体的明示同意，或通过个人信息提供方征得个人信息主体的明示同意。

第三十条 个人信息处理者处理敏感个人信息的，除本法第十七条第一款规定的事项外，还应当向个人告知处理敏感个人信息的必要性以及对个人权益的影响；依照本法规定可以不向个人告知的除外。

【条文主旨】

本条是关于处理敏感个人信息的特别告知事项的规定。

【条文理解】

一、敏感个人信息特别告知的正当性基础

敏感个人信息与一般个人信息是相对的概念，二者均属于个人信息的范畴，《个人信息保护法》第28条[①]对敏感个人信息进行了明确定义，敏感个人信息之外的个人信息属于一般个人信息。

敏感个人信息具有较高的人格属性，与自然人更密切、甚至"私密"，敏感个人信息的处理不当容易导致更严重的后果，比如宗教信仰、生物识别信息的泄露导致歧视、人格尊严受到侵害或者个人行踪被泄露导致生命健康安全存在隐患、金融账户泄露导致财产被盗取等。该类信息处理起来存在更高的风险，故而《个人信息保护法》为敏感个人信息的处理提供了更严格的保护措施。在信息处理者履行了一般个人信息告

[①] 《个人信息保护法》第28条规定："敏感个人信息是一旦泄露或者非法使用，容易导致自然人的人格尊严受到侵害或者人身、财产安全受到危害的个人信息，包括生物识别、宗教信仰、特定身份、医疗健康、金融账户、行踪轨迹等信息，以及不满十四周岁未成年人的个人信息。只有在具有特定的目的和充分的必要性，并采取严格保护措施的情形下，个人信息处理者方可处理敏感个人信息。"

知事项的基础上，赋予信息处理者特别的告知义务，更加明确、醒目地提醒个人，避免其敏感个人信息在欠缺充分认知的情况下被处理，增强个人对敏感信息的实际掌控，同时也督促信息处理者审慎处理敏感个人信息。

基于上述理论认识，《个人信息保护法》在第二章第一节列举了处理个人信息均须遵守的告知义务的基础上，在该章第二节对敏感个人信息还要遵守的特殊告知义务作了进一步规定。

二、如何理解"告知处理敏感个人信息的必要性"

《个人信息保护法》对处理个人信息是建立在充分告知、明确自愿的基础上的，《个人信息保护法》第 17 条第 1 款规定了一般情形下的信息处理者的告知内容，采用列举加兜底条款的方式界定了告知事项范围，包括"（一）个人信息处理者的名称或者姓名和联系方式；（二）个人信息的处理目的、处理方式，处理的个人信息种类、保存期限；（三）个人行使本法规定权利的方式和程序；（四）法律、行政法规规定应当告知的其他事项"。其中第 4 项兜底条款指明信息处理者的"告知"义务若有特殊规定遵循特殊规定，为第 30 条敏感信息的特殊告知处理预留了空间。

《民法典》《网络安全法》《个人信息保护法》[1] 均对个人信息处理提出了必要性要求。必要性是《个人信息保护法》的基本原则之一，个人信息的处理不仅在收集时要遵循非必要不收集，在其他环节中也都要恪守必要性原则，比如《个人信息保护法》第 19 条[2]规定的个人信息的保存期限应"必要最短"。敏感个人信息的处理应当更为谨慎，《个人信息保护法》第 28 条也明确规定了只有在具有特定的目的和充分的必要性基础上才可以处理敏感个人信息。第 30 条所规定的额外告知事项，要求告知处理敏感个人信息的必要性，是对必要性原则及本法第 28 条处理前提

---

[1] 《个人信息保护法》第 5 条规定：处理个人信息应当遵循合法、正当、必要和诚信原则，不得通过误导、欺诈、胁迫等方式处理个人信息。

[2] 《个人信息保护法》第 19 条规定：除法律、行政法规另有规定外，个人信息的保存期限应当为实现处理目的所必要的最短时间。

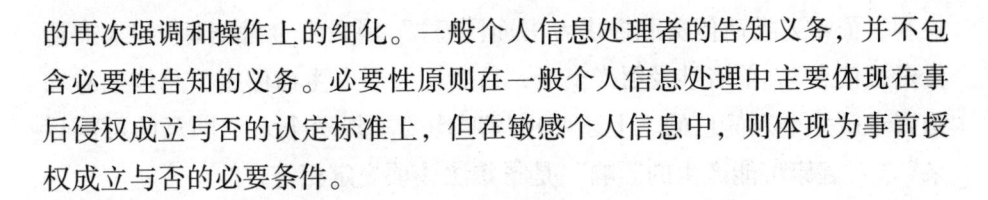

的再次强调和操作上的细化。一般个人信息处理者的告知义务,并不包含必要性告知的义务。必要性原则在一般个人信息处理中主要体现在事后侵权成立与否的认定标准上,但在敏感个人信息中,则体现为事前授权成立与否的必要条件。

三、如何理解"告知对个人权益的影响"

在本法第17条第1款中并未将可能存在的影响作为一般个人信息处理的必须告知事项,这是处理敏感个人信息规定的额外要求。在日常的信息处理场景中,信息处理者往往会列出不同意提供敏感信息可能会导致特定服务不能实现或者导致服务质量下降的后果,而不是充分考虑和告知对个人权益的影响,这就导致用户、消费者对信息利用潜在的影响欠缺客观、全面了解。这在一般个人信息中通过事后侵权救济方式即可解决,但对于个人敏感信息,则需要通过事先告知方式充分提示。

本法第30条要求信息处理者告知影响的范围,既包括告知现实存在的影响,也包括可能存在的影响,既要告知可能导致特定服务不能实现等后果,也要告知可能存在的信息泄露等风险。

我国现有的一些规定已经明确了告知对权利影响的一些具体情形。《信息安全技术 公共及商用服务信息系统个人信息保护指南》第5.2.2条就提供了范本,要求采取易知悉的方式,向个人信息主体明确告知和警示"f:个人信息主体提供个人信息后可能存在的风险""g:个人信息主体不提供个人信息可能出现的后果"事项。另外,《中国人民银行金融消费者权益保护实施办法》第31条第2款规定:"银行、支付机构通过格式条款取得消费者金融信息收集、使用同意的,应当在格式条款中明确收集消费者金融信息的目的、方式、内容和使用范围,并在协议中以显著方式尽可能通俗易懂地向金融消费者提示该同意的可能后果。"《人类遗传资源管理条例》第12条第1款规定:"采集我国人类遗传资源,应当事先告知人类遗传资源提供者采集目的、采集用途、对健康可能产生的影响、个人隐私保护措施及其享有的自愿参与和随时无条件退出的权利，征得人类遗传资源提供者书面同意。"消费者金融信息[1]和人类遗传资源信息[2]，前者涉及财产安全，后者涉及个人生命健康，总体上看均是属于敏感个人信息的。上述两项规定均要求提示个人"同意的可能后果""对健康可能产生的影响"是与本法该项规定相符合的。

除上述具体规定外，告知对有关权利影响的具体内容，应当具体考察敏感个人信息的具体类型，主要从被泄露、被非法使用对人身、财产安全的危害程度来具体考虑。诸如基因识别等生物识别信息，对于个人影响重大，在履行告知对权利影响义务时，就应当全面、详细地履行告知义务。

四、"依照本法规定可以不向个人告知的除外"的理解

告知义务是个人信息处理，尤其是敏感个人信息处理的基本原则。但该原则仍存在例外情况，集中反映于《个人信息保护法》第13条第1款2~7项，以及第18条、第35条的相关规定，其内在法理主要反映的是不同层级法益之间的利益衡量。主要是指位阶低的法益不能用来对抗位阶高的法益，但为了更高的法益保护需要可以突破较低法益保护的相关规则。一般而言，个人的财产权益不能用来对抗个人的人格利益，一般民事权利不能用来对抗《宪法》保护的权利；个人权利一般不能对抗公共利益。具体来说，不能因收集个人信息获取经济利益的行为对抗个人的人格利益；《宪法》保护的通信自由和通信秘密权利可以对个人信息告知义务产生豁免。具体包括以下情形。

第一种情况是法律、行政法规规定应当保密或者不需要告知的情形。本法第二章个人信息处理规则的第一节一般规定中的第18条第1款规

---

[1] 《中国人民银行金融消费者权益保护实施办法》第28条规定：本办法所称消费者金融信息，是指银行、支付机构通过开展业务或者其他合法渠道处理的消费者信息，包括个人身份信息、财产信息、账户信息、信用信息、金融交易信息及其他与特定消费者购买、使用金融产品或者服务相关的信息。消费者金融信息的处理包括消费者金融信息的收集、存储、使用、加工、传输、提供、公开等。

[2] 《人类遗传资源管理条例》第2条规定：本条例所称人类遗传资源包括人类遗传资源材料和人类遗传资源信息。人类遗传资源材料是指含有人体基因组、基因等遗传物质的器官、组织、细胞等遗传材料。人类遗传资源信息是指利用人类遗传资源材料产生的数据等信息资料。

定,信息处理者免除告知义务的情形限于有法律、行政法规规定应当保密或者不需要告知的情形的,不告知的范围限于"可以不向个人告知前条第一款规定的事项"。其中"前条第一款规定的事项"是指第17条第1款的内容"(一)个人信息处理者的名称或者姓名和联系方式;(二)个人信息的处理目的、处理方式,处理的个人信息种类、保存期限;(三)个人行使本法规定权利的方式和程序;(四)法律、行政法规规定应当告知的其他事项"。

可见,虽然第30条的表述是"依照本法",即依照《个人信息保护法》的规定作为不向个人告知的例外的依据,但是第30条通过第18条的规定最终指向了第17条,第17条告知事项既包括前三项处理一般个人信息应当告知的事项内容,也包括第四项的"法律、行政法规规定应当告知的其他事项"的额外事项和特别规定。所以信息处理者依据第30条不向个人告知时,其不告知的法律依据可以是《个人信息保护法》也可以是其他法律、行政法规;其不告知的事项既包括处理一般个人信息所应当告知的事项,也包括额外的告知事项。

第二种情况是紧急情况下为保护自然人的生命健康和财产安全无法及时向个人告知的。《个人信息保护法》第18条第2款规定:"紧急情况下为保护自然人的生命健康和财产安全无法及时向个人告知的,个人信息处理者应当在紧急情况消除后及时告知。"该种情况下,系因情况紧急导致客观上告知不能,不告知的事项范围没有限制,但是要求信息处理者在紧急情况消除后及时告知。

第三种情况是针对国家机关作为信息处理者的规定。《个人信息保护法》第三节国家机关处理个人信息的特别规定第35条规定:"国家机关为履行法定职责处理个人信息,应当依照本法规定履行告知义务;有本法第十八条第一款规定的情形,或者告知将妨碍国家机关履行法定职责的除外。"除第18条第1款规定的情形,增加了"告知将妨碍国家机关履行法定职责的"的情形。

【条文适用】

一、敏感个人信息的转化问题

《个人信息保护法》中对信息进行了概念化的分类，按照可识别程度分为一般个人信息、去标识化信息、匿名化信息；按照敏感程度分为一般个人信息、敏感个人信息。但数据信息本身的高度变化特性使上述区分处于相对不稳定的状态。不但一般个人信息、去标识化信息、匿名化信息随着信息处理者能力的不同会发生变化，一般个人信息、敏感个人信息之间同样会因为基础条件的变化发生转化。

因此在具体的案件中，是否属于个人敏感信息需要结合应用场景、相关联信息收集能力、不同行业等因素进行具体判断，不能脱离具体场景以"全有全无"的方式作出判断。而且随着信息收集能力和技术的不断提高，人们能轻易获得大量关于个人的信息数据，这种有关数据聚合能力的增强，提高了一般个人信息与敏感个人信息、敏感个人信息与去标识化个人信息之间的转化可能性。尤其是敏感个人信息与去标识化个人信息之间的转化和认定，在实践中较为多见。

匿名化技术是个人敏感信息保护与数据流通的一个技术过滤工具，匿名化就是将个人信息转化成数据，这种数据的性质一经转化，其性质就不再具有人格属性，不再适用《个人信息保护法》中的相关规定。但是数据技术的发展，使得个人敏感信息脱敏后仍面临被重新识别的可能，匿名化这一概念和操作界定中的模糊不清，增加了信息主体隐私受到威胁的风险。因此，实践中不能因为个人信息经过去标识化处理就当然认定不适用《个人信息保护法》的保护，而应当具体确定是否存在信息聚合后转化为个人敏感信息并遭受侵害的情况。另外，一般个人信息与个人敏感信息之间的转化也是客观存在的现象。同理，个人敏感信息经过技术处理后转化为一般个人信息，然而在具有特定的信息聚合能力主体控制下，以及特定场景中，该数据就又可能识别出特定敏感信息，成为具有敏感属性的个人信息。在具体的纠纷中，这种转化的举证责任应当由原告即敏感个人信息主体一方承担，如能证明去标识化信息、一般个人信息已经转化为敏感个人信息，则当然适用特殊的告知同意等规则。

可以看出，个人信息的敏感性存在转化的可能，不仅取决于其性质或者类型，还取决于其被利用的目的或者方式。因此，对于个人敏感信息的保护，实践中除采用以敏感度、信息类别等确定性因素对个人敏感信息进行判断之外，还应注意到在不同情景和不同持有者这些流变的因素中对个人敏感信息进行识别判断，以准确确定信息类型和应当适用的规则。

二、必要性告知具体内容的认定

处理敏感个人信息的必要性内容认定标准在实践中具有一定的难度。这一认定更类似于一种动态系统论的认定，也就是说敏感个人信息处理的必要性理由，需要结合具体场景要素来综合判断，不能一概而论。《个人信息保护法》并未正面对上述内容进行列举，但在个人信息领域的其他规定中有所涉及。上述必要性理由可分为以下几类：首先是提供服务等实现个人利益所必要。如2021年国家互联网信息办公室、工业和信息化部、公安部办公厅、国家市场监督管理总局联合制定的《常见类型移动互联网应用程序必要个人信息范围规定》第3条规定了必要个人信息，是指保障App基本功能服务正常运行所必需的个人信息，缺少该信息App即无法实现基本功能服务，第5条列举了39类常见类型App的必要个人信息范围。上述情形即属于敏感个人信息中适用的必要性条件。信息处理者告知必要性时应当更加注意处理范围、程度与敏感信息的比例关系，同时应当注意这种告知义务的范围涵盖信息处理的各个环节，不仅包括收集，还包括使用、存储、加工、公开、转授权等各个处理环节。其次是为实现信息处理者利益所必须。有些信息处理者对于个人敏感信息的使用是出于自身商业利益考虑，如通过大数据算法实现最优商业模式等，这种情况在不违反强制性法律规定前提下一般要给予个人一定对价补偿，在达成事先的补偿对价合意时，在具体使用时信息处理者就应当告知该信息使用对于处理者商业利益实现的必要性。最后是实现合同目的所必须。该合同不是指以个人敏感信息使用为标的的合同，而是指在实现合同双方指向的合同目的过程中必须以个人敏感信息的适用为手段的合同。如个人与公司签订的理财合同，在合同履行过程中必然要使用个人身份信息和个人账户信息等敏感信息。这些也属于应在使用前应当向个人告知的个人敏感信息。

【相关规定】

1.《中华人民共和国民法典》（2020年5月28日）

第一千零三十四条　自然人的个人信息受法律保护。

个人信息是以电子或者其他方式记录的能够单独或者与其他信息结合识别特定自然人的各种信息，包括自然人的姓名、出生日期、身份证件号码、生物识别信息、住址、电话号码、电子邮箱、健康信息、行踪信息等。

个人信息中的私密信息，适用有关隐私权的规定；没有规定的，适用有关个人信息保护的规定。

2.《中华人民共和国网络安全法》（2016年11月7日）

第四十一条　网络运营者收集、使用个人信息，应当遵循合法、正当、必要的原则，公开收集、使用规则，明示收集、使用信息的目的、方式和范围，并经被收集者同意。

网络运营者不得收集与其提供的服务无关的个人信息，不得违反法律、行政法规的规定和双方的约定收集、使用个人信息，并应当依照法律、行政法规的规定和与用户的约定，处理其保存的个人信息。

3.《信息安全技术　个人信息安全规范》（2020年3月6日）

5.2　收集个人信息的最小必要

对个人信息控制者的要求包括：

a) 收集的个人信息的类型应与实现产品或服务的业务功能有直接关联；直接关联是指没有上述个人信息的参与，产品或服务的功能

无法实现;

　　b) 自动采集个人信息的频率应是实现产品或服务的业务功能所必需的最低频率;

　　c) 间接获取个人信息的数量应是实现产品或服务的业务功能所必需的最少数量。

4.《信息安全技术 公共及商用服务信息系统个人信息保护指南》（2012 年 11 月 5 日）

5.2.2 收集前要采用个人信息主体易知悉的方式，向个人信息主体明确告知和警示如下事项：

　　a) 处理个人信息的目的;

　　b) 个人信息的收集方式和手段、收集的具体内容和留存时限;

　　c) 个人信息的使用范围，包括披露或向其他组织和机构提供其个人信息的范围;

　　d) 个人信息的保护措施;

　　e) 个人信息管理者的名称、地址、联系方式等相关信息;

　　f) 个人信息主体提供个人信息后可能存在的风险;

　　g) 个人信息主体不提供个人信息可能出现的后果;

　　h) 个人信息主体的投诉渠道;

　　i) 如需将个人信息转移或委托于其他组织和机构，要向个人信息主体明确告知包括但不限于以下信息：转移或委托的目的、转移或委托个人信息的具体内容和使用范围、接受委托的个人信息获得者的名称、地址、联系方式等。

5.《App 违法违规收集使用个人信息行为认定方法》（2019 年 11 月 28 日）

二、以下行为可被认定为"未明示收集使用个人信息的目的、方式和范围"

1. 未逐一列出 App（包括委托的第三方或嵌入的第三方代码、插件）收集使用个人信息的目的、方式、范围等;

2. 收集使用个人信息的目的、方式、范围发生变化时，未以适当方式通知用户，适当方式包括更新隐私政策等收集使用规则并提醒用户阅读等；

3. 在申请打开可收集个人信息的权限，或申请收集用户身份证号、银行账号、行踪轨迹等个人敏感信息时，未同步告知用户其目的，或者目的不明确、难以理解；

4. 有关收集使用规则的内容晦涩难懂、冗长繁琐，用户难以理解，如使用大量专业术语等。

第三十一条 个人信息处理者处理不满十四周岁未成年人个人信息的，应当取得未成年人的父母或者其他监护人的同意。

个人信息处理者处理不满十四周岁未成年人个人信息的，应当制定专门的个人信息处理规则。

【条文主旨】

本条是关于处理不满14周岁未成年人个人信息的规定。

【条文理解】

一、未成年人个人信息特殊保护的必要性与现状

互联网的发展和数据技术运用为当前未成年人的成长提供了前所未有的信息平台，对于未成年人的在线教育、成长参与以及社会化服务等方面起到了积极的促进作用。同时，未成年人在网上的大量信息活动也产生了未成年人信息的处理问题。而未成年人并未成熟的心智造成未成年人个人信息权益受损害的可能性增大。未成年人在微信、微博上进行的分享诸如自己的照片、定位等具有极强敏感属性个人信息的行为，使得数据平台掌握了未成年人的成长历程信息。不仅如此，未成年人的家人、朋友等其他网络用户也存在提供未成年人信息的风险。比如在微信、微博和其他各种短视频平台上都可以看到很多未成年人的监护人"晒娃"的照片、视频。这些司空见惯的情况其实极大地增加了未成年人个人信息受侵害的可能性。

总体而言，各国未成年人个人信息的保护均以未成年人利益最大化为基本原则。该原则的实现需要具体规则的系统建构。在我国目前的未

成年人个人信息保护法律体系中,除《民法典》《网络安全法》等法律对个人信息作了原则性规定外,《互联网个人信息保护指南》《信息安全技术 个人信息安全规范》以及《儿童个人信息网络保护规定》等法规也进一步细化了包括未成年人在内的公民拥有的个人信息权益,其中包括了同意权、更正权、删除权等内容。我国目前的未成年人个人信息保护法律体系仍较为松散,但《个人信息保护法》从基本法律层面对未成年个人信息保护进行了具体的规定,填补了该领域基础规定的空白。

二、监护人同意制度

对于在个人信息保护中对未成年人是采取赋权还是保护方式,一直在各国理论与实务界争议不断。此外,对于未成年人是否应当根据年龄及成熟程度来保护和赋权,年龄标准如何界分,各国根据自身不同的政治和社会环境也都有不同的安排。目前我国的《个人信息保护法》立法中采取的监护人同意机制,是建立在对未成年人保护而非赋权的理念基础上的。这一保护在法律上主要还是依赖监护人尤其是父母的支持实现。

从比较法层面,各国对于未成年人个人信息保护中的监护人同意制度有不同的安排。美国是儿童网络保护立法方面的先驱,有一系列法律法规来保护未成年人的网络个人信息。联邦层面包括1974年的《美国家庭教育权与隐私权法》、1998年的《美国儿童网络隐私保护法》及联邦贸易委员会出台的配套规则,其基本规则是获得儿童父母可验证的同意方可收集、处理未成年人个人信息。同时,美国国会通过《美国学生隐私保护法》来保护针对学校的市场调研行为,该法要求公司必须获得父母的书面同意,否则不得以市场营销目的收集任何18岁以下的学生的个人信息。2001年,信息通信委员会制定《美国儿童网络保护法》。2015年,国会又通过了《美国学生数字隐私和家长权利法案》,规定只能在基于合法目的或者学生或家长明示的确认的请求下,网络运营者才可以披露学生个人信息。欧洲方面,2011年经济合作与发展组织针对未成年人网络保护提出建议,囊括了未成年人网络隐私风险;2018年5月25日生效的GDPR,对未成年人个人信息的处理提出原则性的规定,即获得未成年人监护人的同意前置。GDPR规定了基于年龄获得家长同意的规范，而未考虑学界对中家长同意机制无效的批评，也未考虑年龄验证机制的可行性以及选择更加细致的未成年人隐私保护模式，发布伊始即受到质疑。

我国未成年人网络个人信息保护相较欧美起步较晚，《未成年人保护法》中并未提及对未成年人网络个人信息的保护。目前《个人信息保护法》第31条中的规定从法律层面明确了"父母或监护人同意"框架下对未成年人的保护。

综合来看，监护人或父母同意的理论根源主要有两个：一是隐私控制理论；二为亲权及监护权理论。根据隐私控制理论，隐私是一种自主决定的利益，这种利益成年人拥有，未成年人也应当享有。亲权及监护权理论是源于对未成年人的照顾和保护。由于未成年人的脆弱性，为了保护其健康发展，监护人或父母作为未成年人的代理人一方面行使控制权。另一方面，为了未成年人更好发展，须要代理未成年人从事一些民事法律行为。代理未成年人对于个人信息处理进行同意，就是基于上述理论，这也是目前立法中未成年人个人信息收集、处理前需要获得监护人或父母同意的法律基础。

三、信息处理者在未成年人个人信息保护中的专门规则制定义务

对于未成年人的特殊保护，应合理分配信息处理者、监护人的不同责任和义务，信息处理者的义务主要体现在为未成年人制定专门的规则。这主要体现在两方面：一方面是未成年人个人信息处理达到一定规模的企业规则制定义务，这一类企业规则主要是要求信息处理者在提供其服务时采取基于其企业提供服务的特点设计规则给予未成年人个人信息权益保护的进路，承担起更多的社会责任。另一方面是行业本身对于统一的未成年人信息处理规则的制定义务。我国目前有一些行业自律组织，比如中国互联网协会发布《网络数据和用户个人信息收集、使用自律公约》，其中涉及未成年人信息处理的规则。但目前我国这种行业统一规则发展还有欠缺，协会更多采取联合业界积极向未成年人和青少年推荐"绿色网络文化产品"；对手机App收集和使用未成年人用户个人信息情

况展开评议方式开展工作。大量从事信息业务处理的中小公司由于规则订立能力有限,对于行业协会订立规则具有迫切的需要。但目前依靠公司内部规定及政府部门监管规则来保护未成年人网络个人信息仍是主流,自我监管的有限及政府监管的不足亟待我国形成良好的行业规则。

【条文适用】

一、关于监护人与被监护人在个人信息保护中利益冲突的问题

监护人同意模式事实上是以高度信任监护人为基础的思想,其理论基础是监护人原则上会很好保护未成年人的利益。但该原则也会出现例外,很多时候会出现父母的选择不符合未成年人利益的情况,其中典型的情况就是包括父母在内的监护人在社交平台分享未成年人日常情况,俗称"晒娃";除此之外,未成年人个人信息的有偿使用也是由监护人代理完成,其中也存在未充分保护未成年人利益的可能。

未成年人在个人信息保护中与监护人利益冲突时,可以采取的救济方式主要有三方面:一是在不剥夺监护人资格情况下,由其他有资格担任监护人的组织或个人在特定案件中成为诉讼中的法定代理人,代理未成年人起诉监护人的个人信息侵权行为;二是在严重侵权情况下,通过特别程序剥夺监护人资格,继而保护未成年人的权益;三是待未成年人成年后,依法独立以自己的名义向监护人主张侵权责任,按照《民法典》相关规定,此时诉讼时效自知道或应当知道并且已经成年后方开始起算。

二、未成年人个人信息保护中的"被遗忘"问题

我国目前的法律没有明确规定个人信息中的"被遗忘权",但基于删除信息的权利一直存在,通过删除权利可以在一定程度上保证合理的个人信息被遗忘目的达到。对于未成年人而言,在心智成熟之前的个人信息一定程度被遗忘,有利于其成年以后的健康成长。这一原则能有效地允许未成年人改变他们的数字足迹,有利于未成年人开展新的生活。由

于许多原因，孩子们很少或根本无法减少或者不同意父母的过度分享以及对父母代为同意第三方收集使用其个人信息持反对意见。"被遗忘"在某种程度上可以平衡父母的分享权与未成年人的隐私权以及实现随着年龄增长未成年人逐渐具有的自主权。此外，由于未成年人心智尚未成熟且具有很大的可塑性，对于其曾经的不良个人信息"被遗忘"具有更大的价值。如轻微少年犯罪记录等，随着时间的流逝，信息披露的价值被最小化，必须为未成年人的隐私利益让路。该权利主要由未成年人在成年后，采取要求删除相关信息、消除有关影响的方式表现。

"被遗忘"原则实际是本条监护人同意规则的例外，在某些情况下也是个人信息合理使用原则的例外。如对于轻微少年犯罪行为，未成年人在悔改后，应允许其对公众屏蔽相关记录，恢复征信记录，以使其能重新开始正常的社会生活。这也是"未成年人利益最大化"原则的具体表现。

【相关规定】

1. 《中华人民共和国民法典》（2020 年 5 月 28 日）

第三十四条　监护人的职责是代理被监护人实施民事法律行为，保护被监护人的人身权利、财产权利以及其他合法权益等。

监护人依法履行监护职责产生的权利，受法律保护。

监护人不履行监护职责或者侵害被监护人合法权益的，应当承担法律责任。

因发生突发事件等紧急情况，监护人暂时无法履行监护职责，被监护人的生活处于无人照料状态的，被监护人住所地的居民委员会、村民委员会或者民政部门应当为被监护人安排必要的临时生活照料措施。

第三十五条　监护人应当按照最有利于被监护人的原则履行监护职责。监护人除为维护被监护人利益外，不得处分被监护人的财产。

未成年人的监护人履行监护职责，在作出与被监护人利益有关的决定时，应当根据被监护人的年龄和智力状况，尊重被监护人的真实意愿。

成年人的监护人履行监护职责，应当最大程度地尊重被监护人的真实意愿，保障并协助被监护人实施与其智力、精神健康状况相适应的民事法律行为。对被监护人有能力独立处理的事务，监护人不得干涉。

第一千零六十八条 父母有教育、保护未成年子女的权利和义务。未成年子女造成他人损害的，父母应当依法承担民事责任。

2.《中华人民共和国网络安全法》（2016年11月7日）

第十三条 国家支持研究开发有利于未成年人健康成长的网络产品和服务，依法惩治利用网络从事危害未成年人身心健康的活动，为未成年人提供安全、健康的网络环境。

3.《中华人民共和国未成年人保护法》（2020年10月17日修订）

第七条 未成年人的父母或者其他监护人依法对未成年人承担监护职责。

国家采取措施指导、支持、帮助和监督未成年人的父母或者其他监护人履行监护职责。

第七十二条 信息处理者通过网络处理未成年人个人信息的，应当遵循合法、正当和必要的原则。处理不满十四周岁未成年人个人信息的，应当征得未成年人的父母或者其他监护人同意，但法律、行政法规另有规定的除外。

未成年人、父母或者其他监护人要求信息处理者更正、删除未成年人个人信息的，信息处理者应当及时采取措施予以更正、删除，但法律、行政法规另有规定的除外。

第七十三条 网络服务提供者发现未成年人通过网络发布私密信息的，应当及时提示，并采取必要的保护措施。

4.《儿童个人信息网络保护规定》（2019年8月22日）

第二条 本规定所称儿童，是指不满十四周岁的未成年人。

第九条 网络运营者收集、使用、转移、披露儿童个人信息的，应当以显著、清晰的方式告知儿童监护人，并应当征得儿童监护人的同意。

5. 《信息安全技术 个人信息安全规范》（2020年3月6日）

5.4 收集个人信息时的授权同意

对个人信息控制者的要求包括：

a) 收集个人信息，应向个人信息主体告知收集、使用个人信息的目的、方式和范围等规则，并获得个人信息主体的授权同意；

注1：如产品或服务仅提供一项收集、使用个人信息的业务功能时，个人信息控制者可通过个人信息保护政策的形式，实现向个人信息主体的告知；产品或服务提供多项收集、使用个人信息的业务功能的，除个人信息保护政策外，个人信息控制者宜在实际开始收集特定个人信息时，向个人信息主体提供收集、使用该个人信息的目的、方式和范围，以便个人信息主体在作出具体的授权同意前，能充分考虑对其的具体影响。

注2：符合5.3和a)要求的实现方法，可参考附录C。

b) 收集个人敏感信息前，应征得个人信息主体的明示同意，并应确保个人信息主体的明示同意是其在完全知情的基础上自主给出的、具体的、清晰明确的意愿表示；

c) 收集个人生物识别信息前，应单独向个人信息主体告知收集、使用个人生物识别信息的目的、方式和范围，以及存储时间等规则，并征得个人信息主体的明示同意；

注：个人生物识别信息包括个人基因、指纹、声纹、掌纹、耳廓、虹膜、面部识别特征等。

d) 收集年满14周岁未成年人的个人信息前，应征得未成年人或其监护人的明示同意；不满14周岁的，应征得其监护人的明示同意；

e) 间接获取个人信息时：

　　1) 应要求个人信息提供方说明个人信息来源，并对其个人信息来源的合法性进行确认；

　　2) 应了解个人信息提供方已获得的个人信息处理的授权同意范围，包括使用目的，个人信息主体是否授权同意转让、共享、公开披露、删除等；

　　3) 如开展业务所需进行的个人信息处理活动超出已获得的授权

同意范围的，应在获取个人信息后的合理期限内或处理个人信息前，征得个人信息主体的明示同意，或通过个人信息提供方征得个人信息主体的明示同意。

第三十二条 法律、行政法规对处理敏感个人信息规定应当取得相关行政许可或者作出其他限制的，从其规定。

【条文主旨】

本条是关于处理敏感个人信息的特殊许可规定。

【条文理解】

敏感个人信息本身是一个比较广泛的概念，其中包含诸如人脸信息、基因信息、性取向信息等多种信息，《个人信息保护法》中的规定属于敏感个人信息保护的一般性规定，考虑到敏感个人信息的多样性，立法难以一一列举，需要保留一定特殊规定的留白，为将来特别法的特殊许可规定留下空间。从目前来看，这些特殊的限制性保护措施主要依靠特殊的行政许可措施来实现；当然也包括特殊的民事法律和刑事法律规定，如上文中未成年人的特殊保护就属于民事法律对特殊主体的特殊限制性规定。由于民事法律中的特殊规定在其他条文中已有体现，故我们主要对行政许可适用进行解释。

目前个人信息保护主要通过两种基本模式实现，即以保护手段为民事还是刑事区分为"权利保护"与"权力保护"两种基本模式。"权利保护"模式将个人信息视作私权客体，试图构建一种对抗不特定主体的个人信息权益；"权力保护"模式则强调在个人信息处理活动中，国家负有保护个人合法权益的义务，国家设定的监管与合规框架及配套执法机制是个人信息保护的主要方式。这两种保护方式共同构成了个人信息保护系统。相对来说，行政方式尤其是行政许可方式保护更加直接有效，但我国的个人信息行政许可，尤其是敏感个人信息行政许可相关的系统性规定和制度都还没有建立起来。

目前，在我国行业分散立法的背景下，个人信息保护监管呈现出明显的部门区隔特征，缺乏统一和独立的监管机构。在一般消费领域，工商行政部门和其他有关部门负责保护消费者的个人信息权益（《消费者权益保护法》第32条）；在电信和互联网领域，主要由国家网信部门、电信主管部门、公安部门和其他有关机关对个人信息保护工作进行监管（《电信和互联网用户个人信息保护规定》第17条、《网络安全法》第8条）；在征信和邮政快递领域，个人信息保护监管分别由国务院征信业监督管理部门（中国人民银行）和国家邮政管理机构（国家邮政局）负责。以"个人信息保护"为主要目标的专责监管机构没有建立，导致难以实现更高程度的统筹、协调和指导，促进个人信息保护监管。

同时，由于缺乏行政许可等行政监管手段，敏感个人信息的侵犯问题十分突出。一方面，部分行政机关对公民个人信息的收集和使用缺乏规范。我国的政府机关，作为国家权力的行使者与公民的服务者，在工作中不可避免地需要对公民的个人敏感信息进行收集、处理和利用，实践中也出现了对公民信用记录以及其他一些特别记录进行调查利用的情况，以及因故意或过失导致公民信息保护遭到侵害的问题。另一方面，部分商家在对个人敏感信息处理中也存在不规范现象，如收集的过度性，大量收集属于商业目的之外的个人敏感信息如行踪、人脸信息等，造成潜在侵权威胁；部分商家在使用时存在不当性，一些商家超出自身商业使用范围运用信息，或以转让或买卖方式供其他主体使用。

行政许可，系指特定的行政主体，根据行政相对人的申请，经依法审查，作出准予或不准予其从事特定活动之决定的行政行为。目前我国各类敏感个人信息处理的特殊行政许可制度正在建立之中，一旦明确规定，就意味着相关主体只有在行政机关审查并被赋予相应资格后，才能对个人敏感信息进行收集。这样能有效避免对个人信息收集的随意性，促进信息处理主体加强监督管理。

个人敏感信息行政许可规定主要坚持以下两个原则：一是"不可替代性"。该原则是已有的必要性原则在敏感个人信息领域的进一步规定。

在相关规范中体现的必要性原则往往以"提供服务所必需""基于管理的需要"等内容体现出来，但仅仅考虑该个人信息是否为提供服务所必需似乎不能有效界定其必要的程度。在对个人敏感信息收集的行政许可中，不仅要将必要性作为一个重要原则加以明确，并作为行政许可的重要前提，还要进一步将其发展为"不可替代"原则，只有信息收集者证明该个人信息的收集不仅仅是必要的，而且不存在其他可替代性措施时，才符合信息收集的条件，才能获得敏感个人信息收集的行政许可。二是个人敏感信息收集行政许可的多样性。敏感个人信息的丰富多样，在不同领域不同经济交往中限制性需求也不同，何以构成个人信息的合理使用，在不同的场合均不尽相同。行政机关对于敏感个人信息收集的许可中，应避免采取"一刀切"方式，并结合当前经济社会活动的不同领域制定多元性的信息许可标准，从而保障在经济社会活动各领域信息收集的安全性和使用的有效性。根据不同行业以及不同的个人敏感信息使用目的确定不同标准。

【条文适用】

敏感个人信息行政许可的审查标准

在敏感个人信息行政许可审查中，除了上文提到的"不可替代性"和多样性两个实质性审查标准外，在审查中还应当注意以下标准。

申请收集个人信息的相关市场主体应当基于自身经营目的和实际需要向行政机关提交申请资料；在收到申请后，相关行政机关应当按照法律法规和申请主体情况进行评估，若认为该主体的信息收集行为符合法律法规，同时与该主体的自身需求相契合，就可以为其颁发信息收集许可证。申请主体所提交的申请资料应当包含收集个人信息的类型、信息收集的作用、信息使用具体规则、提供技术支持的相关公司信息等。

需要强调的是要加强对处理主体技术能力的审查以及提供技术支持的公司情况的审查。对处理主体自身的技术能力审查不容易被忽视，但对提供技术支持公司的审查往往成为盲区。由于敏感个人信息收集的行政许可不同于一般意义上的行政许可，在各类市场主体利用大数据收集个人信息时，经常会聘请相关技术公司作为技术支持，由这些技术公司对个人信息的收集和使用提供帮助，而这些提供技术支持的公司，往往在公民个人信息收集和使用中起到关键的作用。如果对他们不进行有效监管，就难以真正实现对敏感个人信息的有效保护。根据当前状况，消费者在与各类主体进行经济交往时，普遍反映针对上述敏感个人信息管理和运行的透明度不够。许多消费者既不清楚在公司企业背后负责管理信息的主体是谁，又对这些市场主体能否保障信息安全不尽了解。因此，在信息收集主体申请行政许可时，行政机关需要督促这些主体完善申请信息，不能忽视技术支持的关联企业，将这类技术公司的相关情况也作为申请材料的一部分向行政机关提交并接受行政机关的审查。

【相关规定】

1. 《中华人民共和国行政许可法》（2019 年 4 月 23 日修正）

第十二条 下列事项可以设定行政许可：

（一）直接涉及国家安全、公共安全、经济宏观调控、生态环境保护以及直接关系人身健康、生命财产安全等特定活动，需要按照法定条件予以批准的事项；

（二）有限自然资源开发利用、公共资源配置以及直接关系公共利益的特定行业的市场准入等，需要赋予特定权利的事项；

（三）提供公众服务并且直接关系公共利益的职业、行业，需要确定具备特殊信誉、特殊条件或者特殊技能等资格、资质的事项；

（四）直接关系公共安全、人身健康、生命财产安全的重要设备、设施、产品、物品，需要按照技术标准、技术规范，通过检验、检测、检疫等方式进行审定的事项；

（五）企业或者其他组织的设立等，需要确定主体资格的事项；

（六）法律、行政法规规定可以设定行政许可的其他事项。

2. 《中华人民共和国母婴保健法》（2017年11月4日修正）

第三十四条　从事母婴保健工作的人员应当严格遵守职业道德，为当事人保守秘密。

3. 《中华人民共和国身份证法》（2011年10月29日修正）

第六条　居民身份证式样由国务院公安部门制定。居民身份证由公安机关统一制作、发放。

居民身份证具备视读与机读两种功能，视读、机读的内容限于本法第三条第一款规定的项目。

公安机关及其人民警察对因制作、发放、查验、扣押居民身份证而知悉的公民的个人信息，应当予以保密。

第十三条　公民从事有关活动，需要证明身份的，有权使用居民身份证证明身份，有关单位及其工作人员不得拒绝。

有关单位及其工作人员对履行职责或者提供服务过程中获得的居民身份证记载的公民个人信息，应当予以保密。

第十九条　国家机关或者金融、电信、交通、教育、医疗等单位的工作人员泄露在履行职责或者提供服务过程中获得的居民身份证记载的公民个人信息，构成犯罪的，依法追究刑事责任；尚不构成犯罪的，由公安机关处十日以上十五日以下拘留，并处五千元罚款，有违法所得的，没收违法所得。

单位有前款行为，构成犯罪的，依法追究刑事责任；尚不构成犯罪的，由公安机关对其直接负责的主管人员和其他直接责任人员，处十日以上十五日以下拘留，并处十万元以上五十万元以下罚款，有违法所得的，没收违法所得。

有前两款行为，对他人造成损害的，依法承担民事责任。

第二十条　人民警察有下列行为之一的，根据情节轻重，依法给予行政处分；构成犯罪的，依法追究刑事责任：

（一）利用制作、发放、查验居民身份证的便利，收受他人财物或者谋取其他利益的；

（二）非法变更公民身份号码，或者在居民身份证上登载本法第三条第一款规定项目以外的信息或者故意登载虚假信息的；

（三）无正当理由不在法定期限内发放居民身份证的；

（四）违反规定查验、扣押居民身份证，侵害公民合法权益的；

（五）泄露因制作、发放、查验、扣押居民身份证而知悉的公民个人信息，侵害公民合法权益的。

4. 《中华人民共和国护照法》（2006 年 4 月 29 日）

第十二条　护照具备视读与机读两种功能。

护照的防伪性能参照国际技术标准制定。

护照签发机关及其工作人员对因制作、签发护照而知悉的公民个人信息，应当予以保密。

第二十条　护照签发机关工作人员在办理护照过程中有下列行为之一的，依法给予行政处分；构成犯罪的，依法追究刑事责任：

（一）应当受理而不予受理的；

（二）无正当理由不在法定期限内签发的；

（三）超出国家规定标准收取费用的；

（四）向申请人索取或者收受贿赂的；

（五）泄露因制作、签发护照而知悉的公民个人信息，侵害公民合法权益的；

（六）滥用职权、玩忽职守、徇私舞弊的其他行为。

5. 《快递暂行条例》（2019 年 3 月 2 日修订）

第三十四条　经营快递业务的企业应当建立快递运单及电子数据管理制度，妥善保管用户信息等电子数据，定期销毁快递运单，采取有效技术手段保证用户信息安全。具体办法由国务院邮政管理部门会同国务院有关部门制定。

经营快递业务的企业及其从业人员不得出售、泄露或者非法提供快递服务过程中知悉的用户信息。发生或者可能发生用户信息泄露的，经营快递业务的企业应当立即采取补救措施，并向所在地邮政管理部门报告。

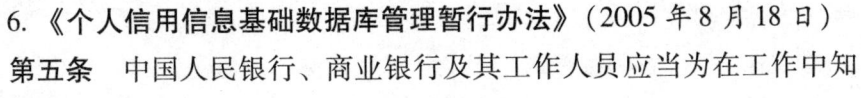

6.《**个人信用信息基础数据库管理暂行办法**》（2005年8月18日）

第五条 中国人民银行、商业银行及其工作人员应当为在工作中知悉的个人信用信息保密。

第六条 商业银行应当遵守中国人民银行发布的个人信用数据库标准及其有关要求，准确、完整、及时地向个人信用数据库报送个人信用信息。

第七条 商业银行不得向未经信贷征信主管部门批准建立或变相建立的个人信用数据库提供个人信用信息。

第八条 征信服务中心应当建立完善的规章制度和采取先进的技术手段确保个人信用信息安全。

第九条 征信服务中心根据生成信用报告的需要，对商业银行报送的个人信用信息进行客观整理、保存，不得擅自更改原始数据。

第十条 征信服务中心认为有关商业银行报送的信息可疑时，应当按有关规定的程序及时向该商业银行发出复核通知。

商业银行应当在收到复核通知之日起5个工作日内给予答复。

第十一条 商业银行发现其所报送的个人信用信息不准确时，应当及时报告征信服务中心，征信服务中心收到纠错报告应当立即进行更正。

第三节 国家机关处理个人信息的特别规定

第三十三条 国家机关处理个人信息的活动，适用本法；本节有特别规定的，适用本节规定。

【条文主旨】

本条是关于国家机关处理个人信息活动，在本节规定与本法其他规定之间发生竞合时，优先适用本节的规定。

【条文理解】

一、国家机关属于个人信息处理者

在数字时代，每个人都有可能成为个人信息处理者，国家机关也不例外。在一定意义上，国家机关已然成为最大的个人信息处理者，这与国家机关所承担的规模庞大的行政管理、服务职能密切相关。个人信息除了承载商业价值外，也蕴含了极大的公共管理价值，在行政管理、服务中的作用不断提升。对个人信息的广泛收集和高效处理，是现代政府科学决策、精准施策的重要基础和途径。世界各国政府均高度重视信息技术运用，积极推动数字政府建设，强化对个人信息的收集、利用和保护。

进入 21 世纪，我国将推行电子政务作为信息化发展的战略重点之一。自 2004 年 3 月 1 日起，我国启动人口基础信息共享试点，实现公安、劳动保障、税收征管等部门之间的信息交换与共享，逐步融合计划生育、统计、民政、社会保障、税务、教育等部门的信息资源，将个人信息纳入社会公共资源的范畴。2014年12月30日，中共中央办公厅、国务院办公厅公布《关于加强社会治安防控体系建设的意见》，明确表示我国将建立以公民身份号码为唯一代码、统一共享的国家人口基础信息库，建立健全相关方面的实名登记制度。建立公民统一社会信用代码制度，并探索建立包含公民所有信息的一卡通制度。这是我国政府顺应社会信息化发展趋势的重大举措，也是我国信息化发展中的重要标识。在我国政府推进公共安全、公共管理，保障公共福利的历程中，个人信息的资源优势得到充分展现。2019年新冠肺炎疫情出现后，个人信息的快速收集和分析工作，对把握疫情发展趋势、作出防控决策、稳妥推进复工复产提供了有力支持。

在社会信息化深化发展过程中，政府承担的数据信息处理任务愈加繁重，职能也愈加清晰。过去传统的隐私权保护和法律关系中，涉及国家机关不当泄露个人信息的纠纷偶有发生，但国家机关尚未成为独立的利益主体。在进入个人信息保护法治时代后，"国家不再单纯以超然于信息业者与信息主体双方关系之外的治理者角色出现，政务部门代表国家成为最大的个人信息处理者。同信息业者处理个人信息相同，政务部门进行个人信息处理仍以具备合法性或正当性依据为前提"。[1] 虽然个人信息采集和大数据分析可以带来国家机关治理的科学性、精准性和高效性，但大规模收集、处理个人信息存在着广泛的监控、支配和歧视自然人的风险。

从比较法来看，将公权力机构纳入规制范围是个人信息保护立法的重要内容。1995年颁布的《欧盟个人信息保护指令》以公共领域和私人领域的个人数据活动之间并无清晰界限且日渐交融，二者均可能造成数据主体的权益损害为由，全面适用于公私领域，作为个人数据处理行为规范适用。[2] 在新加坡，个人信息保护法虽明确将公权力机构排除在规制

---

[1] 张新宝、葛鑫：《个人信息保护法（专家建议稿）及立法理由书》，中国人民大学出版社2021年版，第177~178页。

[2] 个人信息保护课题组：《个人信息保护国际比较研究》，中国金融出版社2021年版，第354页。

范围外，但公权力机构收集处理信息的行为仍受其他法律规范制约，包括公权力机构（治理）法、官方保密法、所得税法、传染病法、统计法等法律为公权力机构处理数据信息、保护敏感数据信息设置了较高标准的责任。1994年制定的《韩国政府机关个人信息保护法》采用区分政府部门、私营部门的个人信息保护法律制度。2021年5月12日通过《日本数字相关法案》将现行分别规范国家行政机关、独立行政法人、民间企业三类主体有关个人信息保护的三部法律，统一整合到个人信息保护法中。

我国过去关于个人信息保护的相关规定，尚未形成对国家机关的全面、系统规制。如《网络安全法》关于网络信息安全的规制对象是网络运营者，即网络的所有者、管理者和网络服务提供者，是否可适用于国家机关，涵盖公共领域信息处理，存在争议。有观点认为，可以涵盖设立和运营网站的个人、企业、事业单位和政府组织；① 也有观点认为政府机关并不包含在内。② 其他一些专门规定则强调国家机关及其工作人员的保密义务，如《全国人民代表大会常务委员会关于加强网络信息保护的决定》《网络安全法》《监察法》等。《民法典》第1039条规定："国家机关、承担行政职能的法定机构及其工作人员对于履行职责过程中知悉的自然人的隐私和个人信息，应当予以保密，不得泄露或者向他人非法提供。"明确将国家机关、承担行政职能的法定机构及其工作人员列为个人信息保护义务的主体。

我国既往立法规制中涉及国家机关的信息保护行为规范较为单一，偏重于消极的不作为义务，而不涉及其他行为规范，已不能适应数字时代的现实需求。本法第73条第1项规定："个人信息处理者，是指在个人信息处理活动中自主决定处理目的、处理方式的组织、个人。"本条前段首次明确国家机关作为个人信息处理者，纳入个人信息处理者的主体范围。以此作为依据，涉及国家机关行为的合法性、正当性认定，不能

---

① 高富平：《个人信息保护立法研究》，光明日报出版社2021年版，第32页。
② 张新宝：《我国个人信息保护法立法主要矛盾研讨》，载《吉林大学社会科学学报》2018年第5期。

止步于是否超越法定职责范围,而应根据本法规定的个人信息保护基本原则和个人信息处理者权利、义务等方面予以全面考量。对国家机关处理个人信息的活动,应适用本法中关于保护个人信息权益,规范个人信息处理活动,促进个人信息合理利用的规定。

二、国家机关处理个人信息的特别规定优先适用

相对于其他个人信息处理者而言,国家机关处理个人信息的活动具有一定的特殊性。一是在处理目的方面,国家机关处理个人信息以行使法定职权为目的,着眼于国家利益和社会公共利益,是优化社会治理模式、提升行政管理效能、深化政务公开的必要内容。因国家机关处理个人信息发生的争议,虽表现为公权力和私权利之间的对抗关系,但其实质是整个社会对信息资源产生依赖的同时,必然因信息技术高效运作付出一定成本和代价,因此形成多元化的利益冲突格局。故涉及国家机关信息处理行为合法性、正当性的认定需置于整体社会环境和公共利益背景下衡量,给予必要的容忍度和包容度,保障国家机关正常行使法定职能。二是在处理方式方面,国家机关基于履行职务需要,对信息的收集边界宽泛、内容精准、成本较低,其信息处理规模为私人从业者难以比肩。"政府是最大的数据控制者和管理者。而大数据实际上强化了政府和个体既有的力量强弱差序格局,个体无论从财力上、技术上还是从举证和诉讼能力上,都越来越无法与公权力机构抗衡。"因此,有学者建议应对国家机关课以更重的注意义务。[①] 本法虽未打破统一的注意义务标准,但本节特别规定仍体现了对国家机关处理个人信息活动特殊性的尊重以及考量。

[①] 叶名怡:《个人信息的侵权法保护》,载《法学研究》2018年第4期。

【条文适用】

一、关于国家机关是否可以成为个人信息民事纠纷的适格被告

国家机关对于个人信息的收集、存储、处理和利用，在性质上属于公权力行使，具有行使法定职权的表现形式和活动范围。对于国家机关能否成为处理个人信息民事纠纷的适格被告，一度存在争议。第一种观点是肯定说，认为国家机关可以作为处理个人信息民事纠纷的适格被告。理由有二：一是"无论国家机关处理自然人的个人信息，还是非国家机关处理自然人的个人信息，也无论处理者处理自然人个人信息的目的是行政管理、公共服务还是营利，处理者与自然人都属于平等的民事主体"。① 二是认为《国家赔偿法》第3条规定的国家赔偿范围局限于生命权、健康权、人身自由权等有限的几种人格权，不涉及其他人格权益，此类争议应当直接适用《民法典》的规定。② 第二种观点是否定说，认为国家机关及其工作人员在履职过程中侵害他人个人信息的，因国家机关履职行为系行使国家公权力，这已经不是平等主体之间的法律关系，此时造成的对个人信息的侵害系因国家机关及其工作人员履行职务所致，应适用国家赔偿责任。③ 对这一问题，还需要进一步研究。我们认为，要根据具体行为的性质分别加以确定。

本条文义上规制的对象仅为国家机关，不包含国家机关的工作人员，与此前相关规定将国家机关及其工作人员并列表述存在不同。究其原因，主要是为确保立法语言的凝练，出于立法技术的考虑而作出的选择。从民法上的用人者责任角度来讲，国家机关工作人员的行为如构成职务行

---

① 程啸：《我国〈民法典〉个人信息保护制度的创新与发展》，载《财经法学》2020年第4期。
② 丁宇翔：《个人信息保护纠纷理论释解与裁判实务》，中国法制出版社2021年版，第61~62页。
③ 最高人民法院民法典贯彻实施工作领导小组主编：《中华人民共和国民法典人格权编理解与适用》，人民法院出版社2020年版，第403页。

为,则其行为后果归属于国家机关,应当由国家机关承担替代责任,国家机关是职务行为的单独责任主体。因此,本法规定的责任主体与既往相关立法实质上并无不同。在审判实践中,应注意本条规定与其他法律关于职务行为规定的衔接适用。《民法典》第 1191 条第 1 款规定:"用人单位的工作人员因执行工作任务造成他人损害的,由用人单位承担侵权责任。"其中的用人单位,涵盖了《民法典》总则编规定的营利法人、非营利法人、特别法人以及不具有法人资格的非法人组织。在判断国家机关工作人员是否构成职务行为时,应以该条规定为依据。有关职务行为的认定,需要采取多元标准而非单一标准,从行为的名义、内在动机、外观表现等综合分析、判断。此外,此类争议可能存在国家赔偿责任的适用,根据《国家赔偿法》第 2 条第 1 款规定,"国家机关和国家机关工作人员行使职权,有本法规定的侵犯公民、法人和其他组织合法权益的情形,造成损害的,受害人有依照本法取得国家赔偿的权利"。此时则应依据该条规定认定责任主体。

二、针对国家机关处理个人信息的特别法优于一般法的规则

本条后段是针对国家机关处理个人信息的特别法优于一般法的处理规则。《立法法》第 92 条前段规定:"同一机关制定的法律、行政法规、地方性法规、自治条例和单行条例、规章,特别规定与一般规定不一致的,适用特别规定。"这是关于同级规范竞合处理规则中的事项冲突规则的规定。所谓特别法优于一般法,是指当 2 个以上具有不同内容的同级规范均可涵摄同一案件事实,但它们所规定的事项之间具有包含关系时,应优先适用规定事项范围较小的特别法,而不适用规定事项范围较大的一般法。所谓"不一致",是指不同的规范均可适用于同一案件事实,但适用的结果却不相同。[①] "是否并且在什么范围内将一个规定视为特别规定,这个问题非常棘手。它必须根据解释的普遍标准(文义、产生历史、法律体系)来检验。同时关键在于对竞合规定的规范目的进行比较。"[②]

---

① 参见梁展欣:《论民法规范的竞合》,载《法律适用》2021 年第 2 期。
② [德]伯恩·魏德士:《法理学》,丁晓春、吴越译,法律出版社 2003 年版,第 337 页。

从法律规范的构造分析，结构完整的法律规范包含构成要件和法律效果，其中构成要件的内容包括规范对象与情境描述，法律效果包括应然规制及被规制的行为模式。① 如具体规范在构成要件和法律效果上分别存在不同，则构成规范内容的"不一致"。

本条后段中的"特别规定"，主要指本节中的第 34~36 条。其中，第 34 条是关于国家机关处理个人信息的合法原则的特别规定，从属于本法第 5 条关于处理个人信息的合法原则的规定。② 但这并不意味着本章第一节、第二节关于处理个人信息的一般规定可以不适用于国家机关。恰恰相反，应以第 34 条为前提，围绕本章第一节、第二节的规定建立起更加完整、更加具体的国家机关处理个人信息规则，而非仅以第 34 条作为"依据"，直接否定本章第一节、第二节规定对国家机关处理个人信息的适用。第 35 条是关于国家机关处理个人信息的告知义务的特别规定，与本法第 17 条、第 18 条关于告知义务的一般规定相对应，增列"告知将妨碍国家机关履行法定职责"的告知除外情形。第 36 条是关于国家机关处理个人信息的存储特别规则，本法对其他主体处理个人信息的存储没有一般规定，当然还有其他特别规定（如第 40 条）。

此外，审判实践中还应注意本法与《民法典》总则编和人格权编相关规定的关系。本法与《民法典》处于同一位阶，在处理二者关系时，不适用上位法优于下位法的规则。根据《民法典》第 11 条规定："其他法律对民事关系有特别规定的，依照其规定。"《民法典》总则编和人格权编对个人信息保护构建了制度框架，与本法属于一般法与特别法的关系。有关国家机关及其工作人员个人信息保护的行为规范，《民法典》第 1039 条规定亦属于一般规定，如法律规范发生竞合，应根据特别法优于一般法的规范竞合处理规则，优先适用本法规定。

---

① 朱庆育：《民法总论》，北京大学出版社 2016 年版，第 46 页。
② 另见《民法典》第 1035 条第 1 款。

【相关规定】

1. 《中华人民共和国民法典》（2020年5月28日）

第一千零三十九条　国家机关、承担行政职能的法定机构及其工作人员对于履行职责过程中知悉的自然人的隐私和个人信息，应当予以保密，不得泄露或者向他人非法提供。

2. 《中华人民共和国数据安全法》（2021年6月10日）

第三十八条　国家机关为履行法定职责的需要收集、使用数据，应当在其履行法定职责的范围内依照法律、行政法规规定的条件和程序进行；对在履行职责中知悉的个人隐私、个人信息、商业秘密、保密商务信息等数据应当依法予以保密，不得泄露或者非法向他人提供。

第三十四条　国家机关为履行法定职责处理个人信息，应当依照法律、行政法规规定的权限、程序进行，不得超出履行法定职责所必需的范围和限度。

【条文主旨】

本条是关于国家机关处理个人信息合法原则的规定。

【条文理解】

一、国家机关处理个人信息应置于公私法框架内进行

在立法层面，我国个人信息保护经历了从侧重公法保护到同时注意私法保护的历程。2013年修正《消费者权益保护法》时，在原第14条新增消费者"享有个人信息依法得到保护的权利"，这是立法首次从民事权利角度对个人信息作出规定。有学者提出，将个人信息私权化的路径缺乏支撑，个人信息难以成为民法所有权逻辑下一个排他性的个人控制的课题，依托于意思自治、主体平等基础的私权保护路径也无法应对强大的私人机构以及国家机构处理个人信息时的非对称权利结构。[①]《民法典》人格权编围绕个人信息的收集、使用、删除、更正和保护作出了较为全面的框架性规定，建立了个人信息的私权保护制度，明确了自然人个人信息受保护的民事权益。本法第69条规定的侵权责任形式，与《民法典》相关规定相衔接，呼应了个人信息的民事权益属性。国家机关因行使职权侵害个人信息权益的，虽存在国家赔偿救济或者发生行政责任、民事责任竞合的可能性，但考虑到侵权责任的形式、内容、部分请求权

---

① 王锡锌：《个人信息国家保护义务及展开》，载《中国法学》2021年第1期。

特别诉讼时效规定等都更有利于权益救济，可以预见未来侵权责任路径将成为个人信息保护的主流。

然而，对个人信息予以私权保护，并不意味着要抹杀国家机关的公权力机关属性，恰恰相反，不能简单地将国家机关与其他个人信息处理者等同对待。在处理个人信息上，国家与私人之间的紧张关系，源于大数据时代公权力借由信息处理向私人生活的扩张和介入，与以往传统的行政行为方式相比，大数据处理正无孔不入地侵入私人空间。国家机关是基于公共利益或者法定职责处理信息，其与作为个人信息处理者的主体具有逐利性不同，尤其是在信息利益正当性上有着本质区别。在自然人人格尊严、人格自由与促进信息合理流通、发挥其公共价值之间进行权衡，必须回归公权力运行的本质属性，将国家机关处理个人信息的活动置于公法视野中考察，并将公法制约作为行为合法性、合理性的评判标准，因此也形成了个人信息私权保护的独特路径。这并不构成内在的逻辑冲突。总之，将国家机关对个人信息处理活动纳入公法架构内，着眼于权力运行的合法性、合理性，与个人信息私权保护路径可谓相得益彰，这是实现私权全面保护、平衡多元利益冲突的应有之义。

二、国家机关处理个人信息的职权和程序法定原则

（一）职权法定

职权法定原则是国家机关行使其法定职权时必须遵守的基本原则，是拥有行政职权的行政机关、被授权组织及受委托的组织实施行政行为的首要前提。国家机关的职权源于宪法和法律，即法无授权不可为，行政职能必须符合宪法和法律的规定，行政权力行使的目的预先设定于宪法和法律。国家机关及其工作人员的行政权力必须有法律的明确授权，不能自行设定。行政职权是国家机关或公务员为实现特定的行政目的、履行其法定职责而拥有的权力，国家机关要做到依法行政，首先必须有法律明确授予的行政职权，必须在法律规定的职权范围内活动。非经法律授权，国家机关不能作出行政管理行为；超出法律授权范围，国家机关也不享有对有关事务的管理权，否则都属于行政违法。国家机关处理

个人信息，应受职权法定原则的拘束，依照法律、行政法规规定的权限进行。

（二）程序法定

国家机关为履行法定职责处理个人信息应当依照法律、行政法规规定的程序进行，称为程序法定原则。国家机关任何减损公民、法人和其他组织合法权益或者增加其义务的行为，都应当依照法定程序进行，不得在法定程序之外增减程序，从而避免当事人遭受不公正的待遇并保障其获得救济。在个人信息处理中也应当遵循此原则，未经法定条件和程序，即使在法定职责范围内也不得收集个人数据。例如，根据《行政许可法》第4条和《行政强制法》第4条规定，实施行政许可和行政强制，"应当依照法定的权限、范围、条件和程序"。[1] 国家机关处理个人信息，亦应受程序法定原则的拘束，依照法律、行政法规规定的程序进行。

三、国家机关处理个人信息的比例原则

本条中的"不得超过履行法定职责所必需的范围和限度"，系采取比例原则。比例原则又称为行政合理性原则。"行政合理性原则是依法治国理念或者法治理论推动行政法基本原则发展并完善的结果。虽行政合理性原则在各国的称谓不一，但其追求实质法治的目的是一致的。"[2] 在比较法上，比例原则包含三项主要内容：一是适当性原则，即国家机关拟实施行政行为，特别是实施对行政相对人权益不利的行政行为时，只有认定该行为有助于达到相应行政目的或目标时，才能实施。如该行为并无助于相应行政目的的实现，国家机关则应选择另外的行政行为方案。二是必要性原则，即国家机关实施行政行为，必须在多种方案、多种手段中选择对相对人权益损害最小的方案、手段实施。该原则亦称"最小损害原则"。三是均衡性原则，即国家机关拟实施行政行为，必须进行利益衡量，只有通过利益衡量，确认实施该行为不仅对于实现相应行政目

---

[1] 参见杨登峰：《行政程序法定原则的厘定与适用》，载《现代法学》2021年第1期。
[2] 汪燕：《行政合理性原则与失当行政行为》，载《法学评论》2014年第5期。

标是适当和必要的,而且可能取得的利益大于可能损害的利益,收益大于成本,才能实施。① 比例原则在我国行政法立法中已有体现,如《行政强制法》第 5 条规定:"行政强制的设定和实施,应当适当。采用非强制手段可以达到行政管理目的的,不得设定和实施行政强制。"

比例原则搭建了以衡量目的和手段为中心的分析框架,并非专属于公法领域中的宪法、行政法,其同样是民法领域中的普适性原则。② 前已述及,对国家机关的个人信息处理行为应置于公私法框架内评判,但相较于我国现行《行政诉讼法》规定的实质合法性(合理性)审查标准,本条规定放弃了"滥用职权""明显不当"这种略为宽泛的表述,而是更多地借鉴了比例原则的分析框架。首先,应当"为履行法定职责所必需",要求处理个人信息属于履职所必需的手段,这是比例原则的"合目的性"要素。其次,"不超过必需的范围和限度",要求对全部为履职所必需的有效手段进行权衡,其中造成伤害最小,最为温和的方案为最优方案,此为比例原则中的"必要性"要素。

比例原则的独特优势,是在形成冲突的不同或同阶法益中形成动态衡量,利益的博弈随着社会环境和事件情境不同悄然改变,敏锐捕捉到这些在潜移默化中产生的变迁。对于承载了多元价值冲突的个人信息而言,这种分析方法显得尤为必要。国家机关一定程度上代表了国家利益、社会公共利益,在不同的经济发展水平、社会文明程度、文化背景之下形成的公共利益价值体系也存在不同,同时在公共利益和个人权益之间既存在紧张的对抗关系,也存在包容关系。遵循比例原则采用的分析方式和步骤将推动个人信息保护不再受限于静态的、统一的传统模式。以比例原则诠释行为合理性,将更有利于回应信息利用和共享的多元主体利益诉求。

---

① 姜明安主编:《行政法与行政诉讼法》,北京大学出版社 2015 年版,第 73~74 页。
② 参见纪海龙:《比例原则在私法中的普适性及其例证》,载《政法论坛》2016 年第 3 期;郑晓剑:《比例原则在民法上的适用及展开》,载《中国法学》2016 年第 2 期。

【条文适用】

一、国家机关处理个人信息的合法性审查

所谓合法性审查，是指针对国家机关是否在法律、行政法规范围内行使权力所进行的审查，此为职权和程序法定原则的当然之义。《行政诉讼法》第6条规定："人民法院审理行政案件，对行政行为是否合法进行审查。"基于国家机关职权的法定性，对公权力行为目的正当性的审查在司法审判过程中并未受到重视。在《行政诉讼法》修订前，人民法院对行政行为的审查范围限于具体行政行为。我们认为，欲完成对个人信息处理行为的全面、妥善规制，目的限定原则应当作为一般原则统一适用于全部信息业者。这是法治中国建设中，从形式法治向实质法治转变的必然要求。"根据实质的法治国家概念，一切国家行为必须符合实质上的公正理念。"[1]

对国家机关个人信息处理行为的目的合法性审查，除了对目的本身的正当性进行考量之外，目的的合理性也应作为分析对象。根据传统比例原则中的"狭义比例原则"（即均衡性原则），采取某一手段增加的公共利益和所造成的损害应当合理、适度、成比例。以新冠肺炎疫情防控中的个人信息处理为例，在疫情发生后，各级政府及相关主管部门、疾控机构对确诊或疑似病例开展流行病学调查，并定期公布确诊病例个人信息，内容包含个人姓氏、年龄、住址或单位地址、确诊日期、个人活动轨迹等，其法律依据主要是《传染病防治法》《突发事件应对法》等，同时具有疫情防控的宏观性合理目的。根据本法第13条规定，为应对突发公共卫生事件，或者紧急情况下为保护自然人的生命健康和财产安全所必需，个人信息处理者可以处理个人信息。

在处理个人信息上，国家机关的权力运行更为关注行政效率、国家

---

[1] ［德］伯阳：《德国公法导论》，北京大学出版社2008年版，第36页。

政策和公共利益，处理方式、手段更多地表现为充分的灵活性，以满足变幻的社会需求，适应信息的天然流动性。为充分尊重国家机关处理个人信息活动的内在规律，司法对权力运行的干预也应当保持克制。有观点认为："形式合法性审查注重硬法的严格遵守，更侧重于对法律文义的解释和应用、法律和事实推理，以及形式逻辑的运用。"[1] 本条规定的权限及程序其实质均指向个人信息处理活动是否遵循明确具体的法律规定，考虑到实践中个人信息处理活动形态的多样性和复杂性，也不能排除在必要时对行政行为引入一般法定审查标准，对存在其他违反法律、行政法规情形的行为作出合法性否定评价。

二、国家机关处理个人信息的合理性审查

如果说，合法性是国家机关处理个人信息活动的刚性要求，那么，合理性则为其柔性要求。围绕合理限度和范围的界定，本条授权人民法院对信息处理行为是否失当、是否过度、是否存在滥用职权进行审查。这使本条具有一般条款的性质，即赋予了人民法院自由裁量权，对国家机关处理个人信息活动的自由度预留了较大的弹性空间。

本法第6条规定："处理个人信息应当具有明确、合理的目的，并应当与处理目的直接相关，采取对个人权益影响最小的方式。收集个人信息，应当限于实现处理目的的最小范围，不得过度收集个人信息。"其中，除明确目的合理性和目的相关性原则以外，还明确了"最小够用原则"。1995年《欧盟个人数据保护指令》中规定"与收集时和/或随后的个人数据的处理目的充分相关且不过量"，2016年GDPR表述为"即数据应是充足的、相关的并且限于数据处理目的的最小必要范围"。但是，"它反映的是大数据时代之前个人信息保护和利用的基本理念，它是建立在收集个人信息时目的的确定且限定于该目的的使用前提上"。[2]

在数字中国建设过程中，新型个人信息共享模式逐步建立，个人信息的"二次利用"将成为普遍趋势，如与对一般信息业者的要求一致，

---

[1] 程琥：《行政诉讼合法性审查原则新探》，载《法律适用》2019年第19期。
[2] 高富平：《个人信息保护立法研究》，光明日报出版社2021年版，第152页。

规定国家机关收集个人信息应当限于实现处理目的的最小范围，必然无法适应将来数字政府的运行模式和发展战略。正因如此，专家建议稿建议："信息业者、国家机关进行个人信息处理应当在收集时所确定的特定目的或与之具有合理关联的范围内进行个人信息处理。"如果要发挥个人信息"二次利用"的增值价值，需要划定一个中间地带。[①] 在审判实践中，应注意本法第6条与本条规定的区别，充分尊重国家机关处理个人信息的公权力性质，按照比例原则充分考察相关行为的目标价值与公民基本权利的受损价值之间的权衡关系。

【相关规定】

《中华人民共和国民法典》（2020年5月28日）

第一千零三十五条第一款 处理个人信息的，应当遵循合法、正当、必要原则，不得过度处理，并符合下列条件：

（一）征得该自然人或者其监护人同意，但是法律、行政法规另有规定的除外；

（二）公开处理信息的规则；

（三）明示处理信息的目的、方式和范围；

（四）不违反法律、行政法规的规定和双方的约定。

[①] 张新宝、葛鑫：《个人信息保护法（专家建议稿）及立法理由书》，中国人民大学出版社2021年版，第37~38页。

第三十五条　国家机关为履行法定职责处理个人信息，应当依照本法规定履行告知义务；有本法第十八条第一款规定的情形，或者告知将妨碍国家机关履行法定职责的除外。

【条文主旨】

本条是关于国家机关处理个人信息时的告知义务以及除外情形的规定。

【条文理解】

《民法典》第111条规定："自然人的个人信息受法律保护。任何组织或者个人需要获取他人个人信息的，应当依法取得并确保信息安全，不得非法收集、使用、加工、传输他人个人信息，不得非法买卖、提供或者公开他人个人信息。"该条规定的任何组织当然包括国家机关，国家机关系保护个人信息的义务主体之一。《个人信息保护法》第33条则明确规定："国家机关处理个人信息的活动，适用本法；本节有特别规定的，适用本节规定。"根据上述规定，国家机关系《个人信息保护法》所规范的个人信息处理者，其在处理个人信息时，与其他个人信息处理者一样，均需遵循《个人信息保护法》所规定的处理个人信息的基本原则和基本规则，比如遵循合法、正当、必要和诚信原则，处理个人信息应当具有明确、合理的目的，采取必要措施保障所处理的个人信息的安全等。但是，因机构性质、工作职能等方面的不同，国家机关明显有别于一般的个人信息处理者，其处理个人信息的行为更多地是为了履行职责，其处理个人信息更多的是为了公共安全、公共利益甚至国家利益。因此，《个人信息保护法》专设一节对国家机关处理个人信息作出特别规定，既充分考虑了国家利益、公共利益等因素在国家机关处理个人信息时的影响，同时又合理平衡个人信息保护、个人信息处理与国家利益之间的关系。本条是对国家机关处理个人信息时处理规则的特别规定。准确理解该条，需要从以下几个层面进行把握。

一、国家机关处理个人信息的必要性

随着信息社会、大数据时代的到来，大数据已成为推动经济转型发展的新动力，重塑国家竞争优势的新机遇，提升政府治理能力的新途径。个人信息作为大数据技术重要的原材料，无论对企业的经营活动还是政府的管理行为，都具有越来越重要的作用，特别是对于国家机关而言，为了更好地履行法定职责，提升公共事务管理能力，实现治理体系和治理能力现代化，国家机关具有处理个人信息的强烈需求。国家机关通过处理个人信息，维护市场竞争秩序、保护消费者权益、维护公共安全、国家安全等公共利益和国家利益，提高了国家机关服务的管理水平和决策的科学性以及服务效率。信息时代，说国家机关是个人信息最大的处理者和持有者并不为过。因此，为了更好保护好个人信息，必须规范好国家机关处理个人信息的行为，明确国家机关处理个人信息的基本原则和基本规则以及国家机关与其他信息处理者处理个人信息规则的异同，以更好地平衡各种法益之间的关系，实现各方利益的最大化。

二、国家机关处理个人信息的行为分类

按照国家机关处理个人信息的权力来源，可以将国家机关处理个人信息的行为分为两类：一是为履行法定职责处理个人信息的行为。国家机关作为国家机构，是国家为实现其职能而建立并执行国家意志的具体单位，从行使职权的性质上看，可以分为权力机关、行政机关和司法机关等，从行使职权的地域范围看，可以分为中央国家机关和地方国家机关。根据我国国家性质，国家机关的权力来源于人民赋予，并通过法律、法规的形式予以明确，国家机关履行法定职责即是依据法律、行政法规规定的权限和程序实现人民利益的过程。二是非为履行法定职责处理个

人信息的行为。国家机关作为国家机构，既是国家事务的管理者，也是社会生活的参与者。国家机关的正常运行，除按照法律、行政法规的规定履行法定职责之外，还具有其他多重身份。比如，国家机关作为我国《民法典》规定的其他组织，可以以民事主体的身份参与社会生活。个人信息的处理涉及各个领域，国家机关非为履行法定职责进行其他行为时，也可能涉及个人信息的处理行为。此外，国家机关的法定职责由法律、法规明确规定，如果国家机关超越自身法定职权处理个人信息，则应认定其行为系"非法履行法定职责所必须"。

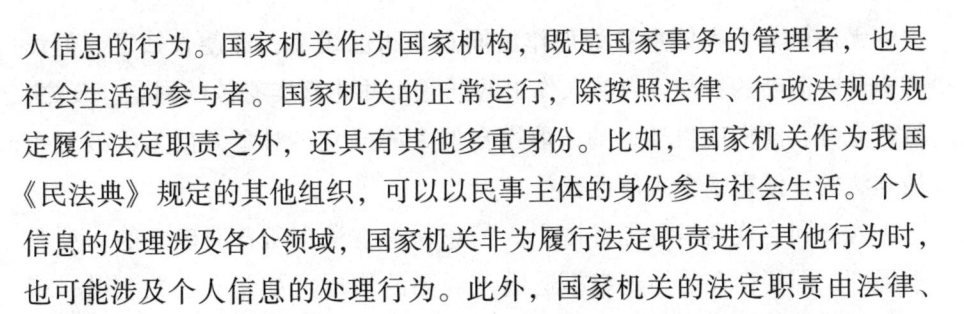

三、国家机关处理个人信息的特殊处理规则

之所以将国家机关处理个人信息的行为作如上分类，系为了更好地理解该条对国家机关处理个人信息处理规则所作的特殊规定。根据该条规定，只有国家机关为履行法定职责处理个人信息的，才适用本条规定的特殊处理规则，即国家机关仅需向当事人履行告知义务即可，无须再经过当事人的同意。如果国家机关非为履行法定职责处理个人信息的，则不能适用该条的特殊规定，仍需遵守个人信息处理的一般规则。

（一）个人信息处理规则之告知同意规则

告知同意也称"知情同意规则"，最早为1970年德国黑森州的《黑森州数据保护法》所确认，目前已经成为绝大多数国家个人信息保护法承认的基本规则，我国《民法典》第1035条第1款第1项以及《个人信息保护法》第13条和第15条均明确了告知同意规则作为个人信息处理的基本规则。该规则的内容如同该规则的定义一样浅显易懂，即任何组织或个人在处理个人信息时都应当对信息主体即其个人信息被处理的自然人进行告知，并在取得同意后方可从事相应的个人信息处理活动，否则该等处理行为即属违法，除非法律另有规定。[①] 告知同意规则包含了紧密联系且不可分割的两个方面：告知规则与同意规则。没有告知，信息

[①] 王利明、程啸、朱虎：《中华人民共和国民法典人格权编释义》，中国法制出版社2020年版，第419页。

主体无法就其个人信息被处理作出同意与否的表示；即便告知了，但没有充分、清晰的告知，自然人作出的同意也并非真实有效的同意。反之，虽然充分、清晰地告知，却未取得自然人的同意，对个人信息的处理也是非法的，侵害了个人信息权益。[①]

告知同意规则是世界各国个人信息保护立法中所普遍确立的一项基本规则，即便存在法律规定不适用该规则的情形（如基于公共利益、履行法定职责、维护自然人权益等），也不能据此就否定告知同意规则在个人信息处理中的原则性地位，因为该规则是自然人对其个人信息自主决定权的体现，它奠定了个人信息处理的正当性与合法性的基础。

（二）告知同意规则的例外——国家机关处理个人信息的特别规定

本条系告知同意规则的例外。根据该条规定，国家机关为履行法定职责处理个人信息的，无须经过个人的同意，仅需履行告知义务即可。

本条制定过程中，主要的争论在于国家机关为履行法定职责处理个人信息，是否需要突破"告知同意"规则，也即是否需要经过信息主体的同意。《个人信息保护法（草案）》及《个人信息保护法（草案二次审议稿）》第35条均规定："国家机关为履行法定职责处理个人信息，应当依照本法规定向个人告知并取得其同意；法律、行政法规规定应当保密，或者告知、取得同意将妨碍国家机关履行法定职责的除外。"上述条文明确规定国家机关为履行法定职责处理个人信息，需要向个人告知并取得其同意。《个人信息保护法（草案三次审议稿）》将第35条统一修改为："国家机关为履行法定职责处理个人信息，应当依照本法规定履行告知义务；有本法第十八条第一款规定的情形，或者告知将妨碍国家机关履行法定职责的除外。"修改后的条文一锤定音，明确了国家机关为履行法定职责处理个人信息的，仅需履行告知义务即可，无须取得个人的同意。

如前论述，告知和同意是"告知同意"规则不可分割的两个部分，特别是信息主体的同意更是具有重要意义，正如有的学者指出，"同意权

[①] 程啸：《论我国个人信息保护法中的个人信息处理规则》，载《清华法学》2021年第3期。

是个人信息自主控制的手段,是对市场地位不平等的最有效回应,能够平衡信息利用者和信息主体之间的权利分配,使得信息主体获得更多的谈判筹码。相反地,如果轻视同意则可能成为信息从业者滥用个人信息的'免死金牌'"。[1] 在处理国家机关与信息主体之间的个人信息处理法律关系时,《个人信息保护法》之所以在终审稿中将"同意"删除,主要是基于如下考量。

1. 体系考虑。我国《民法典》在确认自然人个人信息权益并对其内容、行使等作出规定的同时,也高度关注自然人个人信息权益与信息自由、言论自由以及商业活动之间关系的协调,"合理平衡保护个人信息与维护公共利益之间的关系"。[2] 基于此,《民法典》及《个人信息保护法》在确认"知情同意"系处理个人信息需要遵循的基本规则的同时,亦规定了个人信息的合理使用制度。在个人信息合理使用的场景下,知情同意不再是处理个人信息合法性的唯一基础。《个人信息保护法》第13条具体规定了处理个人信息合法性的基础,除该条第1款第1项系知情同意规则的体现外,其他各项均是合理使用的具体场景。其中该款第3项明确规定,"为履行法定职责或者法定义务所必需",系个人信息合理使用的具体场景之一,无须取得个人同意。本条规定的国家机关为履行法定职责处理个人信息的情形属于本法第13条第1款第3项规定的情形之一,按照第13条第2款的规定,此种场景下,不需取得个人同意。如果本条仍然保留"同意"规则,就会与第13条的规定相互矛盾。因此,将本条中的"同意"删除,在体系上可以保持与第13条的一致性。

2. 法理分析。一方面,在个人信息合理使用中,处理行为的合法性不是建立在自然人同意的基础上,也不是基于自然人行使个人信息权益的意思表示或者处理者与自然人之间达成的合意而实施的行为,而是直接依据法律规定所从事的行为,该行为在性质上属于民事法律事实中的

---

[1] 林玫君:《论个人资料保护法之"当事人同意"》,载《东海大学法学研究》2017年第51期。

[2] 王晨:《关于〈中华人民共和国民法典(草案)〉的说明——2020年5月22日在第十三届全国人民代表大会第三次会议上》,载中国人大网,http://www.npc.gov.cn/npc/c30834/202005/50c0b507ad32464aba87c2ea65bea00d.shtml,最后访问日期:2021年10月5日。

合法事实行为。① 因履行法定职责处理个人信息，属于《个人信息保护法》第 13 条明确规定的个人信息合理使用场景，国家机关因履行法定职责获得处理个人信息的合法性基础，无须再经过个人的同意。另一方面，基于社会契约理论，国家权力来源于社会个体对自身权利的让渡，公民具有主权者和国家成员的双重角色。国家制定的法律法规作为公意的表达和公民共同意志的记载，是"全体人民对全体人民的规定""法律结合了意志的普遍性和对象的普遍性"，② 当权利褪去权力因素时，公民就应当遵守法律、服从秩序，不得再要求行使同意权。换言之，国家通过法律形式将信息主体同意的权利和约定事项让渡给国家机关，③ 国家机关只要按照法律规定的职权和程序履行法定职责，相当于已经经过了信息主体的同意，无须再行征得信息主体的同意。

3. 国家机关处理个人信息的特殊性。国家机关为履行法定职责处理个人信息，更多地是为了实现公共治理和公共安全，维护公共利益和国家利益。如果国家机关在处理个人信息前均需征得信息主体的同意，将会导致国家机关职权的行使得不到有效的保障。首先，在公共治理的成效层面，要求国家机关处理个人信息需征得信息主体的同意可能会从源头上减少信息的供给量，从而引发公共治理受阻等连锁反应。其次，在公共治理效率层面，如过度强调信息主体的同意权，则会大大增加公共治理的成本，减损治理效率。最后，在公共治理秩序层面，如果赋予信息主体同意权，根据《个人信息保护法》第 15 条的规定，信息主体亦享有撤回同意的权利，基于国家机关对个人信息的处理的公益性，如允许信息主体随意撤回信息，将会影响社会治理的安定性。④

4. 域外实践。GDPR 在规定"知情同意"规则时，亦是将其作为数

---

① 吴汉东：《著作权合理使用制度研究》（第三版），中国人民大学出版社 2013 年版，第 125 页。
② 卢梭：《社会契约论》，李平沤译，商务印书馆 2011 年版，第 42~43 页。
③ 单勇：《犯罪之技术治理的价值权衡：以数据正义之视角》，载《法制与社会发展》2020 年第 5 期。
④ 王爽：《二元责任主体架构下国家机关处理个人信息的规则建构》，载《内蒙古社会科学》2021 年 7 月第 4 期。

据处理合法化的一种情形而非唯一情形。[①] 根据该条例规定，如果数据处理"是为了执行公共利益领域的任务或行使控制者既定的公务职权之必要"，"知情同意"就不再适用，其也不再是数据处理的合法前提。从这个意义上说，欧盟法的一般观点也是，作为数据控制者的公权机关如在履行既定的公务职权，原则上就不再受制于"知情同意"原则。[②]

（三）国家机关非为履行法定职责或者超出法定职责处理个人信息应如何处理

如前所述，国家机关处理个人信息的行为分为为履行法定职责处理个人信息和非为履行法定职责处理个人信息。本条仅规范国家机关为履行法定职责处理个人信息时的处理规则，国家机关非为履行法定职责处理个人信息或者超出履行法定职责所必需的范围和限度处理个人信息的，不适用该条规定。该条将履行法定职责作为国家机关处理个人信息合法性的核心要件，如果国家机关为履行法定职责处理个人信息则无须征得信息主体同意，如果国家机关非为履行法定职责处理个人信息或者超出履行法定职责所必需的范围和限度处理个人信息的，仍然需要以同意作为处理个人信息合法性的前提。国家机关不能打着履行法定职责的名义过渡收集、使用和处理个人信息。

《个人保护法》第35条的特别规定以该法第13条规定的合理使用为基础，也即国家机关履行法定职责属于合理使用个人信息的场景之一，无须经过信息主体的同意。但是合理使用应当限于合理使用所希望达到的目的范围内，且手段和方式没有超过为实现该目的而可以采取的最缓和的方式。如果使用不合理而侵害民事主体人格权的，仍然应当依法承

[①] GDPR第6条第1款规定：仅在适用以下至少一项的情况下，处理视为合法：(a) 数据主体同意其个人数据为一个或多个特定目的处理；(b) 处理是数据主体作为合同主体履行合同之必要，或者处理是因数据主体在签订合同前的请求而采取的必要措施；(c) 处理是控制者履行法律义务之必要；(d) 处理是为了保护数据主体或其他自然人的重要利益；(e) 处理是为了执行公共利益领域的任务或行使控制者既定的公务职权之必要；(f) 处理是控制者或者第三方为了追求合法利益之必要，但此利益与被要求保护个人数据的数据主体的利益或其他权利自由相冲突的除外，尤其是数据主体为儿童的情形下。前款（f）项不适用公权力机构在履行其职责时进行的处理。

[②] 赵宏：《〈民法典〉时代个人信息权的国家保护义务》，载《经贸法律评论》2021年第1期。

担民事责任。因此，国家机关非为履行法定职责处理个人信息或者超出履行法定职责所必需的范围和限度处理个人信息的，显然超出了"合理使用"的范围，也就无法再继续取得"同意"豁免权，仍然需要经过信息主体同意，方能取得处理个人信息的合法性。

同理，除"履行法定职责"外，合理使用还包括其他适用场景，在国家机关非为履行法定职责处理个人信息或者超出履行法定职责所必需的范围和限度处理个人信息的，如果符合本法第13条规定的其他合理使用的场景，仍然可以不用经过信息主体同意。比如在遇有紧急情况、突发事件时，即便未在法定职责范围内，也应允许国家机关未经信息主体的同意对其个人信息进行处理。此时，国家机关取得"同意"豁免权并非基于本条规定，而是基于本法第13条的相关条款。如果国家机关处理个人信息既无本条适用场景，也无本法第13条规定的其他场景，则应按照一般信息处理者的处理规则处理个人信息。

四、国家机关履行告知义务的除外情形

本法第17条规定了个人信息处理者的告知义务，确定了个人信息处理者处理个人信息时，以告知为基本原则。第18条第1款规定了告知原则的除外情形，即不需要告知的情形。本条虽然系国家机关处理个人信息的特别规定，但仍以告知作为国家机关处理个人信息的基本原则，以不告知作为例外。

因第18条规定于本法"个人信息处理规则"一章中，适用于所有的个人信息处理行为，国家机关处理个人信息作为一种特殊的个人信息处理情形，在本节无特别规定时，亦需遵循第18条的一般规定，即"个人信息处理者处理个人信息，有法律、行政法规规定应当保密或者不需要告知的情形的，可以不向个人告知前条第一款规定的事项"。除此之外，本条还规定了一种仅适用于国家机关处理个人信息的除外情形，即"告知将妨碍国家机关履行法定职责的除外"。需要注意的是，该除外情形所指的告知是指如果妨害国家机关履行法定职责的，是从根本上免除国家机关的告知义务，还是仅免除暂时的告知义务，在符合一定的条件下仍

然需要履行告知程序？我们倾向于后一种意见，认为该条强调的具体场景是国家机关处理信息时的客观情况不便于告知，因为"妨碍国家机关履行法定职责"与本法第18条第2款规定的情形更为相似，即"紧急情况下为保护自然人的生命健康和财产安全无法及时向个人告知的，个人信息处理者应当在紧急情况消除后及时告知"。两者规定的可不予告知的情形仅是告知的临时障碍，并非永久障碍，与第18条第1款规定的"应当保密"和"不需要告知"存在本质不同，如果国家机关已经履行完毕法定职责或者不便于告知的客观情况消除后，则应当及时告知，以充分保障信息主体的知情权。

【条文适用】

一、强调国家机关处理个人信息的正当性和必要性

在个人信息处理法律关系中，虽然信息主体与信息处理者在法律地位上是平等的，但是在资源、技术、能力等各方面又客观存在着失衡现象，信息主体明显处于弱势地位。特别是与国家机关相比，信息主体很难与国家公权力进行对抗。为了维护公共利益和国家安全，《个人信息保护法》又对个人信息处理的基本规则即"知情同意"规则向国家机关一方进行了倾斜，规定国家机关因履行法定职责处理个人信息的，无须经过信息主体同意。在国家机关力量对比强于信息主体，信息处理规则又进行倾斜的情况下，加之国家机关具有对非法利用个人信息行为的监督管理者和最大的个人信息处理者的双重身份，既是裁判者，又是运动员，为了平衡国家机关和信息主体之间力量的悬殊，就必须在正当性和必要性方面对国家机关处理个人信息客以更严格的要求。也即，国家机关与信息主体的个人信息处理法律关系中，为了平衡私权与公权的利益关系，从个人层面来讲，个人该让渡的权利应当让渡；从国家层面来讲，国家该规范的行为必须规范。

强化国家机关处理个人信息的正当性和必要性，主要应从处理规则

上予以限制：一是收集程序上，强化信息主体的知情权。本条将"知情同意"规则中的"同意"向国家机关进行了倾斜，规定国家机关为履行职权处理个人信息的，无须再征得信息主体的同意，因此，为了平衡双方利益，需要将"知情同意"规则中的"知情"向信息主体进行倾斜，也即需强化信息主体的知情权，国家机关应严格按照本法第 17 条的规定向信息主体进行真实、准确、完整的告知，在双方对是否告知、告知内容产生争议时，在举证责任方面应适当向信息主体一方倾斜。

二是收集内容和范围上，要坚持比例原则和最小影响原则。国家机关收集个人信息应符合法律的正当性目的，所处理的个人信息应是达成目的范围的最小值，此处的最小值不仅包括信息的数量，也应包括其类型，比如对个人敏感信息的收集应当更加谨慎，即只在收集一般个人信息不足以实现公共治理目标时方可收集个人的敏感信息。[①] 在收集的范围上，不得进行过度收集、超使用范围收集，防止出现国家机关根据数据对人群进行"数据歧视"和"数据操控"。此外，数据的大量聚集，还可能导致数据安全隐患，这些因素都成为比例原则发生作用的空间。[②]

三是处理方式上。明确个人信息的存储期限，对于超出必要存储期限的信息及时删除；保障信息主体的自决权，对于信息主体的查阅、更正、删除、迁移权给予充分保障；采取更为严格的安全保障措施，切实保障个人信息的安全，严防个人信息的泄露、篡改、丢失等。

二、对国家机关处理个人信息的合法性审查

审判实践中，人民法院审查判断国家机关处理个人信息是否合法，应注意如下几点：

一是审查合法性基础。人民法院适用该条审理案件时，应着重审查国家机关是否为履行法定职责处理个人信息，具体应按照本法第 34 条的规定，审查国家机关是否依照法律、行政法规规定的权限、程序履行法

[①] 王爽：《二元责任主体架构下国家机关处理个人信息的规则建构》，载《内蒙古社会科学》2021 年 7 月第 4 期。

[②] 赵宏：《〈民法典〉时代个人信息权的国家保护义务》，载《经贸法律评论》2021 年第 1 期。

定职责,是否超出履行法定职责所必需的范围和限度。如果国家非为履行法定职责处理个人信息或者超出履行法定职责所必需的范围和限度处理个人信息的,则不应适用该条审查处理行为的合法性。

二是审查是否履行告知义务。国家机关处理个人信息的合法性的转变仅是公民让渡了同意权,而非丧失其知情权,国家机关为履行法定职责处理个人信息的,仍然需要按照本法第17条的规定履行告知义务,以充分保障信息主体的知情权。人民法院适用该条审理案件时,应全面审查国家机关是否履行了本条第17条规定的告知义务,包括是否以显著方式、清晰易懂的语言进行告知,告知的内容是否真实、准确和完整。如果国家机关未依法进行告知,则应认定其处理个人信息的行为不合法。

三是明确举证责任。首先,本条是个人信息合理使用的具体场景之一,是对个人信息的合理使用,如果国家机关在公共利益和个人的数据私益发生冲突时,以公益为由要求对个人私权予以合理限制,国家机关则应承担对"公共利益"予以具体化框定和说明的义务。[1] 其次,按照《行政诉讼法》和《民事诉讼法》所规定的举证责任规则,如果国家机关主张其符合本条规定的除外情形,应由国家机关就除外情形承担举证责任,包括明确说明法律、行政法规规定的应当保密或者不需要告知的情形,举证证明告知如何妨碍国家机关履行法定职责等。

三、国家机关处理个人信息,仍需遵守个人信息处理的其他规则

该条规定了国家机关处理个人信息的特殊处理规则,即无须经过信息主体的同意。但是,国家机关作为信息处理者,在本节无具体规定时,同样应当履行本法所规定的信息处理者应尽的各项义务,而且从平衡各方利益的角度出发,还需更加严格,比如遵循信息处理的基本原则和其他基本规则,切实保障个人信息的安全,对敏感个人信息的处理要遵守本法有关敏感个人信息的规定等,在此不再赘述。

---

[1] 赵宏:《〈民法典〉时代个人信息权的国家保护义务》,载《经贸法律评论》2021年第1期。

【相关规定】

《中华人民共和国民法典》（2020 年 5 月 28 日）

第一千零三十五条 处理个人信息的，应当遵循合法、正当、必要原则，不得过度处理，并符合下列条件：

（一）征得该自然人或者其监护人同意，但是法律、行政法规另有规定的除外；

（二）公开处理信息的规则；

（三）明示处理信息的目的、方式和范围；

（四）不违反法律、行政法规的规定和双方的约定。

个人信息的处理包括个人信息的收集、存储、使用、加工、传输、提供、公开等。

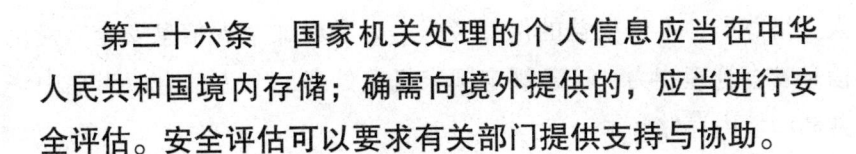

第三十六条 国家机关处理的个人信息应当在中华人民共和国境内存储；确需向境外提供的，应当进行安全评估。安全评估可以要求有关部门提供支持与协助。

【条文主旨】

本条是关于国家机关处理个人信息的存储以及向境外提供相关规则的规定。

【条文理解】

一、国家机关处理的个人信息应当在境内存储

大数据时代，国家机关为了更好地履行法定职责，进行公共事务管理，不可避免地要处理大量的个人信息。比起其他数据，个人信息作为一种人格权益，承载了多种法律保护的利益，不仅包括自然人的个人信息权益，还包括隐私权、姓名权、肖像权、名誉权以及其他人格利益。除此之外，个人信息的处理还可能涉及言论自由、公共安全以及国家安全等。此外，基于国家机关的性质和职能，比起普通的个人信息处理者，国家机关处理的个人信息更为全面、更为丰富也更为敏感。从我国的既有实践看，国家机关出于保障社会稳定、打击犯罪、强化治安等目的，通过采集指纹、身份登记、视频监控、实名注册等数据处理技术，处理了大量的个人信息，特别是敏感个人信息。因此，国家机关处理的个人信息，无论从广度、深度来说，还是从使用价值、战略价值来说，都是十分重要的战略资源，它不仅关系到信息主体的人身、财产安全，还关系到公共安全甚至国家安全。如果上述信息存储在境外，因境外存储环境、存储能力以及相关法律法规的不同，必然会给个人信息存储带来极

335

大的风险。上述个人信息一旦泄露、丢失，必将造成难以弥补的损失甚至灾难性的后果。因此，无论是从整体国家安全观的大局考虑，还是从个人人格尊严、人格权益的保护考虑，为了增加个人信息安全，强化个人信息安全管理能力，该条规定国家机关处理的个人信息应当在中华人民共和国境内存储。

将个人信息存储在中华人民共和国境内，即通常所说的存储本地化。最早从法律层面规定个人信息存储本地化的是《网络安全法》，该法第37条规定："关键信息基础设施的运营者在中华人民共和国境内运营中收集和产生的个人信息和重要数据应当在境内存储。"但是该条将个人信息存储本地化的义务对象仅限定于"关键信息基础设施的运营者"。2017年4月11日，国家互联网信息办公室发布了《个人信息和重要数据出境安全评估办法（征求意见稿）》，进一步扩大了个人信息存储本地化的义务对象，该办法第2条规定："网络运营者在中华人民共和国境内运营中收集和产生的个人信息和重要数据，应当在境内存储。"根据该条规定，所有的网络运营者收集的个人信息，均应当在境内存储。

《个人信息保护法》通过两个条文对于个人信息存储本地化作了明确的规定，一条是本条关于国家机关处理个人信息本地化的规定，另一条是本法第40条规定：关键信息基础设施运营者和处理个人信息达到国家网信部门规定数量的个人信息处理者，应当将在中华人民共和国境内收集和产生的个人信息存储在境内。其中，第40条则是关于个人信息在境内存储的一般规定，本条是关于个人信息在境内存储的特殊规定。不管国家机关是否是关键信息基础设施运营者，还是其处理的个人信息到达国家网信部门规定的数量，只要其具备国家机关的性质，其处理的个人信息就应当在境内存储，没有例外。

二、国家机关处理个人信息跨境提供的必要性

个人信息关涉个人的人身、财产安全以及公共安全甚至国家安全，加强个人信息的保护已成为各国共识。基于该种共识，该条明确规定国家机关处理的个人信息必须在境内存储。

但是，可流动性是个人信息的天然属性，如果个人信息不流动，也就失去了其存在的价值。数字经济时代，无论是货物贸易还是服务贸易，都离不开信息的全球互联和数据的跨境流动。个人信息的流动包括对内流动，也包括对外流动，对外流动就涉及个人信息的跨境提供。因此，个人信息的跨境提供是我们在制定个人信息保护法律法规时无法回避的一环。

随着各国对数据跨境流动意义和影响的认识日益深入，数据跨境流动逐步成为国家和地区间博弈的重要问题。基于国家安全、经济发展、产业能力等多方面的考量，各国确立了不同的数据跨境流动策略，并基于此加快构建自身的数据跨境流动规则体系。我国倡导构建人类命运共同体，除了需要各国之间为了人类共同的利益共享某些个人信息之外，还需积极构建自身的数据跨境流动规则和机制，提出个人信息跨境流动的中国方案，争取更多的个人信息跨境处理规则的话语权。

目前，我国已经通过多部法律、法规对包括个人信息在内的数据的跨境流动进行规范，从《网络安全法》到《个人信息和重要数据出境安全评估办法（征求意见稿）》《个人信息出境安全评估办法（征求意见稿）》，以及从《数据安全管理办法（征求意见稿）》到《数据安全法》《个人信息保护法》，我国已经逐渐建立起完善的跨境数据流动规则。同时，我国积极参与联合国、G20、金砖国家、APEC、WTO 等多边机制数字领域国际规则制定，倡导发起《二十国集团数字经济发展与合作倡议》《"一带一路"数字经济国际合作倡议》《携手构建网络空间命运共同体行动倡议》《全球数据安全倡议》，为全球数字经济发展和网络空间治理贡献中国方案。

三、个人信息跨境提供的安全评估

随着各国对个人信息跨境流动的意义及影响的认识日益深化，国际社会既认识到跨境数据流动能带来巨大收益，也意识到可能对国家安全和个人权益造成巨大冲击。个人信息跨境提供存在多重风险：一是境外接收者个人信息保护能力存在不确定性。个人信息出境后，境外接收机构是否具备个人信息的保护能力无法控制和掌握，如果境外机构不能妥善保管个人信息，将极易导致个人信息的泄露或滥用，对国内用户的个人信息安全造成严重影响。二是各国个人信息保护法律法规存在差异。各国对个人信息权益的认识和重视程度不同，必然导致各国法律法规对个人信息权益的规范有所不同。比如，我国《网络安全法》明确规定用户具有个人信息的删除、更正、投诉举报、知情同意、安全保护等权益，但是个人信息出境后，境外接收者对用户个人信息权益的保障情况，要受当地所在国家和地区的法律法规限制。如果境外接收方国家没有个人信息保护相关的法律法规要求，或者与我国对个人信息保护法律法规不同，将会导致国内用户的个人信息权益难以保障。三是境外维权取证存在困难。如果国内个人信息在境外受到侵害，由于法律法规不同、监管范围受限、语言文化差异、国际警方合作协调等客观原因，用户维权、调查取证、消除个人信息泄露后的影响都将存在一定的困难。

　　有鉴于此，《网络安全法》首次规定了个人信息跨境提供必须进行安全评估的规则，之后的《个人信息和重要数据出境安全评估办法（征求意见稿）》和《个人信息出境安全评估办法（征求意见稿）》又对个人信息跨境提供的安全评估作了细化和明确。本法在延续了对于个人信息境外提供进行安全评估思路的同时，又丰富了个人信息跨境提供的合法性基础，根据本法第 38 条之规定，安全评估仅是进行跨境提供合法性的基础之一，但并非唯一的合法性基础，如果未进行安全评估，但是符合该条第 1 款其他各项规定的条件的，也可以进行个人信息的跨境提供。但是对于本法第 40 条规定的情形，即关键信息基础设施运营者和处理个人信息达到国家网信部门规定数量的个人信息处理者跨境提供个人信息的，以及本条规定的情形，即国家机关确需向境外提供个人信息的，必须进行安全评估。

【条文适用】

一、国家机关跨境提供个人信息的适用规则

本条对于国家机关处理个人信息的存储和跨境提供作了特别规定。除此之外，本法第三章专门规定了个人信息跨境提供的规则。根据本法第33条规定："国家机关处理个人信息的活动，适用本法；本节有特别规定的，适用本节规定。"国家机关处理个人信息的活动受本法约束，因此，国家机关跨境提供个人信息时，除应遵循本条的特别规定外，对于本条未规定的事项，则需遵守本法第三章关于"个人信息跨境提供的规则"的一般规定，比如本法第39条规定："个人信息处理者向中华人民共和国境外提供个人信息的，应当向个人告知境外接收方的名称或者姓名、联系方式、处理目的、处理方式、个人信息的种类以及个人向境外接收方行使本法规定权利的方式和程序等事项，并取得个人的单独同意。"国家机关在向境外提供个人信息时，亦需向信息主体履行充分的告知义务，并取得个人的单独同意。

但是，如果本法第三章的相关条款与本条规定产生矛盾或者冲突，按照第33条之规定，应当适用该节的特别规定。比如本法共三个条文提到了安全评估，分别是本条、第38条和第40条。审判实践中，要注意区分三者的区别和联系，以便准确适用法律。

本法第38条规定了个人信息处理者跨境提供个人信息应当具备的条件，其中进行安全评估仅是个人信息处理者取得跨境提供个人信息合法性的基础之一，除此之外，如果个人信息处理者按照国家网信部门的规定经专业机构进行个人信息保护认证、按照国家网信部门制定的标准合同与境外接收方订立合同，约定双方的权利和义务或者符合法律、行政法规或者国家网信部门规定的其他条件，亦可向境外提供个人信息。本条与第38条相比，应当属于第33条规定的"特别规定"，对于国家机关向境外提供个人信息的，只能适用本条的规则进行安全评估，国家机关

不能仅仅按照国家网信部门的规定经专业机构进行个人信息保护认证或者按照国家网信部门制定的标准合同与境外接收方订立合同就可以向境外提供个人信息。

本法第40条规定系对安全评估的具体规定。但是该条明确适用的主体系关键信息基础设施运营者和处理个人信息达到国家网信部门规定数量的个人信息处理者，如果国家机关恰好是关键信息基础设施运营者或者处理个人信息达到了国家网信部门规定数量，适用该条自无异议，但是如果国家机关并非关键信息基础设施运营者，其处理的个人信息也未达到国家网信部门规定数量，则应适用本条的特别规定，不能适用第40条的相关规定。此外，第40条还规定了安全评估的除外情形，即"法律、行政法规和国家网信部门规定可以不进行安全评估的，从其规定"。但是本条并未规定国家机关进行安全评估的除外情形，也即只要涉及国家机关向境外提供个人信息，就应当进行安全评估，并无例外情形。

二、国家机关跨境提供个人信息安全评估的程序规则

《网络安全法》与本法均规定了安全评估制度，但是都一笔带过，缺乏具体的操作细则。2017年和2019年，国家互联网信息办公室分别发布了《个人信息和重要数据出境安全评估办法（征求意见稿）》和《个人信息出境安全评估办法（征求意见稿）》，就个人信息安全评估进行了细化规定。虽然该两份征求意见稿尚未最终发布，但其中规定的安全评估内容和程序可以为国家机关适用该条进行安全评估提供参考和借鉴。

《个人信息和重要数据出境安全评估办法（征求意见稿）》明确了国家网信部门和行业主管部门的责任范围，该办法第5条规定：国家网信部门统筹协调数据出境安全评估工作，指导行业主管或监管部门组织开展数据出境安全评估。第6条规定：行业主管或监管部门负责本行业数据出境安全评估工作，定期组织开展本行业数据出境安全检查。此外，该办法对安全评估的形式、时间及要求、安全评估的主要内容、数据不得出境的具体情形均作了明确规定。《个人信息出境安全评估办法（征求意见稿）》第4条明确申报安全评估需要提交的材料包括申报书、网络运

340

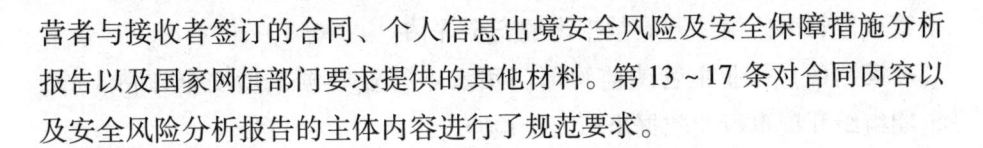

营者与接收者签订的合同、个人信息出境安全风险及安全保障措施分析报告以及国家网信部门要求提供的其他材料。第 13～17 条对合同内容以及安全风险分析报告的主体内容进行了规范要求。

【相关规定】

1.《中华人民共和国网络安全法》（2016 年 11 月 7 日）

第三十七条　关键信息基础设施的运营者在中华人民共和国境内运营中收集和产生的个人信息和重要数据应当在境内存储。因业务需要，确需向境外提供的，应当按照国家网信部门会同国务院有关部门制定的办法进行安全评估；法律、行政法规另有规定的，依照其规定。

2.《个人信息出境安全评估办法（征求意见稿）》（2019 年 6 月 13 日）

第四条　网络运营者申报个人信息出境安全评估应当提供以下材料，并对材料的真实性、准确性负责：

（一）申报书。

（二）网络运营者与接收者签订的合同。

（三）个人信息出境安全风险及安全保障措施分析报告。

（四）国家网信部门要求提供的其他材料。

第六条　个人信息出境安全评估重点评估以下内容：

（一）是否符合国家有关法律法规和政策规定。

（二）合同条款是否能够充分保障个人信息主体合法权益。

（三）合同能否得到有效执行。

（四）网络运营者或接收者是否有损害个人信息主体合法权益的历史、是否发生过重大网络安全事件。

（五）网络运营者获得个人信息是否合法、正当。

（六）其他应当评估的内容。

3.《个人信息和重要数据出境安全评估办法（征求意见稿）》（2017 年 4 月 11 日）

第五条　国家网信部门统筹协调数据出境安全评估工作，指导行业主管或监管部门组织开展数据出境安全评估。

第六条 行业主管或监管部门负责本行业数据出境安全评估工作,定期组织开展本行业数据出境安全检查。

第七条 网络运营者应在数据出境前,自行组织对数据出境进行安全评估,并对评估结果负责。

第八条 数据出境安全评估应重点评估以下内容:

(一)数据出境的必要性;

(二)涉及个人信息情况,包括个人信息的数量、范围、类型、敏感程度,以及个人信息主体是否同意其个人信息出境等;

(三)涉及重要数据情况,包括重要数据的数量、范围、类型及其敏感程度等;

(四)数据接收方的安全保护措施、能力和水平,以及所在国家和地区的网络安全环境等;

(五)数据出境及再转移后被泄露、毁损、篡改、滥用等风险;

(六)数据出境及出境数据汇聚可能对国家安全、社会公共利益、个人合法利益带来的风险;

(七)其他需要评估的重要事项。

第九条 出境数据存在以下情况之一的,网络运营者应报请行业主管或监管部门组织安全评估:

(一)含有或累计含有 50 万人以上的个人信息;

(二)数据量超过 1000GB;

(三)包含核设施、化学生物、国防军工、人口健康等领域数据,大型工程活动、海洋环境以及敏感地理信息数据等;

(四)包含关键信息基础设施的系统漏洞、安全防护等网络安全信息;

(五)关键信息基础设施运营者向境外提供个人信息和重要数据;

(六)其他可能影响国家安全和社会公共利益,行业主管或监管部门认为应该评估。

行业主管或监管部门不明确的,由国家网信部门组织评估。

第十一条 存在以下情况之一的,数据不得出境:

(一)个人信息出境未经个人信息主体同意,或可能侵害个人利益;

(二)数据出境给国家政治、经济、科技、国防等安全带来风险,可能影响国家安全、损害社会公共利益;

(三)其他经国家网信部门、公安部门、安全部门等有关部门认定不能出境的。

第三十七条 法律、法规授权的具有管理公共事务职能的组织为履行法定职责处理个人信息,适用本法关于国家机关处理个人信息的规定。

【条文主旨】

本条是关于法律、法规授权的组织处理个人信息的规定。

【条文理解】

一、公共事务授权管理的必要性

公共事务是指伴随社会发展过程发生的关系国家、集体、个人共同利益的社会性事务,主要包括政治性公共事务和社会性公共事务。政治性公共事务是指与国家政权建设紧密相关,涉及国家政权稳定和国家政治发展的,需要依靠国家强制力加以解决的公共事务,如军事、外交、司法、维护公共安全等;社会性公共事务是不必依靠国家强制力来解决的公共事务,如教育、科技、公共交通、医药卫生等。伴随着公共事务的产生,出现了两种不同的社会分工:一种是直接生产公共物品、提供公共服务,其主体是各类社会公益组织;另一种是公共管理主体为了解决公共问题,实现公共利益,运用公共权力对公共事务施加管理,即公共事务管理。从理论上说,公共事务管理职能一般由国家机关承担。但是实践中,由于公共事务管理的复杂性以及专业性、技术性日益增强,加之国家机关人员编制有限,公务员数量难以满足公共事务管理的需要,单靠国家机关管理公共事务难以满足现实需要,客观上需要一些非国家机关承担某些公共事务管理职能。为此,我国通过法律、法规授权某些具有管理公共事务职能的组织处理公共事务,被授权组织依照法定权限和程序，以自己的名义行使法律、法规所授职权，并承担行使该职权的法律后果，享有与国家机关相同的主体地位。

二、我国目前授权管理的法律框架

在我国目前的法律体系框架下，法律、法规授权主要多见于行政法领域。行政授权是指行政机关在法律、法规明确规定可以授权的情况下，根据行政管理的实际需要，依照法定权限和程序，将行政职权部分或全部授予有关组织，后者据此以自己的名义行使该职权，并承受该职权行为效果的法律制度。我国行政授权的相关规定可见于《行政许可法》《行政处罚法》《行政强制法》三部行政法规范中，《行政许可法》第23条规定："法律、法规授权的具有管理公共事务职能的组织，在法定授权范围内，以自己的名义实施行政许可。被授权的组织适用本法有关行政机关的规定。"《行政处罚法》第19条规定："法律、法规授权的具有管理公共事务职能的组织可以在法定授权范围内实施行政处罚。"《行政强制法》第70条规定："法律、行政法规授权的具有管理公共事务职能的组织在法定授权范围内，以自己的名义实施行政强制，适用本法有关行政机关的规定。"根据以上法律的规定，经过授权，非行政机关的组织就取得了行政执法的资格，可以以自己的名义行使行政许可权、行政处罚权、行政强制权，以自己的名义独立地承担相应的法律后果。

根据我国相关法律、法规规定，法律、法规授权的组织主要包括以下几种：一是事业单位。事业单位，是指为国家创造或改善生产条件，从事为工农业生产服务活动，不以营利为目的的单位。二是社会团体。社会团体虽然不是行政机关，不属于行政系统，但法律、法规往往授权它们行使某些行政职能，如各种行业协会，它们有依法律、法规授权管理本行业的某些行政事务的权力。三是基层群众性自治组织。基层群众性自治组织是指城市和农村按居民、村民居住的地区设立的居民委员会和村民委员会。四是企业组织。企业组织主要是行政管理的对象，但在特定情况下，法律、法规也可授权其行使一定行政职权。五是各种技术检验、鉴定机构。对一些需要运用专门知识、专门技能、专门设备进行检验鉴定的事务,法律、法规通常授权由一些有关的技术性机构办理。

三、注意区分行政授权与行政委托

法律、法规授权的组织在行使法律、法规所授职权时,享有与行政机关相同的行政主体地位,以自己的名义行使所授职权,并对外承担法律责任。在我国相关法律体系中,与行政授权容易混淆的另外一种制度是行政委托。行政委托是指行政机关将其管辖权的一部分交由行政机关之外的组织或者个人,并以委托机关的名义行使行政职能。行政委托的法律要件通常包括四个方面的内容:一是行政委托必须有法定依据。行政机关必须在法律、法规及规章规定可以委托时,才能委托。没有法定依据的委托,是不合法的,也是无效的。二是委托行政机关必须拥有法定权限。委托机关在进行行政委托时,其委托给受委托人的公权力必须是其自身合法拥有的职权。如果行政机关把一项本身不拥有的公权力委托给受委托人行使,这显然是滥用职权,超越权限的委托当然无效。三是行政委托必须符合法定程序。由于行政委托的事务是具体行政行为,符合法定程序是"依法行政"的应有之意。四是行政委托对象应当是符合法定条件的有关企事业单位、社会组织或者个人。行政机关通过其内设机构和所属公务员实施行政管理,虽然也是一种实质性委托,但由于其与行政机关存在正常的内部关系,因而不包含在这里的行政委托之中。

行政授权与行政委托最大的区别在于有无法律、法规的授权。具体来说,两者之间的区别主要表现在以下几个方面:一是行政权力运行上不同。行政授权导致行政权力的转移,而行政委托并不导致行政权力的转移。二是行为名义和效果归属不同。在行政授权关系中,被授权人实施具体行政行为以自己的名义进行,而且行为的效果归属于自己;而在行政委托关系中,由于行政职权没有转移,所以被委托人实施具体行政行为只能以委托机关的名义进行,该行政行为的效果自然也归属于委托机关。三是行为者在行政诉讼中的地位不同。在行政授权关系中被授权组织实施授权行为的,可以成为行政诉讼的被告;而在行政委托关系中,由于被委托主体并非行政主体,因此不能成为行政诉讼中的被告。

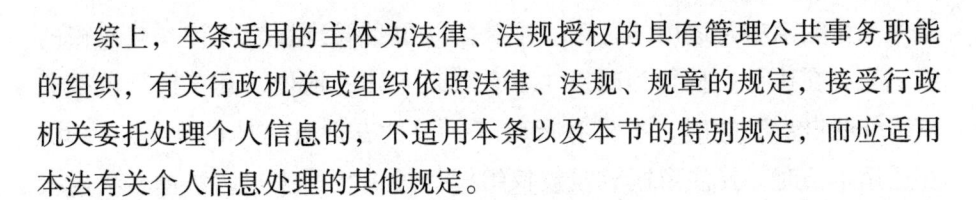

综上，本条适用的主体为法律、法规授权的具有管理公共事务职能的组织，有关行政机关或组织依照法律、法规、规章的规定，接受行政机关委托处理个人信息的，不适用本条以及本节的特别规定，而应适用本法有关个人信息处理的其他规定。

【条文适用】

在具体适用该条时，应着重把握如下几点：

一是明确本条适用的主体。根据该条规定，只有法律、法规授权的具有管理公共事务职能的组织在履行职责处理个人信息时，才能适用有关国家机关处理个人信息的规定，对于适用主体，主要强调两个方面：其一，强调授权来源。本条强调授权的来源为法律和法规。由于授权是将国家机关的公权力授予非行政机关的组织行使，该组织取得授权后，可以以自己的名义行使国家公权力，因此，为了慎重起见，国家公权力的对外授权原则上限定在法律、法规层面，主要包括全国人民代表大会及其常务委员会制定的法律，国务院制定的行政法规，省、自治区、直辖市，较大的市（省、自治区的人民政府所在地的市，经济特区所在地的市以及经国务院批准的较大的市）的人民代表大会及其常务委员会制定的地方性法规，民族自治地方的人民代表大会制定的自治条例和单行条例，与行政法规有同等法律效力的国务院的决定等法规性文件的授权。需要注意的是，修改后的《行政诉讼法》第2条第2款规定："前款所称行政行为，包括法律、法规、规章授权的组织作出的行政行为。"但是，本条并未将规章列入授权的范围，在具体适用时还需按照该条规定从严掌握，只有法律、法规授权的，才适用本条。其二，强调被授权组织的自身特点。被授权主体本身需要有管理公共事务的职能，否则构成违法授权，自然无法适用本条之规定。公共事务管理职能主要是指政府系统行使的行政管理职能和党委系统担负的党的领导机关工作职能，通常包括政策法规规划的研究制定、行政审批、行政许可、市场监管、执法监督以及公共管理服务等。

二是明确本条适用的行为。按照公共事务管理授权理论，被授权的组织只有在执行授权行为时，才享有行政主体的地位，其在执行被授职权以外的自身职能时，不享有行政权，不具有行政主体的地位。因此，在适用本条时，要注意区分被授权组织行为的权力来源。法律、法规授权的具有管理公共事务职能的组织，只有在授权范围内履行法定职责处理个人信息的，才适用本法关于国家机关处理个人信息的规定。如果某个组织虽然具有管理公共事务的职能，但是未经法律、法规授权，或者虽然经过授权，但处理非授权事务或者超过授权范围处理事务的，则其处理个人信息的行为应当适用本法关于个人信息处理的一般规定，而不能适用本节有关国家机关处理个人信息的特别规定。

【相关规定】

1. 《中华人民共和国行政处罚法》（2021年1月22日修订）

第十九条　法律、法规授权的具有管理公共事务职能的组织可以在法定授权范围内实施行政处罚。

第二十条第一款　行政机关依照法律、法规、规章的规定，可以在其法定权限内书面委托符合本法第二十一条规定条件的组织实施行政处罚。行政机关不得委托其他组织或者个人实施行政处罚。

2. 《中华人民共和国行政许可法》（2019年4月23日修正）

第二十三条　法律、法规授权的具有管理公共事务职能的组织，在法定授权范围内，以自己的名义实施行政许可。被授权的组织适用本法有关行政机关的规定。

第二十四条第一款　行政机关在其法定职权范围内，依照法律、法规、规章的规定，可以委托其他行政机关实施行政许可。委托机关应当将受委托行政机关和受委托实施行政许可的内容予以公告。

3. 《中华人民共和国行政强制法》（2011年6月30日）

第七十条　法律、行政法规授权的具有管理公共事务职能的组织在法定授权范围内，以自己的名义实施行政强制，适用本法有关行政机关的规定。

4.《中华人民共和国行政诉讼法》（2017年6月27日修正）

第二条 公民、法人或者其他组织认为行政机关和行政机关工作人员的行政行为侵犯其合法权益，有权依照本法向人民法院提起诉讼。

前款所称行政行为，包括法律、法规、规章授权的组织作出的行政行为。

第三章 个人信息跨境提供的规则

第三十八条 个人信息处理者因业务等需要，确需向中华人民共和国境外提供个人信息的，应当具备下列条件之一：

（一）依照本法第四十条的规定通过国家网信部门组织的安全评估；

（二）按照国家网信部门的规定经专业机构进行个人信息保护认证；

（三）按照国家网信部门制定的标准合同与境外接收方订立合同，约定双方的权利和义务；

（四）法律、行政法规或者国家网信部门规定的其他条件。

中华人民共和国缔结或者参加的国际条约、协定对向中华人民共和国境外提供个人信息的条件等有规定的，可以按照其规定执行。

个人信息处理者应当采取必要措施，保障境外接收方处理个人信息的活动达到本法规定的个人信息保护标准。

【条文主旨】

本条是关于向境外提供个人信息的条件的规定。

【条文理解】

一、本条的整体逻辑结构

在大数据时代,数据资源的价值不言而喻,且与公民人身安全乃至国家安全息息相关,发达国家多已意识到数据资源保护和开发的重要性,不断出台法规和政策抢占数据保护的制高点,抑或通过各类方式维护其数字主权,其中,对于数据跨境传输的要求构成了数据保护和个人信息保护的重要方面。比如 GDPR 设置专门的第五章,针对"向第三国或国际组织转移个人数据"的相关问题进行规定,只有满足 GDPR 所规定的相关条件,才能实施个人数据出境行为;《美国澄清境外数据合法使用法案》(以下简称 CLOUD 法案)赋予执法机构跨境调取数据的能力,以维护其在数据领域的霸权地位。国际上数据管辖权的冲突和数据治理主导权的竞争启示我们在数字化时代应高度重视数据跨境移转问题。在此背景下,本条对个人信息出境前需要满足的具体条件作出规定,从而保障个人信息出境活动的安全有序开展。

本条第 1 款将《网络安全法》《数据安全法》《征信业管理条例》等法律法规内的个人信息出境规则进行了整合,规定了向境外提供个人信息的四种途径,为个人信息出境提供了更为多元化的合法性基础,也为《个人信息出境安全评估办法》等个人信息出境具体规定的生效落地提供了统一的规范基础和上位法依据。第 2 款规定了我国缔结或参加的国际条约和协定可以作为向境外提供个人信息的合法基础。第 3 款规定了信息处理者应当采取措施保障境外接收方符合我国个人信息保护标准的规则。通过第 1 款规定的四个通道以及第 2 款相关情形实施个人信息出境的,都需要满足第 3 款所规定的条件,即"采取必要措施,保障境外接收方处理个人信息的活动达到本法规定的个人信息保护标准"。可见,本条在整体逻辑结构上规定了我国个人信息出境的五大通道,以下就各个具体情形进行分析。

二、"因业务等需要，确需向中华人民共和国境外提供"的理解

（一）"因业务等需要，确需向中华人民共和国境外提供"的情形

1. 因业务需要。"业务需要"，是指个人信息的出境应与实现产品或服务的业务功能有直接关联性，如果没有上述个人信息的参与，产品或服务的功能就无法实现。例如，境内航空公司如果不将乘客的购票信息传输给境外机场，就无法有序开展国际航空业务。"确需"指个人信息跨境传输应当符合最小必要原则。在"确需"的具体认定上，可以结合向境外传输个人信息的频率、数量等因素综合判断。①

2. "等"的理解。此处的"等"意味着个人信息出境还可以出于其他合法性与正当性的目的。具体包括以下情形：（1）科研需要。例如为开展国际合作科学研究，确需将相关个人信息运送、邮寄、携带出境。（2）公司内部管理的正当性需要。典型的是境外公司总部对境内子公司的行为进行反商业贿赂或者反舞弊等合规调查工作，要求境内子公司向母公司提供相关个人信息。（3）公务需要。因在境外参与司法程序或面临行政调查，需要向境外提供个人信息的，要求依法申请有关主管部门批准。（4）其他具有合法性和正当性目的的情形。

（二）向中华人民共和国境外提供

1. 对"境外"的理解。《出境入境管理法》第89条第1款规定："出境，是指由中国内地前往其他国家或者地区，由中国内地前往香港特别行政区、澳门特别行政区，由中国大陆前往台湾地区。"考虑到我国大陆与港澳台地区法律制度的差异，本条中的"境外"更加侧重于"关境"而非"国境"，如果相关主体将个人信息向我国港澳台地区传输的，属于本条所规定的"向中华人民共和国境外提供"，其应当符合本法所规

---

① 《信息安全技术 数据出境安全评估指南（征求意见稿）》第5.2.3.3条规定："应评估出境个人信息范围是否符合最小化原则：a）向境外传输的个人信息应与出境目的相关的业务功能有直接关联。直接关联是指没有该信息的参与，相应功能无法实现；b）向境外自动传输的个人信息频率应是与数据出境目的相关的业务功能所必需的频率；c）向境外传输的个人信息数量应是与数据出境目的相关的业务功能所必需的数量。"

定的相关要求。此外，为贯彻商务部发布的《全面深化服务贸易创新发展试点总体方案》，北京、上海等28个省市均出台相关文件，积极在自贸区、自贸港等区域探索数据跨境机制。考虑到自贸区的特殊地位和功能，以及其他法律制度适用的情况，这些区域在数据跨境机制中的地位和性质还有待立法进一步明确。

2. "向境外提供"的内涵。个人信息出境，是指网络运营者通过网络等方式，将其在中华人民共和国境内运营中收集和产生的个人信息，通过直接提供或开展业务、提供服务、产品等方式提供给境外的机构、组织或个人的一次性活动或连续性活动，其中网络运营者提供已经被依法公开披露的数据除外。"向境外提供个人信息"实质上就是指个人信息出境，其具体方式可以分为线下及线上两种。线下方式指直接将个人信息记录在有形载体上并向境外邮寄、运输等；线上方式指将个人信息通过网络的形式向境外传输。

需要注意的是，"个人信息出境"的常见情形是将个人信息传输至一国的地缘性边境之外，但是二者并不等同。首先，某些情形下，将个人信息传输至"境外"，并不一定构成个人信息出境。例如，非在境内运营中收集和产生的个人信息经由本国出境，未经任何变动或加工处理的，不属于个人信息出境。其次，未将个人信息传输至"境外"，也可能构成个人信息出境。在实践中，还存在即使在一个主权国家内，跨越一定的区域，通常也被看作是跨境。[1] 例如，向位于本国境内，但不属于本国司法管辖或未在境内注册的主体提供个人信息的，属于个人信息出境。个人信息未移转存储至本国以外的地方，但被境外的机构、组织、个人访

---

[1] 参见孙登科、汪玮：《个人数据跨境保护的法律冲突及解决机制探析》，载《江苏海洋大学学报（人文社会科学版）》2021年第4期。

问查看的，亦属于个人信息出境。①

三、个人信息出境五大通道的具体理解

（一）通过国家网信部门组织的安全评估

原则上来说，信息处理者想要向境外提供个人信息的，可以进行安全评估、也可以选择其他通道。例外情形下，信息处理者只能选择安全评估。例如，根据本法第40条规定，关键信息基础设施运营者和处理个人信息达到国家网信部门规定的数量的个人信息处理者想要进行个人信息出境的，其必须通过国家网信部门组织的安全评估。《个人信息保护法》着重加强前述两类主体个人信息安全保护责任的原因在于，前述两种主体所控制的个人信息量大且与国计民生息息相关，由网信部门统一进行安全评估能够强化国家对国民安全与国家安全的把控。关于这两类主体的认定，具体请参见对本法第40条的理解。

关于安全评估的具体要求和方法，现行法尚未明确予以规定。具体可以参考《信息安全技术 数据出境安全评估指南（征求意见稿）》《个人信息出境安全评估办法（征求意见稿）》的相关内容。比如安全评估要点一是"出境目的"，二是"安全风险"。出境目的需要同时满足"合法性、正当性、必要性"的要求。对于"安全风险"的评估，需要综合考量出境数据的属性和数据出境发生安全事件的可能性及影响程度。关于数据属性的判断，主要包括类型、数量、范围、敏感程度和技术处理情况等，关于数据出境发生安全事件的可能性及影响程度的判断，需要结合发送方数据出境的技术和管理能力、数据接收方的安全保护能力、采

---

① 《信息安全技术 数据出境安全评估指南（征求意见稿）》列举了三种典型的数据出境情形：(1) 向本国境内，但不属于本国司法管辖或未在境内注册的主体提供个人信息和重要数据；(2) 数据未转移存储至本国以外的地方，但被境外的机构、组织、个人访问查看的（公开信息、网页访问除外）；(3) 网络运营者集团内部数据由境内转移至境外，涉及其在境内运营中收集和产生的个人信息和重要数据。同时排除了两种情形，该两种情形不属于"数据出境"：(1) 非在境内运营中收集和产生的个人信息和重要数据经由本国出境，未经任何变动或加工处理的；(2) 非在境内运营中收集和产生的个人信息和重要数据在境内存储、加工处理后出境，不涉及境内运营中收集和产生的个人信息和重要数据的。

取的措施、数据接收方所在国家或区域的政治法律环境等进行考量，在此不再赘述。

（二）个人信息保护认证

个人信息出境的第2条通道是"个人信息保护认证"。相关主体在按照国家网信部门的规定，经过专业机构进行个人信息保护认证后，可以将其所控制的个人信息向境外提供。目前，对于何种个人信息出境场景属于符合国家网信部门规定的需经专业机构进行个人信息保护认证的情形，相关规定并未明确，有待后续网信部门进一步出台具体的细化规则。此外，对于如何进行认证、哪些专业机构有权进行认证等问题，都还有待后续的配套措施落地。

（三）签订标准合同

对于通过与境外接收方签订合同的方式进行个人信息出境这一情形，《个人信息保护法（草案）》仅仅规定了"与境外接收方订立合同，约定双方的权利和义务，并监督其个人信息处理活动达到本法规定的个人信息保护标准"，在进行二次审议时，有观点认为将个人信息跨境合同的订立完全交给境内提供方与境外接收方的话，有可能导致个人信息保护力度的不足，最终《个人信息保护法（草案二次审议稿）》将此修改为"按照国家网信部门制定的标准合同与境外接收方订立合同，约定双方的权利和义务"，同时将"保障境外接收方的个人信息处理活动达到本法规定的个人信息保护标准"的内容放入本法第38条第3款。此做法其实借鉴了GDPR的"标准合同条款"的相关规定。

根据GDPR第五章规定，个人数据可以向已经欧盟认可的具备"充分的数据保护水平"的第三国或者国际组织跨境传输，比如新西兰、瑞士、阿根廷、日本等国，即"充分性决定"（Adequacy Decision）下的数据跨境。如果要向不符合"充分性决定"的国家或地区、组织跨境传输数据的，在满足"适当保障"（Appropriate Safeguards）的情况下，也可以进行数据跨境，"标准合同条款"（Standard Clauses Contract，即SCC）便是数据出境的一个重要方式。若欧盟境内的相关主体与境外主体签订标准合同，承诺遵守"标准合同条款"，其就可以向境外传输个人数据。

因为有关部门暂未发布我国的个人信息出境标准合同，该通道暂时不具有可操作性。参照比较法的规定，我们认为合同的具体内容应当包括传输范围、方式、频率等事实以及不同数据处理关系下双方的权利义务、个人信息保护的具体措施等，以保证合同对个人信息的保护程度达到本法规定的标准。

（四）法律、行政法规或者国家网信部门规定的其他条件

1. 法律。比如本法第36条所规定的国家机关处理的个人信息向境外提供的情形，即"国家机关处理的个人信息确需向境外提供的，应当进行安全评估。安全评估可以要求有关部门提供支持与协助"。再比如《数据安全法》第36条以及本法第41条所规定的向外国司法或执法机构提供个人信息的情形，即外国司法或者执法机构关于提供存储于境内个人信息的请求，未经中华人民共和国主管机关批准，个人信息处理者不得向外国司法或执法机构提供存储于中华人民共和国境内的个人信息。

2. 行政法规。对个人信息出境进行特别规定的典型行政法规为国务院颁布的《人类遗传资源管理条例》。考虑到我国人类遗传资源事关国家安全、社会伦理及公民的人身安全，一旦遭到滥用将产生严重后果，对于其出境必须严加管控。根据该条例第27条规定，人类遗传资源出境的，应当符合一系列条件并取得国务院科学技术行政部门出具的人类遗传资源材料出境证明。[1]

3. 网信部门的其他规定。比如国家互联网信息办公室、国家发展和改革委员会、工业和信息化部、公安部、交通运输部联合发布的部委规章《汽车数据安全管理若干规定（试行）》针对向境外提供包含个人信

---

[1]《人类遗传资源管理条例》第27条规定："利用我国人类遗传资源开展国际合作科学研究，或者因其他特殊情况需将我国人类遗传资源材料运送、邮寄、携带出境的，应当符合下列条件，并取得国务院科学技术行政部门出具的人类遗传资源材料出境证明：（一）对我国公众健康、国家安全和社会公共利益没有危害；（二）具有法人资格；（三）有明确的境外合作方和合理的出境用途；（四）人类遗传资源材料采集合法或者来自合法的保藏单位；（五）通过伦理审查。利用我国人类遗传资源开展国际合作科学研究，需要将我国人类遗传资源材料运送、邮寄、携带出境的，可以单独提出申请，也可以在开展国际合作科学研究申请中列明出境计划一并提出申请，由国务院科学技术行政部门合并审批。将我国人类遗传资源材料运送、邮寄、携带出境的，凭人类遗传资源材料出境证明办理海关手续。"

息的重要数据提出了年度报告制度与年度补充报告制度,即汽车数据处理者应当依据第13条的规定在每年12月15日前向省、自治区、直辖市网信和有关部门报送汽车数据安全管理负责人、用户权益事务联系人的姓名和联系方式、汽车数据安全事件和处置情况等年度汽车数据安全管理情况。[1]

(五)我国缔结或者参加的国际条约、协定

1. 内容。本条第2款明确我国缔结或者参加的国际条约、协定可以作为向境外提供个人信息行为的合法性基础。本法第12条也规定了国家积极参与个人信息保护国际规则的制定,促进个人信息保护方面的国际交流与合作,推动与其他国家、地区、国际组织之间的个人信息保护规则、标准等互认。目前,相关国际合作仍处于起步阶段,有待后续相关制度的不断完善。

在司法实践中,跨境诉讼案件在举证过程中可能会涉及将境内个人信息提供给国外法院的问题,此种情形下会导致"司法协助"与"个人信息出境"的交叉。跨境司法协助往往以相应的国际条约为前提,国际条约的缔结则需要一定的本国法为基础。区别于《美国澄清合法使用境外数据法》所确立的"长臂管辖",我国出台的《国际刑事司法协助法》坚持平等互惠原则,为政府今后缔结刑事司法协助条约,以及在此基础上履行义务和行使权利提供了国内法基础,填补了刑事司法协助国际合作的法律空白。

2. "可以"的理解。"可以"往往意味着"可以不"或"可以其他",但按照我国的立法用语习惯,"可以"一词并没有严格限定在其语

---

[1] 《汽车数据安全管理若干规定(试行)》第13条规定:"汽车数据处理者开展重要数据处理活动,应当在每年十二月十五日前向省、自治区、直辖市网信部门和有关部门报送以下年度汽车数据安全管理情况:(一)汽车数据安全管理负责人、用户权益事务联系人的姓名和联系方式;(二)处理汽车数据的种类、规模、目的和必要性;(三)汽车数据的安全防护和管理措施,包括保存地点、期限等;(四)向境内第三方提供汽车数据情况;(五)汽车数据安全事件和处置情况;(六)汽车数据相关的用户投诉和处理情况;(七)国家网信部门会同国务院工业和信息化、公安、交通运输等有关部门明确的其他汽车数据安全管理情况。"

义中。① 我们认为，本条中的"可以"并不能解释出"可以不"的意思。我国在缔结或者参加国际条约、协定时，可能会声明保留某些条款，在涉及这些保留条款时，应当适用我国法律、行政法规或网信部门关于个人信息出境的相关规定。如果不存在"我国声明保留的条款"时，则应当遵守缔结或者参加的国际条约、协定，而不能以本条中的"可以"为由，拒绝适用已缔结或参加的国际条约、协定。

四、第 3 款——第 1~2 款所规定的个人信息出境情形都需要满足的条件

各国在跨境数据流动问题上存在法律文化和价值认同的差异，从而导致其数据保护标准不统一，甚至可能存在冲突。② 个人信息出境后，一方面会对主管部门的监管工作带来挑战；另一方面也会给个人行使个人信息的权益增加难度，更会对个人信息的安全造成更多的威胁。为此，本款对个人信息处理者施加了采取必要措施、保障境外接收方处理个人信息的活动达到本法规定的个人信息保护标准的法定义务。无论是通过何种方式实施个人信息出境的，都需要满足前述必要条件。

我们初步研究认为，第 1 款规定中的前三种情形，即国家部门进行安全评估、专业机构进行的个人信息保护认证、采取标准合同，在某种程度上已经对境外接收方提供对等保护的可行性进行了评估，但通过"其他条件"或"国际条约、协定"等方式进行个人信息出境的，则需要法律明确"对等保护"的底线标准。

【条文适用】

在具体适用本条时，应注意如下几个问题：

1. 在进行本条规定的安全评估、保护认证等之前，信息处理者应当进行事先评估。《个人信息保护法》第 55 条规定：向境外提供个人信息

---

① 参见周健：《法律文本中的几个情态动词的对比研究》，暨南大学 2018 年硕士学位论文。
② 参见胡炜：《跨境数据流动立法的价值取向与我国选择》，载《社会科学》2018 年第 4 期。

的，个人信息处理者应当事前进行个人信息保护影响评估，并对处理情况进行记录。根据《个人信息保护法》第56条规定，其中评估的内容主要包括个人信息的处理目的、处理方式等是否合法、正当、必要；对个人权益的影响及安全风险；所采取的保护措施是否合法、有效并与风险程度相适应。个人信息保护影响评估报告和处理情况记录应当至少保存3年。除上述事项之外，我们认为企业还可以对接收方是否在近几年内是否发生过个人信息安全事件、其所在国家和地区的政治及法律环境等其他有可能存在个人信息出境安全风险的因素进行评估。

2. 信息出境前进行正式评估的主体，原则上应当为省级以上网信部门。根据《个人信息和重要数据出境安全评估办法（征求意见稿）》第9条第2款规定，评估主体为行业主管部门或监管机构，在行业主管部门或监管机构不明确时，由网信部门评估。但之后公布的《个人信息出境安全评估办法（征求意见稿）》第4条规定，实施评估主体应为省级网信部门。之所以出现这种变化，原因在于前者杂糅了个人信息和重要数据两类数据，重要数据需要行业主管部门作出细化规定，因此在制度设计时需要倾向于主管部门来评估。而后者仅涉及个人信息，网信部门作为个人信息保护及监管的主职机构，由其统一组织监管评估具有合理性。[1]

【相关规定】

1. 《中华人民共和国数据安全法》（2021年6月10日）

第三十一条 关键信息基础设施的运营者在中华人民共和国境内运营中收集和产生的重要数据的出境安全管理，适用《中华人民共和国网络安全法》的规定；其他数据处理者在中华人民共和国境内运营中收集和产生的重要数据的出境安全管理办法，由国家网信部门会同国务院有关部门制定。

第三十六条 中华人民共和国主管机关根据有关法律和中华人民共

---

[1] 参见张新宝、葛鑫：《个人信息保护法（专家建议稿）及立法理由书》，中国人民大学出版社2021年第1版，第163页。

和国缔结或者参加的国际条约、协定，或者按照平等互惠原则，处理外国司法或者执法机构关于提供数据的请求。非经中华人民共和国主管机关批准，境内的组织、个人不得向外国司法或者执法机构提供存储于中华人民共和国境内的数据。

2.《中华人民共和国网络安全法》（2016年11月7日）

第四十四条 任何个人和组织不得窃取或者以其他非法方式获取个人信息，不得非法出售或者非法向他人提供个人信息。

3.《信息安全技术 个人信息安全规范》（2020年3月6日）

9.8 个人信息跨境传输

在中华人民共和国境内运营中收集和产生的个人信息向境外提供的，个人信息控制者应遵循国家相关规定和相关标准的要求。

4.《个人信息出境安全评估办法（征求意见稿)》（2019年6月13日）

第二条 网络运营者向境外提供在中华人民共和国境内运营中收集的个人信息（以下称个人信息出境），应当按照本办法进行安全评估。经安全评估认定个人信息出境可能影响国家安全、损害公共利益，或者难以有效保障个人信息安全的，不得出境。

国家关于个人信息出境另有规定的，从其规定。

第三条 个人信息出境前，网络运营者应当向所在地省级网信部门申报个人信息出境安全评估。

向不同的接收者提供个人信息应当分别申报安全评估，向同一接收者多次或连续提供个人信息无需多次评估。

每2年或者个人信息出境目的、类型和境外保存时间发生变化时应当重新评估。

5.《个人信息和重要数据出境安全评估办法（征求意见稿)》（2017年4月11日）

第三条 数据出境安全评估应遵循公正、客观、有效的原则，保障个人信息和重要数据安全，促进网络信息依法有序自由流动。

第七条 网络运营者应在数据出境前，自行组织对数据出境进行安全评估，并对评估结果负责。

第八条 数据出境安全评估应重点评估以下内容：

（一）数据出境的必要性；

（二）涉及个人信息情况，包括个人信息的数量、范围、类型、敏感程度，以及个人信息主体是否同意其个人信息出境等；

（三）涉及重要数据情况，包括重要数据的数量、范围、类型及其敏感程度等；

（四）数据接收方的安全保护措施、能力和水平，以及所在国家和地区的网络安全环境等；

（五）数据出境及再转移后被泄露、毁损、篡改、滥用等风险；

（六）数据出境及出境数据汇聚可能对国家安全、社会公共利益、个人合法利益带来的风险；

（七）其他需要评估的重要事项。

第十一条 存在以下情况之一的，数据不得出境：

（一）个人信息出境未经个人信息主体同意，或可能侵害个人利益；

（二）数据出境给国家政治、经济、科技、国防等安全带来风险，可能影响国家安全、损害社会公共利益；

（三）其他经国家网信部门、公安部门、安全部门等有关部门认定不能出境的。

第三十九条　个人信息处理者向中华人民共和国境外提供个人信息的，应当向个人告知境外接收方的名称或者姓名、联系方式、处理目的、处理方式、个人信息的种类以及个人向境外接收方行使本法规定权利的方式和程序等事项，并取得个人的单独同意。

【条文主旨】

本条是关于向境外提供个人信息应告知的事项和取得个人单独同意的规定。

【条文理解】

随着经济全球化和网络科技的高速发展，个人信息的跨境流动日益频繁。由于不同国家或地区的个人信息保护法律制度、保护水平和程度存在差异，使得个人信息跨境风险问题更加复杂。个人信息主体在此种情形下，其合法权益更有可能受到损害，因此必须对其进行充分、有效的提示。为此，本法对跨境提供个人信息的"告知—同意"作出了更严格的要求，旨在切实保障个人的知情权与决定权。本条与第38条共同构成了跨境提供个人信息的核心条款，有所不同的是第38条所规定的个人信息出境条件更侧重于满足国家监管要求，而第39条则是为维护个人信息权益，保障个人权益而需要个人信息处理者履行的义务。

一、告知的内容和告知的形式

（一）告知的内容

凡是需要取得个人同意的个人信息处理活动，处理者都需要履行向个人告知的义务，在取得个人同意后才能实施个人信息处理活动。[①] 有效的同意意味着当事人必须知情，即请求当事人作出同意之时，应向其提供与之有关的全部必要信息；这种信息应包括数据处理的所有实质内容，否则有关的同意并不足以使这种数据的处理合法化。这涉及信息透明度的问题。虽然透明度本身不足以使数据处理合法化，然而，这是确保任何当事人能够对其自身的数据实现控制，并确保其作出有效同意的必要条件。本条在告知的内容上采取了"列举+兜底"的方式，包括"境外接收方的身份、联系方式、处理目的、处理方式、个人信息的种类以及个人向境外接收方行使本法规定权利的方式"等事项。相较于一审稿、二审稿所规定的告知义务，《个人信息保护法》将告知"境外接收方的身份"修改为"境外接收方的名称或姓名"，进一步明确了告知的内容。

个人信息出境中的告知义务也要符合一般告知规则的要求。本法第17条是对个人信息处理前的告知形式、内容、方式的基本规定，而本条在此基础上，对个人信息跨境传输情形下的告知内容进一步作出特别规定。在个人信息出境前，相关个人信息处理者既需要遵守本条的告知内容要求，也需要遵守本法第17条所规定的告知形式，包括以显著方式、清晰易懂的语言真实、准确、完整地告知个人信息主体相关事项。

关于个人信息的告知同意问题，全国信息安全标准化技术委员会2020年1月20日发布了《信息安全技术 个人信息告知同意指南（征求意见稿）》对此作出了专门指引，包括"告知同意的适用情形""免于告知同意的情形""告知同意的基本原则""告知的内容、方式、展示、适当性""同意的模式选择和机制设计、变更与撤回、证据留存"等，待该指南生效后可作为参考。

（二）告知的形式

本条对于"告知同意"所作出的核心要求为"单独同意"。单独的同意意味着"单独的告知"。以App收集使用个人信息的场景为例，此场

[①] 参见程啸：《论个人信息处理者的告知义务》，载《上海政法学院学报（政法论坛）》2021年第5期。

景下个人信息处理者往往是通过用户勾选隐私政策的方式获取用户同意，在本法生效之前，法律法规层面仅规定了个人信息出境情形下也需要取得"同意"，而未作"单独同意"的要求，App的隐私政策中的个人信息出境条款往往与其他个人信息处理的场景混合在一起，用户只要勾选了一个统一的同意选项，就意味着对全部的个人信息处理活动的"同意"，即所谓典型的"一揽子同意"，这种做法在此前较为普遍，而随着本法的出台，以"一揽子同意"的方式所取得的关于个人信息出境的同意将不再有效。在个人信息出境前，相关个人信息处理者必须通过单独的提示，比如App或网页的单独弹窗等方式，单独告知用户相关事项，用户单独同意后，其同意才是有效的。

二、单独同意

（一）同意在个人信息出境中的地位

一些国家或地区规定，同意与风险评估、订立标准合同等处于同一地位，均为个人信息出境的通道之一。如《澳大利亚昆士兰州信息隐私法》规定：信息处理者取得个人同意后，可以将个人信息移转至境外。[1]

但根据本条规定，同意并非个人信息出境的独立通道，获得同意并不意味着个人信息处理者可以规避其他规定。个人信息处理者向境外提供个人信息的，在满足第38条规定的条件后，仍需依照本条规定取得信息主体的单独同意。换言之，信息处理者向境外提供个人信息的，既要满足本法第38条的规定，又要依照本条规定取得个人的单独同意。

（二）单独同意的内涵与形式要求

单独同意，是指个人信息处理者要专门就个人信息出境这一具体事宜，以单独的、特定的、区别于其他个人信息处理事项的告知方式有效

---

[1] 《澳大利亚昆士兰州信息隐私法》第33条规定：符合下列情形之一的，机构可以将信息移转到澳大利亚境外（a）取得个人同意；（b）根据法律授权或要求；（c）机构有充分的理由相信，为减少或防止对个人的生命、健康、安全或福利的严重威胁，或对公共健康、安全或福利的严重威胁，有必要进行移转；（d）满足以下任意两项以上；（i）接受者履行同等的隐私义务；（ii）履行职能所必需的；（iii）为了信息主体的利益；（iv）已采取合理措施，确保信息受到保护。

告知个人信息主体,并在此基础上取得个人对其个人信息出境的特定、明确的同意,总结而言,即"一个处理行为+一个告知+一个同意"。

对于单独同意的形式要求,以及单独同意与书面同意之间的异同关系问题,两者的共性在于其都是本法对特定的个人信息处理情形下同意形式所作的特别严格要求。结合本法第29条的规定内容来看,处理敏感个人信息应当取得个人的单独同意;法律、行政法规规定处理敏感个人信息应当取得书面同意的,从其规定。从文义解释上来看,"单独同意"与"书面同意"是交叉的关系,本法并未规定"单独同意"必须以书面形式作出,因而单独同意的形式可以包括书面、口头或者其他的形式。此外,从信息主体是否积极作为的角度来看,单独同意可以是明示同意也可以是默示同意。[1]

结合本法第14条、第22条、第23条的规定,当个人信息处理者的隐私规则发生变更、数据出境目的、范围、类型、数量发生较大变化、数据接收方发生变更或数据出境风险发生较大变化时,应重新取得个人信息主体的单独同意。

【条文适用】

一、关于告知的时间

一般情况下,个人信息处理者必须是在处理个人信息前向个人信息被处理的个人进行告知,而不能在已经实施了个人信息处理行为之后再告知个人。根据《个人信息保护法》第18条规定,在一些紧急情况下为保护个人的生命健康和财产安全无法及时告知的,信息处理者可以先行实施信息处理行为。当然,在紧急情况消除后,处理者仍然应当履行告知义务。

二、关于告知的语言要求

个人信息处理者应当以显著方式、清晰易懂的语言真实、准确、完

---

[1] 参见吕炳斌:《个人信息保护的"同意"困境及其出路》,载《法商研究》2021年第2期。

整地向个人进行告知。如果处理者通过一些难以理解的专业术语进行告知，个人很难预测信息处理行为会对自己权益造成何种影响，因此难以作出自由的决定。显著方式是指以一般人容易辨识并能够理解处理者告知内容的方式，而不能使用极小的字体、冗杂的文字等方式，让个人无法辨识处理者所告知的内容。清晰易懂的语言，意味着处理者应当以普通人能理解的语言表述进行告知，能够使任何不具备个人信息处理专业知识的个人理解处理者所告知的内容。

三、关于无须告知同意的情形

个人信息处理者向境外提供个人信息的，原则上均要履行告知义务并取得个人同意。但根据《个人信息保护法》第18条第1款规定，个人信息处理者处理个人信息，有法律、行政法规规定应当保密或者不需要告知的情形的，可以不向个人告知。例如，根据《国际刑事司法协助法》规定，外国可以向中国请求调查取证，其中调查取证的内容可能包括金融账户、行踪轨迹等个人信息，此时向境外提供这些信息时不宜向个人告知并取得个人同意，否则会有碍正常诉讼程序的进行。

四、关于获取单独同意的义务主体

在本法的立法过程中，有观点认为应当明确履行告知义务和获取单独同意的主体。从本条文义来看，该义务应当是由提供个人信息的处理者承担。应注意的是，此前在司法实践中，"新浪微博诉脉脉软件不正当竞争案"[1]确立了个人信息共享情形下的"三重授权原则"，即不仅是个人信息提供者要获取个人的同意，接收者也要获取个人的同意，而且接收者同时还要获取提供者的同意。显然，该规则最大程度地保护了个人信息主体的权益，但也因此对个人信息的流通与利用设置了过多的障碍，不利于个人信息资源的充分开发与利用。因而，在司法裁判中，建议放弃前述的三重授权原则，而采用本条的"告知与单独同意"模式作为个

---

[1] 参见北京知识产权法院（2016）京73民终588号民事判决书。

人信息流通的合法性基础,并将告知与获取同意的义务交由个人信息提供者来承担。个人信息提供者在获取了个人的单独同意并符合本法规定的其他后,就可以向境外提供个人信息。

五、关于告知的对象和作出单独同意的主体

信息处理者想要进行个人信息出境的,其必须告知"个人"并取得其单独同意。此处的"个人"一般指信息主体,特殊情形下,如果涉及不满 14 周岁未成年人个人信息的,信息处理者应当取得未成年人监护人的同意。当然,为保证监护人同意是在充分知情的前提下,合理考虑信息出境对未成年人权益造成的影响后作出的,信息处理者告知的对象也应当是未成年人的监护人。

【相关规定】

1. 《中华人民共和国网络安全法》(2016 年 11 月 7 日)

第四十二条　网络运营者不得泄露、篡改、毁损其收集的个人信息;未经被收集者同意,不得向他人提供个人信息。但是,经过处理无法识别特定个人且不能复原的除外。

网络运营者应当采取技术措施和其他必要措施,确保其收集的个人信息安全,防止信息泄露、毁损、丢失。在发生或者可能发生个人信息泄露、毁损、丢失的情况时,应当立即采取补救措施,按照规定及时告知用户并向有关主管部门报告。

2. 《个人信息和重要数据出境安全评估办法(征求意见稿)》(2017 年 4 月 11 日)

第四条　个人信息出境,应向个人信息主体说明数据出境的目的、范围、内容、接收方及接收方所在的国家或地区,并经其同意。未成年人个人信息出境须经其监护人同意。

第四十条　关键信息基础设施运营者和处理个人信息达到国家网信部门规定数量的个人信息处理者，应当将在中华人民共和国境内收集和产生的个人信息存储在境内。确需向境外提供的，应当通过国家网信部门组织的安全评估；法律、行政法规和国家网信部门规定可以不进行安全评估的，从其规定。

【条文主旨】

本条是关于关键信息基础设施运营者、处理个人信息达到规定数量的处理者向境外提供个人信息需要进行安全评估的特别规定。

【条文理解】

数据安全涉及国家主权、安全和发展利益。本条的规范主体掌握的个人信息对数据安全有着重大的影响。一旦这些数据遭到篡改、破坏、泄露或者非法获取、非法利用，对国家安全、公共利益或者个人、组织合法权益将造成重大危害。因此，为了保护关系国家安全、国民经济命脉、重要民生、重大公共利益等国家核心数据，《个人信息保护法》《国家安全法》等法律对此加以严格规定。《数据安全法》的落地更加证实了国家对数据安全的重视，该法对数据实行分类分级保护，加强对重要数据保护的同时鼓励数据依法自由有序流通，构建起了政府、行业组织、科研机构、企业、个人多元共治的数据安全治理体系，从而在保障数据安全的前提下最大限度地实现数据的开发利用。

数据本地化存储，指主权国家通过制定法律或规则限制本国数据向境外流动。关键信息基础设施重要数据的储存、利用、控制和管辖是国家主权框架下"数据主权"的行使，其基本的规则是任何本国或者外国公司在采集和存储与个人信息和关键领域相关数据时，必须使用主权国家境内的服务器。[1] 出于维护国家安全、保护公民个人信息权益等目的，俄罗斯、澳大利亚等国家均规定了不同程度和不同范围的数据储存本地化。[2]

近年来，数据安全问题在我国日渐凸显。例如，占据我国电动汽车主要市场的特斯拉汽车将采集的大量车主个人信息及地理位置、车辆环境、车辆行驶等信息传到美国总部进行处理，对我国国家安全造成了极大威胁。"4·19 特斯拉车主维权事件"加剧了人们对特斯拉汽车数据安全问题的担忧，也让我们充分认识到数据本地化存储的重要意义。《网络安全法》《征信业管理条例》《地图管理条例》等一系列法律法规对个人信息及重要数据的本地化储存作出了规定，一些企业也对此予以逐步落实。例如，苹果公司将中国内地的 iCloud 数据存储服务转交由我国国有企业"云上贵州"运营；特斯拉已在中国建立数据中心，以实现重要数据的本地化存储。

一、规范主体

本条的规范主体有两类，分别是关键信息基础设施运营者和处理个人信息达到国家网信部门规定数量的个人信息处理者。其认定的方法如下：

（一）关键信息基础设施运营者的认定

关于第一种主体身份，即关键信息基础设施运营者的理解与认定，需要结合《网络安全法》以及《关键信息基础设施安全保护条例》的相关规定进行。其首要工作是界定"关键信息基础设施"的概念。《网络安全法》第 31 条规定：关键信息基础设施是指公共通信和信息服务、能源、交通、水利、金融、公共服务、电子政务等重要行业和领域，以及

---

[1] 中国服务贸易指南网：《数据本地化存储》，http://tradeinservices.mofcom.gov.cn/article/zhishi/jichuzs/202010/110665.html，最后访问日期：2021 年 9 月 12 日。

[2] 参见陈利强、刘羿瑶：《海南自由贸易港数据跨境流动法律规制研究》，载《海关与经贸研究》2021 年第 3 期。

其他一旦遭到破坏、丧失功能或者数据泄露，可能严重危害国家安全、国计民生、公共利益的设施。《关键信息基础设施安全保护条例》在此基础上，对关键信息基础设施进行了进一步的释明，其中第2条规定：关键信息基础设施，是指公共通信和信息服务、能源、交通、水利、金融、公共服务、电子政务、国防科技工业等重要行业和领域的，以及其他一旦遭到破坏、丧失功能或者数据泄露，可能严重危害国家安全、国计民生、公共利益的重要网络设施、信息系统等。重要行业和领域的主管部门、监督管理部门还需要结合具体情形来制定关键信息基础设施的认定规则。根据《关键信息基础设施安全保护条例》第9条规定，"制定认定规则应当主要考虑：（一）网络设施、信息系统等对于本行业、本领域关键核心业务的重要程度；（二）网络设施、信息系统等一旦遭到破坏、丧失功能或者数据泄露可能带来的危害程度；（三）对其他行业和领域的关联性影响。"

此外，在"关键信息基础设施运营者"的具体认定上，可以参考《关于开展关键信息基础设施网络安全检查的通知》的附件《网络安全检查操作指南》（中网办发〔2016〕3号）以及《信息安全技术 关键信息基础设施边界确定方法（征求意见稿）》的具体指引，在确定关键信息基础设施时通常包括三个步骤：即确定关键业务；确定支撑关键业务的信息系统或工业控制系统；根据关键业务对信息系统或工业控制系统的依赖程度以及信息系统发生网络安全事件后可能造成的损失来认定关键信息基础设施。

对于关键业务的认定，从2016年11月7日发布的《网络安全法》到2020年8月10日发布的《信息安全技术 关键信息基础设施边界确定方法（征求意见稿）》的变化来看，我国的法律规范对于关键业务的范围认定呈现出范围逐步扩张、内容逐步细化的趋势。综合各法律规范的规定，关键业务是设施一旦遭到破坏、丧失功能或者数据泄露，可能严重危害国家安全、国计民生、公共利益的行业与领域。包括公共通信和信息服务（电信、广播电视）、能源、交通（公路水路运输、铁路、民航）、水利、金融、公共服务、应急管理、卫生健康、社会保障、电子政务、国防科技工业等。

在确定好关键业务，并依据信息流确定了关键业务中相关信息设施后，就需要通过关键性评估来最终确定关键信息基础设施。对此，《网络安全检查操作指南》和《信息安全技术 关键信息基础设施边界确定方法》（征求意见稿）》提供了两种评估方式。《网络安全检查操作指南》将设施分为网站类、平台类和生产业务类之后，就每一类设施给出具体判定指标，以平台类为例，即"符合以下条件之一的，可认定为关键信息基础设施：1. 注册用户数超过1000万，或活跃用户（每日至少登录一次）数超过100万。2. 日均成交订单额或交易额超过1000万元……"而《信息安全技术 关键信息基础设施边界确定方法》（征求意见稿）通过信息设施的业务连续性、业务完整性、数据保密性和关键性这四个方面来进行判定。根据《关键信息基础设施安全保护条例》第10条规定，在认定关键信息基础设施后，相关部门应及时将认定结果通知运营者，并通报国务院公安部门。

关键信息基础设施运营者将其所掌控的个人信息向境外提供时，只有在法律、行政法规和国家网信部门特别规定的情形下，才可不经安全评估便进行个人信息的出境，此时如何向境外提供从其规定。比如本法第38条第2款所规定的我国缔结或参加的国际条约、协定的特殊规定情形。

（二）处理个人信息达到国家网信部门规定数量的个人信息处理者的认定

关于第二种主体身份的认定，即"处理个人信息达到国家网信部门规定数量的个人信息处理者"如何进行理解，还需要网信部门进一步解释和细化。该规定聚焦于相关主体所处理的个人信息数量。结合现有法律法规来看，可供参考的是国家网信办2021年8月16日发布的《汽车数据安全管理若干规定（试行）》，该规定第11条所强调的"重要数据应当依法在境内存储，因业务需要确需向境外提供的，应当通过国家网信部门会同国务院有关部门组织的安全评估"与《个人信息保护法》第38条第1款第1项及第40条的规定精神相契合，即重要数据原则上应存在境内，只有通过安全评估的，才能出境。结合《汽车数据安全管理若干规定（试行）》第3条第6款第5项将"涉及个人信息主体超过10万人的个人信息"列为"重要数据"的这一做法，不妨以此推断"处理个人信息达到10万人"的个人信息处理者是《个人信息保护法》此条所述的"处理个人信息达到国家网信部门规定数量的个人信息处理者"，其在向境外提供个人信息前，需要通过安全评估。但此仅为一种逻辑推演，在汽车数据保护的相关领域，适用结果是无异议的，但在其他领域是否仍适用此"10万人"的标准，仍是未知数，有待网信部门后续具体出台细化的规定予以明确。

二、境内储存的原则要求

数据流通的前提不但包括保障数据安全和维护主体权利，还包括维护国家安全。[①] 将本条规定的数据储存在境内，方便相关部门对于上述数据的管理，防止因数据出境情形下的泄露危害国家主权、安全和发展利益。

需要重点关注的是本条在条款安排上与其他个人信息出境条文的不同之处。即本条第一句便强调了关键信息基础设施运营者和处理个人信息达到国家网信部门规定数量的个人信息处理者，"应当将在中华人民共和国境内收集和产生的个人信息存储在境内"。此条与本法第38条明显不同，本法第38条的第一句是"个人信息处理者因业务等需要"，相比之下，不难看出立法者在本条的用意很明确，即特殊主体所掌控的个人信息"必须存储在境内"。

经济合作与发展组织（OECD）在其2019年的调查报告《贸易与跨境数据流动》（Trade and Cross – Border Data Flows）中，将数据跨境流动的管制强度由弱到强分为四个层级：第一层级是对数据跨境流动不设任何法律限制，该层级多出现于最不发达国家；第二层级是不对数据跨境做事前限制，但设置事后审查和追责机制；第三层级是规定数据出境条

[①] 参见高富平：《数据流通理论——数据资源权利配置基础》，载《中外法学》2019年第6期。

件和情形,并对数据接收国设置资质限制,例如 GDPR 采用的就是这种思路;第四层级是最高限制层级,即数据能否跨境流动需要经过个案审查。显然出于国家安全考虑,我国对关键信息基础设施运营者及处理个人信息达到规定数量的个人信息处理者的数据跨境管制采取了最高限制层级。

三、向境外传输个人信息的必要条件

关键信息基础设施运营者及处理个人信息达到一定数量的处理者储存于我国境内的个人信息需要向境外提供时,必须通过国家网信部门组织的安全评估。需要强调的是,前述主体仅能通过"安全评估"这一条通道实施个人信息出境的行为。目前在部分行业中,网信部门已经联合其他主管部门在安全评估的基础上作出了进一步的监管要求,例如汽车行业的《汽车数据安全管理若干规定(试行)》,其中第12条强调了汽车数据处理者向境外提供重要数据,不得超出出境安全评估时明确的目的、范围、方式和数据种类、规模等。且国家网信部门会同国务院有关部门以抽查等方式核验前款规定事项,汽车数据处理者应当予以配合,并以可读等便利方式予以展示。该规定第14条规定:在通过安全评估之后,企业还需要每年向网信等部门补充报告涉及数据境外传输的信息。

【条文适用】

关于违反存储义务时的法律责任认定问题

《网络安全法》第66条规定了关键信息基础设施的运营者违法在境外存储网络数据或者向境外提供网络数据的法律责任,《个人信息保护法》第66条规定了一切个人信息处理者违法实施个人信息处理行为的法

律责任。[①] 除适用的主体存在差异之外，二者处罚的数额也存在不同，《网络安全法》规定的罚款数额为 5 万元以上 50 万元以下，《个人信息保护法》规定的罚款数额为 100 万元以下，并且在情节严重时可以达到 5000 万元以下或者上一年度营业额 5% 以下。在具体的法律适用上，按照新法优于旧法的原则，并结合《个人信息保护法》严厉打击个人信息违法行为的立法精神，我们认为统一适用《个人信息保护法》为宜。

【相关规定】

1. 《中华人民共和国网络安全法》（2016 年 11 月 7 日）

第三十七条　关键信息基础设施的运营者在中华人民共和国境内运营中收集和产生的个人信息和重要数据应当在境内存储。因业务需要，确需向境外提供的，应当按照国家网信部门会同国务院有关部门制定的办法进行安全评估；法律、行政法规另有规定的，依照其规定。

2. 《征信业管理条例》（2013 年 1 月 21 日）

第二十四条　征信机构在中国境内采集的信息的整理、保存和加工，应当在中国境内进行。

征信机构向境外组织或者个人提供信息，应当遵守法律、行政法规和国务院征信业监督管理部门的有关规定。

[①] 《网络安全法》第 66 条规定："关键信息基础设施的运营者违反本法第三十七条规定，在境外存储网络数据，或者向境外提供网络数据的，由有关主管部门责令改正，给予警告，没收违法所得，处五万元以上五十万元以下罚款，并可以责令暂停相关业务、停业整顿、关闭网站、吊销相关业务许可证或者吊销营业执照；对直接负责的主管人员和其他直接责任人员处一万元以上十万元以下罚款。"《个人信息保护法》第 66 条规定："违反本法规定处理个人信息，或者处理个人信息未履行本法规定的个人信息保护义务的，由履行个人信息保护职责的部门责令改正，给予警告，没收违法所得，对违法处理个人信息的应用程序，责令暂停或者终止提供服务；拒不改正的，并处一百万元以下罚款；对直接负责的主管人员和其他直接责任人员处一万元以上十万元以下罚款。有前款规定的违法行为，情节严重的，由省级以上履行个人信息保护职责的部门责令改正，没收违法所得，并处五千万元以下或者上一年度营业额百分之五以下罚款，并可以责令暂停相关业务或者停业整顿、通报有关主管部门吊销相关业务许可或者吊销营业执照；对直接负责的主管人员和其他直接责任人员处十万元以上一百万元以下罚款，并可以决定禁止其在一定期限内担任相关企业的董事、监事、高级管理人员和个人信息保护负责人。"

3. 《地图管理条例》（2015年11月26日）

第三十四条 互联网地图服务单位应当将存放地图数据的服务器设在中华人民共和国境内，并制定互联网地图数据安全管理制度和保障措施。

县级以上人民政府测绘地理信息行政主管部门应当会同有关部门加强对互联网地图数据安全的监督管理。

4. 《网络出版服务管理规定》（2016年2月4日）

第八条 图书、音像、电子、报纸、期刊出版单位从事网络出版服务，应当具备以下条件：

（一）有确定的从事网络出版业务的网站域名、智能终端应用程序等出版平台；

（二）有确定的网络出版服务范围；

（三）有从事网络出版服务所需的必要的技术设备，相关服务器和存储设备必须存放在中华人民共和国境内。

5. 《网络预约出租汽车经营服务管理暂行办法》（2019年12月28日修正）

第二十七条 网约车平台公司应当遵守国家网络和信息安全有关规定，所采集的个人信息和生成的业务数据，应当在中国内地存储和使用，保存期限不少于2年，除法律法规另有规定外，上述信息和数据不得外流。

6. 《人口健康信息管理办法（试行）》（2014年5月5日）

第十条 责任单位应当结合服务和管理工作需要，及时更新与维护人口健康信息，确保信息处于最新、连续、有效状态。

不得将人口健康信息在境外的服务器中存储，不得托管、租赁在境外的服务器。

7. 《个人信息出境安全评估办法（征求意见稿）》（2019年6月13日）

第二条 网络运营者向境外提供在中华人民共和国境内运营中收集的个人信息（以下称个人信息出境），应当按照本办法进行安全评估。经安全评估认定个人信息出境可能影响国家安全、损害公共利益，或者难以有效保障个人信息安全的，不得出境。

第四十一条　中华人民共和国主管机关根据有关法律和中华人民共和国缔结或者参加的国际条约、协定，或者按照平等互惠原则，处理外国司法或者执法机构关于提供存储于境内个人信息的请求。非经中华人民共和国主管机关批准，个人信息处理者不得向外国司法或者执法机构提供存储于中华人民共和国境内的个人信息。

【条文主旨】

本条是关于外国司法或者执法机构请求提供个人信息的处理的规定。

【条文理解】

在一国家或地区的涉外司法或执法过程中，可能需要调取他国境内数据或公民个人信息，这种个人信息跨境调取通常通过国际司法或执法协助进行。

一、条约优先

严格履行缔结或参加的国际条约、协定是国家的基本义务，也是对国际社会的承诺。国际条约是国际法的主要渊源，不属于我国国内法范畴，但是通过法定程序，国际条约可以具有与国内法同样的拘束力。为此，本条首先规定了根据有关法律和我国缔结或者参加的国际条约、协定，处理外国司法或者执法机构关于提供存储于境内个人信息的请求。

关于信守和实施国际条约的问题，是国际条约在一个国家内的效力问题。特别是国际条约某些规定与国内法不一致时，是适用国际条约的规定，还是适用国内法规定，就成为国际社会十分关注的问题之一。作为一个主权国家来讲，它所缔结或者参加的国际条约，表达了自己应该信守条约的意志,把国际条约付诸实施,但在它的领域内应当按照本国法律独立行使司法权或执法权,不受任何外来的约束。其中如何处理国际条约与国内法的关系,通常采用变国际条约为国内法的方式,大致有两种具体做法:一种是承认一个国际条约,就在国内制定相应法律,使国际条约的内容以国内法的形式出现,适用该国内法也就实施了条约规定的内容;另一种是在国内法中,确定承认和实施国际条约的原则,凡符合原则的,就承认其效力,并付诸实施。后一种方式为较多国家所采用,我国也采用这种方式。对国际间的条约,各主权国家根据自己国家的利益行事,可以参加也可以不参加,即使参加也不一定必须同意条约的全部内容,对条款中的某项或者某几项条款,有权声明保留自己的意见,对有保留意见的条款,只要在参加时有明确的声明,就可以不受约束,这是国际间对待条约的通例。我国《个人信息保护法》第38条第2款则明确规定:"中华人民共和国缔结或者参加的国际条约、协定对向中华人民共和国境外提供个人信息的条件等有规定的,可以按照其规定执行。"该款规定直接体现了条约优先适用的原则。在经济全球化日趋深化的背景下,部分发达国家或区域组织已经开启了数据跨境流动的法律实践,实现个人信息保护标准统一化,典型的如美国主导的《美墨加协定》(USMCA)数字贸易一章、美国与欧盟达成的《欧盟—美国隐私盾协议》(EU – U. S. Privacy Shield)、GDPR,这三部规范中有关数据跨境流动的规则,为数据跨境共享提供了制度示范。GDPR第48条规定:第三国基于法院判决、仲裁裁决以及行政机关的决定要求数据控制者传输、披露数据的,必须与欧盟成员国之间存在有效的国际条约、司法协定,且其所实施的数据调取活动,不得违反欧盟在GDPR中设置的诸多限制性规定。

至于我国在缔结或者参加国际条约时,明确声明保留的条款,是我国未承认和未接受的条款,我国没有信守的义务,在处理涉外司法或执法的个人信息协助请求时不予适用,在我国领域内不发生法律效力。中华人民共和国是一个主权独立的社会主义国家。我国不是一般地去承认和接受国际条约,不是我国缔结或者参加的国际条约,对我国无任何约束力，在我国领域内当然也不发生任何效力。

二、平等互惠

我国是社会主义国家，坚持独立自主的对外政策，坚持"互相尊重主权和领土完整、互不侵犯、互不干涉内政、平等互利、和平共处"和平共处五项原则，是指导我国同各国发展友好关系的一贯原则。互惠原则，也称对等原则，（Reciprocity，亦译作"相互原则"）是国际法上的一项重要原则，也是国际关系的通行法则。对等原则广泛地被运用在国际私法、外国法院判决的承认与执行等领域。互惠或对等原则在国际法上的基本含义是，如果一个国家凭借某个国际法规范向对方国家主张权利，那么这个国家自己也得受该规范的约束。[1] 在高度发达的国内法律体系下，对等原则在很大程度上已经被国内统一的法律规则所取代，例如在国内刑法领域，私人之间的报复已经为法律所禁止。而在体系化程度较低的国际法律体系下，对等原则仍然是维持国际法律秩序的一个重要途径。[2]

国家的主权是神圣不可侵犯的权力。当主权国家之间既未缔结协助协定又未共同参加有协助内容的有关国际条约时，双方互相无义务进行协助。但是，建立有外交关系的国家，为了双方的方便，根据国际惯例可以按互惠关系形成事实上的协助关系。事实上的协助关系一旦成立，两国主管机关便可以互为对方提供一定的协助行为。我国在尊重国家主权、保障国家安全和公共利益的基础上，主张并积极推进个人信息的跨境自由流动。《个人信息保护法》第 12 条规定："国家积极参与个人信息保护国际规则的制定，促进个人信息保护方面的国际交流与合作，推动与其他国家、地区、国际组织之间的个人信息保护规则、标准等互认。"建立跨境个人信息调取协助机制，为国际司法协助或者行政执法协助建立畅通的个人信息提供渠道。

---

[1] 杜涛：《互惠原则与外国法院判决的承认与执行》，载《环球法律评论》2007 年第 1 期。
[2] 王欣濛、徐树：《对等原则在国家豁免领域的适用》，载《武汉大学学报（哲学社会科学版）》2015 年第 6 期。

三、主管机关批准

基于防御性数据主权，我国一直限制或禁止他国数据调取。同理，境外司法和执法机构要求调取境内个人信息的，未经主管机关批准，不得提供。在本法的草案征求意见过程中，有的部门、专家建议，增加未经批准擅自提供的处罚规定，为有关组织、个人拒绝外国不合理要求提供更为充分的法律依据。一方面，个人信息"静"的安全依然是调取的前提，任何国家不得滥用信息技术对他国进行个人信息监控，非法采集他国公民个人信息，破坏个人信息的完整性、可用性、保密性。《美国澄清合法使用境外数据法》（Clarifying Lawful Overseas Use of Data Act, CLOUD Act）通过采取长臂管辖模式，得以在无须通过刑事司法协助程序下直接调取境外的美国"网络服务提供者"所收集的数据。然而个人信息涉及国家主权、安全和发展利益。个人信息的传输为人民群众生产生活提供了很多便利，同时各类数据的拥有主体更加多样，处理活动更加复杂，一些企业、机构忽视个人信息安全保护、利用个人信息侵害人民群众合法权益的问题也十分突出。通过严格规范个人信息处理活动，切实加强个人信息安全保护，不断推进网络强国、数字中国、智慧社会建设，以信息为新生产要素的数字经济蓬勃发展，加快形成以创新为主要引领和支撑的数字经济，更好服务我国经济社会发展。安全利益和公民个人权利保护是我国数据传输立法价值判断的核心，"有原则恒有例外"，以数据自由流动为原则，并不意味着不存在"例外"的限制，事实上，世界上不存在对数据跨境流动不作任何限制的国家。[①] 一国对个人信息的保护原则也不例外。网络运营者在中国境内运营中收集和产生的个人信息和重要数据，应当在境内存储。因业务需要，确需向境外提供的，应当按照相关办法进行安全评估；向外国提供数据，必须要通过我国主管机关的批准。

个人信息汇聚成数据，加强个人信息安全保护和出境评估，避免重

[①] 许可：《自由与安全：数据跨境流动的中国方案》，载《环球法律评论》2021年第1期。

要数据和个人敏感信息非法出境危害公民合法权益和国家安全。当今社会，信息技术与经济社会的交汇融合引发了数据的迅猛增长，数据已成为国家基础性战略资源，大数据正日益对全球生产、流通、分配、消费活动以及经济运行机制、社会生活方式和国家治理能力产生重要影响。数据的价值全面体现在政府管理、公共安全、商业交易等层面，跨境电子商务的开展以及互联网公司全球运行的商业逻辑都使海量信息的跨境存储和传输、分析处理不可避免，针对跨境个人信息传输进行规制刻不容缓。[①]

大数据、人工智能等技术的不断进步，使隐藏在个人信息中的人类行为模式被识别出来，包括食物喜好、生活习惯、健康状况、职业选择偏好等等。通过自由的个人信息跨境流动，利用大数据分析，一国可能对他国的社会状况进行精准画像，并有针对性地开展情报收集和研判等工作，威胁他国国家安全。数据在内容上既可能表现为个人隐私，也可能体现为商业利益，又可能涉及国家安全和公共利益。少量的数据流动可能仅仅损害个人或企业的合法权益，大量规模化的数据流动则可能影响一国的经济社会安全。为此，国家必然对本国领土内的互联网设备、数据收集、传输、使用采取限制或禁止的态度，以保护国家主权的不受侵害，而国家安全挑战亦将成为各国包括我国制定个人信息跨境流动规则的重要考量因素。[②]

本条关于个人信息出境需要经过主管机关批准的规定与《网络安全法》《数据安全法》的规定一脉相承。《网络安全法》第 37 条规定："关键信息基础设施的运营者在中华人民共和国境内运营中收集和产生的个人信息和重要数据应当在境内存储。因业务需要，确需向境外提供的，应当按照国家网信部门会同国务院有关部门制定的办法进行安全评估；法律、行政法规另有规定的，依照其规定。"《数据安全法》第 31 条规

[①] 曹博：《跨境数据传输的立法模式与完善路径——从〈网络安全法〉第 37 条切入》，载《西南民族大学学报（人文社会科学版）》2018 年第 9 期。

[②] 马其家、李晓楠：《论我国数据跨境流动监管规则的构建》，载《法治研究》2021 年第 1 期。

定:"关键信息基础设施的运营者在中华人民共和国境内运营中收集和产生的重要数据的出境安全管理,适用《中华人民共和国网络安全法》的规定;其他数据处理者在中华人民共和国境内运营中收集和产生的重要数据的出境安全管理办法,由国家网信部门会同国务院有关部门制定。"

【条文适用】

"条约必须遵守"源自国内法上的"约定必须信守",是各国法律体系所公认的一般法律原则,其不仅是公认的国际法基本原则,而且是《联合国宪章》《维也纳条约法公约》明确的条约义务,亦被国际法院承认为现代国际法官方原则。凡中华人民共和国缔结或者参加的国际条约,是以国家的名义缔结和承认的,我国法律确认其效力。如果国际条约同我国《个人信息保护法》有不同的规定,我国也有信守国际条约的义务,承认其效力,适用该国际条约的有关规范。按照我国缔结或参加的国际条约规定的途径和程序进行一般司法协助,通常是通过各自国家指定的代为协助的中央机关进行。如果主权国家之间既未缔结司法协助协定又未共同参加有司法协助内容的有关国际条约时,建立有外交关系的国家,为了双方的方便,可以根据国际惯例按互惠关系形成事实上的司法协助关系。除此之外,未经我国主管机关准许,任何外国机关或者个人不得在中华人民共和国领域内向外国司法或者执法机构提供存储于中华人民共和国境内的个人信息,这是一国司法主权的象征。

我国《国际刑事司法协助法》《网络安全法》《个人信息和重要数据出境安全评估办法(征求意见稿)》《数据出境安全评估指南(征求意见稿)》等对数据出境进行规制的法律、文件均确立网络运营者(包含网络的所有者、管理者和网络服务提供者)在我国境内运营中,收集和产生的电子形式的个人信息、关键信息和重要数据,应当采境内存储的本地化存储模式;网络运营者应当事先对出境个人数据、重要数据实施安全评估的机制。① 以本地化存储模式为基础，我国将主权范围辐射至存储于境内的数据，若此，基于国家主权原则，他国无权自行收集我国境内的数据。《国际刑事司法协助法》第4条第3款规定："非经中华人民共和国主管机关同意，外国机构、组织和个人不得在中华人民共和国境内进行本法规定的刑事诉讼活动，中华人民共和国境内的机构、组织和个人不得向外国提供证据材料和本法规定的协助。"依据此规定，未经主管机关同意，外国机构、组织和个人，不得在我国境内通过刑事司法协助调取电子数据；境内的机构、组织和个人也不得向外国提供电子数据和其他协助。亦即外国相关部门只能通过正式的刑事司法协助程序，并经过上述严格的分段式审查，才能调取我国境内的数据。②

《个人信息保护法》在第三章第38条规定了个人信息跨境提供的基本规则，而对于存储于我国境内的个人信息，境外的司法或者执法机构要求提供的，本条规定应当经主管机关批准。我国《网络安全法》和《数据安全法》确立了重要数据出境的基本框架，重要数据原则上应当在境内存储。确需出境时应当进行安全评估。鉴于大规模个人信息向境外提供，及关键信息基础设施运营收集和产生的重要数据向境外提供，将对国家安全和公共利益产生重大影响，因此重点评估数据出境的安全风险，并根据安全风险采取禁止出境、有条件出境等监管手段，防止关键数据流失、维护国家安全。虽然在《个人信息保护法（草案）》征求意见过程中，相关主体建议"明确申请主体、主管部门及申请批准程序、豁免情形，比如：跨国公司跨境内部调查公开的信息；不危害国家安全或公共利益的个人信息；仅通过中国境内的云服务器存储境外个人的信息；个人信息出口旨在协助进行集团内部的反洗钱和打击恐怖主义等，向国际组织如国际刑警组织等提供个人信息，按照所在国法律要求向境外政府机构提供个人信息；为制止损害公共利益而披露个人信息"。需要注意的是，本条规定需要经主管机关批准的个人信息不仅局限于中国公民的个人信息，而且应当包括所有存储在中国境内的个人信息。由于是

---

① 唐彬彬：《跨境电子数据取证规则的反思与重构》，载《法学家》2020年第4期。
② 唐彬彬：《跨境电子数据取证规则的反思与重构》，载《法学家》2020年第4期。

司法或执法协助需要的出境，无须再取得个人信息主体的单独同意。这些规定与《网络安全法》的要求是相互衔接、有机联系的。比如，《网络安全法》第 37 条规定："关键信息基础设施的运营者在中华人民共和国境内运营中收集和产生的个人信息和重要数据应当在境内存储。因业务需要，确需向境外提供的，应当按照国家网信部门会同国务院有关部门制定的办法进行安全评估；法律、行政法规另有规定的，依照其规定。"关键信息基础设施的运营者在境内存储公民个人信息等重要数据，确需在境外存储或者向境外提供的，应当按照规定进行安全评估。也有观点提出，数据跨境制度需要针对例外情形设置特许出境制度，允许监管机构之间进行紧急数据传输。如果我国立法对这类情形视若无睹，或实施非公开透明的执法策略，不利于我国刑事司法活动与国际对接，更遑论开展国际执法合作。①

当前，中共中央、国务院印发了《横琴粤澳深度合作区建设总体方案》，在国家数据跨境传输安全管理制度框架下，开展数据跨境传输安全管理试点，研究建设固网接入国际互联网的绿色通道，探索形成既能便利数据流动又能保障安全的机制；支持珠海、澳门相关高校、科研机构在确保个人信息和重要数据安全前提下，实现科学研究数据跨境互联互通，促进数据跨境安全有序流动。虽然在《个人信息保护法（草案）》征求意见过程中，一些机构建议，删除需要主管机关批准的这一规定，或明确跨国公司开展内部调查，或协助反洗钱和打击恐怖分子，提供不危害国家安全、公共利益或已公开的个人信息，提供在中国境内存储的境外个人的信息，向国际组织提供，按照所在国要求提供等情形，不适用本条规定。需要注意的是，包括个人信息在内的数据涉及国家主权和社会公共利益，而司法和执法关乎主权问题，不容干涉和协商。即使现有立法未规定需要主管机关批准，根据新法优于旧法的原则，因国际司法协助或者行政执法协助向境外提供个人信息的，应当依法申请有关主管机关批准。《个人信息保护法》第 3 条规定了本法的空间适用范围，其

---

① 薛亦飒：《多层次数据出境体系构建与数据流动自由的实现——以实质性审查制变革为起点》，载《西北民族大学学报（哲学社会科学版）》2020 年第 6 期。

中第 1 款规定："在中华人民共和国境内处理自然人个人信息的活动，适用本法。"个人信息的处理包括个人信息的收集、存储、使用、加工、传输、提供、公开、删除等，向境外提供个人信息的行为本质上属于处理个人信息的活动的一部分，理应适用本法。

【相关规定】

1. **《中华人民共和国数据安全法》**（2021 年 6 月 10 日）

第三十六条　中华人民共和国主管机关根据有关法律和中华人民共和国缔结或者参加的国际条约、协定，或者按照平等互惠原则，处理外国司法或者执法机构关于提供数据的请求。非经中华人民共和国主管机关批准，境内的组织、个人不得向外国司法或者执法机构提供存储于中华人民共和国境内的数据。

2. **《中华人民共和国出口管制法》**（2020 年 10 月 17 日）

第三十二条　国家出口管制管理部门根据缔结或者参加的国际条约，或者按照平等互惠原则，与其他国家或者地区、国际组织等开展出口管制合作与交流。

中华人民共和国境内的组织和个人向境外提供出口管制相关信息，应当依法进行；可能危害国家安全和利益的，不得提供。

3. **《中华人民共和国证券法》**（2019 年 12 月 28 日修订）

第一百七十七条　国务院证券监督管理机构可以和其他国家或者地区的证券监督管理机构建立监督管理合作机制，实施跨境监督管理。

境外证券监督管理机构不得在中华人民共和国境内直接进行调查取证等活动。未经国务院证券监督管理机构和国务院有关主管部门同意，任何单位和个人不得擅自向境外提供与证券业务活动有关的文件和资料。

4. **《中华人民共和国刑事诉讼法》**（2018 年 10 月 26 日修正）

第十八条　根据中华人民共和国缔结或者参加的国际条约，或者按照互惠原则，我国司法机关和外国司法机关可以相互请求刑事司法协助。

5.《网络预约出租汽车经营服务管理暂行办法》(2019年12月28日修正)

第二十七条第一款 网约车平台公司应当遵守国家网络和信息安全有关规定,所采集的个人信息和生成的业务数据,应当在中国内地存储和使用,保存期限不少于2年,除法律法规另有规定外,上述信息和数据不得外流。

6.《人口健康信息管理办法(试行)》(2014年5月5日)

第十条 责任单位应当结合服务和管理工作需要,及时更新与维护人口健康信息,确保信息处于最新、连续、有效状态。

不得将人口健康信息在境外的服务器中存储,不得托管、租赁在境外的服务器。

7.《征信业管理条例》(2013年1月21日)

第二十四条 征信机构在中国境内采集的信息的整理、保存和加工,应当在中国境内进行。

征信机构向境外组织或者个人提供信息,应当遵守法律、行政法规和国务院征信业监督管理部门的有关规定。

8.《中国人民银行关于银行业金融机构做好个人金融信息保护工作的通知》(2011年1月21日)

六、在中国境内收集的个人金融信息的储存、处理和分析应当在中国境内进行。除法律法规及中国人民银行另有规定外,银行业金融机构不得向境外提供境内个人金融信息。

第四十二条 境外的组织、个人从事侵害中华人民共和国公民的个人信息权益，或者危害中华人民共和国国家安全、公共利益的个人信息处理活动的，国家网信部门可以将其列入限制或者禁止个人信息提供清单，予以公告，并采取限制或者禁止向其提供个人信息等措施。

【条文主旨】

本条是关于国家网信部门有权对侵害个人信息权益或危害公共利益的境外组织或个人采取措施的规定。

【条文理解】

个人信息的合理利用促进经济发展的同时，对个人隐私和数据安全保护带来新的威胁和挑战。为了更好地维护网络空间主权，积极主动应对境内外的网络攻击和破坏，进一步强化国家维护网络安全和保护个人信息安全的措施，《网络安全法》第5条规定："国家采取措施，监测、防御、处置来源于中华人民共和国境内外的网络安全风险和威胁，保护关键信息基础设施免受攻击、侵入、干扰和破坏，依法惩治网络违法犯罪活动，维护网络空间安全和秩序。"网络主权是国家主权在网络空间的体现和延伸，网络主权原则是我国维护国家安全和利益、参与网络国际治理与合作所坚持的重要原则。保障个人信息处理活动安全，必须落实责任人，维护国家安全、经济安全和保障民生。随着云计算、大数据等技术的发展和应用，网络信息安全对维护国家安全、经济安全，保护公民的个人信息权益，促进数据利用至为重要。加强对公民个人信息的保护，防止公民个人信息数据被非法获取、泄露或者非法使用。《网络安全法》第44条规定："任何个人和组织不得窃取或者以其他非法方式获取个人信息,不得非法出售或者非法向他人提供个人信息。"除个人信息外,企业数据、政府数据安全也是维系社会稳定或网络安全的重要环节。个人信息安全受到威胁的同时,不利于社会的安全和稳定。从国家数据安全角度看,个人信息安全是国家数据安全的重要组成部分,同时国家数据安全可在一定程度上提高个人信息保护的力度。基于此,本条规定了境外组织或个人实施侵害个人信息或危害个人信息处理活动的,我国网信部门可以采取制定限制或禁止个人信息流动的法律或政策等措施。《反外国制裁法》第4条规定:"国务院有关部门可以决定将直接或者间接参与制定、决定、实施本法第三条规定的歧视性限制措施的个人、组织列入反制清单。"故本条规定与世界上许多国家和地区的做法相一致,也是有法可依的。

人类在享受高科技信息时代带来的各种便利的同时,也承担着个人信息滥用、隐私泄露的各种风险。比如,出现了以非法获取公民个人信息为上游,以买卖个人信息为中游,以利用公民个人信息实施网络诈骗为下游的完整的黑灰产业犯罪链条,严重地威胁和扰乱了正常的社会生活秩序,而受害的个体在其中处于弱势和无奈的境地。因此,任何个人和组织使用网络应当遵守宪法法律,遵守公共秩序,尊重社会公德,不得危害网络安全,不得利用网络从事危害国家安全、荣誉和利益,煽动颠覆国家政权、煽动分裂国家、破坏国家统一,宣扬恐怖主义、极端主义,宣扬民族仇恨、民族歧视,传播暴力、淫秽色情信息,编造、传播虚假信息扰乱经济秩序和社会秩序以及侵害他人名誉、隐私、知识产权和其他合法权益等活动。国家积极开展网络空间治理、网络技术研发和标准制定、打击网络违法犯罪等方面的国际交流与合作,推动构建和平、安全、开放、合作的网络空间,建立多边、民主、透明的网络治理体系。数字经济时代的数据安全风险,对既有的安全范式和法律制度带来了极大挑战,维护数据安全亟需范式革新和立法保障。从技术发展的阶段来看,人类社会所面临的信息化安全风险从通信过程被窃听的威胁,逐渐演变为计算机被攻击、信息系统被攻击的风险。[①]《数据安全法》第 8 条规定："开展数据处理活动，应当遵守法律、法规，尊重社会公德和伦理，遵守商业道德和职业道德，诚实守信，履行数据安全保护义务，承担社会责任，不得危害国家安全、公共利益，不得损害个人、组织的合法权益。"当前，个人信息保护面临的安全威胁包括黑客攻击、内部人泄密等，保护个人信息安全关键在于提升安全防范技术和完善管理制度等，与个人信息存储的地理位置没有直接关系。无序的个人信息跨境自由流动会导致数据安全得不到有效保护，给个人隐私和国家安全带来巨大威胁，完全靠市场机制无法解决该问题，需要通过技术措施限制个人信息的跨境流动。《联合国关于国家安全和信息权利的全球性原则》（Global Principles on National Security and the Right to Information）第 3 条针对"以国家安全为由限制信息访问"的情形，明确规定：对限制必须遵守比例原则，必须是为防止危害可采用的限制最少的手段。通过强制认证、经认可的标准合同等方式，为数据出境提供必要的途径，同时保证能够进行必要的风险管控。美国、欧盟通过建立"白名单机制"，将部分地区纳入可自由流动的国家与地区，从而实现标准的统一。从本质上来讲，白名单机制是一国认为他国的数据保护水平达到本国的最低要求，进而认为本国数据流入他国会得到充分的保护，而不至于损害数据主体合法权益。但需要注意的是，白名单本身是可以灵活调整的，应当建立起定期评估与临时评估等制度，以保证数据流入国始终保持高标准的数据保护标准。

【条文适用】

侵害我国公民的个人信息权益或者危害我国国家安全、公共利益的个人信息处理活动的行为既有可能是在中国境内实施，也有可能来自境外，《个人信息保护法》原则上只在我国境内适用。但由于网络的特殊性

[①] 刘金瑞：《数据安全范式革新及其立法展开》，载《环球法律评论》2021 年第 1 期。

和网络安全问题的复杂性,很多网络安全风险和危害网络安全的活动来自境外,因此本条规定主要是针对境外的组织或个人。虽然在草案审议过程中,有意见认为,"境外组织、个人"应当修改为"任何组织、个人",目前本条规定与我国相关法律规定的管辖权原则相衔接,同时,考虑到实施违法犯罪行为的机构、组织、个人在境外,依法追究其法律责任可能会比较困难。据此,对从事侵害中华人民共和国公民的个人信息权益,或者危害中华人民共和国国家安全、公共利益的个人信息处理活动的境外组织、个人,除依法追究其法律责任外,国家网信部门可以依照本条规定,决定将该组织、个人列入限制或者禁止个人信息提供清单,并采取限制或禁止等措施。该措施包括但不限于所列举的,比如其他具有同样作用和效力的冻结财产或者必要的制裁措施。需要注意的是,此处可以采取措施的主体是国家网信部门,包括中央和地方两个层级,以有效保障个人信息安全,维护公民在网络空间的合法权益。在完善个人信息保护政策和法律规范的前提下,我国可以通过建立白名单机制,以减轻企业合规负担,畅通个人信息跨境流动的渠道。深圳市在2020年《深圳经济特区数据条例(征求意见稿)》中曾对于个人数据跨境流动的国际合作提出了两种模式,即建立多边合作机制模式和建立个人数据跨境流动白名单模式,以实现数据发展和数据安全。在深圳探索数据跨境流动的道路和符合国际发展的做法上,我国可以在借鉴充分保护原则操作流程的基础上,相应地放宽标准,制定白名单规则,允许进入白名单的国家和地区进行数据流动和数据交换。

当前,因个人信息的利益和管辖权冲突日益普遍,国际合作是解决冲突的合理、可行方式。作为数字经济大国,我们应通过联合国等国际组织提出并大力倡导我国基于公平、公开、公正原则的个人信息保护方案,积极参与有关数字经济发展议程和数据跨境流动规则的制定,积极利用"一带一路"合作平台推动建立双边或多边数据跨境流动合作机制,增强话语权、主动权。同时,可以借鉴有关国家的做法,积极通过与有关国家谈判协商,推动与有关国家在个人信息保护和数据跨境转移方面达成规则、标准互认,建立数据跨境流动白名单制度。此外,在白名单之外应配套相应的域外执法管辖和责任追究机制,白名单中的组织、个人开展个人信息处理活动,损害中华人民共和国国家安全、公共利益或者公民、组织合法权益的,依法追究其法律责任。在考察拟实现自由流动国家或地区的法治程度、数据保护能力、监管力度等基础上,对于不符合白名单要求的国家,可在符合我国法律法规和监管要求的前提下,制定适应金融行业惯例和国际标准的合同范本,并辅以明确与细化的操作指南。

【相关规定】

1. 《中华人民共和国数据安全法》(2021年6月10日)

第八条 开展数据处理活动,应当遵守法律、法规,尊重社会公德和伦理,遵守商业道德和职业道德,诚实守信,履行数据安全保护义务,承担社会责任,不得危害国家安全、公共利益,不得损害个人、组织的合法权益。

2. 《中华人民共和国网络安全法》(2016年11月7日)

第五条 国家采取措施,监测、防御、处置来源于中华人民共和国境内外的网络安全风险和威胁,保护关键信息基础设施免受攻击、侵入、干扰和破坏,依法惩治网络违法犯罪活动,维护网络空间安全和秩序。

第八条 国家网信部门负责统筹协调网络安全工作和相关监督管理工作。国务院电信主管部门、公安部门和其他有关机关依照本法和有关法律、行政法规的规定,在各自职责范围内负责网络安全保护和监督管理工作。

县级以上地方人民政府有关部门的网络安全保护和监督管理职责,按照国家有关规定确定。

第五十条 国家网信部门和有关部门依法履行网络信息安全监督管理职责,发现法律、行政法规禁止发布或者传输的信息的,应当要求网络运营者停止传输,采取消除等处置措施,保存有关记录;对来源于中华人民共和国境外的上述信息,应当通知有关机构采取技术措施和其他必要措施阻断传播。

3.《中华人民共和国反外国制裁法》(2021年6月10日)

第十一条 我国境内的组织和个人应当执行国务院有关部门采取的反制措施。

对违反前款规定的组织和个人，国务院有关部门依法予以处理，限制或者禁止其从事相关活动。

第四十三条 任何国家或者地区在个人信息保护方面对中华人民共和国采取歧视性的禁止、限制或者其他类似措施的，中华人民共和国可以根据实际情况对该国家或者地区对等采取措施。

【条文主旨】

本条是关于采取对等反制措施的规定。

【条文理解】

本条规定体现了我国在个人信息保护领域奉行对等、反对歧视的原则，在保护个人信息权益的同时，也以法律条文形式明确中国可针对有关国家和地区的歧视性措施采取相应反制措施，为我国在个人信息保护领域根据实际情况采取反制措施提供了国内法上的依据。

一、何谓对等

在个人信息保护方面对我国采取不合理措施的国家和地区，本条规定我国可以根据实际情况，采取相应的对等措施。对等原则是国际关系中的一项基本原则，也是对外处理国际事务的一项基本政策，主要是为了各国间相互尊重主权，有利于各国间平等交往。我国对个人信息保护实行对等原则，一方面是对主权的宣誓，可以有效维护我国的主权，另一方面也能保护我国公民的合法权益。对等原则具有如下含义：（1）该原则适用于域外国家和地区对我国采取歧视性的禁止、限制或者其他类似措施的情形，而不适用于权利赋予方面。即使依照域外的法律，我国公民或组织在该国或地区的个人信息保护方面享有更多的权利，该国或地区也不能因此要求我国对该国或地区的公民、组织赋予相同的权利。

因此，对等是对个人信息保护限制的对等。(2) 域外国家或地区的公民、组织在我国的个人信息保护方面，其权利与我国公民、组织相同。即我国对该国或地区的公民、组织实行"国民待遇"。如该国或地区在个人信息保护方面给予我国公民、组织的权利低于其给予本国公民、组织的标准，则构成对我国公民、组织在该国个人信息保护方面的限制。该种限制无论是采用立法形式，还是司法诉讼形式，都是对我国公民或组织的歧视，所以我国可以根据实际情况，对该国或地区的公民、组织在我国的个人信息保护方面也加以限制。

二、禁止、限制或者其他类似措施

本条立法的目的不在于对其他国家或者地区率先采取禁止、限制或者其他类似措施，而在于能够有效维护我国在个人信息保护领域的合法权益，对于那些对我国采取歧视性禁止和限制等措施的国家给予适当的回应，捍卫我国公民的利益和国家利益。在借鉴国际通行规则的基础上，本条规定我国在一定条件下可以在个人信息保护方面对其他国家或地区采取相应的对等措施。任何国家或者地区采取的歧视性措施包括禁止、限制或者其他类似措施，我国采取"对等措施"的限制条件有三个：一是歧视性的禁止、限制或者其他类似措施发生在个人信息保护领域；二是其他国家和地区已经采取了歧视性的禁止、限制或者其他类似措施；三是要根据实际情况的需要。"根据实际情况"和可以采取"对等措施"是紧密相联系的。对等原则的适用具有灵活性，我国《个人信息保护法》规定的对等原则只是一项法律原则，而中国和其他国家或地区的个人信息保护制度差异较大且不可能完全对应，因此我国应根据具体情况加以对等。我国达成的多个自由贸易协定中，只有中澳和中韩自由贸易协定对数据信息保护权作出了原则性规定，但未作具体规定，也未形成跨境数据流动规制的共识。总体来说，我国与其他国家和地区或者区域组织在个人数据跨境流动方面的合作尚待深化加强。[①]

[①] 王真：《我国个人数据跨境流动法律问题研究》，黑龙江大学 2021 年硕士学位论文。

【条文适用】

在国际交往中,处理主要国家相互之间的关系,应当以平等互惠为基础。我国一贯奉行互相尊重主权和领土完整、互不侵犯、互不干涉内政、平等互利、和平共处五项基本原则,并在此基础上发展同世界各国的友好关系。理论上,在个人信息保护方面出现针对我国的歧视性的禁止、限制或者其他类似措施时,我国可以通过双边磋商、区域或双边协定所规定的其他争议解决机制进行解决,但同时保留实施反制措施的权利。

对等原则体现在政治、经济、社会的方方面面,不只在司法领域,我国在对外贸易、外商投资、数据安全等领域也规定了对等原则。比如,在审理涉外民事案件时,绝不首先对外国公民、企业和组织的诉讼权利加以限制,而是依法确保外国当事人的诉讼权利得以实现。但是,如果外国法院对我国公民和法人在该国的民事诉讼权利加以限制,则对该国公民、企业和组织的民事诉讼权利采取相应的限制措施,实行同等限制,以限制对抗限制,在司法上实现国家之间的平等互利。我国《民事诉讼法》第5条第2款规定:"外国法院对中华人民共和国公民、法人和其他组织的民事诉讼权利加以限制的,中华人民共和国人民法院对该国公民、企业和组织的民事诉讼权利,实行对等原则。"若我国公民在某国进行民事诉讼,该国法院对我国公民采取歧视态度,不允许我国公民委托诉讼代理人,我国人民法院在审理该国公民的民事诉讼案件时,则同样不允许该国公民委托诉讼代理人。

虽然对等原则为国际法强制执行(尤其是国家的自助行为)提供了理论基础,但是对等原则没有规定强制执行措施的行使范围和合法限度,也不可能保障强制措施解决问题的有效性。基于各自维护发展大局的需要,各个国家利益有相似之处,亦有明显差异,特别是不同国家基于不同的国情,国家核心利益的侧重点有所不同。我国可以基于对等原则,积极与各国建立双边、多边的个人信息跨境协助协议。按照对等原则条款的表述，其他国家或地区如对我国加以限制，我国可以采取相应的限制措施。设置对等原则的本质是保护本国公民权益、捍卫本国主权的一种必要手段。对等原则中的"对等"仅指限制措施的对等，构成限制的标准是其他国家或地区对我国在个人信息保护方面进行了歧视，适用的过程中要结合具体情况，注意灵活性。适用对等原则的前提是了解其他国家和地区的情况，因而适用对等原则很大程度上要取决于对域外情况的了解。这牵涉三个问题：第一，谁来查明；第二，怎么查明；第三，查明后的情况居于何种地位。① 查明的对象不仅包括作为法律渊源的成文法、判例法、习惯法，也包括相关学说、立法资料和其他相关材料。比如，为规避本法规定，采取以迂回方法向第三国或地区传输个人信息是否属于限制措施？在本法草案审议过程中，也有意见提出，采取"歧视性措施"的表述过于宽泛，建议予以明确或删去上述规定。实际上，对等原则只是一项法律原则，宽泛的表述是为了保持灵活性和相应性的适用需要。如果其他国家或地区限制我国的内容在我国有法律规定，则我国以相同内容加以限制；如果我国法律根本没有规定，则应以性质相同、内容相近的规定来限制。② 即使如此，对等原则的适用依然远比设想的复杂。不同国家或地区的法律制度或实践做法存在较大差异，适用对等原则固然要注意灵活性，但是并不能确保对等内容的相对应性，特别是我国并无相关立法时，对等原则的适用便缺乏统一标准。即使知道应以"性质相同"与"内容相近"的规定进行对等限制，但遇到的难题便是何为"性质相同""内容相近"，该如何界定？如果外国的不同地区立法不同，有的地区对我国公民的权利存有限制，有的地区没有限制，对等原则该如何适用？诸如此类的问题，都是对等原则适用的无形障碍。③ 因此，在未来的适用过程中，需要进一步完善对等原则的配套规范，确保

---

① 杨金晶：《涉外行政诉讼中被忽视的对等原则——兼论我国行政诉讼法对等原则条款被虚置问题的解决》，载《政治与法律》2019年第4期。
② 杨金晶：《涉外行政诉讼中被忽视的对等原则——兼论我国行政诉讼法对等原则条款被虚置问题的解决》，载《政治与法律》2019年第4期。
③ 杨金晶：《涉外行政诉讼中被忽视的对等原则——兼论我国行政诉讼法对等原则条款被虚置问题的解决》，载《政治与法律》2019年第4期。

对等原则的适用具有较强的可操作性，相关部门也可以出台具体实施条例，或者通过发布指导案例或典型案例的方式指导适用。完善配套规范不是要否定对等原则条款，而是在充分解释对等原则的基础上，配以可供操作的具体规则，以使对等原则的规定不至于成为空文。

【相关规定】

1.《中华人民共和国数据安全法》（2021年6月10日）

第二十六条　任何国家或者地区在与数据和数据开发利用技术等有关的投资、贸易等方面对中华人民共和国采取歧视性的禁止、限制或者其他类似措施的，中华人民共和国可以根据实际情况对该国家或者地区对等采取措施。

2.《中华人民共和国出口管制法》（2020年10月17日）

第四十八条　任何国家或者地区滥用出口管制措施危害中华人民共和国国家安全和利益的，中华人民共和国可以根据实际情况对该国家或者地区对等采取措施。

3.《中华人民共和国外商投资法》（2019年3月15日）

第四十条　任何国家或者地区在投资方面对中华人民共和国采取歧视性的禁止、限制或者其他类似措施的，中华人民共和国可以根据实际情况对该国家或者该地区采取相应的措施。

4.《中华人民共和国国际海运条例》（2019年3月2日修订）

第五十一条　任何国家或者地区对中华人民共和国国际海上运输经营者、船舶或者船员采取歧视性的禁止、限制或者其他类似措施的，中华人民共和国政府根据对等原则采取相应措施。

5.《中华人民共和国对外贸易法》（2016年11月7日修正）

第七条　任何国家或者地区在贸易方面对中华人民共和国采取歧视性的禁止、限制或者其他类似措施的，中华人民共和国可以根据实际情况对该国家或者该地区采取相应的措施。

6.《中华人民共和国货物进出口管理条例》（2001年12月10日）

第六条 任何国家或者地区在货物进出口贸易方面对中华人民共和国采取歧视性的禁止、限制或者其他类似措施的，中华人民共和国可以根据实际情况对该国家或者地区采取相应的措施。

第四章 个人在个人信息处理活动中的权利

第四十四条 个人对其个人信息的处理享有知情权、决定权，有权限制或者拒绝他人对其个人信息进行处理；法律、行政法规另有规定的除外。

【条文主旨】

本条是关于个人对其个人信息处理的知情权、决定权的规定。

【条文理解】

《个人信息保护法》第四章对个人在个人信息处理活动中享有的权利作了较为全面、详细的规定。具体包括知情权，决定权，查阅、复制权，更正、补充权，删除权，要求解释说明权等。本条具体规定个人在个人信息处理活动中享有的知情权、决定权，有权限制或者拒绝他人对其个人信息进行处理。

一、知情权

知情权是指知悉、获取信息的自由和权利。知情权内涵十分广泛，按照义务主体和内容的不同，可以分为知政权、社会知情权、公众知情权等。[1] 我国《消费者权益保护法》第 8 条、《电子商务法》第 17 条等法律规定的消费者知情权即是一种具体的知情权。随着公民个人信息保

---

[1] 张琼：《论宪法学视野下的知情权》，载《武汉大学学报（哲学社会科学版）》2007 年第 5 期。

护需求的不断增强，个人信息知情权成为知情权的一个重要内容。所谓个人信息知情权，实质个人在其个人信息处理中享有知悉和获取有关情况的权利，包括有权知道其个人信息被何人所处理，该处理者基于何种目的处理其个人信息、以何种方式处理其个人信息、处理的是哪些个人信息等相关信息。①

个人信息知情权也具有知情权的基本特征：

1. 权利人和相对人的地位不相称。在个人信息处理法律关系中，信息处理者往往处于优势地位，因而需要法律对权利人予以倾斜保护。因此，法律往往对个人信息处理者的相应义务作出十分详尽具体的规定，以保障权利人知情权的实现。我国的《个人信息保护法》也鲜明地体现了这一点。除了在第五章专门规定个人信息处理者的义务外，其第二章关于个人信息处理规则的规定，有相当数量的条文也直接规定了信息处理者的义务。具体到个人信息知情权保障方面，《个人信息保护法》第17条、第18条、第23条、第24条、第30条、第39条等条文，实际上都是在规定个人信息处理者的保障权利人知情权的义务。以第17条为例，其从三个层面来设置信息处理者的告知义务，以保护权利人享有充分知情权。一是告知的方式，即必须以显著方式、清晰易懂的语言告知。二是告知的要求，即必须真实、准确、完整。三是告知的范围，包括个人信息处理者的名称或者姓名和联系方式，个人信息的处理目的、处理方式，处理的个人信息种类、保存期限，个人行使本法规定权利的方式和程序，法律、行政法规规定应当告知的其他事项。可见，《个人信息保护法》规定个人信息知情权更多起到一种宣示和指引作用，其侧重点在于通过规定个人信息处理规则的方式明确个人信息处理者的告知义务，以保障个人的知情权。因此，个人信息处理者应当严格按照《个人信息保护法》第17条等规定履行告知义务，当其不履行义务时，权利人也可以根据本条规定以及第17条等相关规定向个人信息处理者主张权利。

2. 知情权实质上是一种请求权，权利的实现需要得到对方的配合。

---

① 程啸：《个人信息保护法理解与适用》，中国法制出版社2021年版，第330页。

易言之，权利人有权请求个人信息处理者告知信息处理的目的、范围、方式、信息处理者的基本信息等事项。《个人信息保护法》对权利人有权要求告知的事项作出了详细的规定。其中第17条规定了个人信息处理者在处理个人信息前应当告知的事项，包括个人信息处理者的名称或者姓名和联系方式，个人信息的处理目的、处理方式，处理的个人信息种类、保存期限，个人行使本法规定权利的方式和程序，法律、行政法规规定应当告知的其他事项。该法第18条第2款规定：紧急情况下为保护自然人的生命健康和财产安全无法及时向个人告知的，个人信息处理者应当在紧急情况消除后及时告知。该法第23条规定：个人信息处理者向其他个人信息处理者提供其处理的个人信息的，应当向个人告知接收方的名称或者姓名、联系方式、处理目的、处理方式和个人信息的种类，并取得个人的单独同意。该法第30条规定：个人信息处理者处理敏感个人信息的，除第17条第1款规定的事项外，还应当向个人告知处理敏感个人信息的必要性以及对个人权益的影响。该法第39条规定：个人信息处理者向中华人民共和国境外提供个人信息的，应当向个人告知境外接收方的名称或者姓名、联系方式、处理目的、处理方式、个人信息的种类以及个人向境外接收方行使本法规定权利的方式和程序等事项，并取得个人的单独同意。个人信息处理者不履行上述告知义务的，权利人有权请求其告知。

二、决定权

个人信息处理的决定权，是指个人享有的自主决定是否处理、如何处理以及由谁来处理个人信息的权利。除非法律、行政法规另有规定，个人既可以同意他人对其个人信息进行相应的处理，也可以限制或者拒绝他人对其个人信息进行处理。[①] 个人信息处理的决定权包括以下内容：

1. 同意或者拒绝的权利。决定权在个人信息保护中的突出表现就是个人的同意权。这一权利主要表现为：首先，个人信息处理者在处理个人信息前必须告知该个人并取得其同意。因此，除非法律、行政法规另

[①] 参见程啸：《个人信息保护法理解与适用》，中国法制出版社2021年版，第333页。

有规定，任何信息处理者，无论是国家机关还是非国家机关，如果未取得个人的同意，均不得擅自处理其个人信息。其次，个人信息处理者必须在个人同意的处理目的、处理方式、个人信息种类等限度范围内从事处理活动。个人信息处理者变更原先取得同意的处理目的、方式等的，应当重新告知并取得同意。依照法律、行政法规的规定个人不得拒绝的，如果信息处理者要在法定目的以外使用，也必须取得个人的单独同意。再次，个人信息处理者将个人信息提供给其他处理者、向境外提供个人信息或者公开其处理的个人信息的，应当取得个人的单独同意。最后，个人有权任意撤回其同意，并且无须作出任何解释或者说明。撤回可以是全部撤回也可以是部分撤回。个人撤回其同意的，个人信息处理者在撤回的范围内即不得处理相应个人信息，并且应当删除相应个人信息。依照《个人信息保护法》第15条的规定，个人信息处理者应当提供便捷的撤回同意的方式。

决定权在个人信息保护中的还表现为个人的拒绝权。个人有权拒绝他人处理其个人信息，这是个人对其信息处理享有的自由权利的本质体现。如果只能同意不能拒绝，个人自由也就无从谈起。在实践中，保障个人的拒绝权，最重要的方面是要禁止强迫同意。因此，《个人信息保护法》第16条规定，个人信息处理者不得以个人不同意其处理个人信息或者撤回同意为由，拒绝提供产品或者服务。个人信息处理者以这种方式获得同意的，构成《民法典》第150条规定的胁迫。当然，这一规则也有例外情形，即个人信息是提供产品或者服务所必需的。具体包括两种情形：一是依照法律、行政法规的规定提供个人信息后才能提供商品或者服务的。例如网络游戏等需要实名登记验证个人信息才能提供服务。二是根据产品或者服务的性质必须提供个人信息的。

2. 限制的权利。即个人有权限制信息处理者对其个人信息的处理活动。一些域外法例就个人有权限制个人信息处理活动作了具体规定。例如，GDPR第18条第1款规定了数据主体行使限制处理权的四种情形：一是数据主体质疑个人数据的准确性，且允许控制者在一定期限内核实个人数据的准确性；二是该处理是非法的，并且数据主体反对删除该个

401

人数据，要求限制使用该个人数据；三是控制者基于数据处理目的不再需要个人数据，但数据主体为法定请求权的确立、行使和抗辩而需要个人数据；四是数据主体根据GDPR第21第1款的规定反对数据处理，希望确认控制者的法律依据是否优先于数据主体的法律依据。① 我国《个人信息保护法》未明确列举个人行使限制权的具体情形。在具体理解时可以从以下角度考虑：一是与同意权的行使结合起来。即在同意个人信息处理的同时，对处理的目的、方式、种类等进行限制。本质上属于部分同意，或者有选择地同意。二是《个人信息保护法》明确规定了处理者的限制义务的，个人当然也有权行使限制权。例如，《个人信息保护法》第47条第2款规定，法律、行政法规规定的保存期限未届满，或者删除个人信息从技术上难以实现的，个人信息处理者应当停止除存储和采取必要的安全保护措施之外的处理。处理者未采取相应措施的，个人有权请求处理者进行限制。三是个人与信息处理者发生法律争议时，个人有权采取临时性的限制措施。

三、除外情形

理解本条规定，还要特别注意法律和行政法规规定的除外情形。换言之，法律、行政法规有权对个人在信息处理活动中的知情权和决定权进行限制。主要包括两种情形：一是法律、行政法规规定不需要告知个人或者虽然需要告知但无须取得个人同意的情形。具体类型包括法律明确规定不需要取得同意的（如《个人信息保护法》第13条第1款第2~7项规定的情形），依照法律、行政法规的规定应当保密或者不需要告知的情形或者告知将妨碍国家机关依法履行法定职责的情形（如《个人信息保护法》第18条第1款、第35条规定等），属于在合理范围内处理已公开的个人信息的情形（《个人信息保护法》第27条）等。二是法律、行政法规规定个人不得限制或者拒绝他人对其个人信息处理的情形。具体包括法律、行政法规规定个人应当提供个人信息的情形，以及法律、行

---

① 程啸：《个人信息保护法理解与适用》，中国法制出版社2021年版，第334页。

政法规规定特定主体有权提取个人信息而个人不得拒绝的情形等。前者如前述的依照法律、行政法规的规定提供个人信息后才能提供商品或者服务的情形,后者如《刑事诉讼法》第132条第1款规定的侦查机关有权提取指纹信息、采集尿液、血液等生物样本。

保障个人信息处理的知情权和决定权,也是国际上的通行做法。《美国公平信用报告法》规定了消费者的知情权,即消费者有权知道上一年度谁在申请查看自己的信用报告,以及过去两年内与就业有关的信用报告被查询情况。如果信用报告被用来作出对信用主体不利的决定,消费者也有权知悉。如果有公司根据该信用报告作出了对该消费者不利的决定,如拒绝提供贷款等,那么该公司必须提供该信用报告的机构名称、地址和联系方式。GDPR规定了数据主体在数据处理活动中拥有的权利,包括访问和知情权、更正权、拒绝权、限制处理权(前文已述及)、删除权、数据可携权、自主决定权、救济权等。其中有关访问和知情权规定的内容包括:数据主体有权访问其数据并获得副本、了解数据控制者的身份,处理的数据种类、处理目的、处理依据以及不提供数据的负面影响、数据来源和处理过程、处理期限、享有的权利、数据是否用于自动化决策及决策逻辑、数据是否与第三方共享信息。有关拒绝权规定的主要内容是数据主体有权拒绝数据控制者处理其个人数据,特别是以直接营销为目的的处理活动。有关自主决定权规定的主要内容是在涉及数据主体重要权利义务的事项中,数据主体有权干预或质疑数据控制者使用的自动化评估和决策程序,并不受相关结果的约束。《日本个人信息保护法》规定个人信息的当事人享有以下权利:(1)要求个人信息处理者通知使用目的;(2)查阅、复制(含电子方式)个人数据及转让记录;(3)在个人数据不属实时,要求更正、补充或者删除;(4)个人信息处理者未经本人同意,超出使用目的、以非法手段取得个人数据,或者未经本人同意取得敏感个人信息的,有权要求停止利用或者删除有关信息;(5)个人信息处理者未经本人同意向国内或者国外第三人提供个人数据的,有权要求停止提供;(6)个人信息处理者再无使用该个人数据的必要,或者个人数据存在较大的泄露、灭失、毁损风险,可能侵害本人权利或者正当利益的，可以要求停止利用或者停止向第三人提供个人数据。

【条文适用】

对于本条的适用，要重点注意以下几个问题：

一是决定权不等于选择权。在《个人信息保护法》征求意见过程中，有不少意见主张删除决定权，或者将决定权修改为选择权，立法者没有采纳这一观点。我们认为立法机关的立场十分正确，有利于对个人信息的充分保护。一方面，知情权和决定权是相互依存、不可偏废的关系。知情权是决定权的前提和基础，没有充分知情的保障，个人难以实质行使其决定权；决定权是个人对其个人信息所享有的支配性利益的本质体现，光有知情权没有决定权，个人信息保护也就无从谈起。因此，删除决定权将导致知情权失去了应有的意义。另一方面，改为选择权将显著弱化个人信息保护的力度。因为选择权的范围显然小于决定权。选择权意味着只有同意或者不同意两种选择，排除了个人的限制或者拒绝权。这样不仅显著缩小了个人的权利范围，而且也与前述的国际通行做法背道而驰。因此，在适用时绝不能把决定权理解为选择权，否则将背离立法本意。

二是个人信息知情权、决定权的私法保护问题。学术上有一种观点反对个人信息的民法保护，认为个人信息的民法保护会造成很大的弊端，造成信息无法自由流动，使每个人成为一座孤岛而无法进行正常的社会交往。[①]《民法典》颁布后有关争议当可终止。完善的个人信息保护既要通过民法赋予个人以信息保护的请求权基础，也要立足公法规范进行个人信息处理的风险规制。我国的《个人信息保护法》实际上很好地体现了这一点。其第四章规定的个人在个人信息处理活动中的权利与第五章规定的个人信息处理者的义务在内容上并不存在直接的对应关系。实际上第五章规定的个人信息处理者的义务主要是指信息处理者作为行政相对人在行政管理法律关系中的义务。第四章规定的个人在个人信息处理

[①] 丁晓东：《个人信息私法保护的困境与出路》，载《法学研究》2018年第6期。

活动中的权利所对应的信息处理者应当负有的义务主要是在第二章、第三章有关个人信息处理规则的规定中体现。第二章、第三章、第四章的有关权利义务关系的规定与《民法典》第1034第至第1039条的规定相互结合，形成了较为完整的个人信息私法保护规则体系。

【相关规定】

1.《中华人民共和国民法典》（2020年5月28日）

第一千零三十五条 处理个人信息的，应当遵循合法、正当、必要原则，不得过度处理，并符合下列条件：

（一）征得该自然人或者其监护人同意，但是法律、行政法规另有规定的除外；

（二）公开处理信息的规则；

（三）明示处理信息的目的、方式和范围；

（四）不违反法律、行政法规的规定和双方的约定。

个人信息的处理包括个人信息的收集、存储、使用、加工、传输、提供、公开等。

2.《中华人民共和国电子商务法》（2018年8月31日）

第十七条 电子商务经营者应当全面、真实、准确、及时地披露商品或者服务信息，保障消费者的知情权和选择权。电子商务经营者不得以虚构交易、编造用户评价等方式进行虚假或者引人误解的商业宣传，欺骗、误导消费者。

3.《中华人民共和国消费者权益保护法》（2013年10月25日修正）

第八条 消费者享有知悉其购买、使用的商品或者接受的服务的真实情况的权利。

消费者有权根据商品或者服务的不同情况，要求经营者提供商品的价格、产地、生产者、用途、性能、规格、等级、主要成份、生产日期、有效期限、检验合格证明、使用方法说明书、售后服务，或者服务的内容、规格、费用等有关情况。

第四十五条　个人有权向个人信息处理者查阅、复制其个人信息；有本法第十八条第一款、第三十五条规定情形的除外。

个人请求查阅、复制其个人信息的，个人信息处理者应当及时提供。

个人请求将个人信息转移至其指定的个人信息处理者，符合国家网信部门规定条件的，个人信息处理者应当提供转移的途径。

【条文主旨】

本条是关于个人在个人信息处理中享有的查阅、复制权与可携带权的规定。

【条文理解】

一、查阅复制权

（一）规定查阅复制权的理由

《个人信息保护法》第 45 条第 1 款规定了个人享有查阅、复制其个人信息的权利，简称"查阅复制权"。对此种权利，比较法上皆有规定。GDPR 第 15 条称之为"数据主体的访问权（Right of access by the data subject）"，《韩国个人信息保护法》第 35 条规定的"个人信息的取得"，我国台湾地区"个人资料保护法"第 3 条第 1 项、第 2 项规定了当事人就其个人资料有权"查询或请求阅览"与"请求制给复制本。"在我国《个人信息保护法》颁布前，我国《民法典》第 1037 条第 1 款规定了自然人针对信息处理者享有依法查阅或者复制其个人信息的权利。

个人查阅、复制其个人信息的权利是维护自然人的个人信息权益的重要手段。一方面，依据《个人信息保护法》第7条规定，处理个人信息应当遵循公开、透明的原则，公开个人信息处理规则，明示处理的目的、方式和范围。同时，依据《个人信息保护法》第44条规定，个人对其个人信息的处理享有知情权和决定权。如果个人不能向个人信息处理者查阅、复制其个人信息，那么个人信息处理就不可能公开透明，个人也无法针对其个人信息的处理享有知情权。因为个人根本就不知道其个人信息是否被处理，被何人处理以及处理方式、处理的个人信息种类究竟如何。在这种情况下，个人实质上就丧失了对其个人信息的处理的决定权，个人信息权益就无法得到保障。另一方面，如果个人针对个人信息处理者不享有查阅、复制其个人信息的权利，个人也无法知悉其被处理的个人信息是否准确、完整，自然也无法行使《个人信息保护法》第46条以及《民法典》第1037条第1款的规定提出异议并请求处理者及时采取更正、补充等必要措施的权利。由此可见，法律上有必要赋予自然人以查阅和复制个人信息的权利，以确保自然人对其个人信息的知情权和保持应有的控制，避免因为非法收集、处理而致其人身财产权益遭受侵害。

（二）查阅复制权的主体

《个人信息保护法》第45条规定的查阅复制权的权利主体是个人，即其个人信息被处理的自然人。查阅复制权并非具有人身专属性的权利，故此，个人有权自行行使查阅复制权，也有权委托他人代为行使该权利。如果自然人已经死亡的，其近亲属为了自身的合法、正当利益，可以对死者的个人信息行使查阅复制权，除非死者生前另有安排。

查阅复制权的义务主体是个人信息处理者，即自主决定个人信息的处理目的和处理方式的组织、个人。当然，个人只能针对处理了其个人信息的处理者行使查阅、复制其个人信息的权利，而不能针对没有处理其个人信息的处理者行使该权利。如果处理者是共同处理者，即两个以上的个人信息处理者共同决定个人信息处理目的与处理方式的，个人可以向任何一个个人信息处理者要求行使查阅复制其个人信息的权利，共同处理者内部的约定（如约定仅由某个个人信息处理者来接受个人查阅复制的要求的），对于个人行使查阅复制权，不发生影响。如果个人信息处理者因为合并、分立、被宣告破产等原因导致了个人信息转移的，则应当向个人告知接收方的名称或姓名、联系方式，以便个人向接收方行使查阅复制权；如果处理者向其他处理者提供其处理的个人信息或者向境外提供个人信息的，那么也应当告知个人接收方的名称或姓名、联系方式等，尤其是在向境外提供个人信息的情形中，必须将个人向境外接收方行使《个人信息保护法》规定的权利的方式加以告知。

（三）查阅复制权的客体

依据《个人信息保护法》第45条第1款规定，个人针对个人信息处理者请求查阅、复制的是其个人信息。所谓"其个人信息"，不能狭隘地理解为就是个人被个人信息处理者所处理的个人信息本身，而应当广义地理解为"个人信息处理事项"，即个人信息处理的相关情况。例如，依据GDPR第15条第1款的规定，数据主体有权从控制者处确认其个人数据是否正在被处理，以及有权在该种情况下访问个人数据和以下信息：（1）处理的目的；（2）个人数据的种类；（3）个人数据已经或者将要向其披露的个人数据的接收者的种类，特别是在第三国或者国际组织的接收者；（4）若可能提供，预计的个人数据存储期限；若无法提供，用于确定该期限的标准；（5）向控制者要求修改、删除、限制处理或拒绝处理的权利；（6）向监管机构投诉的权利；（7）在个人数据并非从数据主体收集的情况下，可得到的关于其来源的任何信息。（8）GDPR第22条第1款以及第4款所述的自动决策机制，包括数据画像及有关的逻辑程序和有意义的信息，以及此类处理对数据主体的意义和预期影响。

我国推荐性国家标准《信息安全技术 个人信息安全规范》（GB/T 35273—2020）第8.1条将查阅的内容规定为：个人信息控制所持有的个人信息或者个人信息的类型；上述个人信息的来源、所用于的目的；已经获得上述个人信息的第三人身份或类型。我们认为，这个范围稍显狭窄。在我国法律规定中，个人向个人信息处理者查阅、复制的其个人信息大致应当包括：个人信息是否正在被处理；个人信息处理者的身份和联系方式；个人信息的处理目的、处理方式、处理的个人信息的种类；被处理的全部个人信息（无论是否属于已公开的）；处理已公开的个人信息的则包括个人信息的来源；个人信息的保存期限；个人行使《个人信息保护法》规定权利的方式和程序等。

（四）查阅复制权的内容

所谓查阅，就是指（把书刊、文件等）找出来阅读有关的部分。[①] 个人向个人信息处理者请求查阅其个人信息，就是指个人请求个人信息处理者将其个人信息找出来并加以阅读。既然要能够让个人阅读，显然个人信息处理者提供给个人的个人信息也必须是以自然人能够阅读的形式呈现，而不能以个人无法阅读的二进制代码的方式提供。《个人信息保护法》第17条要求个人信息处理者在处理个人信息前，应当以显著方式、清晰易懂的语言真实、准确、完整地向个人告知相关处理事项。同样，在个人向个人信息处理者要求查阅其个人信息时，个人信息处理者也应当以清晰易懂的语言真实、准确、完整地向个人提供相关个人信息，而不能隐瞒或者遗漏。

所谓复制，就是要求个人信息处理者为个人提供所要求复制的其个人信息的副本，此种副本的形式应当是书面形式的，包括纸介质的或者电子介质的。至于传送方式，可以由个人信息处理者发送到个人的电子邮箱或者由个人信息处理者为个人提供相应的下载方式。

（五）查阅复制权的行使

《个人信息保护法》第45条并未就个人向个人信息处理者提出查阅或者复制其个人信息的具体程序问题作出规定，这主要是考虑到个人信息处理者的类型不同，既有国家机关，也有非国家机关，个人要求查阅复制的个人信息也不相同。法律无法作出更细致的规定，不如交给个人信息处理者自行决定或与个人进行约定更妥。从《个人信息保护法》第

---

① 中国社会科学院语言研究所词典编辑室编：《现代汉语词典》（第7版），商务印书馆2016年版，第437页。

17条第1款第3项的规定来看，个人信息处理者可以就个人行使查阅复制权等权利的方式和程序作出规定，也可以与个人进行约定。当然，无论是个人信息处理者自行制定的权利行使方式和程序，还是与个人的约定，都不得违反法律、行政法规的强制性规定，也不得存在排除个人在个人信息处理活动中的权利的格式条款，否则此等约定或条款都是无效的。例如，个人信息处理者在处理规则中要求个人放弃查阅复制的权利，那么这种条款属于《民法典》第497条第3项规定的"提供格式条款一方排除对方主要权利"的情形，是无效的。

（六）查阅复制权的排除

从比较法上来看，各个国家或地区的数据保护法或个人信息保护法都规定了个人不得行使查阅复制权的例外情形。例如，根据《韩国个人信息保护法》第35条第4款规定，有下列情形之一时，可以将该事由告知信息主体并限制或拒绝其查阅：（1）法律规定禁止或限制查阅的；（2）可能侵害他人的生命和身体，或者不当侵犯他人财产或其他利益的；（3）公共机构在执行下列任务时，会给执行任务带来重大阻碍的：①税收或退税等相关业务；②《小学、初中教育法》及《高等教育法》规定的各级学校，《终身教育法》规定的终身教育机构，以及除此之外其他法律规定的高等教育机构中有关成绩评价或入学选拔等业务；③学历、技能及聘用相关的考试，资格审查等业务；④正在进行的补偿金、抚恤金等计算评估或判断的业务；⑤依法进行的监察或调查业务。再如，根据我国台湾地区"个人资料保护法"第10条规定，公务机关或非公务机关应依当事人之请求，就其搜集之个人资料，答复查询、提供阅览或制给复制本。但有下列情形之一者，不在此限：（1）妨害国家安全、外交及军事机密、整体经济利益或其他国家重大利益。（2）妨害公务机关执行法定职务。（3）妨害该搜集机关或第三人之重大利益。

我国《个人信息保护法》第45条第1款规定了个人不得行使查阅复制权的两类情形：其一，《个人信息保护法》第18条第1款规定的法律、行政法规规定应当保密或者不需要告知的情形。例如，国家安全机关在反间谍工作中采取技术侦察措施而获取的有关个人信息，依据《保守国家秘密法》应当保密的。如果法律、行政法规规定应当保密的,那么既不能告知个人,个人也不得行使查阅复制权。至于不需要告知的情形,即个人已经知道了个人信息处理的相关事项的,允许个人查阅复制也是毫无必要的,徒增处理者的负担。其二,《个人信息保护法》第35条规定的情形,即国家机关为履行法定职责处理个人信息,如果告知将妨碍国家机关履行法定职责的,不得告知。显然,这种情形下,不得告知,就不得查阅复制,否则同样会妨碍国家机关履行法定职责。

(七) 侵害查阅复制权的救济

如果在个人向个人信息处理者请求查阅复制其个人信息时,个人信息处理者无正当理由就拒绝该请求,此时,个人能否向法院提起诉讼,获得司法救济?[①] 对此,存在不同的看法。有观点曾认为,如果仅仅是为了查询复制个人信息而被个人信息处理者所拒绝,个人就可以到法院起诉,那么会出现滥诉,造成诉讼爆炸,给法院增加很多工作量。况且,查询复制权无法行使也不会给信息主体造成什么损失,因此,不应赋予个人以诉权。即便可以因此向法院起诉,也有必要给查阅复制权的司法救济设立前置程序。例如,个人可以先向履行个人信息保护职责的部门进行投诉,只有在投诉无果的情况下,才能向法院起诉。

本书不赞同上述观点。"没有救济就没有权利",既然《个人信息保护法》《民法典》已经明确赋予了个人查阅复制其个人信息的权利,那么当该权利受到侵害时,权利人当然可以获得司法救济,请求法院保护权利。对此,我国《个人信息保护法》第50条第2款作出了明确的规定,即个人信息处理者拒绝个人行使权利的请求的,个人可以依法向人民法院提起诉讼。

[①] 《信息安全技术 个人信息安全规范》(GB/T 35273—2020)第8.1条的注解指出:如果自然人提出查询的个人信息并非是其主动提供的个人信息时,个人信息控制者可在综合考虑不响应请求可能对个人信息主体合法权益带来的风险和损害,以及技术可行性、实现请求的成本等因素后,作出是否响应的决定,并给出解释说明。

二、可携带权

（一）规定可携带权的理由

可携带权，也称"个人信息可携带权"或"数据可携带权"（Right to Data Portability），它是由 GDPR 第 20 条首次规定的一种新型的数据主体权利，是指自然人对于其同意数据控制者所处理的数据化形式承载的个人信息即个人数据，有权要求该控制者提供结构化的、通用的、机器可读的、能共同操作的以格式形式加以提供的权利，自然人可以将此等个人数据转移给其他的控制者。例如，张三在 A 医院治疗，该医院收集了张三的医疗健康等个人信息，此后，张三前往 B 医院看病，张三有权要求数据控制者 A 医院将其个人信息转移给新的数据控制者 B 医院。依据 GDPR 第 20 条规定，数据可携带权需要满足三个条件：其一，可携带权指向的数据是个人数据，如果是无法识别数据主体的数据，不适用可携带权。其二，个人数据必须是在取得数据主体同意的基础上由数据主体提供的或者因为处理个人数据是履行数据主体作为一方当事人的合同所必需的。如果处理不是基于合同或者个人的同意，而是从其他数据控制者处获取的，或者是数据控制者为了公共利益目的或行使公权力所必需而处理的数据，都不适用可携带权。其三，对个人数据采取的是自动化处理的方式进行的。也就是说，是通过数据处理系统对个人数据进行处理的，如果是非自动化处理的，数据可携带权也不适用。GDPR 确立数据可携带权的目的，在于强化数据主体对通过自动化手段进行数据处理的数据的控制，使得数据主体可以便捷地将其个人数据从一个控制者传输给另一个控制者。[1] 该权利赋予了数据主体更大的经济上的灵活性，并因此赋权消费者（Consumer Empowerment），使之有能力轻松地从一个 IT 环境复制或传输个人数据到另一个 IT 环境。[2] 此外，数据可携带权也可以形成服务者之间为争取客户而展开的竞争，推动隐私友好型技术和互

---

[1] GDPR "序言"部分第 68 条。

[2] Paul Voigt & Axel von dem Bussche, The EU General Data Protection Regulation (GDPR): A Practical Guide, Springer, 2017, P. 168.

操作式数据格式（interoperable data formats）的发展。①

我国理论界就是否规定数据可携带权，存在两种观点。一种观点认为，我国法律上不应当赋予自然人以数据可携带权。首先，规定数据可携带权不仅会极大地增加企业的经营成本，技术实现上存在很大的难度，而且也会导致企业的竞争优势丧失，毕竟个人信息是网络企业取得竞争优势的很重要的资产。而且，规定数据可携带权还将导致各个企业之间以此为工具抢夺数据，存在不正当竞争风险。② 其次，数据携带权的确立，很可能导致数据企业拥有的个人数据被其他数据企业免费获得，这明显会抑制数据企业继续投入资金、技术于收集、储存个人数据的意愿，从而不利于我国大数据产业的发展。再次，数据可携带权使更多数据控制者拥有获取数据主体个人数据的机会，这给许多黑客盗取个人数据大开方便之门。因此，数据携带权不是增强了个人对个人数据的控制，而是弱化了其对个人数据的控制，增加其个人数据和个人隐私暴露的风险。③ 最后，个人信息并非是单个个人的，而会涉及多人，如电子邮件等，承认数据可携带权可能会侵害他人的隐私、通信秘密和企业的商业秘密等。另一种观点认为，应当承认个人数据的可携带权。首先，赋予个人自由获取和转移个人信息的权利，增强个人对其个人信息的控制权，体现了自然人对其个人信息或个人数据的支配性，是个人信息权益的重要组成部分。其次，规定数据可携带权，可以打破个人信息或个人数据领域的垄断，防止大型网络企业扼杀新型的网络企业的发展，为激励行业竞争和技术创新提供了良好的环境。④ 目前，我国司法实践中已经出现了涉及该问题的案件，例如，在腾讯和抖音就用户头像和昵称的归属所

---

① Paal, in: Paal/Pauly, DSGVO, Art. 20 (2017), rec. 5.
② 京东法律研究院：《欧盟数据宪章——〈一般数据保护条例〉GDPR 评述及实务指引》，法律出版社 2018 年版，第 64 页。
③ 卓力雄：《数据携带权：基本概念、问题与中国应对》，载《行政法学研究》2019 年第 6 期。
④ 刘云：《欧盟个人信息保护法的发展历程及其改革创新》，载《暨南学报（哲学社会科学版）》2017 年第 2 期；叶名怡：《论个人信息权的基本范畴》，载《清华法学》2018 年第 5 期。

发生的争议中，就涉及作为用户的个人是否享有个人数据可携带权的问题。[①] 因此，有必要在法律上规定数据可携带权。

在我国《个人信息保护法》的起草过程中，有的常委委员和社会公众、部门、专家提出，为方便个人获取并转移其个人信息，建议借鉴有关国家和地区的做法，增加个人信息可携带权的规定。全国人民代表大会宪法和法律委员会经研究，建议增加规定：个人请求将其个人信息转移至其指定的个人信息处理者，符合国家网信部门规定条件的，个人信息处理者应当提供转移的途径。[②] 最终，《个人信息保护法》第45条第3款对个人信息的可携带权作出了规定："个人请求将个人信息转移至其指定的个人信息处理者，符合国家网信部门规定条件的，个人信息处理者应当提供转移的途径。"

我们认为，规定个人信息可携带权是非常有必要的。最根本的理由就在于，通过规定个人信息可携带权可以很好地预防和制止平台经济领域尤其是社交网络平台内的垄断行为，保护市场公平竞争，促进平台经济规范有序创新健康发展，维护消费者利益和社会公共利益。我国数字经济发展至今，一些大型的网络企业利用其先发优势确立的市场地位，掌握着巨量的个人信息和数据，从而牢牢地控制市场，实行垄断行为，同时，利用一切手段阻止与扼杀其他企业在该领域的创新和竞争。长此以往，对于我国数字经济的健康发展，广大人民群众的合法权益以及社会公共利益的维护都是不利的。正因如此，进入2021年以来，我国政府在平台反垄断领域采取了一系列的举措。2021年2月7日，国务院反垄断委员会制定发布了《国务院反垄断委员会关于平台经济领域的反垄断指南》，该指南强调《反垄断法》及配套法规规章适用于所有行业，对各类市场主体一视同仁、公平公正对待，旨在预防和制止平台经济领域垄断行为，促进平台经济规范有序创新健康发展。2021年4月10日，国家

[①] 相关评论参见包晓丽、熊丙万：《通讯录数据中的社会关系资本——数据要素产权配置的研究范式》，载《中国法律评论》2020年第2期；谌嘉妮：《我的数据谁做主？——基于"头腾之争"对个人数据可携带权与企业数据权边界的研究》，载《互联网天地》2019年第6期。

[②] 参见《全国人民代表大会宪法和法律委员会关于〈中华人民共和国个人信息保护法（草案）〉审议结果的报告》。

市场监督管理总局发布对阿里巴巴的处罚决定，认定阿里巴巴禁止卖家在其他竞争性平台开店、促销的行为（"二选一"行为）违反《反垄断法》，并以阿里巴巴在 2019 年的销售收入的 4% 计算罚款金额，共计 182.28 亿元。2021 年 4 月 26 日下午 4 点，国家市场监督管理总局表示，根据举报，依法对美团实施"二选一"等涉嫌垄断行为立案调查。在平台经济领域反垄断的大背景下，更有必要规定个人信息的可携带权，从而既能有效地维护个人信息权益，又能打破大型网络企业的信息垄断，从而实行更加公平的竞争，为网络企业更好地履行个人信息保护的义务与责任提供压力和动力。当然，个人信息可携带权也是存在适用条件和对象，不是所有的情形下都可以适用，故此，为了对可携带权进行规范，《个人信息保护法》明确了必须"符合国家网信部门规定条件"，个人信息处理者才应当为个人提供个人信息转移的途径。

（二）可携带权的主体

依据《个人信息保护法》第 45 条第 3 款规定，个人请求将个人信息转移至其指定的个人信息处理者，符合国家网信部门规定的条件的，个人信息处理者应当提供转移的途径。由此可见，可携带权中涉及至少三方当事人，一是可携带权的权利主体即个人，二是可携带权指向的义务人，即个人请求其转移个人信息的个人信息处理者，三是个人指定的个人信息处理者，即接收个人信息的个人信息处理者。

（三）可携带权的要件

《个人信息保护法》第 45 条第 3 款没有对可携带权行使的要件作出具体的规定，从该款"符合国家网信部门规定的条件"的表述来看，显然是授权给了国家网信部门来作出规定。我们认为，可携带权的行使要件应当包括以下两项：首先，仅适用于个人信息且该个人信息是信息主体主动提供的，或者是为订立和履行个人作为一方当事人的合同所必需的个人信息。至于为履行法定职责或者法定义务、应对突发公共卫生事件等其他依据法律、行政法规规定的情形而处理个人信息的场合，不适用可携带权。例如，在国家机关为履行法定职责而处理个人信息的情形中，个人不能向国家机关行使可携带权，要求国家机关为个人将个人信息转移至其指定的个人信息处理者提供转移的途径。其次，对个人数据采取的是自动化处理的方式进行的。对于非自动化处理的个人信息，尤其是电子方式以外的其他方式记录的个人信息，不能适用可携带权。

（四）可携带权的行使方式

个人请求将个人信息转移至其指定的个人信息处理者，如果满足国家网信部门规定的条件的，则个人信息处理者应当提供转移的途径。可携带权的实现需要统一机器可读的数据格式，且数据提供方与接收方之间需建立转移数据的通道。故此，所谓提供转移的途径，主要是指个人信息处理者与个人所指定的个人信息处理者之间通过相关合同或协议来实现个人信息的转移，否则仅仅是个人信息处理者的单方行动是无法将个人信息转移至个人指定的个人信息处理者的。例如，2018年，谷歌公司发起了"数据转移计划（DTP）"项目，这是一个开源项目，该项目所开发的工具能够让用户将个人信息（照片、视频、邮件记录等）直接从一个服务器转移到另一个服务器，既不需要使用第三方工具，也不会存在数据泄露的安全风险。微软、推特、脸书以及苹果公司也都参加了该项目。目前，仅谷歌一家公司就有70多种产品和服务支持用户通过数据传输工具获取和转移照片、邮件记录等个人信息，月均文件传输量可达200万条，2019年文件传输量达到了2000亿条。因此，个人信息处理者在个人具备了行使可携带权的条件下，应当为个人信息的转移提供途径，这种情形下，最好的办法是通过采取如同谷歌公司的DTP项目那样的开源项目来实现用户个人信息的转移，而不是一对一的判断。

【条文适用】

一、《个人信息保护法》中的查阅复制权与民法上的其他查阅复制权的关系

《个人信息保护法》第45条规定的查阅复制权属于个人在个人信息处理活动中的权利，其指向的对象是个人信息处理者。除了本条的规定

外,我国其他法律中还规定了一些具体情形中个人查阅复制相关信息的权利。这些权利也可以称为查阅复制权,其与《个人信息保护法》第45条规定的查阅复制权,并不完全相同。以《民法典》为例,其第1029条规定了"民事主体可以依法查询自己的信用评价"。这是因为,信用评价对于民事主体的社会交往、生产生活具有重大的影响,因此即便是有权对他人进行信用评价的主体,其对他人进行信用评价的结果和依据也必须供被评价主体查询,被评价主体对此享有知情权,否则就会损害民事主体的合法权益。虽然自然人的信用信息也属于个人信息,关于自然人与征信机构等信用信息处理者之间的关系也适用《民法典》关于个人信息保护的规定(第1030条)。但是,由于《民法典》将信用纳入名誉的范畴(第1024条第2款),通过名誉权加以保护。故此,《民法典》第1029条中查询权是基于名誉权而产生的。此外,《民法典》第1029条规定的有权查询的是民事主体,既包括自然人,也包括法人、非法人组织。但是,《个人信息保护法》第45条规定的查阅复制权的主体是其个人信息被处理的个人,即仅限于自然人,而不包括法人、非法人组织。再如,《民法典》第218条规定:"权利人、利害关系人可以申请查询、复制不动产登记资料,登记机构应当提供。"不动产登记资料主要就是指不动产登记簿以及登记原始资料,其上记载的信息不仅包括了自然人的个人信息还包括其他信息。由于不动产登记资料所包含的财产状况属于自然人的敏感信息,故此法律上对于查询、复制不动产登记资料有相应的限制,只有权利人、利害关系人可以查询复制包含了个人信息的不动产登记资料。其他的民事主体所能够查询复制的信息只限于不包含个人信息的不动产登记资料。《不动产登记资料查询暂行办法》第21条规定:"有买卖、租赁、抵押不动产意向,或者拟就不动产提起诉讼或者仲裁等,但不能提供本办法第二十条规定的利害关系证明材料的,可以提交本办法第八条规定材料,查询相关不动产登记簿记载的下列信息:(一)不动产的自然状况;(二)不动产是否存在共有情形;(三)不动产是否存在抵押权登记、预告登记或者异议登记情形;(四)不动产是否存在查封登记或者其他限制处分的情形。"

至于有些法律和行政法规中规定的相关主体查阅复制的权利与《个人信息保护法》第45条规定的查阅复制权，无论在规范目的还是主体和权利行使程序上，都存在根本的差异。例如，《刑事诉讼法》第40条规定："辩护律师自人民检察院对案件审查起诉之日起，可以查阅、摘抄、复制本案的案卷材料。其他辩护人经人民法院、人民检察院许可，也可以查阅、摘抄、复制上述材料。"该条规定的是辩护律师享有的查阅、摘抄和复制案卷材料的权利，属于辩护人的法定权利之一。再如，我国很多行政管理性的法律如《海关法》《草原法》《食品安全法》《广告法》《未成年人保护法》《生物安全法》等都规定了行政机关查阅、复制相关资料的权力，这些属于有关执法机关的法定职权，与《个人信息保护法》第45条规定的查阅复制权完全不同。

二、个人信息的查阅复制权与政府信息公开的关系

由于个人信息处理者既包括国家机关，也包括非国家机关，而国家机关为履行法定职责而处理个人信息时，所收集的个人信息将构成政府信息的组成部分。所谓政府信息，是指行政机关在履行行政管理职能过程中制作或者获取的，以一定形式记录、保存的信息（《政府信息公开条例》第2条）。依据《政府信息公开条例》的规定，行政机关公开政府信息，应当坚持以公开为常态、不公开为例外，遵循公正、公平、合法、便民的原则。除了以下三类政府信息，其他的政府信息应当公开：（1）依法确定为国家秘密的政府信息，法律、行政法规禁止公开的政府信息，以及公开后可能危及国家安全、公共安全、经济安全、社会稳定的政府信息，不予公开。（2）涉及商业秘密、个人隐私等公开会对第三方合法权益造成损害的政府信息，行政机关不得公开。但是，第三方同意公开或者行政机关认为不公开会对公共利益造成重大影响的，予以公开。（3）行政机关的内部事务信息，包括人事管理、后勤管理、内部工作流程等方面的信息，可以不予公开。行政机关公开政府信息，采取主动公开和依申请公开的方式。

当行政机关作为处理者处理个人信息时，只要不存在《个人信息保

护法》第 18 条第 1 款规定的情形，个人信息被处理的个人便可以依据《个人信息保护法》本条向作为个人信息处理者的行政机关要求查阅、复制其个人信息。但是，如果要求查阅复制的不是其个人信息，而是行政机关在履行行政管理职能过程中制作或者获取的，以一定形式记录、保存的其他信息，就应当依据《政府信息公开条例》的规定向行政机关申请公开。至于其个人信息未被行政机关处理的个人，要求查阅复制政府信息，如果该政府信息中涉及第三人的个人信息、个人隐私等公开会对第三人的合法权益造成损害的，那么行政机关也不得公开，除非该第三人同意公开或者行政机关认为不公开会对公共利益造成损害。

由此可见，《个人信息保护法》中的查阅复制权不同于《政府信息公开条例》规定的个人申请政府信息公开的权利，前者属于民事权利，旨在保护个人对其个人信息处理的知情权；后者属于公法上的权利，旨在保护人民依法获取政府信息的知情权，以期提高政府工作的透明度，加强人民对政府的监督。

三、个人向个人信息处理者行使查阅复制权是否需要符合一定条件

有观点认为，个人向个人信息处理者要求查阅复制其个人信息，给处理者造成了干扰，故此基于比例原则，应当要求个人在证明自己具有正当利益的前提下，才能行使查阅复制权。我们认为，这种观点是错误的。查阅复制权是个人在个人信息处理活动中的权利，我国《个人信息保护法》并未对其行使设置要件，个人只需要能够证明自己属于信息主体，即其个人信息被查阅复制权所指向的组织或个人所处理即可。

四、个人信息处理者如何确认申请查阅复制个人信息的主体就是信息主体，即其个人信息被处理的个人

如果个人信息处理者不去进行这种验证，就很可能出现非信息主体的个人通过查阅复制非法获取他人的个人信息，以致个人信息泄露的问题。GDPR 序言的第 64 条指出：控制者应当使用所有合理的措施在数据

主体要求访问数据时验证数据主体身份，尤其是使用线上服务和线上识别器。控制者不应仅以回应潜在数据主体的请求为目的保留个人数据。我国《个人信息保护法》第51条要求个人信息处理者应当根据信息的处理目的、处理方式、个人信息的种类以及对个人的影响、可能存在的安全风险等，采取相应措施确保个人信息处理活动符合法律、行政法规的规定，并防止未经授权的访问以及个人信息泄露、篡改、丢失。《民法典》第1038条第2款也规定：信息处理者应当采取技术措施和其他必要措施，确保其收集、存储的个人信息安全，防止信息泄露、篡改、丢失。此外，《网络安全法》第42条第2款也有相同的规定。故此，在个人向个人信息处理者要求查阅复制其个人信息时，个人信息处理者应当采取相应的技术措施和其他必要措施来验证申请者是否属于适合的主体或者属于得到授权的人。

五、个人要求查阅复制其个人信息时是否需要支付费用

对此问题，在我国《个人信息保护法》的起草过程中就存在争论。有观点认为，个人信息处理者为了满足个人查阅复制其个人信息的要求必将支付相应的人力物力成本，因为"考虑到如今计算机网络的分布性特征，个人数据有可能被存储在不同地方的各种数据库中，因此，很难找出满足数据主体要求所需的全部数据。甚至，为了使特定主体知道与其有关的哪些数据已被保存，或者使他能够行使删除、封锁等权利，就需要找出所有与其相关的数据，为此数据控制者可能要对各种数据库中的大量数据进行搜索"，[①] 基于成本补偿原则，要求个人支付一定的费用。况且，为了避免恶意的查阅复制申请而给企业造成不合理的负担，也应当要求查阅复制个人信息的个人支付合理的费用。从比较法上来看，一些国家或地区也有规定。例如，《日本个人信息保护法》第33条规定：在被本人要求对其进行第27条第2款规定的有关利用目的的通知，或者接到第28条第1款规定的公开的请求后，个人信息处理业者可以就相关

---

① ［德］库勒：《欧洲数据保护法：公司遵守与管制》（第二版），旷野等译，法律出版社2008年版，第67~68页。

措施的实施而收取手续费。个人信息处理业者若依照前一款的规定收取手续费的，则应当在考虑实际费用并被认为是合理的范围内，确定该手续费的金额。再如，我国台湾地区"个人资料保护法"第14条规定：查询或请求阅览个人资料或制给复制本者，公务机关或非公务机关得酌收必要成本费用。我国澳门特别行政区《个人资料保护法》第11条第1款规定：在不得拖延的合理期限内及无需支付过高费用的情况下，数据当事人享有自由地、不受限制地从负责处理个人资料的实体获知相应事项的权利。

应当说，个人信息处理者为满足个人查阅复制的权利确实是需要花费一定的成本，此种情形由个人支付合理的费用以补偿处理者为此产生的成本也是合理的。但是，我国《个人信息保护法》对此没有作出规定，理由在于：首先，个人信息处理者的类型很多，既包括国家机关、事业单位等，也包括公司企业，且查阅复制的成本各不相同，不宜由《个人信息保护法》作出规定，可以由相应的法律、行政法规作出规定，或者当事人加以约定。例如，《征信业管理条例》第17条规定："信息主体可以向征信机构查询自身信息。个人信息主体有权每年两次免费获取本人的信用报告。"其次，对于符合条件的个人在行使查阅复制权等个人在个人信息处理活动中的权利收取费用，容易对个人行使权利造成妨碍，不符合便民利民的原则，更不利于保护个人信息权益。当然，对于不符合条件或者多次甚至是恶意地行使查阅复制权的个人，可以考虑收取相应的费用，而这可以由个人信息处理者在其建立的个人行使权利的申请受理和处理机制中作出相应的规定，不应由法律直接规定。再次，随着科技的发展，未来查阅复制个人信息也会越来越方便，成本越来越低，甚至忽略不计。故此，《个人信息保护法》就收费问题作出规定并不妥当。

六、个人向个人信息处理者申请查阅复制其个人信息的请求的提出方式

对此，个人信息处理者可以对个人信息处理规则作出约定，如要求个人向个人信息处理者指定的电子邮箱发送邮件提出申请，或者拨打某

一专门处理个人信息查阅复制事宜的人员的电话口头提出申请等。需要注意的是，为了避免个人滥用查阅复制权，未来的行政法规或部门规章可以就个人向某一个人信息处理者行使查阅复制权的间隔时间作出规定。当然，个人信息处理者也可以在个人信息处理规则中作出规定。

七、对个人信息处理者就当"及时提供"的理解

根据《个人信息保护法》第45条第2款规定，个人请求查阅、复制其个人信息的，个人信息处理者应当及时提供。所谓"及时提供"究竟是多长时间内提供？GDPR第12条第3款规定：控制者应当自收到请求起不得超过一个月内提供根据本条例第15条至第22条采取行动的信息。考虑到请求的复杂性和数量，在必要时，这一期限可以再延长两个月。对于延期提供信息的任何情况，控制者都应当自收到请求起一个月内通知数据主体相关情形和延迟原因。如果数据主体以电子形式发送请求，这些信息应以电子形式提供，除非数据主体对提供方式有其他特殊要求。本书赞同这一规定，所谓及时并不等于立刻，但也不能拖延，具体判断应当考虑查阅复制的申请的提出时间、需要查阅或复制的个人信息的数量、个人信息处理者完成该请求的难易程度等因素综合判断。例如，张三在周五下午即将下班的时刻向个人信息处理者A公司提出查阅复制个人信息的申请，由于第二天就是周末休息，故此，不能认为A公司没有马上提供或者没有在周末提供，就认为是不及时的。

【相关规定】

1.《中华人民共和国民法典》（2020年5月28日）

第一千零三十七条 自然人可以依法向信息处理者查阅或者复制其个人信息；发现信息有错误的，有权提出异议并请求及时采取更正等必要措施。

自然人发现信息处理者违反法律、行政法规的规定或者双方的约定处理其个人信息的，有权请求信息处理者及时删除。

2.《中华人民共和国政府信息公开条例》（2019 年 4 月 3 日）

第二条 本条例所称政府信息，是指行政机关在履行行政管理职能过程中制作或者获取的，以一定形式记录、保存的信息。

3.《征信业管理条例》（2013 年 1 月 21 日）

第十七条 信息主体可以向征信机构查询自身信息。个人信息主体有权每年两次免费获取本人的信用报告。

第四十六条　个人发现其个人信息不准确或者不完整的,有权请求个人信息处理者更正、补充。

个人请求更正、补充其个人信息的,个人信息处理者应当对其个人信息予以核实,并及时更正、补充。

【条文主旨】

本条是关于个人信息更正权、补充权的规定。

【条文理解】

一、更正权、补充权的性质

自然人的个人信息权益具体包含哪些内容?从比较法的角度,各国或各地区规定具有一定共性。例如,《美国公平信用报告法》规定的消费者权利主要包括查询权、知情权、要求删除或修改的权利、获得信用评分的权利、冻结信用记录的权利、获得损害赔偿的权利等内容。GDPR规定数据主体在处理活动中享有访问和知情权、更正权、拒绝权、限制处理权、删除权(被遗忘权)、数据可携权、自主决定权、救济权等权利。《日本个人信息保护法》明确个人信息的当事人享有以下权利:(1)要求个人信息处理者通知使用目的;(2)查阅、复制(含电子方式)个人数据及转让记录;(3)在个人数据不属实时,要求更正、补充或删除;(4)个人信息处理者未经本人同意超出使用目的、以非法手段取得个人数据,或者未经本人同意取得敏感个人信息的,当事人有权要求停止利用或删除有关信息;(5)个人信息处理者未经本人同意向国内或国外第三人提供个人数据的,当事人有权要求停止提供;(6)个人信息处理者再无使用该个人数据的必要,或个人数据存在较大泄露、灭失、损毁风险，可能侵害本人权利或正当利益的，当事人可以要求停止利用或停止向第三人提供该个人数据。我国台湾地区"个人资料保护法"规定当事人对其个人资料可依法行使查询权、更正权、停止处理、删除权，且不得要求当事人预先放弃权利或对权利的行使加以限制。

由上可知，各国或个地区立法普遍规定自然人对其个人信息享有知情权、更正权、删除权等权利。但存在疑问的是，这些权利的性质是民事权利，还是具体权能？这将涉及权利和权能的区分问题。德国法学家拉伦茨在论述权利（Rechte）和权能（Befugnisse）的关系时指出，"我们不是把法律关系所包含的每一种实施某种行为的权能都作为'权利'，而是把某种具有相对独立意义的权能称为权利"。① 据此，知情权、更正权、删除权等是否构成民事权利，关键在于其独立性的判断。一方面，知情权、更正权、删除权等本身并无独立价值，无法单独转让；另一方面，在法定情形下，删除权等被分离，并不影响个人信息主体享有个人信息权益。因此，知情权、更正权、删除权等应当理解为是个人信息权益的固有内容和基本延伸，是自然人对其个人信息享有的具体权能。

二、更正权、补充权的规范目的

从权益利用和保护的角度看，自然人对其个人信息享有积极和消极两方面的权能，比如知情权、同意权等积极权能，以及更正权、补充权等消极权能。个人信息权益的消极权能，往往体现在个人信息的准确性、完整性、私密性遭受破坏时对侵害可能性的排除和防御。根据本条规定，个人发现其个人信息不准确或者不完整的，有权请求个人信息处理者更正、补充。赋予个人信息主体以更正权、补充权，是国际上保证个人信息准确、完整的通行做法。GDPR 第 16 条规定：数据主体应当有权从控制者那里及时得知与其相关的不准确信息。在考虑处理目的的前提下，数据主体有权更正不充分的数据，包括使用额外声明的方式。② 《日本个

---

① ［德］卡尔·拉伦茨：《德国民法通论》，王晓晔等译，法律出版社 2013 年版，第 263 页。
② 龙卫球主编：《中华人民共和国个人信息保护法释义》，中国法制出版社 2021 年版，第 208 页。

人信息保护法》规定：除法定特殊情况外，接到个人有关要求后，在合乎个人数据用途的必要范围内，个人信息处理者可以及时进行必要调查，应本人要求，通知、提供、更正、删除、停止使用或向第三人提供有关个人数据。采取相关措施费用高昂或十分困难的，可以采取替代性保护措施，通知本人处理结果并说明理由。因法定特殊情况不能满足本人要求、有关数据不存在、难以按照当事人要求的方法进行的，也应当及时通知本人并说明理由。《韩国个人信息保护法》第36条第1款、第2款规定：根据第35条，查阅本人个人信息的信息主体，可以要求个人信息处理者对其个人信息进行更正或者删除。但是，其他法令明确规定该个人信息为收集对象的，不得要求删除。根据第1款的规定，个人信息处理者接到信息主体的要求后，若没有其他法令对个人信息的更正或者删除做出特别程序的规定，应当立即对个人信息进行调查，根据信息主体的要求对相关信息采取更正或删除，并将结果及时告知信息主体。[1]

在《个人信息保护法》颁布以前，我国部分立法已经规定个人信息主体针对错误的个人信息有权请求更正。例如，《网络安全法》第43条规定："个人发现网络运营者违反法律、行政法规的规定或者双方的约定收集、使用其个人信息的，有权要求网络运营者删除其个人信息；发现网络运营者收集、存储的其个人信息有错误的，有权要求网络运营者予以更正。网络运营者应当采取措施予以删除或者更正。"《民法典》第1037条第1款规定："自然人可以依法向信息处理者查阅或者复制其个人信息；发现信息有错误的，有权提出异议并请求及时采取更正等必要措施。"个人信息错误可能导致社会对个人的负面评价，个人信息的不完整同样可能影响其社会评价。相较此前的法律规定，《个人信息保护法》将更正权的适用情形由个人信息"错误"修改为个人信息"不准确"，并且增加了补充权，体现了我国对个人信息权益保护更加完善的立法考量。一方面，《个人信息保护法》第8条明确质量原则，强调个人信息处理者

---

[1] 程啸：《个人信息保护法理解与适用》，中国法制出版社2021年版，第353页。

负有保证个人信息准确、完整的义务;[①] 另一方面,本条赋予个人信息主体享有个人信息更正权、补充权。《个人信息保护法》从权利、义务两个方面共同推动对个人信息准确性、完整性的保障,是我国立法保护个人信息权益乃至个人人格尊严的重要举措。

三、更正权、补充权的行使

(一) 主体

个人信息更正权、补充权的权利主体是个人信息主体本人。通常情况下,该权利由个人信息主体本人行使,特殊情况下也可以由他人代为行使。当个人信息主体是未成年人时,应当由未成年人的父母或者其他监护人代为行使。《未成年人保护法》第72条第2款规定:"未成年人、父母或者其他监护人要求信息处理者更正、删除未成年人个人信息的,信息处理者应当及时采取措施予以更正、删除,但法律、行政法规另有规定的除外。"至于个人信息主体死亡的,《个人信息保护法》第49条明确:"自然人死亡的,其近亲属为了自身的合法、正当利益,可以对死者的相关个人信息行使本章规定的查阅、复制、更正、删除等权利;死者生前另有安排的除外。"即死者的个人信息更正权、补充权由其近亲属代为行使。此外,从对胎儿个人信息延伸保护的角度,胎儿的个人信息不准确、不完整的,可由其父母请求个人信息处理者更正、补充。

个人信息更正权、补充权的义务主体是个人信息处理者,且应当是处理了其个人信息的处理者。如个人信息是由两个以上的个人信息处理者共同决定的,根据《个人信息保护法》第20条的规定,权利主体可以向其中任一个人信息处理者请求更正、补充,个人信息处理者的内部约定不得对抗权利主体的权利主张。

(二) 适用范围

个人信息主体有权请求个人信息处理者更正、补充其个人信息,前

[①] 该条规定:"处理个人信息应当保证个人信息的质量,避免因个人信息不准确、不完整对个人权益造成不利影响。"

提是因个人信息处理者的信息处理活动导致其个人信息不准确或者不完整。对此应从两个方面理解：其一，个人信息主体更正权、补充权的行使，是基于对其本人信息的权益保护，其请求更正或者补充的对象应当是其本人的个人信息。其二，条文虽仅明确个人信息主体的更正权、补充权是在个人信息不准确或者不完整的情况下行使，实则包含三种情形。第一，个人信息不准确。信息处理者处理的个人信息与信息主体的真实个人信息不相符合，可能导致个人因信息处理不真实遭受负面的社会评价，因此法律赋予其请求更正的权利。第二，个人信息不完整。信息处理者处理的个人信息虽然是真实的，但是可能存在遗漏。例如于某诉某市公安局某分局解放派出所、某市公安局个人信息录入行为违法案，[①]个人信息不完整同样可能对个人产生负面的评价影响。第三，个人信息更新不及时。个人信息通常因个人发展存在过时的情形，个人信息主体有权要求更新。例如，个人因深造学习导致教育经历信息变化的，其有权要求信息处理者予以更新。

（三）行使方式

针对不准确或者不完整的个人信息，个人信息主体可以以对话或者非对话的方式请求个人信息处理者进行更正、补充。其中，非对话的方式可以通过传真、电子邮件等方式。个人请求更正、补充其个人信息的，负有举证证明其个人信息不准确或者不完整的义务，但是这种证明义务应当是合理的，不能过分苛刻。

四、个人信息处理者的核实与及时更正、补充

个人信息处理者在接收到个人信息主体的更正、补充请求后应当予以核实。主要应当核实以下内容：一是对权利行使资格的核实，即个人信息处理者是否处理了该信息主体的个人信息；二是对要求更正或补充的个人信息是否不准确或不完整的核实；三是对请求更正、补充的信息

[①] 参见辽宁省海城市人民法院（2020）辽 0381 行初 126 号行政裁定书；辽宁省鞍山市中级人民法院（2021）辽 03 行终 13 号行政裁定书。

是否真实、准确的核实。如经核实个人信息应当更正、补充,个人信息处理者应当及时更正、补充。关于及时性的要求,GDPR 第 12 条第 3 款规定:控制者应当自收到请求起不得超过一个月内提供根据本条例第 15 条至第 22 条采取行动的信息。考虑到请求的复杂性和数量,在必要时,这一期限可以再延长两个月。对于延期提供信息的任何情况,控制者都应当自收到请求起一个月内通知数据主体相关情形和延迟原因。[1] 我国虽未明文规定信息处理者更正、补充个人信息的时间,但从保护个人信息权益的角度,个人信息处理者应当尽量缩短信息更正、补充的时间,以减少对个人信息权益的不利影响。

【条文适用】

一、适用前提

个人信息主体请求个人信息处理者更正、补充的前提是个人信息处理者有权处理其个人信息。具体可从以下两种角度认定:一是个人信息处理者是否依照《个人信息保护法》第 13 条的规定取得个人的同意;二是个人信息处理者是否依照该条第 2 项至第 7 项的规定,构成法定的对个人信息的合理利用。如个人信息处理者处理个人信息不属于前述两种情形,则属于对个人信息权益的侵害,个人可以要求个人信息处理者删除其信息,而非请求更正或者补充。

二、必要性审查问题

本条规定的更正、补充权利,是个人信息主体对个人信息处理者处理信息不准确或者不完整的纠正请求。但这种权利请求行使并非没有边界,它必须是对个人信息权益的有效保护,同时也是一种必要性保护。一方面,从准确性的角度,个人信息存在客观记录、主观推断两种类型。

---

[1] 程啸:《个人信息保护法理解与适用》,中国法制出版社 2021 年版,第 357 页。

如个人信息处理者记录的个人信息属于对个人喜好、用户习惯等的倾向性预测，是否属于应当予以更正的不准确的个人信息？另一方面，从完整性的角度，囿于目的限制和最小范围原则，个人信息处理者得以处理的个人信息往往并非完整信息，并且随着社会生产生活的发展，个人信息也在不断发展变化，如一味要求个人信息处理者处理的个人信息是同步完整的，似有违法律的谦抑性。因此，关于本条规定的个人信息主体的更正权、补充权行使，涉及必要性审查问题。在审查中需要衡平各方的利益，考虑个人信息更正、补充的成本。具体可从以下角度，即补充个人信息是否是实现特定的个人信息处理目的所必需的；补充个人信息是否有助于个人信息处理活动；如果不补充个人信息是否会使个人因信息的不完整而面临风险等。[1]

【相关规定】

1. 《中华人民共和国民法典》（2020年5月28日）

第一千零三十七条　自然人可以依法向信息处理者查阅或者复制其个人信息；发现信息有错误的，有权提出异议并请求及时采取更正等必要措施。

自然人发现信息处理者违反法律、行政法规的规定或者双方的约定处理其个人信息的，有权请求信息处理者及时删除。

2. 《中华人民共和国网络安全法》（2016年11月7日）

第四十三条　个人发现网络运营者违反法律、行政法规的规定或者双方的约定收集、使用其个人信息的，有权要求网络运营者删除其个人信息；发现网络运营者收集、存储的其个人信息有错误的，有权要求网络运营者予以更正。网络运营者应当采取措施予以删除或者更正。

---

[1] Paul Voigt & Axel von dem Bussche, The EU General Data Protection Regulation (GDPR): A Practical Guide, Springer, 2017, P. 156. 转引自程啸：《个人信息保护法理解与适用》，中国法制出版社2021年版，第356页。

3. 《中华人民共和国未成年人保护法》（2020年10月17日修订）

第七十二条 信息处理者通过网络处理未成年人个人信息的，应当遵循合法、正当和必要的原则。处理不满十四周岁未成年人个人信息的，应当征得未成年人的父母或者其他监护人同意，但法律、行政法规另有规定的除外。

未成年人、父母或者其他监护人要求信息处理者更正、删除未成年人个人信息的，信息处理者应当及时采取措施予以更正、删除，但法律、行政法规另有规定的除外。

4. 《中华人民共和国电子商务法》（2018年8月31日）

第二十四条 电子商务经营者应当明示用户信息查询、更正、删除以及用户注销的方式、程序，不得对用户信息查询、更正、删除以及用户注销设置不合理条件。

电子商务经营者收到用户信息查询或者更正、删除的申请的，应当在核实身份后及时提供查询或者更正、删除用户信息。用户注销的，电子商务经营者应当立即删除该用户的信息；依照法律、行政法规的规定或者双方约定保存的，依照其规定。

5. 《征信业管理条例》（2013年1月21日）

第二十五条 信息主体认为征信机构采集、保存、提供的信息存在错误、遗漏的，有权向征信机构或者信息提供者提出异议，要求更正。

征信机构或者信息提供者收到异议，应当按照国务院征信业监督管理部门的规定对相关信息作出存在异议的标注，自收到异议之日起20日内进行核查和处理，并将结果书面答复异议人。

经核查，确认相关信息确有错误、遗漏的，信息提供者、征信机构应当予以更正；确认不存在错误、遗漏的，应当取消异议标注；经核查仍不能确认的，对核查情况和异议内容应当予以记载。

6. 《深圳经济特区数据条例》[①]（2021年7月6日）

第二十四条 个人数据不准确或者不完整的，数据处理者应当根据自然人的要求及时补充、更正。

[①] 本条例自2022年1月1日起施行。

第四十七条 有下列情形之一的，个人信息处理者应当主动删除个人信息；个人信息处理者未删除的，个人有权请求删除：

（一）处理目的已实现、无法实现或者为实现处理目的不再必要；

（二）个人信息处理者停止提供产品或者服务，或者保存期限已届满；

（三）个人撤回同意；

（四）个人信息处理者违反法律、行政法规或者违反约定处理个人信息；

（五）法律、行政法规规定的其他情形。

法律、行政法规规定的保存期限未届满，或者删除个人信息从技术上难以实现的，个人信息处理者应当停止除存储和采取必要的安全保护措施之外的处理。

【条文主旨】

本条是关于删除个人信息规则的规定。

【条文理解】

一、删除规则的立法沿革

本条的删除规则在《个人信息保护法（草案）》第 47 条就已经有所规定。只是，《个人信息保护法（草案）》第 47 条第 1 款是从个人信息处理者的义务角度进行规定。并且，《个人信息保护法（草案）》第 1 款第

1项规定着眼于个人信息的保存期限和处理目的,《个人信息保护法(草案)》第1款第2项规定也是着眼于个人信息的保存期限。这样的表述,从立法技术角度而言并非最优,因为第1项和第2项同时涉及个人信息的保存期限,有重复繁琐之嫌,层次不够清晰。此外,《个人信息保护法(草案)》第47条第2款的规定,也过于绝对。有时,正是因为个人信息的删除从技术上难以实现,所以更需要采取周密的"存储"措施或其他必要的安全措施,而周密的"存储"措施或其他必要的安全措施显然也是一种"处理"。所以,《个人信息保护法(草案)》第47条第2款的规定不甚严谨。

《个人信息保护法(草案二次审议稿)》第47条比之《个人信息保护法(草案)》第47条有明显的变化。首先是对第1款第1项、第1项进行了优化。《个人信息保护法(草案二次审议稿)》第47条第1款第1项只规定处理目的的情况,第2项聚焦规定保存期限和与保存期限近似的"停止提供产品或者服务"的情况。这就在很大程度上避免了《个人信息保护法(草案)》第47条第1款第1项和第2项之间的层次不清晰的问题。当然,《个人信息保护法(草案二次审议稿)》第47条第1款第1项的内容也有微瑕,那就是对于"处理目的",只考虑了"处理目的已实现"和"为实现处理目的不再必要"两种情况,而没有考虑非常重要的"处理目的无法实现"的情况。好在,这一问题在《个人信息保护法(草案三次审议稿)》第17条第1款第1项中已经得到解决。其次是对第2款进行了发展。《个人信息保护法(草案二次审议稿)》第47条第2款表述,由《个人信息保护法(草案)》中的"法律、行政法规规定的保存期限未届满,或者删除个人信息从技术上难以实现的,个人信息处理者应当停止处理个人信息"修改为"法律、行政法规规定的保存期限未届满,或者删除个人信息从技术上难以实现的,个人信息处理者应当停止除存储和采取必要的安全保护措施之外的处理",这就解决了上文提到的《个人信息保护法(草案)》第47条第2款的不严谨问题。

相比《个人信息保护法(草案二次审议稿)》第47条,《个人信息保护法(草案三次审议稿)》第47条又有发展,这就是对《个人信息保护法（草案二次审议稿）》第 47 条第 1 款第 1 项中"处理目的"情况考虑不足的问题，将原来的"处理目的已实现"和"为实现处理目的不再必要"两种情况，扩张为"处理目的已实现""无法实现"或"为实现处理目的不再必要"等三种情况。这就使得基于处理目的而产生的删除规则更为丰富和圆满。

本法第 47 条保留了《个人信息保护法（草案三次审议稿）》第 47 条的内容。

二、删除抑或删除权

就超越个人信息处理目的个人信息，个人有权请求删除的问题，在个人信息保护法立法过程中，一直有"删除权"的讨论。[①] 那么，本条规定的到底是删除权，还是删除规则呢？

在我国现行民事法律体系中，涉及民事主体权利保护类型的法律规范主要是《民法典》，而《民法典》中关于个人信息保护的规定是放到人格权编中的，基于此，应当认为这里的删除抑或删除权应该属于人格权或人格权益的范畴。根据《民法典》第 110 条规定，自然人人格权类型主要是如下九种：生命权、身体权、健康权、姓名权、肖像权、名誉权、荣誉权、隐私权、婚姻自主权。除此之外，由于我国《民法典》第 1165 条还将民事权益纳入保护范围，这就使得上述九种法定的人格权类型不能涵盖的部分民事权益还存在由侵权法律制度提供保护的可能性。基于此，可以肯定的是，本法第 47 条规定的删除是一种利益，而不是一种权利。也就是说，在现行法的框架下，并不存在删除权这样的权利类型。甚至可以说，本条规定的删除，只是个人就其信息利益在符合法定条件下所享有的请求权中的固有内容，即只要个人信息处理者超越信息处理目的处理个人信息，该个人就有权请求个人信息处理者通过作为或不作为满足其个人信息利益。

[①] 徐航：《个人信息保护法草案视域下信息删除权的建构》，载《学习论坛》2021 年第 3 期；冯嫣然：《我国个人信息删除权立法问题研究》，华东政法大学 2019 年硕士学位论文。

三、删除与被遗忘权

从比较法上看，本条规定的删除规则，可以对应于欧洲的"被遗忘权"。2014年5月，欧盟法院对合并审理的谷歌公司、谷歌西班牙公司诉西班牙数据保护局案（因该案涉及的信息主体为西班牙公民冈萨雷斯，为便于区分，以下简称冈萨雷斯案）作出最终裁决，[1] 要求谷歌公司删除涉及有关冈萨雷斯的过时的、无关紧要的因债务危机而拍卖房产的信息的链接后，被遗忘权被认为在欧盟范围内正式确立。在冈萨雷斯案中，欧洲法院认为，搜索引擎在涉及数据的行为中属于1995年《欧盟数据保护指令》中规定的信息控制者，[2] 应按照《欧盟数据保护指令》承担相应的义务。这一义务就是，当信息主体的相关信息因时间流逝变得不准确、不充分、不相关或超越信息处理目的（inadequate, irrelevant or no longer relevant, or excessive）时，只要通过搜索引擎可以检索到这些信息，即使这些信息当初是被合法公开的，信息主体也可以向搜索引擎服务商提出删除链接的请求。因为欧洲法院认为，相比于搜索引擎的经济利益而言，个人的信息保护权利更为优先。[3] 当然，欧洲法院也留了退路，即当信息主体在社会公众生活中具有特定的角色时，其个人信息事关公众利益的，则会有一定程度的限制。总的原则是，信息事关公众利益越多，则法律越倾向于保护网民的知情权。从上述冈萨雷斯案的判决

---

[1] 该案简要案情：2010年西班牙公民冈萨雷斯向西班牙数据保护局投诉《先锋报》和谷歌公司、谷歌西班牙公司，要求《先锋报》删除或修改其页面，不再显示其1998年因进入追缴社保欠费的扣押程序而被强制拍卖房产的相关信息，要求谷歌公司和谷歌西班牙公司删除或屏蔽上述信息。西班牙数据保护局一方面驳回了针对《先锋报》的投诉，因为《先锋报》此前的信息公布行为是合法的；另一方面则支持了针对谷歌公司和谷歌西班牙公司的请求。谷歌公司和谷歌西班牙公司不服，诉至西班牙高等法院。该法院认为，本案涉及对《欧盟数据保护指令》的理解问题，因而提请欧洲法院就相关问题进行解释。2014年5月，欧洲法院对该案作出了裁决，确定《欧盟数据保护指令》适用于互联网搜索服务提供商，并且明确数据主体享有被遗忘权，网络搜索服务提供者有义务删除过时的、不相关的信息，但网络出版商可以援引言论自由免除此种义务。具体介绍，可参见 Google SpainSL, Google Inc. v. Agencia Espanola de, Judgment of the Court, Case C-131/12, paras. 14-15.

[2] Directive 94/46/EC of the European Parliament and of the Council of 24 October 1995 on the protection of individuals with regard to the processing of personal data and on the free movement of such data, Art. 2 (d).

[3] Supra note 1, para. 81.

中，我们并不能找出被遗忘权到底是什么权利的论述，我们也无法通过该判决对被遗忘权的权利主体、义务主体和权利内容和权利客体等要素完全明晰。但是，该案判决还是大体上勾勒了被遗忘权的边界。第一，需要被遗忘或被删除的信息并非信息主体的所有个人信息，而是那些因时间流逝变得不准确、不充分、不相关或超越信息处理目的的信息。第二，一般情况下，信息主体的个人权利比网民上网浏览信息的利益更重要，但是当信息主体是公众人物或其他对于公共利益有影响的人时，公众知情权将处于优位，对搜索引擎的删除要求相应就要降低。也就是，行使被遗忘权时，应该考虑信息的属性，考虑信息对于信息主体个人生活的敏感程度，也应考虑公众获取该信息的正当利益。第三，被遗忘权的行使并不是可以针对任何人，至少不能针对新闻网站。新闻网站基于新闻自由的原则而合法发布的信息是可以保留的，并且新闻网站网页上发布信息是否合法并不影响搜索引擎服务商按照《欧盟数据保护指令》承担删除义务。①

在冈萨雷斯案判决之后近两年的 2016 年 4 月 27 日，欧洲议会和欧盟理事会最终审议通过 GDPR，GDPR 第 17 条对被遗忘权的权利内容进行了较为详细的规定。根据该规定，被遗忘权的边界至少在于以下几个方面：第一，被遗忘权的义务主体仅限于信息控制者；第二，被遗忘权的行使需要以未经信息主体同意而处理个人敏感信息作为适用前提；第三，如果因行使言论自由或信息自由的权利确有必要，则被遗忘权不得与之对抗；第四，根据欧盟法律或其成员国的法律，如果信息控制者是履行合法义务，或出于公共利益的需要而执行任务，或行使其权利，从而对信息进行处理，则信息主体不享有要求删除的权利（这里的删除的权利即被遗忘权，下同）；第五，由于公共利益的需要或进行科学或历史研究，或为了统计数据而归档存储，并能提供 GDPR 第 89 条第 1 款中所规定的保障措施，或根据 GDPR 第 17 条第 1 款的清除会对信息处理的目的产生重要影响的，则信息主体不享有要求删除的权利；第六，为了进行

---

① 参见丁宇翔：《被遗忘权的中国情境及司法展开——从国内首例"被遗忘权"案切入》，载《法治研究》2018 年第 4 期。

诉讼或法庭辩护而处理和利用数据信息的，信息主体也不能主张其要求删除的权利。从整体上看，最终通过的有关被遗忘权的条款，较之于第一次审议的版本对信息控制方的限制更少，法定义务也更为宽松。

比之而言，本法规定的删除规则，虽然没有 GDPR 关于被遗忘权的规定那么完备，但其基本的法律效果却并不逊色。在我国的法律语境下，虽然没有欧盟所谓"删除权"或"被遗忘权"的概念，但删除作为权利和利益受侵害时的救济措施早已有之，甚至可以追溯到《民法通则》中。在 1986 年制定的《民法通则》第 134 条规定的承担民事责任的十种方式中，第一种就是停止侵害。而停止侵害可以适用于各种正在进行的侵权行为，[1] 当网络中存在的信息侵犯信息主体的隐私权、名誉权、姓名权或一般人格权时，权利人首先可以主张的救济措施就是停止侵害，而对于网络信息的侵权行为而言，停止侵害最普遍的方式就是删除涉案信息。这里的停止侵害相当于我国台湾地区"民法"规定的"除去侵害"，[2] 但在我国台湾地区"民法"上，除去侵害请求权不属于侵权行为法上的请求权，而在我国大陆民法中则属于侵权责任方式，这点上二者有所不同。因此，在《民法通则》之后，尽管我国法律中没有明确规定删除的责任方式，但实践中早已存在侵权信息被删除的实际效果，[3] 这种情况一直延续并继受到《民法典》中。

四、我国是否有必要移植被遗忘权

一方面，现阶段确立被遗忘权不符合我国社会发展的实际情况。即使在欧洲的学理中，被遗忘权本身也是一个较新的法律概念。同时，欧洲的法律传统与我国也有较大的不同。欧洲进入资本主义社会已经有几百年的发展历史。其社会发展进程和对个人被遗忘权的保护从欧洲的社会标准来衡量或许是正当的，但这一标准未必适用中国。把欧洲认为符

---

[1] 张新宝：《中国侵权行为法》（第 2 版），中国社会科学出版社 1998 年版，第 184 页。
[2] 参见我国台湾地区"民法"第 18 条之规定。
[3] 参见丁宇翔：《被遗忘权的中国情境及司法展开——从国内首例"被遗忘权"案切入》，载《法治研究》2018 年第 4 期。

合比例原则的被遗忘权制度体系不加区分地硬搬到我国,则未必适用。并且即使在有些欧洲国家比如德国,对于作为信息输送者的网络服务提供者,也会被免予过重的责任。[①] 现阶段过分强调被遗忘权,在我国反而可能是违背比例原则的。因此,在司法实践中,应谨慎对待被遗忘权。

另一方面,过分强调被遗忘权将消解我国信息产业的后发优势。对被遗忘权是否进行大张旗鼓的保护,还需要考虑国家的信息发展战略和信息产业政策。不能为了盲目地跟从国外的所谓潮流,而不顾自身信息产业发展的实际。这一问题如果处理不慎,将危及国家在信息产业方面的重大利益。从我国目前所处的信息技术发展阶段看,虽然我国在信息技术方面具有后发优势,但这种后发优势还有待于相对宽松的政策法律环境的支持。如果盲目地照搬被遗忘权,任由信息主体对数据信息进行过分的控制,则可能导致包括搜索引擎在内的众多互联网信息企业在被遗忘权的裹挟下,放慢甚至停止技术创新的步伐。最终妨碍我国信息产业的整体发展。

正是基于上述考虑,本法没有规定被遗忘权,而是通过删除制度来解决相关问题。

【条文适用】

一、删除规则适用的实体条件

本条规定的删除规则适用的实体条件是并列关系,只要具备条件之一,个人信息处理者就有义务删除。如果其不删除,个人有权请求删除。

(一) 处理目的已实现、无法实现或者为实现处理目的不再必要

在个人信息的处理中需要遵循的重要原则之一是目的限制原则。本法第 6 条第 1 款规定,处理个人信息应当具有明确、合理的目的,并应

[①] [德] 埃尔温·多伊奇、[德] 汉斯-于尔根·阿伦斯:《德国侵权法》(第 5 版),叶名怡、温大军译,中国人民大学出版社 2016 年版,第 150 页。

当与处理目的直接相关。对个人信息进行处理，在主观方面有两个正当性基础：其一，是从处理者角度看，处理个人信息必须遵循目的限制原则；其二，是从个人角度看，处理个人信息原则上必须经得个人明确同意。缺乏以上任意方面，则个人信息的处理都将因为不具备主观方面的正当性基础而变得不合法。这就意味着个人信息的处理者在收集、存储、使用、加工、传输、提供、公开个人信息等各个环节，都不能超越当初的目的去处理个人信息，否则就违背了目的限制原则，个人信息处理将变为不合法。

在个人信息的处理目的已经实现的情况下，个人信息处理的任务已经完成，信息处理者如果还保留他人的个人信息，则欠缺有效的留存目的，不具有正当性，应当删除。在个人信息的处理目的确定无法实现时，此前的处理目的实际上已经相当于不存在，则此时处理者再保留他人个人信息的正当性也已经不具备，应予删除。当个人信息的处理目的已经不需要再以保留他人个人信息为必要时，则基于最少必要原则，信息处理者亦不应再保留他人个人信息，应予删除。

（二）个人信息处理者停止提供产品或者服务，或者保存期限已届满

个人信息的处理，往往是因为个人信息处理者需要给信息主体提供产品或服务。前者如电商平台的卖家，因为需要给买家提供商品，则保留买家的购物信息以便提供完全符合买家要求的货物商品，同时也为防止双方就购物事宜发生纠纷而留存证据，并可以为买家记忆过往的购物轨迹。后者如出行服务提供商需要收集用户的即时位置信息，保留用户的过往接受服务记录。其中，收集即时位置信息，是为了提供出行服务所必需的；保留过往接受服务记录，则同样是为了留存相关证据，同时也为用户提供了其过去的出行记录，帮助其记忆过去的活动轨迹。如果个人信息处理者已经停止提供产品或服务，则无论是为了提供完全符合买家要求的货物商品，还是为了防止双方就购物事宜或服务事宜发生纠纷而留存证据，均因个人信息处理者停止提供产品或服务而变得没有客观基础。此时再保留他人个人信息，显然已经超出了其处理目的，应予

删除。

同时，对于那些约定有保存期限的个人信息的处理，应严格遵守合同的约定。如果合同约定的保存期限届满，则个人信息处理者保存他人个人信息既违反知情同意原则，也违反目的限制原则，应予删除。实践中，个人信息处理者与自然人签订的合同中往往并不约定个人信息的保存期限，此时，当个人信息处理者停止提供产品或者服务时，应删除自然人的个人信息。比如，某教育培训机构保留有某中学生的个人信息，但双方的教育培训合同中并未约定涉及该中学生的个人信息的保存期限。此时，则教育培训机构应在双方的教育培训合同终止且未订立新的教育培训合同时，删除该中学生的个人信息。

需要着重探讨的是，个人信息的保存期限并未届满，但个人信息处理者注销时，个人信息应如何处理的问题。客观地讲，个人信息处理者往往是数据企业。数据企业的数据资产一方面是其核心竞争力之一，具有巨大的商业价值；另一方面也是用户的个人信息，一旦泄露可能产生大面积侵权，潜藏着巨大的权利风险。基于此，大数据企业在注销时，绝不仅仅是了结债权债务就可以的，而是必须确保其控制的海量个人信息数据不被泄露。必须指出，将海量个人信息物理删除是最符合知情同意原则和目的限制原则的本意的。虽然从资源节约利用的角度考虑，删除如此海量的个人信息可能造成数据浪费，因而或许可以考虑适当降低要求，改由相应负责人妥善保管个人信息的做法。但是，我们认为，从知情同意原则和目的限制原则的本质要求上看，信息主体的授权对象就是该注销企业，其处理时间限于其存续期限内。一旦企业注销，则授权基础就不复存在。如果还允许注销企业的相关负责人持有这些海量的个人信息，则相当于在未经信息主体同意的情况下，将原来的授权对象扩展到注销企业的相关负责人个人，明显违反了知情同意原则。因此，有必要在公法上设定企业相关负责人在企业注销时的数据删除义务。如果违反这一义务，相关负责人将不仅承担民事责任，更应承担行政责任，甚至承担刑事责任。表面看来，物理删除好像有数据浪费的嫌疑。但实际上，信息处理者处理个人信息本就有时间限制，约定或者授权的保存期限届满时，信息处理者理应删除其控制的个人信息。当然，在法律和相关行政法规规定这一义务之前，至少应要求相关负责人负有妥善保管该注销企业控制的海量个人信息的义务。如果企业的法定代表人以及专门负责数据库管理的相关负责人在企业注销时没有及时删除个人信息，导致该个人信息发生泄露的，受害的信息主体有权请求该法定代表人及负责人删除其控制的个人信息。如果该被泄露的个人信息被他人利用，导致信息主体发生损失的，则该法定代表人及数据库负责人应就信息主体的损失负担赔偿责任。

（三）个人撤回同意

根据本法第13条第1款第1项和第14条第1款，个人信息的处理必须经得本人同意，且该同意应当由个人在充分知情的前提下自愿、明确作出。这就是《个人信息保护法》中的知情同意原则。2012年《全国人民代表大会常务委员会关于加强网络信息保护的决定》第2条明确提出，在企业收集、使用个人信息时，应当明示收集、使用信息的目的、方式和范围，并经被收集者同意。这是在法律层面知情同意原则被首次提出。知情同意原则并未禁止企业利用个人信息，而只是对企业利用个人信息提出了程序上的要求，即需要将信息处理的相关情况告知信息主体个人，并征得信息主体个人同意。这一原则基本上考虑了双方的合理诉求，在处理二者关系的层面上具有衡平的价值。

在本法立法启动之前的较长时间里，尽管有观点否认知情同意是个人信息处理的正当性基础，[①] 但实际上知情同意原则为全球范围内的个人信息保护立法所普遍适用，并为个人信息保护的国际性文件所采纳。比如，1980年世界经济合作与发展组织（OECD）颁布《关于隐私保护和个人数据跨境流通的指南》，1995年发布《关于涉及个人数据处理的个人保护以及此类数据自由流通的指令》，2013年OECD发布的《OECD隐

[①] 参见任龙龙：《论同意不是个人信息处理的正当性基础》，载《政治与法律》2016年第1期。

私框架》，以及2016年欧盟发布的GDPR。[1] 因此，信息主体个人的同意仍然是个人信息处理最为重要的正当性基础。在此种情况下，一旦信息主体个人撤回此前的同意，则个人信息处理者的处理就不具备正当性基础，应当删除其个人信息。

当然，应当注意的一点是，个人撤回同意也并不是绝对的。一些情况下，个人撤回同意除了导致本条规定的个人信息删除的法律后果之外，还可能产生其他的法律后果。一方面，如果信息主体与他人有关于个人信息处理的约定，则个人撤回同意可能导致其不能获得履行利益。比如，某生物科技公司为了验证某创新药品的临床功效，而与符合特定健康条件且服用该创新药的部分患者签订合同，约定该生物科技公司可以在一年的期限内跟踪收集患者服用该药品之后的健康状况变化信息，但需要每月支付该患者1000元。如果某患者撤回其同意，该生物科技公司应当删除此前收集的患者健康信息，但该患者也将从撤回同意之日起，不能再获得1000元的利益。另一方面，如果信息主体撤回同意构成权利滥用的，则可能产生相应的法律后果。这种法律后果的具体表现有二：一是产生损害赔偿的法律效果。比如，网络预约出租车到某确定地点接人，在网约车前往接人地点的过程中，切断网络撤回对位置共享的同意，导致网约车延时10分钟到达且多支出汽油费5元，则应对网约车多支出的费用进行赔偿。二是产生权利限制行使的后果。在德国法上有所谓"失权"理论，即权利人在特定期限内不行使权利或从事某行为，使相对人有理由相信其将不行使该权利，则依据诚实信用原则，应当认定为该权利已经丧失。[2] 比如，甲授权乙处理其个人信息，并先后三次向乙明确表示，其不会在合同约定的时间内撤回其同意，乙信赖甲的明示承诺，嗣后甲在没有合理事由的情况下即不应在合同约定的期限内撤回其同意。

---

[1] 参见张新宝：《个人信息收集：告知同意原则适用的限制》，载《比较法研究》2019年第6期。

[2] 参见最高人民法院民法典贯彻实施工作领导小组主编：《中华人民共和国民法典总则编理解与适用（下）》，人民法院出版社2020年版，第683页。

（四）个人信息处理者违反法律、行政法规或者违反约定处理个人信息

法律和行政法规是人们行为的基本边界。个人信息处理者违反法律、行政法规的规定就是违反了基本的行为边界，属于违法行为，应当给予否定性评价。此时，个人信息处理者所处理的信息是违法行为的"成果"，继续保留或进行其他处理，当然有违法律、行政法规的基本精神，应当要求个人信息处理者予以删除。

违反约定处理个人信息，一方面是合同法上的违约行为，相应的法律后果可以从《民法典》合同编中的得到规范支持。《民法典》第577条规定的违约责任中的采取补救措施就可以涵盖此处的"删除"，即如果依据《民法典》规定解决违反约定的个人处理行为，可以通过解释采取补救措施而将个人信息处理者删除个人信息作为一种补救措施。但在本条已经明确规定了删除规则的情况下，这种解释路径则不宜优先适用。此时，可以考察违反约定处理个人信息的另一个面相，即这是对知情同意原则和目的限制原则的背离和破坏。因此，从另一方面看，违反约定处理个人信息也是本法明确排除的违反知情同意和目的限制原则的行为，本法直接赋予"删除个人信息"的法律效力，可以直接作为请求权基础，而不必去对《民法典》第577条进行解释适用。

（五）法律、行政法规规定的其他情形

本条是为其他法律、行政法规给个人信息处理者设定删除义务而预留空间。在目前的法律体系中，已经有其他法律规定了删除的情形，但基本与本条第1款第4项的表述保持一致。比如，《民法典》第1037条第2款规定：自然人发现信息处理者违反法律、行政法规的规定或者双方的约定处理其个人信息的，有权请求信息处理者及时删除。再如，《网络安全法》第43条规定：个人发现网络运营者违反法律、行政法规的规定或者双方的约定收集、使用其个人信息的，有权要求网络运营者删除其个人信息。未来，随着信息网络技术、大数据人工智能的进一步发展，基于新的应用场景或情形，很可能产生新的删除需求，本条款的规定可以为未来发展预留足够的解释空间。

二、删除的落实程序

（一）个人信息处理者主动删除

当出现本条第 1 款所列情形时，个人信息处理者随即产生删除这些个人信息的义务，该删除义务不是约定义务，而是依据本法产生的法定义务。即使个人信息处理者向第三人负有义务，且该义务的履行需要以该个人信息的保存或其他处理为前提，也不能免除个人信息处理者的删除义务。当然，此时个人信息处理者可能产生对于第三人的抗辩。比如，在信息主体撤回同意导致个人信息处理者无法向第三人履行义务的，其可以此向第三人提出抗辩，以求变更与第三人的合同，甚至减轻其向第三人承担的民事责任。

（二）个人行使删除请求权请求删除

当个人信息处理者没有主动删除个人信息时，个人可以行使删除请求权，该删除请求权的行使程序可以通过二阶路径行使。

1. 直接向个人信息处理者请求删除。符合本法规定的删除情形而个人信息处理者没有主动删除个人信息的，个人可以直接向个人信息处理者提出删除请求，这是个人行使删除请求权的最常见情形。

2. 向法院起诉请求个人信息处理者删除。符合本法规定的删除情形而个人信息处理者没有主动删除个人信息的，个人可以请求信息处理者予以删除。但如果个人信息处理者在个人提出删除的请求后仍然置之不理，则个人当然可以通过诉讼实现其删除请求权。当然，通过诉讼程序请求删除，法院需要经过实体审理后作出判断。只有经过实体审理后认为符合删除条件的，法院才会判决个人信息处理者删除相关个人信息。另外需要强调的是，删除个人信息的救济实际上是较为消极的，实践中如果个人信息处理者拒绝个人的删除请求导致个人产生损害（比如非物质损害）的，可能产生损害赔偿的补强救济。[①]

[①] 参见丁宇翔：《被遗忘权的中国情境及司法展开——从国内首例"被遗忘权"案切入》，载《法治研究》2018 年第 4 期。

三、删除规则的例外

尽管在符合本条第 1 款规定情形下个人信息处理者产生删除义务，但这一删除义务也存在例外，即法律、行政法规规定的保存期限未届满，或者删除个人信息从技术上难以实现的情况。

（一）法律、行政法规规定的保存期限未届满

虽然存在个人信息处理目的已实现、无法实现或者为实现处理目的不再必要以及本法第 1 款规定的其他情形，但如果法律或行政法规明确规定了个人信息的保存期限，且该保存期限尚未届满，则构成删除规则的例外，个人信息处理者应当停止除存储和采取必要的安全保护措施之外的处理。

（二）删除个人信息从技术上难以实现

虽然人类计算机技术的发展已经使得对个人信息（数据）的存储、传输、删除等处理变得非常容易，但在一些极端情况下，删除个人信息也可能遇到不可逾越的技术障碍。比如，区块链上记录的每一笔个人信息都被加盖时间戳，成为具有原创性的信息，并且将永久地存在于区块链网络，这也是保证区块链数据可溯源、可追踪的必然要求。然而，也正是这一点使得特殊情况下可能造成侵权的个人信息也无法删除。[①] 此时，就会遇到技术上难以删除的情形，构成删除规则的例外。

（三）删除规则例外情况下个人信息处理者的义务

存在本条第 2 款规定的情况下，个人信息处理者可以免除删除义务，但并不意味着个人信息处理者还可以继续处理个人信息。因为，之所以免除删除义务，并非个人信息处理者重新获得了处理个人信息的授权或其他正当性依据，而纯粹是因为技术上难以实现。因此，即使免除了个人信息处理者的删除义务，也要使得最终的状态达到与删除信息相近甚至相同的地步。于是，立法者明确要求个人信息处理者只能因存储和必

[①] 参见丁宇翔：《个人信息保护纠纷理论释解与裁判实务》，中国法制出版社 2021 年版，第 275 页。

要的安全保护而处理个人信息，不得再进行其他任何形式的处理。

【相关规定】

1. 《中华人民共和国民法典》（2020年5月28日）

第一千零三十七条第二款 自然人发现信息处理者违反法律、行政法规的规定或者双方的约定处理其个人信息的，有权请求信息处理者及时删除。

2. 《中华人民共和国网络安全法》（2016年11月7日）

第四十三条 个人发现网络运营者违反法律、行政法规的规定或者双方的约定收集、使用其个人信息的，有权要求网络运营者删除其个人信息；发现网络运营者收集、存储的其个人信息有错误的，有权要求网络运营者予以更正。网络运营者应当采取措施予以删除或者更正。

第四十八条　个人有权要求个人信息处理者对其个人信息处理规则进行解释说明。

【条文主旨】

本条是关于个人信息处理规则解释说明义务的规定。

【条文理解】

一、本条的沿革

本条在《个人信息保护法（草案）》中也是第48条，其表述内容为，个人有权要求个人信息处理者对其个人信息处理规则进行解释说明。《个人信息保护法（草案二次审议稿）》原封不动予以保留，《个人信息保护法（草案三次审议稿）》继续保留。由此可见，本条规定具有非常较为广泛的共识。

二、课以个人信息处理者解释说明义务的依据

（一）贯彻知情同意原则，保护个人知情权的必然要求

个人信息保护领域的知情同意原则就是个人信息处理者在处理个人信息时，就有关个人信息被处理的情况进行充分告知、并征得信息主体个人明确同意的原则。[①] 个人信息处理者就个人信息所确定的处理规则，涵盖个人信息处理的方法、手段、途径、载体和规程，甚至包括个人信息的处理时限。只有充分掌握这些情况，个人才可能明确个人信息的处理是否会对自己的权益产生或在多大程度上产生影响，从而决定是否同

---

① 参见齐爱民：《信息法原论》，武汉大学出版社2010年版，第76页。

意个人信息处理者处理其个人信息。可以说，对个人信息处理规则知晓并理解，是个人同意信息处理者处理其个人信息的前提。GDPR中关于数据主体行使权利的透明度、沟通和形态以及从数据主体处收集个人数据所应提供的信息等内容，[①] 归根结底也是为了贯彻知情同意原则，保护信息主体个人的知情权。本法就此做出规定，表明其在贯彻落实知情同意原则，保护个人知情权方面的积极态度。

（二）确保个人行使其他权利的必然要求

除了知情权之外，个人就其个人信息还可能行使查阅、复制、更正、迁移、删除等权利，这些权利的行使，也需要个人知悉个人信息处理者处理其个人信息的具体规则。比如，只有清楚个人信息的存储和读取规则，个人才能更好地行使其查阅和复制的权利。因此，个人信息处理者对其处理规则进行解释和说明也是个人行使其基于个人信息而生的相关权利的必然要求。

（三）履行个人信息处理者作为规则制定者的固有义务的必然要求

个人信息的处理规则如果是由个人与个人信息处理者共同制定的，则意味着个人已经对处理规则知晓并理解，因而当然没有解释说明的必要。但现实中，个人信息的处理规则往往是由个人信息处理者自行制定的。此时，其作为规则制定者，向规则的相对人或利害关系人解释说明规则的具体内容是其当然的义务。

三、解释和说明的具体要求

本条在规定个人信息处理者解释说明义务的同时，并未明确具体的解释说明要求，但从一般法理上看，个人信息处理者的解释说明义务应遵循特定的解释说明要求。一方面，考虑到个人信息内容的复杂性，个人信息处理者的解释说明应采取个人所认可的方式。具体而言，个人信息处理者的解释说明可以采取书面方式，也可以采取电子方式，甚至可

---

① 参见《欧盟通用数据保护条例》第12条、第13条。

以采取口头方式，只要个人认可。但解释的具体表述内容，应当采用通常的表达，以简洁、清晰、易懂的方式向个人提供。[①] 另一方面，考虑到个人信息处理规则解释的有效性，信息处理者的解释说明义务应在约定的期限内完成，没有约定期限的应在合理时间内完成。如果在正常合理的时间内无法完成解释说明义务的，应向个人作出合理说明，并协商顺延合理的时间。

【条文适用】

本条内容的构造方式并非行为模式加法律效果的完全性法律规范，[②]因而不能独立作为请求权基础。但是，本条仍然有其法律适用的价值。本条虽然没有关于法律效果的内容，但本条实际上是给信息处理者设定了义务，如果其不履行该义务，则构成对法定义务的违反。一方面，个人可以基于个人信息处理者违反知情同意原则而撤回同意。撤回同意即使给个人信息处理者造成损失，也因不可归责于个人而可以免责。另一方面，个人可以诉请法院判令个人信息处理者对相关的处理规则作出解释说明。

【相关规定】

1.《中华人民共和国网络安全法》（2016年11月7日）

第四十一条第一款 网络运营者收集、使用个人信息，应当遵循合法、正当、必要的原则，公开收集、使用规则，明示收集、使用信息的目的、方式和范围，并经被收集者同意。

[①] 参见京东法律研究院：《欧盟数据宪章：〈一般数据保护条例〉GDPR评述及实务指引》，法律出版社2018年版，第60页。

[②] 关于完全性规范，参见黄茂荣：《法学方法与现代民法》（第5版），法律出版社2007年版，第159页。

2. 《中华人民共和国电子商务法》（2018 年 8 月 31 日）

第三十二条 电子商务平台经营者应当遵循公开、公平、公正的原则，制定平台服务协议和交易规则，明确进入和退出平台、商品和服务质量保障、消费者权益保护、个人信息保护等方面的权利和义务。

第四十九条　自然人死亡的，其近亲属为了自身的合法、正当利益，可以对死者的相关个人信息行使本章规定的查阅、复制、更正、删除等权利；死者生前另有安排的除外。

【条文主旨】

本条是关于近亲属在自然人死亡后行使其基于个人信息的相关权利的规定。

【条文理解】

一、本条的沿革

本条在《个人信息保护法（草案）》中没有规定，系《个人信息保护法（草案二次审议稿）》在第49条新增的规定，其内容表述为："自然人死亡的，本章规定的个人在个人信息处理活动中的权利，由其近亲属行使。"到了《个人信息保护法（草案三次审议稿）》中对该表述方式进行了优化，仍然放到第49条，其内容为："自然人死亡的，其近亲属为了自身的合法、正当利益，可以对死者的个人信息行使本章规定的查阅、复制、更正、删除等权利；死者生前另有安排的除外。"本法基本保留《个人信息保护法（草案三次审议稿）》第49条的内容，只是在"对死者的个人信息"表述中增加了限定词"相关"，变更为"对死者的相关个人信息"。这一变化意味着近亲属并非对死者的全部个人信息相关权利均可行使，而只能就死者的相关个人信息行使相应权利。

二、近亲属就死者相关个人信息行使权利的要件

（一）行使权利的主体是死者的近亲属

本条规定的基于死者相关个人信息的权利，只能由死者的近亲属行使。这里的近亲属的具体范围需要进行解释。《民法典》第28条在规定监护人顺序时规定了"配偶—父母、子女—其他近亲属"这样的顺序。从体系解释的角度看，应当认为近亲属包括配偶、父母、子女及其他近亲属。学者认为，这里的其他近亲属包括兄弟姐妹、祖父母、外祖父母、孙子女、外孙子女等直系血亲。[1] 实际上，在《民法典》甚至《民法总则》之前，在《最高人民法院关于贯彻执行〈中华人民共和国民法通则〉若干问题的意见（试行）》第12条就明确指出，《民法通则》中规定的近亲属，包括配偶、父母、子女、兄弟姐妹、祖父母、外祖父母、孙子女、外孙子女。基于此，本条规定的近亲属应包括，死者的配偶、父母、子女、兄弟姐妹、祖父母、外祖父母、孙子女、外孙子女。

（二）行使权利的前提是自然人死亡

近亲属行使本条规定的相关权利需要以自然人的死亡为前提，如果自然人仍然健在，则这些权利由自然人自己行使。此时，即使自然人的近亲属为自己的合法、正当权益有行使自然人的相关个人信息权益的需求，也需要健在的自然人的授权。但在自然人死亡后，即使其近亲属并未取得自然人授权，也可以依照本条规定行使死亡自然人的相关权利。

一般来说，自然人的死亡分为自然死亡和宣告死亡。关于自然死亡的认定，存在一些特殊情况需要注意。首先，是生物意义上的死亡和法律意义上的死亡问题。随着现代生物医学技术的发展，生物意义上的死亡标准变得更为多元。现代医学在不同情况下提出不同的死亡标准。比如，在器官移植的规范性文件中，提出了脑死亡、心脏死亡和脑—心双死亡的标准。[2] 法律意义上的死亡需要以生物学意义上的死亡作为基础，

---

[1] 参见陈甦主编：《民法总则评注（上册）》，法律出版社2017年版，第199页。
[2] 参见《中国心脏死亡器官捐献分类标准》。

但又不能完全机械地套用生物死亡的标准。法律意义上的死亡必须有确定性，否则将带来法律关系的紊乱和社会关系的不稳定。根据《民法典》第 15 条规定，自然人的死亡时间，以死亡证明记载的时间为准；没有死亡证明的，以户籍登记或者其他有效身份登记记载的时间为准。其次，是死亡证明的推翻问题。死亡证明、户籍登记并非绝对的，其作为证据的效力只是推定性的，[①] 当有其他证据足以推翻以上记载时间的，以该证据证明的时间为准。宣告死亡只是法律拟制的一种死亡，其法律效果在于结束与被宣告死亡人的民事法律关系。死亡宣告对被宣告死亡的人的权利能力并无实质影响，但对其他人而言，则起到了推定被宣告人死亡的效果，即达到规定的时点后推定被宣告的人死亡。[②] 从解释上看，本条规定的死亡应包括自然死亡和宣告死亡。

（三）行使权利的目的是维护近亲属自身的合法、正当权益

这一要件决定了死亡自然人的近亲属行使权利是为了自己的权益而不是为了死亡自然人的权益。但是也应强调，这里的权益必须是近亲属自身的合法、正当权益。如果近亲属基于特定目的，为实现自己的非法利益，则不能行使死亡自然人的上述权利。

（四）行使权利的范围有所限制

1. 只能就死者的相关个人信息而非全部个人信息行使权利。本法立法过程中，《个人信息保护法（草案三次审议稿）》对本条前句的表述是："自然人死亡的，其近亲属为了自身的合法、正当利益，可以对死者的个人信息行使本章规定的查阅、复制、更正、删除等权利"，但正式通过的本法第 49 条前句变更为"自然人死亡的，其近亲属为了自身的合法、正当利益，可以对死者的相关个人信息行使本章规定的查阅、复制、更正、删除等权利"，对"死者的个人信息"增加了限制，限制为"死者的相关个人信息"。本书认为，这一限制应是有意为之。这一限制表

[①] 参见陈甦主编：《民法总则评注（上册）》，法律出版社 2017 年版，第 99 页。

[②] 参见最高人民法院民法典贯彻实施工作领导小组主编：《中华人民共和国民法典总则编理解与适用（上）》，人民法院出版社 2020 年版，第 109 页。

明，近亲属只能就死者的相关个人信息而非全部个人信息行使权利。根据国家市场监督管理总局和国家标准化管理委员会共同发布的《信息安全技术 个人信息安全规范》，个人信息包括个人基本资料、个人身份信息、个人生物识别信息等13类、90多项具体的个人信息。[①] 随着信息技术的发展进步，这一类别和具体项目还会扩张。无论近亲属与死亡自然人的关系如何亲近，有些敏感个人信息，也仍然是自然人个人的专属而不能由他人行使相关权利。比如，死亡自然人的恋爱史、性活动、通信记录和内容等个人信息的查阅和复制等权利，原则上就不应允许其近亲属行使。

2. 只能就死者相关个人信息行使部分权利而非全部权利。根据本法第四章的规定，自然人基于其个人信息而享有的权利至少包括知情、决定、限制、拒绝、查阅、访问、复制、更正、删除等广泛的权利内容。根据本条，死者的近亲属为了自己合法、正当权益，所能行使的自然人的权利内容主要是查阅、复制、更正、删除及与该等权利相类似的权利。死者的近亲属并不能为了自己的合法、正当权益而行使死者基于其个人信息的全部权利。在目前法律确定的基于个人信息的权利范围内，至少有一些权利，哪怕是死亡自然人的近亲属也不能行使。比如，个人信息处理的决定权就与查阅、复制、更正、删除等权利有所不同，因为个人信息处理的决定权与自然人本人的人格尊严息息相关，是自然人人格自主的重要内容，彰显了一种个人的人格尊严和个人自由，[②] 原则上只能自己行使，其近亲属即使是为了其自身的合法、正当权益，原则上也不能行使。

三、近亲属就死者相关个人信息行使权利的排除

法律在规范一般情形的同时，也不能忽视特别情况。在本条规定中，

[①] 参见中华人民共和国国家标准《信息安全技术 个人信息安全规范》（GB/T 35273—2020）附录A。

[②] 参见王利明：《论个人信息权的法律保护——以个人信息权和隐私权的界分为中心》，载《现代法学》2013年第4期。

近亲属在自然人死亡后可以基于自然人的个人信息行使查阅、复制、更正、删除等权利,但这些权利的行使并非绝对的。根据本条后句的规定,只要自然人在死亡之前有另外的安排,就可以排除其近亲属行使查阅、复制、更正、删除等权利。在此,自然人生前的另外安排,可以通过遗嘱来实现,也可以通过其他形式的安排实现,但必须有证明自然人该意思表示的证据存在,方可排除其近亲属行使本条规定的查阅、复制、更正、删除等权利。

【条文适用】

本条的实质是赋予近亲属在自然人死亡后行使其基于个人信息的查阅、复制、更正、删除等权利。有了本条规定,死亡自然人的近亲属在为了自己的合法、正当权益时,可以直接以自己的名义向个人信息处理者主张这些权利。近亲属行使上述权利时需要向个人信息处理者或其他相对人提交能够证明其与死者近亲属关系的相应证据,并且应当说明其为了什么样的合法、正当利益而有必要行使死亡自然人的查阅、复制、更正、删除等权利。个人信息处理者或相对人在得到死者近亲属的上述请求,且看到其提交的上述证据后,不仅有义务提供死者相关个人信息供其近亲属查阅和复制,而且有义务协助死者近亲属对死者的相关个人信息予以更正或删除,除非个人信息处理者或相对人可以提交证据证明死者有另外的安排。如果个人信息处理者或其他相对人拒绝配合死者近亲属行使上述权利,则死者近亲属可以通过法院诉讼主张其权利。

【相关规定】

《中华人民共和国民法典》(2020年5月28日)

第十五条 自然人的出生时间和死亡时间,以出生证明、死亡证明记载的时间为准;没有出生证明、死亡证明的,以户籍登记或者其他有效身份登记记载的时间为准。有其他证据足以推翻以上记载时间的,以该证据证明的时间为准。

第十八条 成年人为完全民事行为能力人，可以独立实施民事法律行为。

十六周岁以上的未成年人，以自己的劳动收入为主要生活来源的，视为完全民事行为能力人。

第五十条　个人信息处理者应当建立便捷的个人行使权利的申请受理和处理机制。拒绝个人行使权利的请求的，应当说明理由。

个人信息处理者拒绝个人行使权利的请求的，个人可以依法向人民法院提起诉讼。

【条文主旨】

本条是关于个人在个人信息处理活动中的权利救济方式的规定。

【条文理解】

一、本条在立法过程中的沿革变化

在中国人大网公布《个人信息保护法（草案）》征求意见稿中，本条规定为："个人信息处理者应当建立个人行使权利的申请受理和处理机制。拒绝个人行使权利的请求的，应当说明理由。"在《个人信息保护法（草案二次审议稿）》征求意见时，本条规定无变化。

2021年8月17日，全国人民代表大会宪法和法律委员会对《个人信息保护法（草案三次审议稿）》进行了分组审议。审议中，有的常委委员提出，应当要求个人信息处理者提供便捷的途径，并明确个人向人民法院起诉寻求救济的权利，以更好保障个人行使个人信息查询、复制等权利。宪法和法律委员会经研究，建议在《个人信息保护法（草案三次审议稿）》第50条中增加以下规定：一是个人信息处理者应当建立"便捷的"个人行使权利的申请受理和处理机制；二是个人信息处理者拒绝个人行使权利的请求的，个人可以依法向人民法院提起诉讼。该意见被吸收采纳，形成现在的条文规定。

这次修改中，在申请受理和处理机制前增加"便捷的"限定词具有鲜明的立法导向，要求个人信息处理者不仅要建立个人行使权利的申请受理和处理机制，而且要求相关机制必须是便捷的，不能人为设置过于复杂、不易操作的申请受理和处理机制。例如，采用交互式页面（如网站、移动互联网应用程序、客户端软件等）提供产品或服务的，宜直接设置便捷的交互式页面提供功能或选项，便于个人信息主体在线行使其访问、更正、删除、撤回授权同意、注销账户等权利。[①] 这次修改还明确了个人可以诉诸司法救济，即增加规定"个人信息处理者拒绝个人行使权利的请求的，个人可以依法向人民法院提起诉讼"。司法是社会纠纷解决的最后一道防线，本条明确个人的诉权对于强化保护个人信息的司法保护具有重要意义。

二、申请受理机制、处理机制和说明理由机制

根据本法第四章的规定，个人在个人信息处理活动中拥有知情权、决定权，查阅权、复制权、更正权、补充权，删除权等诸多权利，个人行使这些权利需要个人信息处理者提供必要的条件。

本条规定在第四章"个人在个人信息处理活动中的权利"之中，有学者认为，该条确立了个体参与原则，[②] 也有人认为，本条似乎更多是规定个人信息处理者之义务而非个人之权利，规定在第五章"个人信息处理者的义务"中更为合适。事实上，权利和义务是相对的，个人的权利对应的就是个人信息处理者的义务，个人行使权利的申请受理和处理机制的健全是保障个人权利有效行使的关键环节，也是个人参与个人信息处理的重要途径和方式，纳入"个人在个人信息处理活动中的权利"一章具有鲜明的导向和宣示意义。

《民法典》第 1195 条、第 1196 条的规定确立了"通知与取下"和

[①] 参见《信息技术安全 个人信息安全规范》第 8.7 条。
[②] 周辉：《〈个人信息保护法〉的个人信息处理基本原则》，载经济参考网，http://www.jjckb.cn/2021-08/24/c_1310144650.htm，最后访问日期：2021 年 10 月 2 日。

"反通知"制度,[①]《网络安全法》第 49 条规定网络运营者应当建立网络信息安全投诉、举报制度,公布投诉、举报方式等信息,及时受理并处理有关网络信息安全的投诉和举报。本条在吸收这些规定和其他规定的基础上,确立了申请受理机制、处理机制和说明理由机制。

(一) 申请受理机制

个人行使知情权、决定权、查阅权、复制权、更正权、补充权,删除权等权利需要个人信息处理者加以配合,申请受理机制是个人向个人信息处理者行使权利的有效方式。个人信息处理者应当以恰当的方式明确个人信息处理者的名称或者姓名、联系方式,以及接受个人行使各项权利的途径和方式,保证申请受理机制的畅通。对于申请受理机制,本条明确要求须是"便捷的"。个人信息处理者的申请受理机制应当以方便个人提出行使权利的申请为目的,不得对个人行使权利设置不必要的障碍。例如,《个人信息保护法》第 15 条第 1 款规定,基于个人同意处理个人信息的,个人有权撤回其同意。个人信息处理者应当提供便捷的撤回同意的方式。这条规定属于申请受理机制的具体组成部分。

(二) 处理机制

"处理机制"在个人信息相关法律文本中存在不同含义,例如,GDPR 中的"处理机制"多指个人信息处理者处理个人信息的程序、算法、方式等。本条中的处理机制并非个人信息处理机制,而是指个人信息处理者在收到个人的行权请求或者有关投诉后,及时处理个人的相关要求的程序机制。[②] 处理机制不能认为是个人信息处理者内部的程序,处理机制不得与《民法典》《个人信息保护法》《网络安全法》等法律法规的规定相抵触,处理机制应能充分保护个人的各项权利,并及时将处理结果向权利人反馈。

需要说的是,处理机制包括紧急情况下的采取必要措施的机制。例

[①] 黄薇主编:《中华人民共和国民法典侵权责任编释义》,法律出版社 2020 年版,第 93~99 页。

[②] 参见《信息技术安全 个人信息安全规范》第 8.8 条。

如，根据《使用人脸识别技术处理个人信息民事案件规定》第 9 条的规定，自然人有证据证明信息处理者使用人脸识别技术正在实施或者即将实施侵害其隐私权或者其他人格权益的行为，不及时制止将使其合法权益受到难以弥补的损害，向人民法院申请采取责令信息处理者停止有关行为的措施的，人民法院可以根据案件具体情况依法作出人格权侵害禁令。而个人信息处理者应当建立健全相应的处理机制，在接到权利人或者人民法院有关要求后，确保能够及时采取停止有关行为的措施。

（三）说明理由机制

知情权、决定权，查阅权、复制权，更正权、补充权，删除权等权利是法律赋予个人的权利，个人信息处理者拒绝个人行使权利的请求的，应当说明理由。理由包括申请人不是权利人、信息处理者的信息处理行为合法、信息处理者信息处理符合双方的约定等。

个人信息处理者拒绝个人行使权利的请求的，应当说明理由，这并不意味着只要说明理由，就可以拒绝信息主体行使权利的请求。个人信息处理者无正当理由拒绝权利人行使权利造成损害的，应当承担责任。个人信息处理者拒绝个人行使权利的请求时应当说明理由，这一方面可以保证个人信息处理活动的公开透明，保障个人的知情权，另一方面也可以防止个人信息处理者任意拒绝权利人的合理请求，并且在个人提起诉讼时方便法院判断个人信息处理者拒绝个人行权的行为依据是否充分、是否合法。[1]

三、个人提起诉讼的权利

根据本条第 2 款规定，个人信息处理者拒绝个人行使权利的请求的，个人可以依法向人民法院提起诉讼。本条并未限定提起诉讼的性质，不可当然认为个人只能提起民事诉讼。《个人信息保护法》第 33 条规定："国家机关处理个人信息的活动，适用本法；本节有特别规定的，适用本节规定"；该法第 37 条规定："法律、法规授权的具有管理公共事务职能

---

[1] 程啸：《个人信息保护法理解与适用》，中国法制出版社 2021 年版，第 387~388 页。

的组织为履行法定职责处理个人信息,适用本法关于国家机关处理个人信息的规定。"也就是说,国家机关以及法律、法规授权的具有管理公共事务职能的组织也可以成为《个人信息保护法》上的个人信息处理者,因此,根据个人信息处理者身份的不同,个人可以分别提起行政诉讼或民事诉讼。

(一)提起行政诉讼

处理个人信息活动的国家机关或者履行法定职责处理个人信息的法律、法规授权的具有管理公共事务职能的组织拒绝个人行使权利请求的,个人提起的诉讼符合《行政诉讼法》第 12 条和第 25 条规定的受案范围和原告资格的,人民法院应依法作为行政诉讼案件受理。当然,本条并不排除个人在提起行政诉讼前可以按照相关规定提起行政复议。但是,对于法律、法规规定应当先向行政机关申请复议,对复议决定不服再向人民法院提起行政诉讼的,依照法律、法规的规定。

(二)提起民事诉讼

根据《民事诉讼法》第 119 条规定,起诉必须符合下列条件:(1)原告是与本案有直接利害关系的公民、法人和其他组织;(2)有明确的被告;(3)有具体的诉讼请求和事实、理由;(4)属于人民法院受理民事诉讼的范围和受诉人民法院管辖。个人认为相关权利被个人信息处理者侵害的,有明确的原告和被告,与案件有直接利害关系,也有具体的诉讼请求、事实和理由,符合《民事诉讼法》关于受理条件的规定,可以依法提起诉讼。为方便权利人行使诉权,2020 年新修订的《民事案件案由规定》也专门增加了个人信息保护纠纷案由。从实体法角度说,《民法典》《个人信息保护法》《网络安全法》及相关法律法规和司法解释为个人行使诉权提供了法律依据。

【条文适用】

本条第 1 款规定的是个人向个人信息处理者提出行使权利的请求,第 2 款规定的是在个人信息处理者拒绝个人行使权利的请求的情况下,个人可以提起诉讼。本条在适用中，需注意个人向个人信息处理者提出权利诉求、个人信息处理者拒绝个人行使权利的请求与向人民法院提起诉讼的关系。

首先，本条倡导个人行使权利时应先向个人信息处理者提出。个人行使权利的相对方是个人信息处理者，个人的权利诉求应向个人信息处理者主张。个人信息处理者应通过便捷的申请受理和处理机制，保障和满足个人的合法权利诉求。因为个人信息处理者有能力回应个人的合理行权诉求，引导个人先向个人信息处理者主张权利，一方面有利于纠纷从源头化解，另一方面也是高效、实质化解纠纷的需要。

其次，对于个人信息处理者拒绝个人行使权利的请求的，该个人可以提起诉讼。如果个人信息处理者满足了个人行使权利的请求，纠纷得以解决，无须诉至法院，纠纷通过个人信息处理者的内部程序加以解决，这也是本条的立法导向，避免大量纠纷直接诉诸法院。如果个人信息处理者拒绝了个人行使权利的请求，个人认为该拒绝损害其个人信息权益的，可以向人民法院起诉。

最后，个人信息处理者提出权利诉求且个人信息处理者拒绝个人行使权利的请求不是向人民法院提起诉讼的前置条件。[①]《民事诉讼法》第124条规定：依照法律规定，应当由其他机关处理的争议，告知原告向有关机关申请解决，人民法院不予以处理。诉权是公民、法人和非法人组织的一项基本权利，限制诉权须有法律的明确规定。本条倡导个人行使权利时先向个人信息处理者主张，但并不是法律的强制，个人可以不经向信息处理者主张行权而直接向人民法院起诉。例如，在情况紧急的情况下，个人可以不向个人信息处理者主张权利而直接向人民法院起诉。

[①] 张新宝、葛鑫：《个人信息保护法（专家建议稿）及立法理由书》，中国人民大学出版社2021年版，第230页。

【相关规定】

1.《中华人民共和国民法典》（2020 年 5 月 28 日）

第一千一百九十五条 网络用户利用网络服务实施侵权行为的，权利人有权通知网络服务提供者采取删除、屏蔽、断开链接等必要措施。通知应当包括构成侵权的初步证据及权利人的真实身份信息。

网络服务提供者接到通知后，应当及时将该通知转送相关网络用户，并根据构成侵权的初步证据和服务类型采取必要措施；未及时采取必要措施的，对损害的扩大部分与该网络用户承担连带责任。

权利人因错误通知造成网络用户或者网络服务提供者损害的，应当承担侵权责任。法律另有规定的，依照其规定。

第一千一百九十六条 网络用户接到转送的通知后，可以向网络服务提供者提交不存在侵权行为的声明。声明应当包括不存在侵权行为的初步证据及网络用户的真实身份信息。

网络服务提供者接到声明后，应当将该声明转送发出通知的权利人，并告知其可以向有关部门投诉或者向人民法院提起诉讼。网络服务提供者在转送声明到达权利人后的合理期限内，未收到权利人已经投诉或者提起诉讼通知的，应当及时终止所采取的措施。

2.《中华人民共和国网络安全法》（2016 年 11 月 7 日）

第四十九条 网络运营者应当建立网络信息安全投诉、举报制度，公布投诉、举报方式等信息，及时受理并处理有关网络信息安全的投诉和举报。

网络运营者对网信部门和有关部门依法实施的监督检查，应当予以配合。

3.《中华人民共和国电子商务法》（2018 年 8 月 31 日）

第五十九条 电子商务经营者应当建立便捷、有效的投诉、举报机制，公开投诉、举报方式等信息，及时受理并处理投诉、举报。

4. 《信息技术安全 个人信息安全规范》（2020 年 3 月 6 日）

8.7 响应个人信息主体的请求

对个人信息控制者的要求包括：

a) 在验证个人信息主体身份后，应及时响应个人信息主体基于 8.1～8.6 提出的请求，应在三十天内或法律法规规定的期限内作出答复及合理解释，并告知个人信息主体外部纠纷解决途径。

b) 采用交互式页面（如网站、移动互联网应用程序、客户端软件等）提供产品或服务的，宜直接设置便捷的交互页面提供功能或选项，便于个人信息主体在线行使其访问、更正、删除、撤回授权同意、注销账户等权利。

c) 对合理的请求原则上不收取费用，但对一定时期内多次重复的请求，可视情收取一定成本费用。

d) 直接实现个人信息主体的请求需要付出高额成本或存在其他显著困难的，个人信息控制者应向个人信息主体提供替代方法，以保障个人信息主体的合法权益。

e) 以下情形可不响应个人信息主体基于 8.1～8.6 提出的请求，包括：

　　1) 与个人信息控制者履行法律法规规定的义务相关的；

　　2) 与国家安全、国防安全直接相关的；

　　3) 与公共安全、公共卫生、重大公共利益直接相关的；

　　4) 与刑事侦查、起诉、审判和执行判决等直接相关的；

　　5) 个人信息控制者有充分证据表明个人信息主体存在主观恶意或滥用权利的；

　　6) 出于维护个人信息主体或其他个人的生命、财产等重大合法权益但又很难得到本人授权同意的；

　　7) 响应个人信息主体的请求将导致个人信息主体或其他个人、组织的合法权益受到严重损害的；

　　8) 涉及商业秘密的。

f) 如决定不响应个人信息主体的请求，应向个人信息主体告知该决定的理由,并向个人信息主体提供投诉的途径。

5.《电信和互联网用户个人信息保护规定》(2013年7月16日)

第十二条　电信业务经营者、互联网信息服务提供者应当建立用户投诉处理机制,公布有效的联系方式,接受与用户个人信息保护有关的投诉,并自接到投诉之日起十五日内答复投诉人。

第五章　个人信息处理者的义务

第五十一条　个人信息处理者应当根据个人信息的处理目的、处理方式、个人信息的种类以及对个人权益的影响、可能存在的安全风险等，采取下列措施确保个人信息处理活动符合法律、行政法规的规定，并防止未经授权的访问以及个人信息泄露、篡改、丢失：

（一）制定内部管理制度和操作规程；

（二）对个人信息实行分类管理；

（三）采取相应的加密、去标识化等安全技术措施；

（四）合理确定个人信息处理的操作权限，并定期对从业人员进行安全教育和培训；

（五）制定并组织实施个人信息安全事件应急预案；

（六）法律、行政法规规定的其他措施。

【条文主旨】

本条是关于个人信息处理者采取安全保障措施义务的规定。

【条文理解】

一、处理者的安全保障义务

本条明确了个人信息处理者对个人信息处理活动的安全保障义务。该义务执行的评估依据为个人信息的处理目的、处理方式、个人信息的种类以及对个人权益的影响、可能存在的安全风险等。义务执行目的则是符合法律、行政法规的规定,并防止未经授权的访问以及个人信息泄露、篡改、丢失。

自《个人信息保护法》草案发布以来,个人信息处理者的安全保障义务的要求呈现比较成熟稳定的立法状态,即围绕着制度建设、信息分类、技术措施、人员管理、应急预案这五大角度以及最后兜底的其他措施,这六点个人信息处理者的义务已经深入处理者的实践,被业界接受认可,三次草案征求意见基本没有变动。

安全保障义务以列举形式体现,属于法定义务,个人信息处理者应该逐一遵守,否则应视为第66条规定的"处理个人信息未履行本法规定的个人信息保护义务的"情形,承担相应的法律责任。同时,如造成未经授权的访问以及个人信息泄露、篡改、丢失的,并造成个人信息权益损害的,根据第69条规定的过错推定原则,安全保障义务的全面履行应当视为企业证明自己没有过错的重要依据,因而安全保障义务在企业日常运营中具有重要的合规意义。

二、内部管控制度建设

就内部管理制度和操作规程而言,结合《个人信息保护法》第4条第2款,管理制度和操作规程至少应覆盖个人信息收集、存储、使用、加工、传输、提供、公开、删除等个人信息全生命周期流程。

《个人金融信息保护技术规范》(JR/T 0171—2020)提供了可供参考的宝贵经验,在该规范中,个人金融信息的内部管控要求不仅区分了各生命周期中的管控基本原则,还分列了相应的安全措施要求和管理要求,对于内控制度的合规要点。《个人金融信息技术规范》也作出了详细指导,包括建立个人金融信息保护管理规定、日常管理及操作流程管理要求,个人金融信息时效性管理制度、外包服务机构与外部服务机构管理制度和个人金融信息安全检查及监督机制等。

三、对个人信息分类管理

与《个人信息保护法(草案)》相比较,本条将"对个人信息实行分类分级管理"中的"分级"删除。"分级"是对个人信息纵向的分层，"分类"是对个人信息横向的切分。

针对个人信息分级问题，《个人信息保护法》已给出法定的方案，即区分一般个人信息和敏感个人信息的处理（第二章第二节专门规定），此外，在《侵犯公民个人信息刑事案件解释》中确立的极易导致个人信息处理者承担刑事责任的四类信息，无疑应当视为个人信息分级中最高级别的极敏感个人信息，因此，在《个人信息保护法》出台之前，个人信息分级体系实际已经具备基本雏形：（1）极敏感个人信息：行踪轨迹信息、通信内容、征信信息、财产信息。（2）敏感个人信息：生物识别、宗教信仰、特定身份、医疗健康、（金融账户）、（行踪轨迹）。（3）一般个人信息：除上述极敏感个人信息和敏感个人信息外的其他个人信息。

对个人信息分类而言，个人信息进行分类管理的实质目的在于需要根据信息类别确立对个人信息处理者不同的管控义务，并确认不同的个人信息主体权益。如敏感个人信息的处理，即要求处理者应当取得个人的单独同意，并将由国家网信部门统筹协调有关部门制定专门的个人信息保护规则、标准。目前已经有部分标准尝试对个人信息进行了分类，例如：

《信息安全技术 个人信息安全规范》（GB/T 35273—2020）：将个人信息类别区分为个人基本资料、个人身份信息、个人生物识别信息、网络身份标识信息、个人健康生理信息、个人教育工作信息、个人财产信息、个人通信信息、联系人信息、个人上网记录、个人常用设备信息、个人位置信息、其他信息。

《个人金融信息保护技术规范》（JR/T 0171—2020）：将个人金融信息区分为C3类别信息（主要为用户鉴别信息）、C2类别信息（主要为可识别特定个人金融信息主体身份与金融状况的个人金融信息，以及用于金融产品与服务的关键信息）、C1类别信息（主要为机构内部的信息资产）。

《信息安全技术 移动智能终端个人信息保护技术要求》（GB/T 34978—2017）：将个人信息分类为通信信息、日志信息、账户信息、金融支付信息、传感采集信息、设备信息、文件信息。

需要看到的是，在目前个人信息的分类分级实践中，分类和分级并没有作绝对意义的区分，例如上述《信息安全技术 个人信息安全规范》的分类同时也考虑了对一般个人信息和敏感个人信息的分级示例，再如《个人金融信息保护技术规范》中首创的对个人金融信息的 C1、C2、C3 分类方法，同时也对个人信息的级别进行了总结归纳以便纳入不同管理规则。

四、采取相应的加密、去标识化等安全技术措施

（一）加密

根据《信息安全技术 信息系统密码应用基本要求》（GB/T 39786—2021）的规定，加密是指对数据进行密码变换以产生密文的过程。《网络安全法》对加密的规定体现在第 21 条，网络运营者应当"采取数据分类、重要数据备份和加密等措施"，以符合履行网络安全保护义务的要求。《个人信息保护法》延续了《网络安全法》的要求，规定个人信息处理者应当"采取相应的加密、去标识化等安全技术措施"等必要措施，以"确保个人信息处理活动符合法律、行政法规的规定，并防止未经授权的访问以及个人信息泄露、篡改、丢失"。

部分学者认为，相比《网络安全法》的静态存储要求，《个人信息保护法》的要求需要对存储的静态数据、传输中的动态数据，以及随时处于流动的无论其状态的各种数据采取符合法律要求、行业实践和保护惯例的技术措施。

（二）去标识化

《个人信息保护法》对去标识化作出了明确定义："去标识化，是指个人信息经过处理，使其在不借助额外信息的情况下无法识别特定自然人的过程。"根据《信息安全技术 个人信息安全规范》的定义，去标识化是指建立在个体基础之上，保留个体颗粒度，采用假名、加密、哈希函数等替代对个人信息的标识。可见，去标识化后的信息可以借助额外信息识别特定自然人，本质上仍为一种个人信息。

因此，若消除或控制去标识化信息与特定自然人之间的关联性，则去标识化后的信息将脱离个人信息的定义范畴。《网络安全法》《信息安全技术 个人信息安全规范》等定义和描述均对这种思路进行了确认。例如，《网络安全法》第42条规定"网络运营者不得泄露、篡改、毁损其收集的个人信息；未经被收集者同意，不得向他人提供个人信息。但是，经过处理无法识别特定个人且不能复原的除外。"

由于《个人信息保护法》对于个人信息处理者对外提供个人信息设定了需要获得用户单独同意的前提，对个人信息流动现状提出了重大挑战。去标识化作为一种潜在的有助于个人信息流动的手段受到密切关注。2021年4月公布的《个人信息去标识化效果分级评估规范》（征求意见稿）中，对于去标识化技术进行了详细探讨，并将标识符（微数据中的一个或多个属性，可以实现对个人信息主体的唯一识别）区分为"直接标识符"（微数据中的属性，在特定环境下可以单独识别个人信息主体）和"准标识符"（微数据中的属性，结合其他属性可唯一识别个人信息主体）。重新标识个人信息主体的风险越低，则意味着去标识化效果越好，应用于相应的个人信息流动场景中的风险越小。

在个人信息流动需求激增和个人信息权益风险保障措施加固的冲突下，去标识化可能会成为企业实现其个人信息流动的可选重要合规方式，也已经存在有效评估个人信息流动风险的具体方法论，因此投入必要的技术力量完成个人信息去标识化的相关技术落地，是个人信息处理者平衡其合规义务和效益追求的重要支点。

五、加强人员管理和教育培训

个人信息处理者人员管理义务主要集中在合理确定个人信息处理的操作权限及定期对从业人员进行安全教育和培训。这两项管理义务均对个人信息处理者的动态风险管控水平提出较高要求。《信息安全技术 个人信息安全规范》第7.1条"个人信息访问控制措施"和第11.6条"人员管理与培训"中对此进行了细化规定。

（一）操作权限控制

《信息安全技术 个人信息安全规范》第7.1条有关"个人信息访问

控制措施"的要求已经非常具体,可以作为落地细则出台之前的合规方式参考。根据该条款,在操作权限控制方面,个人信息处理者应当:"a)对被授权访问个人信息的人员,应建立最小授权的访问控制策略,使其只能访问职责所需的最小必要的个人信息,且仅具备完成职责所需的最少的数据操作权限;b)对个人信息的重要操作设置内部审批流程,如进行批量修改、拷贝、下载等重要操作;c)对安全管理人员、数据操作人员、审计人员的角色进行分离设置;d)确因工作需要,需授权特定人员超权限处理个人信息的,应经个人信息保护责任人或个人信息保护工作机构进行审批,并记录在册;e)对个人敏感信息的访问、修改等操作行为,宜在对角色权限控制的基础上,按照业务流程的需求触发操作授权。例如,当收到客户投诉,投诉处理人员才可访问该个人信息主体的相关信息"。

(二)人员管理

《信息安全技术 个人信息安全规范》第11.6条有关"人员管理与培训"也作出了详尽要求,包括个人信息处理者应当:"a)应与从事个人信息处理岗位上的相关人员签署保密协议,对大量接触个人敏感信息的人员进行背景审查,以了解其犯罪记录、诚信状况等;b)应明确内部涉及个人信息处理不同岗位的安全职责,建立发生安全事件的处罚机制;c)应要求个人信息处理岗位上的相关人员在调离岗位或终止劳动合同时,继续履行保密义务;d)应明确可能访问个人信息的外部服务人员应遵守的个人信息安全要求,与其签署保密协议,并进行监督;e)应建立相应的内部制度和政策对员工提出个人信息保护的指引和要求;f)应定期(至少每年一次)或在个人信息保护政策发生重大变化时,对个人信息处理岗位上的相关人员开展个人信息安全专业化培训和考核,确保相关人员熟练掌握个人信息保护政策和相关规程"。

除通用规定外,《个人金融信息保护技术规范》对于操作权限和人员管理也提出了其本身的特殊要求。例如,在操作权限方面,要求个人信息处理者应将传输、处理、存储个人金融信息的系统默认用户权限设置为"拒绝所有访问";个人金融信息不应在远程访问设备上留存等。在人员管理方面,《个人金融信息保护技术规范》要求系统开发人员、测试人员和运维人员之间不互相兼岗,对培训和意识教育活动需要保存相关记录。

六、制定并组织实施安全事件应急预案

《网络安全法》第25条和第34条均要求网络运营者和关键信息基础设施运营者制定应急预案,并要求关键信息基础设施运营者对制定的预案进行定期演练。《个人信息保护法》将个人信息处理者的应急制度要求拔高于普通的网络运营者但低于关键信息基础设施运营者,根据《个人信息保护法》的要求,个人信息处理者应当"制定并组织实施个人信息安全事件应急预案",这意味着个人信息处理者在制定应急预案之外,还应不定期组织实施该应急预案。个人信息处理者应注意在日常运营中保留对应急预案组织实施的证据,以作为履行个人信息处理者的合规凭证。

七、域外相关制度

GDPR和《加州消费者隐私法案》(CCPA)、《加州隐私权法案》(CPRA)具有相似性,即强调根据个人信息处理的风险,采取与之相适应的安全保障措施。在列举的具体措施方面,我国《个人信息保护法》相较于GDPR更为细致全面,明确了个人信息处理者对个人信息应当实行分级管理、对从业人员定期展开安全培训。

(一)欧盟GDPR第32条

根据该条规定:(1)采取安全措施的考虑因素包括:最新水平、实施成本、处理的性质、处理的范围、处理的语境与目的,以及处理给自然人权利与自由带来的伤害可能性与严重性;在评估合适的安全级别的时候,应当特别考虑处理所带来的风险,特别是在个人数据传输、储存或处理过程中的意外或非法销毁、丢失、篡改、未经授权的披露或访问。(2)具体的安全措施包括:个人数据的匿名化和加密;保持处理系统与服务的保密性、公正性、有效性以及重新恢复的能力;在遭受物理性或技术性事件的情形中,有能力恢复对个人数据的获取与访问;具有为保

证处理安全而常规性地测试、评估与评价技术性与组织性手段有效性的流程。

(二)《加州消费者隐私法案》和《加州隐私权法案》第 1798.100 条

根据《加州消费者隐私法案》和《加州隐私权法案》第 1798.100 条规定,采取安全措施考虑的因素包括:收集消费者个人信息的处理者应根据按照个人信息的性质实施合理的安全程序和做法。① 但是,上述法律文件没有规定具体的安全措施。

(三)英国数据保护机构 Information Commissioner's Office(ICO)的安全措施核对清单②

英国数据保护机构 Information Commissioner's Office(ICO)的安全措施核对清单规定:(1)我们对我们的处理过程所带来的风险进行分析,并以此来评估我们需要实施的适当的安全水平;(2)在决定采取何种措施时,我们会考虑到最新的技术水平和实施成本;(3)我们有一个信息安全政策(或同等的政策),并采取措施确保该政策得到执行;(3)必要时,我们会制定额外的政策,并确保控制措施到位以执行这些政策;(4)我们确保定期审查我们的信息安全政策和措施,并在必要时对其进行改进;(5)我们已经通过考虑我们想要实现的安全结果来评估我们需要做什么;(6)我们已经制定了基本的技术控制措施,例如像 Cyber Essentials 这样的既定框架所规定的措施;(7)我们知道,根据我们的情况和我们处理的个人数据的类型,我们可能还需要采取其他技术措施;(8)我们在适当的情况下使用加密和/或假名化;(9)我们理解对我们处理的个人数据的保密性、完整性和可用性的要求;(10)我们确保在发生任何事件时能够恢复对个人数据的访问,例如建立一个适当的备份程序;(11)我

---

① 《加州民法典》第 1798.100 条(e)项:收集消费者个人信息的企业应根据第 1798.81.5 条规定按照个人信息的性质实施合理的安全程序和实践,以保护个人信息免遭未经授权的或非法的访问、破坏、使用、修改或披露。1798.81.5 条规定:拥有、许可或维护加州居民个人信息的企业应实施和维护适合信息性质的合理安全程序和做法,以保护个人信息免遭未经授权的访问、破坏、使用、修改或披露。

② https://ico.org.uk/for-organisations/guide-to-data-protection/guide-to-the-general-data-protection-regulation-gdpr/security/.

们对我们的措施进行定期测试和审查,以确保它们保持有效,并根据测试结果对需要改进的地方采取行动;(12)在适当的情况下,我们实施遵守经批准的行为准则或认证机制的措施;(13)我们确保我们使用的任何数据处理器也实施适当的技术和组织措施。

【相关规定】

1.《中华人民共和国数据安全法》(2021年6月10日)

第二十七条 开展数据处理活动应当依照法律、法规的规定,建立健全全流程数据安全管理制度,组织开展数据安全教育培训,采取相应的技术措施和其他必要措施,保障数据安全。利用互联网等信息网络开展数据处理活动,应当在网络安全等级保护制度的基础上,履行上述数据安全保护义务。

重要数据的处理者应当明确数据安全负责人和管理机构,落实数据安全保护责任。

2.《中华人民共和国网络安全法》(2016年11月7日)

第二十一条 国家实行网络安全等级保护制度。网络运营者应当按照网络安全等级保护制度的要求,履行下列安全保护义务,保障网络免受干扰、破坏或者未经授权的访问,防止网络数据泄露或者被窃取、篡改:

(一)制定内部安全管理制度和操作规程,确定网络安全负责人,落实网络安全保护责任;

(二)采取防范计算机病毒和网络攻击、网络侵入等危害网络安全行为的技术措施;

(三)采取监测、记录网络运行状态、网络安全事件的技术措施,并按照规定留存相关的网络日志不少于六个月;

(四)采取数据分类、重要数据备份和加密等措施;

(五)法律、行政法规规定的其他义务。

第二十五条 网络运营者应当制定网络安全事件应急预案,及时处置系统漏洞、计算机病毒、网络攻击、网络侵入等安全风险；在发生危害网络安全的事件时，立即启动应急预案，采取相应的补救措施，并按照规定向有关主管部门报告。

第三十四条　除本法第二十一条的规定外，关键信息基础设施的运营者还应当履行下列安全保护义务：

（一）设置专门安全管理机构和安全管理负责人，并对该负责人和关键岗位的人员进行安全背景审查；

（二）定期对从业人员进行网络安全教育、技术培训和技能考核；

（三）对重要系统和数据库进行容灾备份；

（四）制定网络安全事件应急预案，并定期进行演练；

（五）法律、行政法规规定的其他义务。

3.《深圳经济特区数据条例》[①]（2021年7月6日）

第七十二条　数据处理者应当依照法律、法规规定，建立健全数据分类分级、风险监测、安全评估、安全教育等安全管理制度，落实保障措施，不断提升技术手段，确保数据安全。

数据处理者因合并、分立、收购等变更的，由变更后的数据处理者继续落实数据安全管理责任。

[①] 本条例自2022年1月1日起施行。

第五十二条　处理个人信息达到国家网信部门规定数量的个人信息处理者应当指定个人信息保护负责人，负责对个人信息处理活动以及采取的保护措施等进行监督。

个人信息处理者应当公开个人信息保护负责人的联系方式，并将个人信息保护负责人的姓名、联系方式等报送履行个人信息保护职责的部门。

【条文主旨】

本条是关于个人信息处理活动中处理者设置个人信息保护负责人制度义务和履职信息公开要求的规定。

【条文理解】

一、设置个人信息保护负责人的义务

（一）个人信息保护负责人委任的法定情形

本条要求满足一定条件，即处理个人信息达到国家网信部门规定数量的个人信息处理者，指定个人信息保护负责人。个人信息保护负责人对外披露的要求仅限于联系方式，但需报送履行个人信息保护职责的部门的信息则包括姓名和联系方式。

就职责来看，个人信息保护负责人的职责明确为对个人信息处理活动以及采取的保护措施等进行监督，而非承担主要责任。同时，个人信息处理者应当公开联系方式，并将姓名和联系方式等相关信息报送相关监管部门。

仅从本条来看，《个人信息保护法》仅对个人信息保护负责人的设置

提出了框架性的要求，而对于个人信息保护负责人的具体职责划分、任职要求、条件以及责任承担等问题，或有待网信部门后续制定详细的实施细则以进一步规范。

从参考角度而言，《信息安全技术 个人信息安全规范》第11.1条可以为个人信息保护负责人的设置提供详细参考，但应注意该规范中要求设置的组织内部机构广于《个人信息保护法》，在个人信息保护负责人之外，该规范要求设立个人信息保护工作机构。2020年的该规范根据大数据时代信息处理者运行的具体情况，对部分内容进行了调整，在不改变原有个人信息控制者对负责人和机构任命的基础情况下，提出了对个人信息保护负责人应具备的经验、素质要求，以及其具有的重要决策直接对上报告的权力。可见，《信息安全技术 个人信息安全规范》增加了个人信息保护负责人及机构的任职资格和报告机制。使个人信息保护负责人和相关机构的委任人员不仅具备更加专业的背景知识，能顺利地与个人信息控制者实现对接，保护个人信息安全，而且对组织负责人的直接报告可以避免其执行任务中的权力影响。在相关组织应设立专职人员和机构的条件上，适当提高了门槛，在委任的法定情形中，将组织处理个人信息规模人数标准由原来的50万人提高至100万人。值得注意的是，2021年7月公布的《网络安全审查办法（修订草案征求意见稿）》提到了"100万人"的个人信息人数数量标准，因而100万人有可能最终被确立为个人信息保护负责人的设立标准，具体的落地细则尚待进一步观察。

（二）个人信息保护负责人的职责

《信息安全技术 个人信息安全规范》第11.1条对个人信息保护负责人和机构的职责提出了要求，个人信息保护负责人具有全面统筹和直接负责的职责。在制度层面，责任落实到具体的个人信息保护负责人和机构，从制度或政策的出台和实施到相关人员的培训计划都应做好组织工作，应有责任人员或机构的全程参与。在实施层面，该规范赋予了个人信息保护负责人具体合法的工作内容，建立个人信息清单、开展评估、进行安全培训等，充分发挥个人信息保护负责人的作用。在监督层面，个人信息保护负责人应确保个人信息在收集和使用中的各个阶段符合相关规定，确保控制者所掌握的个人信息来源合法、处理合法，并在此基础上赋予其进行安全审计的职责。

二、数据保护官（DPO）制度

本条必然让我们联想到 GDPR 所规定的"数据保护官"（data protection officer，DPO）。关于 DPO 的任职，GDPR 规定可以从内部雇员中任命，也可以从外部聘请，同时要求 DPO 的职能与其担任的其他职务不产生利益冲突。

我国个人信息保护负责人制度尚未全面建立，因而个人信息保护负责人不具备像欧盟 DPO 一样显著的职能性，但是已经具备了与 DPO 共同的某些特性。一是合法性，我国《网络安全法》中认可了设定网络安全负责人职位的情形，在《信息安全技术 个人信息安全规范》和《个人信息保护法》中明确指出了个人信息保护负责人委任的法定情形以及职责。GDPR 则是将 DPO 列为单独的小节，明确规定了其任命的法定形式、地位以及任务等，并且通过欧盟各个成员国的积极实施，已经形成了一项关于个人数据保护方面专门的具有研究性的制度。二是强制性，我国《信息安全技术 个人信息安全规范》《个人信息保护法》和 GDPR 在设置个人信息或数据保护负责人时，均对"应当"情形作出规定，明确了控制者（处理者）在符合条件的范围内应履行的委任个人信息或数据保护负责人的义务。

然而我国《个人信息保护法》下的个人信息保护负责人同 GDPR 的数据保护官（DPO）存在一定的区别：

（一）适用

就本条而言，我国《个人信息保护法》以个人信息处理者处理个人信息的数量作为划分门槛，只有处理个人信息达到国家网信部门规定数量的个人信息处理者才负有指定个人信息保护负责人的义务。网信部门将如何划线量级，2020 年修订的《信息安全技术 个人信息安全规范》已作出启示，分别从处理者的业务属性、个人信息处理规模、敏感个人信息规模这三个维度来设计个人信息保护负责人设置必要的起点：其一，若个人信息处理属于主要业务,且从业人员超200人的;其二,处理个人信息涉及100万个人主体以上的;其三,处理敏感个人信息涉及10万个人主体以上的。只要满足以上三个维度的任何一个,就触发个人信息保护负责人的设置义务。值得关注的是,该规范进一步要求个人信息保护负责人为专职职务。关于个人信息保护负责人的专职性,我国《个人信息保护法》并没有要求;该规范系指导性文件,并不构成法律强制力。因此,专职性与否的要求仍有待法律文件加以明确,处理者需观察动向,相应配置人事资源。

对照 GDPR 来看,GDPR 有关 DPO 职务的必要设置也可以从我国《信息安全技术 个人信息安全规范》提出的三个维度进行理解。除处理者的 DPO 设置要求外,GDPR 还明确规定政府部门处理个人信息的,必须设置 DPO。GDPR 允许 DPO 可以由处理者内部人员出任,也可以由外聘机构承担。由处理者内部人员出任的,GDPR 并未作全职限定,仅要求在兼任时,同时担任的其他职务不与 DPO 职责相冲突。可见,我国《信息安全技术 个人信息安全规范》在个人信息保护负责人来源和投入程度问题上,与 GDPR 的要求相比,显得更加严格,尽管仍有待明确该要求的强制效力。

(二)独立性要求

DPO 相比较我国个人信息保护负责人还具备独立性要求。GDPR 赋予了 DPO 特定的职责,明确了 DPO 的法律地位,有关条款的规定制约了数据控制者和处理者对于 DPO 在行使职权方面的影响,确保 DPO 脱离数据控制者和处理者的意志,独立地行使权力和履行义务。DPO 的独立性更好地确保了 DPO 恰当地履行其专业职责,是值得借鉴的优良经验。

(三)制度建设

GDPR 关于数据保护官的制度更为系统和全面,包括需要任命 DPO 的情形,DPO 的专业能力要求,保障 DPO 得以履行职责的资源支持,DPO 的角色和利益冲突保护等。相较而言,我国《个人信息保护法》对个人信息保护责任人的规定较为笼统。

DPO/个人信息保护责任人在实践中常常会面临利益冲突,作为处理者的雇员，他/她首先应当为处理者负责，其次，作为组织的联系人，需要面向个人信息保护监管机构展开合作。因此，GDPR对其利益冲突问题予以了重点关注，从保护DPO的角度，明确DPO的独立性，其不应为履行职责而被数据控制者或处理者解雇。

GDPR关于DPO任职的规定，摘录两款如下：第37条"数据保护专员的指定"规定：数据保护专员可以是数据控制者或处理者的员工，也可以按照服务合同来完成任务。第38条"数据保护专员的地位"规定：数据保护专员可以履行其他任务和职务，数据控制者或处理者应当确保任何这样的任务和职务都不能导致利益冲突。

而我国《个人信息保护法》似乎并没有关注到这一问题，并未规定个人信息保护负责人是内部任命还是外聘，也没有职务不相容的规定，反而更进一步强调个人信息保护负责人对违法行为的责任承担，在各项行政处罚中，个人信息保护负责人似乎都可以被归入直接负责的主管人员或者其他直接责任人员，这可能会进一步加剧个人信息保护责任人的职业困境。

正如GDPR以及后续指南中对DPO的定位，DPO是合规落地的核心，对DPO给予更多的法律上的职业保障，才能真正有助于DPO职业群体的繁荣。

三、域外相关制度

GDPR在第37条至第39条中对DPO设置作了明确要求，对于设立地在欧盟的机构来说，政府部门及公共机构作为数据控制者、机构核心业务涉及日常的以及系统性的监控数据主体等大规模活动、处理特殊类型的个人数据，或者数据处理活动与刑事定罪相关等情形下，属于必须设立DPO的法定情形。同时DPO必须具备有关数据保护的专业知识和技能，有能力且能独立地履行职责。DPO的联系方式必须予以公布，且向监管机构报备。公司可以对DPO进行指定，但前提是DPO能够方便地介入公司其他运营地来处理相关事务。一些典型国家已经颁布实施了相关法律，明确突出任命DPO的要求，可见关于DPO的岗位设置和配套法律法规的完善是大势所趋。

《韩国个人信息保护法》不仅建立了个人信息保护相关机制，而且具有与 DPO 相类似的个人职位设置，要求处理者必须指定一名隐私官。

2012 年《菲律宾数据隐私法》要求个人信息控制者和处理者任命 DPO，其中与 GDPR 规定相类似的几点是：菲律宾任命的 DPO 如果同时任有其他职位，不应与 DPO 的任务、职责存在冲突；DPO 不具备个人数据处理目的及方式的决定权；DPO 须具备与数据隐私相关的专业知识；DPO 具有相对独立性等。菲律宾隐私委员会在确保任命 DPO 之外的实施方面更进一步指出所任命的 DPO 应当符合相应的法律规定，以及 DPO 的任命范围和例外情况。

2012 年的《新加坡个人数据保护法》同样提出了任命一名或多名 DPO 的要求，赋予了 DPO 可以对外授予特定职权的权力，并指出应当对外披露 DPO 的相关信息。针对相关机构不依法任命 DPO 的情形，新加坡个人数据委员会将进行调查，而不配合调查的组织或自然人将构成犯罪，依照相关法律法规予以处罚。此后，2014 在新加坡正式生效的《新加坡个人信息保护法》也明确了各个机构必须委任一名隐私专员的规定，还要确保该隐私专员收集的资料的准确性和完整性，保障个人信息安全。

2017 年由印度电子信息技术部发布的《印度数据保护框架白皮书》提出了 DPO 有关要求，通过设置 DPO 并赋予权力，来解决个人信息安全保护所面临的严峻形势。

为了提高 DPO 的能力，2019 年 12 月意大利数据保护机构发布了《意大利 DPO 实践指导手册》，确保 DPO 在处理数据保护相关问题时，能够兼顾数据控制者、数据主体及公众等相关者的利益。中国信息通信研究院互联网法律研究中心研究员刘耀华梳理了该指导手册的重点内容，认为该 DPO 规范可以给我国提供借鉴。这部实践指导手册由三部分组成：一是介绍安全、隐私和数据保护的相关概念；二是 GDPR 的主要内容及一些重点方面的介绍，同时共享了 EDPS RACI（"执行、负责、咨询、通知"）矩阵；三是通过相关实例对 DPO 提供实践指导，重点在于明确了 DPO 的任务或将在实践中涉及 DPO 任务的实用指南。

【相关规定】

1.《中华人民共和国数据安全法》(2021年6月10日)

第二十七条 开展数据处理活动应当依照法律、法规的规定,建立健全全流程数据安全管理制度,组织开展数据安全教育培训,采取相应的技术措施和其他必要措施,保障数据安全。利用互联网等信息网络开展数据处理活动,应当在网络安全等级保护制度的基础上,履行上述数据安全保护义务。

重要数据的处理者应当明确数据安全负责人和管理机构,落实数据安全保护责任。

2.《中华人民共和国网络安全法》(2016年11月7日)

第二十一条 国家实行网络安全等级保护制度。网络运营者应当按照网络安全等级保护制度的要求,履行下列安全保护义务,保障网络免受干扰、破坏或者未经授权的访问,防止网络数据泄露或者被窃取、篡改:

(一)制定内部安全管理制度和操作规程,确定网络安全负责人,落实网络安全保护责任;

(二)采取防范计算机病毒和网络攻击、网络侵入等危害网络安全行为的技术措施;

(三)采取监测、记录网络运行状态、网络安全事件的技术措施,并按照规定留存相关的网络日志不少于六个月;

(四)采取数据分类、重要数据备份和加密等措施;

(五)法律、行政法规规定的其他义务。

3.《信息安全技术 个人信息安全规范》(2020年3月6日)

11.1 明确责任部门与人员

对个人信息控制者的要求包括:

a) 应明确其法定代表人或主要负责人对个人信息安全负全面领导责任,包括为个人信息安全工作提供人力、财力、物力保障等。

b) 应任命个人信息保护负责人和个人信息保护工作机构,个人信息保护负责人应由具有相关管理工作经历和个人信息保护专业知识的人员担任,参与有关个人信息处理活动的重要决策直接向组织主要负责人报告工作。

c) 满足以下条件之一的组织,应设立专职的个人信息保护负责人和个人信息保护工作机构,负责个人信息安全工作:

1) 主要业务涉及个人信息处理,且从业人员规模大于200人;
2) 处理超过100万人的个人信息,或预计在12个月内处理超过100万人的个人信息;
3) 处理超过10万人的个人敏感信息的。

d) 个人信息保护负责人和个人信息保护工作机构的职责应包括但不限于:

1) 全面统筹实施组织内部的个人信息安全工作,对个人信息安全负直接责任;
2) 组织制定个人信息保护工作计划并督促落实;
3) 制定、签发、实施、定期更新个人信息保护政策和相关规程;
4) 建立、维护和更新组织所持有的个人信息清单(包括个人信息的类型、数量、来源、接收方等)和授权访问策略;
5) 开展个人信息安全影响评估,提出个人信息保护的对策建议,督促整改安全隐患;
6) 组织开展个人信息安全培训;
7) 在产品或服务上线发布前进行检测,避免未知的个人信息收集、使用、共享等处理行为;
8) 公布投诉、举报方式等信息并及时受理投诉举报;
9) 进行安全审计;
10) 与监督、管理部门保持沟通,通报或报告个人信息保护和事件处置等情况。

e) 应为个人信息保护负责人和个人信息保护工作机构提供必要的资源,保障其独立履行职责。

4.《深圳经济特区数据条例》①（2021年7月6日）

第七十三条 处理敏感个人数据或者国家规定的重要数据的，应当按照有关规定设立数据安全管理机构、明确数据安全管理责任人，并实施特别技术保护。

---

① 该条例将于2022年1月1日施行。

第五十三条　本法第三条第二款规定的中华人民共和国境外的个人信息处理者，应当在中华人民共和国境内设立专门机构或者指定代表，负责处理个人信息保护相关事务，并将有关机构的名称或者代表的姓名、联系方式等报送履行个人信息保护职责的部门。

【条文主旨】

本条是关于在中华人民共和国境外的个人信息处理者在我国境内设立专门机构或指定代表义务的规定。

【条文理解】

本条是本法第3条第2款的制度衔接。本法第3条第2款规范了《个人信息保护法》的域外效力，其理论基础来源于"数据主权"，其现实需求还包括数据安全。网络空间的无国界性和自由流动性，致使信息以难以控制的方式自由流动和跨境传输，为此，国际范围内很多国家和地区在数据主权基础上，基于数据安全原则，设定了个人信息保护法"域外效力"的条款，在此基础上再对"信息出境"加以规定，切实保护本国个人信息对外输出与处理。如GDPR在第3条确定了管辖标准后，又在第27条规定，在第3条适用的情况下，控制者或处理者应当以书面形式在欧盟委任一名代表。[①] 此为域外管辖的实现提供更有效的途径和方式。

在第十三届全国人民代表大会常务委员会第二十二次会议上，时任全国人大常委会法工委副主任刘俊臣在作关于《中华人民共和国个人信息保护法（草案）》的说明中，明确"在我国境内处理个人信息的活动

---

① 齐爱民：《拯救信息社会中的人格——个人信息保护法总论》，北京大学出版社2009年版。

适用本法的同时，借鉴有关国家和地区的做法，赋予本法必要的域外适用效力，以充分保护我国境内个人的权益"。在此原则下，我国《个人信息保护法》的域外效力条款主要参照了欧盟 GDPR，在此基础上立足于我国现有的法律体系，连接其他部门法，对境外个人信息处理者在本国进行个人信息处理作出义务性规定，对境外个人信息处理者进行稳定的监管，起到与执法管辖衔接的效果，进一步保障域外管辖。

在立法精神上，本条内容与国家网信办 2019 年出台的《个人信息出境安全评估办法（征求意见稿）》相似，该征求意见稿第 20 条规定："境外机构经营活动中，通过互联网等收集境内用户个人信息，应当在境内通过法定代表人或者机构履行本办法中网络运营者的责任和义务。"上述条款对于境外个人信息处理者在境内的活动设定一定的门槛，通过"设定专门机构"或"指定代表"与行政管理衔接，类似于设立境外信息处理机构"白名单"，以便加强对境内个人信息的保护。同时本条的设立也避免了在《公司法》项下概念的混淆。另外，本条规范与本法第 3 条第 2 款相适应，使其能够真正贯彻落实，而不会成为具文。

其实，《网络安全法》及《数据安全法》已经开始尝试为域外数据执法管辖行使的中国模式提供法律依据，通过规定境外机构设立境内机构或代表的规范，一定程度上可以实现域外执法转化为依据属地原则的执法。这主要体现在以下两个方面：第一，《网络安全法》第 5 条明确规定："国家采取措施，监测、防御、处置来源于中华人民共和国境内外的网络安全风险和威胁，保护关键信息基础设施免受攻击、侵入、干扰和破坏，依法惩治网络违法犯罪活动，维护网络空间安全和秩序。"《数据安全法》第 2 条规定："在中华人民共和国境内开展数据处理活动及其安全监管，适用本法。在中华人民共和国境外开展数据处理活动，损害中华人民共和国国家安全、公共利益或者公民、组织合法权益的，依法追究法律责任。"上述表述实际上肯定了相关立法的域外效力与适用，为域外执法管辖权的行使提供了合法性的支持。《个人信息保护法》第 3 条第 2 款更是直接以法律适用条款的形式确认了域外效力。但无论是数据执法还是现在的个人信息保护的执法管辖权的域外行使，尤其是行政执法，往往基于公约机制的授权而展开,任意的域外执法管辖则可视为是对他国主权的威胁与侵害。[1] 因此在适用本法第53条的基础上,对本法第3条第2款的境外个人信息处理者的执法可以转换为属地原则下的管辖,但相应地对于第53条中规定的"设立专门机构或者指定代表"应该给予进一步的解释与规定,以便在我国行使管辖权或境外信息处理者在承担法律责任时具有更明确的范围。

基于本法第3条第2款,在中华人民共和国境外处理中华人民共和国境内自然人个人信息的活动,包括以向境内自然人提供产品或者服务为目的,分析、评估境内自然人的行为,法律、行政法规规定的其他情形的境外个人信息处理者均应遵守本条规范。即在主体确认上采用效果原则,只要对境内个人信息产生处理效果的境外个人信息处理者均应遵守本条义务规范。

【条文适用】

一、关于个人信息处理者

本条针对的是根据本法第3条第2款规定的境外个人信息处理者,根据本法第73条规定,个人信息处理者,是指在个人信息处理活动中自主决定处理目的、处理方式的组织、个人。

二、关于境内的内涵与外延

依照体系解释,本条中表述的中华人民共和国境内,指的是中国大陆(内地),不包括我国台湾地区、香港特别行政区、澳门特别行政区。

三、关于专门机构或者指定代表的设立

与本条设立专门机构或者指定代表制度最为接近的是GDPR第27

---

[1] 邵怿:《论域外数据执法管辖权的单方扩张》,载《社会科学》2020年第10期。

条，该条规定欧盟境内没有经营场所的境外数据控制者或处理者应当以书面方式指定一名在欧盟的代表。代表一般为自然人或者法人，受制于数据控制者或者处理者的授权。欧盟境内的数据保护机构可以通过代表与欧盟境外的数据控制者或者处理者建立联系以便于执法。欧盟的规定对比本条之规定，在内在逻辑上确有相似之处，故可作为理解本条的参考。

结合 GDPR 及我国其他法律、行政法规之规定，对专门机构及制定代表的设立，应理解为：本条所规定的专门机构或者指定代表之主体应包括自然人、法人、非法人组织，我国境外的个人信息处理者，无论在境内有无经营场所，皆应在中华人民共和国境内设立专门机构或者指定代表，负责处理个人信息保护相关事务，并履行报送义务。具体设立的形式，可以为相关机构，如分公司、办事处、代表机构；可以为自然人，在我国境内居住，该自然人与信息处理者的具体关系，可以进一步细化规定。

四、境外个人信息处理者及境内专门机构或者代表的义务

境外个人信息处理者符合本法第 3 条第 2 款条件的，应将设立的专门机构或指定的代表姓名、联系方式等报送履行个人信息保护职责的部门。同时，境外个人信息处理者还应履行本法规定的各项义务。

基于"设立专门机构或者指定代表"的法律性质仍不清晰，致使虽然对于符合规定的境外个人信息处理者要求遵守我国《个人信息保护法》的相关规定，但是在具体的义务履行和责任承担上，其是否能够与境内个人信息处理者一致，尚待解释。因此对于"设立专门机构或者指定代表"应该与我国《公司法》或《外商投资法》以及《企业境外经营合规管理指引》中对于相关境外企业代表和机构设置规定相适应，并重点考虑行业特征和个人信息处理的特性作出相适应的变动。

【相关规定】

1.《中华人民共和国数据安全法》（2021年6月10日）

第二条 在中华人民共和国境内开展数据处理活动及其安全监管，适用本法。

在中华人民共和国境外开展数据处理活动，损害中华人民共和国国家安全、公共利益或者公民、组织合法权益的，依法追究法律责任。

2.《中华人民共和国网络安全法》（2016年11月7日）

第五条 国家采取措施，监测、防御、处置来源于中华人民共和国境内外的网络安全风险和威胁，保护关键信息基础设施免受攻击、侵入、干扰和破坏，依法惩治网络违法犯罪活动，维护网络空间安全和秩序。

第五十四条 个人信息处理者应当定期对其处理个人信息遵守法律、行政法规的情况进行合规审计。

【条文主旨】

本条是关于个人信息处理活动中处理者合规审计义务的规定。

【条文理解】

一、合规审计的目的

合规性审计的性质是一种经济合规监督活动,主要指审计机构和审计人员依据国家法律、法规和财经制度,对被审计单位的生产经营管理活动及其有关资料是否合规所进行的一种监督活动。审计就其组织形式而言,一般分为内审和外审,前者是指信息处理者内部设立的审计部门,后者是指第三方的审计机构。

《个人信息保护法》第 54 条确立了个人信息处理者的合规审计制度:"个人信息处理者应当定期对其处理个人信息遵守法律、行政法规的情况进行合规审计。"个人信息合规审计的主要目的,一方面是发现、控制和避免处理者处理个人信息不合规,引发法律责任、受到相关处罚、造成经济或声誉损失以及其他负面影响的可能性;另一方面,也是证实处理者处理个人信息活动合规的重要证据。因此,从审计目的出发来看,个人信息处理者应当自发定期地对其个人信息处理活动进行合规审计,审计范围应当包含其全部个人信息处理活动,并留存审计记录,阶段性地积累其合规处理数据的义务履行证明。

二、合规审计的方式

《个人信息保护法(草案)》第 53 条规定:"个人信息处理者应当定

期对其个人信息处理活动、采取的保护措施等是否符合法律、行政法规的规定进行审计。履行个人信息保护职责的部门有权要求个人信息处理者委托专业机构进行审计。"在《个人信息保护法》的正式稿中，仅保留了个人信息处理者发起的定期审计形式，而将"被动审计"列入了第64条的规定，即"履行个人信息保护职责的部门在履行职责中，发现个人信息处理活动存在较大风险或者发生个人信息安全事件的，可以按照规定的权限和程序对该个人信息处理者的法定代表人或者主要负责人进行约谈，或者要求个人信息处理者委托专业机构对其个人信息处理活动进行合规审计"。

在主动发起的定期审计中，参考《商务部关于两用物项出口经营者建立出口管制内部合规机制的指导意见》第3条第7款规定合规审计可以由处理者内部专人进行，也可以聘请外部第三方机构进行；此外，国家推荐标准《信息安全技术 个人信息安全规范》（GB/T 35273—2020）规定个人信息保护负责人和个人信息保护工作机构的职责之一为进行安全审计。因此，我们认为《个人信息保护法》第54条规定的个人信息处理者主动定期合规审计可以由个人信息处理者内部部门或人员进行，如审计部门、法务部门、合规部门、监察部门等，也可以委托第三方机构进行，如律师事务所、会计师事务所等。对于被动临时性合规审计下的"专业机构"，还有待于法律法规或权威解释的进一步明确。

三、合规审计的内容

《个人信息保护法》第54条仅对个人信息处理者的安全审计要求进行了原则性规定，在具体实施细则落地以前，《信息安全技术 个人信息安全规范》第11.7条关于安全审计的规定具有较高的参考价值，该审计条款"对个人信息控制者的要求包括：a）应对个人信息保护政策、相关规程和安全措施的有效性进行审计；b）应建立自动化审计系统，监测记录个人信息处理活动；c）审计过程形成的记录应能对安全事件的处置、应急响应和事后调查提供支撑；d）应防止非授权访问、篡改或删除审计记录；e）应及时处理审计过程中发现的个人信息违规使用、滥用等情况；f）审计记录和留存时间应符合法律法规的要求。"

在《信息安全技术 个人信息安全规范》基础上，《个人金融信息保护技术规范》（JR/T D171—2020）第7.4.1条对于监控与审计的内容也作出了补充要求，包括："a）应识别并记录包括但不限于管理员用户、业务用户对个人金融信息的访问。b）应对个人金融信息数据交换网络流量进行安全监控和分析，并存储匹配安全规则的数据，以备事件溯源。c）日志文件和匹配规则的数据应至少保存6个月，应定期对所有系统组件日志进行审计，包括但不限于存储、处理或传输个人金融信息的系统组件日志、执行安全功能的系统组件日志（如防火墙、入侵检测系统、验证服务器等）、安全事件日志等。d）应采取技术手段对个人金融信息全生命周期进行安全风险识别和管控，如恶意代码检测、异常流量监测、用户行为分析等"。

四、域外相关制度

英国、欧盟、新加坡、美国等国家也存在个人信息保护合规审计的规定，除英国的审计机构是英国信息专员办公室（ICO）外，其他国家基本由处理者内部指定的数据保护官（DPO）负责审计，其审计条件、审计依据、审计程序、合规清单等方面都存在较完善的法律规范性文件与指南。例如英国，ICO针对双方约定的审计和强制审计规定了不同程序，并针对数据控制者和处理者提供了不同审计清单；欧盟，对需要进行审计的处理者范围有如下规定："虽然这在技术上只能适用于员工人数超过250人的组织，但也有一些例外情况，例如：数据处理不是偶然的；处理过程中涉及特殊类别的数据，或与刑事事项有关的数据；数据处理可能导致对数据主体的权利和自由的风险"，并根据公司的生产规模，对公司处理的数据的数量和类型等制定了不同的审计清单。其合规审计落地指引部分值得我国参考。

【相关规定】

1. 《商务部关于两用物项出口经营者建立出口管制内部合规机制的指导意见》（2021年4月28日）

（七）完善合规审计

出口经营者定期对出口管制内部合规机制的合理性、可行性、有效性等进行审计，评估具体业务流程合规操作的规范性。审计报告应反映内部合规机制运行状况以及整改方向。合规审计可以由企业内部专人进行，也可以聘请外部第三方机构进行。审计内容主要包括各项两用物项交易过程中是否遵循了审查流程、组织机构运行是否顺畅、可疑事项调查是否有效以及合规事务是否出现需要改进的地方等。

2. 《信息安全技术 个人信息安全规范》（2020年3月6日）

11.7 安全审计

对个人信息控制者的要求包括：

a) 应对个人信息保护政策、相关规程和安全措施的有效性进行审计；

b) 应建立自动化审计系统，监测记录个人信息处理活动；

c) 审计过程形成的记录应能对安全事件的处置、应急响应和事后调查提供支撑；

d) 应防止非授权访问、篡改或删除审计记录；

e) 应及时处理审计过程中发现的个人信息违规使用、滥用等情况；

f) 审计记录和留存时间应符合法律法规的要求。

3. 《个人金融信息保护技术规范》（2020年2月13日）

7.4 安全监测与风险评估

7.4.1 监控与审计

监控与审计具体要求如下：

a) 应识别并记录包括但不限于管理员用户、业务用户对个人金融信息的访问。

b）应对个人金融信息数据交换网络流量进行安全监控和分析，并存储匹配安全规则的数据，以备事件溯源。

c）日志文件和匹配规则的数据应至少保存6个月，应定期对所有系统组件日志进行审计，包括但不限于存储、处理或传输个人金融信息的系统组件日志、执行安全功能的系统组件日志（如防火墙、入侵检测系统、验证服务器等）、安全事件日志等。

d）应采取技术手段对个人金融信息全生命周期进行安全风险识别和管控，如恶意代码检测、异常流量监测、用户行为分析等。

第五十五条　有下列情形之一的，个人信息处理者应当事前进行个人信息保护影响评估，并对处理情况进行记录：

（一）处理敏感个人信息；

（二）利用个人信息进行自动化决策；

（三）委托处理个人信息、向其他个人信息处理者提供个人信息、公开个人信息；

（四）向境外提供个人信息；

（五）其他对个人权益有重大影响的个人信息处理活动。

【条文主旨】

本条是关于个人信息处理者的个人信息保护影响评估义务与记录义务的规定。

【条文理解】

个人信息保护影响评估，主要是对个人权益可能造成高风险的个人信息处理活动开展的针对个人信息保护的预防性保护方法。本条将个人信息保护影响评估提升至法律强制性要求，对于企业内部合规制度建设提出了更高的要求。这项规定有着诸多好处，例如，可以提前发现风险并加以解决，发挥预防性功能；可以兼顾个人信息权益保护和信息合理化、科学化运用的关系；可以在发生争议时根据记录，评估个人信息处理者是否采取合理措施保护了个人信息权益等。在立法过程中，本条有修改。《个人信息保护法（草案一次审议稿）》第54条第1款规定："个人信息处理者应当对下列个人信息处理活动在事前进行风险评估，并对

495

处理情况进行记录：（一）处理敏感个人信息；（二）利用个人信息进行自动化决策；（三）委托处理个人信息、向第三方提供个人信息、公开个人信息；（四）向境外提供个人信息；（五）其他对个人有重大影响的个人信息处理活动。"《个人信息保护法（草案二次审议稿）》规定于第55条第1款，内容与一审稿相同。由此可见，最终稿将一审稿和二审稿中的"风险评估"修改为"个人信息保护影响评估"，上述修改主要是从立法的全面性考量进行的改动，因为从词义上分析，"风险"一般是指在给定的条件下损失发生的可能性或者实际结果与预期结果的偏差，是对于个人信息保护影响的重要因素，而非全部内涵。"影响"一词的外延大于"风险"，[1] 现在的规定更加全面，也更符合现实需要。另外，本法删除了两次审议稿中的"风险评估内容"，增加了第56条个人信息保护影响评估内容。

在出台本法前，我国个人信息保护影响评估制度处于个人信息安全规范非强制性标准级别，多数企业也未将评估作为必备的内控手段。全国信息安全标准化技术委员会组织制定和归口管理的于2020年3月6日发布的GB/T 35273—2020《信息安全技术 个人信息安全规范》于2020年10月1日实施，要求开展个人信息安全影响评估。该规范第11.4条规定了个人信息控制者应建立个人信息安全影响评估制度，评估并处置个人信息处理活动存在的安全风险；个人信息安全影响评估应主要评估处理活动遵循个人信息安全基本原则的情况，以及个人信息处理活动对个人信息主体合法权益的影响；形成个人信息安全影响评估报告，并以此采取保护个人信息主体的措施，使风险降低到可接受的水平等内容。之后，全国信息安全标准化技术委员会组织制定和归口管理的《信息安全技术 个人信息安全影响评估指南》（GB/T 39335—2020）于2021年6月1日实施，规定了个人信息安全影响评估的基本原理、实施流程，适用于各类组织自行开展个人信息安全影响评估工作，同时可为主管监管部门、第三方测评机构等组织开展个人信息安全监督、检查、评估等工作提供

---

[1] 龙卫球主编：《中华人民共和国个人信息保护法释义》，中国法制出版社2021年版，第247页。

参考。

本条规范借鉴 GDPR（General Data Protection Regulation，GDPR）第 35 规定。GDPR 第 35 条第 1 款规定，如果某类处理活动，尤其是那些利用新技术从事的处理活动，且在考虑到处理的性质、范围、内容和目的的情况下，可能对自然人的权利和自由产生高风险，则在开展该处理活动之前，控制者应当对拟从事的处理活动对个人数据保护的影响加以评估，单个的评估可以针对产生高风险的一系列类似处理活动进行。由此可见，该条对于特别需要进行数据保护影响评估的情形以及评估的程序和具体内容作了详细规定，被称为"数据保护影响评估"（Date Protection Impact Assessment），简称"DPIA"。DPIA 是一个建立并证明合规性的程序，是问责制的重要工具，有助于控制者遵守 GDPR，也有利于其证明已经采取了适当的措施来确保遵守该条例。[①]

【条文适用】

一、适用的五种情形

首先需要注意的是，并非所有个人信息处理活动都要事先进行评估。GDPR 第 35 条第 1 款也仅仅是对"可能给自然人的权利和自由带来高风险"（likely to result in a high risk to the rights and freedoms of natural persons）的个人数据处理活动进行强制数据保护影响评估。该条第 3 款规定了三种高风险处理情况：其一，基于包括数据画像在内的数据自动化处理，形成对数据主体人格特征的系统、全面的评价，并且基于该评价将作出对数据主体具有法律后果或其他类似重大后果的决策；其二，大规模处理本条例第 9 条第 1 款规定的特殊类型数据或者第 10 条规定的与定罪量刑有关的数据；其三，公共场所大规模系统性监控。[②]

[①] 程啸：《个人信息保护法理解与适用》，中国法制出版社 2021 年版，第 420 页。
[②] 张新宝、葛鑫：《个人信息保护法（专家建议稿）及立法理由书》，中国人民大学出版社 2021 年版，第 73 页。

我国《个人信息保护法》第 55 条对个人信息系保护影响评估的认定标准采用"对个人权益有重大影响"作为判断依据。该条一共 5 款，前 4 款列举了 4 种对个人权益有重大影响的类型，最后一款作为兜底性条款。逐一分析如下：

1. 处理敏感个人信息。根据《个人信息保护法》第 28 条第 1 款的规定，敏感个人信息是一旦泄露或者非法使用，容易导致自然人的人格尊严受到侵害或者人身、财产安全受到危害的个人信息，包括生物识别、宗教信仰、特定身份、医疗健康、金融账户、行踪轨迹等信息，以及不满 14 周岁未成年人的个人信息。正是因为敏感个人信息与个人权利和自由高度关联，也是公民高度关注的领域，所以需要严格规范。法律规定，个人信息处理者只有在具有特定的目的和充分的必要性，并采取严格保护措施的情形下，方可处理敏感个人信息。此外，本法第 31 条规定，处理不满 14 周岁未成年人个人信息须取得其父母或其他监护人的同意，且应制定专门处理规则。该条与《未成年人保护法》有关规定相衔接，回应审议稿征求意见时，很多部门和代表认为未成年人属于弱势群体，需要进行特殊保护。

敏感个人信息的泄露和非法使用更易导致权益侵害发生，因此，对于敏感个人信息进行特殊保护，也是很多国家或者地区通行的做法。例如，对于保护个人信息比较重视的日本，早在 2003 年就制定了《日本个人信息保护法》。对于敏感个人信息，《日本个人信息保护法》中表述为"需特别注意的个人信息"，是指泄露后可能导致当事人受到歧视、偏见或其他利益受损，需要特别注意保护的信息，主要包括种族，信仰，社会身份地位，作为罪犯及被害人的信息，病史、残疾或精神认知障碍、健康检查信息，诊断、治疗、处方、服药信息等涉及个人身心健康的信息，犯罪前科，个人作为犯罪嫌疑人或被告人曾被逮捕、搜查、扣押、拘留、提起公诉等涉刑事案件的经历，未成年人的涉案经历等。GDPR 第 9 条也明确将种族或民族起源、政治观点、宗教和哲学信仰、工会资格、基因信息和生物信息列举为特殊种类信息。[①] 我国台湾地区 2010 年制定的"个人资料保护法"规定，对于病历、医疗、基因、性生活、健康检查及犯罪前科等敏感个人资料，除非法律规定的除外情况，原则上不得搜集、处理或利用。我国《个人信息保护法》也对敏感个人信息处理活动进行了严格限制，采用了事前影响评估，将风险降低到最小。

2. 利用个人信息进行自动化决策。根据《个人信息保护法》第 73 条第 2 项的规定，自动化决策，是指通过计算机程序自动分析、评估个人的行为习惯、兴趣爱好或者经济、健康、信用状况等，并进行决策的活动。随着网络用户的逐年增多，个人信息处理者通过收集、处理、分析个人网络浏览记录、网络购物记录、各种 app 软件使用情况等个人信息，描画出信息主体的职业状况、健康状况、消费习惯、兴趣爱好等个性化特征，这被称之为用户的网络画像。然后，个人信息处理者根据个性化画像分析结果向个人推送针对性购物链接、广告推荐、新闻定制、阅览消息等。在大数据时代，这种依靠更加高效智能的自动化决策逐步替代人工决策，代表了科技的进步，人类文明的发展。但同时应注意到，这也是一把双刃剑，一方面，个性化分析可以帮助信息从业者更加精准地向个体提供服务，增加流量和用户黏合度；另一方面，个性化分析也容易影响信息主体的安宁，造成"信息茧房"（Information Cocoons），还可能因为数据设计者或者开发者各种偏见嵌入算法，得出不公平的结果从而引发"信息歧视"。因此我国《个人信息保护法》第 24 条明确规定：个人信息处理者利用个人信息进行自动化决策，应当保证决策的透明度和结果公平、公正，不得对个人在交易价格等交易条件上实行不合理的差别待遇。通过自动化决策方式向个人进行信息推送、商业营销，应当同时提供不针对其个人特征的选项，或者向个人提供便捷的拒绝方式。通过自动化决策方式作出对个人权益有重大影响的决定，个人有权要求个人信息处理者予以说明，并有权拒绝个人信息处理者仅通过自动化决策的方式作出决定。除了上述规定，本条还进一步规定，个人信息处理

[①] 宁园：《敏感个人信息的法律基准与范畴界定——以〈个人信息保护法〉第 28 条第 1 款为中心》，载《比较法研究》2021 年第 5 期。

者应采取预防措施,利用个人信息进行自动化决策前进行个人信息保护影响评估,从而保证决策的透明和公正。

3. 委托处理个人信息、向其他个人信息处理者提供个人信息、公开个人信息。本法规定之前,《网络安全法》仅仅规定了不得非法向他人提供个人信息,但是没有明确合法向他人提供个人信息的具体要求。委托处理个人信息,也是个人信息处理中比较常见的形式,例如云服务,就是利用云服务提供者提供的数据存储等服务,向其他个人信息处理者提供个人信息,即对外提供个人信息,包括向他人传输个人信息数据副本或提供个人信息数据访问、检索途径等,与内部进行个人信息加工存储等操作不同,向他人提供个人信息数据,意味着个人信息数据链条上环节增多,数据的保密性、完整性、可用性被破坏的可能性增大,个人信息处理者的控制力减速,背离个人意愿的风险增大。[①] 同样地,公开个人信息,在网络数据长久保存的实践生活中,必然会对个人信息权益造成影响。因此,出于安全考虑,需要对委托处理个人信息、向其他个人信息处理者提供个人信息、公开个人信息这三种情形进行个人信息保护影响评估。

上述三类个人信息的处理活动,在《个人信息保护法》第二章"个人信息处理规则"中都有规定。具体为:第21条委托处理个人信息规定:"个人信息处理者委托处理个人信息的,应当与受托人约定委托处理的目的、期限、处理方式、个人信息的种类、保护措施以及双方的权利和义务等,并对受托人的个人信息处理活动进行监督。受托人应当按照约定处理个人信息,不得超出约定的处理目的、处理方式等处理个人信息;委托合同不生效、无效、被撤销或者终止的,受托人应当将个人信息返还个人信息处理者或者予以删除,不得保留。未经个人信息处理者同意,受托人不得转委托他人处理个人信息。"第23条向其他个人信息处理者提供个人信息规定:"个人信息处理者向其他个人信息处理者提供其处理的个人信息的,应当向个人告知接收方的名称或者姓名、联系方

[①] 张新宝、葛鑫:《个人信息保护法(专家建议稿)及立法理由书》,中国人民大学出版社2021年版,第115~116页。

式、处理目的、处理方式和个人信息的种类，并取得个人的单独同意。接收方应当在上述处理目的、处理方式和个人信息的种类等范围内处理个人信息。接收方变更原先的处理目的、处理方式的，应当依照本法规定重新取得个人同意。"和第25条没有取得个人单独同意就不得公开个人信息规定："个人信息处理者不得公开其处理的个人信息，取得个人单独同意的除外。"法律对这三种情况进行专门规定，妥善保护个人信息权益。

4. 向境外提供个人信息。《个人信息保护法》第三章"个人信息跨境提供的规则"对于个人信息跨境提供进行了详细规定。个人信息跨（离）境，不仅关系到自然人的个人权益，还关系到国家网络安全、社会公共利益，为了保护公民、法人的合法权益，从个人信息处理者角度进行个人信息保护影响评估，十分必要。《个人信息保护法》第38条同时规定，个人信息处理者应当采取必要措施，保障境外接收方处理个人信息的活动达到本法规定的个人信息保护标准。

5. 其他对个人权益有重大影响的个人信息处理活动。这是兜底条款，相较于一审稿和二审稿，更为严谨地增加了"权益"一词，不仅与前面个人权益保持一致，而且明确要保障自然人的权利和权益。该兜底条款涵盖了其他无法一一列举的应当进行个人信息保护影响评估的个人信息处理活动。例如，对于老年人、残疾人等弱势群体和新型网络信息科技带来的个人信息处理活动，可能需要进行个人信息保护影响评估。

二、记录的义务

本条同时规定，个人信息处理者应当对特定的个人信息处理活动在事前进行个人信息保护影响评估，并对处理情况进行记录。这是基于以下因素而考虑的：其一，记录是个人信息处理者对其处理的个人信息负责的表现形式；其二，记录是最基本的留存证据的方式，有利于发生纠纷时，履行个人信息保护职责的部门和个人查证个人信息处理活动是否符合法律、行政法规的具体要求；其三，发生信息泄露时，便于履行个人信息保护职责的部门和相关监管部门查找责任人。需要注意的两点是：

其一，记录可以采取纸质形式，也可以采取电子形式，但必须是书面形式；其二，本条对于记录内容并没有具体规定，这有待于今后国家网信部门颁布具体规章或者国家出台相应标准化规定加以明确。

【相关规定】

1.《中华人民共和国网络安全法》（2016年11月7日）

第四十四条 任何个人和组织不得窃取或者以其他非法方式获取个人信息，不得非法出售或者非法向他人提供个人信息。

2.《信息安全技术 个人信息安全规范》（2020年3月6日）

3.9 个人信息安全影响评估 personal information security impact assessment

针对个人信息处理活动，检验其合法合规程度，判断其对个人信息主体合法权益造成损害的各种风险，以及评估用于保护个人信息主体的各项措施有效性的过程。

11.4 开展个人信息安全影响评估

对个人信息控制者的要求包括：

a) 应建立个人信息安全影响评估制度，评估并处置个人信息处理活动存在的安全风险。

b) 个人信息安全影响评估应主要评估处理活动遵循个人信息安全基本原则的情况，以及个人信息处理活动对个人信息主体合法权益的影响，内容包括但不限于：

   1) 个人信息收集环节是否遵循目的明确、选择同意、最小必要等原则；

   2) 个人信息处理是否可能对个人信息主体合法权益造成不利影响，包括是否会危害人身和财产安全、损害个人名誉和身心健康、导致差别性待遇等；

   3) 个人信息安全措施的有效性；

   4) 匿名化或去标识化处理后的数据集重新识别出个人信息主体

或与其他数据集汇聚后重新识别出个人信息主体的风险；

5）共享、转让、公开披露个人信息对个人信息主体合法权益可能产生的不利影响；

6）发生安全事件时，对个人信息主体合法权益可能产生的不利影响。

c) 在产品或服务发布前，或功能发生重大变化时，应进行个人信息安全影响评估。

d) 在法律法规有新的要求时，或在业务模式、信息系统、运行环境发生重大变更时，或发生重大个人信息安全事件时，应进行个人信息安全影响评估。

e) 形成个人信息安全影响评估报告，并以此采取保护个人信息主体的措施，使风险降低到可接受的水平。

f) 妥善留存个人信息安全影响评估报告，确保可供相关方查阅，并以适宜的形式对外公开。

第五十六条　个人信息保护影响评估应当包括下列内容：

（一）个人信息的处理目的、处理方式等是否合法、正当、必要；

（二）对个人权益的影响及安全风险；

（三）所采取的保护措施是否合法、有效并与风险程度相适应。

个人信息保护影响评估报告和处理情况记录应当至少保存三年。

【条文主旨】

本条是关于个人信息保护影响评估内容以及保存期限的规定。

【条文理解】

本条原来规定于《个人信息保护法（草案）》第54条第2款和《个人信息保护法（草案二次审议稿）》第55条第2款，内容相同，具体为："风险评估的内容应当包括：（一）个人信息的处理目的、处理方式等是否合法、正当、必要；（二）对个人的影响及风险程度；（三）所采取的安全保护措施是否合法、有效并与风险程度相适应。风险评估报告和处理情况记录应当至少保存三年。"最终稿单独规定在本条中，以显重视。

因为个人信息保护影响评估针对的是对于个人权益存在较高风险的处理活动，所以评估的内容至少应当包括处理行为的合法性、正当性的评估，处理行为可能产生的对个人权益的影响的评估以及处理者应当采取的安全保护措施等内容。随着信息技术的不断发展，我国的个人数据安全风险不断增加，本条的出台也是适应现实生活中个人数据安全的需要。本法规定本条款，借以保护个人信息权益，也是借鉴了欧盟的相关规定。GDPR 引入的"数据保护影响评估"（DPIA）制度给数据控制者提出新的要求。GDPR 第 35 条第 1 款规定了 DPIA 的一般要求：数据处理行为，特别是在运用新技术可能会给自然人的权利和自由带来高风险时，数据控制者应当在进行数据处理行为之前综合考虑该行为的性质、范围、背景和目的，评估预期行为可能给个人数据保护带来的影响。随着大数据时代的到来，大家逐步意识到，网络安全形势瞬息万变，"关注安全底线的、静态的、整齐划一的规定"实际上已无法为个人数据提供实质性的安全保障。[①] 将风险降低到完全没有是不符合实际的，因此数据保护的主要任务是识别风险并将特定数据处理行为的风险等级降至数据控制者能够承担的水平。欧盟"数据保护影响评估"制度所构建的以风险管理为路径的新型数据保护模式，可被理解为风险评估和风险管理两个具体环节。[②] GDPR 第 35 条第 7 款规定的数据保护影响评估应当包括：（1）对将要进行的数据处理操作、数据处理目的，及适当情形下数据控制者所追求的合法利益等进行系统性描述；（2）对数据处理操作与数据处理目的之间的必要性和比例性进行评估；（3）对第 1 款所述数据处理操作可能对数据主体权益保护造成的风险进行评估；（4）应对数据处理操作可能对数据主体权益保护造成的风险的措施，包括保护、安全保障措施和机制以确保对数据主体的保护，以及对本条例的遵守考虑数据主体和其他主体的权益保护。[③]

【条文适用】

本条第 1 款对个人信息保护影响评估的内容作出了规定，具体包括

[①] 洪延青：《"以管理为基础的规制"——对网络运营者安全保护义务的重构》，载《环球法律评论》2016 年第 4 期。

[②] 崔聪聪、许智鑫：《数据保护影响评估制度：欧盟立法与中国方案》，载《图书情报工作》2020 年第 5 期。

[③] 张新宝、葛鑫：《个人信息保护法（专家建议稿）及立法理由书》，中国人民大学出版社 2021 年版，第 73~74 页。

三项内容。

第一,个人信息的处理目的、处理方式等是否合法、正当、必要。首先,这里所说的个人信息的处理目的、处理方式,是指《个人信息保护法》第55条所列举的应当进行个人信息保护影响评估的个人信息处理活动。其次,个人信息保护影响评估的内容应当遵循合法、正当、必要原则。《个人信息保护法》规定的原则与《民法典》《消费者权益保护法》《网络安全法》《数据安全法》的原则一脉相承,具有连贯性。比如,《民法典》第1035条"个人信息处理的原则和条件"中规定了处理个人信息的,应当遵循合法、正当、必要原则。合法性原则要求信息处理者在处理个人信息时不得违反法律法规;正当原则要求处理个人信息的目的和手段要正当,要遵守公序良俗和诚信原则;必要原则要求处理个人信息的目的是特定的,禁止超出目的范围处理个人信息。最后,该原则的确定也借鉴了国外立法对个人信息保护的基本原则。比如,世界经济合作与发展组织发布的《隐私保护与个人数据跨国流通指南》规定了收集限制原则、数据质量原则、目的特定化原则、使用权限原则、安全原则、公开原则、个人参与原则、责任原则八项原则。亚太经合组织发布的《APEC隐私保护框架》规定了防止损害原则、告知原则、限制收集原则、使用原则、选择原则、个人信息完整性原则、安全保障原则、查阅和修正原则、问责原则九项原则。GDPR规定了合法公平透明原则、目的限制原则、数据最小化原则、精准性原则、存储限制原则、完整性与保密性原则、权责一致原则七项原则。[1]

第二,对个人权益的影响及安全风险。众所周知,《民法典》在总则编中第111条和人格权编中第1034~1039条)以多个条文对个人信息保护作出了重要规定,奠定了个人信息保护制度的规则框架;而《个人信息保护法》则是一部全面、系统规定个人信息保护的单行法。因此,《个人信息保护法》不能违背《民法典》所确立的基本原则。[2] 《民法典》

---

[1] 龙卫球主编:《中华人民共和国个人信息保护法释义》,中国法制出版社2021年版,第252页。

[2] 石佳友:《个人信息保护法与民法典如何衔接协调》,载《人民论坛》2021年第2期。

第 3 条规定了民事主体的人身权利、财产权利以及其他合法权益受法律保护，任何组织或者个人不得侵犯。《个人信息保护法》用了"个人权益"这个概念，个人权益包括《民法典》等法律赋予和保护的个人的所有权益，如人身权益、财产权益和其他合法权益等。对个人权益的影响，是指对个人信息被处理的个人的权益可能造成的不利影响。对于个人权益的影响，可以参考 2021 年 6 月 1 日实施的国家标准《信息安全技术 个人信息安全影响评估指南》（GB/T 39335——2020）第 5.5.1 条。该条将个人权益影响概括分为"限制个人自主决定权""引发差别性待遇""个人名誉受损或遭受精神压力"和"人身财产受损"四个维度。举例说明，限制个人自主决定权，如被强迫执行不愿执行的操作、缺乏相关知识或缺少相关渠道更正个人信息。引发差别性待遇，如因疾病、婚史、学籍等信息泄露造成的对个人权利的歧视，因个人消费习惯等信息的滥用而对个人公平交易权造成损害。个人名誉受损或遭受精神压力，如被他人冒用身份和公开不为人知的习惯、经历等。人身财产受损，如引发人身伤害、资金账户被盗、诈骗、勒索等。安全风险，是指个人信息处理活动会带来的个人信息安全方面的风险。

第三，所采取的保护措施是否合法、有效和是否与风险程度相适应。个人信息处理者应当评估其采取的各种安全保护措施的合法性、有效性和适应性。安全措施可以是技术措施，如采取加密处理、去标识化处理；也可以是组织措施，如个人信息处理权限的等级划分、内部管理制度。

本条第 2 款对个人信息保护影响评估报告和处理情况记录的保存期限作出了规定，记录应当至少保存 3 年。在一审稿和二审稿征求意见时，一些委员建议将"至少保存三年"的规定适当延长，有人建议延长至十年。最终稿还是采用了"至少三年"，我们认为这样规定了最少期限，同时考虑经济成本、技术要求等实际情况，也不反对对个人权益更优的更长期间，较为科学合理。法律之所以规定至少保存三年，我们考虑是因为在发生个人信息安全事件时，能够精准查明事件发生的前因后果和责任方，需要调阅个人信息处理者保存的个人信息保护影响评估报告和处理情况记录，保存三年方便查询。同时，至少三年的保存期也与《民法典》第188条规定的普通诉讼时效期间为三年相衔接。有科研院校建议将一审稿和二审稿中"风险评估"改为"影响评估",最终稿采用了上述建议,用词更加精准,内涵更加科学。

【相关规定】

1.《中华人民共和国民法典》(2020年5月28日)

第一百八十八条 向人民法院请求保护民事权利的诉讼时效期间为三年。法律另有规定的,依照其规定。

诉讼时效期间自权利人知道或者应当知道权利受到损害以及义务人之日起计算。法律另有规定的,依照其规定。但是,自权利受到损害之日起超过二十年的,人民法院不予保护,有特殊情况的,人民法院可以根据权利人的申请决定延长。

第一千零三十五条 处理个人信息的,应当遵循合法、正当、必要原则,不得过度处理,并符合下列条件:

(一)征得该自然人或者其监护人同意,但是法律、行政法规另有规定的除外;

(二)公开处理信息的规则;

(三)明示处理信息的目的、方式和范围;

(四)不违反法律、行政法规的规定和双方的约定。

个人信息的处理包括个人信息的收集、存储、使用、加工、传输、提供、公开等。

2.《中华人民共和国网络安全法》(2016年11月7日)

第三十五条 关键信息基础设施的运营者采购网络产品和服务,可能影响国家安全的,应当通过国家网信部门会同国务院有关部门组织的国家安全审查。

第五十七条　发生或者可能发生个人信息泄露、篡改、丢失的，个人信息处理者应当立即采取补救措施，并通知履行个人信息保护职责的部门和个人。通知应当包括下列事项：

（一）发生或者可能发生个人信息泄露、篡改、丢失的信息种类、原因和可能造成的危害；

（二）个人信息处理者采取的补救措施和个人可以采取的减轻危害的措施；

（三）个人信息处理者的联系方式。

个人信息处理者采取措施能够有效避免信息泄露、篡改、丢失造成危害的，个人信息处理者可以不通知个人；履行个人信息保护职责的部门认为可能造成危害的，有权要求个人信息处理者通知个人。

【条文主旨】

本条是关于发生或者可能发生个人信息泄露、篡改、丢失时个人信息处理者负有的采取补救措施并通知义务的规定。

【条文理解】

一、规范的目的和立法背景

《个人信息保护法（草案）》和《个人信息保护法（草案二次审议稿）》对于该条的规定没有变化，均为："个人信息处理者发现个人信息泄露的，应当立即采取补救措施，并通知履行个人信息保护职责的部门和个人。通知应当包括下列事项：（一）个人信息泄露的原因；（二）泄露的个人信息种类和可能造成的危害；（三）已采取的补救措施；（四）个人可以采取的减轻危害的措施；（五）个人信息处理者的联系方式。个人信息处理者采取措施能够有效避免信息泄露造成损害的，个人信息处理者可以不通知个人；但是，履行个人信息保护职责的部门认为个人信息泄露可能对个人造成损害的，有权要求个人信息处理者通知个人。"只不过一审稿是第55条，二审稿是第56条，三审稿时，一些常委会组成人员和地方、部门、企业、专家建议，建议将第56条中的"个人信息泄露"修改为"个人信息泄露、篡改、丢失"。最终稿采纳了上述建议，进行了适用范围的扩充，且不需要实际发生，并且整合了原来的五项应通知事项，调整为三项，在立法语言上也予以了完善。

个人信息处理者负有对个人信息进行保护的责任，根据《个人信息保护法》第9条规定，"个人信息处理者应当对其个人信息处理活动负责，并采取必要措施保障所处理的个人信息的安全"。如果发生或者可能发生个人信息的泄露、篡改、丢失的，个人信息处理者也应当负责，并应采取补救措施，尽到通知义务。

二、国内外立法的相关规定

（一）欧美国家泄露通知制度的梳理

目前，欧美国家个人信息泄露通知制度主要有两种路径选择，一种是强化对企业的声誉制裁，另一种是降低信息泄露所造成的危害。当下，美国与欧盟都已经建立了较为成熟的个人信息泄露通知制度，其围绕个人信息处理者对监管机构和个人信息主体的通知义务，制定了细致的分层机制，发挥了泄露通知制度对于个人信息的保护作用。例如，美国加州2002年颁布的《数据安全泄露通知法》（Data Security Breach Notification Law）。该法案规定：在加州开展业务的个人或企业，如果拥有或被许可使用包括个人信息在内的未加密、计算机存储的信息，则在其发现信息泄露后,应向加州居民披露信息泄露的情况。① 另外,GDPR 第 33 条、第 34 条分别规定了个人数据泄露时,数据控制者向监管机构报告和通知数据主体的义务。欧盟规定,数据控制者在发现个人数据泄露后,除非有特殊理由,否则应当于 72 小时之内通知监管机构;当个人数据泄露事件可能导致对信息主体权利和自由的高度风险时,数据控制者应当及时告知数据主体。②

(二) 我国立法规定

在《个人信息保护法》颁布前,《民法典》《网络安全法》对个人信息泄露,信息处理者的补救义务也有规定。《网络安全法》第 42 条第 2 款规定:"网络运营者应当采取技术措施和其他必要措施,确保其收集的个人信息安全,防止信息泄露、毁损、丢失。在发生或者可能发生个人信息泄露、毁损、丢失的情况时,应当立即采取补救措施,按照规定及时告知用户并向有关主管部门报告。"《民法典》第 1038 条第 2 款规定:"信息处理者应当采取技术措施和其他必要措施,确保其收集、存储的个人信息安全,防止信息泄露、篡改、丢失;发生或者可能发生个人信息泄露、篡改、丢失的,应当及时采取补救措施,按照规定告知自然人并向有关主管部门报告。"我国立法没有采用 72 小时之内的通知义务,我们考虑可能是因为我国处于个人信息保护起步阶段,太过严格的时限规定,不符合我国现阶段国情。

三、个人信息泄露、篡改、丢失

个人信息泄露、篡改、丢失是并列的三个方面。其一,个人信息泄露。无论国内还是国外,近年来,个人信息泄露的事件时有发生,有些事件甚至造成严重损害后果。造成个人信息泄露的原因也很多,有个人信息处理者的内部原因,有单纯的外部原因。IBM 公司的《2020 年度数

---

① 唐林、张玲玲:《个人信息泄露通知制度中自由裁量的规制研究》,载《重庆大学学报(社会科学版)》2021 年 9 月 10 日。

② 张新宝、葛鑫:《个人信息保护法(专家建议稿)及立法理由书》,中国人民大学出版社 2021 年版,第 75~78 页。

据泄露报告》将数据泄露的原因分为系统故障、人为失误和恶意攻击。[1]《个人信息保护法》未定义个人信息泄露的概念。GDPR 第 4 条第 12 款将个人数据泄露定义为：违反安全所导致的意外的或非法的销毁、丢失、篡改，未经授权的披露或取得被传输、存储或以其他方式处理的个人数据。如前所述，我国将个人信息泄露、篡改、丢失并列，因此泄露仅指个人信息处理者因违反安全措施导致他人未经授权取得或知悉个人信息的各种情况。其二，个人信息的篡改。篡改个人信息是指未经个人同意而擅自改动个人信息。《民法典》和《网络安全法》均规定了个人信息处理者不得篡改个人信息的义务。《民法典》第 1038 条第 1 款规定："信息处理者不得泄露或者篡改其收集、存储的个人信息。"《网络安全法》第 42 条第 1 款规定："网络运营者不得泄露、篡改、毁损其收集的个人信息。"因为个人信息被篡改可能是个人信息处理者的内部行为，也可能是黑客攻击等外部行为，所以《个人信息保护法》第 51 条明确要求个人信息处理者要采取措施防止出现个人信息被篡改。其三，个人信息的丢失。个人信息的丢失是指因为人为原因或非人为原因导致个人信息的遗失。例如，存放个人信息的媒介，电脑硬盘、光盘、U 盘等被损害或者窃取。在司法实践中，个人信息丢失引发的诉讼多表现为用人单位人事部门或者人力资源部门将工作人员的档案丢失或者医疗机构保管不当将病人病例丢失等情况。

【条文适用】

一、采取补救措施

如果发生个人信息泄露、篡改、丢失，可能直接给个人造成严重损害，为了避免个人权益处于危险境地或者给个人造成损害，所以需要采取补救措施。换句话说，采取补救措施的目的是防止损失的进一步扩大。

---

[1] 程啸：《个人信息保护法理解与适用》，中国法制出版社 2021 年版，第 435 页。

因为个人信息处理者既是法定的责任主体,也是直接控制人,所以相较于其他主体,可以开展最直接、具体、高效及时的补救措施,所以法律规定应当"立即"采取有针对性的补救措施。例如,如果是黑客攻击,个人信息处理者应立即修复安全系统,清除病毒与恶意软件,更改密码;如果是内部工作人员泄露,应当立即取消该人员的访问权限。个人信息处理者采取的补救措施类型应当与个人信息泄露可能给个人造成损害的危险程度相适应。危险程度越高,补救措施应越充分。至于危险程度的高低,可以从泄露、篡改、丢失个人信息的数量、性质和敏感度、个人信息类型和对个人造成损害的影响综合考虑予以判断。例如,如果泄露的是医疗健康信息、生物识别信息、金融账户等敏感个人信息,造成的损害可能性比非敏感信息大,风险也更高,采取的措施就应更充分。

二、通知义务

我国并未如欧盟那样区分数据控制者和数据处理者,GDPR 规定,数据处理者在知道个人信息泄露时应当立即通知数据控制者,再由数据控制者向监管机构报告和通知个人主体。在我国,个人信息处理者是通知义务人,个人信息处理者要通知履行个人信息保护职责的部门和个人。履行个人信息保护职责的部门,根据《个人信息保护法》第 60 条规定,是指国家网信部门、各自职责范围内负责个人信息保护和监督管理工作的国务院有关部门、依法确定的履行个人信息保护和监督管理职责的县级以上地方人民政府有关部门。本条设置了三种应当通知的事项,分别是:(1)发生或者可能发生个人信息泄露、篡改、丢失的信息种类、原因和可能造成的危害。通知信息的种类、原因和可能造成的危害是必需的。通知信息的种类,有利于相关部门和个人按照分类处理的原则,集中优势资源开展针对性处理。通知信息泄露、篡改、丢失的原因,具体告知是个人信息处理者自身内部原因,还是黑客攻击等外部原因,有利于帮助相关部门和个人尽快找到事件产生的源头,健全完善风险发生的机制。通知可能造成的危害,包括现实发生的和潜在的危害,便于相关部门和个人按照危害程度高低采取相对应的措施,合理调整预期。(2)个人信息处理者采取的补救措施和个人可以采取的减轻危害的措施。通知个人信息处理者采取的补救措施，比如设置新的密码，更改、变更访问权限等措施，有利于防止资源重复利用，提高补救效率，也便于外部监督，促进补救措施合法。通知个人可以采取的减轻危害的措施，有利于个人尽快开展自救，及时行使法律赋予的更正、删除等权利，减轻对个人的损害。（3）个人信息处理者的联系方式。个人信息处理者和个人通过虚拟网络产生联系，往往具有不能直接接触的天然屏障，尤其在合作处理、委托处理个人信息的情况下，更容易发生个人不知晓个人信息处理者联系方式的情况，这时及时告知联系方式，可以帮助个人在有疑问、有困难时能快速和处理者取得联系。

三、允许个人信息处理者在特定情况下不通知个人

需要注意的是，根据本条规定，无论发生或者可能发生个人信息泄露、篡改、丢失时，个人信息处理者所采取的措施能否有效避免个人信息泄露、篡改、丢失造成的危害，个人信息处理者都必须通知履行个人信息保护职责的部门。只有当个人信息处理者采取措施能够有效避免信息泄露、篡改、丢失造成危害的，个人信息处理者可以免除通知个人的义务。换言之，履行个人信息保护职责的部门是一定要通知的。而个人信息处理者在采取措施能够有效避免危害的情况下，可以自行决定通知或者不通知个人，法律赋予了特殊情况下的选择权。个人信息处理者采取措施能够有效避免信息泄露、篡改、丢失造成危害的，个人信息处理者可以不通知个人，具有了通知义务的豁免权。

【相关规定】

1. 《中华人民共和国民法典》（2020 年 5 月 28 日）

第一千零三十八条　信息处理者不得泄露或者篡改其收集、存储的个人信息；未经自然人同意，不得向他人非法提供其个人信息，但是经过加工无法识别特定个人且不能复原的除外。

信息处理者应当采取技术措施和其他必要措施,确保其收集、存储的个人信息安全,防止信息泄露、篡改、丢失;发生或者可能发生个人信息泄露、篡改、丢失的,应当及时采取补救措施,按照规定告知自然人并向有关主管部门报告。

2.《中华人民共和国网络安全法》(2016年11月7日)

第四十二条 网络运营者不得泄露、篡改、毁损其收集的个人信息;未经被收集者同意,不得向他人提供个人信息。但是,经过处理无法识别特定个人且不能复原的除外。

网络运营者应当采取技术措施和其他必要措施,确保其收集的个人信息安全,防止信息泄露、毁损、丢失。在发生或者可能发生个人信息泄露、毁损、丢失的情况时,应当立即采取补救措施,按照规定及时告知用户并向有关主管部门报告。

第五十八条　提供重要互联网平台服务、用户数量巨大、业务类型复杂的个人信息处理者，应当履行下列义务：

（一）按照国家规定建立健全个人信息保护合规制度体系，成立主要由外部成员组成的独立机构对个人信息保护情况进行监督；

（二）遵循公开、公平、公正的原则，制定平台规则，明确平台内产品或者服务提供者处理个人信息的规范和保护个人信息的义务；

（三）对严重违反法律、行政法规处理个人信息的平台内的产品或者服务提供者，停止提供服务；

（四）定期发布个人信息保护社会责任报告，接受社会监督。

【条文主旨】

本条是关于特殊个人信息处理者的相关个人信息保护义务的规定。

【条文理解】

一、"守门人"规则的现实基础

本条也被称为互联网生态"守门人"义务。近年来，我国的互联网产业高速发展，根据第47次中国互联网络发展状况统计报告，截至2020年12月，我国网民规模达9.89亿人，互联网普及率达70.4%，网络零售连续八年成为全球第一，网络支付使用率达到86.4%，网络视频用户达9.27亿人，互联网上市企业市值再创新高，排名前十的互联网企业市值占总体比重达到86.9%。① 伴随着产业高速发展，一方面，大型网络平台积累了海量用户，掌握海量用户信息，控制平台入口，相当程度上扮演着社会性场所管理人以及群众性活动组织者的角色；另一方面，网络平台数量巨大，业务范围广泛，仅由公权力机关监管，执法压力过大。为此，国家通过立法从各个环节加强对于个人信息处理者的规制，而对于"超级"互联网平台，即提供重要互联网平台服务、用户数量巨大、业务类型复杂的个人信息处理者，不仅其本身的信息处理要符合法律规定，更要发挥其在互联网生态中的关键作用，为网络个人信息问题的治理起到了"守门人"的作用。

从国外立法来看，印度首先定义了与"守门人"相类似的"重要数据受托人"概念，依据处理个人数据的数量和敏感度、数据受托人的营业额，处理个人数据所造成伤害的风险，使用新技术等评价标准来界定该主体。尤其重视用户数量超过阈值，行为已经或可能对选举民主、国家安全、公共秩序或印度主权等产生重大影响的社交媒体中介。规定"重要数据受托人"需要履行特别义务，包括行政登记、任命数据保护官、执行数据保护影响评估、对数据处理活动进行记录等。2020年年末，欧盟在数据隐私与竞争法交叉领域新提出了《数字服务法（草案）》和《数字市场法（草案）》，《数字市场法（草案）》使用"守门人"概念定义大型、系统性的在线平台，规定"守门人"身份应满足三项累积标准：（1）对内部市场产生重大影响；（2）运营核心平台，核心平台是企业用户接触最终用户的重要门户且满足市值和用户数量阈值满三个财政年度；（3）在业务中享有牢固和持久的地位，或者可以预见将在不久享有这一地位。② "守门人"的义务非常详细，涉及市场竞争、数据保护、消费者权益保护等各方面，但未明晰系统性的数据保护义务。

---

① 参见第47次《中国互联网络发展状况统计报告》，载 http://www.cac.gov.cn/2021-02/03/c_1613923423079314.htm。

② 参见《欧盟数字市场法（草案）》第2~4条。

二、"守门人"规则的法理基础

(一) 控制人义务理论

控制人义务理论是我国立法中安全保障义务的理论来源,即指人对于自己控制的场所具有保障其安全的义务,这同样也符合权力、能力与责任相一致的原理。从2009年《侵权责任法》(已废止)第36条网络服务提供者的责任,第37条公共场所管理者和群众性活动组织者的安全保障义务,到《民法典》第1198条,经营场所的经营者、公共场所的管理者以及群众性活动的组织者的安全保障义务,第1194~1197条具体的网络侵权责任,都体现了利益与风险一致性的原则,即任何主体对自己控制的空间应该负有相应的安全保障义务。[1] 伴随着互联网产业的不断发展,提供重要互联网平台服务、用户数量巨大、业务类型复杂的个人信息处理者在技术、资金、组织能力方面的优势不断增强,大型互联网平台的"公共性"特征更加突出。平台已经构成新的生产力组织者,海量关键生产要素的掌控者,有着新的盈利模式,如今的平台在相当程度上已不具备中立的工具性和非参与性。通过保护竞争、管制价格、监控质量、披露信息等方式,平台扮演着市场规制者的角色。[2] 基于此,其应承担与其控制力和影响力相当的义务。

(二) 第三方义务理论

这里主要指行政法上的第三方义务理论。第三方是相对于违法行为者(第一方)与受害人(第二方)而言的,第三方所提供的服务或者货物是违法行为得以存在的基础。第三方义务是指政府指定的私人主体既不是所监督行为的主要实施者,也不是违法行为的受益者,但其承担着必须将私人信息提供给行政机关或者由其本身采取阻止性措施防止有害

---

[1] 张新宝:《互联网生态"守门人"个人信息保护特别义务设置研究》,载《比较法研究》2021年第3期。

[2] 刘权:《网络平台的公共性及其实现——以电商平台的法律规制为视角》,载《法学研究》2020年第2期。

行为发生（如拒绝提供服务或者货物、拒绝录用或者直接解雇）的义务。①

拥有技术或者经营、管理上优势的私人主体承担一定的第三方义务，能够更好地发现与阻却违法行为，缓解执法压力，也更符合经济成本的考虑。在个人信息保护领域，是否适用第三方义务，要从"守门人"的设置的合理性与可行性来分析。基于第三方义务理论，"守门人"作为第三方帮助政府来共同实现信息保护的目标具有合理性，另外，在"守门人"规则语境下的信息处理者具有重大的网络生态影响力，其在技术和管理优势上对于其他信息处理者具有约束力，在特殊义务的规范下承担部分行政责任，能够确立全新的行业底线与规范，亦能够即时发现和处理相应的违法行为。

事实上，以第三方义务为基础的"守门人"制度在诸多行政管理领域已经在运行。例如，《金融机构大额交易和可疑交易报告管理办法》第15条规定的保险公司在发现投保人异常行为时对相关政府报告义务；《上海市公共场所控制吸烟条例》第9条、第18条规定的商业、超市等禁止吸烟场所对违法吸烟者应该采取有效措施阻止其吸烟以及劝其离开其场所；以及规定会计师和律师行业的"看门人"义务，其本质在于义务主体在其控制空间内对于发现和处理违法的可能性和成本综合效益高于执法机关，能够促进问题解决效率的提升和质量的提高。

三、"守门人"义务的实践基础

在互联网治理领域，"平台治理"本就是一项重要专题。扩大到信息或数据治理领域，"避风港"原则在信息网络传播领域及侵权责任中的确认，成为平台责任制度体系不断发展的框架基础。随着互联网平台的不断发展，技术能力和信息控制能力不断加强，立法及司法实践中都不断强化平台的主体责任。近年来，国家网络信息办公室连续发布了有关网络直播、网络信息内容生态等规定，不断压实平台责任。《数据安全法》

---

① 高秦伟：《论行政法上的第三方义务》，载《华东政法大学学报》2014年第1期。

的出台，更进一步明确了数据处理者的数据安全保护义务。有学者认为，平台数据安全保障义务有三个维度，包括建立数据安全管理制度，保护个人信息权利以及配合监管的义务。①

到《个人信息保护法》，法律在整体上强化各类信息处理者保护个人信息的基础上，规定特殊主体的特殊义务，就是平台责任不断强化在个人信息保护领域的集中体现。

【条文适用】

一、"守门人"规则的适用主体

《个人信息保护法》发布前，依据国外实践，有学者认为"守门人"应当是在互联网生态系统中的特定领域具有主导地位乃至控制权的，同时具有极大的经济规模和极强的网络效应的组织。②《个人信息保护法（草案二次审议稿）》曾表述为"提供基础性互联网平台服务、用户数量巨大、业务类型复杂的个人信息处理者"，最终修改为"提供重要互联网平台服务、用户数量巨大、业务类型复杂的个人信息处理者"。

对于"重要互联网平台服务"的理解，存在两种观点：一是根据互联网平台所涉领域，从用户数量、信息敏感度和风险性出发进行认定，即印度模式，对个别行业的互联网平台服务特别关注；二是根据平台服务内容进行评价，即欧盟模式，认定超过一定数量且掌握重要互联网通道的在线服务平台履行"守门人"规制。"用户数量巨大"可能既指平台用户数量巨大，也包括平台内处理的个人信息涉及人数巨大。"业务类型复杂"通常可理解为同时涉及多个类别的服务，如网络社交平台同时涉及内容服务、电子支付等；电子支付平台同时包括多类型本地生活服务等。

---

① 张凌寒：《数据生产论下的平台数据安全保障义务》，载《法学论坛》2021年第2期。
② 张新宝：《互联网生态"守门人"个人信息保护特别义务设置研究》，载《比较法研究》2021年第3期。

具体的主体认定标准还需要进一步细化规范，可以参考《欧盟数字市场法（草案）》的方式，由主管部门根据平台规模、业务、用户数量等设定阈值，业务类型可以规定为移动终端操作系统、应用分发平台、平台型的超级App，甚至市场规模或占有率达到一定程度的网络社交、电商、内容平台等。同时，主管部门还可以根据情况定期进行标准的审查及动态调整，甚至直接公布"守门人"名单。

二、"守门人"的义务

一是按照国家规定建立健全个人信息保护合规制度体系，成立主要由外部成员组成的独立机构对个人信息保护情况进行监督。这一条款中，"按照国家规定建立健全个人信息保护合规体系"为《个人信息保护法（草案）》第三次审议时新增规范，体现了国家对特殊互联网平台建立健全个人信息保护制度体系的特别强调。可以说，近年来大型平台的个人信息保护不断加强，合规制度体系日益完善。但是，仍不乏大型平台出现严重违法违规收集个人信息的问题。随着《个人信息保护法》的实施，有关同意规则、合理使用、个人信息跨境提供、个人权利，包括本条的"守门人"义务等都有新规定需要及时落实，个人信息处理者、特别是符合本条规范的平台亟须系统梳理现有个人信息保护制度，做好制度建立健全工作及技术、业务流程上的准备。个人信息保护制度应涵盖个人信息的风险评估、安全保障、合规审查、争议处理、考核评价及责任追究等各方面工作，纳入管理制度、人事制度、技术安全制度等体系或单独构建制度体系，成为企业制度体系的重要组成部分。

关于"成立主要由外部成员组成的独立机构对个人信息保护情况进行监督"，强调"外部""独立"及"监督"，通过引入外部监督力量，促进个人信息保护法律义务的不断落实。个人信息保护与企业的短期经济利益可能存在冲突。对于不断加大用户个人信息的开发利用，企业往往有着天然的动力。因此，在行政监管之外，通过成立独立的机构监督大型平台的个人信息保护，有利于构建更加完善的个人信息保护监督体系。这其中，"外部成员"与个人信息处理者的关系和资质、独立机构的组织形式、权力责任及监督方式等，还需要进一步细化规范。这里还需要注意的是，《个人信息保护法（草案二次审议稿）》对这一规范表述为"对个人信息处理情况进行监督"，最终规定为"对个人信息保护情况进行监督"，体现了外部机构不应过度介入个人信息处理活动、应重点针对个人信息保护工作进行监督的导向。个人信息处理活动往往伴随着如人工智能、算法、隐私计算等新技术应用，同时涉及用户人格权益，因此，独立外部机构可以重点吸纳科技、合规类成员，前瞻性地开展个人信息保护监督工作。更有学者提出，独立机构应加强对科技伦理方面的审查。①

二是遵循公开、公平、公正的原则，制定平台规则，明确平台内产品或者服务提供者处理个人信息的规范和保护个人信息的义务。这是关于平台通过内部治理强化个人信息保护的典型条款。如前所述，平台内部治理已经成为互联网治理的重要方式，平台普遍通过制定平台规则来规范平台内产品或服务提供者的行为，以落实法定义务，维护平台运行。平台通过制定、修改平台规则，事实上行使了平台生态系统内的"准立法权"。如《电子商务法》第32条规定："电子商务平台经营者应当遵循公开、公平、公正的原则，制定平台服务协议和交易规则，明确进入和退出平台、商品和服务质量保障、消费者权益保护、个人信息保护等方面的权利和义务。"《个人信息保护法》本条的规范与《电子商务法》第32条一脉相承，强调的是符合本条规范条件的个人信息处理者，必须针对个人信息保护制定平台规则。即符合本条规范的特殊平台，一方面要依据法律，通过完善制度体系、技术体系、管理体系规范自身的个人信息处理行为，是被管理的对象；另一方面要通过建立平台规则规范平台内产品和服务提供者的个人信息处理行为，也是管理主体。平台内的产品和服务提供者，既要遵守法律、行政法规等对个人保护的规范，也要遵守其所处的平台关于个人信息保护的规则。这样便构建起了更为充分、立体的个人信息保护体系。

---

① 程啸：《个人信息保护法理解与适用》，中国法制出版社2021年版，第450页。

三是对严重违反法律、行政法规处理个人信息的平台内的产品或者服务提供者，停止提供服务。如果说制定平台规则是赋予了特殊平台的"准立法权"，则本条可以理解为"准执法权"。平台对于发生在平台内的违法行为可以进行处理，在《民法典》《侵权责任法》《网络安全法》等法律中均有规定，主要内容均为针对平台内违法或侵权信息的处理权，本条规定与此类规定原理一致。当然，个人信息处理行为与内容发布有明显的区别，内容发布发生在平台上，可以被平台直接监测、发现并采取相关措施进行删除、断链或者预防。而平台内经营者运作和使用过程中的个人信息处理过程，并不一定能够由基础性服务平台直接监测和发现。[1] 特别是对于移动终端操作系统、应用分发平台等平台，其平台内产品或服务提供者也可能是符合本条要求的特殊性平台，涉及利益重大，用户众多，一方面判断平台内个人信息处理者违法行为的标准需要进一步明确，另一方面处理程序、方式也需要细化，以免违背比例原则。

四是定期发布个人信息保护社会责任报告，接受社会监督。特殊平台发布个人信息社会责任报告，是特殊平台履行社会责任的体现。2010年，国际标准化组织 ISO26000《社会责任指南》对社会责任的定义为：通过透明和道德行为，组织为其决策和活动为社会和环境带来的影响承担的责任，有助于可持续发展。近年来，部分大型互联网平台企业受益于数字经发展和社会进步，积累了大量的财富、技术和人才，理应承担更多社会责任。部分互联网企业近年频频发布社会责任报告，内容涉及如用户权益保护、员工发展、青少年保护、网络内容建设等公众关心的话题，以及如环境保护、中小企业扶植、社会治安、医疗健康、乡村振兴等社会公益内容。用户个人信息保护显然是近年公众普遍关心的问题。《个人信息保护法》的发布并实施，我国的个人信息保护法律体系基本建立，个人信息处理者落实个人信息保护的各项法律规范，就是承担法律责任。同时，不断加强个人信息保护，也是企业承担社会责任的体现。对于符合本条规定的特殊平台，发布社会责任报告已经上升为法律义务。

---

[1] 刘晓春：《防止个人信息"守门人"制度被滥用》，载《财经》2021年第17期。

个人信息保护社会责任报告，一般应该包括其个人信息保护的基本情况，对敏感信息处理、信息与数据安全等重点方面的工作成效，促进个人信息保护制度体系建设、对平台内产品和服务提供者个人信息保护情况进行合理有效管理的情况，对重大或公众关心的个人信息安全事件处理情况，围绕个人信息保护和数据安全的技术创新情况，还可以包括通过发挥平台优势，促进相关行业个人信息保护水平提升或规范的情况。社会责任报告应向主管部门呈报，并公开发布接受社会监督。

【相关规定】

1.《中华人民共和国民法典》（2020年5月28日）

第一千一百九十四条　网络用户、网络服务提供者利用网络侵害他人民事权益的，应当承担侵权责任。法律另有规定的，依照其规定。

第一千一百九十五条　网络用户利用网络服务实施侵权行为的，权利人有权通知网络服务提供者采取删除、屏蔽、断开链接等必要措施。通知应当包括构成侵权的初步证据及权利人的真实身份信息。

网络服务提供者接到通知后，应当及时将该通知转送相关网络用户，并根据构成侵权的初步证据和服务类型采取必要措施；未及时采取必要措施的，对损害的扩大部分与该网络用户承担连带责任。

权利人因错误通知造成网络用户或者网络服务提供者损害的，应当承担侵权责任。法律另有规定的，依照其规定。

第一千一百九十六条　网络用户接到转送的通知后，可以向网络服务提供者提交不存在侵权行为的声明。声明应当包括不存在侵权行为的初步证据及网络用户的真实身份信息。

网络服务提供者接到声明后，应当将该声明转送发出通知的权利人，并告知其可以向有关部门投诉或者向人民法院提起诉讼。网络服务提供者在转送声明到达权利人后的合理期限内，未收到权利人已经投诉或者提起诉讼通知的，应当及时终止所采取的措施。

第一千一百九十七条　网络服务提供者知道或者应当知道网络用户

利用其网络服务侵害他人民事权益，未采取必要措施的，与该网络用户承担连带责任。

第一千一百九十八条　宾馆、商场、银行、车站、机场、体育场馆、娱乐场所等经营场所、公共场所的经营者、管理者或者群众性活动的组织者，未尽到安全保障义务，造成他人损害的，应当承担侵权责任。

因第三人的行为造成他人损害的，由第三人承担侵权责任；经营者、管理者或者组织者未尽到安全保障义务的，承担相应的补充责任。经营者、管理者或者组织者承担补充责任后，可以向第三人追偿。

2.《中华人民共和国电子商务法》（2018 年 8 月 31 日）

第三十二条　电子商务平台经营者应当遵循公开、公平、公正的原则，制定平台服务协议和交易规则，明确进入和退出平台、商品和服务质量保障、消费者权益保护、个人信息保护等方面的权利和义务。

第五十九条　接受委托处理个人信息的受托人，应当依照本法和有关法律、行政法规的规定，采取必要措施保障所处理的个人信息的安全，并协助个人信息处理者履行本法规定的义务。

【条文主旨】

本条是关于个人信息处理受托人的法定义务的规定。

【条文理解】

一、个人信息处理受托人的界定

随着数据信息技术的快速发展，信息处理分工日趋精细化，规模较大、拥有数据较多的企业将数据处理业务外包给其他专业公司进行数据结构化、数据分析、数据清洗等专项工作，已经成为行业趋势。数据处理的环节、流程越复杂，对个人信息形成的潜在风险也越高，有必要予以规制。国家推荐性标准《信息安全技术 个人信息安全规范》（GB/T 35273—2017）第8.1条对委托处理个人信息的行为予以规范，确认了个人信息中委托处理行为的法律地位。受托人的主要义务包括：严格按照个人信息控制者的要求处理个人信息的义务；转委托应取得个人信息控制者事先授权；相应的反馈义务；协助义务；委托关系解除时不再存储个人信息的义务等。该规范作为推荐性的国家标准，对于委托行为的规定，限于委托人和受托人之间的内部关系，受托人据此所负义务的相对人均为委托人。该规范于2020年修订后，对此项内容未作实质性修改。

本法第21条第1款规定："个人信息处理者委托处理个人信息的，应当与受托人约定委托处理的目的、期限、处理方式、个人信息的种类、保护措施以及双方的权利和义务等,并对受托人的个人信息处理活动进行监督。"明确规定个人信息处理者可以委托他人处理个人信息。处理个人信息的委托人和受托人内部的代理关系以及委托合同关系,不影响委托人与个人之间的外部法律关系。受托人接受委托处理个人信息,在性质上也可以归属于本法规定的个人信息处理者的范畴,应当依法承担个人信息处理者的法定义务。

对于受托人受委托处理个人信息,不管是否涉及个人敏感信息,《信息安全技术 个人信息安全规范》均没有要求取得个人的授权同意。本来,信息收集的告知同意规则应当适用于处理个人信息的所有行为,而不仅限于个人信息的初次处理行为。但是,个人信息委托处理与共享、转让等情形,存在明显不同。在共享、转让和公开披露的场合,除个人信息的原控制者之外,都有另一个或多个新控制者,新控制者与原控制者是相互独立的。个人信息一旦被共享、转让或公开披露,就不受原控制者的完全控制。而在委托处理场合,虽然从外观上看,个人信息也经由控制者提供给了另一个法律主体(处理者),但处理者只是控制者的受托人,只能以控制者的名义并在其授权范围内从事信息处理活动。处理者并未取得对数据的控制权,数据仍然处于控制者的控制之下。为了鼓励信息委托处理活动,减少对信息主体的不必要干扰,认定受托人处理信息无须征得信息主体同意,更为可取。同时,受托方应当遵从授权递减原则,其处理信息的权限不得超出作为委托人的个人信息处理者的权限。[1]

二、个人信息处理受托人的法定义务

个人信息处理委托人与受托人之间的基础关系是委托合同,适用民法上关于委托代理的规定。在一般委托代理制度中,根据代理制度的宗旨,代理人对被代理人负有注意义务,其应当为被代理人的利益实施代理行为。设定代理的目的在于扩张私法自治的范围,满足社会生活的需

---

[1] 参见龙卫球主编:《中华人民共和国个人信息保护法释义》,中国法制出版社2021年版,第93~94页。

要。代理行为的法律后果由被代理人承受，要求代理权的行使必须内在地符合被代理人的利益。因此，代理人应当以善良管理人的注意，履行谨慎、勤勉义务，忠实地按照代理宗旨维护被代理人的利益，处理好被代理人的事务，以增进被代理人的福祉。[①] 为符合个人信息处理委托人的利益，个人信息处理受托人应承担相应的法定义务。

受托人的法定义务主要包括保护义务和协力义务两个方面，这些义务都是相对于个人而言的。所谓保护义务，是指受托人依法应当采取必要措施保障所处理的个人信息的安全；所谓协力义务，是指受托人依法应当协助个人信息处理者履行本法规定的义务。根据本条规定，受托人是相对于个人的独立义务主体。受托人因违反上述保护义务和协力义务而造成损害的，应当承担的责任性质为自己责任，而非替代责任。即受托人如在处理个人信息过程中，发生侵害个人信息权益的情形，系直接向个人承担侵权责任，而非委托人先行向个人承担侵权责任再向其进行追偿。

【条文适用】

一、个人信息处理受托人表见代理的认定

在个人信息处理受托人由于没有得到个人信息处理者的合法授权，即构成无权代理时，如何认定构成表见代理的问题。审判实践中，应注重信息业者的行业特点，不宜一刀切地划定统一的表见代理认定规则。关于表见代理，《合同法》第 49 条并未明确须具备本人可归责性的要件，许多学者持表见代理要求被代理人行为具有可归责性的见解，并形成了具有代表性的意见。[②] 一是认为表见代理中，被代理人承受了与自己意愿相悖的负担，既然违反私法自治原则，牺牲被代理人利益，交易相对人

[①] 最高人民法院民法典贯彻实施工作领导小组主编：《中华人民共和国民法典总则编理解与适用（下）》，人民法院出版社 2020 年版，第 839 页。

[②] 参见杨芳：《〈合同法〉第 49 条（表见代理规则）评注》，载《法学家》2017 年第 6 期。

获优待，此种利益之倾斜自然需要辅以除了代理权外观要件之外的与被代理人相关的因素始能获得更大程度的正当性。[1] 二是认为所谓"相对人有理由相信行为人有代理权"，其中"有理由"并非事实层面之描述，乃蕴含法价值判断之规范要求。因此，如果权利外观不可归责于被代理人，相对人的信赖不构成"有理由相信"。[2]

《民法典》第 172 条规定沿袭了《合同法》的规范模式，并未引入针对被代理人的可归责要件。对于"相对人有理由相信行为人有代理权"的认定，并不是纯粹的事实认定，因为所谓"有理由相信"必然涉及代理关系中各行为主体的注意义务边界。如被代理人自愿或者过失造成无权代理人掌握其控制的信息并以其名义处理，无权代理人长期、反复以公众知晓的方式以代理人名义处理个人信息而代理人未采取有效措施予以阻止，均属于考量因素。同时，注意义务的具体内涵会因社会发展水平、整体环境、个案场景不同而发生变化。在个人信息处理活动中，认定相对人是否有合理信赖事由，被代理人是否具有可归责性，更符合信息技术、信息行业日新月异的发展态势，通过弹性认定规则的确立，也可为信息业的未来发展需要预留空间。

至于委托人委托他人处理个人信息，是否超越了个人对委托人的授权范围，或者违背了个人与委托人的其他约定，属于认定委托人责任的范畴，不影响委托关系本身的认定。

二、受托人的侵权责任应根据个案情形具体判断

个人信息处理委托关系中的受托人侵权责任与承揽人侵权责任的构造相同。个人信息处理委托人对受托人负有选任、指示、监督的注意义务，如果委托人违反这些义务的，应承担相应的责任。对于"相应"责任的认定，可以回到侵权责任中的共同侵权责任框架中进行探讨。最高人民法院 130 号指导性案例（重庆市人民政府、重庆两江志愿服务发展中心诉重庆藏金阁物业管理有限公司、重庆首旭环保科技有限公司生态

---

[1] 参见杨代雄：《表见代理的特别构成要件》，载《法学》2013 年第 2 期。
[2] 杨芳：《〈合同法〉第 49 条（表见代理规则）评注》，载《法学家》2017 年第 6 期。

环境损害赔偿、环境民事公益诉讼案）对于委托排污型环境侵权，认定委托人应依共同侵权责任关系，与受托人承担连带责任。该案判决的理由之一为：环境侵权案件具有侵害方式的复合性、侵害过程的复杂性、侵害后果的隐蔽性和长期性，其证明难度尤其是对于排污企业违法排污主观故意的证明难度较高，且本案又涉及对环境公益的侵害，故应充分考虑到此类案件的特殊性，通过准确把握举证证明责任和归责原则来避免责任逃避和公益受损。

在个人信息处理行业，侵权行为同样具备委托行为合法性、侵害方式的复合性、侵害过程的复杂性、侵害后果短期内的隐蔽性这些特点。信息处理模式发展变化速度快，其内在运行模式难以为公众完全知悉，为避免个人信息保护义务被层层分解，在认定责任承担时应更为注重保护受害人权益。是否也可采取降低证明标准、推定共同故意的方式，还有待司法实践中的进一步探索。

三、当事人能否通过约定排除本条规定的适用

首先，本条规定的个人信息处理受托人法定义务，不因委托人和受托人之间的特别约定而免除。无论是自行处理还是委托他人处理，个人信息处理者都应当依法承担保护个人信息的法定义务。本条的目的是保护不特定民事主体的权益，据此产生的义务和责任不能通过委托人和受托人的内部约定免除。简言之，委托合同中的免责约定对相对人不具有法律约束力。

其次，本条规定的个人信息处理受托人法定义务，也不因委托人、受托人与相对人之间的特别约定而免除。一般认为，"个人信息本身的外延比较广阔，与隐私权、商业秘密权等都存在一定程度的交叉，既有人身权属性，又具有财产权属性，在人格权领域内确定其为法定权利，还需要进一步研究、探索和积累"。[①] 在涉及基本权利内容时，应当适用《民法典》第992条"人格权不得放弃、转让或者继承"的规定。同时，

---

① 最高人民法院民法典贯彻实施工作领导小组主编：《中华人民共和国民法典人格权编理解与适用》，人民法院出版社2020年版，第363~364页。

根据《民法典》第 993 条规定，在特定情况下部分人格利益可以许可他人使用。此种情况下，应严格审查许可是否符合《民法典》特别规定，且应当遵循严格的形式条件，权利人应当在充分知悉法律后果、风险的情形下作出书面形式的同意。

最后，个人信息处理的规模化、瞬间性都决定了格式条款在个人信息委托处理中被大量运用。格式条款不应"违背任意法规范中包含的体现公平和对等性的法律基本思想，构成对相对方的'不合理的利益减损'"，避免一方当事人利用其优势地位使利益关系过分倾斜，偏离公平原则。① 《民法典》第 497 条规定："有下列情形之一的，该格式条款无效：（一）具有本法第一编第六章第三节和本法第五百零六条规定的无效情形；（二）提供格式条款一方不合理地免除或者减轻其责任、加重对方责任、限制对方主要权利；（三）提供格式条款一方排除对方主要权利。"第 506 条规定："合同中的下列免责条款无效：（一）造成对方人身损害的；（二）因故意或者重大过失造成对方财产损失的。"这是免责条款的一般性规定，也应适用。格式条款实质是利益的衡量，需要对当事人之间的约定进行整体评估，特定条款带来的不利益是否因其他约定得到弥补，或者是否因同类约定加重，均是考量因素。因此，在信息业者预先与相对人约定排除受托人的全部或部分法定义务，免除其全部或者部分法定责任时，应根据《民法典》相关规定具体分析约定效力。

【相关规定】

《中华人民共和国民法典》（2020 年 5 月 28 日）

第一百七十二条　行为人没有代理权、超越代理权或者代理权终止后，仍然实施代理行为，相对人有理由相信行为人有代理权的，代理行为有效。

第四百九十七条　有下列情形之一的，该格式条款无效：

---

① 贺栩栩：《〈合同法〉第 40 条后段（格式条款效力审查）评注》，载《法学家》2018 年第 6 期。

（一）具有本法第一编第六章第三节和本法第五百零六条规定的无效情形；

（二）提供格式条款一方不合理地免除或者减轻其责任、加重对方责任、限制对方主要权利；

（三）提供格式条款一方排除对方主要权利。

第五百零六条　合同中的下列免责条款无效：

（一）造成对方人身损害的；

（二）因故意或者重大过失造成对方财产损失的。

第九百九十二条　人格权不得放弃、转让或者继承。

第九百九十三条　民事主体可以将自己的姓名、名称、肖像等许可他人使用，但是依照法律规定或者根据其性质不得许可的除外。

第六章 履行个人信息保护职责的部门

第六十条 国家网信部门负责统筹协调个人信息保护工作和相关监督管理工作。国务院有关部门依照本法和有关法律、行政法规的规定,在各自职责范围内负责个人信息保护和监督管理工作。

县级以上地方人民政府有关部门的个人信息保护和监督管理职责,按照国家有关规定确定。

前两款规定的部门统称为履行个人信息保护职责的部门。

【条文主旨】

本条是关于履行个人信息保护职责的部门的规定。

【条文理解】

个人信息保护机构对于个人信息保护法律的实施十分重要,是个人信息保护立法的核心问题之一。从各国各地区的立法来看,个人信息保护机构的设置主要有三种立法模式:一是成立独立的个人信息保护专门机构,欧盟及其成员国、日本、韩国以及我国香港特别行政区、澳门特别行政区采取此种模式。比如,欧盟成立了欧洲数据保护监督机构和第29号工作组分别负责欧盟自身机构和其他领域的个人信息保护,英国内阁设立了信息专员办公室,法国总统府设立了国家信息与自由委员会,德国联邦议会设立了联邦数据保护与信息自由保护专员办公室。二是指定政府某一部门作为个人信息保护机构或在此一部门下设个人信息保机构，俄罗斯和新加坡采取此种模式。比如，俄罗斯联邦通信和大众传媒部下设俄罗斯联邦通信、信息技术与大众传媒局，负责电子媒体、大众通信和信息通信等方面的监管，同时基于上述职责也负责个人信息保护执法活动。三是实行跨领域的执法机构加各行业监管部门的执法体制，美国采取此种模式。在美国，联邦贸易委员会作为消费者权益保护机构，对美国大部分商业实体隐私保护相关事宜具有管辖权。联邦贸易委员会负责隐私执法的部门是2006年在消费者保护局下成立的隐私和身份保护部，其通过政策、规则制定，采取多种执法手段来保护消费者个人信息。除联邦贸易委员会外，通信行业、金融服务等多个领域的行业主管部门在各自职责范围内有权开展个人信息保护执法工作。

个人信息保护工作专业性强，涉及当事人利益和社会公共利益，在信息化时代，涉个人信息违法犯罪行为存在空间跨度大、传播速度快、损害后果重、证据采集难、信息不对称等特点，单纯依靠私力救济不足以全面及时保护个人信息、打击侵害个人信息的违法犯罪行为，必须集合社会各方力量，形成公力救济与私力救济相结合、司法救济与行政救济相结合、行政机关各部门相互配合协作的个人信息保护大格局，才能全面、有效、及时满足信息化时代人民群众日益增长的个人信息保护需求。同时，在信息化时代，个人信息采集、处理、存储、使用等行为存在于社会生活的方方面面，个人信息保护涉及面广，我国多个行政部门根据法律、行政法规授权在各自职责范围内负有个人信息保护职责，只有加强统筹协调，才能防止多头重复执法、相互推诿扯皮等不良现象，形成保护个人信息、打击侵害个人信息违法犯罪行为的合力。为此，本条在借鉴域外经验基础上，立足我国国情，规定国家网信部门负责统筹协调个人信息保护工作和相关监督管理工作；国务院有关部门依照本法和有关法律、行政法规的规定，在各自职责范围内负责个人信息保护和监督管理工作；县级以上地方人民政府有关部门按照国家有关规定承担个人信息保护和监督管理职责，从而形成了全方位、多层次、立体化个人信息保护格局。

一、国家网信部门负责统筹协调个人信息保护工作和相关监督管理工作

国家网信部门,即国家互联网信息办公室,简称国家网信办,于2011年5月成立。2018年3月,国务院关于机构设置的通知指出,国家互联网信息办公室与中央网络安全和信息化委员会办公室合署办公,列入中共中央直属机构序列。国家网信办的主要职责是:落实互联网信息传播方针政策和推动互联网信息传播法制建设,指导、协调、督促有关部门加强互联网信息内容管理,负责网络新闻业务及其他相关业务的审批和日常监管,指导有关部门做好网络游戏、网络视听、网络出版等网络文化领域业务布局规划,协调有关部门做好网络文化阵地建设的规划和实施工作,负责重点新闻网站的规划建设,组织、协调网上宣传工作,依法查处违法违规网站,指导有关部门督促电信运营企业、接入服务企业、域名注册和管理服务机构等做好域名注册、互联网地址分配、网站登记备案、接入等互联网基础管理工作,在职责范围内指导各地互联网有关部门开展工作。

本条之所以规定由国家网信部门统筹协调个人信息保护工作和相关监督管理工作,主要是因为:第一,在互联网时代,互联网信息技术的发展使个人信息保护问题更加突出,且使个人信息保护问题具有了鲜明的时代特征:个人信息多以电子形式记录,个人信息的收集、存储、使用、加工、传输、提供等行为主体多为电子商务经营者、网络经营者或者提供互联网平台服务的信息处理者,个人信息处理亦多通过互联网应用程序或者其他互联网手段,非法收集、使用、传输他人个人信息、大数据杀熟、违法人脸识别等侵害个人信息的违法犯罪行为很多都是通过互联网发生,个人信息保护的重要手段如删除、屏蔽、断开链接等也是通过互联网完成。因此,几乎可以说,当代个人信息保护的各个环节都是围绕互联网展开。国家网信办是负责互联网信息安全保护的国家行政机关,由国家网信办负责统筹协调个人信息保护工作和相关监督管理工作,是适应个人信息保护问题互联网化的必然要求。第二,个人信息处

理行为多与网络建设、网络服务、网络宣传、网络出版、网络创作等行为密切相关,而上述行为都属于国家网信办的监管范畴。同时,个人信息侵权和违法犯罪行为多与网络谣言、网络诈骗、网络暴力等违法犯罪行为密不可分,往往构成其他网络违法犯罪行为的基础行为。由国家网信办负责统筹协调个人信息保护工作和相关监督管理工作,便于统筹谋划、一并打击。第三,《个人信息保护法》与《网络安全法》《数据安全法》共同构成我国信息和网络安全领域完备、全面和系统的法律保护体系。根据《网络安全法》和《数据安全法》之规定,国家网信部门负责网络安全和网络数据安全的统筹协调和相关监督管理工作。由国家网信办统筹协调个人信息保护工作和相关监督管理工作,便于构建统一、协调、有力的国家网络安全监管体系。第四,个人信息保护与其他网络数据安全保护在手段上具有共通性,国家网信部门在相关领域具有丰富的监管经验和无可比拟的优势,由国家网信部门负责统筹协调个人信息保护工作和相关监督管理工作,有利于提高个人信息保护的效率、质量和水平。

依照本条规定,在个人信息保护方面,国家网信部门主要承担两个方面的职责:

第一,统筹协调个人信息保护工作。所谓统筹协调,是指有关个人信息保护问题涉及多个部门工作职责,为避免推诿塞责、确保步调一致、形成保护合力,由国家网信部门把有关部门组织到一起,共同研究对策、形成工作方案,主要是个人信息保护政策、信息、资源、事件处置等方面的统筹协调。在这个过程中,国家网信部门未必是直接的、主要的监督管理部门,其统筹协调工作是"统揽而不包揽"。主要包括以下几个方面的工作:一是《个人信息保护法》明确的统筹协调工作,比如,本法第62条规定:"国家网信部门统筹协调有关部门依据本法推进下列个人信息保护工作:(一)制定个人信息保护具体规则、标准;(二)针对小型个人信息处理者、处理敏感个人信息以及人脸识别、人工智能等新技术、新应用,制定专门的个人信息保护规则、标准;(三)支持研究开发和推广应用安全、方便的电子身份认证技术,推进网络身份认证公共服务建设；（四）推进个人信息保护社会化服务体系建设，支持有关机构开展个人信息保护评估、认证服务；（五）完善个人信息保护投诉、举报工作机制。"二是涉及多个部门监管职责时的统筹协调。个人信息保护涉及多个部门的监管职责，在立法过程中，有人建议设立或明确统一的监管机构，有的建议厘清有关监管部门的职责，对无明确行业监管的领域要明确监管部门，避免多头执法或推诿扯皮。本条结合我国国情和既有法律规定，没有对有关部门的具体监管职责作出明确规定，而是明确国家网信部门为个人信息保护的统筹协调部门，其他部门根据法律、行政法规的规定在各自职责范围内履行个人信息保护职责。在具体监管中，如果有关部门因执法权限问题发生争议的，国家网信部门可统筹协调解决。三是《个人信息保护法》中有些工作任务未明确责任主体的，应当通过统筹协调进一步推进。如本法第12条规定："国家积极参与个人信息保护国际规则的制定，促进个人信息保护方面的国际交流与合作，推动与其他国家、地区、国际组织之间的个人信息保护规则、标准等互认。"四是《个人信息保护法》提到的"依照有关规定""遵守国家有关规定"，如果目前还没有规定或者规定不完善的，要统筹协调，抓紧制定或完善有关规定。

第二，相关监督管理工作。这是指国家网信部门对个人信息处理行为及相关违法行为负有直接的监督管理职责。比如，《个人信息保护法》第38条第1款规定："个人信息处理者因业务等需要，确需向中华人民共和国境外提供个人信息的，应当具备下列条件之一：（一）依照本法第四十条的规定通过国家网信部门组织的安全评估；（二）按照国家网信部门的规定经专业机构进行个人信息保护认证；（三）按照国家网信部门制定的标准合同与境外接收方订立合同，约定双方的权利和义务；（四）法律、行政法规或者国家网信部门规定的其他条件。"第40条规定："关键信息基础设施运营者和处理个人信息达到国家网信部门规定数量的个人信息处理者，应当将在中华人民共和国境内收集和产生的个人信息存储在境内。确需向境外提供的，应当通过国家网信部门组织的安全评估；法律、行政法规和国家网信部门规定可以不进行安全评估的，从其规定。"第 45 条第 3 款规定："个人请求将个人信息转移至其指定的个人信息处理者，符合国家网信部门规定条件的，个人信息处理者应当提供转移的途径。"上述组织安全评估、个人信息保护认证管理、制定标准合同、规定个人信息转移条件等行为就是本条规定的监督管理行为。

二、国务院有关部门在各自职责范围内负责个人信息保护和监督管理工作

个人信息种类繁多，个人信息处理广泛存在于社会生活各个领域，涉及多个部门监管职责，国务院有关部门应当依照法律、行政法规有关规定，在职责范围内负责个人信息保护和监督管理工作。我国多部法律、行政法规对有关部门的个人信息保护职责作出规定。比如，根据《网络安全法》相关规定，国务院电信主管部门、公安部门等有关机关对与网络安全相关的个人信息负有保护和监督管理职责；依法负有网络安全监督管理职责的部门和人员，必须对在履行职责中知悉的个人信息严格保密，不得泄露、出售或者非法向他人提供。根据《数据安全法》有关规定，工业、电信、交通、金融、自然资源、卫生健康、教育、科技等主管部门承担本行业、本领域数据安全监管职责，其中包括对个人信息数据安全的监管职责。根据《消费者权益保护法》相关规定，工商行政管理部门负有消费者个人信息保护职责，对侵害消费者个人信息的行为，有权作出相关行政处罚。根据《居民身份证法》，公安机关对于公民申请领取、换领、补领居民身份证登记的指纹信息，对因制作、发放、查验、扣押居民身份证而知悉的公民个人信息，应当予以保密，对国家机关或者金融、电信、交通、教育、医疗等单位的工作人员泄露在履行职责或者提供服务过程中获得的居民身份证记载的公民个人信息的行为，有权给予行政处罚。根据《邮政法》有关规定，邮政管理部门对与邮政相关的个人信息负有保护职责，对于邮政企业、快递企业违法提供用户使用邮政服务或者快递服务的信息的行为，可以给予相关的行政处罚。此外，《电子商务法》以及教育、医疗等有关法律法规亦对个人信息保护和监督管理工作主体作出规定。

三、县级以上地方人民政府有关部门按照国家有关规定承担个人信息保护和监督管理职责

在本法起草过程中，有观点认为应当在国家层面设立或明确统一的监管机构，且可根据需要在主要区域设立分支机构，避免地方逐级设立机构。根据我国国情，一般而言，国务院有关部门负有相应的行政管理职责的，县级以上地方人民政府对应部门也负有相应的行政管理职责。根据本条规定，国务院有关部门依照本法和有关法律、行政法规的规定，在各自职责范围内负责个人信息保护和监督管理工作。相应地，县级以上地方人民政府对应的部门一般也应当在各自职责范围内负责个人信息保护和监督管理工作，但不同层级的部门可能监督管理权限不同，必须依据国家有关规定行使监管权力。我国多部法律、行政法规、部门规章乃至国家政策性文件都对相关部门个人信息保护和监督管理工作进行了规定，故本条规定，县级以上地方人民政府有关部门的个人信息保护和监督管理职责，按照国家有关规定确定。这里面隐含着四层意思：第一，负责个人信息保护和监督管理工作的职能部门按照国家有关规定确定。比如，根据上述有关法律规定，地方以上人民政府网信、电信、公安、教育、医疗、交通、邮政等部门都有个人信息保护和监督管理工作。对于一些行政管理事项在县级以上地方人民政府的职责划分，有时候在国家层面不作规定，而是授权地方政府根据自身情况确定。比如，《电子商务法》第6条规定："国务院有关部门按照职责分工负责电子商务发展促进、监督管理等工作。县级以上地方各级人民政府可以根据本行政区域的实际情况，确定本行政区域内电子商务的部门职责划分。"由于个人信息保护涉及自然人重大人身、财产权益，有必要建立条线结合、上下联动的保护机制，不宜由地方政府自行作出部门职责划分，必须根据国家有关规定确定。第二，个人信息保护和监督管理的职责内容按照国家有关规定确定。如本法第61条规定："履行个人信息保护职责的部门履行下列个人信息保护职责：（一）开展个人信息保护宣传教育，指导、监督个人信息处理者开展个人信息保护工作；（二）接受、处理与个人信息保

护有关的投诉、举报；（三）组织对应用程序等个人信息保护情况进行测评，并公布测评结果；（四）调查、处理违法个人信息处理活动；（五）法律、行政法规规定的其他职责。"第三，个人信息保护和监督管理的具体职责及其对应的部门层级按照国家有关规定确定。比如，本法第66条规定："违反本法规定处理个人信息，或者处理个人信息未履行本法规定的个人信息保护义务的，由履行个人信息保护职责的部门责令改正，给予警告，没收违法所得，对违法处理个人信息的应用程序，责令暂停或者终止提供服务；拒不改正的，并处一百万元以下罚款；对直接负责的主管人员和其他直接责任人员处一万元以上十万元以下罚款。有前款规定的违法行为，情节严重的，由省级以上履行个人信息保护职责的部门责令改正，没收违法所得，并处五千万元以下或者上一年度营业额百分之五以下罚款，并可以责令暂停相关业务或者停业整顿、通报有关主管部门吊销相关业务许可或者吊销营业执照；对直接负责的主管人员和其他直接责任人员处十万元以上一百万元以下罚款，并可以决定禁止其在一定期限内担任相关企业的董事、监事、高级管理人员和个人信息保护负责人。"本条对不同层级的履行个人信息保护职责的部门的行政处罚权限和种类作出了明确规定。第四，个人信息保护和监督管理的措施手段按照国家有关规定确定。比如，本法第63条规定："履行个人信息保护职责的部门履行个人信息保护职责，可以采取下列措施：（一）询问有关当事人，调查与个人信息处理活动有关的情况；（二）查阅、复制当事人与个人信息处理活动有关的合同、记录、账簿以及其他有关资料；（三）实施现场检查，对涉嫌违法的个人信息处理活动进行调查；（四）检查与个人信息处理活动有关的设备、物品；对有证据证明是用于违法个人信息处理活动的设备、物品，向本部门主要负责人书面报告并经批准，可以查封或者扣押。"

【条文适用】

一、关于履行个人信息保护职责的部门

根据本条第 3 款规定，前两款规定的部门统称为履行个人信息保护职责的部门，故本法所称的履行个人信息保护职责的部门是具有特定内涵的专门概念，专指履行个人信息保护职责的有关国家行政机关，其外延包括履行个人信息保护职责的国家网信部门、国务院有关部门、县级以上地方人民政府有关部门，不包括司法机关。本法第 64 条第 2 款规定："履行个人信息保护职责的部门在履行职责中，发现违法处理个人信息涉嫌犯罪的，应当及时移送公安机关依法处理。"可见，公安机关在行使与个人信息保护相关的行政管理职权时，属于本法意义上的履行个人信息保护职责的部门；公安机关在履行追查犯罪的司法职能时，不属于本法意义上的履行个人信息保护职责的部门。

二、关于履行个人信息保护职责的性质

根据本条第 1 款规定，国家网信部门主要承担两方面职责，即统筹协调个人信息保护工作和相关监督管理工作。其中统筹协调的对象主要是有关履行个人信息保护职责的部门，其不主要针对行政相对方作出决定，原则上不属于行政法意义上的可诉行政行为，相应地也就不具有可诉性。至于与个人信息保护相关的监督管理工作，其主要是针对行政相对方作出行政行为，在符合《行政诉讼法》规定的条件时，可以提起行政诉讼。如本法第 66 条第 2 款规定的针对违法个人信息处理行为的行政处罚行为，相对方不服的，可以提起行政诉讼。

【相关规定】

1.《中华人民共和国数据安全法》（2021年6月10日）

第六条 各地区、各部门对本地区、本部门工作中收集和产生的数据及数据安全负责。

工业、电信、交通、金融、自然资源、卫生健康、教育、科技等主管部门承担本行业、本领域数据安全监管职责。

公安机关、国家安全机关等依照本法和有关法律、行政法规的规定，在各自职责范围内承担数据安全监管职责。

国家网信部门依照本法和有关法律、行政法规的规定，负责统筹协调网络数据安全和相关监管工作。

2.《中华人民共和国网络安全法》（2016年11月7日）

第八条 国家网信部门负责统筹协调网络安全工作和相关监督管理工作。国务院电信主管部门、公安部门和其他有关机关依照本法和有关法律、行政法规的规定，在各自职责范围内负责网络安全保护和监督管理工作。

县级以上地方人民政府有关部门的网络安全保护和监督管理职责，按照国家有关规定确定。

第五十条 国家网信部门和有关部门依法履行网络信息安全监督管理职责，发现法律、行政法规禁止发布或者传输的信息的，应当要求网络运营者停止传输，采取消除等处置措施，保存有关记录；对来源于中华人民共和国境外的上述信息，应当通知有关机构采取技术措施和其他必要措施阻断传播。

第六十四条 网络运营者、网络产品或者服务的提供者违反本法第二十二条第三款、第四十一条至第四十三条规定，侵害个人信息依法得到保护的权利的，由有关主管部门责令改正，可以根据情节单处或者并处警告、没收违法所得、处违法所得一倍以上十倍以下罚款，没有违法所得的，处一百万元以下罚款，对直接负责的主管人员和其他直接责任人员处一万元以上十万元以下罚款；情节严重的，并可以责令暂停相关业务、停业整顿、关闭网站、吊销相关业务许可证或者吊销营业执照。

违反本法第四十四条规定，窃取或者以其他非法方式获取、非法出售或者非法向他人提供个人信息，尚不构成犯罪的，由公安机关没收违法所得，并处违法所得一倍以上十倍以下罚款，没有违法所得的，处一百万元以下罚款。

3. 《中华人民共和国电子商务法》（2018年8月31日）

第六条　国务院有关部门按照职责分工负责电子商务发展促进、监督管理等工作。县级以上地方各级人民政府可以根据本行政区域的实际情况，确定本行政区域内电子商务的部门职责划分。

4. 《中华人民共和国消费者权益保护法》（2013年10月25日修正）

第五十六条　经营者有下列情形之一，除承担相应的民事责任外，其他有关法律、法规对处罚机关和处罚方式有规定的，依照法律、法规的规定执行；法律、法规未作规定的，由工商行政管理部门或者其他有关行政部门责令改正，可以根据情节单处或者并处警告、没收违法所得、处以违法所得一倍以上十倍以下的罚款，没有违法所得的，处以五十万元以下的罚款；情节严重的，责令停业整顿、吊销营业执照：

（一）提供的商品或者服务不符合保障人身、财产安全要求的；

（二）在商品中掺杂、掺假，以假充真，以次充好，或者以不合格商品冒充合格商品的；

（三）生产国家明令淘汰的商品或者销售失效、变质的商品的；

（四）伪造商品的产地，伪造或者冒用他人的厂名、厂址，篡改生产日期，伪造或者冒用认证标志等质量标志的；

（五）销售的商品应当检验、检疫而未检验、检疫或者伪造检验、检疫结果的；

（六）对商品或者服务作虚假或者引人误解的宣传的；

（七）拒绝或者拖延有关行政部门责令对缺陷商品或者服务采取停止销售、警示、召回、无害化处理、销毁、停止生产或者服务等措施的；

（八）对消费者提出的修理、重作、更换、退货、补足商品数量、退还货款和服务费用或者赔偿损失的要求，故意拖延或者无理拒绝的；

（九）侵害消费者人格尊严、侵犯消费者人身自由或者侵害消费者个人信息依法得到保护的权利的；

（十）法律、法规规定的对损害消费者权益应当予以处罚的其他情形。

经营者有前款规定情形的，除依照法律、法规规定予以处罚外，处罚机关应当记入信用档案，向社会公布。

5.《中华人民共和国邮政法》（2015年4月24日修正）

第七十六条 邮政企业、快递企业违法提供用户使用邮政服务或者快递服务的信息，尚不构成犯罪的，由邮政管理部门责令改正，没收违法所得，并处一万元以上五万元以下的罚款；对邮政企业直接负责的主管人员和其他直接责任人员给予处分；对快递企业，邮政管理部门还可以责令停业整顿直至吊销其快递业务经营许可证。

邮政企业、快递企业从业人员有前款规定的违法行为，尚不构成犯罪的，由邮政管理部门责令改正，没收违法所得，并处五千元以上一万元以下的罚款。

6.《中华人民共和国居民身份证法》（2011年10月29日修正）

第十三条 公民从事有关活动，需要证明身份的，有权使用居民身份证证明身份，有关单位及其工作人员不得拒绝。

有关单位及其工作人员对履行职责或者提供服务过程中获得的居民身份证记载的公民个人信息，应当予以保密。

第十九条 国家机关或者金融、电信、交通、教育、医疗等单位的工作人员泄露在履行职责或者提供服务过程中获得的居民身份证记载的公民个人信息，构成犯罪的，依法追究刑事责任；尚不构成犯罪的，由公安机关处十日以上十五日以下拘留，并处五千元罚款，有违法所得的，没收违法所得。

单位有前款行为，构成犯罪的，依法追究刑事责任；尚不构成犯罪的，由公安机关对其直接负责的主管人员和其他直接责任人员，处十日以上十五日以下拘留，并处十万元以上五十万元以下罚款，有违法所得的，没收违法所得。

有前两款行为，对他人造成损害的，依法承担民事责任。

第六十一条 履行个人信息保护职责的部门履行下列个人信息保护职责：

（一）开展个人信息保护宣传教育，指导、监督个人信息处理者开展个人信息保护工作；

（二）接受、处理与个人信息保护有关的投诉、举报；

（三）组织对应用程序等个人信息保护情况进行测评，并公布测评结果；

（四）调查、处理违法个人信息处理活动；

（五）法律、行政法规规定的其他职责。

【条文主旨】

本条是关于履行个人信息保护职责的部门的个人信息保护职责的规定。

【条文理解】

本条采取列举加兜底条款的形式，对履行个人信息保护职责的部门的个人信息保护职责作出明确规定。

一、开展个人信息保护宣传教育，指导、监督个人信息处理者开展个人信息保护工作

在信息化时代，收集、处理个人信息已经成为社会生活的普遍常态，全球数据量爆炸式增长，这在方便了人们日常生活的同时，也增加了个人信息权益被侵害的风险，个人信息被非法收集、处理和泄露等已经成为严重的社会问题。造成这些问题的原因，从个人角度讲，主要是因个人信息保护意识不强、能力不足，不能履行好个人信息保护第一责任人的责任，个人信息被他人违法处理却浑然不觉，甚至有意无意充当了自身个人信息权益被他人侵害的"帮凶"，等到发生严重后果时才"悔之晚矣"；从个人信息处理者角度来讲，主要是法治意识不强、法律知识贫乏，对合法与违法处理个人信息的边界认识模糊，对违法处理他人信息的严重后果预估不足，还有的是管理能力不强，造成其所控制的个人信息泄露、篡改、丢失。这就需要加强宣传教育，提高社会民众的个人信息安全防护意识、风险预判和防控能力，以及个人信息处理者的守法意识和依法处理个人信息能力，从源头上减少侵害个人信息权益的违法犯罪行为。本法第11条规定："国家建立健全个人信息保护制度，预防和惩治侵害个人信息权益的行为，加强个人信息保护宣传教育，推动形成政府、企业、相关社会组织、公众共同参与个人信息保护的良好环境。"故本条将开展个人信息保护宣传教育，指导、监督个人信息处理者开展个人信息保护工作作为履行个人信息保护职责的部门的第一项职责予以规定。

开展个人信息保护宣传教育，对个人来讲，重点是讲清个人信息权益被侵害的严重危害后果，唤起对保护个人信息权益的重视；讲清个人信息权益保护的风险点和应对之策，提高其预防、化解风险的能力；讲清个人信息权益被侵害后的维权方法和救济手段，以便在损害发生后第一时间寻求法律救济。对个人信息处理者来讲，重点是讲清合法与违法的界限，让其知道哪些可为、哪些不可为；讲清违法处理个人信息的法律责任，让其心有所畏、行有所止；指导其排查个人信息处理过程中的风险隐患，有针对性地加强管理、堵塞漏洞。开展宣传教育、指导、监督的方法不一而足，比如，举办个人信息保护专题讲座，编发个人信息保护宣传册，组织专项普法活动，开展个人信息保护大排查，在执法过程中对具体的个人和个人信息处理者进行普法教育等。

二、接受、处理与个人信息保护有关的投诉、举报

当前，个人信息保护面临着维权渠道窄、成本高、侵权处罚力度不够等问题，制约着用户的维权意愿。对此，本法第65条规定："任何组

织、个人有权对违法个人信息处理活动向履行个人信息保护职责的部门进行投诉、举报。"所谓投诉，主要是指个人信息权益被侵害的个人或者利害关系人向有关部门反映被侵害的事实，请求有关部门处理违法行为、维护自身合法权益的行为。所谓举报，主要是指社会公众针对侵害本人或者他人个人信息权益的违法行为请求有关部门处理的行为。接受投诉、举报是履行个人信息保护职责的部门发现、处理侵害个人信息权益违法犯罪行为、维护个人信息权益的重要途径，故本条将接受、处理与个人信息保护有关的投诉、举报作为履行个人信息保护职责部门的重要职责予以规定，并在第65条重申"收到投诉、举报的部门应当依法及时处理，并将处理结果告知投诉、举报人"；第62条再次强调国家网信部门要统筹协调有关部门完善个人信息保护投诉、举报工作机制，足见投诉、举报相关工作职责的重要性。

根据本法第65条规定，收到投诉、举报的部门应当依法及时处理。所谓依法，就是按照法定的权限、程序、方式作出处理。投诉、举报属于本部门职责权限范围内的，要及时受理，不得敷衍塞责、有诉不理；不属于本部门职责权限范围内的投诉、举报，要根据有关规定告知投诉、举报人有管辖权的部门，或者移送有管辖权的部门。受理投诉、举报后，要根据投诉、举报人的诉求和反映问题的性质、种类，按照法律规定的程序、方式和种类作出处理，该调解的调解，该立案调查的立案调查，该处罚的依法处罚，该移送公安机关的要及时移送公安机关。处理完毕后，投诉举报承办部门应当将投诉举报的受理、不予受理、终止处理、终止调解、调解成功、立案、不予立案、作出行政处罚、不予行政处罚、移送等结果及时告知投诉、举报人。所谓及时，就是对投诉、举报要第一时间受理、处理、答复，不能久拖不决；法律法规对处理投诉、举报的时限有要求的，要在法定权限内处理。例如，《消费者权益保护法》第46条规定："消费者向有关行政部门投诉的，该部门应当自收到投诉之日起七个工作日内，予以处理并告知消费者。"

三、组织对应用程序等个人信息保护情况进行测评，并公布测评结果

当前，以移动互联网为代表的现代信息技术日新月异，不断推动各类 App 蓬勃发展，App 在架数量和用户规模持续扩大。据有关统计，截至 2020 年底，我国国内市场上监测到的 App 数量为 345 万款。应用程序在大大方便人们的生产生活的同时，也出现了未经授权擅自收集、过度和非必要收集、频繁索取和强制收集、通讯录窃取、相册非授权读写、私自共享给第三方、大数据杀熟等严重侵害个人信息权益问题，严重侵扰了人们的生活安宁和信息自主权，成为个人信息保护的关键领域。2019 年，工业和信息化部开展了 App 侵害用户权益专项整治工作，中央网信办、工业和信息化部、公安部和国家市场监督管理总局在全国范围内组织开展 App 违法违规收集使用个人信息专项治理工作，加大个人信息保护力度。随后，工业和信息化部等部委充分利用技术检测优势，开展 App 用户权益保护测评工作，取得一定成效，但也存在法律依据不足、测评结果运用不足等问题，一定程度上掣肘了工作的开展。

本法对近年来 App 应用程序快速发展带来的个人信息保护问题作出回应，明确规定收集个人信息应当限于实现处理目的的最小范围，基于个人同意处理个人信息的，个人有权撤回其同意；自动化决策应当保证决策的透明度和结果公平、公正，不得对个人在交易价格等交易条件上实行不合理的差别待遇；通过自动化决策方式向个人进行信息推送、商业营销的，应提供不针对其个人特征的选项或提供便捷的拒绝方式；将生物识别、宗教信仰、特定身份、医疗健康、金融账户、行踪轨迹等信息以及不满 14 周岁未成年人的个人信息列为需要单独同意的敏感信息。不仅如此，本法还要求提供重要互联网平台服务、用户数量巨大、业务类型复杂的个人信息处理者，应当成立主要由外部成员组成的独立机构进行监督，制定有关个人信息保护的平台规则，定期发布个人信息保护社会责任报告等。以上规定，可谓给平台企业和 App 应用程序戴上了紧箍。本条进一步将组织对应用程序等个人信息保护情况进行测评作为履

行个人信息保护职责部门的职责明确规定,为近年来的 App 治理行动提供了合法性支撑。尤其重要的是,本条授权履行个人信息保护职责的部门公布测评结果,这有助于企业自查自纠,便于有关部门对相关违法行为及时作出处理,也有助于用户在使用应用程序时注意保护自己的个人信息。

四、调查、处理违法个人信息处理活动

调查、处理违法个人信息处理活动是履行个人信息保护职责部门的重要职责,是指履行个人信息保护职责的部门根据投诉、举报或者通过其他途径发现的违法线索,对涉嫌违法个人信息处理活动进行调查,并根据调查结果依法作出处理的行为。履行个人信息保护职责的部门通过调查、处理违法个人信息处理活动,打击侵害个人信息权益的违法犯罪行为,震慑潜在的违法犯罪行为,依法保护个人信息权益。依照本法第 63 条规定,履行个人信息保护职责的部门履行个人信息保护职责,可以采取下列措施:(1)询问有关当事人,调查与个人信息处理活动有关的情况;(2)查阅、复制当事人与个人信息处理活动有关的合同、记录、账簿以及其他有关资料;(3)实施现场检查,对涉嫌违法的个人信息处理活动进行调查;(4)检查与个人信息处理活动有关的设备、物品;对有证据证明是用于违法个人信息处理活动的设备、物品,向本部门主要负责人书面报告并经批准,可以查封或者扣押。根据调查结果,履行个人信息保护职责的部门要根据不同情形依法作出处理。对确实构成违法个人信息处理行为的,要依法及时制止、责令改正,防止损害的扩大;对当事人请求调处的相关纠纷,依照法定权限进行调解工作;对于调解不成,又不属于本部门职责范围内事项的,可以告知当事人通过仲裁、诉讼等途径解决纠纷;对于符合本法第 70 条规定的违法个人信息处理行为,支持法律规定的消费者组织和由国家网信部门确定的组织依法向人民法院提起诉讼;对于尚未构成犯罪的违法个人信息处理行为,依据本法第 66 条及其他法律、法规的有关规定,给予警告、罚款、没收违法所得、责令暂停或者终止提供服务、责令停业整顿、通报有关主管部门吊销相关业务许可或者吊销营业执照等行政处罚；发现违法处理个人信息涉嫌犯罪的，应当及时移送公安机关依法处理。

五、法律、行政法规规定的其他职责

除了本条规定以外，本法、其他有关法律、行政法规对履行个人信息保护职责部门的职责有规定的，从其规定。例如，本法第38条、第40条规定的组织安全评估，即为国家网信部门的重要职责。又如，本法第32条规定："法律、行政法规对处理敏感个人信息规定应当取得相关行政许可或者作出其他限制的，从其规定。"本条规定的行政许可或者作出其他限制，就是有关履行个人信息保护职责部门的个人信息保护职责。再如，本法第62条规定的"制定个人信息保护具体规则、标准"以及"针对小型个人信息处理者、处理敏感个人信息以及人脸识别、人工智能等新技术、新应用，制定专门的个人信息保护规则、标准"，也是相关履行个人信息保护职责部门的重要职责。

【条文适用】

一、注重事前预防

个人信息权益侵权行为往往损害后果巨大，且造成的损害往往具有不可逆转性。加强事前防范，从源头上预防违法处理个人信息行为的发生，在个人信息保护方面具有特别重要的意义。对此，本法要求个人信息处理者要制定内部管理制度和操作规程，加强信息分类管理，采取相应的加密、去标识化等安全技术措施，合理确定个人信息处理的操作权限，定期对从业人员进行安全教育和培训，制定并组织实施个人信息安全事件应急预案等，预防可能发生的安全风险。同时，本条将履行个人信息保护职责部门的预防性职责置于首位，强调履行个人信息保护职责的部门要注重开展个人信息保护宣传教育，指导、监督个人信息处理者开展个人信息保护工作，同时要组织对应用程序等个人信息保护情况进行测评，并公布测评结果，这些都是"治未病"的重要举措。履行个人信息保护职责的部门要深刻领会立法意图，切实纠正以往重事后处罚、轻事前预防和事中监管的不良做法，把预防性职责摆在工作职责首位，加强事前预防和日常监管，切实预防和减少侵害个人信息权益违法犯罪行为的发生。

二、注重过程监管

以往，政府对互联网监管主要采用事后监管模式，而本法采用的是合作型监管模式，即由政府发布标准，企业自行建立数据合规体系、健全监督管理机制，自我管理、自我监督，实现他律和自律的有机互动。例如，本法第52条第1款规定："处理个人信息达到国家网信部门规定数量的个人信息处理者应当指定个人信息保护负责人，负责对个人信息处理活动以及采取的保护措施等进行监督。"第54条规定："个人信息处理者应当定期对其处理个人信息遵守法律、行政法规的情况进行合规审计。"根据第55条规定，个人信息处理者在处理敏感个人信息、利用个人信息进行自动化决策、委托处理个人信息、向其他个人信息处理者提供个人信息、公开个人信息、向境外提供个人信息等情况下，应当事前进行个人信息保护影响评估，并对处理情况进行记录。根据第58条规定，提供重要互联网平台服务、用户数量巨大、业务类型复杂的个人信息处理者，应当按照国家规定建立健全个人信息保护合规制度体系，成立主要由外部成员组成的独立机构对个人信息保护情况进行监督；遵循公开、公平、公正的原则，制定平台规则，明确平台内产品或者服务提供者处理个人信息的规范和保护个人信息的义务；定期发布个人信息保护社会责任报告，接受社会监督。在强调企业自主监管的同时，强化过程监管，企业的合规动作本身也是履行个人信息保护职责的部门监管的对象。根据本法第66条规定，不管是否出现数据泄露等问题，只要上述合规要求不达标，处理个人信息未履行本法规定的个人信息保护义务的，也有可能面临行政处罚。

三、加大处罚力度

本法不仅强化了履行个人信息保护职责部门的事前预防和过程监管职责,还强化了事后监管力度,尤其是加大了行政处罚的力度。个人信息权益既是自然人的重要人身权益,又蕴含着巨大的财产价值,违法行为人可以通过收集、加工个人信息获取经济利益,巨大的利益诱惑可能会使违法者铤而走险,从事违法处理个人信息行为。只有加大行政处罚力度,让违法者得不偿失,才能从根本上遏制侵害个人信息权益行为高发的态势。为此,本法第66条规定:对情节严重的违法处理个人信息行为,由省级以上履行个人信息保护职责的部门责令改正,没收违法所得,并处5000万元以下或者上一年度营业额5%以下罚款,并可以责令暂停相关业务或者停业整顿、通报有关主管部门吊销相关业务许可或者吊销营业执照;对直接负责的主管人员和其他直接责任人员处10万元以上100万元以下罚款,并可以决定禁止其在一定期限内担任相关企业的董事、监事、高级管理人员和个人信息保护负责人。处罚的力度是空前的。

【相关规定】

1. 《中华人民共和国数据安全法》(2021年6月10日)

第六条 各地区、各部门对本地区、本部门工作中收集和产生的数据及数据安全负责。

工业、电信、交通、金融、自然资源、卫生健康、教育、科技等主管部门承担本行业、本领域数据安全监管职责。

公安机关、国家安全机关等依照本法和有关法律、行政法规的规定,在各自职责范围内承担数据安全监管职责。

国家网信部门依照本法和有关法律、行政法规的规定,负责统筹协调网络数据安全和相关监管工作。

第四十四条 有关主管部门在履行数据安全监管职责中,发现数据处理活动存在较大安全风险的,可以按照规定的权限和程序对有关组织、个人进行约谈，并要求有关组织、个人采取措施进行整改，消除隐患。

2.《中华人民共和国网络安全法》(2016年11月7日)

第八条 国家网信部门负责统筹协调网络安全工作和相关监督管理工作。国务院电信主管部门、公安部门和其他有关机关依照本法和有关法律、行政法规的规定，在各自职责范围内负责网络安全保护和监督管理工作。

县级以上地方人民政府有关部门的网络安全保护和监督管理职责，按照国家有关规定确定。

第十九条 各级人民政府及其有关部门应当组织开展经常性的网络安全宣传教育，并指导、督促有关单位做好网络安全宣传教育工作。

大众传播媒介应当有针对性地面向社会进行网络安全宣传教育。

第五十一条 国家建立网络安全监测预警和信息通报制度。国家网信部门应当统筹协调有关部门加强网络安全信息收集、分析和通报工作，按照规定统一发布网络安全监测预警信息。

第五十九条 网络运营者不履行本法第二十一条、第二十五条规定的网络安全保护义务的，由有关主管部门责令改正，给予警告；拒不改正或者导致危害网络安全等后果的，处一万元以上十万元以下罚款，对直接负责的主管人员处五千元以上五万元以下罚款。

关键信息基础设施的运营者不履行本法第三十三条、第三十四条、第三十六条、第三十八条规定的网络安全保护义务的，由有关主管部门责令改正，给予警告；拒不改正或者导致危害网络安全等后果的，处十万元以上一百万元以下罚款，对直接负责的主管人员处一万元以上十万元以下罚款。

第六十二条 国家网信部门统筹协调有关部门依据本法推进下列个人信息保护工作：

（一）制定个人信息保护具体规则、标准；

（二）针对小型个人信息处理者、处理敏感个人信息以及人脸识别、人工智能等新技术、新应用，制定专门的个人信息保护规则、标准；

（三）支持研究开发和推广应用安全、方便的电子身份认证技术，推进网络身份认证公共服务建设；

（四）推进个人信息保护社会化服务体系建设，支持有关机构开展个人信息保护评估、认证服务；

（五）完善个人信息保护投诉、举报工作机制。

【条文主旨】

本条是关于国家网信部门统筹协调个人信息保护职责的规定。

【条文理解】

本法第60条规定，国家网信部门负责统筹协调个人信息保护工作，本条是上述规定的具体展开，对国家网信部门统筹协调职责的主要内容作了具体列举。

一、制定个人信息保护具体规则、标准

本法是关于个人信息保护的一般性法律规范，规定了个人、个人信息处理者等的权利和义务，很多规定较为宏观和原则，这些规定的落地落实，还需要一些具体规则和标准配套实施。同时，个人信息处理工作专业性、技术性较强，从技术层面提出具体标准，对于规范企业经营行为，提升监管检测的自动化、智能化水平具有重要意义。从某种意义上讲，推动标准化是加强个人信息保护工作的关键环节。在这方面，我国有关部门做了许多尝试。2012年，由全国信息安全标准化技术委员会提出并归口组织，中国软件测评中心牵头，联合多家单位制定的我国首个个人信息保护国家标准——《信息安全技术 公共及商用服务信息系统个人信息保护指南》正式发布，经国家标准化管理委员会批准于2013年2月1日正式实施。这项标准的出台，提高了人们对个人信息保护的自觉，在一定程度上规范了个人信息处理行为，构建了政府引导下的自律机制和模式，为个人信息保护立法积累了宝贵经验。2018年，国家标准《信息安全技术 个人信息安全规范》（GB/T 35273—2017）正式实施，针对个人信息面临的安全问题，规范个人信息控制者在收集、保存、使用、共享、转让、公开披露等信息处理环节的相关行为，遏制个人信息非法收集、滥用、泄露等乱象，最大程度上保障个人合法权益和社会公共利益。2020年，修订后的国家标准《信息安全技术 个人信息安全规范》（GB/T 35273—2020）正式发布，于2020年10月1日起实施，对《信息安全技术 个人信息安全规范》（GB/T 35273—2017）作了许多方面的修订和细化完善。2020年，国家市场监督管理总局、国家标准化管理委员会发布公告，全国信息安全标准化技术委员会归口的《信息安全技术 个人信息安全影响评估指南》（GB/T 39335—2020）正式发布，于2021年6月1日起实施。另外，《个人信息和重要数据出境安全评估办法》《信息安全技术 数据出境安全评估指南》《个人信息出境安全评估办法》《个人信息告知同意指南》《信息安全技术 健康医疗信息安全指南》《信息安全技术 个人信息安全工程指南》等多项国家标准也已经发布或正在起草。在应用程序规范方面，2020年，工信部组织中国信通院、电信终端产业协会（TAF），有针对性地制定了《App用户权益保护测评规范》10项标准；对于广大用户特别关心的"最小必要"等收集使用用户个人信息原则，制定了《App收集使用个人信息最小必要评估规范》8项系列标准，涉及图片、通讯录、设备信息、人脸、位置、录像、软件列表等信息收集使用规范。美团、华为、OPPO、滴滴、字节跳动、拼多多、百度、阿里、小米等终端厂商、互联网企业、安全企业等均参与了制定工作。上述18项标准以电信终端产业协会（TAF）的团标形式发布，为App侵害用户权益专项整治工作提供依据和支撑，为企业合规经营明确规范要求。

随着《个人信息保护法》的出台，多个行业、多个领域、多个层面的个人信息保护具体规则、标准的制定、修订工作即将提上议事日程。这些具体规则、标准的制定主体、时间表和路线图、不同标准之间冲突的解决等问题，都需要国家网信部门加强统筹协调，最大限度凝聚各方面共识，确保标准合法、合理、统一、规范。

二、针对小型个人信息处理者、处理敏感个人信息以及人脸识别、人工智能等新技术、新应用，制定专门的个人信息保护规则、标准

不同规模的个人信息处理者，在处理个人信息的技术水平、风险和模式上存在差别，因而制度设计需要"因人而异"。大型互联网企业处理个人信息规模大、风险高、处理能力强，故本法强化对大型个人信息处理者的监管，配置与其控制力和影响力相适应的个人信息保护特别义务。包括成立主要由外部成员组成的独立机构，对个人信息处理活动进行监督；遵循公开、公平、公正原则制定平台规则；对严重违反法律、行政法规处理个人信息的平台内产品和服务提供者，停止提供服务；定期发布个人信息保护社会报告，接受社会监督；等等。对处理信息数量少、处理活动简单的小型个人信息处理者，是否进行部分义务的豁免，以适当减轻其合规成本，目前全球范围内还处于探索阶段。本法授权国家网信部门协调有关部门针对小型个人信息处理者制定专门的个人信息保护规则、标准，留出了针对小型个人信息处理者的立法空间。下一步，国家网信部门可以在进一步研究基础上，在降低要求、责任豁免等方面对小型个人信息处理者作出专门规则设计。

敏感个人信息是一旦泄露或者被非法使用，容易导致自然人的人格尊严受到侵害或者人身、财产安全受到危害的个人信息，包括生物识别、宗教信仰、特定身份、医疗健康、金融账户、行踪轨迹等信息，以及不满14周岁未成年人的个人信息。考虑到敏感个人信息对于个人的极端重要性，本法专门用一节的篇幅就敏感个人信息处理规则作出原则规定，并授权国家网信部门统筹协调有关部门制定专门的规则、标准。本法第32条规定："法律、行政法规对处理敏感个人信息规定应当取得相关行政许可或者作出其他限制的，从其规定。"相关部门可在认真研究基础上，就处理敏感个人信息设定行政许可或者相关限制性规定。

随着信息技术的发展，人脸识别、人工智能等新技术、新应用越来越多地渗入普通人的日常生活中，在带来便利的同时，也给人们生活带来了很多困扰。尤其是人脸识别所具有的隔空捕捉信息和网络爬取数据等特征使其有能力绕过知情同意环节，在未经授权情况下或者超出用户许可范围采集、使用、流转用户的面部数据。一个人面部特征的专属性和唯一性使面部特征信息一旦和不同数据库中的其他信息相结合，便能追踪和锁定自然人的个人身份、家庭关系、社交网络等，精准全面地勾勒出自然人的数字画像，使个人隐私安全岌岌可危。人脸识别要依靠大型的信息数据库，若聚合储存个人面部信息的识别系统存在数据安全漏洞，导致相关信息被滥用或者泄露，就会极大威胁到个人隐私乃至其他权利，有可能触发难以挽回的重大隐私侵权事件。2019年，国家新一代人工智能治理专业委员会发布《新一代人工智能治理原则——发展负责任的人工智能》，提出对包括人脸识别在内的人工智能治理的框架和行动指南，强调发展"负责任的人工智能"，避免误用，禁止滥用和恶意使用。这就需要建立更加严格的准入和监管机制，制定严格的法律规范进行调整。另外，还要看到，当前人工智能等新技术还处于发展时期，我国当前仍处于弱人工智能阶段，尚未进入拥有独立思考能力的强人工智能阶段，法律需要为新技术的发展预留空间，不宜过于严苛；同时，当前人工智能尚未对我国法律制度提出颠覆性挑战，一些新技术发展的影响尚未完全显现，需要进一步观察和研究。基于上述考虑，本法授权国家网信部门统筹协调有关部门在时机成熟时，针对人脸识别、人工智能等新技术、新应用研究制定专门的规则、标准。

三、支持研究开发和推广应用安全、方便的电子身份认证技术，推进网络身份认证公共服务建设

当前，电子政务和电子商务的发展要求建立数字化、网络化的服务体系，使社会公众足不出户通过互联网就可以享受各种便捷的服务。因为各种服务和交易行为都要建立在身份认证的基础上，故必须建立起完备的身份管理体系，使企业和个人都在网络上拥有唯一的、可信的身份数据，这就是电子身份认证技术。电子身份认证能够利用简单的身份载体，如带有智能芯片的身份卡、个人指纹等，将个人的医疗资料、个人身份证件、工作状况、个人信用、个人经历、收入及纳税状况、公积金、养老保险、房产资料等信息结合在一起，通过网络实现政府部门的各项便民服务。同时，推行电子身份认证、建设网络身份认证公共服务后，企业在一些服务中不必再收集用户身份信息，向该系统直接确认用户身份即可，这对于个人信息保护而言是十分有利的。但必须看到，电子身份认证在为社会公众带来便利的同时，也对网络系统的安全性提出了更高要求，只要身份认证系统受到攻击，不仅会导致系统里的其他安全措施无法产生作用，还会导致个人信息海量泄露，进而造成无法估量的损失。由于对身份的识别和确认具有很强的权威性，同时由于电子身份认证涉及个人信息保护，对安全性的要求极高，因而公用的身份认证体系需要由政府建设和维护，建立起完备、高效的电子身份验证体系成为电子政务的一项重要职能，故本条授权国家网信部门统筹协调有关部门，研究开发和推广应用安全、方便的电子身份认证技术，推进网络身份认证公共服务建设。

四、推进个人信息保护社会化服务体系建设，支持有关机构开展个人信息保护评估、认证服务

与个人信息保护重事前预防、过程监管的监管模式相适应，个人信息保护的前端工作如评估、认证等服务就显得十分重要。本法第36条规定："国家机关处理的个人信息应当在中华人民共和国境内存储；确需向

境外提供的，应当进行安全评估。安全评估可以要求有关部门提供支持与协助。"第38条规定："个人信息处理者因业务等需要，确需向中华人民共和国境外提供个人信息的，应当具备下列条件之一：（一）依照本法第四十条的规定通过国家网信部门组织的安全评估；（二）按照国家网信部门的规定经专业机构进行个人信息保护认证……"第55规定："有下列情形之一的，个人信息处理者应当事前进行个人信息保护影响评估，并对处理情况进行记录：（一）处理敏感个人信息；（二）利用个人信息进行自动化决策；（三）委托处理个人信息、向其他个人信息处理者提供个人信息、公开个人信息；（四）向境外提供个人信息；（五）其他对个人权益有重大影响的个人信息处理活动。"由于评估、认证等服务工作专业性强，推行社会化服务模式有助于减轻政府负担，让专业的人做专业的事，确保评估、认证工作的专业性、中立性和客观性，还可以培育成熟的个人信息保护社会服务机构，推进统一认证体系建设，调动社会力量参与个人信息保护的积极性，进一步提升个人信息保护质量水平。故本条授权国家网信部门统筹协调有关部门推进个人信息保护社会化服务体系建设，支持有关机构开展个人信息保护评估、认证服务。

五、完善个人信息保护投诉、举报工作机制

本法第65条规定："任何组织、个人有权对违法个人信息处理活动向履行个人信息保护职责的部门进行投诉、举报。收到投诉、举报的部门应当依法及时处理，并将处理结果告知投诉、举报人。履行个人信息保护职责的部门应当公布接受投诉、举报的联系方式。"当前，个人信息保护涉及政府多个部门管理职责，不同程度地存在多头管理、推诿扯皮等现象，个人信息保护投诉、举报机制尚不完善，存在主体不统一、渠道不畅通、机构不完善、管辖不明确、受理不及时、办理不规范、移送不主动、处理结果告知不及时等现象，个人信息权益受到侵害后"状告无门"的现象时有发生，这与人民群众日益增长的个人信息保护需求是不相适应的。建立统一、高效的个人信息保护投诉、举报工作机制，不仅有利于个人信息权益受到侵害时第一时间诉诸公权力保护，最大程度

第一部分　条文理解与适用/第六章　履行个人信息保护职责的部门（第60条~第65条）

上减轻损害后果，增强群众的安全感，还可以及时发现、惩处侵害个人信息权益的违法犯罪行为，及时调处涉个人信息权益的民事纠纷。为此，本条要求国家网信部门统筹协调有关部门完善个人信息保护投诉、举报工作机制。

【条文适用】

我国近年来高度重视个人信息保护方面的工作，一方面制定出台《个人信息保护法》《数据安全法》《网络安全法》等法律法规；另一方面印发实施多项个人信息保护标准规范，自上而下形成了较为完善的个人信息保护治理体系。法律与标准有共同之处，也有许多区别。首先，法律是行为规范，是从权利义务角度划定人们的行为边界；而标准主要是技术规范，主要是从技术操作层面为相关行业提供业务指引。其次，法律是由国家强制力保证实施的，对人们有普遍的约束力；而标准是指引性规范，一般不具有强制性，然而标准一般是凝聚了相关领域、相关行业的共识，对相关行业具有事实上的拘束力，具有软法的性质。最后，法律法规是由国家权力机关或者行政机关制定，标准一般是由有关行业主管部门牵头制定，有的标准还吸收业内有关企业共同参与制定。虽然总体上有上述区别，但二者也没有泾渭分明的界限，我国很多法律法规同时也包含了技术规范，很多行业标准里面也有大量的权利义务规范。而且标准往往是制定法律的先导。比如，2012年《信息安全技术 公共及商用服务信息系统个人信息保护指南》规定，处理个人信息应当具有特定、明确和合理的目的；应当在个人信息主体知情的情况下获得个人信息主体的同意；应当在达成个人信息使用目的之后删除个人信息；将个人信息分为个人一般信息和个人敏感信息，个人敏感信息在收集和利用前，必须首先获得个人信息主体明确授权。这些规定都被《个人信息保护法》相关条款吸收，正式成为了法律规范。

561

【相关规定】

1.《中华人民共和国数据安全法》(2021年6月10日)

第六条第四款 国家网信部门依照本法和有关法律、行政法规的规定，负责统筹协调网络数据安全和相关监管工作。

第三十一条 关键信息基础设施的运营者在中华人民共和国境内运营中收集和产生的重要数据的出境安全管理，适用《中华人民共和国网络安全法》的规定；其他数据处理者在中华人民共和国境内运营中收集和产生的重要数据的出境安全管理办法，由国家网信部门会同国务院有关部门制定。

2.《中华人民共和国网络安全法》(2016年11月7日)

第八条第一款 国家网信部门负责统筹协调网络安全工作和相关监督管理工作。国务院电信主管部门、公安部门和其他有关机关依照本法和有关法律、行政法规的规定，在各自职责范围内负责网络安全保护和监督管理工作。

第二十三条 网络关键设备和网络安全专用产品应当按照相关国家标准的强制性要求，由具备资格的机构安全认证合格或者安全检测符合要求后，方可销售或者提供。国家网信部门会同国务院有关部门制定、公布网络关键设备和网络安全专用产品目录，并推动安全认证和安全检测结果互认，避免重复认证、检测。

第三十七条 关键信息基础设施的运营者在中华人民共和国境内运营中收集和产生的个人信息和重要数据应当在境内存储。因业务需要，确需向境外提供的，应当按照国家网信部门会同国务院有关部门制定的办法进行安全评估；法律、行政法规另有规定的，依照其规定。

第三十九条 国家网信部门应当统筹协调有关部门对关键信息基础设施的安全保护采取下列措施：

（一）对关键信息基础设施的安全风险进行抽查检测，提出改进措施，必要时可以委托网络安全服务机构对网络存在的安全风险进行检测评估；

（二）定期组织关键信息基础设施的运营者进行网络安全应急演练，提高应对网络安全事件的水平和协同配合能力；

（三）促进有关部门、关键信息基础设施的运营者以及有关研究机构、网络安全服务机构等之间的网络安全信息共享；

（四）对网络安全事件的应急处置与网络功能的恢复等，提供技术支持和协助。

第六十三条　履行个人信息保护职责的部门履行个人信息保护职责，可以采取下列措施：

（一）询问有关当事人，调查与个人信息处理活动有关的情况；

（二）查阅、复制当事人与个人信息处理活动有关的合同、记录、账簿以及其他有关资料；

（三）实施现场检查，对涉嫌违法的个人信息处理活动进行调查；

（四）检查与个人信息处理活动有关的设备、物品；对有证据证明是用于违法个人信息处理活动的设备、物品，向本部门主要负责人书面报告并经批准，可以查封或者扣押。

履行个人信息保护职责的部门依法履行职责，当事人应当予以协助、配合，不得拒绝、阻挠。

【条文主旨】

本条是关于履行个人信息保护职责的部门在履行个人信息保护职责过程中可以采取的措施的规定。

【条文理解】

一、关于履行个人信息保护职责的部门的理解

个人信息保护与消费者权益保护一样，既需要"公法保护"，也需要"私法保护"。公法保护就是依托行政监管，由行政机关对违反个人信息

第一部分　条文理解与适用/第六章　履行个人信息保护职责的部门（第60条~第65条）

保护法律规范的行为进行查处和治理，行政相对人对行政机关的有关行为不服的，依法申请行政复议或提起行政诉讼。私法保护就是将个人信息保护纳入司法体系，为受到侵害的当事人提供救济。学界普遍认为，欧盟及其成员国对个人信息保护以公法为主，美国则以私法为主对其进行保护。我国的个人信息保护法对个人信息的保护，既包括公法保护，也包括私法保护。《个人信息保护法》第六章"履行个人信息保护职责的部门"和第七章"法律责任"明确了我国的个人信息保护的公法保护机制，包括：履行个人信息保护职责的部门、职责、措施、处罚等内容。

就公法保护个人信息而言，受传统影响，也有不同的行政监管模式。例如，GDPR在欧盟成员国层面并没有要求各成员国必须设立唯一的监管机构，但成员国需指定一个监管机关在数据保护委员会代表这些监管机关，并建立一致性机制以确保各监管机关的合作。GDPR第56条至第58条明确了主监管机关和所有监管机关拥有的职权。我国在个人信息保护法起草过程中对行政监管是否应当由独立、统一的部门来行使这一职责问题也存在很大争议。有意见认为，我们应当单设统一独立的监管机构，主要理由是国家机关也是被纳入监管范围的，需要一个独立监管机构。也有意见认为，现在应当尊重中国国情，各个业务部门分头去管也不是完全不行。值得注意的是，在《个人信息保护法（草案）》提交审议前，征求意见稿中曾设置了统一负责个人信息保护、监督、执法的工作机构，并规定了国家和地方的个人信息保护机构。但在公布的《个人信息保护法（草案）》中该条发生了变化，《个人信息保护法》最终确立多主体执法机构，国家网信部门作为统筹协调部门，多个执法部门依据各行业法律法规对涉及个人信息保护的问题进行分段监管、分散执法的模式。中国个人信息保护的行政监管体系如有些学者所称，呈"九龙治水"之势，即按照现有法律、法规规定，网信办、市监总局、工信部、公安部以及教育、医疗、卫生、金融等相关领域的管理部门都负有监管职责。例如，针对涉及隐私的个人信息，《治安管理处罚法》授权公安机关进行相应的监督处罚；在消费者保护领域，《消费者权益保护法》规定工商行政管理部门有义务查处经营者侵害消费者个人信息依法得到保护的权利的行为；

565

在电信业务领域,《电信和互联网用户个人信息保护规定》要求工业和信息化部和通信管理局对电信和互联网用户个人信息保护进行监管;在所有涉及网络运营者的范围内,《网络安全法》规定非法使用他人信息尚部构成犯罪的,由公安机关负责执法;在征信业领域,《征信业管理条例》要求中国人民银行及其派出机构承担个人信息的监管责任。

关于履行个人信息保护职责的部门和基本架构,本法第60条规定,国家网信部门负责统筹协调个人信息保护工作和相关监督管理工作。国务院有关部门(如公安部门、市场监督管理部门、工业信息部门、行业监管部门等)依照本法和有关法律、行政法规的规定,在各自职责范围内负责个人信息保护和监督管理工作。县级以上地方人民政府有关部门按照国家有关规定进行基层监管。由于履行个人信息保护职责涉及多个部门,为防止职责交叉重叠,互相推诿扯皮,《个人信息保护法》明确了三类职责部门的职责分工:第一,国家网信部门统筹协调职能。为充分发挥国家网信部门的统筹协调作用,保证个人信息保护法的贯彻实施,《个人信息保护法(草案二次审议稿)》增加了国家网信部门的统筹协调作用的规定。根据本法第62条规定,国家网信部门统筹协调有关部统筹协调工作主要包括以下内容:(1)制定个人信息保护具体规则、标准;(2)针对小型个人信息处理者、处理敏感个人信息以及人脸识别、人工智能等新技术、新应用,制定专门的个人信息保护规则、标准;(3)支持研究开发和推广应用安全、方便的电子身份认证技术,推进网络身份认证公共服务建设;(4)推进个人信息保护社会化服务体系建设,支持有关机构开展个人信息保护评估、认证服务;(5)完善个人信息保护投诉、举报工作机制。第二,国务院有关部门依法履行个人信息保护和监管工作,国务院有关部门主要包括:国务院电信主管部门、公安部门、国务院其他有关部门如市场、交通、金融、自然资源、卫生健康、教育、科技等领域的国务院主管部门,这些部门按照法律、行政法规规定的各自职责分工负责相关领域的个人信息保护工作。第三,县级以上地方人民政府有关部门按照国家规定确定个人信息保护和监督管理职责。

二、履行个人信息保护和监督管理职责监督手段

《个人信息保护法》第 61 条规定了履行个人信息保护职责部门的具体工作职责,包括:(1)开展个人信息保护宣传教育,指导、监督个人信息处理者开展个人信息保护工作;(2)接受、处理与个人信息保护有关的投诉、举报;(3)组织对应用程序等个人信息保护情况进行测评,并公布测评结果;(4)调查、处理违法个人信息处理活动;(5)法律、行政法规规定的其他职责。行政监管不仅可以贯穿事前预防、事中监督和事后处理等信息保护的全过程,也可以综合运用包括风险管理、调查和处罚等多种手段,还在制止侵权行为方面也具备快速和便捷的特点,充分应对现实中的各种挑战,从而为个人信息提供多角度和全方位的保障。[1]

事前预防、事中监督、事后处理是履行个人信息保护职责部门三大手段。《个人信息保护法》中规定的事前预防措施主要有:(1)敏感个人信息的行政许可制度。《个人信息保护法》第 32 条规定:"法律、行政法规对处理敏感个人信息规定应当取得相关行政许可或者作出其他限制的,从其规定。"(2)向境外提供个人信息安全评估制度。《个人信息保护法》第 40 条规定:"关键信息基础设施运营者和处理个人信息达到国家网信部门规定数量的个人信息处理者,应当将在中华人民共和国境内收集和产生的个人信息存储在境内。确需向境外提供的,应当通过国家网信部门组织的安全评估;法律、行政法规和国家网信部门规定可以不进行安全评估的,从其规定。"(3)个人信息保护负责人制度。《个人信息保护法》第 52 条第 1 款规定:"处理个人信息达到国家网信部门规定数量的个人信息处理者应当指定个人信息保护负责人,负责对个人信息处理活动以及采取的保护措施等进行监督。"(4)个人信息保护影响评估制度。《个人信息保护法》第 55 条规定:"有下列情形之一的,个人信息处理者应当事前进行个人信息保护影响评估,并对处理情况进行记录:

---

[1] 邓辉:《我国个人信息保护行政监管的立法选择》,载《交大法学》2020 年第 2 期。

(一) 处理敏感个人信息; (二) 利用个人信息进行自动化决策; (三) 委托处理个人信息、向其他个人信息处理者提供个人信息、公开个人信息; (四) 向境外提供个人信息; (五) 其他对个人权益有重大影响的个人信息处理活动。"事中监督主要包括以下制度: (1) 行政约谈。行政约谈是执法部门在个人信息保护监督工作比较典型的事中监督措施。2018年, 支付宝曾因在"年度账单"查看中默认用户同意《芝麻服务协议》, 而被国家网信办网络安全协调局约谈, 并被要求排查整顿。《个人信息保护法》第64条第1款规定: "履行个人信息保护职责的部门在履行职责中, 发现个人信息处理活动存在较大风险或者发生个人信息安全事件的, 可以按照规定的权限和程序对该个人信息处理者的法定代表人或者主要负责人进行约谈, 或者要求个人信息处理者委托专业机构对其个人信息处理活动进行合规审计。个人信息处理者应当按照要求采取措施, 进行整改, 消除隐患。"(2) 合规审计。《个人信息保护法》中的合规审计包括两种: 第一种是个人信息处理者内部定期合规审计。《个人信息保护法》第54条规定: "个人信息处理者应当定期对其处理个人信息遵守法律、行政法规的情况进行合规审计。"第二种是强制要求个人信息处理者进行合规审计,《个人信息保护法》第64条对此作出了规定。

事后处罚是行政执法全流程的后盾。《个人信息保护法》第61条明确了个人信息保护职责部门应当调查、处理违法个人信息处理活动, 并在第七章规定了违法处理个人信息或为落实安全保护义务的法律责任。

三、履行个人信息保护职责的部门处理违法处理个人信息处理活动可以采取的主要措施

履行个人信息保护职责的部门在发现个人信息处理者违法处理个人信息活动的, 在作出处理之前, 必须全面、客观、公正地调查, 收集有关证据。针对违法处理个人信息处理活动的调查、处理流程, 本条列举了主管部门可以采取的主要措施:

1. 询问有关当事人, 调查与个人信息处理活动有关的情况。询问是每个案件必须进行的一种重要的调查行为, 目的是收集和核对证据材料,核对案件的真实情况。根据《行政处罚法》的相关规定，询问必须由法定人员进行，一是要求法律规定的有相应行政职权的机关或组织指派的办案人员。二是应当符合法定人数。询问当事人，办案人员不应不少于二人。询问对象包括个人信息处理者的个人信息保护负责人、相关工作人员或者遭受侵害的个人。

2. 查阅、复制当事人与个人信息处理活动有关的合同、记录、账簿以及其他有关资料。履行个人信息保护职责的部门在调查、处理过程中可以查阅、复制当事人与个人信息处理活动有关的合同、记录、账簿以及其他有关资料。该项措施是行政机关收集和保存证据重要手段。

3. 实施现场检查，对涉嫌违法的个人信息处理活动进行调查。履行个人信息保护职责的部门在处理涉嫌违法的个人信息处理活动时享有调查、检查权。实施现场检查是调查活动的重要方法，是履行个人信息保护职责的部门为调查违法行为，获取相关信息，强制要求当事人配合，进入其经营场所、办公场所进行检查的行政行为。

4. 检查与个人信息处理活动有关的设备、物品；对有证据证明是用于违法个人信息处理活动的设备、物品，向本部门主要负责人书面报告并经批准，可以查封或者扣押。调查是为了查明违法行为，获得证据或者查获违法行为人依法进行的专门调查工作和采取有关的行政强制措施活动。检查是行政机关依法对相对人是否遵守法律、法规和行政规章的情况进行了解的行为。检查是行政机关依法对相对人是否遵守法律、法规和规章的情形进行了解的行为，是国家行政执法机关查处行政违法案件的重要手段。履行个人信息保护职责的部门在调查、检查过程中，可以查验与个人信息处理活动有关的设备、物品，包括计算机、服务器等。如果证据证明查验的有关设备、物品是从事违法处理个人信息活动中使用的，应当根据本法规定的程序，可以对查验的物品进行查封或扣押。本条规定的查封或扣押措施对应《行政强制法》第9条第2项查封场所、设施或者财务和第3项，扣押财物。查封是行政机关限制当事人对其财产的使用和处分的强制措施，主要是对不动产或者其他不便移动的财产，由行政机关以加贴封条的方式限制当事人对财产的移动或者使用。扣押是行政机关解除当事人对其财物占有,并限制其处分的强制措施。

四、当事人的配合义务

本条规定,履行个人信息保护职责的部门依法履行职责,当事人应当予以协助、配合,不得拒绝、阻挠。例如,执法人员在调查时,当事人或者有关人员应当如实回答询问,并协助调查或者检查,不得拒绝或者阻挠调查活动。对于涉及违法处理个人信息的案件,在履行个人信息保护职责的部门进行调查时,个人信息处理者有义务协助、配合执法机关的调查取证活动,否则可能构成本法第66条规定的"拒不改正""情节严重"的情形,进而加大处罚力度,亦可能构成《治安管理处罚法》"阻碍国家机关工作人员依法执行职务"的行为情节严重者可处5日以上10日以下拘留及罚款。协助、配合义务是法律上的强制性规定,当事人没有选择适用的空间。

【条文适用】

第一,根据《个人信息保护法》第60条规定,国家网信部门负责统筹协调个人信息保护工作和监督管理工作。国务院有关部门依照本法和有关法律、行政法规的规定,在各自职责范围内负责个人信息保护和监督管理工作。如前所述,国家网信部门在个人信息保护中的作用是统筹协调,而非是独立、统一的个人信息保护监管机关。国务院有关部门"依照本法和有关法律、行政法规的规定",在其职责范围内负责相关个人信息保护和监督管理工作。其他法律、行政法规对行政机关的个人信息保护职责有规定的,该机关同样也拥有个人信息保护领域的执法权。因此,所有履行个人信息保护职责的部门,包括国家网信部门、国务院有关部门以及县级以上地方人民政府有关部门在执行检查都可以适用本条规定的措施。

第二,本条为给执法行为提供充分保障规定了执行调查措施。一方面,行政执行措施应当坚持适当原则,采用的执行措施应当以实现行政

第一部分 条文理解与适用/第六章 履行
个人信息保护职责的部门（第60条～第65条）

管理为目的。例如，本条规定"查阅、复制当事人与个人信息处理活动有关的合同、记录、账簿以及其他有关资料"，应当将查阅、复制的对象限定在与被调查违法行为相关的合同、记录、账簿以及其他有关资料上。另一方面，其他法律、行政法规对执行措施的行使条件和程序有明确规定的，还要依据其他法律、行政法规的规定执行。

第三，本条只是规定了履行个人信息保护职责部门在执法过程中可以采取的行政执法措施的类别，对于从调查到作出处罚决定的具体流程，还要根据《行政处罚法》等相关规定明确主管机关和当事人的权利义务。（1）主管机关在调查前应当履行告知义务。主管机关应当及时告知个人信息处理者的个人信息违法事实，并采取信息化手段或者其他措施，为其查询、陈述和申辩提供便利。不得限制或者变相限制个人信息处理者享有的陈述权、申辩权。（2）当事人享有申辩、陈述权。主管机关必须充分听取个人信息处理者的意见，对其提出的事实、理由和证据，应当进行复核；个人信息处理者提出的事实、理由或者证据成立的，主管机关应当采纳。（3）执法检查与取证。根据《行政处罚法》的规定，如涉及通过走访现场进行取证的，应由2名以上执法人员，持调取证据的法律文书，经出示执法证件后实施。针对个人信息保护领域的取证更多地表现为电子证据的调取，行政机关的电子取证可能涉及平台数据和用户所提供的数据，其中包含用户的个人信息的数据如电子邮件、即时通信记录、博客、微博、网页历史记录、IP地址、手机短信、电子痕迹等均可能成为取证对象。（4）处罚决定和处罚种类。行政调查终结后主管部门将对调查结果进行审查并视情况作出行政处罚决定或决定不予行政处罚。《个人信息保护法》第七章法律责任中第66条规定："违反本法规定处理个人信息，或者处理个人信息未履行本法规定的个人信息保护义务的，由履行个人信息保护职责的部门责令改正，给予警告，没收违法所得，对违法处理个人信息的应用程序，责令暂停或者终止提供服务；拒不改正的，并处一百万元以下罚款；对直接负责的主管人员和其他直接责任人员处一万元以上十万元以下罚款。有前款规定的违法行为，情节严重的，由省级以上履行个人信息保护职责的部门责令改正，没收违法

571

所得，并处五千万元以下或者上一年度营业额百分之五以下罚款，并可以责令暂停相关业务或者停业整顿、通报有关主管部门吊销相关业务许可或者吊销营业执照；对直接负责的主管人员和其他直接责任人员处十万元以上一百万元以下罚款，并可以决定禁止其在一定期限内担任相关企业的董事、监事、高级管理人员和个人信息保护负责人。"（5）听证。《行政处罚法》对较大数额的罚款、没收大额违法所得、吊销许可证、责令停产停业等较重的行政处罚要求行政机关应当组织听证。

第四，当事人能否针对行政执法措施请求救济的问题。若企业对执法检查和取证本身有异议，当事人能否单独就行政执法措施请求司法救济？我们认为，某些行政执法措施行为具有过程性，并非完整的具体行政行为，因此企业无法单独以该行为提起行政复议或行政诉讼。但如果行政机关对相关证据实行了查封、扣押的强制措施，则企业可以要求执法人员解释所扣押的材料/数据与检查文件以及检查本身之间的相关性，可以要求执法人员交付查封、扣押决定书和清单，企业可以通过提起行政复议和行政诉讼进行救济。公权力机关调取证据的范围尚无规范进行具体限制，但其仍然是有权力边界的，即不得侵害公民的合法权益。执法检查和取证应当始终符合比例原则，明确具体取证目的（目的正当），确保取证和检查有助于查明案件（适当性），执法检查和取证对个人信息处理者和个人信息主体的损害最小（必要性），并且应当充分评估取证过程对个人信息的处理、披露等对个人信息主体的损害，以及取证对个人信息处理者的损害，最终与该取证行为可获得的证明利益对比，从而达到比例上的均衡（均衡性）。

【相关规定】

1. 《中华人民共和国行政处罚法》（2021年1月22日修订）

第三十六条 违法行为在二年内未被发现的，不再给予行政处罚；涉及公民生命健康安全、金融安全且有危害后果的，上述期限延长至五年。法律另有规定的除外。

前款规定的期限，从违法行为发生之日起计算；违法行为有连续或者继续状态的，从行为终了之日起计算。

第三十七条　实施行政处罚，适用违法行为发生时的法律、法规、规章的规定。但是，作出行政处罚决定时，法律、法规、规章已被修改或者废止，且新的规定处罚较轻或者不认为是违法的，适用新的规定。

第四十二条　行政处罚应当由具有行政执法资格的执法人员实施。执法人员不得少于两人，法律另有规定的除外。

执法人员应当文明执法，尊重和保护当事人合法权益。

2.《中华人民共和国行政强制法》（2011年6月30日）

第九条　行政强制措施的种类：

（一）限制公民人身自由；

（二）查封场所、设施或者财物；

（三）扣押财物；

（四）冻结存款、汇款；

（五）其他行政强制措施。

第十八条　行政机关实施行政强制措施应当遵守下列规定：

（一）实施前须向行政机关负责人报告并经批准；

（二）由两名以上行政执法人员实施；

（三）出示执法身份证件；

（四）通知当事人到场；

（五）当场告知当事人采取行政强制措施的理由、依据以及当事人依法享有的权利、救济途径；

（六）听取当事人的陈述和申辩；

（七）制作现场笔录；

（八）现场笔录由当事人和行政执法人员签名或者盖章，当事人拒绝的，在笔录中予以注明；

（九）当事人不到场的，邀请见证人到场，由见证人和行政执法人员在现场笔录上签名或者盖章；

（十）法律、法规规定的其他程序。

第二十三条 查封、扣押限于涉案的场所、设施或者财物，不得查封、扣押与违法行为无关的场所、设施或者财物；不得查封、扣押公民个人及其所扶养家属的生活必需品。

当事人的场所、设施或者财物已被其他国家机关依法查封的，不得重复查封。

3.《中华人民共和国治安管理处罚法》（2012年12月26日修正）

第八十七条 公安机关对与违反治安管理行为有关的场所、物品、人身可以进行检查。检查时，人民警察不得少于二人，并应当出示工作证件和县级以上人民政府公安机关开具的检查证明文件。对确有必要立即进行检查的，人民警察经出示工作证件，可以当场检查，但检查公民住所应当出示县级以上人民政府公安机关开具的检查证明文件。

检查妇女的身体，应当由女性工作人员进行。

第六十四条 履行个人信息保护职责的部门在履行职责中,发现个人信息处理活动存在较大风险或者发生个人信息安全事件的,可以按照规定的权限和程序对该个人信息处理者的法定代表人或者主要负责人进行约谈,或者要求个人信息处理者委托专业机构对其个人信息处理活动进行合规审计。个人信息处理者应当按照要求采取措施,进行整改,消除隐患。

履行个人信息保护职责的部门在履行职责中,发现违法处理个人信息涉嫌犯罪的,应当及时移送公安机关依法处理。

【条文主旨】

本条是关于履行个人信息保护职责的部门发现信息处理活动存在较大风险或者发生个人信息安全事件时可依法履行行政约谈和要求个人信息处理者进行合规审计的职责的规定。

【条文理解】

《个人信息保护法》第五章规定了个人处理者对个人信息负有安全保护义务。《个人信息保护法》第51条规定:"个人信息处理者应当根据个人信息的处理目的、处理方式、个人信息的种类以及对个人权益的影响、可能存在的安全风险等,采取下列措施确保个人信息处理活动符合法律、行政法规的规定,并防止未经授权的访问以及个人信息泄露、篡改、丢失:(一)制定内部管理制度和操作规程;(二)对个人信息实行分类管理;(三)采取相应的加密、去标识化等安全技术措施;(四)合理确定个人信息处理的操作权限,并定期对从业人员进行安全教育和培训;

（五）制定并组织实施个人信息安全事件应急预案；（六）法律、行政法规规定的其他措施。"《个人信息保护法》从内部管理制度和操作规程、个人信息分类管理、采取的安全技术措施、内部操作权限配置、个人信息安全事件应急预案等几个方面防范个人信息处理过程中较大安全风险或者个人信息安全事件。如果履行个人信息保护职责的部门发现个人信息处理者未按照法律规定要求履行个人信息安全风险防范措施可能造成较大安全风险或安全事件的，根据本条规定，可以按照规定的权限和程序对该个人信息处理者进行行政约谈或者要求其进行合规审计。履行个人信息保护职责的部门在与个人信息处理者进行行政约谈后，要求个人信息处理者采取措施或者整改的，个人信息处理者应当严格按照行政约谈的要求采取措施或者进行整改，消除隐患。同时，本条第2款还规定，履行个人信息保护职责的部门在履行职责中，发现违法处理个人信息涉嫌犯罪的，应当及时移送公安机关依法处理。

【条文适用】

一、关于行政约谈

"约谈"是指监督组织对有关被监督组织或者个人，通过信息交流，进行了解情况、提示违法违纪风险以及批评教育，达到预防和干预违法违纪的监督方式。行政约谈主要应用在政纪检查监督，国家、政府和社会自身管理以及政府对社会的行政管理之中。行政约谈按其内容可分为外部约谈和内部约谈。外部约谈在行政机关和行政相对人之间进行，一般表现为行政机关对企业经济活动的干预，即相关企业进行市场垄断，侵害消费者合法权益时，行政机关对企业负责人进行劝告、指导、建议和要求的行为。它是一种打破行政机关和行政相对人之间对立局面，促进双方加强协商、遵守契约精神的柔性行政执法方式。内部约谈则表现为行政系统内部的层级监督，即上级领导对下级领导、负责人或者监察机关对领导干部的行政问责和纪律处分，不具有外部效力。其中，政府机关基于行政管理权力,对公民、法人或者其他组织进行约谈的行为,就是外部行政约谈。具体到公民个人信息保护行政约谈,是指履行个人信息职责的部门发现个人信息处理活动存在风险或者安全事件时,与个人信息处理者的法定代表人或者主要负责人进行了解情况、核对事实、提示风险或批评教育等信息沟通的行为。与个人信息处理者的法定代表人或者主要负责人进行行政约谈应当掌握以下原则:第一,行政约谈的主体是具有行政监管权的行政主体,主要是国家行政机关,也包括法律法规授权的组织,主要指履行个人信息保护职责的部门。即《个人信息保护法》第60条第1款、第2款规定:"国家网信部门负责统筹协调个人信息保护工作和相关监督管理工作。国务院有关部门依照本法和有关法律、行政法规的规定,在各自职责范围内负责个人信息保护和监督管理工作。县级以上地方人民政府有关部门的个人信息保护和监督管理职责,按照国家有关规定确定。"第二,行政约谈的对象是公民、法人或者其他组织。个人信息保护约谈的对象为个人信息处理者的法定代表人或者主要负责人。第三,行政约谈的方式是信息交流。一般而言,个人信息保护行政约谈目的:一是向被约谈人核实和了解有关情况;二是对个人信息处理者在信息处理活动中存在的违法风险予以提示;三是对已出现的个人信息处理者违反法律、行政法规的规定违法处理个人信息活动进行批评教育等。第四,行政约谈的法律效果,仅仅是引起当事人的警示,并不直接影响当事人的权利和义务。

二、关于合规审计

《个人信息保护法》关于审计的内容出现了两处:第一处是《个人信息保护法》第54条。该条规定:"个人信息处理者应当定期对其处理个人信息遵守法律、行政法规的情况进行合规审计。"该条是《个人信息保护法》要求个人信息处理者定期合规审计的规定。第二处是《个人信息保护法》第64条,该条规定:"履行个人信息保护职责的部门在履行职责中,发现个人信息处理活动存在较大风险或者发生个人信息安全事件的,可以按照规定的权限和程序对该个人信息处理者的法定代表人或者主要负责人进行约谈，或者要求个人信息处理者委托专业机构对其个人信息处理活动进行合规审计。"该条是从监管机构的角度明确履行个人信息保护职责的部门在特定情形下可以要求个人信息处理者强制第三方进行合规审计。《个人信息保护法（草案）》中并没有将第54条和第64条进行区分，而是一起规定在第53条，"个人信息处理者应当定期对其个人信息处理活动、采取的保护措施等是否符合法律、行政法规的规定进行审计。履行个人信息保护职责的部门有权要求个人信息处理者委托专业机构进行审计"。《个人信息保护法（草案二次审议稿）》将第53条拆分为两条，特别增加了"要求个人信息处理者委托专业机构进行合规审计"的执法监督措施，体现了在行政执法中引入企业和第三方专业机构进行"多主体合作治理"的理念，提高行政监管的效率和灵活性。

审计通常可分为财务报表审计、经营审计和合规性审计三个类别。合规性审计一般指审计机构和审计人员依据国家法律、法规和财经制度对被审计单位的生产经营管理活动及其有关资料是否合规所进行的一种监督活动。就个人信息保护立法中的审计类别而言，还有一种是安全审计。根据国家推荐标准《信息安全技术 个人信息安全规范》（GB/T 35273—2020）第11.7条规定了个人信息的"安全审计"，该条规定："a）应对个人信息保护政策、相关规程和安全措施的有效性进行审计；b）应建立自动化审计系统，监测记录个人信息处理活动；c）审计过程形成的记录应能对安全事件的处置、应急响应和事后调查提供支撑；d）应防止非授权访问、篡改或删除审计记录；e）应及时处理审计过程中发现的个人信息违规使用、滥用等情况；f）审计记录和留存时间应符合法律法规的要求。"从时间上来看，国家推荐标准中所列的"安全审计"和本法所说的"合规审计"在内容上有部分重合。

关于合规审计的内容，《个人信息保护法》第64条并没有规定进行哪些方面的"合规审计"。但在表述上，与《个人信息保护法》第54条的表述一致，都是"合规审计"。我们理解，应当都是对"处理个人信息遵守法律、行政法规的情况"进行合规审计。这里的法律、行政法规，主要包括法律，如《民法典》《网络安全法》《全国人民代表大会常务委员会关于加强网络信息保护的决定》《个人信息保护法》《数据安全保护法》等；部门规章如《网络安全审查办法》《儿童个人信息网络保护规定》等；还有司法解释，如《信息网络侵害人身权益规定》《使用人脸识别技术处理个人信息民事案件规定》等；当然，个人信息保护领域还有一些国家标准，也是可以作为合规审计的参考，如《信息安全技术 个人信息安全规范》《信息安全技术 个人信息安全影响评估指南》等。

三、移送公安机关的情形

本条第 2 款规定，履行个人信息保护职责的部门在履行职责中，发现违法处理个人信息涉嫌犯罪的，应当及时移送公安机关依法处理。该款主要规定的是行政监管机关在履职过程中有发现涉嫌犯罪情形的移送公安机关侦查的内容。该条说的"涉嫌犯罪"，主要就是指《刑法》第 253 条规定的"侵犯公民个人信息犯罪"。《刑法修正案（七）》增设了《刑法》第 253 条之一，规定了出售、非法提供公民个人信息罪和非法获取公民个人信息罪。《刑法修正案（九）》又对《刑法修正案（七）》进行了修改，将"出售、非法提供公民个人信息罪"和"非法获取公民个人信息罪"被整合为"侵犯公民个人信息罪"。另外，关于侵犯公民个人信息犯罪，《最高人民法院、最高人民检察院关于办理公民个人信息刑事案件适用法律若干问题的解释》对侵犯公民个人信息罪的定罪量刑标准等内容进行了规定，也是行政监管机关移送公安机关重要法律依据。

【相关规定】

1. 《中华人民共和国数据安全法》（2021 年 6 月 10 日）

第四十四条 有关主管部门在履行数据安全监管职责中，发现数据处理活动存在较大安全风险的，可以按照规定的权限和程序对有关组织、个人进行约谈，并要求有关组织、个人采取措施进行整改，消除隐患。

2. 《中华人民共和国网络安全法》（2016 年 11 月 7 日）

第五十六条 省级以上人民政府有关部门在履行网络安全监督管理

职责中，发现网络存在较大安全风险或者发生安全事件的，可以按照规定的权限和程序对该网络的运营者的法定代表人或者主要负责人进行约谈。网络运营者应当按照要求采取措施，进行整改，消除隐患。

3.《中华人民共和国刑法》（2020年12月26日修正）

第二百五十三条之一　违反国家有关规定，向他人出售或者提供公民个人信息，情节严重的，处三年以下有期徒刑或者拘役，并处或者单处罚金；情节特别严重的，处三年以上七年以下有期徒刑，并处罚金。

违反国家有关规定，将在履行职责或者提供服务过程中获得的公民个人信息，出售或者提供给他人的，依照前款的规定从重处罚。

窃取或者以其他方法非法获取公民个人信息的，依照第一款的规定处罚。

单位犯前三款罪的，对单位判处罚金，并对其直接负责的主管人员和其他直接责任人员，依照各该款的规定处罚。

第六十五条　任何组织、个人有权对违法个人信息处理活动向履行个人信息保护职责的部门进行投诉、举报。收到投诉、举报的部门应当依法及时处理，并将处理结果告知投诉、举报人。

履行个人信息保护职责的部门应当公布接受投诉、举报的联系方式。

【条文主旨】

本条是关于任何组织和个人都可以对违反个人信息处理活动进行社会监督，履行个人信息保护职责的部门接到组织、个人对违法个人信息处理活动投诉、举报处理工作机制的规定。

【条文理解】

投诉和举报违法个人信息处理活动是公民和组织对违法活动进行社会监督的权利。《全国人民代表大会常务委员会关于加强网络信息保护的决定》第8条、第9条就公民发现违法个人信息处理活动的救济权利进行了规定。《全国人民代表大会常务委员会关于加强网络信息保护的决定》第8条规定："公民发现泄露个人身份、散布个人隐私等侵害其合法权益的网络信息，或者受到商业性电子信息侵扰的，有权要求网络服务提供者删除有关信息或者采取其他必要措施予以制止。"第9条规定："任何组织和个人对窃取或者以其他非法方式获取、出售或者非法向他人提供公民个人电子信息的违法犯罪行为以及其他网络信息违法犯罪行为，有权向有关主管部门举报、控告；接到举报、控告的部门应当依法及时处理。被侵权人可以依法提起诉讼。"《个人信息保护法》第47条和第65条也规定了要求删除的权利和投诉、举报制度。第47条第1款规定：

"有下列情形之一的，个人信息处理者应当主动删除个人信息；个人信息处理者未删除的，个人有权请求删除：（一）处理目的已实现、无法实现或者为实现处理目的不再必要；（二）个人信息处理者停止提供产品或者服务，或者保存期限已届满；（三）个人撤回同意；（四）个人信息处理者违反法律、行政法规或者违反约定处理个人信息；（五）法律、行政法规规定其他情形。"第65条规定："任何组织、个人有权对违法个人信息处理活动向履行个人信息保护职责的部门进行投诉、举报。收到投诉、举报的部门应当依法及时处理，并将处理结果告知投诉、举报人。履行个人信息保护职责的部门应当公布接受投诉、举报的联系方式。"《个人信息保护法》二次审议的时候，有的常委委员和部门、社会公众提出，有关部门应当完善个人信息保护投诉、举报机制，并在案件查处方面加强协同配合。全国人民代表大会宪法和法律委员会经研究，建议在草案二次审议稿中增加以下规定：一是国家网信部门统筹协调有关部门完善个人信息保护投诉、举报工作机制。二是履行个人信息保护职责的部门发现违法处理个人信息涉嫌犯罪的，应当及时移送公安机关依法处理；对有关责任人员可以决定禁止其在一定期限内担任相关企业的董事、监事、高级管理人员和个人信息保护负责人等职务。关于我国个人信息保护投诉、举报处理机制，基本可以总结为：依据《个人信息保护法》第65条规定，任何组织和个人有权对违法个人信息处理活动向履行个人信息保护职责的部门进行投诉、举报。依据《个人信息保护法》第63条规定，具体负责履行个人信息保护职责的部门处理组织和公民对违反个人信息处理活动的投诉和举报。依据《个人信息保护法》第62条规定，国家网信部门统筹协调有关部门完善个人信息保护投诉、举报工作机制。

【条文适用】

为了保护个人信息合法权益，本条规定了违反个人信息处理活动社会监督处理工作机制。保护公民个人信息关系全社会每个人的利益，也是全社会每个人的共同责任。国家鼓励和支持一切组织和个人对违反个

第一部分 条文理解与适用/第六章 履行个人信息保护职责的部门（第60条~第65条）

人信息处理活动、侵害个人信息权益的行为进行社会监督。因此，本条规定，任何组织、个人有权对违法个人信息处理活动向履行个人信息保护职责的部门进行投诉、举报。网络个人信息泄露现象在当今社会已十分严重，组织、个人作为个人信息的拥有者，认为个人信息处理者有侵害自身个人信息行为的活动的，与个人信息处理者发生争议，自然有权利向履行个人信息保护职责的部门进行投诉；组织、公民发现个人信息处理者有违法处理个人信息活动线索的，也可以进行监督，向履行个人信息保护职责的部门进行反映。投诉、举报的机关可以是公安部门、互联网管理部门、工商部门、消费者权益保护协会、行业管理部门和相关管理机构。例如，国家网信办所属的中国互联网违法和不良信息举报中心将专职接受和处置社会公众对互联网违法和不良信息的举报。中国互联网违法和不良信息举报中心的举报热线"12377"。本法还规定，收到投诉、举报的部门应当依法及时处理，并将处理结果告知投诉、举报人。作为行政监管机关，接到组织或个人的投诉、举报，应当按照规定的程序依法对组织或个人投诉、举报的行为作出处理，并同时将处理结果反馈给投诉人和举报人。例如，《市场监督管理投诉举报处理暂行办法》第14条规定："具有本办法规定的处理权限的市场监督管理部门，应当自收到投诉之日起七个工作日内作出受理或者不予受理的决定，并告知投诉人。"第31条第2款规定："举报人实名举报的，有处理权限的市场监督管理部门还应当自作出是否立案决定之日起五个工作日内告知举报人。"

　　行政监管机关应当畅通投诉举报接受渠道，因此，本条还特别规定，履行个人信息保护职责的部门应当公布接受投诉、举报的联系方式。目前，国家网信办公布了六种接受互联网违法和不良信息举报的方式，包括：（1）登录举报中心官网 https://www.12377.cn 举报；（2）下载安装"网络举报"客户端举报；（3）关注举报中心官方微博"国家网信办举报中心"，点击"私信举报"；（4）关注举报中心官方微信公众账号"国家网信办举报中心"，点击"一键举报"；（5）拨打12377举报热线举报；（6）发送邮件至邮箱 jubao@12377.cn 举报。

【相关规定】

1.《中华人民共和国数据安全法》（2021年6月10日）

第十二条 任何个人、组织都有权对违反本法规定的行为向有关主管部门投诉、举报。收到投诉、举报的部门应当及时依法处理。

有关主管部门应当对投诉、举报人的相关信息予以保密，保护投诉、举报人的合法权益。

2.《全国人民代表大会常务委员会关于加强网络信息保护的决定》（2012年12月28日）

第八条 公民发现泄露个人身份、散布个人隐私等侵害其合法权益的网络信息，或者受到商业性电子信息侵扰的，有权要求网络服务提供者删除有关信息或者采取其他必要措施予以制止。

第九条 任何组织和个人对窃取或者以其他非法方式获取、出售或者非法向他人提供公民个人电子信息的违法犯罪行为以及其他网络信息违法犯罪行为，有权向有关主管部门举报、控告；接到举报、控告的部门应当依法及时处理。被侵权人可以依法提起诉讼。

第七章　法律责任

第六十六条　违反本法规定处理个人信息，或者处理个人信息未履行本法规定的个人信息保护义务的，由履行个人信息保护职责的部门责令改正，给予警告，没收违法所得，对违法处理个人信息的应用程序，责令暂停或者终止提供服务；拒不改正的，并处一百万元以下罚款；对直接负责的主管人员和其他直接责任人员处一万元以上十万元以下罚款。

有前款规定的违法行为，情节严重的，由省级以上履行个人信息保护职责的部门责令改正，没收违法所得，并处五千万元以下或者上一年度营业额百分之五以下罚款，并可以责令暂停相关业务或者停业整顿、通报有关主管部门吊销相关业务许可或者吊销营业执照；对直接负责的主管人员和其他直接责任人员处十万元以上一百万元以下罚款，并可以决定禁止其在一定期限内担任相关企业的董事、监事、高级管理人员和个人信息保护负责人。

【条文主旨】

本条是关于违反本法的行政处罚的规定。

【条文理解】

一、本条在立法过程中的沿革

在中国人大网公布的《个人信息保护法（草案）》征求意见稿中，关于本条的表述为："违反本法规定处理个人信息，或者处理个人信息未按照规定采取必要的安全保护措施的，由履行个人信息保护职责的部门责令改正，没收违法所得，给予警告；拒不改正的，并处一百万元以下罚款；对直接负责的主管人员和其他直接责任人员处一万元以上十万元以下罚款。有前款规定的违法行为，情节严重的，由履行个人信息保护职责的部门责令改正，没收违法所得，并处五千万元以下或者上一年度营业额百分之五以下罚款，并可以责令暂停相关业务、停业整顿、通报有关主管部门吊销相关业务许可或者吊销营业执照；对直接负责的主管人员和其他直接责任人员处十万元以上一百万元以下罚款。"

《个人信息保护法（草案二次审议稿）》第66条调整为："违反本法规定处理个人信息，或者处理个人信息未按照规定采取必要的安全保护措施的，由履行个人信息保护职责的部门责令改正，给予警告，没收违法所得；拒不改正的，并处一百万元以下罚款；对直接负责的主管人员和其他直接责任人员处一万元以上十万元以下罚款。有前款规定的违法行为，情节严重的，由履行个人信息保护职责的部门责令改正，没收违法所得，并处五千万元以下或者上一年度营业额百分之五以下罚款，并可以责令暂停相关业务、停业整顿、通报有关主管部门吊销相关业务许可或者吊销营业执照；对直接负责的主管人员和其他直接责任人员处十万元以上一百万元以下罚款。"主要修改之处是将警告和没收违法所得的位置作了调整，提出处理方式由轻到重的顺序。

全国人民代表大会宪法和法律委员会于2021年7月28日召开会议再次对条文进行了审议，有的常委委员和部门、社会公众提出，有关部门应完善个人信息保护投诉、举报机制，并在案件查处方面加强协同配合。

宪法和法律委员会经研究，建议在草案二次审议稿中增加以下规定：一是国家网信部门统筹协调有关部门完善个人信息保护投诉、举报工作机制。二是履行个人信息保护职责的部门发现违法处理个人信息涉嫌犯罪的，应当及时移送公安机关依法处理；对有关责任人员可以决定禁止其在一定期限内担任相关企业的董事、监事、高级管理人员和个人信息保护负责人等职务。根据该意见，本条对情节严重的违法行为，增加了可由省级以上履行个人信息保护职责的部门"决定禁止其在一定期限内担任相关企业的董事、监事、高级管理人员和个人信息保护负责人"的行政处罚后果。此处修改，对于严重违反《个人信息保护法》规定处理个人信息，或者处理个人信息未履行本法规定的个人信息保护义务情节严重的，可以对相关人员处以从业限制，加大了违法处罚的力度，强化了对个人信息的保护。同时，最后审议通过颁行的文本将"或者处理个人信息未按照规定采取必要的安全保护措施的"修改为"或者处理个人信息未履行本法规定的个人信息保护义务的"，扩大了违法处罚的覆盖面，也进一步强化了对个人信息的保护力度。

二、违反本法的行政处罚种类

（一）行政处罚概述

《行政处罚法》第9条规定："行政处罚的种类：（一）警告、通报批评；（二）罚款、没收违法所得、没收非法财物；（三）暂扣许可证件、降低资质等级、吊销许可证件；（四）限制开展生产经营活动、责令停产停业、责令关闭、限制从业；（五）行政拘留；（六）法律、行政法规规定的其他行政处罚。"

依据行政处罚的客体，行政处罚分为人身罚、财产罚、行为罚、申诫罚等类型。

人身罚也称自由罚，是限制或剥夺违法者人身自由的行政处罚，最典型的形式是行政拘留。

财产罚是特定的行政机关或法定的其他组织强迫违法者交纳一定数额的金钱或一定数量的物品，即剥夺其某种财产权的处罚。财产罚包括罚款和没收等,其中,罚款,是指有行政处罚权的行政主体依法强制违反行政法律规范的行为人在一定期限内向国家缴纳一定数额的金钱的处罚方式。没收,是指有处罚权的行政主体依法将违法行为人的违法所得和非法财物收归国有的处罚形式,包括没收违法所得和没收非法财物。

行为罚是限制或剥夺行政违法者某些特定行为能力和资格的处罚。一般说来,该行为能力或资格是个人、组织赖以从事某种活动的条件,限制或剥夺该行为能力或资格,就无法从事该方面的活动,其主要形式有:暂扣许可证件、降低资质等级、吊销许可证件;限制开展生产经营活动、责令停产停业、责令关闭、限制从业等。

申诫罚是行政机关向违法者发出警戒,申明其有违法行为,通过对其名誉、荣誉、信誉等施加影响,引起其精神上的警惕,使其不再违法的处罚形式。申诫罚的主要形式是警告。

(二)本条规定的行政处罚

《行政处罚法》第10条规定:"法律可以设定各种行政处罚。限制人身自由的行政处罚,只能由法律设定。"《个人信息保护法》属于法律,可以设定各种行政处罚。依照本条的规定,所处罚的违法行为包括两类:一类是违反本法规定处理个人信息,主要是违反本法第二章关于"个人信息处理规则"的相关规定;另一类是处理个人信息未履行本法规定的个人信息保护义务的,主要是违反本法第五章关于"个人信息处理者的义务"的相关规定。违反上述规定的行政处罚包括以下种类和方式:责令改正,给予警告,没收违法所得,责令暂停或者终止提供服务,罚款,责令暂停相关业务或者停业整顿,通报有关主管部门吊销相关业务许可或者吊销营业执照,禁止直接负责的主管人员和其他直接责任人员在一定期限内担任相关企业的董事、监事、高级管理人员和个人信息保护负责人。

在上述处罚中,警告、罚款、没收违法所得属于《行政处罚法》明文规定的行政处罚种类。责令暂停或者终止提供服务、责令暂停相关业务或者停业整顿属于限制开展生产经营活动、责令停产停业的具体情形。禁止直接负责的主管人员和其他直接责任人员在一定期限内担任相关企业的董事、监事、高级管理人员和个人信息保护负责人属于限制从业的具体情形。通报有关主管部门吊销相关业务许可或者吊销营业执照，是由于履行个人信息保护职责的部门无权直接作出吊销相关业务许可或者吊销营业执照的行政处罚决定，而通报市场监管部门等主管部门吊销相关业务许可或者吊销营业执照，属于吊销许可证件的具体情形。而责令改正，根据《行政处罚法》第28条规定，行政机关实施行政处罚时，应当责令当事人改正或者限期改正违法行为，故责令改正不属于独立的行政处罚类型，是实施行政处罚时同时应当作出的决定。

【条文适用】

一、关于本条规定的罚款

罚款是对违反本法规定的个人信息处理者所施加的一种经济上的处罚。本条两款均规定了罚款的最低限额和最高限额。履行个人信息保护职责的部门科处罚款的数额，既不得低于最低限额，又不得高于最高限额，只能在最低限额和最高限额的幅度内自由裁量。故，本条规定的罚款在适用中，应根据个人信息处理者具体违法行为、违法情节、造成的后果等因素在最低限额和最高限额之间确定罚款的数额，不能畸轻畸重。

需要说明的是，对于一般违法行为，根据本条第1款的规定，只有违法人拒不改正的才可以进行罚款。对于情节严重的违法行为，可以直接进行罚款。

二、关于本条规定的限制从业

本条规定的禁止直接负责的主管人员和其他直接责任人员在一定期限内担任相关企业的董事、监事、高级管理人员和个人信息保护负责人，在适用中需注意以下问题：

首先，限制从业的人员范围是违反本法规定处理个人信息或者处理个人信息未履行本法规定的个人信息保护义务的信息处理者直接负责的主管人员和其他直接责任人员。根据本法第 73 条的规定，个人信息处理者包括在个人信息处理活动中自主决定处理目的、处理方式的组织、个人。故，限制从业的人员包括处理个人信息的自然人，以及处理个人信息的法人、非法人组织的直接负责的主管人员和其他直接责任人员。

其次，限制从事的具体职业是相关企业的董事、监事、高级管理人员和个人信息保护负责人。董事、监事较为明确，对于高级管理人员，根据《公司法》第 216 条的规定，高级管理人员，是指公司的经理、副经理、财务负责人，上市公司董事会秘书和公司章程规定的其他人员。个人信息保护负责人，应指负责相关企业个人信息保护的主要责任人。

最后，限制从业是有时间限制的，即禁止在一定期限内担任上述职务。限制从业本法未规定"一定期限"的上下限，需要履行个人信息保护职责的部门根据实际违法情况进行确定。根据《行政处罚法》第 63 条规定，行政机关拟作出限制从业决定，应当告知当事人有要求听证的权利，当事人要求听证的，行政机关应当组织听证。《刑法》第 37 条之一第 1 款规定："因利用职业便利实施犯罪，或者实施违背职业要求的特定义务的犯罪被判处刑罚的，人民法院可以根据犯罪情况和预防再犯罪的需要，禁止其自刑罚执行完毕之日或者假释之日起从事相关职业，期限为三年至五年。"限制从业对当事人权益影响较大，理论上说本条并未规定限制从业期限的上限，但是履行个人信息保护职责的部门在确定限制从业期限时应审慎、恰当，[①] 限制期限不宜过长。

三、关于对违法处理个人信息的应用程序，责令暂停或者终止提供服务

应用程序，是指为了完成某项或某几项特定任务而被开发运行于操作系统之上的计算机程序。某个个人信息处理者可能是多个应用程序的所有人，如果只是某个应用程序违反本法规定处理个人信息，或者处理个人信息未履行本法规定的个人信息保护义务的，只需责令该应用程序

[①] 龙卫球主编：《中华人民共和国个人信息保护法释义》，中国法制出版社 2021 年版，第 310 页。

暂停或者终止提供服务，实际上是限制开展生产经营活动的一种行政处罚。

四、关于行使处罚权的主体

本条分为两款，需要注意的是，对于第 1 款中的一般违法行为，由履行个人信息保护职责的部门处理；对于第 2 款中的情节严重的违法行为，由省级以上履行个人信息保护职责的部门处理。

【相关规定】

1. 《中华人民共和国网络安全法》（2016 年 11 月 7 日）

第六十四条　网络运营者、网络产品或者服务的提供者违反本法第二十二条第三款、第四十一条至第四十三条规定，侵害个人信息依法得到保护的权利的，由有关主管部门责令改正，可以根据情节单处或者并处警告、没收违法所得、处违法所得一倍以上十倍以下罚款，没有违法所得的，处一百万元以下罚款，对直接负责的主管人员和其他直接责任人员处一万元以上十万元以下罚款；情节严重的，并可以责令暂停相关业务、停业整顿、关闭网站、吊销相关业务许可证或者吊销营业执照。

违反本法第四十四条规定，窃取或者以其他非法方式获取、非法出售或者非法向他人提供个人信息，尚不构成犯罪的，由公安机关没收违法所得，并处违法所得一倍以上十倍以下罚款，没有违法所得的，处一百万元以下罚款。

2. 《中华人民共和国行政处罚法》（2021 年 1 月 22 日修订）

第九条　行政处罚的种类：

（一）警告、通报批评；

（二）罚款、没收违法所得、没收非法财物；

（三）暂扣许可证件、降低资质等级、吊销许可证件；

（四）限制开展生产经营活动、责令停产停业、责令关闭、限制从业；

（五）行政拘留；

（六）法律、行政法规规定的其他行政处罚。

3.《移动互联网应用程序信息服务管理规定》（2016年6月28日）

第八条 互联网应用商店服务提供者应当对应用程序提供者履行以下管理责任：

（一）对应用程序提供者进行真实性、安全性、合法性等审核，建立信用管理制度，并向所在地省、自治区、直辖市互联网信息办公室分类备案。

（二）督促应用程序提供者保护用户信息，完整提供应用程序获取和使用用户信息的说明，并向用户呈现。

（三）督促应用程序提供者发布合法信息内容，建立健全安全审核机制，配备与服务规模相适应的专业人员。

（四）督促应用程序提供者发布合法应用程序，尊重和保护应用程序提供者的知识产权。

对违反前款规定的应用程序提供者，视情采取警示、暂停发布、下架应用程序等措施，保存记录并向有关主管部门报告。

4.《电信和互联网用户个人信息保护规定》（2013年7月16日）

第二十二条 电信业务经营者、互联网信息服务提供者违反本规定第八条、第十二条规定的，由电信管理机构依据职权责令限期改正，予以警告，可以并处一万元以下的罚款。

第二十三条 电信业务经营者、互联网信息服务提供者违反本规定第九条至第十一条、第十三条至第十六条、第十七条第二款规定的，由电信管理机构依据职权责令限期改正，予以警告，可以并处一万元以上三万元以下的罚款，向社会公告；构成犯罪的，依法追究刑事责任。

第六十七条　有本法规定的违法行为的，依照有关法律、行政法规的规定记入信用档案，并予以公示。

【条文主旨】

本条是关于违法行为记入信用档案并公示的规定。

【条文理解】

在中国人大网公布的《个人信息保护法（草案）》征求意见稿中，本条即表述为："有本法规定的违法行为的，依照有关法律、行政法规的规定记入信用档案，并予以公示。"《个人信息保护法（草案二次审议稿）》及此后各审议稿均无变化。

一、信用档案概述

本章规定的是法律责任，本条是关于违法信用惩罚的规定。信用档案是政府部门或征信机构对自然人、组织的信用信息进行采集、核实、整理、保存、评价、加工而提供的信用记录，体现自然人、组织在市场活动中的可信度、公信力。[①] 一般认为，计入信用档案属于信用惩戒措施的一种，有关部门依法应当记入的个人、企业的监管信息，包括行政许可、监督检查、行政奖罚、诉讼情况等信息。[②]

据学者考证，最早提出对网络违法行为记入信用档案的是《全国人民代表大会常务委员会关于加强网络信息保护的决定》，国务院2014年6月发布的《社会信用体系建设规划纲要（2014—2020年）》进一步提出：

[①] 杨合庆主编：《中华人民共和国网络安全法解读》，中国法制出版社2017年版，第147页。
[②] 龙卫球主编：《中华人民共和国个人信息保护法释义》，中国法制出版社2021年版，第313页。

"建立网络信用评价体系,对互联网企业的服务经营行为、上网人员的网上行为进行信用评估,记录信用等级。建立涵盖互联网企业、上网个人的网络信用档案,积极推进建立网络信用信息与社会其他领域相关信用信息的交换共享机制,大力推动网络信用信息在社会各领域推广应用。建立网络信用黑名单制度,将实施网络欺诈、造谣传谣、侵害他人合法权益等严重网络失信行为的企业、个人列入黑名单,对列入黑名单的主体采取网上行为限制、行业禁入等措施,通报相关部门并进行公开曝光。"该纲要明确要求建立网络信用档案。《消费者权益保护法》《网络安全法》《电子商务法》等法律法规规定了对个人信息违法者记入信用档案并公示的制度。目前,我国法律和行政法规规定的信用档案包括:食品生产经营者食品安全信用档案、药品安全信用档案、民办学校信用档案、粮食经营者信用档案、化妆品经营者信用档案、商标代理机构信用档案、网络信用档案等。①

二、信用档案的记入和公示

根据本条规定,个人信息处理者的违法行为依照有关法律、行政法规的规定记入信用档案,并予以公示。从体系解释的角度,本条记入和公示的主体为履行个人信息保护职责的部门。但是,履行个人信息保护职责的部门不是唯一的记入和公示机关。市场监管部门可以根据《电子商务法》《消费者权益保护法》将侵害个人信息的网络违法行为记入信用档案,国务院电信部门、公安部门可以根据《网络安全法》将相关情况记入信用档案,也就是说,个人信息处理者的违法行为的计入和公示主体并不限于履行个人信息保护职责的部门。

关于公示,《电子商务法》《消费者权益保护法》《网络安全法》均将记入信用档案和向社会公示一并加以规定的,按照前述《社会信用体系建设规划纲要(2014—2020年)》的精神,不同行政机关记入的信用档案应建立信息的交换共享机制,以推动网络信用信息在社会各领域推

---

① 程啸:《个人信息保护法理解与适用》,中国法制出版社2021年版,第491页。

广应用。例如，根据《企业信息公示暂行条例》第7条的规定，市场监管部门以外的其他政府部门在履行职责过程中产生的行政许可准予、变更、延续信息，行政处罚信息和其他依法应当公示的信息可以通过企业信用信息公示系统，也可以通过其他系统进行公示，市场监管部门和其他政府部门应当按照国家社会信用信息平台建设的总体要求，实现企业信息的互联共享。在互联网和大数据时代，信用档案的公示效力不再局限于固定的区域和行业，其影响力在理论上通过互联网打破时空和行业的限制，对相关人员和企业造成深远的负面影响。

【条文适用】

本条属于原则性的规定，适用中需注意以下问题：

第一，需要记入信用档案并予以公示的是违反本法的行为，概括起来分为两类，即违反本法规定处理个人信息的行为，以及处理个人信息未履行本法规定的个人信息保护义务的行为。

第二，需要依照有关法律、行政法规的规定记入信用档案并予以公示。本条的规定具有原则性和指引性，具体哪些违法行为需要记入并公示需要依照有关法律、行政法规的规定。目前，尚无法律、行政法规对违反《个人信息保护法》的违法行为记入信用档案以及记入哪些信息作出具体规定。[①] 此外，如何具体公示也缺乏法律、行政法规定的具体规定。但是，随着《个人信息保护法》的颁行，违反《个人信息保护法》的违法行为记入信用档案并公示的具体规定会逐步完善。

【相关规定】

1.《中华人民共和国网络安全法》(2016年11月7日)

第七十一条　有本法规定的违法行为的，依照有关法律、行政法规

[①] 程啸：《个人信息保护法理解与适用》，中国法制出版社2021年版，第492页。

的规定记入信用档案，并予以公示。

2.《中华人民共和国电子商务法》（2018 年 8 月 31 日）

第八十六条 电子商务经营者有本法规定的违法行为的，依照有关法律、行政法规的规定记入信用档案，并予以公示。

3.《儿童个人信息网络保护规定》（2019 年 8 月 22 日）

第二十七条 违反本规定被追究法律责任的，依照有关法律、行政法规的规定记入信用档案，并予以公示。

4.《电信和互联网用户个人信息保护规定》（2013 年 7 月 16 日）

第二十条 电信管理机构应当将电信业务经营者、互联网信息服务提供者违反本规定的行为记入其社会信用档案并予以公布。

5.《企业信息公示暂行条例》（2014 年 8 月 7 日）

第七条 工商行政管理部门以外的其他政府部门（以下简称其他政府部门）应当公示其在履行职责过程中产生的下列企业信息：

（一）行政许可准予、变更、延续信息；

（二）行政处罚信息；

（三）其他依法应当公示的信息。

其他政府部门可以通过企业信用信息公示系统，也可以通过其他系统公示前款规定的企业信息。工商行政管理部门和其他政府部门应当按照国家社会信用信息平台建设的总体要求，实现企业信息的互联共享。

第六十八条　国家机关不履行本法规定的个人信息保护义务的，由其上级机关或者履行个人信息保护职责的部门责令改正；对直接负责的主管人员和其他直接责任人员依法给予处分。

履行个人信息保护职责的部门的工作人员玩忽职守、滥用职权、徇私舞弊，尚不构成犯罪的，依法给予处分。

【条文主旨】

本条是关于国家机关和公职人员不履行个人信息保护义务的处理规定。

【条文理解】

在中国人大网公布的《个人信息保护法（草案）》征求意见稿中，本条表述为："国家机关不履行本法规定的个人信息保护义务的，由其上级机关或者履行个人信息保护职责的部门责令改正；对直接负责的主管人员和其他直接责任人员依法给予处分。"此后，单独增加了一款对履行个人信息保护职责的部门的工作人员玩忽职守、滥用职权、徇私舞弊依法给予处分的规定。

本条规定的国家机关包括行政机关、检察机关、审判机关、监察机关等。关于不履行本法规定的个人信息保护义务，本法第二章"个人信息处理规则"第三节"国家机关处理个人信息的特别规定"、第五章"个人信息处理者的义务"、第六章"履行个人信息保护职责的部门"均有相关个人信息保护义务的规定，国家机关不履行上述义务的，由其上级机关或者履行个人信息保护职责的部门责令改正。

本条规定的两款分为两种情形：一种是国家机关不履行本法规定的

个人信息保护义务的；另一种是履行个人信息保护职责的部门的工作人员不履行职责或不恰当履行相关职责的。这两种情形虽然均是针对国家机关及其工作人员，但是违反的职责内容存在明显差别。

对于第一种情形，应由该国家机关的上级机关责令改正，或者由履行个人信息保护职责的部门责令改正，也就是说，该国家机关的上级机关和履行个人信息保护职责的部门均有责令改正的权力。同时，须对该国家机关直接负责的主管人员和其他直接责任人员依法给予处分。根据《公务员法》第62条的规定，处分的种类包括警告、记过、记大过、降级、撤职、开除等。《公职人员政务处分法》第10条规定："有关机关、单位、组织集体作出的决定违法或者实施违法行为的，对负有责任的领导人员和直接责任人员中的公职人员依法给予政务处分。"本条的规定与《公务员法》《公职人员政务处分法》的精神一致。

对于第二种情形，履行个人信息保护职责的部门的工作人员玩忽职守、滥用职权、徇私舞弊，尚不构成犯罪的，依法给予政务处分。从理论上说，履行个人信息保护职责的部门也存在不履行本法规定的个人信息保护义务的问题，此时应由第1款调整。第二种情形系专门针对履行个人信息保护职责的部门的工作人员玩忽职守、滥用职权、徇私舞弊的情形作出的规定。

【条文适用】

本条在适用中需注意以下两个问题：

第一，责令改正和给予处分适用于不同的对象。国家机关不履行本法规定的个人信息保护义务的，由其上级机关或者履行个人信息保护职责的部门责令改正，也就是说责任改正的对象是履行本法规定的个人信息保护义务的国家机关。而处分适用于对该国家机关不履行本法规定的个人信息保护义务的直接负责的主管人员和其他直接责任人员。

第二，本条规定的是国家机关及工作人员构成违法但不构成犯罪的情形，如果国家机关工作人员不履行本法规定的个人信息保护义务的，或者履行个人信息保护职责的部门的工作人员玩忽职守、滥用职权、徇私舞弊涉嫌犯罪的，应当及时移送监察机关依法处理。

【相关规定】

1.《中华人民共和国民法典》（2020年5月28日）

第一千零三十九条 国家机关、承担行政职能的法定机构及其工作人员对于履行职责过程中知悉的自然人的隐私和个人信息，应当予以保密，不得泄露或者向他人非法提供。

2.《中华人民共和国网络安全法》（2016年11月7日）

第七十三条 网信部门和有关部门违反本法第三十条规定，将在履行网络安全保护职责中获取的信息用于其他用途的，对直接负责的主管人员和其他直接责任人员依法给予处分。

网信部门和有关部门的工作人员玩忽职守、滥用职权、徇私舞弊，尚不构成犯罪的，依法给予处分。

3.《中华人民共和国公职人员政务处分法》（2020年6月20日）

第十条 有关机关、单位、组织集体作出的决定违法或者实施违法行为的，对负有责任的领导人员和直接责任人员中的公职人员依法给予政务处分。

4.《中华人民共和国公务员法》（2018年12月29日修订）

第六十二条 处分分为：警告、记过、记大过、降级、撤职、开除。

5.《中华人民共和国电子商务法》（2018年8月31日）

第八十七条 依法负有电子商务监督管理职责的部门的工作人员，玩忽职守、滥用职权、徇私舞弊，或者泄露、出售或者非法向他人提供在履行职责中所知悉的个人信息、隐私和商业秘密的，依法追究法律责任。

6.《全国人民代表大会常务委员会关于加强网络信息保护的决定》（2012年12月28日）

第十条 有关主管部门应当在各自职权范围内依法履行职责，采取技术措施和其他必要措施，防范、制止和查处窃取或者以其他非法方式获取、出售或者非法向他人提供公民个人电子信息的违法犯罪行为以及其他网络信息违法犯罪行为。有关主管部门依法履行职责时，网络服务提供者应当予以配合，提供技术支持。

国家机关及其工作人员对在履行职责中知悉的公民个人电子信息应当予以保密，不得泄露、篡改、毁损，不得出售或者非法向他人提供。

7.《电信和互联网用户个人信息保护规定》（2013年7月16日）

第二十四条 电信管理机构工作人员在对用户个人信息保护工作实施监督管理的过程中玩忽职守、滥用职权、徇私舞弊的，依法给予处理；构成犯罪的，依法追究刑事责任。

第六十九条　处理个人信息侵害个人信息权益造成损害，个人信息处理者不能证明自己没有过错的，应当承担损害赔偿等侵权责任。

前款规定的损害赔偿责任按照个人因此受到的损失或者个人信息处理者因此获得的利益确定；个人因此受到的损失和个人信息处理者因此获得的利益难以确定的，根据实际情况确定赔偿数额。

【条文主旨】

本条是关于侵害个人信息权益归责原则和损害赔偿规则的规定。

【条文理解】

侵害个人信息权益的归责原则和损害赔偿问题，是确定侵害个人信息侵权责任的基本规范依据，是《个人信息保护法》在法律责任部分尤为重要的规定内容，是人民法院处理相关民事纠纷的基本法律遵循。对于这一问题，早在《个人信息保护法（草案）》中就作出明确规定，其第65条规定："因个人信息处理活动侵害个人信息权益的，按照个人因此受到的损失或者个人信息处理者因此获得的利益承担赔偿责任；个人因此受到的损失和个人信息处理者因此获得的利益难以确定的，由人民法院根据实际情况确定赔偿数额。个人信息处理者能够证明自己没有过错的，可以减轻或者免除责任。"此规定侧重于损害赔偿规则的确定，并从免责或者减责事由的角度，对于个人信息处理者能够证明自己没有过错的情形作出规定，并没有从侵害个人信息侵权责任的责任构成以及归责原则作出规定。一些全国人民代表大会常务委员会委员和地方、部门、专家、企业建议，根据过错推定责任原则确定侵害个人信息权益的损害赔偿责任。全国人民代表大会宪法和法律委员会经研究，建议根据《民法典》有关规定，将上述规定修改为："个人信息权益因个人信息处理活动受到侵害，个人信息处理者不能证明自己没有过错的，应当承担损害赔偿等侵权责任。"在此基础上，《个人信息保护法（草案二次审议稿）》第68条规定："个人信息权益因个人信息处理活动受到侵害，个人信息处理者不能证明自己没有过错的，应当承担损害赔偿等侵权责任。前款规定的损害赔偿责任按照个人因此受到的损失或者个人信息处理者因此获得的利益确定；个人因此受到的损失和个人信息处理者因此获得的利益难以确定的，根据实际情况确定赔偿数额。"由此，侵害个人信息的侵权责任归责原则及损害赔偿规则已经成型，《个人信息保护法》对此仅在条文序号和第1款前半句的文字表述作了调整。现将本条规定的理解与适用作以下解读。

一、侵权责任归责原则概述

归责原则，是确定侵权人承担侵权损害赔偿责任的一般准则，它是在损害事实已经发生的情况下，为确定侵权人对自己的行为所造成的损害是否需要承担赔偿责任的原则。[1] 换言之，归责原则是追究侵权责任的基本依据。如果没有归责的过程，侵权行为所造成的损害后果就没有人来承担，受害人的损害就没有办法得到救济，侵权行为人的民事违法行为就不能得到民法的制裁。[2] 正因如此，侵权法的归责原则是具体的侵权法律规范的统帅和灵魂，是侵权法律规范适用的一般准则，所有的侵权法律规范都必须接受侵权法归责原则的调整。[3] 这一点在侵害个人信息侵权责任情形下也不例外。依照《民法典》第1165条、第1166条的规定，侵权责任的归责原则，包括过错责任原则、过错推定责任原则和无过错责任原则。其中，第1165条基本沿用《侵权责任法》第6条的规定，明

---

[1] 杨立新：《侵权法论》（第五版），人民法院出版社2013年版，第163页。
[2] 最高人民法院侵权责任法研究小组编著：《〈中华人民共和国侵权责任法〉条文理解与适用》，人民法院出版社2010年版，第46页。
[3] 最高人民法院民法典贯彻实施工作领导小组主编：《中华人民共和国侵权责任编理解与适用》，人民法院出版社2020年版，第24页。

确规定了过错责任原则和过错推定责任原则的一般条款,但在第1款规定中增加了"造成损害的"这一表述,以损害作为承担责任的必备要件之一,按照体系化解读,适用过错责任抑或过错推定责任原则都必须以造成损害为要件。

一般认为,过错责任原则,是以过错作为价值判断标准,判断行为人对其造成的损害应否承担侵权责任的归责原则。在一般侵权行为引起的损害赔偿案件中,应当由主观上有过错的一方承担赔偿责任。主观上的过错是损害赔偿责任构成的必备要件之一,缺少这一要件,即使侵权人的行为造成了损害事实,并且侵权人的行为与损害结果之间有因果关系,也不承担赔偿责任。过错推定原则则是指在法律有特别规定的场合,从损害事实的本身推定加害人有过错,并据此确定造成他人损害的行为人赔偿责任的归责原则。过错推定是工业革命时代,当受害人特别是大量平民遭受侵害的事故频繁出现后,由于证明行为人主观过错难度很大,受害人往往无法得到救济的情况下,在程序法上产生的一项补救措施,即在法律有特别规定的场合,从损害事实的本身推定加害人有过错,行为人要对其没有过错承担举证责任,如不能完成举证责任,则行为人要承担侵权责任。[1] 举证责任倒置是过错推定的重要特征。在适用过错推定责任原则的侵权责任纠纷中,受害人在诉讼中,能够举证证明损害事实、违法行为和因果关系三个要件的情况下,如果加害人不能证明对于损害的发生自己没有过错,那么,就从损害事实的本身推定被告在致人损害的行为中有过错,并就此承担赔偿责任。[2] 作为一项独立的归责原则,过错推定责任与过错责任还是存在很大区别,具体如下:

第一,过错责任原则和过错推定原则的调整范围是完全不同的。一般的过错责任原则调整的侵权行为范围是一般侵权行为,而过错推定责任原则调整的范围不是一般侵权行为,而是一部分特殊侵权行为。

第二,过错责任原则和过错推定原则的举证责任不同。适用过错责

---

[1] 最高人民法院侵权责任法研究小组编著:《〈中华人民共和国侵权责任法〉条文理解与适用》,人民法院出版社2010年版,第49页。

[2] 杨立新:《侵权法论》(第五版),人民法院出版社2013年版,第182页。

任原则，举证责任由原告承担，而过错推定原则在证明主观过错要件上实行举证责任倒置，原告不承担举证责任，而是由被告承担举证责任。

第三，适用过错责任原则和适用过错推定原则的侵权责任形态不同。适用过错责任原则的侵权行为是一般侵权行为，其侵权责任形态是直接责任。而适用过错推定原则的侵权行为是特殊侵权行为，其责任形态是替代责任。从历史的角度观察这两个侵权归责原则也是不同的。正如有学者所言，在过错责任原则诞生之时，就分为两种不同形式，作出不同的规定，调整不同的侵权案件。①

在此需要注意的是，依照《民法典》第1165条第2款的规定，过错推定责任原则适用的基本要求是，"依照法律规定推定行为人有过错，其不能证明自己没有过错的，应当承担侵权责任"。换言之，对于某一侵权行为是否适用过错推定责任要以法律对此情形作出具体规定为前提，如果没有相应法律对某一侵权行为明确要求适用过错推定责任，则无该归责原则适用的余地。因此，从规范功能上讲，《民法典》第1165条更具有规范指引的体系化功能，其本身不能单独作为裁判规范，而需要与其他具体法律规定结合来作为适用过错推定责任的依据。也是因为这个原因，对于侵害个人信息的侵权行为，是否适用过错推定责任的问题，需要在《个人信息保护法》中明确作答，否则，就会存在适用法律的争议，依照《民法典》侵权责任编的归责体系，就要产生向过错责任这一一般条款逃逸的问题。

二、个人信息侵权责任的归责原则

目前，学界对个人信息侵权行为多主张过错推定原则，适用举证责任倒置规则，即在法律对个人信息保护有特别规定的情况下，基于损害事实的客观存在，推定信息处理者行为存在过错并由其对自身没有过错承担举证责任。适用过错推定原则主要理由在于，网络环境的技术性较强，让信息主体举证信息控制者在信息收集、加工、存储、利用过程中

---

① 参见杨立新：《侵权法论》（第五版），人民法院出版社2013年版，第170页。

存在过错，难度较大。① 另有观点认为，侵害个人信息的侵权责任应当适用过错责任原则。其主要理由在于，任何侵权责任类型适用过错推定责任或无过错责任，必须以法律有明确规定为前提，但是个人信息保护领域尚无此类特别规定。而且侵害个人信息侵权行为的基本性质是侵害隐私权，属于一般侵权行为，因此必然适用过错责任原则。② 上述观点都有道理，在法律和司法解释对此并未作出明确规定的情况，也确实存在适用法律上的争议。但从法理上讲，在个人信息领域，同样存在着信息处理者与作为信息主体之间经济实体不对等、专业信息不对称的问题，适用过错推定责任，有利于减轻自然人一方的举证责任负担，更有利于保护受害者的合法权益，更符合公平正义的民法要求。也正因如此，《个人信息保护法》在综合各方意见、反复调研论证的基础上，在本条明确了侵害个人信息适用过错推定责任的归责原则。

归责原则决定构成要件的内容。明确了归责原则之后，侵害个人信息侵权责任的构成要件也就相应的明晰起来，包括违法行为、损害后果、因果关系和主观过错四个要件。在此要注意的是，一方面，这里的过错要件要采取客观化标准，对相应注意义务的违反，就应当认定为有过错。此主观过错要件与行为违法性要件在个人信息侵权责任构成上，更加呈现趋同或者合一的特点。具体而言，以行为表征的不同为标准侵害个人信息的具体行为类型主要包括：非法获取个人电子信息、非法出售个人电子信息、非法向他人提供个人电子信息、非法泄露个人电子信息、非法篡改个人电子信息、非法毁损个人电子信息、丢失个人电子信息和对个人电子信息侵权单位进行补救的行为。③ 这一概况具有可参考性。侵害个人信息的行为在本质上必须具有违法性，即违反法律、行政法规的规定，这不仅包括违反本法的规定，还包括但不限于违反《民法典》人格权编的规定。另一方面，就举证责任而言，依据过错推定责任原则的要

---

① 参见尹志强：《网络环境下侵害个人信息的民法救济》，载《法律适用》2013年第8期。
② 参见杨立新：《侵害公民个人电子信息的侵权行为及其责任》，载《法律科学（西北政法大学学报）》2013年第3期。
③ 参见杨立新：《侵害公民个人电子信息的侵权行为及其责任》，载《法律科学（西北政法大学学报）》2013年第3期。

求,信息处理者应当对其处理个人信息的行为没有过错承担举证责任,如果其举证不能,就应当依法认定侵权责任成立。在过错认定愈加客观化的背景下,这里的举证责任也是要更加聚焦在行为的违法性上,即信息处理者要对其行为的合法性承担举证责任。

三、关于侵害个人信息损害赔偿的基本规则

在理论和实务中,侵害个人信息的损害事实如何认定是一个难点问题。特别是对敏感信息,如果非要等到这些泄露的敏感信息被他人恶意利用,造成现实的物质损害时才可认定为权益侵害,则会显得过于机械。并且,这样的观念也没有考虑到信息主体个人因其敏感信息被泄露而产生的恐惧、焦虑等非物质损害。因此,确认敏感信息的泄露本身即构成权益侵害,无疑是法律应对信息科技和大数据社会到来的一种有效选择。① 另有观点认为,侵害个人信息侵权可以分为财产损失和个人信息权受到侵害但没有财产损失或者难以证明财产损失两种情况。② 这一见解较有道理。具体包括:其一,侵害个人信息权导致财产损失,即利用非法取得个人信息实施电信诈骗等侵害受害人的财产权益,如"申某与上海某某商务有限公司等侵权责任纠纷案",原告因个人的手机号码和航班信息被他人泄露而被犯罪分子实施电信诈骗,损失了118 900元。③ 此外,有关财产损失又包括直接财产损害和间接财产损害,如司法实践中,因个人信息被泄露导致后续被诈骗导致的财产损失属于直接的财产损害;个人信息被非法使用或进行交易买卖,为了维护个人信息权而花费的费用,包括更换账号密码、挂失银行卡等花费的时间与金钱成本属于间接的财产损害。其二,个人信息权受到侵害但没有财产损失或者难以证明财产损失。例如,被告未经原告的同意利用原告的房产信息和身份证件信息为另一个被告办理了居住证,导致原告在为其亲戚办理居住证时无

---

① 丁宇翔:《个人信息民事司法保护的若干难点及破解路径》,载《中国审判》2019年第19期。
② 参见程啸、阮神裕:《论侵害个人信息权益的民事责任》,载《人民司法》2020年第4期。
③ 参见北京市朝阳区人民法院(2018)京0105民初36658号民事判决书。

法办理，该案原告虽然要求被告承担10万元的经济损失，但其并未能提出相关的证据加以证明。[1]

在侵害人格权益以及知识产权领域都一定程度上存在损害后果认定难的问题。为此，早在《侵权责任法》第20条就规定："侵害他人人身权益造成财产损失的，按照被侵权人因此受到的损失赔偿；被侵权人的损失难以确定，侵权人因此获得利益的，按照其获得的利益赔偿；侵权人因此获得的利益难以确定，被侵权人和侵权人就赔偿数额协商不一致，向人民法院提起诉讼的，由人民法院根据实际情况确定赔偿数额。"《民法典》在此规定基础上，又对相应规则作了完善，依据其第1182条的规定，侵害他人人身权益造成财产损失的确定，不再强调先以所受损害来赔偿，后再以侵权人获得利益的标准进行赔偿的规则，而是把这两个赔偿标准修正为并列关系，[2] 这更符合实际情况，也更有利于惩治和预防有关侵权行为。本条第2款也是遵循了《民法典》的这一思路，明确了所获利益和所受损失并行的规则，同时规定了个人因此受到的损失和个人信息处理者因此获得的利益难以确定的，根据实际情况确定赔偿数额。此与《民法典》第1182条规定的，被侵权人和侵权人协商不成时人民法院根据实际情况确定的规则是一致的。按照对《民法典》的体系化理解，

---

[1] 参见北京市朝阳区人民法院（2018）京0105民初9840号民事判决书。
[2] 有关以所获利益标准进行赔偿的做法在知识产权领域早有实践，比如2000年修正的《专利法》第60条规定："侵犯专利权的赔偿数额，按照权利人因被侵权所受到的损失或者侵权人因侵权所获得的利益确定；被侵权人的损失或者侵权人获得的利益难以确定的，参照该专利许可使用费的倍数合理确定。"2008年修正的《专利法》在第65条进一步规定："侵犯专利权的赔偿数额按照权利人因被侵权所受到的实际损失确定；实际损失难以确定的，可以按照侵权人因侵权所获得的利益确定。权利人的损失或者侵权人获得的利益难以确定的，参照该专利许可使用费的倍数合理确定。赔偿数额还应当包括权利人为制止侵权行为所支付的合理开支。权利人的损失、侵权人获得的利益和专利许可使用费均难以确定的，人民法院可以根据专利权的类型、侵权行为的性质和情节等因素，确定给予一万元以上一百万元以下的赔偿。"2015年修正的《最高人民法院关于审理专利纠纷案件适用法律问题的若干规定》对此作了进一步细化，第20条规定："专利法第六十五条规定的权利人因被侵权所受到的实际损失可以根据专利权人的专利产品因侵权所造成销售量减少的总数乘以每件专利产品的合理利润所得之积计算。权利人销售量减少的总数难以确定的，侵权产品在市场上销售的总数乘以每件专利产品的合理利润所得之积可以视为权利人因被侵权所受到的实际损失。专利法第六十五条规定的侵权人因侵权所获得的利益可以根据该侵权产品在市场上销售的总数乘以每件侵权产品的合理利润所得之积计算。侵权人因侵权所获得的利益一般按照侵权人的营业利润计算，对于完全以侵权为业的侵权人，可以按照销售利润计算。"（该规定2020年修正后为第14条）

一方面这一规则适用的前提条件包括被侵权人所受损失或者侵权人所获利益无法确定和双方当事人对此协商不成两个条件，尤其是第一个条件，如果被侵权人所受损失或者侵权人所获利益其一可以确定，则应当适用前面的标准，这里的可以确定不仅包括事实上的可以确定，还包括依据有关法律或者司法解释规定的标准或者方法能够确定相应的损失或者所得利益的情况。另一方面，人民法院根据案件实际情况的适用，也不是可以随意进行的，这不仅要求要说理有据，还要求要遵循有关司法解释的规定，不可抛开既有规定来确定赔偿数额。

【条文适用】

一、关于侵害个人信息造成的损害如何确定的问题

对于这一问题，应当区分财产损害和精神损害两个方面。这两个方面分别都要以符合各自相应的构成要件为限定条件。特别是就财产损害而言，必须受到因果关系条件的限定，对此应以相当因果关系的标准进行判断，不可随意扩大财产损害的赔偿范围，否则也容易引起滥诉。至于精神损害赔偿，《信息网络侵害人身权益规定》（2020年修正）第11条规定："网络用户或者网络服务提供者侵害他人人身权益，造成财产损失或者严重精神损害，被侵权人依据民法典第一千一百八十二条和第一千一百八十三条的规定，请求其承担赔偿责任的，人民法院应予支持。"就侵害个人信息的精神损害赔偿而言，须达到遭受严重的精神损害为前提，否则不能请求侵权人承担精神损害赔偿责任。同时，依据《最高人民法院关于确定民事侵权精神损害赔偿责任若干问题的解释》（2020年修正）第5条规定，"精神损害的赔偿数额根据以下因素确定：（一）侵权人的过错程度，但是法律另有规定的除外；（二）侵权行为的目的、方式、场合等具体情节；（三）侵权行为所造成的后果；（四）侵权人的获利情况；（五）侵权人承担责任的经济能力；（六）受理诉讼法院所在地的平均生活水平"。

在此需要强调的是,利用信息网络侵害人身权益的案件,有几个特点:一是维权成本比较高。维权成本高体现在确定侵权人的成本高、取证成本高、律师费用高等几个方面。二是通过诉讼维护个人权益具有一定的外部性,这些诉讼尤其是原告胜诉的案件,在倡导正确的网络观念、确立良好的网络行为规范、建立规范的网络秩序等方面,有重要作用。因此,合理分配维权成本有利于促进网络秩序的良性循环。三是在侵害隐私权、个人信息的案件中,被侵权人往往并无具体的财产损失或者不能证明具体的财产损失,结果造成维权成本过高、违法成本过低的不平衡状态。有鉴于此,《信息网络侵害人身权益规定》(2020年修正)在侵害人身权益造成财产损失的赔偿方面作出了有益探索,其第12条规定:"被侵权人为制止侵权行为所支付的合理开支,可以认定为民法典第一千一百八十二条规定的财产损失。合理开支包括被侵权人或者委托代理人对侵权行为进行调查、取证的合理费用。人民法院根据当事人的请求和具体案情,可以将符合国家有关部门规定的律师费用计算在赔偿范围内。被侵权人因人身权益受侵害造成的财产损失以及侵权人因此获得的利益难以确定的,人民法院可以根据具体案情在50万元以下的范围内确定赔偿数额。"概言之,该条将维权成本,包括调查取证的合理费用和合理的律师费用作为侵害人身权益的财产损失,由侵权人予以赔偿;同时,明确了法定赔偿最高限额,即在被侵权人的财产损失或侵权人获益无法确定的情况下,人民法院可在50万元以下根据具体案情作出裁量。这一规定对于确定侵害个人信息造成的财产损害时依法具有直接适用的效力。此外,2021年7月28日出台的《使用人脸识别技术处理个人信息民事案件规定》第8条也参考这一规定,对于侵害人脸信息造成财产损害的情形作出了明确规定,该条规定:"信息处理者处理人脸信息侵害自然人人格权益造成财产损失,该自然人依据民法典第一千一百八十二条主张财产损害赔偿的,人民法院依法予以支持。自然人为制止侵权行为所支付的合理开支,可以认定为民法典第一千一百八十二条规定的财产损失。合理开支包括该自然人或者委托代理人对侵权行为进行调查、取证的合理费用。人民法院根据当事人的请求和具体案情,可以将合理的律师费用计算在赔偿范围内。"这一规定对于其他敏感个人信息的保护乃至一般个人信息的保护相关纠纷案件具有参照适用的效力。

二、关于侵害个人信息的侵权行为因果关系的认定问题

在理论和实务中，侵害个人信息纠纷案件同样存在着因果关系认定难的问题。比如，个人信息泄露造成信息主体被他人诈骗而遭受损害的案件类型，通常存在着因果关系证明的难题。在"庞某与北京某某信息技术有限公司等隐私权纠纷案"和"孙某某诉上海联通侵犯隐私权纠纷"[1] 中，受害人往往难以证明网络平台真的泄露了个人信息，以及受害人遭受的损害与网络平台之间存在因果关系。有学者也指出，个人信息侵权案件中的因果关系存在两方面的难题：一是在责任成立的因果关系层面，在有多个信息控制者时，受害人往往难以证明谁是真正的加害行为人。如在数据收集、处理、转移及使用等多个环节中，参与的信息控制者太多，每个环节都可能发生数据不当泄露，从而导致受害者难以确定侵权行为人的范围，无法准确获知谁是侵权行为人。二是在责任范围的因果关系层面，由于信息控制者可能存在的泄露行为并不是直接侵权行为，而是为下游他人的侵权创造了条件：所涉及的个人信息的传播过程中可能介入第三人的行为，该信息也有可能通过该信息控制者之外的其他途径获得，他们不是掌握这些信息的唯一介体；此外，也无法排除可能遭到不可预料的黑客攻击或信息主体自身所为的可能。[2] 因此，即使证明了信息控制者的平台系统存在漏洞，或信息控制者实施了与信息主体的个人信息有关的一定行为（经信息主体同意进行了信息披露），也无法确切证明其泄露行为正是损害结果发生的原因。[3] 三是在责任承担方面，目前争议较大的问题是，因信息泄露、公开等导致当事人被骗巨额财产，或者导致当事人死亡等严重后果时，是认定侵权个人信息行为与

---

[1] 参见北京市第一中级人民法院（2017）京01民终509号民事判决书；上海市浦东新区法院（2009）浦民一（民）初字第9737号民事判决书。

[2] 参见刘海安：《个人信息泄露因果关系的证明责任——评庞某某与东航、趣拿公司人格权纠纷案》，载《交大法学》2019年第1期。

[3] 参见叶名怡：《个人信息的侵权法保护》，载《法学研究》2018年第4期。

此后果有因果关系并按照原因力规则确定责任,还是认定为没有因果关系而仅作为法定损害赔偿时的一个酌定损害赔偿金额的因素来适用。有观点主张,应当在个人信息侵权案件中,降低证明标准,以便对受害人提供充分的救济,缓和证明标准,由"高度可能性"降低为"较大可能性",即证明被告泄露信息的较大可能性即可。[①] 这一观点较有道理。从法理上讲,过错推定责任仅是对过错的推定,并不包括对因果关系的推定。也就是说,有关因果关系的举证责任实际上并未转移。但基于此类案件原被告双方举证能力的差异,基于分担风险以及维护公平正义促进经济社会发展进步的考虑,在因果认定上采用事实自证法则或者举证责任缓和的规则,适当降低对因果关系认定的标准。在个人信息侵权案件中,缓和"相当性"的证明负担,意味着从宽理解"若有该行为,通常是否会产生该损害",只要原告证明侵权行为与侵害结果存在引起和被引起的条件关系,即应认定存在因果关系。[②] 同时,在证明标准上,在当前法律司法解释规定框架下,有必要用足、用好《民事诉讼法解释》关于民事诉讼证明标准的规定。其第108条确立了盖然性证明标准,即"确信待证事实的存在具有高度可能性"。在现代发达信息技术的背景下,侵害个人信息的主体,如泄露主体、侵权行为样态、因果关系等都存在难以认定的问题,这时更有必要强调适用有关民事诉讼证据认定标准的基本规则,即高度盖然性规则,同时也有必要强调日常生活经验法则的运用。其实,在上述庞某与北京某某信息技术有限公司等隐私权纠纷案中,庞某被泄露的信息包括姓名、尾号××49手机号、行程安排等,其行程安排无疑属于私人活动信息。从收集证据的资金、技术等成本上看,作为普通人的庞某根本不具备对抗某航空公司和该信息技术公司内部数据信息管理是否存在漏洞等情况进行举证证明的能力。因此,客观上,法律不能也不应要求庞某证明必定是此两公司泄露了其私密信息。两公司

[①] 参见杨立新:《侵害公民个人电子信息的侵权行为及其责任》,载《法律科学(西北政法大学学报)》2013年第3期。

[②] 丁宇翔:《个人信息民事司法保护的若干难点及破解路径》,载《中国审判》2019年第19期。

均未证明涉案信息泄漏归因于他人或黑客攻击，抑或是庞某本人。法院在排除其他泄露隐私信息可能性的前提下，结合本案证据认定上述两公司存在过错。① 本案的这一裁判规则鲜明体现了民事诉讼证明标准并结合日常经验法则的运用，具有很好的参考借鉴作用。

三、关于侵害个人信息纠纷案件中举证责任分配的相关问题

如上所述，涉及专业能力及举证能力不对等的问题，从控制掌握证据的有利地位、便于查明案件事实以实质性解决纠纷和维护公平正义的角度考虑，赋予被告方即信息处理者更重的举证责任，这也符合侵害个人信息侵权责任适用过错推定责任的一般法理。对于这一问题，需要注意以下三个方面：

一是关于信息处理者对其行为合法的举证责任。对于这一问题，上述的《使用人脸识别技术处理个人信息民事案件规定》率先在人脸信息保护领域作出了规定，其第6条第2款规定："信息处理者主张其行为符合民法典第一千零三十五条第一款规定情形的，应当就此所依据的事实承担举证责任。"《民法典》第1035条第1款是关于个人信息处理的原则和条件的规定。因该司法解释施行在《个人信息保护法》出台之前，故在法律依据上只能援引《民法典》的规定，从法律适用的角度，《个人信息保护法》施行后，当然要包括《个人信息保护法》的规定。而且，这一规定对于敏感个人信息乃至一般个人信息的保护在法律适用上一定会有"溢出"效应，即具有参照适用的效力。据此，从举证责任分配规则上讲，信息处理者要证明其行为符合合法、正当、必要、诚信等原则的要求，也要符合《个人信息保护法》所规定的其他合法性基础的内容，比如本法第13条的规定。进而言之，对此要以有关法律、行政法规的规定为依据，在缺乏法律、行政法规规定的情况下，有关部门的规章等也具有参照适用的效力。由于这些情形涉及专业判断问题，有关部委出台的规范性文件及有关国家标准或者行业标准等，也都可以作为案件裁判

---

① 参见北京市第一中级人民法院（2017）京01民终509号民事判决书。

第一部分　条文理解与适用/第七章　法律责任（第66条~第71条）

说理的理由，但同样不得作为裁判依据。信息处理者如果不能证明其行为符合上述要求，则要承担相应的举证不能的法律后果。

二是关于免责事由的举证责任。将免责事由的举证责任交由被告方承担，是基于举证责任缓和的要求，对于被告方课以较重的举证责任。对此，《使用人脸识别技术处理个人信息民事案件规定》第6条第3款规定："信息处理者主张其不承担民事责任的，应当就其行为符合本规定第五条①规定的情形承担举证责任。"据此，信息处理者要对其处理人脸信息的行为符合"为应对突发公共卫生事件，或者紧急情况下为保护自然人的生命健康和财产安全所必需而处理人脸信息""为维护公共安全，依据国家有关规定在公共场所使用人脸识别技术""为公共利益实施新闻报道、舆论监督等行为在合理的范围内处理人脸信息""在自然人或者其监护人同意的范围内合理处理人脸信息"或者"符合法律、行政法规规定的其他情形"这五种情形之一承担举证责任，否则就要承担相应的举证不能的法律后果。同样，这一规定对于侵害其他敏感个人信息乃至一般个人信息的纠纷案件中根据案件具体情况依法具有参照适用的效力。

三是侵害个人信息纠纷案件中原告方的举证责任。过错推定责任原则的适用，很大程度上能够减轻原告方的举证责任，但这绝不意味着对原告方举证责任的免除。依据民事诉讼举证责任的一般法理，原告方应当对其受到的损害，明确的被告、被告的信息处理行为与其受到的损害存在因果关系承担举证责任。但是考虑到侵害个人信息纠纷案件的特殊性，尤其是发生网络空间、涉及多个信息处理者的情形，明确的被告以及因果关系问题的举证都有一定难度，正因此如，《信息网络侵害人身权益规定》（2020年修正）第3条第1~2款规定："原告起诉网络服务提供者，网络服务提供者以涉嫌侵权的信息系网络用户发布为由抗辩的，人民法院可以根据原告的请求及案件的具体情况，责令网络服务提供者

---

① 该条规定："有下列情形之一，信息处理者主张其不承担民事责任的，人民法院依法予以支持：（一）为应对突发公共卫生事件，或者紧急情况下为保护自然人的生命健康和财产安全所必需而处理人脸信息的；（二）为维护公共安全，依据国家有关规定在公共场所使用人脸识别技术的；（三）为公共利益实施新闻报道、舆论监督等行为在合理的范围内处理人脸信息的；（四）在自然人或者其监护人同意的范围内合理处理人脸信息的；（五）符合法律、行政法规规定的其他情形。"

向人民法院提供能够确定涉嫌侵权的网络用户的姓名（名称）、联系方式、网络地址等信息。网络服务提供者无正当理由拒不提供的，人民法院可以依据民事诉讼法第一百一十四条的规定对网络服务提供者采取处罚等措施。"对于网络空间中涉及个人信息侵权案件中，可以直接适用上述规则。

【相关规定】

1.《中华人民共和国民法典》（2020年5月28日）

第一千一百八十二条 侵害他人人身权益造成财产损失的，按照被侵权人因此受到的损失或者侵权人因此获得的利益赔偿；被侵权人因此受到的损失以及侵权人因此获得的利益难以确定，被侵权人和侵权人就赔偿数额协商不一致，向人民法院提起诉讼的，由人民法院根据实际情况确定赔偿数额。

第一千一百八十三条 侵害自然人人身权益造成严重精神损害的，被侵权人有权请求精神损害赔偿。

因故意或者重大过失侵害自然人具有人身意义的特定物造成严重精神损害的，被侵权人有权请求精神损害赔偿。

2.《最高人民法院关于审理使用人脸识别技术处理个人信息相关民事案件适用法律若干问题的规定》（2021年7月28日）

第六条 当事人请求信息处理者承担民事责任的，人民法院应当依据民事诉讼法第六十四条及《最高人民法院关于适用〈中华人民共和国民事诉讼法〉的解释》第九十条、第九十一条，《最高人民法院关于民事诉讼证据的若干规定》的相关规定确定双方当事人的举证责任。

信息处理者主张其行为符合民法典第一千零三十五条第一款规定情形的，应当就此所依据的事实承担举证责任。

信息处理者主张其不承担民事责任的，应当就其行为符合本规定第五条规定的情形承担举证责任。

第八条 信息处理者处理人脸信息侵害自然人人格权益造成财产损

失，该自然人依据民法典第一千一百八十二条主张财产损害赔偿的，人民法院依法予以支持。

自然人为制止侵权行为所支付的合理开支，可以认定为民法典第一千一百八十二条规定的财产损失。合理开支包括该自然人或者委托代理人对侵权行为进行调查、取证的合理费用。人民法院根据当事人的请求和具体案情，可以将合理的律师费用计算在赔偿范围内。

3.《最高人民法院关于审理利用信息网络侵害人身权益民事纠纷案件适用法律若干问题的规定》（2020年12月29日修正）

第十一条 网络用户或者网络服务提供者侵害他人人身权益，造成财产损失或者严重精神损害，被侵权人依据民法典第一千一百八十二条和第一千一百八十三条的规定，请求其承担赔偿责任的，人民法院应予支持。

第十二条 被侵权人为制止侵权行为所支付的合理开支，可以认定为民法典第一千一百八十二条规定的财产损失。合理开支包括被侵权人或者委托代理人对侵权行为进行调查、取证的合理费用。人民法院根据当事人的请求和具体案情，可以将符合国家有关部门规定的律师费用计算在赔偿范围内。

被侵权人因人身权益受侵害造成的财产损失以及侵权人因此获得的利益难以确定的，人民法院可以根据具体案情在50万元以下的范围内确定赔偿数额。

第七十条 个人信息处理者违反本法规定处理个人信息，侵害众多个人的权益的，人民检察院、法律规定的消费者组织和由国家网信部门确定的组织可以依法向人民法院提起诉讼。

【条文主旨】

本条是关于个人信息保护民事公益诉讼的规定。

【条文理解】

本条规定旨在解决信息处理者处理个人信息的行为侵害众多个人权益时能否通过公益诉讼制度实现权利救济和惩处侵权行为的问题。所谓公益诉讼，是指由特定的机关、社会团体或个人提起的旨在维护社会公共利益的诉讼活动。[①] 公益诉讼分为民事公益诉讼和行政公益诉讼。根据文义，本条规定的个人信息保护公益诉讼仅限于民事公益诉讼，即只是针对个人信息处理者的侵权行为提起公益诉讼，而不是对未履行法定职责或者作出损害公共利益的行政行为的行政机关提起公益诉讼。

本条规定是对《民事诉讼法》第55条确立的民事公益诉讼制度的进一步细化。我国《民事诉讼法》第55条规定："对污染环境、侵害众多消费者合法权益等损害社会公共利益的行为，法律规定的机关和有关组织可以向人民法院提起诉讼。人民检察院在履行职责中发现破坏生态环境和资源保护、食品药品安全领域侵害众多消费者合法权益等损害社会公共利益的行为，在没有前款规定的机关和组织或者前款规定的机关和组织不提起诉讼的情况下，可以向人民法院提起诉讼。前款规定的机关

[①] 张卫平：《民事诉讼法》（第五版），法律出版社2019年版，第358页。

或者组织提起诉讼的,人民检察院可以支持起诉。"这一规定是对民事公益诉讼的总体性规定,但在实施过程中,有关各方对《民事诉讼法》第55条中的"等损害社会公共利益"是"等内等"还是"等外等"的认识还不完全一致。从立法本义来看,这里的"等"是"等外等",并非指公益诉讼只限于污染环境和侵害众多消费者合法权益的情形,而是希望以这两种情形作为公益诉讼的突破口,为将来的扩大适用留下空间。有关释义认为:"这样规定,既可突出对环境、消费者权益的保护,也有利于审时度势,根据实践情况的发展,逐步扩大公益诉讼的适用范围。"[①]《个人信息保护法》作出本条规定,正是基于实践情况的发展,在《民事诉讼法》第55条规定的基础上作了进一步发展,将公益诉讼的适用范围扩展到个人信息保护领域。

公益诉讼制度对于个人信息保护具有十分重要的价值。当前个人信息被滥用的情况较为严重,而且同一行为往往涉及不特定多数人。此时受害者虽然可以采取私益诉讼的方式获得救济,但是存在两大明显弊端:一是受害者个人维权成本高,举证能力有限。而且由于受害者分散,互相不认识,想要组织起来开展共同诉讼也十分困难、成本高昂;因此依照《民事诉讼法》第53条、第54条规定的多数人诉讼制度维权也不是最佳的制度设计。二是受害人通过私益诉讼单独维权会导致诉讼爆炸,法院不堪重负,且重复审理大量同质案件也使得司法资源的利用效率十分低下。公益诉讼制度能够有效弥补这两大不足。此前,理论和实务界对于侵害个人信息能否纳入民事公益诉讼范围还存在不同认识。例如,最高人民法院在2016年制定公益诉讼相关司法解释时,对于侵害众多消费者个人信息的情形应否纳入消费民事公益诉讼范围,因存在一定争议,未明确列举。但是近年来,随着侵害个人信息现象日益严重,不少地方也在积极探索个人信息公益诉讼,成效显著。例如,江苏省消保委诉北京百度网讯科技有限公司涉嫌违规获取消费者个人信息消费民事公益诉讼案、浙江省杭州市余杭区检察院诉某网络科技有限公司侵害公民个人

[①] 王胜明主编:《中华人民共和国民事诉讼法释义》,法律出版社2012年版,第115页。

信息民事公益诉讼案等。其中,江苏省消保委诉北京百度网讯科技有限公司涉嫌违规获取消费者个人信息消费民事公益诉讼案是全国首例针对个人信息安全提起的公益诉讼案件。2017年12月11日,江苏省消保委就北京百度网讯科技有限公司涉嫌违规获取消费者个人信息且未及时回应提起消费民事公益诉讼。2018年1月2日,南京市中级人民法院正式立案。立案后,百度公司主动与江苏省消保委联系,前后多轮派员前来当面沟通,并就方案制定及软件优化升级改造情况进行汇报。2018年1月26日,百度公司提交了正式升级改造方案,从取消不必要敏感权限、增设权限使用提示框、增设专门模块供权限选择、优化隐私政策等方面对软件进行升级,切实保障消费者信息安全。同年2月8日,新版App全部更新上线。经实测,上述问题已整改到位,鉴于百度公司相关行为展现出了一家互联网企业应有的责任,保障了消费者个人信息安全,江苏省消保委认为提起消费民事公益诉讼的目的已经达到,本着节约诉讼成本和司法资源的原则,江苏省消保委依法向南京市中级人民法院提交了《撤诉申请书》。2018年3月12日,南京市中级人民法院裁定,准予江苏省消保委撤回起诉。从公益诉讼案件效果看,此类案件有力维护了公民个人信息安全,取得了良好社会效果。可以说,司法实务界在利用公益诉讼制度维护公民个人信息安全方面已经积累了一定的实践经验。

当然,在个人信息保护问题上引入公益诉讼制度最大的价值不在于解决案件审理问题,而是在于震慑侵权行为。即通过明确有关机关和组织可以运用公益诉讼制度这一最有效方式来保护个人信息,对潜在的侵权者可以起到极大的震慑作用。从个人信息公益诉讼的实践情况来看,往往不待法院作出实体判决,侵权人就慑于压力而主动采取措施消除侵权后果。前述江苏省消保委诉北京百度网讯科技有限公司涉嫌违规获取消费者个人信息消费民事公益诉讼案最终是以撤诉方式结案,而浙江省杭州市余杭区人民检察院诉某网络科技有限公司侵害公民个人信息民事公益诉讼案则是以调解方式结案。2020年6月23日,杭州市余杭区人民检察院依法向杭州互联网法院提起民事公益诉讼,诉请被告某网络科技有限公司停止违法违规收集、储存、使用个人信息并公开赔礼道歉。同年9月9日，法院公开开庭审理本案。庭审中，公益诉讼起诉人出示案涉App违法违规收集个人信息的电子数据等证据，充分阐述社会公共利益受损的情况，被告同意履行检察机关提出的全部诉讼请求。双方当庭达成调解协议：被告立即删除违法违规收集、储存的全部用户个人信息1100万余条；在《法治日报》及案涉App首页公开赔礼道歉；承诺今后合法合规经营，若存在违反协议约定的行为，将自愿支付50万元违约金用于全国性个人信息保护公益基金的公益支出。这些实例都是在法律只有一般性规定，具体操作规则还不够明晰的情形下进行的实践探索，起到了很好的导向和震慑作用。由是观之，以具体法律规定的形式明确对侵害个人信息的行为可以提起公益诉讼，导向更加明确、立场更加鲜明，对于遏制日益泛滥的侵害个人信息的行为更加积极有效。

本条规定有权提起个人信息保护公益诉讼的主体包括三类：（1）人民检察院。人民检察院是国家的法律监督机关，而公益诉讼制度本身具有法律监督的功能，因此，由人民检察院提起个人信息保护的民事公益诉讼是合适的。[①] 需要注意的是，《个人信息保护法》本条虽然在行文上将人民检察院、法律规定的消费者组织和国家网信部门确定的组织并列，但并不等于人民检察院可以直接提起民事公益诉讼，而是应当依照《民事诉讼法》第55条的规定，在有关机关和组织不提起诉讼的情况下，才可以向人民法院提起诉讼。依照《民事诉讼法》第55条的规定，人民检察院只有在没有第55条第1款规定的机关和组织或者有关机关和组织不提起诉讼的情况下，才可以向人民法院提起诉讼。如果有关机关或者组织提起诉讼的，人民检察院可以支持起诉。而《个人信息保护法》本条的表述是"依法向人民法院提起诉讼"，此处的"依法"当指依照《民事诉讼法》及有关法律规定。（2）法律规定的消费者组织。《消费者权益保护法》第47条规定："对侵害众多消费者合法权益的行为，中国消费者协会以及在省、自治区、直辖市设立的消费者协会，可以向人民法院提起诉讼。"因此，如果个人信息处理者违反法律规定处理个人信息侵

[①] 参见程啸：《个人信息保护法理解与适用》，中国法制出版社2021年版，第532页。

害众多消费者权益的,中国消费者协会及在省、自治区、直辖市设立的消费者协会,有权依照《个人信息保护法》及《消费者权益保护法》的规定提起民事公益诉讼。(3)由国家网信部门确定的组织。由于公益诉讼并非常态的救济方式,且各种组织的类型众多,不是所有组织都能提起个人信息保护的公益诉讼,如果不作限制可能会产生滥诉问题。故此本条规定只有国家网信部门确定的组织才能依法提起。①

除《个人信息保护法》的规定外,有关个人信息保护的司法解释也对公益诉讼制度作了规定。《使用人脸识别技术处理个人信息民事案件规定》第14条规定:"信息处理者处理人脸信息的行为符合民事诉讼法第五十五条、消费者权益保护法第四十七条或者其他法律关于民事公益诉讼的相关规定,法律规定的机关和有关组织提起民事公益诉讼的,人民法院应予受理。"人脸信息是个人信息的一种,因此该解释实际上是对个人信息保护公益诉讼在人脸信息领域的具体适用。考虑到解释出台时《个人信息保护法》尚在制定中,因此该解释在列举《民事诉讼法》第55条、《消费者权益保护法》第47条后,作了"或者其他法律关于民事公益诉讼的相关规定"的表述,目的就是为了与《个人信息保护法》衔接。

【条文适用】

个人信息公益诉讼案件的起诉、管辖、审理、和解、撤诉、裁判等事项,直接依照《民事诉讼法解释》关于公益诉讼程序的规定。需要重点注意的问题包括:

第一,个人信息公益诉讼的起诉条件问题。需要特别注意公益诉讼与私益诉讼起诉条件的区别。《民事诉讼法》第119条规定的起诉条件是指私益诉讼的起诉条件,具体包括:(1)原告是与本案有直接利害关系的公民、法人和其他组织;(2)有明确的被告;(3)有具体的诉讼请求

---

① 参见程啸:《个人信息保护法理解与适用》,中国法制出版社2021年版,第532页。

和事实、理由；(4) 属于人民法院受理民事诉讼的范围和受诉人民法院管辖。上述四个条件中第 (2) ~ (4) 个均适用于公益诉讼，而第一个条件"直接利害关系规则"则只适用于私益诉讼。这是因为"直接利害关系规则"是建立在任何民事权益都有积极的捍卫者，一旦其权益受损，权利人必然会向法院寻求救济的假设基础之上的。[1] 在公益诉讼案件中，受害者众多而且分散，因维权成本高昂，会抑制部分人的诉讼意愿，同时还可能滋生搭便车心理。此时如果严格遵循"直接利害关系规则"就有可能出现没有直接利害关系人，或者利害关系人因不知、不能、不敢等原因而未起诉，以致无人起诉的局面。为解决这一问题，《民事诉讼法解释》第284条规定了公益诉讼的起诉条件问题，明确公益诉讼的原告不要求一定与纠纷有法律上的直接利害关系。该条规定的起诉条件为：(1) 有明确的被告；(2) 有具体的诉讼请求；(3) 有社会公共利益受到损害的初步证据；(4) 属于人民法院受理民事诉讼的范围和受诉人民法院管辖。个人信息公益诉讼的起诉条件也应当适用《民事诉讼法解释》第284条规定，而不是《民事诉讼法》第119条规定。需要注意的是"有社会公共利益受到损害的初步证据"的理解问题。《个人信息保护法》第70条规定：个人信息处理者违反本法规定处理个人信息，侵害众多个人的权益的，有关机关和组织可以提起公益诉讼。可见，只要是侵害了众多个人的权益，就可以认为是公共利益受到损害。因此，在个人信息公益诉讼中，符合以下两个条件，即可认为是"有社会公共利益受到损害的初步证据"：一是有被告实施了侵害个人信息的行为的证据；二是有受害者人数众多的证据。而且这里的证据只是初步证据而非充分证据。

第二，书面告知行政主管部门的问题。依照《民事诉讼法解释》第286条的规定，人民法院受理公益诉讼案件后，应当在10日内告知相关行政主管部门。人民法院审理个人信息公益诉讼案件，也应当遵循这一规定。《个人信息保护法》第60条规定："国家网信部门负责统筹协调个

---

[1] 参见沈德咏主编：《最高人民法院民事诉讼法解释理解与适用》（下），人民法院出版社2015年版，第755页。

人信息保护工作和相关监督管理工作。国务院有关部门依照本法和有关法律、行政法规的规定，在各自职责范围内负责个人信息保护和监督管理工作。县级以上地方人民政府有关部门的个人信息保护和监督管理职责，按照国家有关规定确定。前两款规定的部门统称为履行个人信息保护职责的部门。"因此，人民法院审理个人信息公益诉讼案件时应当依法告知网信部门和在职责范围内负责个人信息保护和监督管理工作的有关部门。

第三，公益诉讼和私益诉讼并存的问题。《民事诉讼法解释》第288条规定："人民法院受理公益诉讼案件，不影响同一侵权行为的受害人根据民事诉讼法第一百一十九条规定提起诉讼。"据此，法律规定的机关或者组织提起个人信息公益诉讼的，不影响受害人单独提起私益诉讼。实践中的主要难题有两个：一是私益诉讼、公益诉讼并存时程序如何处理，何者应当优先的问题。鉴于这一问题较为复杂，司法解释目前未作出规定，留待司法实践进一步积累经验。二是私益诉讼、公益诉讼能否合并审理的问题。目前也还存在较大的争议。《最高人民法院关于审理环境民事公益诉讼案件适用法律若干问题的解释》采取的立场是有关民事主体以人身、财产受到损害为由申请参加诉讼的，告知其另行起诉。从目前的实践情况看，一些法院尝试了将公益诉讼和私益诉讼合并审理，效果也很好。我们认为，在公益诉讼中合并审理私益损害，更有利于解决私益诉讼起诉成本高、起诉意愿低的问题，更有利于实现法律设置公益诉讼制度的目的，应当鼓励人民法院对此进行探索，为将来制定司法解释积累经验。

第四，公益诉讼的和解、调解和撤诉问题。公益诉讼的本旨在于维护公共利益，因此原告在诉讼程序中的处分权利要受到较为严格的限制。而限制的核心标准则在于是否损害公共利益。因此，根据《民事诉讼法解释》第289条规定，和解或者调解协议应当进行公告，期间不得少于30日。公告期满后经审查不违反社会公共利益的，人民法院应当出具调解书；违反公共利益的，不予出具调解书，并应当继续审理依法作出裁判。第290条规定："公益诉讼案件的原告在法庭辩论终结后申请撤诉的，人民法院不予准许。"此时因为案件事实已经查清，具备判决条件，允许原告随意撤诉既不利于保护公共利益，也不利于兼顾被告的程序利益。此外，根据这一条文可知：原告在法庭辩论终结前申请撤诉的，人民法院可以准许。但要注意，此时人民法院也应当进行审查，如果撤诉损害公共利益的，人民法院不应当准许撤诉。

【相关规定】

1.《中华人民共和国民事诉讼法》（2017年6月27日修正）

第五十五条 对污染环境、侵害众多消费者合法权益等损害社会公共利益的行为，法律规定的机关和有关组织可以向人民法院提起诉讼。

人民检察院在履行职责中发现破坏生态环境和资源保护、食品药品安全领域侵害众多消费者合法权益等损害社会公共利益的行为，在没有前款规定的机关和组织或者前款规定的机关和组织不提起诉讼的情况下，可以向人民法院提起诉讼。前款规定的机关或者组织提起诉讼的，人民检察院可以支持起诉。

2.《中华人民共和国消费者权益保护法》（2013年10月25日修正）

第四十七条 对侵害众多消费者合法权益的行为，中国消费者协会以及在省、自治区、直辖市设立的消费者协会，可以向人民法院提起诉讼。

第五十条 经营者侵害消费者的人格尊严、侵犯消费者人身自由或者侵害消费者个人信息依法得到保护的权利的，应当停止侵害、恢复名誉、消除影响、赔礼道歉，并赔偿损失。

3.《最高人民法院关于审理使用人脸识别技术处理个人信息相关民事案件适用法律若干问题的规定》（2021年7月28日）

第十四条 信息处理者处理人脸信息的行为符合民事诉讼法第五十五条、消费者权益保护法第四十七条或者其他法律关于民事公益诉讼的相关规定，法律规定的机关和有关组织提起民事公益诉讼的，人民法院应予受理。

4.《最高人民法院关于审理消费民事公益诉讼案件适用法律若干问题的解释》(2020年12月29日修正)

第一条 中国消费者协会以及在省、自治区、直辖市设立的消费者协会,对经营者侵害众多不特定消费者合法权益或者具有危及消费者人身、财产安全危险等损害社会公共利益的行为提起消费民事公益诉讼的,适用本解释。

法律规定或者全国人大及其常委会授权的机关和社会组织提起的消费民事公益诉讼,适用本解释。

第二条 经营者提供的商品或者服务具有下列情形之一的,适用消费者权益保护法第四十七条规定:

(一)提供的商品或者服务存在缺陷,侵害众多不特定消费者合法权益的;

(二)提供的商品或者服务可能危及消费者人身、财产安全,未作出真实的说明和明确的警示,未标明正确使用商品或者接受服务的方法以及防止危害发生方法的;对提供的商品或者服务质量、性能、用途、有效期限等信息作虚假或引人误解宣传的;

(三)宾馆、商场、餐馆、银行、机场、车站、港口、影剧院、景区、体育场馆、娱乐场所等经营场所存在危及消费者人身、财产安全危险的;

(四)以格式条款、通知、声明、店堂告示等方式,作出排除或者限制消费者权利、减轻或者免除经营者责任、加重消费者责任等对消费者不公平、不合理规定的;

(五)其他侵害众多不特定消费者合法权益或者具有危及消费者人身、财产安全危险等损害社会公共利益的行为。

第七十一条 违反本法规定，构成违反治安管理行为的，依法给予治安管理处罚；构成犯罪的，依法追究刑事责任。

【条文主旨】

本条是关于个人信息保护的治安管理处罚责任和刑事责任的规定。

【条文理解】

《个人信息保护法》第七章集中对个人信息处理违法行为的法律责任进行了规定，包括民事责任、行政责任以及刑事责任等，规定了较为完备的责任体系。本条是对其中治安管理处罚责任和刑事责任进行规定。关于此条规定的背景，在2021年8月17日全国人民代表大会宪法和法律委员会关于《个人信息保护法（草案）》审议结果的报告中写道，有的常委委员和部门、社会公众提出，有关部门应完善个人信息保护投诉、举报机制，并在案件查处方面加强协同配合。全国人民代表大会宪法和法律委员会经研究，建议在草案二次审议稿中增加以下规定：一是国家网信部门统筹协调有关部门完善个人信息保护投诉、举报工作机制。二是履行个人信息保护职责的部门发现违法处理个人信息涉嫌犯罪的，应当及时移送公安机关依法处理；对有关责任人员可以决定禁止其在一定期限内担任相关企业的董事、监事、高级管理人员和个人信息保护负责人等职务。为实现法律责任有层次地全面覆盖，强化对个人信息的全面保护，本条对违法处理个人信息行为可能承担的刑事责任和治安管理处罚责任进行了衔接规定。

民事责任、行政责任和刑事责任是法律责任的基本分类。行政责任，是指因违反行政法律或行政法规而应当承担的法定不利后果。治安管理处罚,是指由公安机关依法查处的,对扰乱社会秩序、妨害公共安全、侵犯公民人身权利、侵犯公私财产,情节轻微尚不构成刑事责任的违法行为所实施的行政处罚,属于行政责任的一类。刑事责任,是指因违反刑事法律而应当承担的法定不利后果。民事责任、行政责任和刑事责任虽然是三种不同的法律责任,却可能因为同一法律行为而同时产生。同一行为既违反了民法又违反了行政法或者刑法,由此同时产生民事责任、行政责任或者刑事责任,即发生责任聚合。① 对此,《民法通则》第110条规定:"对承担民事责任的公民、法人需要追究行政责任的,应当追究行政责任;构成犯罪的,对公民、法人的法定代表人应当依法追究刑事责任。"《侵权责任法》第4条亦规定,针对同一行为,行为主体承担行政责任、刑事责任不影响民事责任的承担。由此可知,我国民事立法体系自始确立了三种责任相互独立,互不影响的原则。民事责任本质上是平等主体之间法律关系及其调整手段,而行政责任的目的在于维护行政管理秩序,重点在于通过责任方式实现行政管理秩序的有序性,本质上是不平等主体即公权力机关与私权利主体之间的法律关系,行政机关代表国家作出的惩罚。刑事责任的主要功能是惩罚犯罪人,与此同时具有教育或警戒犯罪人以及潜在的犯罪人,从而达到预防犯罪的目的。② 由于上述各项责任服务于不同目的,具有不同功能,因此需同时使用,不同法律领域的规范目的才能同时实现。个人信息保护制度是一个跨越多个部门法的综合治理领域,《个人信息保护法》对个人信息保护搭建起民商事领域、行政执法领域和刑法领域等全方位、多领域的制度框架。同一违法处理个人信息的行为同时满足民事责任、行政责任乃至刑事责任构成要件的,一般情况下,其法律后果互不排斥、并行不悖。

一、关于个人信息保护的《刑法》规定

我国个人信息保护的实践早期主要在刑事领域展开。2009年《刑法

---

① 最高人民法院民法典贯彻实施工作领导小组主编:《中华人民共和国民法典总则编理解与适用(下)》,人民法院出版社2020年版,第941~942页。

② 沈德咏主编:《中华人民共和国民法总则条文理解与适用》(下),人民法院出版社2017年版,第1234页。

修正案（七）》规定了出售、非法提供公民个人信息罪和非法获取公民个人信息罪两个罪名，自此正式将侵犯公民个人信息行为入刑。该条首次将窃取或以其他方式非法获取公民个人信息、出售或非法提供公民个人信息的行为、情节严重过的，规定为犯罪行为。具体内容为，在《刑法》第253条后增加一条，作为第253条之一："国家机关或者金融、电信、交通、教育、医疗等单位的工作人员，违反国家规定，将本单位在履行职责或者提供服务过程中获得的公民个人信息，出售或者非法提供给他人，情节严重的，处三年以下有期徒刑或者拘役，并处或者单处罚金。窃取或者以其他方法非法获取上述信息，情节严重的，依照前款的规定处罚。单位犯前两款罪的，对单位判处罚金，并对其直接负责的主管人员和其他直接责任人员，依照各该款的规定处罚。"

2015年《刑法修正案（九）》对第253条之一作了修改，将原来的两个罪名合并为一个罪名，进一步扩大个人信息相关罪名的适用范围、提高量刑，将犯罪主体由原来的特殊主体扩大成了一般主体，单位也可构成犯罪，增加了若干项从重处罚的情节，并在从重处罚情节中提高了本罪的法定最高刑，加大了对此类犯罪的打击力度。具体内容为，将刑法第253条之一修改为："违反国家有关规定，向他人出售或者提供公民个人信息，情节严重的，处三年以下有期徒刑或者拘役，并处或者单处罚金；情节特别严重的，处三年以上七年以下有期徒刑，并处罚金。违反国家有关规定，将在履行职责或者提供服务过程中获得的公民个人信息，出售或者提供给他人的，依照前款的规定从重处罚。窃取或者以其他方法非法获取公民个人信息的，依照第一款的规定处罚。单位犯前三款罪的，对单位判处罚金，并对其直接负责的主管人员和其他直接责任人员，依照各该款的规定处罚。"

2017年《侵犯公民个人信息刑事案件解释》进一步明确公民信息相关犯罪的量刑标准。该司法解释第8条还规定："设立用于实施非法获取、出售或者提供公民个人信息违法犯罪活动的网站、通讯群组，情节严重的，应当依照刑法第二百八十七条之一的规定，以非法利用信息网络罪定罪处罚；同时构成侵犯公民个人信息罪的，依照侵犯公民个人信息罪定罪处罚。"第9条规定:"网络服务提供者拒不履行法律、行政法规规定的信息网络安全管理义务,经监管部门责令采取改正措施而拒不改正,致使用户的公民个人信息泄露,造成严重后果的,应当依照刑法第二百八十六条之一的规定,以拒不履行信息网络安全管理义务罪定罪处罚。"

二、关于个人信息保护的治安管理处罚规定

2012年《治安管理处罚法》第42条规定:"有下列行为之一的,处五日以下拘留或者五百元以下罚款;情节较重的,处五日以上十日以下拘留,可以并处五百元以下罚款:(一)写恐吓信或者以其他方法威胁他人人身安全的;(二)公然侮辱他人或者捏造事实诽谤他人的;(三)捏造事实诬告陷害他人,企图使他人受到刑事追究或者受到治安管理处罚的;(四)对证人及其近亲属进行威胁、侮辱、殴打或者打击报复的;(五)多次发送淫秽、侮辱、恐吓或者其他信息,干扰他人正常生活的;(六)偷窥、偷拍、窃听、散布他人隐私的。"该条对个人生活安宁、个人隐私、名誉权等的保护均有涉及,往往也伴随着对个人信息的非法利用行为。虽目前关于违法处理个人信息的治安管理处罚责任并不多,但本条的衔接规定为今后进一步拓宽此类责任形态预留了空间。

【条文适用】

一、关于《个人信息保护法》和《刑法》的衔接适用

根据《刑法》规定,侵犯个人信息罪的入罪条件以行为"违反国家有关规定"为前提,《侵犯公民个人信息刑事案件解释》第2条规定:"违反法律、行政法规、部门规章有关公民个人信息保护的规定的,应当认定为刑法第二百五十三条之一规定的'违反国家有关规定'。"《个人信息保护法》作为全国人民代表大会常务委员会通过的专门针对个人信息保护领域的基础性法律,对处理个人信息行为规范作出了全面、系统

和细致地规定。该法第 13 条对处理个人信息的各项合法性前提均进行了规定。据此，可以理解为，《个人信息保护法》对个人信息这一新型权利属性和处理个人信息的行为边界进行了规定，至于违反《个人信息保护法》的规定是否将引致刑事责任，尚需结合《刑法》相关规定进行判断。刑事保护作为打击违法行为最严厉的手段，仅在针对具有严重社会危害性情节的行为适用。在上述二者进行衔接适用时需注意两点：

第一，违法处理个人信息行为需构成一定严重情节才追究刑事责任。《个人信息保护法》第 10 条规定："任何组织、个人不得非法收集、使用、加工、传输他人个人信息，不得非法买卖、提供或者公开他人个人信息；不得从事危害国家安全、公共利益的个人信息处理活动。"也就是说，违法出售、提供、获取个人信息的行为均属于违法行为。而《刑法》第 253 条之一规定，出售或者提供个人信息，欲达到刑事责任追究的范围，还需满足"情节严重"这一条件。《侵犯公民个人信息刑事案件解释》第 5 条对"情节严重"的具体要求进行了规定，包括："（一）出售或者提供行踪轨迹信息，被他人用于犯罪的；（二）知道或者应当知道他人利用公民个人信息实施犯罪，向其出售或者提供的；（三）非法获取、出售或者提供行踪轨迹信息、通信内容、征信信息、财产信息五十条以上的；（四）非法获取、出售或者提供住宿信息、通信记录、健康生理信息、交易信息等其他可能影响人身、财产安全的公民个人信息五百条以上的；（五）非法获取、出售或者提供第三项、第四项规定以外的公民个人信息五千条以上的；（六）数量未达到第三项至第五项规定标准，但是按相应比例合计达到有关数量标准的；（七）违法所得五千元以上的；（八）将在履行职责或者提供服务过程中获得的公民个人信息出售或者提供给他人，数量或者数额达到第三项至第七项规定标准一半以上的；（九）曾因侵犯公民个人信息受过刑事处罚或者二年内受过行政处罚，又非法获取、出售或者提供公民个人信息的；（十）其他情节严重的情形等。"上述条件是构成侵犯个人信息犯罪的定罪条件，也就是说，即使违反了《个人信息保护法》的规定处理个人信息，但未达到上述"情节严重"的标准，并不能构成追究刑事责任的条件。

第二，《个人信息保护法》和《刑法》采用了不同的信息分类标准。《个人信息保护法》将个人信息分为一般个人信息和敏感个人信息，对于处理敏感信息要求取得权利人的单独同意。而《刑法》对个人信息的分类采取了三个梯度，包括敏感信息、重要信息、一般信息，对于处理不同信息类型的行为，定罪起点并不相同。因此，在判断是否"违反国家有关规定"时，应按照《个人信息保护法》的信息分类标准和行为规则要求，判定信息处理行为是否违法；进而，在确定是否构成"情节严重"、符合入罪标准时，再对照《刑法》的信息分类标准，确定处理行为是否达到定罪的相关标准。

二、多种责任聚合下各种责任的先后顺序

一般情况下，民事责任、行政责任和刑事责任三者各自独立存在，并行不悖。行为人承担民事责任和行政责任的，不影响对其刑事责任的追究。责任主体的财产能够满足三种责任承担时，责任人要同时承担三种责任。但是，在责任主体的财产不足以同时满足承担民事赔偿责任和承担罚款、罚金及没收财产等行政责任和刑事责任时，则应遵循民事责任优先原则。对此，《民法典》第187条规定："民事主体因同一行为应当承担民事责任、行政责任和刑事责任的，承担行政责任或者刑事责任不影响承担民事责任；民事主体的财产不足以支付的，优先用于承担民事责任。"在民事责任的认定后于行政责任、刑事责任场合，如果民事责任因债务人无资产陷于执行不能时，应从之前已经执行的财产罚中予以扣除，用于赔偿债务人。

【相关规定】

1.《中华人民共和国刑法》（2020年12月26日修正）

第二百五十三条之一　违反国家有关规定，向他人出售或者提供公民个人信息，情节严重的，处三年以下有期徒刑或者拘役，并处或者单处罚金；情节特别严重的，处三年以上七年以下有期徒刑，并处罚金。

违反国家有关规定,将在履行职责或者提供服务过程中获得的公民个人信息,出售或者提供给他人的,依照前款的规定从重处罚。

窃取或者以其他方法非法获取公民个人信息的,依照第一款的规定处罚。

单位犯前三款罪的,对单位判处罚金,并对其直接负责的主管人员和其他直接责任人员,依照各该款的规定处罚。

2.《中华人民共和国治安管理处罚法》(2012年10月26日修正)

第四十二条 有下列行为之一的,处五日以下拘留或者五百元以下罚款;情节较重的,处五日以上十日以下拘留,可以并处五百元以下罚款:

(一)写恐吓信或者以其他方法威胁他人人身安全的;

(二)公然侮辱他人或者捏造事实诽谤他人的;

(三)捏造事实诬告陷害他人,企图使他人受到刑事追究或者受到治安管理处罚的;

(四)对证人及其近亲属进行威胁、侮辱、殴打或者打击报复的;

(五)多次发送淫秽、侮辱、恐吓或者其他信息,干扰他人正常生活的;

(六)偷窥、偷拍、窃听、散布他人隐私的。

3.《最高人民法院、最高人民检察院关于办理侵犯公民个人信息刑事案件适用法律若干问题的解释》(2017年5月8日)

第五条第一款 非法获取、出售或者提供公民个人信息,具有下列情形之一的,应当认定为刑法第二百五十三条之一规定的"情节严重":

(一)出售或者提供行踪轨迹信息,被他人用于犯罪的;

(二)知道或者应当知道他人利用公民个人信息实施犯罪,向其出售或者提供的;

(三)非法获取、出售或者提供行踪轨迹信息、通信内容、征信信息、财产信息五十条以上的;

(四)非法获取、出售或者提供住宿信息、通信记录、健康生理信息、交易信息等其他可能影响人身、财产安全的公民个人信息五百条以

上的;

（五）非法获取、出售或者提供第三项、第四项规定以外的公民个人信息五千条以上的;

（六）数量未达到第三项至第五项规定标准，但是按相应比例合计达到有关数量标准的;

（七）违法所得五千元以上的;

（八）将在履行职责或者提供服务过程中获得的公民个人信息出售或者提供给他人，数量或者数额达到第三项至第七项规定标准一半以上的;

（九）曾因侵犯公民个人信息受过刑事处罚或者二年内受过行政处罚，又非法获取、出售或者提供公民个人信息的;

（十）其他情节严重的情形。

第八章 附 则

第七十二条 自然人因个人或者家庭事务处理个人信息的，不适用本法。

法律对各级人民政府及其有关部门组织实施的统计、档案管理活动中的个人信息处理有规定的，适用其规定。

【条文主旨】

本条是关于适用主体范围的例外规定。

【条文理解】

我国个人信息的立法立足于国内个人信息利用的具体实践，逐步分为了针对两大类主体的规制。2012年《全国人民代表大会常务委员会关于加强网络信息保护的决定》分别使用了"任何组织和个人"与"网络服务提供者和其他企业事业单位"两组概念，前者范围更广，旨在重点打击一切非法获取和贩卖个人信息的行为；后者范围较窄，主要指向个人信息处理单位的合法性规制。该理念在此后的多次立法中得以延续。《民法典》分别采用了"任何组织或者个人"与"信息处理者"的概念，并将"国家机关、承担行政职能的法定机构及其工作人员"也纳入规制范畴。但《民法典》并未对信息处理者这一概念进行限定，依据该法第1035条第2款的规定，无论是通过自动方式还是非自动方式处理个人信息，无论是公司企业、国家机关等个人信息使用者处理个人信息，还是纯粹的私人或家庭活动中的个人信息处理（家人朋友之间进行的通信联络、保存联系方式或者社交活动中的个人信息的提供等），都可能被纳入个人信息处理的范畴。《个人信息保护法》对主体范围和概念界定进一步予以明确，继续沿用了"任何组织、个人"和"个人信息处理者"的概念，并明确个人信息处理者是指在个人信息处理活动中自主决定处理目的、处理方式的组织、个人。同时明确，将国家机关纳入《个人信息保护法》适用的主体范围之内，而对因个人或家庭事务处理个人信息的法律适用豁免，并对统计、档案管理活动的法律适用衔接作了规定。

一、关于自然人因个人或者家庭事务处理个人信息

《个人信息保护法》关于自然人因个人或者家庭事务处理个人信息不适用的规定借鉴了欧盟 GDPR 的规定。欧盟 GDPR 在"鉴于条款"第 18 条指出，该条例不适用于自然人在不涉及任何职业或商业的纯个人或家庭活动中对个人数据的处理活动。个人或家庭活动可以包括通信、保存地址，或者社交活动以及在类似活动背景下进行的线上活动。但适用于为上述个人日常活动提供个人数据处理方法的控制者或处理者。该条例第 2 条"适用范围"的第 2 款（c）规定，该条例不适用于自然人在纯粹的个人或家庭生活中进行的处理活动。所谓"纯粹的个人或家庭生活中的个人信息处理行为"，是指为了休闲活动、爱好、度假或娱乐目的而处理的个人数据，或者用于社交网络，或者数据只是作为个人收集的地址、生日或其他重要日期，如周年纪念的一部分。然而，一旦所处理的个人信息涉及私人的同时也是商业的信息，则该例外就不适用。所谓"商业"是指任何经济活动，无论是否支付报酬。而"纯粹"一词则表明应当对该例外作限缩解释。

理论上对于《个人信息保护法》适用的主体范围曾存在争议。有观点认为，个人信息处理应限定为以识别分析目的而使用个人信息的行为，这样的定义有利于区别《个人信息保护法》的规范对象，将碎片化的使用、具有保密义务情形下的知悉或存储个人信息等行为排除在《个人信息保护法》的规范之外。[①] 这一观点将信息处理行为限定于更小的特殊范

---

① 高富平：《我国个人信息保护法的规范对象》，载《法商研究》2021 年第 2 期。

围，体现的价值取向更倾向于促进信息的利用和流通。而另有观点认为，《个人信息保护法》需要对个人信息处理行为进行全方位、动态性的规范，无论是利用网络信息科技自动化处理个人信息，还是手工等非自动化处理个人信息；无论是个人信息的收集、存储，还是使用、加工抑或传输、提供、公开以及跨境提供；无论是为了生产经营等营利目的，还是行政管理、公共服务的目的而进行个人信息处理，均应纳入《个人信息保护法》的调整范围。[1]

《个人信息保护法》最终采纳的意见几乎把经营性的处理行为均纳入其规制的范围，以强化个人信息保护的力度。与此同时，《个人信息保护法》将自然人因个人或家庭事务处理个人信息的活动排除在该法所调整的个人信息处理的范围之外，是非常必要的。这是因为，自然人之间因为个人或家庭事务而处理个人信息的行为，属于平等主体之间的个人信息处理行为，往往是为了维持正常的社会交往所必需的，并不涉及侵害个人信息权益的问题，无须给此等情形中的信息处理者施加各种法定义务，更无须个人信息保护机关强制介入；只有涉及利用信息能力的不平等收集、处理个人信息的行为，才是信息时代保护个人信息的法律真正要调整的对象。[2] 也就是说，目前面临的主要问题是个人信息处理从个人直接收集信息进行运算分析的阶段进入到大量依赖机器产生的数据和间接获取的数据对个人进行智能分析的阶段，正是面临对个人信息规模化、自动化利用的背景和背后潜在的更大风险，才需要强化对个人信息的倾斜性保护，并加强对信息处理者的规制和监管。在平等民事主体之间的信息使用行为，一般情况下，不宜通过《个人信息保护法》进行倾斜性保护，可通过《民法典》等民事规范予以调整。

二、关于各级人民政府及其有关部门组织实施的统计、档案管理活动中的个人信息处理

国家机关基于履行法定职责的必要往往需对个人信息进行收集和处

---

[1] 程啸：《论我国个人信息保护法中的个人信息处理规则》，载《清华法学》2021年第3期。
[2] 程啸：《论我国个人信息保护法中的个人信息处理规则》，载《清华法学》2021年第3期。

理。例如，公安部门需收集和管理包括自然人姓名、性别、身高、出生日期、家庭住址等在内的个人信息；教育部门需收集和管理相关教育经历、学历证书等个人信息。《个人信息保护法》第二章第三节第33条规定："国家机关处理个人信息的活动，适用本法；本节有特别规定的，适用本节规定。"本条在国家机关依法履行职责处理个人信息仍需遵循个人信息保护法的大原则下，规定了对统计、档案管理活动两个领域的例外。在这两个领域内，如果其他法律法规有相关规定，而《个人信息保护法》中没有相关规定或者《个人信息保护法》的规定与其他法律法规存在冲突，则应优先适用其他规定；如果无相关规定，则应依照个人信息保护法的相关规定。2021年6月10日通过的《数据安全法》第53条第1款亦有类似规定："开展涉及国家秘密的数据处理活动，适用《中华人民共和国保守国家秘密法》等法律、行政法规的规定。"在统计、档案工作中开展数据处理活动，开展涉及个人信息的数据处理活动，还应当遵守有关法律、行政法规的规定。

关于统计活动。根据《统计法》的规定，统计的基本任务是对经济社会发展情况进行统计调查、统计分析，提供统计资料和统计咨询意见，实行统计监督。《统计法》第9条规定："统计机构和统计人员对在统计工作中知悉的国家秘密、商业秘密和个人信息，应当予以保密。"第39条规定："县级以上人民政府统计机构或者有关部门有下列行为之一的，对直接负责的主管人员和其他直接责任人员由任免机关或者监察机关依法给予处分：（一）违法公布统计资料的；（二）泄露统计调查对象的商业秘密、个人信息或者提供、泄露在统计调查中获得的能够识别或者推断单个统计调查对象身份的资料的；（三）违反国家有关规定，造成统计资料毁损、灭失的。统计人员有前款所列行为之一的，依法给予处分。"

关于档案管理活动。根据《档案法》的规定，档案是指过去和现在的机关、团体、企业事业单位和其他组织以及个人从事经济、政治、文化、社会、生态文明、军事、外事、科技等方面活动直接形成的对国家和社会具有保存价值的各种文字、图表、声像等不同形式的历史记录。国家机关保管的人事档案或个人档案中往往存在大量涉及个人信息的内容。《档案法》第 28 条第 3 款规定:"利用档案涉及知识产权、个人信息的,应当遵守有关法律、行政法规的规定。"《社会保险法》第 92 条规定:"社会保险行政部门和其他有关行政部门、社会保险经办机构、社会保险费征收机构及其工作人员泄露用人单位和个人信息的,对直接负责的主管人员和其他直接责任人员依法给予处分;给用人单位或者个人造成损失的,应当承担赔偿责任。"

【条文适用】

如何协调本条与第 4 条之间的关系

关于《个人信息保护法》的适用范围,本法第 3 条从属地范围的角度进行了规定,第 3 条和本条从适用行为正反两方面的角度规定了《个人信息保护法》的适用范围。《个人信息保护法》除第 10 条的规定指向"任何组织、个人"外,其他规定主要指向个人信息的处理行为,第 4 条对何为个人信息处理行为、第 73 条对何为个人信息处理者进行了进一步规定,一般来讲,只有个人信息处理者进行的个人信息处理行为才属于本法规制的范畴。在此基础上,本条进行了适用范围的例外规定,并非所有个人信息处理者的信息处理行为均纳入《个人信息保护法》的适用范围。因此,在判断某行为是否属于《个人信息保护法》适用范围时,应首先适用《个人信息保护法》第 4 条的规定,确定该行为是否属于处理个人信息的行为,再对照本条规定,确定该行为是否属于排除《个人信息保护法》适用的范畴,最终确定是否适用《个人信息保护法》的规定。

【相关规定】

1. 《中华人民共和国民法典》(2020 年 5 月 28 日)

第一千零三十五条 个人信息的处理包括个人信息的收集、存储、使用、加工、传输、提供、公开等。

2.《中华人民共和国数据安全法》（2021 年 6 月 10 日）

第五十三条 开展涉及国家秘密的数据处理活动，适用《中华人民共和国保守国家秘密法》等法律、行政法规的规定。

在统计、档案工作中开展数据处理活动，开展涉及个人信息的数据处理活动，还应当遵守有关法律、行政法规的规定。

3.《中华人民共和国档案法》（2020 年 6 月 20 日修订）

第二条 从事档案收集、整理、保护、利用及其监督管理活动，适用本法。

本法所称档案，是指过去和现在的机关、团体、企业事业单位和其他组织以及个人从事经济、政治、文化、社会、生态文明、军事、外事、科技等方面活动直接形成的对国家和社会具有保存价值的各种文字、图表、声像等不同形式的历史记录。

第二十八条 档案馆应当通过其网站或者其他方式定期公布开放档案的目录，不断完善利用规则，创新服务形式，强化服务功能，提高服务水平，积极为档案的利用创造条件，简化手续，提供便利。

单位和个人持有合法证明，可以利用已经开放的档案。档案馆不按规定开放利用的，单位和个人可以向档案主管部门投诉，接到投诉的档案主管部门应当及时调查处理并将处理结果告知投诉人。

利用档案涉及知识产权、个人信息的，应当遵守有关法律、行政法规的规定。

4.《中华人民共和国统计法》（2009 年 6 月 27 日修订）

第九条 统计机构和统计人员对在统计工作中知悉的国家秘密、商业秘密和个人信息，应当予以保密。

第三十九条 县级以上人民政府统计机构或者有关部门有下列行为之一的，对直接负责的主管人员和其他直接责任人员由任免机关或者监察机关依法给予处分：

（一）违法公布统计资料的；

（二）泄露统计调查对象的商业秘密、个人信息或者提供、泄露在统计调查中获得的能够识别或者推断单个统计调查对象身份的资料的；

（三）违反国家有关规定，造成统计资料毁损、灭失的。

统计人员有前款所列行为之一的，依法给予处分。

第七十三条　本法下列用语的含义：
（一）个人信息处理者，是指在个人信息处理活动中自主决定处理目的、处理方式的组织、个人。
（二）自动化决策，是指通过计算机程序自动分析、评估个人的行为习惯、兴趣爱好或者经济、健康、信用状况等，并进行决策的活动。
（三）去标识化，是指个人信息经过处理，使其在不借助额外信息的情况下无法识别特定自然人的过程。
（四）匿名化，是指个人信息经过处理无法识别特定自然人且不能复原的过程。

【条文主旨】

本条是关于相关名词定义的规定。

【条文理解】

此次个人信息立法中使用了诸多重要名词，部分名词为首次在立法中出现，部分名词具有技术复杂性，因此，有必要对此次立法中涉及的重要名词的内涵和外延通过名词解释的方式予以明确。

一、关于个人信息处理者

《个人信息保护法》中多次使用了"个人信息处理者"这一名词，"个人信息处理者"是此次《个人信息保护法》中使用的关键概念，是本法用于规制的主要对象。甚至可以说，《个人信息保护法》主要是规制个人信息处理者处理个人信息行为的一部法律。本法绝大多数条款是针对个人信息处理者制定的，仅有第10条适用主体是"任何组织、个人"，此范围大于个人信息处理者的范围。

信息处理者主体范围的界定在数次个人信息保护立法过程中逐步得以明确。2016年欧盟通过的GDPR使用了"信息控制者"和"信息处理者"的概念，"信息控制者"是在信息自决观念下，在事实上占有、控制信息的主体，而信息处理则是基于对信息控制下的延伸活动。我国个人信息保护立法一定程度上参考借鉴了欧盟的相关立法，也有观点提出，《个人信息保护法》应采纳"信息控制者"的概念。但《个人信息保护法》最终并未将"信息控制者"这一概念直接引入，而是立足中国个人信息利用的具体实践，逐步将法律规制主体分为"任何组织或者个人"与"信息处理者"两大类。可见，为加强个人信息保护力度，防止遗漏适用主体，我国采用从行为出发的主体范围界定方式，即任何组织或个人，只要存在目的性、有组织地处理个人信息的行为，均受到个人信息保护相关法律的规制。《个人信息保护法》第58条对一定规模以上的信息处理者课以更严格的责任，除此种特殊情形外，信息处理者的责任并不以其是否为网络服务提供者、线下经营主体、公共管理机构等为区别。

二、关于自动化决策

《个人信息保护法》中关于"自动化决策"的条款是在《个人信息保护法（草案二次审议稿）》的基础上修改完善的。《个人信息保护法》第24条对"自动化决策"问题进行了规定，个人信息处理者不得利用自动化决策技术实行不合理差别待遇，应当保障个人同意拒绝使用自动化决策技术的权利。

"自动化决策"作为处理个人信息的一种技术首次入法，涉及用户画像、算法推荐等新技术应用，需对该技术的具体概念进行明确。自动化决策是建立在大数据、机器学习、人工智能和算法等基础之上，通过大数据技术对海量的用户进行持续追踪和信息采集，然后遵循特定的规则处理所收集的个人信息，对用户进行数字画像和相应的决策。[①] 大部分应

[①] 程啸：《个人信息保护法——"十大亮点"彰显个人信息全面保护》，载《检察日报》2021年8月30日，第3版。

用机器学习算法的个人信息处理活动都属于自动化决策的范围。根据上述定义，自动化决策过程由以下两个环节构成，一是根据现有信息对用户进行评估、分析，如进行用户画像；二是进行决策，包括利用特定的规则进行个性化展示、算法推荐等。虽然整个数据收集、算法决策的过程是通过计算机自动处理进行，但其中的处理规则可能蕴含人工干预，也即，在一定价值判断下进行规则制定的过程。

关于用户画像。根据《信息安全技术 个人信息安全规范》第3.8条的规定，用户画像是指通过收集、汇聚、分析个人信息，对某特定自然人个人特征，如职业、经济、健康、教育、个人喜好、信用、行为等方面作出分析或预测，形成其个人特征模型的过程。（注：直接使用特定自然人的个人信息，形成该自然人的特征模型，称为直接用户画像。使用来源于特定自然人以外的个人信息，如其所在群体的数据，形成该自然人的特征模型，称为间接用户画像。）自动化决策的本质是针对不同用户特点提供不同针对性的个性化服务，其前提是对用户进行分类，这就是进行用户画像的过程。《信息安全技术 个人信息安全规范》第7.4条还对用户画像进行了一些限制性规定："a) 用户画像中对个人信息主体的特征描述，不应：1）包含淫秽、色情、赌博、迷信、恐怖、暴力的内容；2）表达对民族、种族、宗教、残疾、疾病歧视的内容。b）在业务运营或对外业务合作中使用用户画像的，不应：1）侵害公民、法人和其他组织的合法权益；2）危害国家安全、荣誉和利益，煽动颠覆国家政权、推翻社会主义制度，煽动分裂国家、破坏国家统一，宣扬恐怖主义、极端主义，宣扬民族仇恨、民族歧视，传播暴力、淫秽色情信息，编造、传播虚假信息扰乱经济秩序和社会秩序。c）除为实现个人信息主体授权同意的使用目的所必需外，使用个人信息时应消除明确身份指向性，避免精确定位到特定个人。例如，为准确评价个人信用状况，可使用直接用户画像，而用于推送商业广告目的时，则宜使用间接用户画像。"

关于个性化展示。个性化展示在不同场合可能被表述为个性化推荐、算法推荐或推荐算法等。根据《信息安全技术 个人信息安全规范》第

3.16 条的规定，个性化展示是指基于特定个人信息主体的网络浏览历史、兴趣爱好、消费记录和习惯等个人信息，向该个人信息主体展示信息内容、提供商品或服务的搜索结果等活动。个性化推荐概念首次出现是在 1995 年 3 月的美国人工智能协会上。自此之后，个性化推荐的研究开始蓬勃发展。推荐算法的研究起源于 20 世纪 90 年代，由美国明尼苏达大学的研究小组最先开始，他们想要制作一个电影推荐系统，从而实现对用户进行电影的个性化推荐。此后，亚马逊网站开始使用推荐系统，在实际中对用户的浏览购买行为进行分析，尝试对曾经浏览或购买商品的用户进行个性化推荐。[1]

三、关于去标识化

该定义与《信息安全技术 个人信息安全规范》第 3.15 条对去标识化作出的定义相一致。该规范注释中提及，去标识化建立在个体基础之上，保留了个体颗粒度，采用假名、加密、哈希函数等技术手段替代对个人信息的标识。

去标识化和匿名化不同，去标识化处理后，个人信息处理者仍可通过一定方式还原个人信息，只是为了信息存储和使用的安全，对个人信息采取分开存储、加密替代等技术，使得个人信息不能被直接获取，而需通过某种技术借助额外信息进行复原后才能呈现出能识别特定自然人的信息。因此，去标识化一般作为个人信息保护的安全技术措施使用。例如，在收集个人信息后，个人信息控制者可采取技术和管理方面的措施，将可用于恢复识别个人的信息与去标识化后的信息分开存储，这是一种使用去标识化技术提升存储安全的方式。又如，《信息安全技术 个人信息安全规范》要求，对外提供学术研究或描述的结果时，需对结果中所包含的个人信息进行去标识化处理，是一种仅保留信息处理者等一定主体掌握的个人信息，而对个人信息进行部分利用的行为。可见，个人信息处理者对去标识化后信息的处理仍属于对个人信息的处理，只是

---

[1] 赵守香、唐胡鑫、熊海涛：《大数据分析与应用》，航空工业出版社 2015 年版，第 182 页。

在存储、传输、公开等环节，采取了分开存储、加密存储或部分利用等手段，使得在利用个人信息同时可强化个人信息保护力度。

四、关于匿名化

个人信息"匿名化"这一概念出现在国内外诸多个人信息保护法律法规中。我国《网络安全法》第42条虽然没有直接使用"匿名化"这个词，但出现了与之含义相近的"个人信息经过处理无法识别特定自然人且不能复原的过程"的表述。而《信息安全技术 个人信息安全规范》则将匿名化定义为"通过对个人信息的技术处理，使得个人信息主体无法被识别或者关联，且处理后的信息不能被复原的过程"。从这一系列定义可以看出，匿名化并不是字面上将姓名隐匿这么简单，需要被隐匿的信息也可能包括出生日期、身份证件号码、生物识别信息、住址、电话号码、电子邮箱、健康信息、行踪信息等，并且对这类信息隐匿处理的最终目的，是要做到无法识别个人身份。①

匿名化与去标识化不同，后者可通过额外信息或还原技术将信息恢复到可识别特定自然人信息的程度，而前者则是通过技术手段处理后无法识别特定自然人且不能复原的情况。也就是说，匿名化和去标识化处理后的信息虽均不能识别到特定自然人，但后者可通过一定技术手段和额外信息复原，而前者不能复原。《个人信息保护法》第4条规定：个人信息是已识别或可识别的特定自然人的信息，而匿名化处理后的信息已不再符合构成个人信息的条件，故不再属于个人信息。

【条文适用】

对于本条的适用，需要注意个人信息去标识化与匿名化的区分问题。在司法实践中，判断信息是否完全被匿名化，进而认定其是否应作为个人信息保护，往往是兼具技术性和法律性的难题。在技术实践层面，匿

---

① 沈伟伟：《个人信息匿名化的迷思——以〈个人信息保护法（草案）〉匿名化除外条款为例》，载《上海政法学院学报（法治论丛）》2021年第5期。

名化并不仅仅是简单的"有或无"的问题，而是一个层次丰富的"多或少"的问题。也就是说，根据信息脱敏程度，可能存在完全无法识别身份的用户信息，存在当下就可以结合其他数据进行个人身份识别的信息（尽管需要或高或低的成本，存在难易程度的不同），也可能存在当下完全匿名化但无法保证未来不被去匿名化的信息。

实践中常涉及以下问题的判断：一组信息关联了手机 IMEI 号或者手机账户 Open_ID，但未关联具体身份证或姓名，该信息是否属于识别到特定自然人的信息。在 2015 年朱某诉北京百度网讯科技公司隐私权纠纷案中，法院认为，百度网讯公司个性化推荐服务收集和推送信息的终端是浏览器，没有定向识别使用该浏览器的网络用户身份，其收集的信息不符合"可识别"的要求。在 2020 年黄某与腾讯公司隐私权、个人信息权益网络侵权责任纠纷一案中，法院认为，Open_ID 本身就是微信生成的识别用户的识别码，获取 Open_ID 即可识别用户身份，且昵称、头像、Open_ID 以及多个 Open_ID 之间的好友关系链等信息的组合并未达到匿名化和去标识化的程度，特别是 Open_ID 与用户主体身份具有强对应关系，在特定场景下结合其他数据仍可还原到相对应用户的具体主体身份信息，最终认定上述信息组合达到了可识别性标准。

司法实践层面对该问题进行了一些探索，随着《民法典》和《个人信息保护法》的公布，相关认定标准也进一步得到明确。从技术层面上来说，匹配了特定手机或计算机终端的信息，可通过进一步跟踪用户痕迹进行用户画像，理论上讲，在数据样本进一步充分的情况下可实现识别特定自然人的目标。可见，即使在特定时间和特定主体范围中实现了匿名化的信息，亦存在结合其他信息实现可识别的可能性。例如，疫情期间，各地公布的流行病学调查信息，为保护个人隐私均将个人信息进行了一定的匿名化处理，仅凭公开的信息已无法识别到特定自然人，但通过结合其他信息，社会公众可能进一步识别出被公布人的信息。因此，从技术层面上看，信息的完全匿名化几乎很难实现。GDPR 序言第 26 条把"匿名化信息"框定在"合理可能的无法识别"这一标准。我们认为，可考虑根据信息的性质、处理主体、使用的具体场景和方式等综合判断信息是否具有复原的可能性：第一，从信息性质上看，关联了手机 IMEI 号或手机账户 OPEN_ID 号的信息，往往可直接用于机器识别"是谁"，具有较强的可复原性；第二，从信息处理主体来说，脱敏后的信息和与之结合后可能识别特定主体的其他信息均由同一主体或关联主体持有的，对该主体来说，并非匿名化信息；第三，从使用的具体场景、方式来说，例如，对信息进行公开的处理行为，不特定公众均可通过其持有的信息进一步挖掘并识别，又如，对信息主体痕迹跟踪的处理和收集行为，可结合更为充分的数据样本进行分析画像，以上两种情形下，可结合的信息为海量、不可控的，故达到可识别标准的可能性较大。

【相关规定】

《信息安全技术 个人信息安全规范》（2020 年 3 月 6 日）

3.8 用户画像 user profiling

通过收集、汇聚、分析个人信息，对某特定自然人个人特征，如职业、经济、健康、教育、个人喜好、信用、行为等方面作出分析或预测，形成其个人特征模型的过程。

> 注：直接使用特定自然人的个人信息，形成该自然人的特征模型，称为直接用户画像。使用来源于特定自然人以外的个人信息，如其所在群体的数据，形成该自然人的特征模型，称为间接用户画像。

3.14 匿名化 anonymization

通过对个人信息的技术处理，使得个人信息主体无法被识别或者关联，且处理后的信息不能被复原的过程。

> 注：个人信息经匿名化处理后所得的信息不属于个人信息。

3.15 去标识化 de-identification

通过对个人信息的技术处理，使其在不借助额外信息的情况下，无法识别或者关联个人信息主体的过程。

> 注：去标识化建立在个体基础之上，保留了个体颗粒度，采用假名、加密、哈希函数等技术手段替代对个人信息的标识。

第七十四条 本法自2021年11月1日起施行。

【条文主旨】

本条是关于本法施行时间的规定。

【条文理解】

施行时间是一部法律的必备内容,是法律开始发生效力的时间。我国《立法法》第57条规定:"法律应当明确规定施行日期。"法律通过后通常不会立即施行,而是要留出一定的时间供社会各界学习、准备,包括宣传普及、清理修改此前颁布的与法律不一致的法规、规章、司法解释等。例如,《民法典》于2020年5月28日通过,自2021年1月1日施行,中间有六个多月的准备时间。《民法典》通过的次日,习近平总书记在中共中央政治局第二十次集体学习上强调指出:"对同民法典规定和原则不一致的国家有关规定,要抓紧清理,该修改的修改,该废止的废止。"最高人民法院党组坚决贯彻落实习近平总书记关于切实实施《民法典》的重要指示精神,立即作出重大部署,决定对中华人民共和国成立以来至2020年5月28日有效的全部591件司法解释及相关规范性文件、139件指导性案例进行全面清理。经过清理,决定废止司法解释及相关规范性文件116件,修改司法解释111件,决定对2件指导性案例不再参照适用,同时制定发布7件新的司法解释与《民法典》同步施行。以上有关情况于2020年12月30日召开新闻发布会向全社会庄严宣告,为2021年1月1日《民法典》的正式施行做好了充分准备。[①]《个人信息保护法》是一个全新领域的立法,虽然立法过程中进行了广泛调研和充分论

---

① 参见最高人民法院研究室编著:《〈全国法院贯彻实施民法典工作会议纪要〉条文及适用说明》,人民法院出版社2021年版,第55页。

证，但仍有必要给广大人民群众、信息处理者、有关国家机关等预留充分的学习、准备和适应的时间。因此，本法由第十三届全国人民代表大会常务委员会第三十次会议于2021年8月20日通过，自2021年11月1日起施行，中间有两个多月的准备时间。

本条规定的实践价值在于明确《个人信息保护法》的时间效力。具体包括两个方面的问题：

一是溯及力问题。《个人信息保护法》原则上不具有溯及力，只适用于2021年11月1日以后发生的法律事实。法不溯及既往，是罗马法时代即已经形成的法律原则。史尚宽教授指出："法律不溯及既往，乃罗马法以来公认之原则也。"[1] 在19世纪及以前，欧洲大陆各国一般采取法律不溯及既往的绝对主义立场，如《普鲁士一般邦法》总则第14条规定："任何新法律对已经完成的行为及事实皆不能适用"。[2] 法不溯及既往原则的根本价值在于保护人民的合理预期，进而保护行动自由、稳定社会关系。因为如果允许法律溯及既往，人民将无从得知自己的行为是否会被追究法律责任，从而使整个社会回到"刑不可知、威不可测"的蒙昧状态，极大地束缚了人民的自由，制约社会的发展。进入20世纪后，随着法律实证主义的兴起，法不溯及既往原则的绝对性受到挑战，其理论依据在于保障自由和人权是法不溯及既往原则所追求的基本价值，当法律具有溯及力更有利于保障自由和人权时，应当允许溯及既往。[3] 因此，当代各国一般采取以法律不溯及既往为原则而以法律溯及既往为例外的立场。我国也是如此，《立法法》第93条规定："法律、行政法规、地方性法规、自治条例和单行条例、规章不溯及既往，但为了更好地保护公民、法人和其他组织的权利和利益而作的特别规定除外。"我国《刑法》即十分鲜明地体现了这一立场。其第12条第1款规定："中华人民共和国成立以后本法施行以前的行为，如果当时的法律不认为是犯罪的，适

---

[1] 史尚宽：《民法总论》，中国政法大学出版社2000年版，第14页。
[2] 最高人民法院研究室编著：《最高人民法院民法典时间效力司法解释理解与适用》，人民法院出版社2021年版，第2页。
[3] 参见最高人民法院研究室编著：《最高人民法院民法典时间效力司法解释理解与适用》，人民法院出版社2021年版，第3页。

用当时的法律；如果当时的法律认为是犯罪的，依照本法总则第四章第八节的规定应当追诉的，按照当时的法律追究刑事责任，但是如果本法不认为是犯罪或者处刑较轻的，适用本法。"此即所谓"从旧兼从轻"原则。"从旧"即原则上新法不得溯及既往（适用旧法）；"从轻"即新法处罚较轻（因而更有利于保护人民权利和利益）时应当溯及既往。《个人信息保护法》的本条在适用时也应当遵循这一立场：原则上，《个人信息保护法》只向后发生法律效力，不适用于《个人信息保护法》施行前发生的事实和行为；但是如果有关规定属于《立法法》第93条规定的"为了更好地保护公民、法人和其他组织的权利和利益而作的特别规定"的，则可以向前发生效力。

二是衔接适用问题。所谓衔接适用问题，是指法律事实跨越新旧法律的效力期间时应当适用新法还是旧法的问题。[①] 例如，依照《个人信息保护法》第69条的规定，处理个人信息侵害个人信息权益造成损害适用过错推定责任。但在《个人信息保护法》施行前，由于没有相应的具体规定（过错推定责任应当由法律明确规定），只能适用过错责任。但实践中存在这样的情况：处理个人信息侵害个人信息权益行为在《个人信息保护法》施行前就已经存在且持续至《个人信息保护法》施行后，或者侵权行为发生在《个人信息保护法》施行前，但损害后果发生在《个人信息保护法》施行后。此时究竟应当依照《侵权责任法》或者《民法典》适用过错责任还是应当依照《个人信息保护法》适用过错推定责任，就会产生争议。一般认为，此种情形应当适用新法的规定。例如，《最高人民法院关于适用〈中华人民共和国侵权责任法〉若干问题的通知》第2条规定："侵权行为发生在侵权责任法施行前，但损害后果出现在侵权责任法施行后的民事纠纷案件，适用侵权责任法的规定。"从有关规定来看，我国台湾地区对于部分侵权行为采取了直接溯及适用的做法，甚至不区分行为与后果是否跨法，而是规定新法施行前发生的某类侵权行为一概适用新法，因此就通过溯及适用的规定把衔接适用的问题一并解决

[①] 最高人民法院研究室编著：《最高人民法院民法典时间效力司法解释理解与适用》，人民法院出版社2021年版，第272页。

了。如我国台湾地区的"民法债编施行法"第9条规定：修正之"民法"第195条之规定，于"民法"债编修正施行前，不法侵害他人信用、隐私、贞操，或不法侵害其他人格法益或基于父、母、子、女、配偶关系之身份法益而情节重大者，亦适用之。此时他们并不认为会破坏民众的合理预期。

【条文适用】

一、关于溯及适用问题

在理解《个人信息保护法》的时间效力时，要特别注意本法的特殊性。《个人信息保护法》不同于《刑法》的纯粹公法属性，也不同于《民法典》的纯粹私法属性，而是一部综合性法律。其既有公法规范，又有大量私法规范。例如，其第二章关于个人信息处理规则的规定和第四章个人在个人信息处理活动中的权利的规定，总体上是关于个人信息处理活动中个人与信息处理者之间的权利义务规定，属于私法规范；第五章个人信息处理者的义务规定总体上是关于主管机关与个人信息处理者之间的行政管理与被管理关系的规定，属于公法规范。对于其中的公法规范，基本上不存在溯及适用的余地。这不仅是因为公法规范涉及对公民施加义务，依照《立法法》的规定原则上不得溯及既往；还因为本法属于新型立法，换言之属于填补空白的立法，由于没有旧法存在，按照法无禁止即允许的原理，一般也就不存在新法比旧法更有利于保护公民权益的可能。对于其中的私法规范，首先要坚持不溯及既往的基本立场，同时也要注意溯及既往的例外情形，以充分发挥《个人信息保护法》的规范价值，指导帮助人民法院和有关方面更好地处理个人信息相关民事纠纷。按照一般法理，在把握溯及适用时要区分以下两种情形：（1）空白溯及。在民事领域，如果一个法律事实发生时没有相应的规定，此后起诉至法院时有了相应的规定，可以适用该新法律的规定；当然，如果适用新法律规定明显减损当事人合法权益、增加当事人法定义务或者背离当事人合理预期的,则不得适用。因为按照有纠纷必须处理的原则,即使没有法律规定,法院也要作出裁判,而在新法规定并未明显减损当事人合法权益、增加当事人法定义务或者背离当事人合理预期的情形下,适用新法规定显然更有利于及时化解纠纷,明确权利义务关系。如前所述,《个人信息保护法》属于新型立法,存在许多填补此前立法空白的法律规范,而在《个人信息保护法》施行之前,又已经出现了大量的个人信息保护民事纠纷,此时就会有空白溯及的适用余地。基本思路是,《个人信息保护法》施行前的法律事实引起的民事纠纷案件,如果当时的法律、司法解释没有规定而《个人信息保护法》作了规定的,可以适用《个人信息保护法》的规定;但是如果《个人信息保护法》的规定明显减损当事人合法权益、增加当事人法定义务或者背离当事人合理预期的则不应当适用。例如,依照《个人信息保护法》第47条第1款第1项的规定,处理目的已实现、无法实现或者为实现处理目的不再必要的,个人信息处理者应当主动删除个人信息;个人信息处理者未删除的,个人有权请求删除。对于在《个人信息保护法》施行前请求删除信息发生纠纷的,人民法院仍可依照《个人信息保护法》的这一规定作出裁判,因为这一规定的溯及适用并未明显减损当事人合法权益、增加当事人法定义务或者背离当事人合理预期。(2)有利溯及。对于《个人信息保护法》施行前发生的法律事实引起的民事纠纷案件,如果当时的法律已有相应规定的,应当适用当时的法律规定,但是《个人信息保护法》的规定属于为更好地保护公民、法人和其他组织的权利和利益而作的特别规定的,应当溯及适用《个人信息保护法》的规定。当然,在民事领域,要准确理解《立法法》第93条规定的"为了更好地保护公民、法人和其他组织的权利和利益"。这里的更好保护是指更有利于保护各方当事人的权益,而非一方当事人的权益。而在行政领域或者刑事领域,这里的更好地保护主要是指更好地保护国家权力行使的对象(行政相对人、刑事被追诉人)的权益。按照这一原理,前述《个人信息保护法》第69条第1款就不能溯及适用。因为该款规定的过错推定责任相较于过错责任明显加重了一方当事人的义务而减轻了另一方当事人的义务,不属于更有利于保护双方当事人的权益的情形。

二、关于衔接适用问题

原则上，对于跨越《个人信息保护法》的施行期间的法律事实引发的各类案件，都可以适用《个人信息保护法》的规定，而不论是公法规范还是私法规范。《最高人民检察院关于对跨越修订刑法施行日期的继续犯罪、连续犯罪以及其他同种数罪应如何具体适用刑法问题的批复》规定，对于跨越1997年《刑法》施行日期的继续犯罪、连续犯罪，应当适用1997年《刑法》进行追诉。按照举重以明轻的原理，《个人信息保护法》中的行政管理规范显然属于轻法，刑事诉讼中的跨法犯罪尚且应当适用新法，那么对于跨越《个人信息保护法》施行期间的有关行政违法行为，显然也可以适用有关的行政管理规范。而对于其中的私法规范，按照《最高人民法院关于适用〈中华人民共和国民法典〉时间效力的若干规定》第1条第3款的原理，完全可以适用于处理跨越《个人信息保护法》施行期间的民事纠纷案件。

【相关规定】

1. 《中华人民共和国民法典》（2020年5月28日）

第一千二百六十条　本法自2021年1月1日起施行。《中华人民共和国婚姻法》《中华人民共和国继承法》《中华人民共和国民法通则》《中华人民共和国收养法》《中华人民共和国担保法》《中华人民共和国合同法》《中华人民共和国物权法》《中华人民共和国侵权责任法》《中华人民共和国民法总则》同时废止。

2. 《中华人民共和国刑法》（2020年12月26日修正）

第十二条　中华人民共和国成立以后本法施行以前的行为，如果当时的法律不认为是犯罪的，适用当时的法律；如果当时的法律认为是犯罪的，依照本法总则第四章第八节的规定应当追诉的，按照当时的法律追究刑事责任，但是如果本法不认为是犯罪或者处刑较轻的，适用本法。

本法施行以前，依照当时的法律已经作出的生效判决，继续有效。

3.《中华人民共和国立法法》（2015年3月15日修正）

第五十七条 法律应当明确规定施行日期。

第九十三条 法律、行政法规、地方性法规、自治条例和单行条例、规章不溯及既往，但为了更好地保护公民、法人和其他组织的权利和利益而作的特别规定除外。

4.《最高人民法院关于适用〈中华人民共和国民法典〉时间效力的若干规定》（2020年12月29日）

第一条 民法典施行后的法律事实引起的民事纠纷案件，适用民法典的规定。

民法典施行前的法律事实引起的民事纠纷案件，适用当时的法律、司法解释的规定，但是法律、司法解释另有规定的除外。

民法典施行前的法律事实持续至民法典施行后，该法律事实引起的民事纠纷案件，适用民法典的规定，但是法律、司法解释另有规定的除外。

第二条 民法典施行前的法律事实引起的民事纠纷案件，当时的法律、司法解释有规定，适用当时的法律、司法解释的规定，但是适用民法典的规定更有利于保护民事主体合法权益，更有利于维护社会和经济秩序，更有利于弘扬社会主义核心价值观的除外。

第三条 民法典施行前的法律事实引起的民事纠纷案件，当时的法律、司法解释没有规定而民法典有规定的，可以适用民法典的规定，但是明显减损当事人合法权益、增加当事人法定义务或者背离当事人合理预期的除外。

第二部分　典型案例10件

案例一：郭某诉杭州野生动物世界服务合同纠纷案[①]

【裁判要旨】

自然人的个人信息受法律保护。生物识别信息作为敏感的个人信息，深度体现自然人的生理和行为特征，具备较强的人格属性，一旦被泄露或非法使用，可能导致个人受到歧视或者人身、财产安全受到不测危害，故更应审慎处理和严格保护。

消费者对是否允许经营者使用自身的生物识别信息享有自决权。消费者未同意使用其生物识别信息或个人信息处理者停止提供产品或服务的，消费者有权要求删除其个人信息。

【相关法条】

《中华人民共和国民法总则》第一百一十条[②]、第一百四十二条[③]

《中华人民共和国合同法》第十三条[④]、第十六条第一款[⑤]、第二十条[⑥]、第一百零八条[⑦]

《中华人民共和国消费者权益保护法》第二十六条、第二十九条、第四十条

[①] 一审：浙江省杭州市富阳区人民法院（2019）浙0111民初6971号；二审：浙江省杭州市中级人民法院（2020）浙01民终10940号。

[②] 现对应《民法典》第110条。

[③] 现对应《民法典》第142条。

[④] 《民法典》施行后，该条被废止。《民法典》第471条规定："当事人订立合同，可以采取要约、承诺方式或者其他方式。"

[⑤] 《民法典》施行后，该条被废止。《民法典》第474条规定："要约生效的时间适用本法第一百三十七条的规定。"

[⑥] 《民法典》施行后，该条被废止。《民法典》第478条规定"有下列情形之一的，要约失效：（一）要约被拒绝；（二）要约被依法撤销；（三）承诺期限届满，受要约人未作出承诺；（四）受要约人对要约的内容作出实质性变更。"

[⑦] 《民法典》施行后，该条被废止。《民法典》第578条规定："当事人一方明确表示或者以自己的行为表明不履行合同义务的，对方可以在履行期限届满前请求其承担违约责任。"

【基本案情】

2019年4月27日，郭某向野生动物世界购买"畅游365天"双人年卡，其以微信支付方式向野生动物世界交付卡费1360元。郭某与其妻子叶某留下姓名、身份证件号码，拍照并录入指纹，郭某还向野生动物世界登记留存电话号码等信息，该年卡有效期至2020年4月25日。

后野生动物世界出于提高游客检票入园的通行效率等原因，决定将入园方式从指纹识别入园调整为人脸识别入园，并以店堂告示形式公示涉及人脸识别的"年卡办理流程"和"年卡使用说明"。"年卡办理流程"载明流程分三步：（1）售票窗口/自助购票机缴费购买年卡；（2）年卡中心人脸注册激活领取年卡；（3）凭年卡及人脸扫描入园。"年卡使用说明"记载的部分内容为：（1）年卡仅限本人使用，年卡办理时录入信息和持卡本人资料必须一致；（2）持卡人游览园区需同时验证人脸识别及年卡入园；（3）年卡即办即用，有效期为生效之日起一年内（365个自然日），不限时间、次数游园；（4）年卡一经出售，不予退换、不予更改人员。

2019年7月12日，野生动物世界向包括郭某在内的年卡持卡客户群发短信，短信的部分内容为："年卡系统已升级，用户可刷脸快速入园，请未进行人脸激活的年卡用户携带实体卡至年卡中心激活！"

2019年10月7日，野生动物世界的指纹识别闸机停用。2019年10月17日，野生动物世界向包括郭某在内的年卡持卡客户群发短信，短信的部分内容为："园区年卡系统已升级为人脸识别入园，原指纹识别已取消，即日起，未注册人脸识别的用户将无法正常入园。如尚未注册，请您携指纹年卡尽快至年卡中心办理。"

2019年10月26日，郭某与同事陈某至野生动物世界核实人脸识别入园一事。年卡中心工作人员表示需要先把人脸注册好，原指纹识别方式已无法入园，未注册人脸识别系统将无法入园；郭某提出其妻子不同意人脸识别，并咨询在不注册人脸识别的情况下能否退卡费，双方多次协商，未能就退卡方案达成一致。郭某诉至法院，认为被告存在违约与欺诈行为，要求法院判令被告野生动物世界"年卡办理流程"告示、"年卡使用说明"及短信通知中的部分内容无效，并判令被告退还原告年卡卡费1360元，交通费1160元，删除原告于2019年4月27日办理年卡及之后使用年卡时提交的全部个人信息（包括但不限于姓名、身份证件号码、手机号码、照片、指纹信息）并负担第三方见证的费用。

【裁判结果】

浙江省杭州市富阳区人民法院于2020年11月20日作出（2019）浙0111民初6971号民事判决，判令被告杭州野生动物世界有限公司赔偿原告郭某合同利益损失及交通费共计1038元，被告杭州野生动物世界有限公司删除原告郭某办理指纹年卡时提交的包括照片在内的面部特征信息，驳回原告郭某的其他诉讼请求。

一审判决作出后，原告郭某提起上诉。浙江省杭州市中级人民法院于2021年4月9日作出（2020）浙01民终10940号民事判决，判令被告杭州野生动物世界有限公司赔偿原告郭某合同利益损失及交通费共计1038元，删除原告郭某办理指纹年卡时提交的包括照片在内的面部特征信息、指纹识别信息，驳回原告郭某的其他诉讼请求。

【裁判理由】

法院生效裁判认为，自然人的个人信息受法律保护。经营者以收集、存储、使用等方式处理个人信息时，应当遵循合法、正当、必要原则，明示收集、使用信息的目的、方式和范围，并征得个人同意。生物识别信息作为敏感的个人信息，深度体现自然人的生理和行为特征，具备较强的人格属性，一旦被泄露或者非法使用，可能导致个人受到歧视或者人身、财产安全受到不测危害，故更应谨慎处理和严格保护。

案涉店堂告示是指野生动物世界在不同时期推出的指纹识别店堂告示和人脸识别店堂告示。关于指纹识别店堂告示，野生动物世界在推出指纹年卡时，通过店堂告示以醒目的文字告知办理年卡的消费者需提供包括指纹在内的部分个人信息，且明示指纹识别信息用于入园验证。郭某作为完全民事行为能力人，在知悉指纹识别店堂告示内容的情况下，权衡后自主作出办理年卡的决定并提供相关个人信息，应视为双方达成合意。指纹识别店堂告示系野生动物世界为重复使用而预先拟定的格式条款，并以醒目的文字告知，已尽到合理提示义务。而郭某在办理年卡时并未明确提出说明要求，且配合提供个人信息并依照告示流程办理相关手续，嗣后又多次使用指纹识别方式入园游览，其行为足以表明其已注意并理解该告示内容。同时，该告示内容并不存在不合理地免除、减轻野生动物世界自身对收集的个人信息应尽安全保障义务等责任，或者不合理地限制郭某的主要权利，不符合格式条款无效的法定情形。故郭某提出野生动物世界利用格式条款并借助技术手段强制交易的理由，不能成立。

人脸识别店堂告示是野生动物世界指纹年卡升级后面向新办卡用户发出的要约，并非郭某与野生动物世界之间的合同条款，对其不产生效力，故郭某要求确认人脸识别店堂告示无效的请求不予支持。

消费者对是否允许经营者使用自身的生物识别信息享有自决权。野生动物世界只有在年卡消费者知情同意的前提下，才可以收集、使用消费者的生物识别信息。因此，郭某知情后同意办理指纹年卡，其选择权并未受到限制。

针对郭某主张野生动物世界故意隐瞒收集人脸识别信息。法院认为，指纹年卡的办理流程中包含了"至年卡中心拍照"的规定，郭某同意拍摄照片系基于办卡所需，故就拍照行为本身而言，野生动物世界并不存在故意隐瞒或虚假告知，郭某也未因此而陷入错误的意思表示。野生动物世界嗣后以短信方式通知郭某激活人脸识别，鉴于郭某并未同意，野生动物世界实际上并未完成对人脸识别入园方式所需的人脸识别信息的处理，故郭某主张野生动物世界构成欺诈不能成立。

关于野生动物世界短信通知的效力。野生动物世界通过两条短信向郭某告知可以激活或注册人脸识别，系向郭某发出新的要约。郭某为此前往野生动物世界进行交涉。至纠纷成讼，郭某未实际开通人脸识别功能，现有证据也不足以证明双方就年卡入园方式变更为人脸识别达成合意，加之郭某在诉前以其他方式明确表示不同意使用人脸识别方式入园。故上述短信通知未成为双方之间的合同内容，郭某要求确认短信通知无效的请求，已无评判必要。

但是，由于入园方式直接关乎消费者游览权利的实现和保障，与消费者存在重大的利害关系。野生动物世界作为经营者应当依法全面、严格履行合同义务，不得利用自身在市场交易中的优势地位，损害消费者权益。现野生动物世界在未与郭某进行协商亦未征得其同意的情况下，擅自将入园方式由指纹识别变更为人脸识别，并发送短信告知郭某未注册人脸识别将无法正常入园，侵害了郭某作为消费者的信赖利益，有违诚信原则，其单方变更入园方式的行为构成违约。

人脸识别信息相比其他生物识别信息而言，呈现出敏感度高，采集方式多样、隐蔽和灵活的特性，不当使用将给公民的人身、财产带来不可预测的风险，应当作出更加严格的规制和保护。经营者只有在消费者充分知情同意的前提下方能收集和使用，且须遵循合法、正当、必要原则。本案中，野生动物世界在涉指纹识别的"年卡办理流程"中规定"至年卡中心拍照"，郭某亦同意在办卡时拍摄照片，但提供照片仅系为了配合指纹年卡的使用，不应视为其已授权同意野生动物世界将照片用于人脸识别。野生动物世界虽自述其并未将收集的照片激活处理为人脸识别信息，但其欲利用收集的照片扩大信息处理范围，超出事前收集目的，违反了正当性原则。同时，鉴于收集照片与人脸识别利用的特定关系，野生动物世界又以短信通知等方式要求郭某激活人脸识别，表明其存在侵害郭某面部特征信息之人格利益的可能与危险。故野生动物世界应删除郭某办卡时提交的包括照片在内的面部特征信息。野生动物世界除欲将照片用于人脸识别外，其收集、使用郭某的包括指纹识别信息在内的其他个人信息，系在郭某知情同意下进行，且未有证据证实存在泄露、非法提供或者滥用等情形。但鉴于野生动物世界在合同履行过程中单方变更指纹年卡的入园方式，并停止使用指纹识别闸机，致使原约定的指纹识别入园服务方式无法实现，现对郭某要求删除其指纹识别信息予以支持。

案例二：李某诉黄某某隐私权纠纷案[①]

【裁判要旨】

私人安装可摄录相邻住户住宅门口活动信息的摄像头，侵扰相邻住户生活安宁的，属于侵害隐私权行为；私人摄像头安装者违反注意义务侵害他人隐私权，应就该侵害行为承担侵权责任。

【相关法条】

《中华人民共和国民法通则》第五条[②]、第一百零一条[③]

《中华人民共和国侵权责任法》第六条[④]

【基本案情】

原告李某与被告黄某某为住宅楼同层住户，双方住宅大门成直角相邻。黄某某因自家住宅大门门锁屡遭破坏，在门墙上安装监控摄像头，以防止他人对门锁的破坏行为。因该摄像头监控范围包括相邻住户住宅门口区域，李某就此多次提出异议，黄某某后将摄像头安装至住宅大门的内木门上，但监控范围仍然包括李某住宅门口区域。李某遂以黄某某安装摄像头形成对其私人活动信息的监控，侵扰了生活上和精神上的安宁，致使其隐私权遭受损害为由，向人民法院提起本案诉讼，请求判令：

[①] 一审：广东省广州市天河区人民法院（2014）穗天法民四初字第2616号；二审：广东省广州市中级人民法院（2015）穗中法民一终字第5018号；再审：广东省高级人民法院（2016）粤民再464号。

[②] 《民法典》施行后，该条被废止。《民法典》第3条规定："民事主体的人身权利、财产权利以及其他合法权益受法律保护，任何组织或者个人不得侵犯。"

[③] 《民法典》施行后，该条被废止。《民法典》第109条规定："自然人的人身自由、人格尊严受法律保护。"《民法典》第110条规定："自然人享有生命权、身体权、健康权、姓名权、肖像权、名誉权、荣誉权、隐私权、婚姻自主权等权利。法人、非法人组织享有名称权、名誉权和荣誉权。"

[④] 《民法典》施行后，该条被废止。《民法典》第1165条规定："行为人因过错侵害他人民事权益造成损害的，应当承担侵权责任。依照法律规定推定行为人有过错，其不能证明自己没有过错的，应当承担侵权责任。"

黄某某停止用摄像装置监控其进出住所的侵权行为；黄某某赔偿李某因本案诉讼产生的诉讼成本。

【裁判结果】

广东省广州市天河区人民法院于2015年5月6日作出（2014）穗天法民四初字第2616号民事判决：驳回李某的全部诉讼请求。

一审判决作出后，李某提起上诉。广东省广州市中级人民法院于2015年9月22日作出（2015）穗中法民一终字第5018号民事判决：驳回上诉，维持原判。

二审判决作出后，李某申请再审，广东省高级人民法院于2016年10月28日作出（2015）粤高法民一申字第1893号民事裁定提审本案，并于2017年3月30日作出（2016）粤民再464号民事判决：一、撤销一审和二审判决；二、黄某某于本判决生效之日起停止摄录李某进出住宅信息的行为；三、驳回李某的其他诉讼请求。

【裁判理由】

法院生效裁判认为，本案系隐私权纠纷。认定黄某某的行为是否构成侵权，应综合考虑以下问题：一是李某进出住宅的信息是否属于隐私；二是黄某某保护财产安全时能否安装摄像监控装置；三是相邻住户在大门安装摄像监控装置是否超出合理界限。

关于李某在住宅门口的活动信息是否属于隐私的问题。隐私，是指公民不愿为他人知悉或公开的私人信息、活动和习惯等人格利益。公民的私人生活安宁与私人信息秘密依法受到保护，不允许他人非法获悉、收集、利用和侵扰。公民进出住宅的信息，与家庭和财产安全、私人生活习惯等高度关联，应视为具有隐私性质的人格利益，受法律保护。

关于黄某某保护财产安全时能否安装摄像监控装置的问题。本案中，黄某某在住宅门锁被数次毁坏后，采取在内门安装摄像监控装置的方式进行防范，目的在于保证住宅安全，避免自身合法权益遭受不法侵害，具有相应的合理性，但同时也负有不妨害他人合法权益的注意义务。

关于相邻住户在大门安装摄像监控装置是否超出合理界限的问题。该摄像监控装置具有自动摄录、存储功能，可以完整获悉相邻住户日常进出的全部信息。根据本案查明的事实，李某曾先后多次通过起诉、报警等方式，强调对进出住宅情况处于被摄录状态的极度反感，但黄某某仍反复坚持这一做法，且持续对相邻住户形成侵扰，影响正常生活，超出了合理限度。

根据《民法通则》第101条"公民的人格尊严受法律保护"的规定，公民的个人隐私和信息安全不得侵害。黄某某在自家住宅大门安装摄像监控装置虽是出于自我防护，但该装置可以完整监控相邻住户李某出入住宅全部情况，记录和存储李某不愿为他人知悉的个人信息，对李某的个人居住安宁造成了侵扰后果，应为民事侵权。根据《民法通则》第5条"公民、法人的合法的民事权益受法律保护，任何组织和个人不得侵犯"的规定，以及《侵权责任法》第6条第1款"行为人因过错侵害他人民事权益，应当承担侵权责任"的规定，黄某某在采取保护住宅和财产安全措施时，未能善尽注意义务，导致行为超出了合理限度，具有过错，应承担民事侵权责任。原审法院认为摄像监控装置拍摄范围属于公共活动区域，公民在该区域的行为应具有公开性，以此判定黄某某的行为没有侵权错误，应予以纠正。

案例三：庞某某诉北京趣拿信息技术有限公司、中国东方航空股份有限公司隐私权纠纷案[①]

【裁判要旨】

隐私权纠纷保护可指向特定个体的自然人基因信息、病历资料、家庭住址、私人活动等整体信息。姓名、电话号码及行程安排等个人信息

[①] 一审：北京市海淀区人民法院（2015）海民初字第10634号；二审：北京市第一中级人民法院（2017）京01民终509号。

作为整体信息组合呈现的,应认定为个人隐私,该类信息被泄露的,权利人可通过隐私权诉讼寻求救济。

个人信息泄露案件应适用民事证据高度盖然性标准,权利人仅需举证证明信息控制者存在泄露其隐私信息的高度可能性,由信息控制者对其履行了安全保障义务以及信息泄露主体确系他人承担举证责任。

【相关法条】

《中华人民共和国民法总则》第一百一十一条①
《中华人民共和国侵权责任法》第二条②、第十五条③
《中华人民共和国消费者权益保护法》第二十九条第二款

【基本案情】

原告庞某某于2014年10月11日委托案外人鲁某通过涉案平台订购了涉案航班的机票1张。同日,北京趣拿信息技术有限公司(以下简称趣拿公司)向鲁某尾号1850的电话号码发送短信称,涉案航班机票已出票,并注明星旅航空客服电话及订单查询和退票改签的网址;趣拿公司同时向鲁某发送了警惕以飞机故障、航班取消为诱饵的诈骗短信的提醒短信。2014年10月13日,庞某某尾号9949的手机号码收到号码来源不明的发件人发来短信称涉案航班因飞机故障取消,并要求其拨打4008-129-218改签。鲁某在知晓且表示未收到上述短信后,拨打中国东方航空股份有限公司(以下简称东航公司)客服电话95530予以核实,客服人员确认该次航班正常,并提示庞某某收到的短信应属诈骗短信。关于诈骗短信为何发至庞某某本人,客服人员解释称通过该机票信息可查看

---

① 现对应《民法典》第111条。
② 《民法典》施行后,该条被废止。
③ 《民法典》施行后,该条被废止。《民法典》第179条规定:"承担民事责任的方式主要有:(一)停止侵害;(二)排除妨碍;(三)消除危险;(四)返还财产;(五)恢复原状;(六)修理、重作、更换;(七)继续履行;(八)赔偿损失;(九)支付违约金;(十)消除影响、恢复名誉;(十一)赔礼道歉。法律规定惩罚性赔偿的,依照其规定。本条规定的承担民事责任的方式,可以单独适用,也可以合并适用。"

到开头 136、尾号 949 的手机号码及开头 189、尾号 280 的手机号码，可能由订票点泄露了庞某某手机号码，客服人员确认了尾号 949 系庞某某本人号码。庞某某认为趣拿公司和东航公司泄露其个人信息，其个人隐私权遭到严重侵犯。庞某某诉至法院，要求趣拿公司和东航公司在各自的官方网站以公告的形式向庞某某公开赔礼道歉；趣拿公司和东航公司赔偿庞某某精神损害抚慰金 1000 元。

趣拿公司辩称，涉案航班的机票系从星旅公司购买，去哪儿网仅为网络交易平台，趣拿公司在本次机票订单中未接触庞某某手机号码，且趣拿公司已向鲁某发送谨防诈骗短信，尽到了提示义务。庞某某没有证据证明其个人信息是东航公司或趣拿公司泄露，因而趣拿公司不存在侵犯隐私权的行为。

东航公司辩称，其通过中航信提供订票系统服务，订票信息不存储于东航公司系统中，星旅公司向东航公司购买涉案航班的机票时仅留存尾号 1280 的手机号。庞某某没有证据证明其个人信息是东航公司或趣拿公司泄露，因而东航公司不存在侵犯隐私权的行为。

【裁判结果】

北京市海淀区人民法院于 2016 年 1 月 20 日作出（2015）海民初字第 10634 号民事判决：驳回庞某某的全部诉讼请求。

一审判决后，庞某某提出上诉。北京市第一中级人民法院于 2017 年 3 月 27 日作出（2017）京 01 民终 509 号民事判决：撤销北京市海淀区人民法院（2015）海民初字第 10634 号民事判决；趣拿公司于本判决生效后十日内在其官方网站首页以公告形式向庞某某赔礼道歉，赔礼道歉公告的持续时间为连续三天；东航公司于本判决生效后十日内在其官方网站首页以公告形式向庞某某赔礼道歉，赔礼道歉公告的持续时间为连续三天；驳回庞某某的其他诉讼请求。

【裁判理由】

法院生效裁判认为，本案中，庞某某被泄露的姓名、尾号 9949 的手机号、行程安排（包括起落时间、地点、航班信息）等属于个人信息，并且应该属于隐私信息，可以通过本案的隐私权纠纷主张救济。任何他人未经权利人的允许，都不得扩散和不当利用能够指向特定个人的整体信息。从机票销售的整个环节看，庞某某自己、鲁某、趣拿公司、东航公司、中航信都是掌握庞某某姓名、手机号及涉案行程信息的主体。但庞某某和鲁某不存在故意泄露信息的可能，这表明东航和趣拿公司存在泄露庞某某个人隐私信息的高度可能，且东航公司和趣拿公司所提供的泄露信息的主体为他案犯罪分子的反证无法推翻上述高度可能。庞某某与 App 运营商技术力量和信息掌握程度的不对等使作为个人信息真正权利人的自然人举证能力较弱。因此，根据民事证据高度盖然性标准，东航公司、趣拿公司存在泄露庞某某隐私信息的高度可能。综上，庞某某请求趣拿公司和东航公司向其赔礼道歉，应予支持。此外，庞某某请求趣拿公司和东航公司赔偿其精神损失，但现有证据无法证明庞某某因此次隐私信息被泄露而引发明显的精神痛苦，因此，对于其精神损害赔偿的诉讼请求不予支持。

案例四：孙某某诉北京百度网讯科技有限公司、第三人北京搜狐互联网信息服务有限公司人格权纠纷案[①]

【裁判要旨】

信息后续处理者利用的公开信息是否属于《民法典》第 1036 条第 2 项规定的合法公开个人信息，应以信息初始收集者是否具有征得自然人授权同意等合法来源为判断标准。信息处理者公开信息应明确告知公开范围并征得自然人同意，对信息是否公开及公开范围授权不明确的，应认定为未取得授权。

中立的全网通用数据搜索引擎服务提供者难以直接预见其爬取的一

---

① 一审：北京互联网法院（2019）京 0491 民初 10989 号。

般公开个人信息是否具有合法公开来源,应适用"通知删除"等规则判定其是否存在过错。

【相关法条】

《最高人民法院关于审理利用信息网络侵害人身权益民事纠纷案件适用法律若干问题的规定》(法释〔2014〕11号)第十二条第一款第(四)项、第二款[①]

《中华人民共和国侵权责任法》第三十六条第二款、第三款[②]

【基本案情】

本案原告为网络用户孙某某,被告为百度搜索网站运营者北京百度网讯科技有限公司(以下简称百度公司)。根据原告取证显示,原告在被告提供的搜索引擎页面上输入其姓名"孙某某"作为关键词进行图片检索,在搜索结果第一栏可获取原告清晰面部证件照,呈现原告照片页面的URL地址均为被告的服务器地址。该照片系原告此前在第三人北京搜狐互联网信息服务有限公司(以下简称搜狐公司)运营的校友录网站中上传的个人账户头像,该校友录网站已于2013年停止服务。原告于2018年10月23日提交问题反馈,请百度公司删除该个人证件照,并删除与关键词"孙某某"的关联,但未获得任何回复。诉讼中查明,被控侵权行为于2019年4月16日停止。

[①] 《民法典》施行后,该条被废止,该条中关于公开个人信息的规定无实质性变化。见《民法典》第1036条规定:"处理个人信息,有下列情形之一的,行为人不承担民事责任:(一)在该自然人或者其监护人同意的范围内合理实施的行为;(二)合理处理该自然人自行公开的或者其他已经合法公开的信息,但是该自然人明确拒绝或者处理该信息侵害其重大利益的除外;(三)为维护公共利益或者该自然人合法权益,合理实施的其他行为。"

[②] 《民法典》施行后,该条被废止。《民法典》中关于网络服务提供者侵权认定的规定无实质性变化。见《民法典》第1195条第1款、第2款规定:"网络用户利用网络服务实施侵权行为的,权利人有权通知网络服务提供者采取删除、屏蔽、断开链接等必要措施。通知应当包括构成侵权的初步证据及权利人的真实身份信息。网络服务提供者接到通知后,应当及时将该通知转送相关网络用户,并根据构成侵权的初步证据和服务类型采取必要措施;未及时采取必要措施的,对损害的扩大部分与该网络用户承担连带责任。"《民法典》第1197条规定:"网络服务提供者知道或者应当知道网络用户利用其网络服务侵害他人民事权益,未采取必要措施的,与该网络用户承担连带责任。"

根据庭审查明的事实，涉案情况出现的过程为：涉案照片由原告上传至第三人运营的校友录网站，存储于校友录网站的服务器中；虽校友录网站 www.class.chinaren.com 的门户地址已无法访问，普通网络用户不能通过门户网站常规访问的方式查找到涉案照片信息，但由于校友录网站存放照片的精确服务器地址仍向用户开放，通常的搜索引擎爬虫技术仍可访问到涉案照片；被告运营的百度网站在提供搜索引擎服务的过程中，爬取到校友录网站的涉案信息，当原告对其发出相关搜索指令时，百度搜索结果页面便提供了包含原告照片的涉案网页。

庭审中，原告主张，涉案照片以及其与孙某某姓名的关联关系涉及个人隐私、个人信息，在校友录网站图片源地址已关闭的情况下，百度公司上述行为构成侵权，要求判令百度公司赔偿经济损失 1 元和维权费用 40 元。被告抗辩称，其为网络服务提供者，通过搜索功能实施了正常合法的抓取行为，不应当承担侵权责任。第三人述称，涉案网页与其无任何关联性，且其所运营的校友录网站早已停止服务，此案与其无关。

【裁判结果】

北京互联网法院于 2020 年 9 月 10 日作出（2019）京 0491 民初 10989 号判决：一、被告北京百度网讯科技有限公司于本判决生效之日起 7 日内，向原告孙某某赔偿经济损失 1 元；二、被告北京百度网讯科技有限公司于本判决生效之日起 7 日内，向原告孙某某赔偿维权费用 40 元。

宣判后，双方均未提出上诉，该判决于 2020 年 9 月 26 日生效。

【裁判理由】

法院生效裁判认为，第一，涉案姓名、照片及其关联关系等内容构成个人信息。根据《民法总则》第 110 条[①]、第 111 条[②]的规定，自然人享有隐私权，自然人的个人信息受法律保护。一般认为，个人信息的认定标准为具有"可识别性"。涉案信息通过关键词搜索加结果展示的形

---

① 现对应《民法典》第 110 条。
② 现对应《民法典》第 111 条。

式，将"孙某某"这一自然人姓名和带有其面目特征信息的头像照片进行关联，成为可识别为唯一特定自然人的信息，该信息反映了孙某某面部形象的个体特征，属于个人信息。虽然涉案信息中包含肖像照片，但由于二者保护的法益不同，构成要件、保护方式和损害结果等方面亦存在差异，因此，权利人有权根据被控侵权行为的实际情况，选择更为有利的权利主张方式。

第二，被控侵权行为属于违法使用个人信息的行为。现行法律明确规定不得非法处理信息，收集、处理个人信息的行为，应在明示使用信息范围并经自然人同意的前提下进行。亦即，信息处理者应在被收集者授权同意的范围内处理信息，不得超范围传输、公开、使用个人信息。关于孙某某对涉案信息授权的使用范围，双方均未就该项事实进行举证，法院结合立法规定、当事人举证能力、证据举例以及盖然性经验法则等因素论述如下：从立法规定来看，信息处理者应明示使用信息的范围，而搜狐公司缺乏明示告知授权范围的证据；从当事人举证能力和证据举例来看，由于存储涉案电子数据的网站门户早已对外关闭，孙某某客观上无法收集相应证据，而搜狐公司作为证据存储网站的管理者和信息处理者，其在提供证据信息和资源占据优势的情况下，表示不清楚具体权限；从待证事实发生的盖然性来看，根据现有事实追溯的信息运用场景，校友录网站主要用于实现校内社群社交功能而非全网传播。因此，法院认定，孙某某仅授权搜狐公司在一定权限范围内使用和公开涉案信息。搜狐公司将涉案信息置于公开网络后，百度公司的搜索行为使得涉案信息可被全网不特定用户检索获取，在客观上导致该信息在孙某某授权范围之外被公开，属于未经同意处理个人信息的行为。

第三，百度公司应基于"通知删除"规则承担相应责任。根据《侵权责任法》第36条第2款的规定，对于网络技术服务提供者，通知删除的情节系考量侵权责任认定的关键因素，故法院对通知删除前后的情况分别予以评述。

在通知删除前，百度公司作为网络技术服务提供者是否存在主观过错，应结合是否进行人工编辑整理、应具备的信息管理能力、涉案信息侵权类型和明显程度、涉案信息社会影响程度以及是否采取了预防侵权的合理措施等因素综合进行判定：涉案信息不属于裸照、身份证件号码等明显侵权或者极具引发侵权风险的信息，作为一般个人信息，存在权利人愿意积极公开、一定范围公开或不愿公开等多种可能的情形，为鼓励网络信息的利用和流通，对于网络公开的一般个人信息，应推定权利人同意公开，故百度公司在接到权利人的通知前，难以预见涉案信息是未经授权公开的信息。百度公司对涉案信息不存在明知或应知的主观过错，不构成对孙某某个人信息权益的侵害。

在通知删除后，网络服务提供者应及时采取必要措施，遏制侵权行为的扩大。在收到删除通知后，百度公司在其有能力采取相匹配必要措施的情况下，未给予任何回复，其怠于采取措施的行为，导致涉案侵权损失的进一步扩大，构成对孙某某个人信息权益的侵害，法院对原告要求赔偿损失的诉讼请求予以全额支持。

案例五：黄某诉腾讯科技（深圳）有限公司、腾讯科技（北京）有限公司等隐私权、个人信息保护纠纷案[①]

【裁判要旨】

网络运营者收集、使用个人信息获得用户知情同意是否有效，可从信息处理者告知信息主体的"透明度"来衡量，即一般理性用户在具体场景下，对信息处理主体处理特定信息的目的、方式和范围知晓的清晰程度，以及作出意愿表示的自主、具体、明确程度。

应合理区分隐私权和个人信息权益。不宜将所有与公共事务无关的私人领域信息都纳入隐私范畴，应对个人信息进行相对合理的层级划分。对于兼具防御性期待和积极利用期待的个人信息，应结合使用场景判断

---

① 北京互联网法院（2019）0491 民初 16142 号。

是否构成隐私。

大型互联网平台在关联产品中共享用户个人信息的,应获得用户有效的同意。

【相关法条】

《中华人民共和国民法总则》第一百一十一条①

《中华人民共和国侵权责任法》第八条②、第十五条③

《中华人民共和国网络安全法》第四十三条、第七十六条第(五)项

《最高人民法院关于审理利用信息网络侵害人身权益民事纠纷案件适用法律若干问题的规定》(法释〔2014〕11号)第十二条④、第十六条⑤、第十八条⑥

【基本案情】

微信读书软件(版本号:v3.3.0,以下简称微信读书)系一款手机阅读应用,用户可以在该款软件上阅读书籍、分享书评等。在应用软件市场中,微信读书的开发者是腾讯科技公司广州分公司,注销后由腾讯深圳公司承继其权利义务。微信的开发者是腾讯科技公司。三被告称,两款软件的运营者为腾讯计算机公司(三被告以下共称腾讯公司)。

原告在通过微信登录微信读书时发现,微信及微信读书通过不授权无法登录使用的方式,将微信好友关系的数据交予微信读书,在微信读书的"关注"栏目下出现了使用该软件的原告微信好友名单。同时,在

---

① 现对应《民法典》第111条。
② 现对应《民法典》第1168条。
③ 《民法典》施行后,该条被废止,相关内容参见《民法典》第179条。
④ 该条内容已于该规定在2020年12月29日修正时被删除。
⑤ 该条内容已于该规定在2020年12月29日修正时被删除。
⑥ 该解释已于2020年12月29日修正,修正后,第12条规定:"被侵权人为制止侵权行为所支付的合理开支,可以认定为民法典第一千一百八十二条规定的财产损失。合理开支包括被侵权人或者委托代理人对侵权行为进行调查、取证的合理费用。人民法院根据当事人的请求和具体案情,可以将符合国家有关部门规定的律师费用计算在赔偿范围内。被侵权人因人身权益受侵害造成的财产损失以及侵权人因此获得的利益难以确定的,人民法院可以根据具体案情在50万元以下的范围内确定赔偿数额。"

原告没有进行任何添加关注操作的情况下，原告账户中"我关注的"和"关注我的"页面下出现了大量原告的微信好友。此外，无论是否在微信读书中添加关注关系，原告与共同使用微信读书的微信好友也能够相互查看对方的书架、正在阅读的读物、读书想法等。原告认为，微信读书与微信系两款独立的软件，微信好友关系数据和微信读书的阅读信息均应属于公民的隐私和个人信息范畴，在原告并未自愿授权的情况下，微信及微信读书的上述行为侵犯了原告的个人信息权益和隐私权，腾讯公司作为微信及微信读书的开发、运营方，应当承担相应的侵权责任。

原告请求法院判令腾讯公司停止其侵权行为，解除微信读书中的关注关系、删除好友数据、停止展示读书记录等，并要求腾讯深圳公司、腾讯计算机公司向原告赔礼道歉。

腾讯公司认为，微信读书没有为原告自动添加好友，微信读书获得原告的微信好友关系数据是使用已经获得的微信好友数据的行为且经过原告同意，并非收集个人信息的行为，微信读书向原告共同使用微信读书的微信好友展示读书信息，均经过了原告的授权同意，不构成对原告隐私权及个人信息权益的侵害。

【裁判结果】

北京互联网法院于2020年7月30日作出（2019）京0491民初16142号民事判决：深圳市腾讯计算机系统有限公司停止微信读书收集、使用原告微信好友列表信息，删除微信读书中留存的原告微信好友列表信息；解除原告在微信读书中对其微信好友的关注；解除原告的微信好友在微信读书中对原告的关注；停止将原告使用微信读书软件生成的信息向原告共同使用微信读书的微信好友展示的行为。腾讯科技（深圳）有限公司、深圳市腾讯计算机系统有限公司以书面形式向原告赔礼道歉。三被告连带赔偿原告公证费6660元。驳回原告的其他诉讼请求。

一审判决后，双方当事人均未提起上诉。

【裁判理由】

法院生效裁判认为，《民法典》对个人信息、隐私的定义和关系予以明确，司法实践中，应对二者予以区分。从个人信息层面来看，微信读书获取的微信好友列表达到了识别性标准，应认定为用户的个人信息。同理，微信读书中的读书信息包含了可以指向该信息主体的网络身份标识信息，且包括读书时长、最近阅读、书架、读书想法等，能够反映阅读习惯、偏好等，属于个人信息。

关于腾讯公司主张微信读书获得原告微信好友列表并非个人信息的收集行为，法院认为，信息处理者应就信息处理的主体、处理方式向信息主体明确告知。腾讯公司并未在微信读书、微信中向用户明示两个软件的运营主体均为腾讯计算机公司，而是在协议中均模糊、概括地写为"腾讯公司"。腾讯公司既没有向用户告知收集信息的明确主体，也未让用户知悉"寻找共同使用该应用的好友"是收集信息还是使用已掌握的信息，因此，在用户合理认知微信与微信读书为独立软件的情形下，微信读书获取微信好友列表的行为，属于收集用户个人信息的行为，而非使用个人信息的行为。本案中，微信读书获取原告微信好友列表经过原告同意，腾讯公司获取好友列表不违反合法、正当、必要的基本原则，不构成对个人信息权益的侵害。

关于微信读书向原告共同使用该应用的微信好友公开原告读书信息、为原告自动关注微信好友并使得关注好友可以查看原告读书信息的行为，考虑到微信读书中的信息组合与人格利益较为密切、微信读书迁移微信好友关系、微信读书默认向未关注的微信好友公开读书信息等因素，微信读书存在较高的侵害用户人格利益甚至隐私权的风险。微信读书许可服务协议未以合理的"透明度"告知原告并获得同意，侵害了原告的个人信息权益。

关于隐私，由于法律已经确立了个人信息与隐私的区别性概念，个人信息与隐私既有交叉也有区别。隐私强调信息私密性，主要为防御性保护；个人信息兼具积极利用与防御性保护属性。从合理隐私期待维度上，个人信息基本可以划分为几个层次：一是符合社会一般合理认知下共识的私密信息，如有关性取向、性生活、疾病史、未公开的违法犯罪记录等，此类信息要强化其防御性保护，非特定情形不得处理；二是不具备私密性的一般信息,在征得信息主体的一般同意后,即可正当处理;三是兼具防御性期待及积极利用期待的个人信息,此类信息的处理是否侵权,需要结合信息内容、处理场景、处理方式等,进行符合社会一般合理认知的判断。微信好友列表和读书信息不能笼统地纳入符合社会一般合理认知的私密信息范畴,而更符合前述第三类信息的特征。

在好友关系层面,以下情形中信息主体的社交关系上承载着合理的隐私期待:一是信息主体与特定人之间的关系较为私密而不愿为他人知晓;二是信息主体一定量的社交关系公开可能遭受他人对其人格的不当评价而不愿为他人知晓。结合微信读书使用微信好友列表的目的来看,其并不在于刺探原告的真实社交关系,而在于获取好友列表后用于扩展阅读社交功能。因此,从本案实际场景看,还需要结合微信读书收集原告微信好友列表后的进一步使用方式,不能单独评价软件本身获取好友列表信息是否构成隐私侵权。

在读书信息层面,以下情形中用户的读书信息具有私密性:一是某些特定阅读信息落入了共识的私密信息范畴;二是虽然各阅读信息分别不属于共识的私密信息,但在积累到一定数量时,结合主体的身份,该信息组合可以达到对信息主体人格刻画的程度,则一经泄露可能造成其人格利益损害。具体到本案中,原告读书记录的两本书籍均未达到以上私密程度,故不构成对原告隐私权的侵害。

案例六:淘宝(中国)软件有限公司诉安徽美景信息科技有限公司不正当竞争纠纷案[①]

【裁判要旨】

网络用户网上行为痕迹信息不具备能够单独或者与其他信息结合识

---

① 一审:杭州铁路运输法院(2017)浙 8601 民初 4034 号;二审:浙江省杭州市中级人民法院(2018)浙 01 民终 7312 号。

675

别特定自然人个人身份的可能性，属于非个人信息。网络运营者收集、使用非会员网络用户行为痕迹信息应受《网络安全法》第22条"明示具有收集信息功能＋用户默认同意"规则的规制。

在无法律规定或合同特别约定的情况下，网络用户对于其提供于网络运营者的单一用户信息无独立的财产性权益；网络运营者对于原始网络数据应受制于网络用户对其所提供的用户信息的控制，不能享有独立的财产权，网络运营者只能依其与网络用户的约定享有对原始网络数据的使用权；网络运营者对于其开发的数据产品，享有独立的财产性权益。

数据产品市场竞争秩序应纳入《反不正当竞争法》规制范围，数据产品开发者对于数据产品享有竞争性财产权益，可以以此作为权利基础获得司法保护。

【相关法条】

《中华人民共和国反不正当竞争法》第二条、第十七条

《中华人民共和国网络安全法》第二十二条第三款、第四十一条、第四十二条、第七十六条第（五）项

《最高人民法院关于审理不正当竞争民事案件应用法律若干问题的解释》第十七条

【基本案情】

原告系电子商务交易平台共同运营商。原告开发并投入市场运营的"生意参谋"数据产品（以下简称涉案数据产品），面向某电子商务交易平台商家提供大数据分析参考，帮助商家实时掌握相关类目商品的市场行情变化，提高经营水平。涉案数据产品的数据内容是原告在收集网络用户浏览、搜索、收藏、加购、交易等行为痕迹信息所产生的巨量原始数据基础上，以特定的算法通过深度分析过滤、提炼整合后而形成的以趋势图、排行榜、占比图等图形呈现的指数型、统计型、预测型衍生数据。被告系被诉侵权"咕咕互助平台"的运营商，其以提供远程登录已订购涉案数据产品用户电脑技术服务的方式，招揽、组织、帮助他人获

取原告涉案数据产品中的数据内容，从中牟利。原告认为被告的行为对涉案数据产品已构成实质性替代，恶意破坏了原告的商业模式，构成不正当竞争行为，诉至法院，要求判令被告立即停止针对"生意参谋"市场行情产品及数据内容的侵权行为，赔偿经济损失及合理维权费用500万元。

【裁判结果】

杭州铁路运输法院于2018年8月16日作出（2017）浙8601民初4034号民事判决，判令被告立即停止涉案不正当竞争行为，即立即停止以不正当的方式获取、使用（包括提供他人使用）、泄露市场行情标准版和市场行情专业版"生意参谋"数据产品中的数据内容以及涉案网站上的相关宣传行为等；被告赔偿原告经济损失及为制止不正当竞争行为所支付的合理费用共计200万元。

一审判决后，被告提起上诉，浙江省杭州市中级人民法院作出（2018）浙01民终7312号判决：驳回上诉，维持原判。

【裁判理由】

法院经审理认为，首先，涉案数据产品的基础性网络用户信息均来源于某电子商务交易平台用户网上浏览、搜索、收藏、加购、交易等行为痕迹信息。这些行为痕迹信息不含有可以识别自然人个人身份的要素，不具备能够单独或者与其他信息结合识别特定自然人个人身份的可能性，属于非个人信息。本案中，原告已在网络上公示了平台隐私权政策，经审查，原告收集、使用网络用户信息，开发涉案数据产品的行为在平台隐私政策已宣示的信息收集、使用范围之内，符合网络用户信息安全保护的要求，具有正当性。

其次，网络运营者与网络用户之间系服务合同关系，网络用户向网络运营者提供用户信息的真实目的是获取相关网络服务。网络用户信息作为单一信息加以使用，通常情况下并非当然具有直接的经济价值，在无法律规定或合同特别约定的情况下，网络用户对其提供于网络运营者的单一用户信息尚无独立的财产权或财产性权益可言。鉴于原始网络数据只是对网络用户信息进行了数字化记录的转换，网络运营者虽然在此转换过程中付出了一定劳动，但原始网络数据的内容仍未脱离原网络用户信息范围，故网络运营者对于原始网络数据仍应受制于网络用户对其所提供的用户信息的控制，而不能享有独立的权利，网络运营者只能依其与网络用户的约定享有对原始网络数据的使用权。而网络数据产品不同于原始网络数据，其提供的数据内容虽然同样源于网络用户信息，但经过网络运营者大量的智力投入，通过深度开发与系统整合，最终呈现给消费者的数据内容是与网络用户信息、原始网络数据无直接对应关系的独立的衍生数据。网络数据产品虽然表现为无形资源，但可以为运营者所实际控制和使用，并带来经济利益。随着其市场价值的日益凸显，网络数据产品自身也已成为市场交易的对象，已实质性具备了商品的交换价值。网络运营者对于其开发的数据产品，应当享有自己独立的财产性权益。

最后，涉案网络数据产品经过网络运营者大量的智力投入，通过深度开发与系统整合，最终呈现给消费者的数据内容，是与网络用户信息、原始网络数据无直接对应关系的独立的衍生数据。网络数据产品虽然表现为无形资源，但可以为运营者所实际控制和使用，并带来经济利益。被告未经授权亦未付出新的劳动创造，直接将涉案数据产品作为自己获取商业利益的工具，实质性替代了涉案数据产品，恶意破坏了原告的商业模式与竞争优势，已构成不正当竞争行为。根据被告自行公布的相关数据估算，被告在本案中的侵权获利已超过200万元。

案例七：四川省自贡市人民检察院与被告周某某人格权纠纷民事公益诉讼案[①]

【裁判要旨】

大数据时代背景下的个人信息保护不仅涉及自然人个人权益保障的

---

① 四川省自贡市中级人民法院（2020）川03民初16号。

问题，同时具有高度的社会公共利益属性。在履行法定程序的情况下，检察机关可以提起个人信息保护民事公益诉讼案。

【相关法条】

《中华人民共和国民事诉讼法》第五十五条

《最高人民法院、最高人民检察院关于检察公益诉讼案件适用法律若干问题的解释》（法释〔2018〕6 号）第十三条①

【基本案情】

2019 年 4 月以来，周某某通过手机微信从岑某处非法获取含有自然人个人信息的文档。2019 年 5 月 30 日，公安机关将周某某抓获并扣押其存有自然人个人信息的 U 盘一个，U 盘中去除重复项共有自然人个人信息 103 791 条。周某某将非法获取的自然人个人信息用于微信实名认证或直接出售给他人，获得违法所得 20 000 元。四川省自贡市人民检察院认为，周某某非法获取自然人个人信息并利用其获利的行为侵害了众多自然人合法权益，损害了社会公共利益。四川省自贡市人民检察院于 2020 年 7 月 20 日公告了案件相关情况，公告期内未有法律规定的机关和有关组织提起民事公益诉讼。故四川省自贡市人民检察院请求法院判令周某某对其侵害自然人个人信息的行为，在国家级媒体上向社会公众道歉；判令周某某承担 20 000 元的民事赔偿责任。

【裁判结果】

四川省自贡市中级人民法院于 2020 年 10 月 22 日作出（2020）川 03 民初 16 号民事判决：被告周某某对其侵害众多自然人个人信息的行为，

---

① 该解释已于 2020 年 12 月 29 日修正，修正后，第 13 条规定："人民检察院在履行职责中发现破坏生态环境和资源保护，食品药品安全领域侵害众多消费者合法权益，侵害英雄烈士等的姓名、肖像、名誉、荣誉等损害社会公共利益的行为，拟提起公益诉讼的，应当依法公告，公告期间为三十日。公告期满，法律规定的机关和有关组织、英雄烈士等的近亲属不提起诉讼的，人民检察院可以向人民法院提起诉讼。人民检察院办理侵害英雄烈士等的姓名、肖像、名誉、荣誉的民事公益诉讼案件，也可以直接征询英雄烈士等的近亲属的意见。"

于本判决生效之日起三十日内在国家级媒体上向社会公众发布赔礼道歉声明，赔礼道歉声明的内容须经本院审定，逾期未主动履行的，由本院代为发布，产生的费用由被告周某某负担；被告周某某于本判决生效之日起三个月内向公益诉讼起诉人四川省自贡市人民检察院指定的财政专账交纳社会公共利益损害赔偿款 20 000 元，专门用于公益事项支出。

【裁判理由】

《民事诉讼法》第 55 条规定："对污染环境、侵害众多消费者合法权益等损害社会公共利益的行为，法律规定的机关和有关组织可以向人民法院提起诉讼。人民检察院在履行职责中发现破坏生态环境和资源保护、食品药品安全领域侵害众多消费者合法权益等损害社会公共利益的行为，在没有前款规定的机关和组织或者前款规定的机关和组织不提起诉讼的情况下，可以向人民法院提起诉讼。前款规定的机关或者组织提起诉讼的，人民检察院可以支持起诉。"《最高人民法院、最高人民检察院关于检察公益诉讼案件适用法律若干问题的解释》（法释〔2018〕6 号）第 13 条规定："人民检察院在履行职责中发现破坏生态环境和资源保护、食品药品安全领域侵害众多消费者合法权益等损害社会公共利益的行为，拟提起公益诉讼的，应当依法公告，公告期间为三十日。公告期满，法律规定的机关和有关组织不提起诉讼的，人民检察院可以向人民法院提起诉讼。"随着信息网络科技尤其是大数据与人工智能的发展，个人信息的产生、收集、存储和利用等方面发生了巨大的变化，个人信息在社会经济活动中的地位日益凸显，信息资源成为重要的生产要素和社会财富，但个人信息被大规模、自动化地收集和存储的情形也变得越来越普遍，个人信息被滥用甚至侵害的现象也随之增加。大数据时代背景下的个人信息保护不仅涉及自然人个人权益保障的问题，同时具有高度的社会公共利益属性。公益诉讼的诉的利益在于保护公共利益，虽然上述规定并未明确将个人信息列举为社会公共利益保护范围，但从"等"字兜底条款来看，检察机关探索公益诉讼"等"外领域是有法可依的。在个人信息保护领域，民事私益诉讼往往存在个人信息主体之间不平等的地位和认知能力、低概率的维权和极低的违法成本等局限性，检察机关在办理刑事案件过程中，更容易发现侵害自然人个人信息行为的线索，相比自然人个人更具有公权力优势。检察机关提起民事公益诉讼，既能解决民事私益诉讼维权面临的举证难、成本高等共性难题，还能通过赔礼道歉、赔偿损失等民事责任承担方式，提高侵权人的违法成本。本案中，四川省自贡市人民检察院依法对周某某侵害众多自然人个人信息的行为提起民事公益诉讼，是四川省自贡市人民检察院发挥法律监督职能作用，积极回应社会公众新期待，维护"等"外领域社会公共利益的具体体现，应当予以肯定，故本案属于民事公益诉讼范围。四川省自贡市人民检察院依法履行了公告程序，公告期内未有法律规定的机关和有关组织提起民事公益诉讼，故四川省自贡市人民检察院属于适格主体。

关于周某某侵害众多自然人个人信息的行为是否构成民事侵权的问题。个人信息是以电子或者其他方式记录的能够单独或者与其他信息结合识别特定自然人的各种信息，包括自然人的姓名、出生日期、身份证件号码、生物识别信息、住址、电话号码、电子邮箱、健康信息、行踪信息等。《民法总则》第111条[①]规定："自然人的个人信息受法律保护。任何组织和个人需要获取他人个人信息的，应当依法取得并确保信息安全，不得非法收集、使用、加工、传输他人个人信息，不得非法买卖、提供或者公开他人个人信息。"本案中，周某某非法获取含有自然人身份证件号码等个人信息的文档，通过将非法获取的部分自然人个人信息用于微信实名认证或者直接出售给他人等方式获利，侵害了众多自然人的合法权益，损害了社会公共利益，周某某侵害众多自然人个人信息的行为已经构成民事侵权。

关于周某某应如何承担民事责任的问题。周某某虽经四川省荣县人民法院以侵犯公民个人信息罪判处刑罚，承担了刑事责任，但《民法总则》第187条[②]规定："民事主体因同一行为应当承担民事责任、行政责

---

① 现对应《民法典》第111条。
② 现对应《民法典》第187条。

任和刑事责任的，承担行政责任或者刑事责任不影响承担民事责任；民事主体的财产不足以支付的，优先用于承担民事责任。"故周某某仍应对其侵害众多自然人个人信息的行为承担民事责任。

个人信息属于人格权类民事权益，既具有人身权属性，也具有财产权属性。赔礼道歉是侵权人向被侵权人承认错误、表示歉意，以求得被侵权人原谅的民事责任承担方式，旨在对被侵权人的精神伤害予以抚慰。周某某非法获取众多自然人个人信息并从中获利，无疑会造成个人信息主体精神上和心理上的损害，周某某应当通过公开赔礼道歉的方式对其行为向社会公众表达歉意，四川省自贡市人民检察院请求判令周某某在国家级媒体上向社会公众道歉的理由成立。周某某获取众多自然人个人信息的目的和手段均为非法，也会导致个人信息主体丧失其个人信息的财产利益，赔偿损失是最基本的民事责任承担方式。周某某侵害的是众多自然人个人信息，造成的财产损失难以确定。《侵权责任法》第20条[①]规定："侵害他人人身权益造成财产损失的，按照被侵权人因此受到的损失赔偿；被侵权人的损失难以确定，侵权人因此获得利益的，按照其获得的利益赔偿；侵权人因此获得的利益难以确定，被侵权人和侵权人就赔偿数额协商不一致，向人民法院提起诉讼的，由人民法院根据实际情况确定赔偿数额。"四川省荣县人民法院生效刑事判决认定周某某违法所得为20 000元，故周某某应当承担20 000元的民事赔偿责任，四川省自贡市人民检察院请求判令周某某赔偿20 000元的理由成立。

周某某在刑事案件中认罪认罚，违法所得已经追缴，罚金也已缴纳完毕，可以认定其已经深刻认识到自身行为的违法性和不正当性。周某某提交证据证明其家庭经济困难，请求法院予以酌情考虑，四川省自贡市人民检察院亦建议法院予以酌情考虑，法院予以采纳，对周某某承担赔偿责任的履行期限可适当予以宽限。

本案系四川省首例个人信息保护民事公益诉讼案件，从查明的案件事实可以反映出个人信息保护领域确实存在"隐秘的角落"。如何进一步

---

① 现对应《民法典》第1182条。

加强个人信息保护，使社会公众在享受信息数字化带来的诸多便利的同时避免遭受人格权的侵害，已经成为全社会高度关注的问题。个人信息包含人格尊严和自由价值，同时也可能具备商业价值和公共管理价值。对个人信息的保护应当采取公法与私法并重的综合性保护方法，二者不可偏废，既要从公法的角度明确各类主体处理个人信息时应当遵守法定义务，也要从私法的角度认可自然人就个人信息享有民事权益；既应当对违反公法上个人信息保护义务的违法犯罪行为给予行政处罚甚至判处刑罚，也应当允许被侵权人基于个人信息民事权益请求侵权人承担民事责任。"徒法不足以自行"，本案旨在明晰个人信息的民法保护方式，唤醒社会公众个人信息保护意识，促使社会公众在日常生活中认真对待个人信息，积极保护个人信息。

案例八：昆明盛唐恒基科技有限公司诉云南沐荣欣成房地产开发有限公司服务合同纠纷案①

【裁判要旨】

当事人订立、履行合同，应当遵守法律、行政法规，尊重社会公德，不得扰乱社会经济秩序，损害社会公共利益。未经手机用户同意或授权，强行发送商业广告的行为有损社会公共利益，合同应属无效。

【相关法条】

《中华人民共和国民法总则》第八条②

---

① 一审：云南省昆明市五华区人民法院（2017）云 0102 民初 926 号；二审：云南省昆明市中级人民法院（2017）云 01 民终 6408 号。

② 现对应《民法典》第 8 条。

《中华人民共和国民法通则》第五十八条①

《中华人民共和国合同法》第五十二条②

《全国人民代表大会常务委员会关于加强网络信息保护的决定》第七条

【基本案情】

昆明盛唐恒基科技有限公司（以下简称盛唐恒基公司）诉称：盛唐恒基公司、云南沐荣欣成房地产开发有限公司（以下简称沐荣欣成公司）于2013年7月24日签订《信息战略合同》，约定由盛唐恒基公司为沐荣欣成公司提供手机信息、彩信投放服务，合同服务期为2013年7月24日至2014年7月24日，信息投放服务价格为普通短信发布价格按每条信息0.045元结算，区域信息发布价格按每天18 000元结算。2015年10月16日，经双方结算并制作《情况说明》，确定了盛唐恒基公司为沐荣欣成公司在2013年8月、9月、10月分别投放短信390万条、190万条、60万条，合计投放普通短消息总计640万条，投放合计金额288 000元。沐荣欣成公司至今未支付任何款项。故请求判令："1. 沐荣欣成公司支付信息投放服务费288 000元，并承担逾期付款利息损失（以本金288 000元，自2015年10月16日起按中国人民银行规定的同期流动资金贷款基准利率6%计算至判决生效之日止，暂计至2017年1月22日为21 600元）；2. 本案诉讼费用由沐荣欣成公司承担。"

---

① 《民法典》施行后，该条被废止。《民法典》第144条规定："无民事行为能力人实施的民事法律行为无效。"第146条规定："行为人与相对人以虚假的意思表示实施的民事法律行为无效。以虚假的意思表示隐藏的民事法律行为的效力，依照有关法律规定处理。"第153条规定："违反法律、行政法规的强制性规定的民事法律行为无效。但是，该强制性规定不导致该民事法律行为无效的除外。违背公序良俗的民事法律行为无效。"第154条规定："行为人与相对人恶意串通，损害他人合法权益的民事法律行为无效。"

② 《民法典》施行后，该条被废止。《民法典》第144条规定："无民事行为能力人实施的民事法律行为无效。"第146条规定："行为人与相对人以虚假的意思表示实施的民事法律行为无效。以虚假的意思表示隐藏的民事法律行为的效力，依照有关法律规定处理。"第153条规定："违反法律、行政法规的强制性规定的民事法律行为无效。但是，该强制性规定不导致该民事法律行为无效的除外。违背公序良俗的民事法律行为无效。"第154条规定："行为人与相对人恶意串通，损害他人合法权益的民事法律行为无效。"

沐荣欣成公司辩称：双方签订的《信息战略合同》因损害公共利益、违反法律法规的强制性规定应为无效合同，即使合同有效，盛唐恒基公司所主张的信息费用也过高，部分信息接收存在重复，重复发送的信息不能重复计费；盛唐恒基公司计算逾期付款利息的利率标准也过高。

法院经审理查明：盛唐恒基公司经营范围为计算机系统服务、计算机软硬件的开发及应用等，并于2016年取得增值电信业务经营许可证，业务种类为第二类增值电信业务中的信息服务业务（含通信短信服务业务，不含因特网信息服务和电话信息服务业务），业务覆盖范围为云南省，有效期至2021年8月1日。盛唐恒基公司、沐荣欣成公司于2013年7月24日签订《信息战略合同》约定，盛唐恒基公司（即乙方）为沐荣欣成公司（即甲方）提供手机信息、彩信投放服务，信息投放范围及对象由甲方与乙方协商后确定，甲方拥有最终决定权，合同服务期限自2013年7月24日至2014年7月24日，为期一年，具体投放时间、内容、数量、批次由甲方确定后书面通知乙方；信息投放价格为普通短信发布价格按每条信息0.045元结算，区域短信发布价格按每天18 000元结算，甲方根据实际发送成功条数，对发送成功的信息支付服务费；乙方严格按照本协议的规定为甲方提供及时投放服务，若乙方未按照合同约定的时间、内容及指定人群发送信息，乙方应承担相应的违约责任，给甲方造成损失的，应赔偿甲方因此遭受的全部损失；甲方在合同规定时间内未支付乙方合同款的，并未作出说明及没有约定相应的支付时间期限、乙方按逾期未付合同款金额的同期银行利息向甲方收取合同违约金等主要内容。上述合同签订后，盛唐恒基公司于2013年8月1日至2013年10月12日为沐荣欣成公司提供手机信息投放服务，投放信息的内容由盛唐恒基公司向沐荣欣成公司告知，并经沐荣欣成公司同意后发送。2015年10月12日，双方在《情况说明》上签字，载明的内容为："乙方为甲方在2013年度8月、9月、10月分别投放短信为：390万条、190万条、60万条，合计投放普通短消息总计640万条（大写：陆佰肆拾万条），投放合计金额￥288 000.00（大写：贰拾捌万捌仟）元整……此款项至今未付，特此说明。"截至盛唐恒基公司起诉之日，盛唐恒基公司为沐荣欣成公司投放信息产生的信息投放服务费为288 000元。另查明，盛唐恒基公司为沐荣欣成公司投放的手机信息内容为商业广告，投放对象范围不特定，且盛唐恒基公司投放的手机信息未经信息接收者，即手机用户的同意或书面授权，沐荣欣成公司亦未对盛唐恒基公司提供的手机用户是否同意接收信息进行审查。

【裁判结果】

云南省昆明市五华区人民法院于2017年6月20日作出（2017）云0102民初926号民事判决：驳回原告昆明盛唐恒基科技有限公司的全部诉讼请求。案件受理费5944元，由原告昆明盛唐恒基科技有限公司承担。宣判后，盛唐恒基公司提起上诉。云南省昆明市中级人民法院于2018年1月14日作出（2017）云01民终6408号民事判决：驳回上诉，维持原判。

【裁判理由】

法院生效裁判认为，根据《全国人民代表大会常务委员会关于加强网络信息保护的决定》第7条的规定，任何组织和个人未经电子信息接收者同意或者请求，或者电子信息接收者明确表示拒绝的，不得向其固定电话、移动电话或者个人电子邮箱发送商业性电子信息。当事人订立、履行合同，应当遵守法律、行政法规，尊重社会公德，不得扰乱社会经济秩序，损害社会公共利益。本案中，根据盛唐恒基公司与沐荣欣成公司签订的《信息战略合同》及双方陈述，双方在对所发送的手机短信的性质充分知情的情况下，无视手机用户群体是否同意接收商业广告信息的主观意愿，强行向不特定的手机用户发送商业广告信息，侵害了手机用户的权益。另外，本案双方系向不特定的手机用户发送信息，手机用户所属群体、手机号码都予以明确，在发送信息的过程中难免会造成手机用户的个人信息泄露，侵害手机用户的个人隐私。故本案双方在《信息战略合同》中约定的权利义务违反网络信息的保护规定，侵害了不特定公众的利益，该合同应属无效，上诉人不应从损害社会公众利益的行为中获取收益。

案例九：李某某等人诉四川锦程消费金融有限责任公司一般人格权纠纷案[①]

【裁判要旨】

征信系统中记载的内容，形式上为逾期还款情况的客观描述，实质上引导社会对被记录者信用程度的认知，任何逾期记录都将对被记录者信用的社会评价形成贬抑，增加其后从事各种市场交易的阻力。报送不符合真实情况的不良征信记录，将造成相关方在交易中实际获得的利益低于合理期待的利益。故金融机构在报送逾期还款记录时，应当尽到合理的审查义务。

【相关法条】

《中华人民共和国侵权责任法》第六条[②]、第十五条[③]

【基本案情】

2012年4月，案外人李某彬成立成都憬文通讯器材有限公司（以下简称憬文公司），2012年11月，李某彬以帮助该公司刷手机销量为名邀约案外人唐某为其招揽在校学生到憬文公司做兼职，唐某招揽到原告李

[①] 一审：四川省成都市高新技术产业开发区人民法院（2015）高新民初字第7715号；二审：四川省成都市中级人民法院（2017）川01民终10601号。

[②] 《民法典》第144条规定："无民事行为能力人实施的民事法律行为无效。"第146条规定："行为人与相对人以虚假的意思表示实施的民事法律行为无效。以虚假的意思表示隐藏的民事法律行为的效力，依照有关法律规定处理。"第153条规定："违反法律、行政法规的强制性规定的民事法律行为无效。但是，该强制性规定不导致该民事法律行为无效的除外。违背公序良俗的民事法律行为无效。"第154条规定："行为人与相对人恶意串通，损害他人合法权益的民事法律行为无效。"

[③] 《民法典》第144条规定："无民事行为能力人实施的民事法律行为无效。"第146条规定："行为人与相对人以虚假的意思表示实施的民事法律行为无效。以虚假的意思表示隐藏的民事法律行为的效力，依照有关法律规定处理。"第153条规定："违反法律、行政法规的强制性规定的民事法律行为无效。但是，该强制性规定不导致该民事法律行为无效的除外。违背公序良俗的民事法律行为无效。"第154条规定："行为人与相对人恶意串通，损害他人合法权益的民事法律行为无效。"

某某等学生后，由李某彬与学生签订《分期业务办理合同》，进行虚假手机交易，后李某彬再以学生名义在被告四川锦程消费金融有限责任公司（以下简称锦程公司）、案外人川商公司办理贷款业务。贷款审核成功后，上述两家公司将发放的贷款汇至憬文公司账户，之后由李某彬帮助学生按约还款。每套取一笔贷款，唐某给办理贷款的学生100元至150元的报酬。李某彬按期偿还几期借款后，无力继续偿还借款。2014年5月，唐某、李某彬主动到公安机关投案。2014年5月9日，成都市公安局青羊分局太升路派出所发出公告，告知原告李某某等学生等待生效判决从而确定还款义务到底由谁承担。2015年1月，经法院生效判决，对李某彬、唐某犯罪所得赃款予以继续追缴，退赔被害单位锦程公司。被告锦程公司以原告李某彬等人未按时还款向中国人民银行征信中心报送了不良征信记录，原告李某某等人提出异议后被驳回。原告李某某等人提起诉讼请求撤销不良征信记录、赔礼道歉并赔偿精神损害抚慰金。被告锦程公司抗辩其按照合同约定报送不良征信记录，不构成侵权。

【裁判结果】

四川省成都市高新区人民法院于2016年12月29日作出（2015）高新民初字第7715号民事判决：一、被告四川锦程消费金融有限责任公司于本判决生效后十日内撤销原告李某彬在中国人民银行征信中心的贷款业务号为2013××××0740的不良征信记录；二、驳回原告李某彬的其他诉讼请求。宣判后，四川锦程消费金融有限责任公司向四川省成都市中级人民法院提起上诉。

四川省成都市中级人民法院于2017年12月18日作出（2017）川01民终10601号民事判决：驳回上诉，维持原判。

【裁判理由】

法院生效裁判认为，根据《侵权责任法》第2条的规定，侵害民事权益，应当承担侵权责任；民事权益包括生命权、健康权等人身、财产权益。金融机构报送不良征信记录，会导致不特定的人知悉失信人的信用状况，进而会导致失信人的社会评价降低。如金融机构不当报送他人的逾期还款记录，将会导致他人的社会评价降低，损害他人信用权，造成他人在贷款、申办信用卡等方面受阻，产生经济损失。信用权虽不是我国《侵权责任法》明确规定的一项人格权，但应属于受该法保护的民事权益。

同时，根据《征信业管理条例》第 25 条规定："信息主体认为征信机构采集、保存、提供的信息存在错误、遗漏的，有权向征信机构或者信息提供者提出异议，要求更正。"第 26 条规定："信息主体认为征信机构或者信息提供者、信息使用者侵害其合法权益的，可以向所在地的国务院征信业监督管理部门派出机构投诉。信息主体认为征信机构或者信息提供者、信息使用者侵害其合法权益的，可以直接向人民法院起诉。"原告李某某等人认为被告锦程公司报送的征信记录侵害其信用权，有权直接向人民法院起诉。

关于原告李某某等人具有还款义务是否存疑问题。该案为人格侵权诉讼，原告李某某是否具有向被告锦程公司的还款义务不属于本案实体处理范围，须由被告锦程公司另案向原告李某某提起诉讼才能确定。但结合该案查明的事实，案外人李某彬、唐某招揽原告李某彬等在校学生到憬文公司做兼职，双方签订《分期业务办理合同》进行虚假购买手机交易，套取贷款，后由原告李某某等学生向被告锦程公司申请贷款，被告锦程公司审批通过后将贷款发放至李某彬注册的公司或商户，李某彬负责按期偿还贷款，经生效刑事判决，李某彬、唐某以欺骗手段取得金融机构贷款，构成骗取贷款罪，应返还所骗取的贷款给被告锦程公司。生效判决并未认定原告李某某等人的行为构成共同犯罪，也没认定原告李某某等学生有向被告锦程公司返还贷款的义务。

李某彬、唐某实施套取贷款的整个行为被认定为骗取贷款罪，而原告李某某等学生以其名义申请贷款、签订贷款合同只是骗取贷款行为的其中一环，原告李某某与被告锦程公司签订《个人消费贷款合同》的行为属于李某彬、唐某骗取贷款的组成部分。故原告李某某等学生并没有向被告锦程公司借款的真实意思，李某彬、唐某具有骗取被告锦程公司贷款的故意，原告李某某虽以自己名义与被告锦程公司签订贷款合同，其实质是代理李某彬、唐某与被告锦程公司签订贷款合同，构成隐名代理。生效判决认定被告锦程公司作为受害人，其选择向公安机关报案向实际借款人李某彬、唐某等人追回贷款，无权再选择依据借款合同向原告李某某等名义借款人主张返还借款。至于原告李某某等人应否对李某彬、唐某返还贷款承担连带责任或者赔偿责任，须经法院裁判才能确定。

综上，虽原告李某某等人与被告锦程公司之间的借款合同尚未被认定无效，但原告李某某应否对被告锦程公司未被清偿的贷款承担清偿责任存疑。

关于被告锦程公司在原告李某某等人是否具有还款义务存疑的情况下能否向征信机构报送逾期还款记录问题。法院认为，银行征信系统的建立，既为使失信人的信用状况得以被其他市场交易主体知悉，借以保护交易相对方，并促使失信人早日纠正其行为；也为保护守信者的信用，便于守信者在市场交易中凭借良好的信用记录获得有利地位。征信系统中记载的内容，形式上为逾期还款情况的客观描述，实质上引导社会对被记录者信用程度的认知，任何逾期记录都将对被记录者信用的社会评价形成贬抑，增加其后从事各种市场交易的阻力。故金融机构在报送逾期还款记录时，应当尽到合理的审查义务，对于经催收拒不还款的、因不具备偿还能力尚未还款的失信人，均可向征信机构报送逾期还款记录，但是如存在"伪卡""盗刷"等是否具有还款义务存疑的情况，金融机构应当在通过诉讼等方式确定"借款人"是否具有还款义务后，才能分情形确定是否向征信机构报送逾期还款记录，而不得利用具有报送征信记录的优势地位报送逾期还款记录，损害他人合法权益。

本案中，原告李某某等学生在与被告锦程公司签订《耐用消费品分期付款付款申请及查询授权》时，已授权被告锦程公司可以将本人的个人基本信息、信贷交易信息等相关信息（包括不良信息）向中国人民银行个人信用信息基础数据库报送。被告锦程公司发放贷款后，李某彬按期偿还几期后就未再偿还，原告李某彬等学生存在逾期还款行为，但被告锦程公司在此时向公安机关报案，意图通过追赃程序收回贷款。公安机关在立案侦查阶段，告知学生到征信机构查询个人征信记录后到公安机关进行登记，以便统计受害情况；同时告知在案件侦查阶段，贷款公司暂时不会对原告李某彬等人进行催款，关于银行信贷信用额度方面，需要等待案件的最终审判，以人民法院的判决书为准。故被告锦程公司在此时欲报送原告李某彬等学生的逾期还款记录，应当尽到合理的审查义务，区分原告李某某等学生逾期还款的具体情形，不得利用其优势地位通过报送逾期还款记录促使原告李某彬等学生偿还借款。

关于被告锦程公司报送逾期还款记录是否侵犯了原告李某某等人的民事权益问题。本案中，原告李某某等学生逾期还款后，先是公安机关告知贷款公司暂不会对其进行催收，等待法院判决，后刑事判决认定由李某彬、唐某承担返还贷款的责任，原告李某某基于此未按照与被告锦程公司的贷款合同约定按期还款，并非违约所致。被告锦程公司在知悉刑事判决后，对于原告李某某的还款或赔偿责任应通过诉讼方式予以确定，在确定之前不得利用其报送征信记录的优势地位向征信机构报送原告李某某的不良征信记录。

被告锦程公司在报送原告李某某等人的逾期还款记录时，疏于履行其审查义务，报送后损害了原告李某某等人的民事权益，构成侵权，应当承担停止侵害的责任。原告李某某等人要求被告锦程公司撤销不良征信记录的诉讼请求，应予支持。原告李某某等人要求被告锦程公司赔礼道歉，因被告锦程公司报送不良征信记录并非故意侵权，而是未尽到审查义务的过失行为，被告锦程公司的主观过错不大，没有必要通过公开认错的方式对其进行惩处，故法院不支持该请求。原告李某某等人要求被告锦程公司赔偿损失 10 000 元，但未提交证据证明其直接经济损失，同时被告锦程公司撤销征信记录后，将恢复原告李某某等人的信用状况，对原告李某某的损害不严重，不应再给予精神损害抚慰金，故该请求法院也不支持。

案例十：李某某与平安银行股份有限公司上海分行隐私权纠纷案[①]

【裁判要旨】

公众人物的隐私权的范围较普通公众应有一定限缩，但不能因此否认其享有保持私人安宁、可自主决定是否向他人披露其个人信息的权利。贷款信息与公民的个人财务状况相关，该信息的泄露会对公民的正常生活造成一定的干扰，应属隐私权的保护范围。

涉案侵权微博并非被告发布，在没有直接证据证明涉案照片及贷款信息来源于被告的前提下，可根据双方提交的证据，综合日常经验法则，运用高度盖然性规则判断信息泄露源头。

银行作为保管有大量公民个人信息的金融机构，应通过技术和管理手段杜绝信息泄露事件。被告因管理不善而导致原告的贷款信息扩散，其在此过程中存有过错，应承担侵权责任。至于侵权责任的承担方式，应根据侵权人在侵权行为中的过错程度、侵害的手段和方式、侵权行为造成的后果等因素综合确定。

【相关法条】

《中华人民共和国民法总则》第一百一十条[②]、第一百一十一条[③]、第一百七十九条[④]

《最高人民法院关于确定民事侵权精神损害赔偿责任若干问题的解释》（法释〔2001〕7号）第八条[⑤]

[①] 上海市浦东新区人民法院（2018）沪0115民初67411号。
[②] 现对应《民法典》第110条。
[③] 现对应《民法典》第111条。
[④] 现对应《民法典》第179条。
[⑤] 该条内容已于该解释在2020年12月29日修正时被删除。

《最高人民法院关于适用〈中华人民共和国民事诉讼法〉的解释》第九十条

《最高人民法院关于民事诉讼证据的若干规定》（法释〔2001〕33号）第七十五条[①]

【基本案情】

原告李某某诉称，原告于2018年6月5日前往被告平安银行股份有限公司上海分行（以下简称平安银行上海分行）处，办理银行贷款。经被告工作人员审核，原告符合放贷条件，被告于当天向原告发放贷款50万元。办理贷款过程中，原告应被告工作人员要求，手持身份证，在被告柜台处由被告工作人员拍摄照片，供贷款审批之用。2018年6月27日前后，原告发现自己手持身份证的照片出现在网络上，并被大量的媒体公众号转载，且配上了大量不实的言论，对原告的工作和生活产生了极大的负面影响。原告认为，根据《民法总则》的规定，自然人享有名誉权、隐私权等权利。自然人的个人信息受法律保护。任何组织和个人需要获取他人个人信息的，应当依法取得并确保信息安全，不得非法收集、使用、加工、传输他人个人信息，不得非法买卖、提供或者公开他人个人信息。被告作为国内知名大型企业的分支机构，尤其应当重视对客户名誉权、隐私权的保护，而非任意对客户的个人信息进行传播。原告现向法院提起诉讼，请求判令：（1）被告在平安银行的官方微博上对原告进行赔礼道歉，消除影响；（2）被告向原告赔偿经济损失（交通费）人民币（以下币种同）1元整、精神损害抚慰金50 000元、维权支出的合理费用（律师费）30 000元；（3）诉讼费由被告承担。

被告平安银行上海分行辩称，请求驳回原告的全部诉讼请求，本案证据无法判断原告主张的事实成立。原告证据照片中，原告手持的身份证件上姓名和身份证号都看不清楚，微博是何人所发也不清楚，微博内

[①] 该规定已于2019年12月25日修正，修正后，第95条规定："一方当事人控制证据无正当理由拒不提交，对待证事实负有举证责任的当事人主张该证据的内容不利于控制人的，人民法院可以认定该主张成立。"

容从什么途径获取不得而知，原告的证据链明显有多处存在中断，甚至有可能是原告或其安排的第三人发出了微博信息。原告主张自己的个人信息披露在网上，侵犯了其隐私权，但事实上作为"网红"，原告对此并不在意。原告多次在网上发布诉状等含有其个人信息的资料。现原告的贷款信息被披露在微博上，除了原告证据中的博主披露，还有可能是原告本人披露，原告没有证据证明是被告披露了原告贷款的信息，事实上也不是被告披露了原告的贷款信息。原告主张的事实不成立，请求驳回原告的全部诉讼请求。

法院经审理查明，2018年6月5日，原告李某某与被告平安银行上海分行签订《个人信用贷款合同》，约定原告李某某可从被告平安银行上海分行获得不超过505 000元的授信额度。同日，被告平安银行上海分行向原告李某某出具《个人贷款确认书》，确认贷款金额为50万元。在办理个人征信授权材料过程中，客户经理为原告拍摄了照片（照片中原告一手持填写完整的个人征信授权书、另一手持身份证原件）。2018年6月30日，"网红某某"在其微博中发布不当博文，该微博下方配有四张图片，其中一张类似微博私信的图片中匿名爆料人在对话中称："……6月27号平安银行，上海……平安是放了50万，别的地方没做出来……。"另一张图片中，原告李某某手持身份证原件及一份文件，在一间办公室中正对镜头拍照。原告提起诉讼后，将本案起诉状、受理通知书等材料及其已提起诉讼的相关信息公布在其个人微博上。为本案诉讼，原告李某某支付律师费3万元。

为妥善保护客户信息，被告平安银行上海分行制定了《平安银行个人客户信息管理办法》《平安银行零售贷款销售人员行为守则》《平安银行员工违规违纪行为亮牌问责处罚办法》，并将相关文件公布在其官方网站的"制度管理系统"中。被告平安银行上海分行称，其工作人员拍摄照片后传入银行系统中，经其比对，银行系统中的照片与相关微博中的照片并不相同，系统留存的照片中显示有清晰的姓名及身份证号码。另外，照片本身也有一些差异。但是因为相关的监管规定，客户资料不能随意提供，故其无法提供系统中留存的照片供法庭比对。

【裁判结果】

上海市浦东新区人民法院于 2019 年 6 月 2 日作出（2018）沪 0115 民初 67411 号民事判决：一、被告平安银行股份有限公司上海分行向原告李某某口头赔礼道歉（已履行）；二、被告平安银行股份有限公司上海分行在本判决生效之日起十日内赔偿原告李某某律师费 5000 元；三、驳回原告李某某的其余诉讼请求。

判决后，双方当事人均未上诉，判决已发生法律效力。

【裁判理由】

上海市浦东新区人民法院认为，本案的争议焦点为：一、涉案贷款信息是否属于隐私权保护的范围；二、涉案微博中的相关贷款信息是否来源于被告；三、被告平安银行上海分行泄露原告贷款信息的行为是否侵犯了原告的隐私权，如构成侵权，其应如何承担侵权责任。对于争议焦点一，法院认为，隐私权是人身权的一种基本类型，包括于法律所保护的人身权之内。为保护隐私，自然人享有保持私人生活安宁且不受他人非法干扰的权利，贷款信息与公民个人的财务状况相关，可能会使他人对公民的财务状况产生一定联想，故该信息应属公民有权决定是否向不特定公众进行披露的信息，应属隐私权保护的范围。对于争议焦点二，法院认为，庭审中被告平安银行上海分行确认在办理贷款的过程中，由该行工作人员为原告拍摄了照片（照片中原告一手持填写完整的个人征信授权书、另一手持身份证原件），而涉案的相关微博中，亦附有原告李某某手持身份证原件及一份文件的照片，综观该照片中原告所持材料、表情及照片的整体构图等，结合日常经验法则，可以推断该照片系原告在办理金融业务等经济活动时由相关人员拍摄。庭审中，法院已明确要求被告提供其系统中留存的照片供比对，然被告以存在相关监管规定为由拒绝提供，应承担对其不利的法律后果，本院依法推定相关微博中所附照片即被告工作人员在办理贷款过程中为原告拍摄的照片。在涉案微博中，除照片外，博主还在该微博中准确披露了原告在平安银行上海分行贷款50万元的事实。一般而言，贷款的详细信息只有贷款的相对方即本案的原、被告知晓。被告平安银行上海分行未提交证据证明相关贷款信息系原告或贷款中介向相关博主披露，应承担举证不能的法律后果。匿名爆料人在提供照片的同时闭口不谈该照片的拍摄缘由显然不合常理，故可以推定照片及相关贷款信息系匿名爆料人同时向博主提供。综上，根据民事案件中高度盖然性的证明标准，可以推定原告的相关贷款信息及照片系自被告处泄露。对于争议焦点三，法院认为，原告在被告处办理贷款，被告掌握了原告的贷款信息后应妥善保管该信息，通过技术和管理手段杜绝信息泄露现象。本案中，虽无证据证明系被告员工直接向博主爆料，但涉案的贷款信息来源于被告，被告因管理不善而导致原告的贷款信息扩散，被告在此过程中存有过失，与原告贷款信息泄露存在因果关系。相关博主将贷款信息扩散至网络并暗示原告的财务状况出现问题，对原告产生了一定的负面影响，一定程度上造成了原告社会评价的降低，对原告造成了损害，侵犯了原告的隐私权，应承担相应的法律责任。根据被告的过错程度、侵害的手段、方式和侵权行为造成的后果等因素，判令被告向原告口头赔礼道歉并赔偿律师费5000元。

第三部分 条文对照表

《个人信息保护法（草案）》《个人信息保护法（草案二次审议稿）》及《个人信息保护法》对照表

《个人信息保护法（草案）》 （阴影部分为修改内容）	《个人信息保护法（草案二次审议稿）》 （阴影部分为修改内容）	《个人信息保护法》 （黑体部分为修改内容）
第一章 总则	第一章 总则	第一章 总则
第一条 为了保护个人信息权益，规范个人信息处理活动，保障个人信息依法有序自由流动，促进个人信息合理利用，制定本法。	第一条 为了保护个人信息权益，规范个人信息处理活动，促进个人信息合理利用，制定本法。	第一条 为了保护个人信息权益，规范个人信息处理活动，促进个人信息合理利用，**根据宪法**，制定本法。
第二条 自然人的个人信息受法律保护，任何组织、个人不得侵害自然人的个人信息权益。	第二条 自然人的个人信息受法律保护，任何组织、个人不得侵害自然人的个人信息权益。	第二条 自然人的个人信息受法律保护，任何组织、个人不得侵害自然人的个人信息权益。
第三条 组织、个人在中华人民共和国境内处理自然人个人信息的活动，适用本法。 在中华人民共和国境外处理中华人民共和国境内自然人个人信息的活动，有下列情形之一的，也适用本法： （一）以向境内自然人提供产品或者服务为目的； （二）为分析、评估境内自然人的行为； （三）法律、行政法规规定的其他情形。	第三条 组织、个人在中华人民共和国境内处理自然人个人信息的活动，适用本法。 在中华人民共和国境外处理中华人民共和国境内自然人个人信息的活动，有下列情形之一的，也适用本法： （一）以向境内自然人提供产品或者服务为目的； （二）分析、评估境内自然人的行为； （三）法律、行政法规规定的其他情形。	第三条 在中华人民共和国境内处理自然人个人信息的活动，适用本法。 在中华人民共和国境外处理中华人民共和国境内自然人个人信息的活动，有下列情形之一的，也适用本法： （一）以向境内自然人提供产品或者服务为目的； （二）分析、评估境内自然人的行为； （三）法律、行政法规规定的其他情形。

699

《个人信息保护法（草案）》（阴影部分为修改内容）	《个人信息保护法（草案二次审议稿）》（阴影部分为修改内容）	《个人信息保护法》（黑体部分为修改内容）
第四条 个人信息是以电子或者其他方式记录的与已识别或者可识别的自然人有关的各种信息，不包括匿名化处理后的信息。 个人信息的处理包括个人信息的收集、存储、使用、加工、传输、提供、公开等活动。	第四条 个人信息是以电子或者其他方式记录的与已识别或者可识别的自然人有关的各种信息，不包括匿名化处理后的信息。 个人信息的处理包括个人信息的收集、存储、使用、加工、传输、提供、公开等。	第四条 个人信息是以电子或者其他方式记录的与已识别或者可识别的自然人有关的各种信息，不包括匿名化处理后的信息。 个人信息的处理包括个人信息的收集、存储、使用、加工、传输、提供、公开、**删除**等。
第五条 处理个人信息应当采用合法、正当的方式，遵循诚信原则，不得通过欺诈、误导等方式处理个人信息。	第五条 处理个人信息应当采用合法、正当的方式，遵循诚信原则，不得通过误导、欺诈、胁迫等方式处理个人信息。	第五条 处理个人信息应当遵循合法、正当、**必要和**诚信原则，不得通过误导、欺诈、胁迫等方式处理个人信息。
第六条 处理个人信息应当具有明确、合理的目的，并应当限于实现处理目的的最小范围，不得进行与处理目的无关的个人信息处理。	第六条 处理个人信息应当具有明确、合理的目的，并应当限于实现处理目的所必要的最小范围，采取对个人权益影响最小的方式，不得进行与处理目的无关的个人信息处理。	第六条 处理个人信息应当具有明确、合理的目的，并应当**与处理目的直接相关**，采取对个人权益影响最小的方式。 收集个人信息，应当限于实现处理目的的最小范围，不得过度收集个人信息。
第七条 处理个人信息应当遵循公开、透明的原则，明示个人信息处理规则。	第七条 处理个人信息应当遵循公开、透明的原则，公开个人信息处理规则，明示处理的目的、方式和范围。	第七条 处理个人信息应当遵循公开、透明原则，公开个人信息处理规则，明示处理的目的、方式和范围。

《个人信息保护法（草案）》（阴影部分为修改内容）	《个人信息保护法（草案二次审议稿)》（阴影部分为修改内容）	《个人信息保护法》（黑体部分为修改内容）
第八条 为实现处理目的，所处理的个人信息应当准确，并及时更新。	第八条 处理个人信息应当保证个人信息的质量，避免因个人信息不准确、不完整对个人权益造成不利影响。	第八条 处理个人信息应当保证个人信息的质量，避免因个人信息不准确、不完整对个人权益造成不利影响。
第九条 个人信息处理者应当对其个人信息处理活动负责，并采取必要措施保障所处理的个人信息的安全。	第九条 个人信息处理者应当对其个人信息处理活动负责，并采取必要措施保障所处理的个人信息的安全。	第九条 个人信息处理者应当对其个人信息处理活动负责，并采取必要措施保障所处理的个人信息的安全。
第十条 任何组织、个人不得违反法律、行政法规的规定处理个人信息，不得从事危害国家安全、公共利益的个人信息处理活动。	第十条 任何组织、个人不得违反法律、行政法规的规定处理个人信息，不得从事危害国家安全、公共利益的个人信息处理活动。	第十条 任何组织、个人不得非法收集、使用、加工、传输他人个人信息，不得非法买卖、提供或者公开他人个人信息；不得从事危害国家安全、公共利益的个人信息处理活动。
第十一条 国家建立健全个人信息保护制度，预防和惩治侵害个人信息权益的行为，加强个人信息保护宣传教育，推动形成政府、企业、相关行业组织、社会公众共同参与个人信息保护的良好环境。	第十一条 国家建立健全个人信息保护制度，预防和惩治侵害个人信息权益的行为，加强个人信息保护宣传教育，推动形成政府、企业、相关行业组织、社会公众共同参与个人信息保护的良好环境。	第十一条 国家建立健全个人信息保护制度，预防和惩治侵害个人信息权益的行为，加强个人信息保护宣传教育，推动形成政府、企业、相关社会组织、公众共同参与个人信息保护的良好环境。
第十二条 国家积极参与个人信息保护国际规则的制定，促进个人信息保护方面的国际交流与合作，推动与其他国家、地区、国际组织之间的个人信息保护规则、标准等的互认。	第十二条 国家积极参与个人信息保护国际规则的制定，促进个人信息保护方面的国际交流与合作，推动与其他国家、地区、国际组织之间的个人信息保护规则、标准等的互认。	第十二条 国家积极参与个人信息保护国际规则的制定，促进个人信息保护方面的国际交流与合作，推动与其他国家、地区、国际组织之间的个人信息保护规则、标准等的互认。

《个人信息保护法（草案）》（阴影部分为修改内容）	《个人信息保护法（草案二次审议稿）》（阴影部分为修改内容）	《个人信息保护法》（黑体部分为修改内容）
第二章 个人信息处理规则	第二章 个人信息处理规则	第二章 个人信息处理规则
第一节　一般规定	第一节　一般规定	第一节　一般规定
第十三条　符合下列情形之一的，个人信息处理者方可处理个人信息： （一）取得个人的同意； （二）为订立或者履行个人作为一方当事人的合同所必需； （三）为履行法定职责或者法定义务所必需； （四）为应对突发公共卫生事件，或者紧急情况下为保护自然人的生命健康和财产安全所必需； （五）为公共利益实施新闻报道、舆论监督等行为在合理的范围内处理个人信息； （六）法律、行政法规规定的其他情形。	第十三条　符合下列情形之一的，个人信息处理者方可处理个人信息： （一）取得个人的同意； （二）为订立或者履行个人作为一方当事人的合同所必需； （三）为履行法定职责或者法定义务所必需； （四）为应对突发公共卫生事件，或者紧急情况下为保护自然人的生命健康和财产安全所必需； （五）依照本法规定在合理的范围内处理已公开的个人信息； （六）为公共利益实施新闻报道、舆论监督等行为，在合理的范围内处理个人信息；	第十三条　符合下列情形之一的，个人信息处理者方可处理个人信息： （一）取得个人的同意； （二）为订立、履行个人作为一方当事人的合同所必需，或者按照依法制定的劳动规章制度和依法签订的集体合同实施人力资源管理所必需； （三）为履行法定职责或者法定义务所必需； （四）为应对突发公共卫生事件，或者紧急情况下为保护自然人的生命健康和财产安全所必需； （五）为公共利益实施新闻报道、舆论监督等行为，在合理的范围内处理个人信息；

《个人信息保护法（草案）》（阴影部分为修改内容）	《个人信息保护法（草案二次审议稿）》（阴影部分为修改内容）	《个人信息保护法》（黑体部分为修改内容）
	（七）法律、行政法规规定的其他情形。 依照本法其他有关规定，处理个人信息应当取得个人同意，但有前款第二项至第七项规定情形的，不需取得个人同意。	（六）依照本法规定在合理的范围内处理个人自行公开或者其他已经合法公开的个人信息； （七）法律、行政法规规定的其他情形。 依照本法其他有关规定，处理个人信息应当取得个人同意，但是有前款第二项至第七项规定情形的，不需取得个人同意。
第十四条　处理个人信息的同意，应当由个人在充分知情的前提下，自愿、明确作出意思表示。法律、行政法规规定处理个人信息应当取得个人单独同意或者书面同意的，从其规定。 个人信息的处理目的、处理方式和处理的个人信息种类发生变更的，应当重新取得个人同意。	第十四条　处理个人信息的同意，应当由个人在充分知情的前提下自愿、明确作出。法律、行政法规规定处理个人信息应当取得个人单独同意或者书面同意的，从其规定。 个人信息的处理目的、处理方式和处理的个人信息种类发生变更的，应当重新取得个人同意。	第十四条　基于个人同意处理个人信息的，该同意应当由个人在充分知情的前提下自愿、明确作出。法律、行政法规规定处理个人信息应当取得个人单独同意或者书面同意的，从其规定。 个人信息的处理目的、处理方式和处理的个人信息种类发生变更的，应当重新取得个人同意。
第十五条　个人信息处理者知道或者应当知道其处理的个人信息为不满十四周岁未成年人个人信息的，应当取得其监护人的同意。	第十五条　个人信息处理者处理不满十四周岁未成年人个人信息的，应当取得未成年人的父母或者其他监护人的同意。	（见第三十一条）

《个人信息保护法（草案）》 （阴影部分为修改内容）	《个人信息保护法 （草案二次审议稿）》 （阴影部分为修改内容）	《个人信息保护法》 （黑体部分为修改内容）
第十六条　基于个人同意而进行的个人信息处理活动，个人有权撤回其同意。	第十六条　基于个人同意而进行的个人信息处理活动，个人有权撤回其同意。个人信息处理者应当提供便捷的撤回同意的方式。 个人撤回同意，不影响撤回前基于个人同意已进行的个人信息处理活动的效力。	第十五条　基于个人同意处理个人信息的，个人有权撤回其同意。个人信息处理者应当提供便捷的撤回同意的方式。 个人撤回同意，不影响撤回前基于个人同意已进行的个人信息处理活动的效力。
第十七条　个人信息处理者不得以个人不同意处理其个人信息或者撤回其对个人信息处理的同意为由，拒绝提供产品或者服务；处理个人信息属于提供产品或者服务所必需的除外。	第十七条　个人信息处理者不得以个人不同意处理其个人信息或者撤回其对个人信息处理的同意为由，拒绝提供产品或者服务；处理个人信息属于提供产品或者服务所必需的除外。	第十六条　个人信息处理者不得以个人不同意处理其个人信息或者撤回同意为由，拒绝提供产品或者服务；处理个人信息属于提供产品或者服务所必需的除外。

《个人信息保护法（草案）》（阴影部分为修改内容）	《个人信息保护法（草案二次审议稿）》（阴影部分为修改内容）	《个人信息保护法》（黑体部分为修改内容）
第十八条　个人信息处理者在处理个人信息前，应当以显著方式、清晰易懂的语言向个人告知下列事项： （一）个人信息处理者的身份和联系方式； （二）个人信息的处理目的、处理方式，处理的个人信息种类、保存期限； （三）个人行使本法规定权利的方式和程序； （四）法律、行政法规规定应当告知的其他事项。 前款规定事项发生变更的，应当将变更部分告知个人。 个人信息处理者通过制定个人信息处理规则的方式告知第一款规定事项的，处理规则应当公开，并且便于查阅和保存。	第十八条　个人信息处理者在处理个人信息前，应当以显著方式、清晰易懂的语言向个人告知下列事项： （一）个人信息处理者的身份和联系方式； （二）个人信息的处理目的、处理方式，处理的个人信息种类、保存期限； （三）个人行使本法规定权利的方式和程序； （四）法律、行政法规规定应当告知的其他事项。 前款规定事项发生变更的，应当将变更部分告知个人。 个人信息处理者通过制定个人信息处理规则的方式告知第一款规定事项的，处理规则应当公开，并且便于查阅和保存。	第十七条　个人信息处理者在处理个人信息前，应当以显著方式、清晰易懂的语言**真实、准确、完整地**向个人告知下列事项： （一）个人信息处理者的**名称或者姓名**和联系方式； （二）个人信息的处理目的、处理方式，处理的个人信息种类、保存期限； （三）个人行使本法规定权利的方式和程序； （四）法律、行政法规规定应当告知的其他事项。 前款规定事项发生变更的，应当将变更部分告知个人。 个人信息处理者通过制定个人信息处理规则的方式告知第一款规定事项的，处理规则应当公开，并且便于查阅和保存。

《个人信息保护法（草案）》（阴影部分为修改内容）	《个人信息保护法（草案二次审议稿）》（阴影部分为修改内容）	《个人信息保护法》（黑体部分为修改内容）
第十九条 个人信息处理者处理个人信息，有法律、行政法规规定应当保密或者不需要告知的情形的，可以不向个人告知前条规定的事项。 紧急情况下为保护自然人的生命健康和财产安全无法及时向个人告知的，个人信息处理者应当在紧急情况消除后予以告知。	第十九条 个人信息处理者处理个人信息，有法律、行政法规规定应当保密或者不需要告知的情形的，可以不向个人告知前条规定的事项。 紧急情况下为保护自然人的生命健康和财产安全无法及时向个人告知的，个人信息处理者应当在紧急情况消除后及时告知。	第十八条 个人信息处理者处理个人信息，有法律、行政法规规定应当保密或者不需要告知的情形的，可以不向个人告知前条**第一款**规定的事项。 紧急情况下为保护自然人的生命健康和财产安全无法及时向个人告知的，个人信息处理者应当在紧急情况消除后及时告知。
第二十条 个人信息的保存期限应当为实现处理目的所必要的最短时间。法律、行政法规对个人信息的保存期限另有规定的，从其规定。	第二十条 个人信息的保存期限应当为实现处理目的所必要的最短时间。法律、行政法规对个人信息的保存期限另有规定的，从其规定。	第十九条 除法律、行政法规另有规定外，个人信息的保存期限应当为实现处理目的所必要的最短时间。
第二十一条 两个或者两个以上的个人信息处理者共同决定个人信息的处理目的和处理方式的，应当约定各自的权利和义务。但是，该约定不影响个人向其中任何一个个人信息处理者要求行使本法规定的权利。 个人信息处理者共同处理个人信息，侵害个人信息权益的，依法承担连带责任。	第二十一条 两个以上的个人信息处理者共同决定个人信息的处理目的和处理方式的，应当约定各自的权利和义务。但是，该约定不影响个人向其中任何一个个人信息处理者要求行使本法规定的权利。 个人信息处理者共同处理个人信息，侵害个人信息权益的，应当承担连带责任。	第二十条 两个以上的个人信息处理者共同决定个人信息的处理目的和处理方式的，应当约定各自的权利和义务。但是，该约定不影响个人向其中任何一个个人信息处理者要求行使本法规定的权利。 个人信息处理者共同处理个人信息，侵害个人信息权益**造成损害的**，应当**依法**承担连带责任。

第三部分 条文对照表

《个人信息保护法（草案）》（阴影部分为修改内容）	《个人信息保护法（草案二次审议稿）》（阴影部分为修改内容）	《个人信息保护法》（黑体部分为修改内容）
第二十二条　个人信息处理者委托处理个人信息的，应当与受托方约定委托处理的目的、处理方式、个人信息的种类、保护措施以及双方的权利和义务等，并对受托方的个人信息处理活动进行监督。 　　受托方应当按照约定处理个人信息，不得超出约定的处理目的、处理方式等处理个人信息，并应当在合同履行完毕或者委托关系解除后，将个人信息返还个人信息处理者或者予以删除。 　　未经个人信息处理者同意，受托方不得转委托他人处理个人信息。	第二十二条　个人信息处理者委托处理个人信息的，应当与受托方约定委托处理的目的、期限、处理方式、个人信息的种类、保护措施以及双方的权利和义务等，并对受托方的个人信息处理活动进行监督。 　　受托方应当按照约定处理个人信息，不得超出约定的处理目的、处理方式等处理个人信息；委托合同不生效、无效、被撤销或者终止的，受托方应当将个人信息返还个人信息处理者或者予以删除，不得保留。 　　未经个人信息处理者同意，受托方不得转委托他人处理个人信息。	第二十一条　个人信息处理者委托处理个人信息的，应当与受托人约定委托处理的目的、期限、处理方式、个人信息的种类、保护措施以及双方的权利和义务等，并对受托人的个人信息处理活动进行监督。 　　受托人应当按照约定处理个人信息，不得超出约定的处理目的、处理方式等处理个人信息；委托合同不生效、无效、被撤销或者终止的，受托人应当将个人信息返还个人信息处理者或者予以删除，不得保留。 　　未经个人信息处理者同意，受托人不得转委托他人处理个人信息。
第二十三条　个人信息处理者因合并、分立等原因需要转移个人信息的，应当向个人告知接收方的身份、联系方式。接收方应当继续履行个人信息处理者的义务。接收方变更原先的处理目的、处理方式的，应当依照本法规定重新向个人告知并取得其同意。	第二十三条　个人信息处理者因合并、分立等原因需要转移个人信息的，应当向个人告知接收方的身份、联系方式。接收方应当继续履行个人信息处理者的义务。接收方变更原先的处理目的、处理方式，应当依照本法规定重新取得个人同意。	第二十二条　个人信息处理者因合并、分立、**解散、被宣告破产**等原因需要转移个人信息的，应当向个人告知接收方的**名称或者姓名**和联系方式。接收方应当继续履行个人信息处理者的义务。接收方变更原先的处理目的、处理方式**的**，应当依照本法规定重新取得个人同意。

707

《个人信息保护法（草案）》（阴影部分为修改内容）	《个人信息保护法（草案二次审议稿）》（阴影部分为修改内容）	《个人信息保护法》（黑体部分为修改内容）
第二十四条　个人信息处理者向第三方提供其处理的个人信息的，应当向个人告知第三方的身份、联系方式、处理目的、处理方式和个人信息的种类，并取得个人的单独同意。接收个人信息的第三方应当在上述处理目的、处理方式和个人信息的种类等范围内处理个人信息。第三方变更原先的处理目的、处理方式的，应当依照本法规定重新向个人告知并取得其同意。个人信息处理者向第三方提供匿名化信息的，第三方不得利用技术等手段重新识别个人身份。	第二十四条　个人信息处理者向他人提供其处理的个人信息的，应当向个人告知接收方的身份、联系方式、处理目的、处理方式和个人信息的种类，并取得个人的单独同意。接收方应当在上述处理目的、处理方式和个人信息的种类等范围内处理个人信息。接收方变更原先的处理目的、处理方式的，应当依照本法规定重新取得个人同意。	第二十三条　个人信息处理者向**其他个人信息处理者**提供其处理的个人信息的，应当向个人告知接收方的**名称或者姓名**、联系方式、处理目的、处理方式和个人信息的种类，并取得个人的单独同意。接收方应当在上述处理目的、处理方式和个人信息的种类等范围内处理个人信息。接收方变更原先的处理目的、处理方式的，应当依照本法规定重新取得个人同意。
第二十五条　利用个人信息进行自动化决策，应当保证决策的透明度和处理结果的公平合理。个人认为自动化决策对其权益造成重大影响的，有权要求个人信息处理者予以说明，并有权拒绝个人信息处理者仅通过自动化决策的方式作出决定。 通过自动化决策方式进行商业营销、信息推送，应当同时提供不针对其个人特征的选项。	第二十五条　利用个人信息进行自动化决策，应当保证决策的透明度和结果公平合理。 通过自动化决策方式进行商业营销、信息推送，应当同时提供不针对其个人特征的选项，或者向个人提供拒绝的方式。 通过自动化决策方式作出对个人权益有重大影响的决定，个人有权要求个人信息处理者予以说明，并有权拒绝个人信息处理者仅通过自动化决策的方式作出决定。	第二十四条　**个人信息处理者**利用个人信息进行自动化决策，应当保证决策的透明度和结果公平、**公正，不得对个人在交易价格等交易条件上实行不合理的差别待遇**。 通过自动化决策方式向个人进行信息推送、商业营销，应当同时提供不针对其个人特征的选项，或者向个人提供**便捷的**拒绝方式。

《个人信息保护法（草案）》（阴影部分为修改内容）	《个人信息保护法（草案二次审议稿）》（阴影部分为修改内容）	《个人信息保护法》（黑体部分为修改内容）
		通过自动化决策方式作出对个人权益有重大影响的决定，个人有权要求个人信息处理者予以说明，并有权拒绝个人信息处理者仅通过自动化决策的方式作出决定。
第二十六条 个人信息处理者不得公开其处理的个人信息；取得个人单独同意或者法律、行政法规另有规定的除外。	第二十六条 个人信息处理者不得公开其处理的个人信息，取得个人单独同意的除外。	第二十五条 个人信息处理者不得公开其处理的个人信息，取得个人单独同意的除外。
第二十七条 在公共场所安装图像采集、个人身份识别设备，应当为维护公共安全所必需，遵守国家有关规定，并设置显著的提示标识。所收集的个人图像、个人身份特征信息只能用于维护公共安全的目的，不得公开或者向他人提供；取得个人单独同意或者法律、行政法规另有规定的除外。	第二十七条 在公共场所安装图像采集、个人身份识别设备，应当为维护公共安全所必需，遵守国家有关规定，并设置显著的提示标识。所收集的个人图像、个人身份特征信息只能用于维护公共安全的目的，不得公开或者向他人提供，取得个人单独同意的除外。	第二十六条 在公共场所安装图像采集、个人身份识别设备，应当为维护公共安全所必需，遵守国家有关规定，并设置显著的提示标识。所收集的个人图像、**身份识别**信息只能用于维护公共安全的目的，不得**用于其他目的**；取得个人单独同意的除外。

709

《个人信息保护法（草案）》（阴影部分为修改内容）	《个人信息保护法（草案二次审议稿）》（阴影部分为修改内容）	《个人信息保护法》（黑体部分为修改内容）
第二十八条　个人信息处理者处理已公开的个人信息，应当符合该个人信息被公开时的用途；超出与该用途相关的合理范围的，应当依照本法规定向个人告知并取得其同意。 个人信息被公开时的用途不明确的，个人信息处理者应当合理、谨慎地处理已公开的个人信息；利用已公开的个人信息从事对个人有重大影响的活动，应当依照本法规定向个人告知并取得其同意。	第二十八条　个人信息处理者处理已公开的个人信息，应当符合该个人信息被公开时的用途。超出与该用途相关的合理范围的，应当依照本法规定取得个人同意。 个人信息被公开时的用途不明确的，个人信息处理者应当合理、谨慎地处理已公开的个人信息。利用已公开的个人信息从事对个人有重大影响的活动，应当依照本法规定取得个人同意。	第二十七条　个人信息处理者可以在合理的范围内处理个人自行公开或者其他已经合法公开的个人信息；个人明确拒绝的除外。个人信息处理者处理已公开的个人信息，对个人权益有重大影响的，应当依照本法规定取得个人同意。
第二节 敏感个人信息的处理规则	第二节 敏感个人信息的处理规则	第二节 敏感个人信息的处理规则
第二十九条　个人信息处理者具有特定的目的和充分的必要性，方可处理敏感个人信息。 敏感个人信息是一旦泄露或者非法使用，可能导致个人受到歧视或者人身、财产安全受到严重危害的个人信息，包括种族、民族、宗教信仰、个人生物特征、医疗健康、金融账户、个人行踪等信息。	第二十九条　个人信息处理者具有特定的目的和充分的必要性，方可处理敏感个人信息。 敏感个人信息是一旦泄露或者非法使用，可能导致个人受到歧视或者人身、财产安全受到严重危害的个人信息，包括种族、民族、宗教信仰、个人生物特征、医疗健康、金融账户、个人行踪等信息。	第二十八条　敏感个人信息是一旦泄露或者非法使用，容易导致自然人的人格尊严受到侵害或者人身、财产安全受到危害的个人信息，包括生物识别、宗教信仰、特定身份、医疗健康、金融账户、行踪轨迹等信息，以及不满十四周岁未成年人的个人信息。 只有在具有特定的目的和充分的必要性，并采取严格保护措施的情形下，个人信息处理者方可处理敏感个人信息。

《个人信息保护法（草案）》（阴影部分为修改内容）	《个人信息保护法（草案二次审议稿）》（阴影部分为修改内容）	《个人信息保护法》（黑体部分为修改内容）
第三十条　基于个人同意处理敏感个人信息的，个人信息处理者应当取得个人的单独同意。法律、行政法规规定处理敏感个人信息应当取得书面同意的，从其规定。	第三十条　基于个人同意处理敏感个人信息的，个人信息处理者应当取得个人的单独同意。法律、行政法规规定处理敏感个人信息应当取得书面同意的，从其规定。	第二十九条　处理敏感个人信息应当取得个人的单独同意；法律、行政法规规定处理敏感个人信息应当取得书面同意的，从其规定。
第三十一条　个人信息处理者处理敏感个人信息的，除本法第十八条规定的事项外，还应当向个人告知处理敏感个人信息的必要性以及对个人的影响。	第三十一条　个人信息处理者处理敏感个人信息的，除本法第十八条第一款规定的事项外，还应当向个人告知处理敏感个人信息的必要性以及对个人的影响。	第三十条　个人信息处理者处理敏感个人信息的，除本法第十七条第一款规定的事项外，还应当向个人告知处理敏感个人信息的必要性以及对个人权益的影响；依照本法规定可以不向个人告知的除外。
第三十二条　法律、行政法规规定处理敏感个人信息应当取得相关行政许可或者作出更严格限制的，从其规定。	第三十二条　法律、行政法规对处理敏感个人信息规定应当取得相关行政许可或者作出其他限制的，从其规定。	第三十一条　个人信息处理者处理不满十四周岁未成年人个人信息的，应当取得未成年人的父母或者其他监护人的同意。 个人信息处理者处理不满十四周岁未成年人个人信息的，应当制定专门的个人信息处理规则。 第三十二条　法律、行政法规对处理敏感个人信息规定应当取得相关行政许可或者作出其他限制的，从其规定。

《个人信息保护法（草案)》（阴影部分为修改内容）	《个人信息保护法（草案二次审议稿)》（阴影部分为修改内容）	《个人信息保护法》（黑体部分为修改内容）
第三节 国家机关处理个人信息的特别规定	第三节 国家机关处理个人信息的特别规定	第三节 国家机关处理个人信息的特别规定
第三十三条 国家机关处理个人信息的活动适用本法；本节有特别规定的，适用本节规定。	第三十三条 国家机关处理个人信息的活动，适用本法；本节有特别规定的，适用本节规定。	第三十三条 国家机关处理个人信息的活动，适用本法；本节有特别规定的，适用本节规定。
第三十四条 国家机关为履行法定职责处理个人信息，应当依照法律、行政法规规定的权限、程序进行，不得超出履行法定职责所必需的范围和限度。	第三十四条 国家机关为履行法定职责处理个人信息，应当依照法律、行政法规规定的权限、程序进行，不得超出履行法定职责所必需的范围和限度。	第三十四条 国家机关为履行法定职责处理个人信息，应当依照法律、行政法规规定的权限、程序进行，不得超出履行法定职责所必需的范围和限度。
第三十五条 国家机关为履行法定职责处理个人信息，应当依照本法规定向个人告知并取得其同意；法律、行政法规规定应当保密，或者告知、取得同意将妨碍国家机关履行法定职责的除外。	第三十五条 国家机关为履行法定职责处理个人信息，应当依照本法规定向个人告知并取得其同意；法律、行政法规规定应当保密，或者告知、取得同意将妨碍国家机关履行法定职责的除外。	第三十五条 国家机关为履行法定职责处理个人信息，应当依照本法规定履行告知义务；有本法第十八条第一款规定的情形，或者告知将妨碍国家机关履行法定职责的除外。
第三十六条 国家机关不得公开或者向他人提供其处理的个人信息，法律、行政法规另有规定或者取得个人同意的除外。		

《个人信息保护法（草案）》（阴影部分为修改内容）	《个人信息保护法（草案二次审议稿）》（阴影部分为修改内容）	《个人信息保护法》（黑体部分为修改内容）
第三十七条　国家机关处理的个人信息应当在中华人民共和国境内存储；确需向境外提供的，应当进行风险评估。风险评估可以要求有关部门提供支持与协助。	第三十六条　国家机关处理的个人信息应当在中华人民共和国境内存储；确需向境外提供的，应当进行风险评估。风险评估可以要求有关部门提供支持与协助。	第三十六条　国家机关处理的个人信息应当在中华人民共和国境内存储；确需向境外提供的，应当进行安全评估。安全评估可以要求有关部门提供支持与协助。
	第三十七条　法律、法规授权的具有管理公共事务职能的组织为履行法定职责处理个人信息，适用本法关于国家机关处理个人信息的规定。	第三十七条　法律、法规授权的具有管理公共事务职能的组织为履行法定职责处理个人信息，适用本法关于国家机关处理个人信息的规定。
第三章 个人信息跨境提供的规则	第三章 个人信息跨境提供的规则	第三章 个人信息跨境提供的规则
第三十八条　个人信息处理者因业务等需要，确需向中华人民共和国境外提供个人信息的，应当至少具备下列一项条件： （一）依照本法第四十条的规定通过国家网信部门组织的安全评估； （二）按照国家网信部门的规定经专业机构进行个人信息保护认证； （三）与境外接收方订立合同，约定双方的权利和义务，并监督其个人信息处理活动达到本法规定的个人信息保护标准；	第三十八条　个人信息处理者因业务等需要，确需向中华人民共和国境外提供个人信息的，应当至少具备下列一项条件： （一）依照本法第四十条的规定通过国家网信部门组织的安全评估； （二）按照国家网信部门的规定经专业机构进行个人信息保护认证； （三）按照国家网信部门制定的标准合同与境外接收方订立合同，约定双方的权利和义务，并监督其个人信息处理活动达到本法规定的个人信息保护标准；	第三十八条　个人信息处理者因业务等需要，确需向中华人民共和国境外提供个人信息的，应当具备下列条件之一： （一）依照本法第四十条的规定通过国家网信部门组织的安全评估； （二）按照国家网信部门的规定经专业机构进行个人信息保护认证； （三）按照国家网信部门制定的标准合同与境外接收方订立合同，约定双方的权利和义务； （四）法律、行政法规或者国家网信部门规定的其他条件。

《个人信息保护法（草案）》（阴影部分为修改内容）	《个人信息保护法（草案二次审议稿）》（阴影部分为修改内容）	《个人信息保护法》（黑体部分为修改内容）
（四）法律、行政法规或者国家网信部门规定的其他条件。	（四）法律、行政法规或者国家网信部门规定的其他条件。	**中华人民共和国缔结或者参加的国际条约、协定对向中华人民共和国境外提供个人信息的条件等有规定的，可以按照其规定执行。** **个人信息处理者应当采取必要措施，保障境外接收方处理个人信息的活动达到本法规定的个人信息保护标准。**
第三十九条　个人信息处理者向中华人民共和国境外提供个人信息的，应当向个人告知境外接收方的身份、联系方式、处理目的、处理方式、个人信息的种类以及个人向境外接收方行使本法规定权利的方式等事项，并取得个人的单独同意。	第三十九条　个人信息处理者向中华人民共和国境外提供个人信息的，应当向个人告知境外接收方的身份、联系方式、处理目的、处理方式、个人信息的种类以及个人向境外接收方行使本法规定权利的方式等事项，并取得个人的单独同意。	第三十九条　个人信息处理者向中华人民共和国境外提供个人信息的，应当向个人告知境外接收方的**名称或者姓名**、联系方式、处理目的、处理方式、个人信息的种类以及个人向境外接收方行使本法规定权利的方式**和程序**等事项，并取得个人的单独同意。
第四十条　关键信息基础设施运营者和处理个人信息达到国家网信部门规定数量的个人信息处理者，应当将在中华人民共和国境内收集和产生的个人信息存储在境内。确需向境外提供的，应当通过国家网信部门组织的安全评估；法律、行政法规和国家网信部门规定可以不进行安全评估的，从其规定。	第四十条　关键信息基础设施运营者和处理个人信息达到国家网信部门规定数量的个人信息处理者，应当将在中华人民共和国境内收集和产生的个人信息存储在境内。确需向境外提供的，应当通过国家网信部门组织的安全评估；法律、行政法规和国家网信部门规定可以不进行安全评估的，从其规定。	第四十条　关键信息基础设施运营者和处理个人信息达到国家网信部门规定数量的个人信息处理者，应当将在中华人民共和国境内收集和产生的个人信息存储在境内。确需向境外提供的，应当通过国家网信部门组织的安全评估；法律、行政法规和国家网信部门规定可以不进行安全评估的，从其规定。

《个人信息保护法（草案）》（阴影部分为修改内容）	《个人信息保护法（草案二次审议稿）》（阴影部分为修改内容）	《个人信息保护法》（黑体部分为修改内容）
第四十一条　因国际司法协助或者行政执法协助，需要向中华人民共和国境外提供个人信息的，应当依法申请有关主管部门批准。中华人民共和国缔结或者参加的国际条约、协定对向中华人民共和国境外提供个人信息有规定的，从其规定。	第四十一条　中华人民共和国境外的司法或者执法机构要求提供存储于中华人民共和国境内的个人信息的，非经中华人民共和国主管机关批准，不得提供；中华人民共和国缔结或者参加的国际条约、协定有规定的，可以按照其规定执行。	第四十一条　中华人民共和国主管机关根据有关法律和中华人民共和国缔结或者参加的国际条约、协定，或者按照平等互惠原则，处理外国司法或者执法机构关于提供存储于境内个人信息的请求。非经中华人民共和国主管机关批准，个人信息处理者不得向外国司法或者执法机构提供存储于中华人民共和国境内的个人信息。
第四十二条　境外的组织、个人从事损害中华人民共和国公民的个人信息权益，或者危害中华人民共和国国家安全、公共利益的个人信息处理活动的，国家网信部门可以将其列入限制或者禁止个人信息提供清单，予以公告，并采取限制或者禁止向其提供个人信息等措施。	第四十二条　境外的组织、个人从事损害中华人民共和国公民的个人信息权益，或者危害中华人民共和国国家安全、公共利益的个人信息处理活动的，国家网信部门可以将其列入限制或者禁止个人信息提供清单，予以公告，并采取限制或者禁止向其提供个人信息等措施。	第四十二条　境外的组织、个人从事侵害中华人民共和国公民的个人信息权益，或者危害中华人民共和国国家安全、公共利益的个人信息处理活动的，国家网信部门可以将其列入限制或者禁止个人信息提供清单，予以公告，并采取限制或者禁止向其提供个人信息等措施。
第四十三条　任何国家和地区在个人信息保护方面对中华人民共和国采取歧视性的禁止、限制或者其他类似措施的，中华人民共和国可以根据实际情况对该国家或者该地区采取相应措施。	第四十三条　任何国家和地区在个人信息保护方面对中华人民共和国采取歧视性的禁止、限制或者其他类似措施的，中华人民共和国可以根据实际情况对该国家或者该地区对等采取措施。	第四十三条　任何国家或者地区在个人信息保护方面对中华人民共和国采取歧视性的禁止、限制或者其他类似措施的，中华人民共和国可以根据实际情况对该国家或者地区对等采取措施。

《个人信息保护法（草案）》（阴影部分为修改内容）	《个人信息保护法（草案二次审议稿）》（阴影部分为修改内容）	《个人信息保护法》（黑体部分为修改内容）
第四章 个人在个人信息处理活动中的权利	第四章 个人在个人信息处理活动中的权利	第四章 个人在个人信息处理活动中的权利
第四十四条　个人对其个人信息的处理享有知情权、决定权，有权限制或者拒绝他人对其个人信息进行处理；法律、行政法规另有规定的除外。	第四十四条　个人对其个人信息的处理享有知情权、决定权，有权限制或者拒绝他人对其个人信息进行处理；法律、行政法规另有规定的除外。	第四十四条　个人对其个人信息的处理享有知情权、决定权，有权限制或者拒绝他人对其个人信息进行处理；法律、行政法规另有规定的除外。
第四十五条　个人有权向个人信息处理者查阅、复制其个人信息；有本法第十九条第一款规定情形的除外。 　　个人请求查阅、复制其个人信息的，个人信息处理者应当及时提供。	第四十五条　个人有权向个人信息处理者查阅、复制其个人信息；有本法第十九条第一款规定情形的除外。 　　个人请求查阅、复制其个人信息的，个人信息处理者应当及时提供。	第四十五条　个人有权向个人信息处理者查阅、复制其个人信息；有本法第十八条第一款、第三十五条规定情形的除外。 　　个人请求查阅、复制其个人信息的，个人信息处理者应当及时提供。 　　**个人请求将个人信息转移至其指定的个人信息处理者，符合国家网信部门规定条件的，个人信息处理者应当提供转移的途径。**

《个人信息保护法（草案）》（阴影部分为修改内容）	《个人信息保护法（草案二次审议稿）》（阴影部分为修改内容）	《个人信息保护法》（黑体部分为修改内容）
第四十六条 个人发现其个人信息不准确或者不完整的，有权请求个人信息处理者更正、补充。 个人请求更正、补充其个人信息的，个人信息处理者应当对其个人信息予以核实，并及时更正、补充。	第四十六条 个人发现其个人信息不准确或者不完整的，有权请求个人信息处理者更正、补充。 个人请求更正、补充其个人信息的，个人信息处理者应当对其个人信息予以核实，并及时更正、补充。	第四十六条 个人发现其个人信息不准确或者不完整的，有权请求个人信息处理者更正、补充。 个人请求更正、补充其个人信息的，个人信息处理者应当对其个人信息予以核实，并及时更正、补充。
第四十七条 有下列情形之一的，个人信息处理者应当主动或者根据个人的请求，删除个人信息： （一）约定的保存期限已届满或者处理目的已实现； （二）个人信息处理者停止提供产品或者服务； （三）个人撤回同意； （四）个人信息处理者违反法律、行政法规或者违反约定处理个人信息； （五）法律、行政法规规定的其他情形。 法律、行政法规规定的保存期限未届满，或者删除个人信息从技术上难以实现的，个人信息处理者应当停止处理个人信息。	第四十七条 有下列情形之一的，个人信息处理者应当主动删除个人信息；个人信息处理者未删除的，个人有权请求删除： （一）处理目的已实现或者为实现处理目的不再必要； （二）个人信息处理者停止提供产品或者服务，或者保存期限已届满； （三）个人撤回同意； （四）个人信息处理者违反法律、行政法规或者违反约定处理个人信息； （五）法律、行政法规规定的其他情形。 法律、行政法规规定的保存期限未届满，或者删除个人信息从技术上难以实现的，个人信息处理者应当停止除存储和采取必要的安全保护措施之外的处理。	第四十七条 有下列情形之一的，个人信息处理者应当主动删除个人信息；个人信息处理者未删除的，个人有权请求删除： （一）处理目的已实现、**无法实现**或者为实现处理目的不再必要； （二）个人信息处理者停止提供产品或者服务，或者保存期限已届满； （三）个人撤回同意； （四）个人信息处理者违反法律、行政法规或者违反约定处理个人信息； （五）法律、行政法规规定的其他情形。 法律、行政法规规定的保存期限未届满，或者删除个人信息从技术上难以实现的，个人信息处理者应当停止除存储和采取必要的安全保护措施之外的处理。

《个人信息保护法（草案）》（阴影部分为修改内容）	《个人信息保护法（草案二次审议稿）》（阴影部分为修改内容）	《个人信息保护法》（黑体部分为修改内容）
第四十八条　个人有权要求个人信息处理者对其个人信息处理规则进行解释说明。	第四十八条　个人有权要求个人信息处理者对其个人信息处理规则进行解释说明。	第四十八条　个人有权要求个人信息处理者对其个人信息处理规则进行解释说明。
	第四十九条　自然人死亡的，本章规定的个人在个人信息处理活动中的权利，由其近亲属行使。	第四十九条　自然人死亡的，其近亲属为了自身的合法、正当利益，可以对死者的相关个人信息行使本章规定的查阅、复制、更正、删除等权利；死者生前另有安排的除外。
第四十九条　个人信息处理者应当建立个人行使权利的申请受理和处理机制。拒绝个人行使权利的请求的，应当说明理由。	第五十条　个人信息处理者应当建立个人行使权利的申请受理和处理机制。拒绝个人行使权利的请求的，应当说明理由。	第五十条　个人信息处理者应当建立**便捷的**个人行使权利的申请受理和处理机制。拒绝个人行使权利的请求的，应当说明理由。 　　个人信息处理者拒绝个人行使权利的请求的，个人可以依法向人民法院提起诉讼。
第五章 个人信息处理者的义务	第五章 个人信息处理者的义务	第五章 个人信息处理者的义务
第五十条　个人信息处理者应当根据个人信息的处理目的、处理方式、个人信息的种类以及对个人的影响、可能存在的安全风险等，采取必要措施确保个人信息处理活动符	第五十一条　个人信息处理者应当根据个人信息的处理目的、处理方式、个人信息的种类以及对个人的影响、可能存在的安全风险等，采取必要措施确保个人信息处理活动符	第五十一条　个人信息处理者应当根据个人信息的处理目的、处理方式、个人信息的种类以及对个**人权益**的影响、可能存在的安全风险等，采取**下列**措施确保个人信息处理活动

《个人信息保护法（草案）》（阴影部分为修改内容）	《个人信息保护法（草案二次审议稿）》（阴影部分为修改内容）	《个人信息保护法》（黑体部分为修改内容）
合法律、行政法规的规定，并防止未经授权的访问以及个人信息泄露或者被窃取、篡改、删除： （一）制定内部管理制度和操作规程； （二）对个人信息实行分级分类管理； （三）采取相应的加密、去标识化等安全技术措施； （四）合理确定个人信息处理的操作权限，并定期对从业人员进行安全教育和培训； （五）制定并组织实施个人信息安全事件应急预案； （六）法律、行政法规规定的其他措施。	合法律、行政法规的规定，并防止未经授权的访问以及个人信息泄露或者被窃取、篡改、删除： （一）制定内部管理制度和操作规程； （二）对个人信息实行分类管理； （三）采取相应的加密、去标识化等安全技术措施； （四）合理确定个人信息处理的操作权限，并定期对从业人员进行安全教育和培训； （五）制定并组织实施个人信息安全事件应急预案； （六）法律、行政法规规定的其他措施。	符合法律、行政法规的规定，并防止未经授权的访问以及个人信息泄露、**篡改、丢失**： （一）制定内部管理制度和操作规程； （二）对个人信息实行分类管理； （三）采取相应的加密、去标识化等安全技术措施； （四）合理确定个人信息处理的操作权限，并定期对从业人员进行安全教育和培训； （五）制定并组织实施个人信息安全事件应急预案； （六）法律、行政法规规定的其他措施。
第五十一条 处理个人信息达到国家网信部门规定数量的个人信息处理者应当指定个人信息保护负责人，负责对个人信息处理活动以及采取的保护措施等进行监督。 个人信息处理者应当公开个人信息保护负责人的姓名、联系方式等，并报送履行个人信息保护职责的部门。	第五十二条 处理个人信息达到国家网信部门规定数量的个人信息处理者应当指定个人信息保护负责人，负责对个人信息处理活动以及采取的保护措施等进行监督。 个人信息处理者应当公开个人信息保护负责人的联系方式，并将个人信息保护负责人的姓名、联系方式等报送履行个人信息保护职责的部门。	第五十二条 处理个人信息达到国家网信部门规定数量的个人信息处理者应当指定个人信息保护负责人，负责对个人信息处理活动以及采取的保护措施等进行监督。 个人信息处理者应当公开个人信息保护负责人的联系方式，并将个人信息保护负责人的姓名、联系方式等报送履行个人信息保护职责的部门。

《个人信息保护法（草案）》（阴影部分为修改内容）	《个人信息保护法（草案二次审议稿）》（阴影部分为修改内容）	《个人信息保护法》（黑体部分为修改内容）
第五十二条 本法第三条第二款规定的中华人民共和国境外的个人信息处理者，应当在中华人民共和国境内设立专门机构或者指定代表，负责处理个人信息保护相关事务，并将有关机构的名称或者代表的姓名、联系方式等报送履行个人信息保护职责的部门。	第五十三条 本法第三条第二款规定的中华人民共和国境外的个人信息处理者，应当在中华人民共和国境内设立专门机构或者指定代表，负责处理个人信息保护相关事务，并将有关机构的名称或者代表的姓名、联系方式等报送履行个人信息保护职责的部门。	第五十三条 本法第三条第二款规定的中华人民共和国境外的个人信息处理者，应当在中华人民共和国境内设立专门机构或者指定代表，负责处理个人信息保护相关事务，并将有关机构的名称或者代表的姓名、联系方式等报送履行个人信息保护职责的部门。
第五十三条 个人信息处理者应当定期对其个人信息处理活动、采取的保护措施等是否符合法律、行政法规的规定进行审计。履行个人信息保护职责的部门有权要求个人信息处理者委托专业机构进行审计。	第五十四条 个人信息处理者应当定期对其个人信息处理活动遵守法律、行政法规的情况进行合规审计。	第五十四条 个人信息处理者应当定期对其处理个人信息遵守法律、行政法规的情况进行合规审计。
第五十四条 个人信息处理者应当对下列个人信息处理活动在事前进行风险评估，并对处理情况进行记录： （一）处理敏感个人信息； （二）利用个人信息进行自动化决策；	第五十五条 个人信息处理者应当对下列个人信息处理活动在事前进行风险评估，并对处理情况进行记录： （一）处理敏感个人信息； （二）利用个人信息进行自动化决策；	第五十五条 有下列情形之一的，个人信息处理者应当事前进行个人信息保护影响评估，并对处理情况进行记录： （一）处理敏感个人信息； （二）利用个人信息进行自动化决策； （三）委托处理个人信息、向其他个人信息处理者提供个人信息、公开个人信息；

《个人信息保护法（草案）》（阴影部分为修改内容）	《个人信息保护法（草案二次审议稿）》（阴影部分为修改内容）	《个人信息保护法》（黑体部分为修改内容）
（三）委托处理个人信息、向第三方提供个人信息、公开个人信息； （四）向境外提供个人信息； （五）其他对个人有重大影响的个人信息处理活动。 风险评估的内容应当包括： （一）个人信息的处理目的、处理方式等是否合法、正当、必要； （二）对个人的影响及风险程度； （三）所采取的安全保护措施是否合法、有效并与风险程度相适应。 风险评估报告和处理情况记录应当至少保存三年。	（三）委托处理个人信息、向他人提供个人信息、公开个人信息； （四）向境外提供个人信息； （五）其他对个人有重大影响的个人信息处理活动。 风险评估的内容应当包括： （一）个人信息的处理目的、处理方式等是否合法、正当、必要； （二）对个人的影响及风险程度； （三）所采取的安全保护措施是否合法、有效并与风险程度相适应。 风险评估报告和处理情况记录应当至少保存三年。	（四）向境外提供个人信息； （五）其他对个人权益有重大影响的个人信息处理活动。 第五十六条　个人信息保护影响评估应当包括下列内容： （一）个人信息的处理目的、处理方式等是否合法、正当、必要； （二）对个人权益的影响及安全风险； （三）所采取的保护措施是否合法、有效并与风险程度相适应。 个人信息保护影响评估报告和处理情况记录应当至少保存三年。
第五十五条　个人信息处理者发现个人信息泄露的，应当立即采取补救措施，并通知履行个人信息保护职责的部门和个人。通知应当包括下列事项： （一）个人信息泄露的原因； （二）泄露的个人信息种类和可能造成的危害； （三）已采取的补救措施；	第五十六条　个人信息处理者发现个人信息泄露的，应当立即采取补救措施，并通知履行个人信息保护职责的部门和个人。通知应当包括下列事项： （一）个人信息泄露的原因； （二）泄露的个人信息种类和可能造成的危害；	第五十七条　发生或者可能发生个人信息泄露、篡改、丢失的，个人信息处理者应当立即采取补救措施，并通知履行个人信息保护职责的部门和个人。通知应当包括下列事项： （一）发生或者可能发生个人信息泄露、篡改、丢失的信息种类、原因和可能造成的危害；

《个人信息保护法（草案）》（阴影部分为修改内容）	《个人信息保护法（草案二次审议稿）》（阴影部分为修改内容）	《个人信息保护法》（黑体部分为修改内容）
（四）个人可以采取的减轻危害的措施； （五）个人信息处理者的联系方式。 个人信息处理者采取措施能够有效避免信息泄露造成损害的，个人信息处理者可以不通知个人；但是，履行个人信息保护职责的部门认为个人信息泄露可能对个人造成损害的，有权要求个人信息处理者通知个人。	（三）已采取的补救措施； （四）个人可以采取的减轻危害的措施； （五）个人信息处理者的联系方式。 个人信息处理者采取措施能够有效避免信息泄露造成损害的，个人信息处理者可以不通知个人；但是，履行个人信息保护职责的部门认为个人信息泄露可能对个人造成损害的，有权要求个人信息处理者通知个人。	（二）**个人信息处理者**采取的补救措施和个人可以采取的减轻危害的措施； （三）个人信息处理者的联系方式。 个人信息处理者采取措施能够有效避免信息泄露、**篡改、丢失**造成**危害**的，个人信息处理者可以不通知个人；履行个人信息保护职责的部门认为**可能造成危害的**，有权要求个人信息处理者通知个人。
	第五十七条 提供基础性互联网平台服务、用户数量巨大、业务类型复杂的个人信息处理者，应当履行下列义务： （一）成立主要由外部成员组成的独立机构，对个人信息处理活动进行监督； （二）对严重违反法律、行政法规处理个人信息的平台内的产品或者服务提供者，停止提供服务； （三）定期发布个人信息保护社会责任报告，接受社会监督。	第五十八条 提供重要互联网平台服务、用户数量巨大、业务类型复杂的个人信息处理者，应当履行下列义务： （一）**按照国家规定建立健全个人信息保护合规制度体系**，成立主要由外部成员组成的独立机构对个人信息**保护情况**进行监督； （二）**遵循公开、公平、公正的原则，制定平台规则，明确平台内产品或者服务提供者处理个人信息的规范和保护个人信息的义务；**

《个人信息保护法（草案）》（阴影部分为修改内容）	《个人信息保护法（草案二次审议稿)》（阴影部分为修改内容）	《个人信息保护法》（黑体部分为修改内容）
		（三）对严重违反法律、行政法规处理个人信息的平台内的产品或者服务提供者，停止提供服务； （四）定期发布个人信息保护社会责任报告，接受社会监督。
	第五十八条 接受委托处理个人信息的受托方，应当履行本章规定的相关义务，采取必要措施保障所处理的个人信息的安全。	第五十九条 接受委托处理个人信息的受托人，应当依照本法和有关法律、行政法规的规定，采取必要措施保障所处理的个人信息的安全，并协助个人信息处理者履行本法规定的义务。
第六章 履行个人信息保护职责的部门	第六章 履行个人信息保护职责的部门	第六章 履行个人信息保护职责的部门
第五十六条 国家网信部门负责统筹协调个人信息保护工作和相关监督管理工作。国务院有关部门依照本法和有关法律、行政法规的规定，在各自职责范围内负责个人信息保护和监督管理工作。 县级以上地方人民政府有关部门的个人信息保护和监督管理职责，按照国家有关规定确定。 前两款规定的部门统称为履行个人信息保护职责的部门。	第五十九条 国家网信部门负责统筹协调个人信息保护工作和相关监督管理工作。国务院有关部门依照本法和有关法律、行政法规的规定，在各自职责范围内负责个人信息保护和监督管理工作。 县级以上地方人民政府有关部门的个人信息保护和监督管理职责，按照国家有关规定确定。 前两款规定的部门统称为履行个人信息保护职责的部门。	第六十条 国家网信部门负责统筹协调个人信息保护工作和相关监督管理工作。国务院有关部门依照本法和有关法律、行政法规的规定，在各自职责范围内负责个人信息保护和监督管理工作。 县级以上地方人民政府有关部门的个人信息保护和监督管理职责，按照国家有关规定确定。 前两款规定的部门统称为履行个人信息保护职责的部门。

《个人信息保护法（草案）》（阴影部分为修改内容）	《个人信息保护法（草案二次审议稿）》（阴影部分为修改内容）	《个人信息保护法》（黑体部分为修改内容）
第五十七条 履行个人信息保护职责的部门履行下列个人信息保护职责： （一）开展个人信息保护宣传教育，指导、监督个人信息处理者开展个人信息保护工作； （二）接受、处理与个人信息保护有关的投诉、举报； （三）调查、处理违法个人信息处理活动； （四）法律、行政法规规定的其他职责。	第六十条 履行个人信息保护职责的部门履行下列个人信息保护职责： （一）开展个人信息保护宣传教育，指导、监督个人信息处理者开展个人信息保护工作； （二）接受、处理与个人信息保护有关的投诉、举报； （三）调查、处理违法个人信息处理活动； （四）法律、行政法规规定的其他职责。	第六十一条 履行个人信息保护职责的部门履行下列个人信息保护职责： （一）开展个人信息保护宣传教育，指导、监督个人信息处理者开展个人信息保护工作； （二）接受、处理与个人信息保护有关的投诉、举报； （三）**组织对应用程序等个人信息保护情况进行测评，并公布测评结果**； （四）调查、处理违法个人信息处理活动； （五）法律、行政法规规定的其他职责。
第五十八条 国家网信部门和国务院有关部门按照职责权限组织制定个人信息保护相关规则、标准，推进个人信息保护社会化服务体系建设，支持有关机构开展个人信息保护评估、认证服务。	第六十一条 国家网信部门统筹协调有关部门依据本法推进下列个人信息保护工作： （一）制定个人信息保护具体规则、标准； （二）针对敏感个人信息以及人脸识别、人工智能等新技术、新应用，制定专门的个人信息保护规则、标准； （三）支持研究开发安全、方便的电子身份认证技术；	第六十二条 国家网信部门统筹协调有关部门依据本法推进下列个人信息保护工作： （一）制定个人信息保护具体规则、标准； （二）针对**小型个人信息处理者**、处理敏感个人信息以及人脸识别、人工智能等新技术、新应用，制定专门的个人信息保护规则、标准； （三）支持研究开发**和推广应用**安全、方便的电子身份认证技术，**推进网络身份认证公共服务建设**；

《个人信息保护法（草案）》 （阴影部分为修改内容）	《个人信息保护法 （草案二次审议稿）》 （阴影部分为修改内容）	《个人信息保护法》 （黑体部分为修改内容）
	（四）推进个人信息保护社会化服务体系建设，支持有关机构开展个人信息保护评估、认证服务。	（四）推进个人信息保护社会化服务体系建设，支持有关机构开展个人信息保护评估、认证服务； （五）完善个人信息保护投诉、举报工作机制。
第五十九条　履行个人信息保护职责的部门履行个人信息保护职责，可以采取下列措施： （一）询问有关当事人，调查与个人信息处理活动有关的情况； （二）查阅、复制当事人与个人信息处理活动有关的合同、记录、账簿以及其他有关资料； （三）实施现场检查，对涉嫌违法个人信息处理活动进行调查； （四）检查与个人信息处理活动有关的设备、物品；对有证据证明是违法个人信息处理活动的设备、物品，可以查封或者扣押。 履行个人信息保护职责的部门依法履行职责，当事人应当予以协助、配合，不得拒绝、阻挠。	第六十二条　履行个人信息保护职责的部门履行个人信息保护职责，可以采取下列措施： （一）询问有关当事人，调查与个人信息处理活动有关的情况； （二）查阅、复制当事人与个人信息处理活动有关的合同、记录、账簿以及其他有关资料； （三）实施现场检查，对涉嫌违法个人信息处理活动进行调查； （四）检查与个人信息处理活动有关的设备、物品；对有证据证明是违法个人信息处理活动的设备、物品，向本部门主要负责人书面报告并经批准，可以查封或者扣押。 履行个人信息保护职责的部门依法履行职责，当事人应当予以协助、配合，不得拒绝、阻挠。	第六十三条　履行个人信息保护职责的部门履行个人信息保护职责，可以采取下列措施： （一）询问有关当事人，调查与个人信息处理活动有关的情况； （二）查阅、复制当事人与个人信息处理活动有关的合同、记录、账簿以及其他有关资料； （三）实施现场检查，对涉嫌违法的个人信息处理活动进行调查； （四）检查与个人信息处理活动有关的设备、物品；对有证据证明是**用于**违法个人信息处理活动的设备、物品，向本部门主要负责人书面报告并经批准，可以查封或者扣押。 履行个人信息保护职责的部门依法履行职责，当事人应当予以协助、配合，不得拒绝、阻挠。

《个人信息保护法（草案）》（阴影部分为修改内容）	《个人信息保护法（草案二次审议稿）》（阴影部分为修改内容）	《个人信息保护法》（黑体部分为修改内容）
第六十条 履行个人信息保护职责的部门在履行职责中，发现个人信息处理活动存在较大风险或者发生个人信息安全事件的，可以按照规定的权限和程序对该个人信息处理者的法定代表人或者主要负责人进行约谈。个人信息处理者应当按照要求采取措施，进行整改，消除隐患。	第六十三条 履行个人信息保护职责的部门在履行职责中，发现个人信息处理活动存在较大风险或者发生个人信息安全事件的，可以按照规定的权限和程序对该个人信息处理者的法定代表人或者主要负责人进行约谈，或者要求个人信息处理者委托专业机构对其个人信息处理活动进行合规审计。个人信息处理者应当按照要求采取措施，进行整改，消除隐患。	第六十四条 履行个人信息保护职责的部门在履行职责中，发现个人信息处理活动存在较大风险或者发生个人信息安全事件的，可以按照规定的权限和程序对该个人信息处理者的法定代表人或者主要负责人进行约谈，或者要求个人信息处理者委托专业机构对其个人信息处理活动进行合规审计。个人信息处理者应当按照要求采取措施，进行整改，消除隐患。 **履行个人信息保护职责的部门在履行职责中，发现违法处理个人信息涉嫌犯罪的，应当及时移送公安机关依法处理。**
第六十一条 任何组织、个人有权对违法个人信息处理活动向履行个人信息保护职责的部门进行投诉、举报。收到投诉、举报的部门应当依法及时处理，并将处理结果告知投诉、举报人。 履行个人信息保护职责的部门应当公布接受投诉、举报的联系方式。	第六十四条 任何组织、个人有权对违法个人信息处理活动向履行个人信息保护职责的部门进行投诉、举报。收到投诉、举报的部门应当依法及时处理，并将处理结果告知投诉、举报人。 履行个人信息保护职责的部门应当公布接受投诉、举报的联系方式。	第六十五条 任何组织、个人有权对违法个人信息处理活动向履行个人信息保护职责的部门进行投诉、举报。收到投诉、举报的部门应当依法及时处理，并将处理结果告知投诉、举报人。 履行个人信息保护职责的部门应当公布接受投诉、举报的联系方式。

第三部分 条文对照表

《个人信息保护法（草案）》（阴影部分为修改内容）	《个人信息保护法（草案二次审议稿)》（阴影部分为修改内容）	《个人信息保护法》（黑体部分为修改内容）
第七章 法律责任	第七章 法律责任	第七章 法律责任
第六十二条 违反本法规定处理个人信息，或者处理个人信息未按照规定采取必要的安全保护措施的，由履行个人信息保护职责的部门责令改正，没收违法所得，给予警告；拒不改正的，并处一百万元以下罚款；对直接负责的主管人员和其他直接责任人员处一万元以上十万元以下罚款。 有前款规定的违法行为，情节严重的，由履行个人信息保护职责的部门责令改正，没收违法所得，并处五千万元以下或者上一年度营业额百分之五以下罚款，并可以责令暂停相关业务、停业整顿、通报有关主管部门吊销相关业务许可或者吊销营业执照；对直接负责的主管人员和其他直接责任人员处十万元以上一百万元以下罚款。	第六十五条 违反本法规定处理个人信息，或者处理个人信息未按照规定采取必要的安全保护措施的，由履行个人信息保护职责的部门责令改正，给予警告，没收违法所得；拒不改正的，并处一百万元以下罚款；对直接负责的主管人员和其他直接责任人员处一万元以上十万元以下罚款。 有前款规定的违法行为，情节严重的，由履行个人信息保护职责的部门责令改正，没收违法所得，并处五千万元以下或者上一年度营业额百分之五以下罚款，并可以责令暂停相关业务、停业整顿、通报有关主管部门吊销相关业务许可或者吊销营业执照；对直接负责的主管人员和其他直接责任人员处十万元以上一百万元以下罚款。	第六十六条 违反本法规定处理个人信息，或者处理个人信息**未履行本法规定的个人信息保护义务的**，由履行个人信息保护职责的部门责令改正，给予警告，没收违法所得，**对违法处理个人信息的应用程序，责令暂停或者终止提供服务**；拒不改正的，并处一百万元以下罚款；对直接负责的主管人员和其他直接责任人员处一万元以上十万元以下罚款。 有前款规定的违法行为，情节严重的，由**省级**以上履行个人信息保护职责的部门责令改正，没收违法所得，并处五千万元以下或者上一年度营业额百分之五以下罚款，并可以责令暂停相关业务**或者**停业整顿、通报有关主管部门吊销相关业务许可或者吊销营业执照；对直接负责的主管人员和其他直接责任人员处十万元以上一百万元以下罚款，**并可以决定禁止其在一定期限内担任相关企业的董事、监事、高级管理人员和个人信息保护负责人**。

《个人信息保护法（草案）》（阴影部分为修改内容）	《个人信息保护法（草案二次审议稿）》（阴影部分为修改内容）	《个人信息保护法》（黑体部分为修改内容）
第六十三条 有本法规定的违法行为的，依照有关法律、行政法规的规定记入信用档案，并予以公示。	第六十六条 有本法规定的违法行为的，依照有关法律、行政法规的规定记入信用档案，并予以公示。	第六十七条 有本法规定的违法行为的，依照有关法律、行政法规的规定记入信用档案，并予以公示。
第六十四条 国家机关不履行本法规定的个人信息保护义务的，由其上级机关或者履行个人信息保护职责的部门责令改正；对直接负责的主管人员和其他直接责任人员依法给予处分。	第六十七条 国家机关不履行本法规定的个人信息保护义务的，由其上级机关或者履行个人信息保护职责的部门责令改正；对直接负责的主管人员和其他直接责任人员依法给予处分。	第六十八条 国家机关不履行本法规定的个人信息保护义务的，由其上级机关或者履行个人信息保护职责的部门责令改正；对直接负责的主管人员和其他直接责任人员依法给予处分。 履行个人信息保护职责的部门的工作人员玩忽职守、滥用职权、徇私舞弊，尚不构成犯罪的，依法给予处分。
第六十五条 因个人信息处理活动侵害个人信息权益的，按照个人因此受到的损失或者个人信息处理者因此获得的利益承担赔偿责任；个人因此受到的损失和个人信息处理者因此获得的利益难以确定的，由人民法院根据实际情况确定赔偿数额。个人信息处理者能够证明自己没有过错的，可以减轻或者免除责任。	第六十八条 个人信息权益因个人信息处理活动受到侵害，个人信息处理者不能证明自己没有过错的，应当承担损害赔偿等侵权责任。 前款规定的损害赔偿责任按照个人因此受到的损失或者个人信息处理者因此获得的利益确定；个人因此受到的损失和个人信息处理者因此获得的利益难以确定的，根据实际情况确定赔偿数额。	第六十九条 处理个人信息侵害个人权益造成损害，个人信息处理者不能证明自己没有过错的，应当承担损害赔偿等侵权责任。 前款规定的损害赔偿责任按照个人因此受到的损失或者个人信息处理者因此获得的利益确定；个人因此受到的损失和个人信息处理者因此获得的利益难以确定的，根据实际情况确定赔偿数额。

《个人信息保护法（草案）》（阴影部分为修改内容）	《个人信息保护法（草案二次审议稿）》（阴影部分为修改内容）	《个人信息保护法》（黑体部分为修改内容）
第六十六条 个人信息处理者违反本法规定处理个人信息，侵害众多个人的权益的，人民检察院、履行个人信息保护职责的部门和国家网信部门确定的组织可以依法向人民法院提起诉讼。	第六十九条 个人信息处理者违反本法规定处理个人信息，侵害众多个人的权益的，人民检察院、履行个人信息保护职责的部门和国家网信部门确定的组织可以依法向人民法院提起诉讼。	第七十条 个人信息处理者违反本法规定处理个人信息，侵害众多个人的权益的，人民检察院、法律规定的消费者组织和由国家网信部门确定的组织可以依法向人民法院提起诉讼。
第六十七条 违反本法规定，构成违反治安管理行为的，依法给予治安管理处罚；构成犯罪的，依法追究刑事责任。	第七十条 违反本法规定，构成违反治安管理行为的，依法给予治安管理处罚；构成犯罪的，依法追究刑事责任。	第七十一条 违反本法规定，构成违反治安管理行为的，依法给予治安管理处罚；构成犯罪的，依法追究刑事责任。
第八章 附则	第八章 附则	第八章 附则
第六十八条 自然人因个人或者家庭事务而处理个人信息的，不适用本法。 法律对各级人民政府及其有关部门组织实施的统计、档案管理活动中的个人信息处理有规定的，适用其规定。	第七十一条 自然人因个人或者家庭事务处理个人信息的，不适用本法。 法律对各级人民政府及其有关部门组织实施的统计、档案管理活动中的个人信息处理有规定的，适用其规定。	第七十二条 自然人因个人或者家庭事务处理个人信息的，不适用本法。 法律对各级人民政府及其有关部门组织实施的统计、档案管理活动中的个人信息处理有规定的，适用其规定。
第六十九条 本法下列用语的含义： （一）个人信息处理者，是指自主决定处理目的、处理方式等个人信息处理事项的组织、个人。	第七十二条 本法下列用语的含义： （一）个人信息处理者，是指自主决定处理目的、处理方式等个人信息处理事项的组织、个人。	第七十三条 本法下列用语的含义： （一）个人信息处理者，是指在个人信息处理活动中自主决定处理目的、处理方式的组织、个人。

《中华人民共和国个人信息保护法》条文理解与适用

《个人信息保护法（草案）》（阴影部分为修改内容）	《个人信息保护法（草案二次审议稿）》（阴影部分为修改内容）	《个人信息保护法》（黑体部分为修改内容）
（二）自动化决策，是指利用个人信息对个人的行为习惯、兴趣爱好或者经济、健康、信用状况等，通过计算机程序自动分析、评估并进行决策的活动。 （三）去标识化，是指个人信息经过处理，使其在不借助额外信息的情况下无法识别特定自然人的过程。 （四）匿名化，是指个人信息经过处理无法识别特定自然人且不能复原的过程。	（二）自动化决策，是指利用个人信息对个人的行为习惯、兴趣爱好或者经济、健康、信用状况等，通过计算机程序自动分析、评估并进行决策的活动。 （三）去标识化，是指个人信息经过处理，使其在不借助额外信息的情况下无法识别特定自然人的过程。 （四）匿名化，是指个人信息经过处理无法识别特定自然人且不能复原的过程。	（二）自动化决策，是指通过计算机程序自动分析、评估个人的行为习惯、兴趣爱好或者经济、健康、信用状况等，并进行决策的活动。 （三）去标识化，是指个人信息经过处理，使其在不借助额外信息的情况下无法识别特定自然人的过程。 （四）匿名化，是指个人信息经过处理无法识别特定自然人且不能复原的过程。
第七十条　本法自　年　月　日起施行。	第七十三条　本法自　年　月　日起施行。	第七十四条　本法自2021年11月1日起施行。